让我们 一起追寻

THE AIM OF

ART IS TO

BE ART

MATTHEW STURGIS

Oscar: A Life
By Matthew Sturgis

Published in agreement with Georgina Capel Associates Ltd.,
through The Grayhawk Agency .

OSCAR

A Life

奥斯卡·王尔德

〔英〕马修·斯特吉斯 — 著

马娟娟 — 译

一 | 部 | 传 | 记

1854–1888

社会科学文献出版社
SOCIAL SCIENCES ACADEMIC PRESS (CHINA)

献给蒂姆和简

目　录

前言及致谢 …………………………………………………………… 0001
序 ………………………………………………………………………… 0001

上　册

第一部分　星之子

1. 不守规矩的小男孩 ………………………………………………… 0003
2. 风华正茂的奖学金得主 …………………………………………… 0026
3. 基础奖学金 ………………………………………………………… 0056

第二部分　夜莺与玫瑰

1. 年轻的牛津人 ……………………………………………………… 0093
2. 心灵的渴望 ………………………………………………………… 0123
3. 希腊！ ……………………………………………………………… 0153
4. 特别嘉奖 …………………………………………………………… 0179

第三部分　快乐王子

1. 梦中的美人 ………………………………………………………… 0217
2. 小丑和笑话 ………………………………………………………… 0254

3. 一切妥当 …… 0276
4. 一位英国诗人 …… 0304

第四部分　声名鹊起

1. 最美好的地方 …… 0335
2. 前进 …… 0358
3. 广阔而伟大的世界 …… 0387
4. 好小伙 …… 0403
5. 不同的方面 …… 0419
6. 诗人的梦想 …… 0433

第五部分　忠实的朋友

1. 塞纳河上 …… 0447
2. 第一出戏 …… 0469
3. 风云人物 …… 0486
4. 新的关系 …… 0503
5. 黑白之间 …… 0522
6. 无望之爱 …… 0539
7. 《女性世界》 …… 0571
8. 偏爱绿色 …… 0593

下　册

第六部分　少年国王

1. 一个绝色的男人 …… 0617

2. 一桩糟糕事 …… 0638
3. 暗示 …… 0661
4. 社交达人 …… 0678
5. 七重纱之舞 …… 0690
6. 迷人的舞会 …… 0708
7. 白与金 …… 0726

第七部分　自私的巨人

1. 对美的永恒追求 …… 0745
2. 与豹子同桌饕餮 …… 0765
3. 短暂的夏日 …… 0778
4. 浪漫之敌 …… 0794
5. 罪孽深重的侯爵 …… 0809
6. 逗乐的能力 …… 0817

第八部分　裁判所

1. 最后的狂欢夜 …… 0843
2. 骇人听闻的话 …… 0856
3. 公诉人 …… 0870
4. 女王诉王尔德 …… 0884
5. 偏见的洪流 …… 0907

第九部分　狱中戴锁书

1. 美杜莎的头颅 …… 0925
2. 秩序 …… 0948
3. 来自深渊 …… 0958

第十部分　渔人和他的灵魂

1. 避难所 ………………………………………… 0985
2. 艺术作品 ……………………………………… 1001
3. 被遗弃的人 …………………………………… 1020
4. 痛苦的经历 …………………………………… 1047

第十一部分　智慧的教师

1. 巴黎的快乐圣殿 ……………………………… 1059
2. 前往南方 ……………………………………… 1079
3. 落幕 …………………………………………… 1107

后　记 …………………………………………… 1129
注释中使用的简称与缩写 ………………………… 1133
图片来源 ………………………………………… 1139
索　引 …………………………………………… 1141

前言及致谢

奥斯卡·王尔德（Oscar Wilde）是我们世界的一部分。我离开纽约的短租房去哥伦比亚大学图书馆查看一封之前被忽略的王尔德信件，路过一间爱尔兰酒吧时，看见门外的黑板上潦草地写着那句名言：“酒酿之辈，工作是累。”地铁上，我对面坐着个女孩，她的手机壳上有句话：“绝少有人生活，大多只是存在。”于是，为了让这个清晨更加完美，一个身穿T恤的学生出现在学校门口，他的衣服上写着：“天才是生出来的，不是钱堆出来的。”这三句话当然都得——而且准确无误地（并非总是如此）——归功于“奥斯卡·王尔德”。

这样的邂逅绝非特例。的确，近几年我一直在通过王尔德这个棱镜观察世界，发现哪份报纸或杂志都免不了偶尔提及王尔德或他的作品。推特时代，人的注意力持续时间变得越来越短，然而王尔德得以留存的却不仅仅是他的警句。他的戏剧至今仍在上演。他的书至今仍有读者。他的形象被广泛复制，能够被人一眼熟识。他经常作为一个角色出现在舞台和银幕上。盖尔斯·布兰德雷思（Gyles Brandreth）[①] 甚至让他摇身一变成了侦探。

他的地位非同寻常；他跨越高雅和流行文化，架起过去和现在之间的桥梁。他在英国作家中与莎士比亚、简·奥斯汀比

① 英国作家、演员。——译者注

肩。在美国，也许只有马克·吐温具备这种魅力。法国人可能看重的是波德莱尔和普鲁斯特。然而，王尔德似乎有可能超越所有这些人。他的声望逐年提高。他那目中无人的个人主义、他对社会约束的拒绝态度、他的性异端、他的政治激进主义、他对时尚的执着以及他对如今所谓“明星文化”的谨慎参与，所有这些因素共同作用，使他变得更加平易近人、愈发精彩，别具“意义”。

所有一切都令人刮目，非同寻常，难道这即意味着我们需要另一部王尔德传记？

本书动笔后不久，我去朋友家吃饭。主人从自己的藏书中挑选了几本关于王尔德的书，把它们堆放在我的椅子上。其中有赫斯基思·皮尔逊（Hesketh Pearson）1946 年的《奥斯卡·王尔德的一生》（*Life of Oscar Wilde*），蒙哥马利·海德（Montgomery Hyde）1976 年出版的“权威传记”，当然还有取代此前作品的：理查德·艾尔曼（Richard Ellmann）1987 年问世的不朽巨著——《奥斯卡·王尔德传》（*Oscar Wilde*）。

而且，他的收藏也许根本谈不上完整，那只是一名普通读者的藏书而已。这个乱叠的书堆上也许还可以添加几十本文风别类的书——传记性不太强的记述、同时代人的回忆录、文学研究作品等。毫无疑问，王尔德的故事早已被人讲述过（而且一再复述），诸多细节早有定论（经过一再修正）。人们对他的经历耳熟能详。

但正如奥斯卡所知，外表可能具有欺骗性。对于任何一个对王尔德抱有超常兴趣的人来说，一段时间以来，出版一部全新完整传记的呼声一直存在。其中有三层原因：艾尔曼的著作出版 30 多年来，大量新材料得以公开，众多令人感兴趣的研究随之展开，艾尔曼版本传记中的诸多缺陷日益明显。

提起新材料，可谓有了些惊人的发现。王尔德对昆斯伯里侯爵提起诽谤诉讼的完整文字记录，连同诸多涉案人员的详细“证人陈述”已经重见天日。费城自由图书馆的马克·塞缪尔斯·拉斯纳（Mark Samuels Lasner）与玛格丽特·斯特茨（Margaret Stetz）发现了王尔德早期的笔记本（藏在一个显眼的地方）、带注释的《莎乐美》打字稿，以及一封关于他的《雷丁监狱之歌》的长信。2000 年，鲁珀特·哈特-戴维斯（Rupert Hart-Davis）与王尔德的嫡孙默林·霍兰德（Merlin Holland）共同推出绝佳的新版王尔德书信集，其中增添了不少内容，收录了大量从前不为人知的信件。

学术界也不甘寂寞。牛津大学出版社已经着手在其“牛津英语读本”学术系列中推出《奥斯卡·王尔德全集》，目前共有七卷，包括两卷王尔德在报纸杂志上发表的文章，所有内容都配有关键性的介绍和详尽注释。专业研究领域硕果累累——包括文章、小册子、图书和网站——内容涉及王尔德生活中特定的方方面面：他的工作方式、病史、性生活、家庭背景、他身上的爱尔兰特质、他的学生时代、他接受的传统教育、他的阅读、他的美国之行、他的自由主义政治、他在英国的讲座、他的编辑生涯、他的童话故事、他的女性朋友、他对巴黎的热爱、他在那不勒斯的短暂逗留，以及他生命的最后一段时光。王尔德生命中出现过的许多重要人物也拥有各自的传记：他的母亲、他的妻子、昆斯伯里侯爵、阿尔弗雷德·道格拉斯勋爵，以及查尔斯·里基茨、比埃尔·路易斯和奥布里·比尔兹利等合作者，还有卡洛斯·布莱克、摩尔·阿迪、弗兰克·迈尔斯和莉莉·兰特里等朋友。奥斯卡·王尔德协会在过去的 25 年中发展壮大，源源不断地出版了大量作品。Oscholars 网站为相关研究提供了另一个实用的论坛。将所有这些分散的、迥然不同的新信息汇集起来——进行评估并将其整合成王尔德的生平记录——这个需求年复一年变得日益紧迫。

当然，学问贵在借鉴。学术研究为王尔德生平增添的诸多内容，激发出了新的研究途径。它们促使我重新查阅关于王尔德的浩瀚档案材料，爬梳剔抉，顺着被遗忘的线索继续追踪，去利用报纸档案数字化这一突破性进展所带来的机会。（对于任何一个曾经千里迢迢跑到科林代尔的大英图书馆报纸档案馆，双眼疲惫地翻看一卷卷闪烁不定的缩微胶片，从中搜寻稀见的评论或段落的人来说，数字化的新体验是如此轻松高效，简直不可思议——要不然则难免捉襟见肘。）

随着人们对王尔德生平事迹了解得越来越多，有一点愈发明确——尽管艾尔曼的传记具备种种优点，但它并不尽如人意。学者们在埋头研究这部作品的过程中发现，该书作为王尔德的生平记录，其不足之处已经暴露无遗。德国学者霍斯特·施罗德（Horst Schroeder）博士在该书出版后不久，着手编撰了《对理查德·艾尔曼〈奥斯卡·王尔德传〉的补充和修正》。该册子于 1989 年出版。之后，施罗德博士继续在此基础上进行调查研究，于 2002 年推出篇幅超过 300 页的增订版。虽然该书的内容远远谈不上详尽，但几乎所有在过去 30 年间围绕王尔德进行著述的人，都不得不因此纠正或修改艾尔曼之前为他们设定的框架。这确实是我在写作奥布里·比尔兹利和瓦尔特·西克特传记过程中的经历，他们俩都对王尔德相当熟悉。

这情有可原。艾尔曼在写作传记的过程中，突然患上一种衰弱症。他争分夺秒地要赶在去世之前完成这本书。这部作品是在他去世后出版的。除此之外，他在写作过程中采用的并非历史学家的研究方法，而是一种文学评论的手法，大多数情况下是透过作品看生平。当然，在审视作家的一生时，这种方法有优点，但也有其局限性。这似乎确实使艾尔曼对王尔德的生平事迹和年表没有给予应有的关注，或去检验、评估他的资料来源。这些错误大多极其细小，但数量很多，其不可避免地使某些论述失真。 xiv

艾尔曼断然采用的文学手法中还有一种微妙的变形效应。他与之前别人的做法一样，构建了自己的故事。以希腊悲剧的方式而论，即从一开始便为“叙事弧线”（narrative arc）埋下伏笔，暗示情节发展的必然性。艾尔曼通过引用王尔德的作品，对其一生中发生的诸多事件展开持续不断的评论，却往往使得现实与小说、早期的希望与后来的成就、实际经历与对经历的反思、真相与传说变得模糊不清、混乱难懂。艾尔曼似乎仅凭谢弗利夫人（王尔德 1894 年戏剧作品《理想丈夫》中的人物）说她已经忘记了自己上学的时代，就可以安心地用几乎不到两三页的篇幅匆匆掠过奥斯卡在波托拉皇家学校度过的六年时光。当然，王尔德创造了自己的神话，摆出各种姿态，然而在这些面具及其背后的真相之间，总有一种丰富多彩的力量有待探索。但在艾尔曼的书中，我们的主人公有时候似乎正作为后来传说中的“奥斯卡·王尔德”走过他的一生。

这是许多有关王尔德的作品的一个特点。事实上，如何避免重蹈覆辙一直是个难题。“奥斯卡·王尔德”的既定形象——冷静而精辟的唯美主义者——魅力十足，让人很难不受其诱惑。在最极端的情况下，它还可能导致令人愉悦的曲解，比如赫斯基斯·皮尔逊声称王尔德年轻时“以某种近乎狂热的方式”射击、钓鱼和打网球，“违背了他的天性”。但它也可能只是在较小程度上造成失真。王尔德去世后，围绕着他所产生的许多神话——虚构的轶事、造假的警句、不准确的报纸报道、记错的事件——使情况变得更加复杂。传记作家有时更愿意让这些故事流传下去，而不是去质疑它们。

我在写作本书的过程中，力图让王尔德回到他的时代，回归现实。以历史学家的眼光看待他，赋予其一种偶然之感，在他的人生经历中描绘他的生平。

xv 在这项事业中，我衷心感谢所有在过去 30 年里致力于王尔德研究的学者的付出。他们中的有些人，我迄今为止只在其作品中打过交道，包括：卡尔・贝克森、伊恩・斯莫尔、约瑟芬・M. 盖伊、约翰・斯托克斯、鲍比・方、约瑟夫・多诺休、马克・特纳、J. 罗伯特・马奎尔、斯特凡诺・埃万杰利斯塔、克里・鲍威尔、乔尔・卡普兰等。

我有幸结识了其他一些学者。他们慷慨地分享了研究成果，我个人要特别感谢梅林・霍兰德、约瑟夫・布里斯托、托马斯・赖特、约翰・库珀、迈克尔・西尼、杰夫・迪布、唐・米德、伊恩・罗斯、弗兰尼・莫伊尔、霍斯特・施罗德、玛格丽特・斯特兹、马克・塞缪尔・拉斯纳、朱莉娅・罗森塔尔、尼尔・麦肯纳和阿什利・罗宾斯。

我要感谢以下机构的工作人员：威廉・安德鲁斯・克拉克图书馆（加州大学洛杉矶分校）、得克萨斯大学奥斯汀分校哈利・兰塞姆中心、大英图书馆、伦敦图书馆、牛津大学博德利图书馆、英国国家档案馆、都柏林三一学院图书馆、格拉斯哥大学图书馆、美国国会图书馆、纽约公共图书馆、哥伦比亚大学图书馆、法尔斯图书馆（纽约大学）、摩根图书馆与博物馆

(纽约)、霍顿图书馆(哈佛大学)、贝内克图书馆(耶鲁大学)、史密森学会美国艺术档案馆(华盛顿)、特拉华大学马克·塞缪尔斯·拉斯纳收藏馆、马萨诸塞州历史学会图书馆(波士顿)、澳大利亚国家图书馆、多伦多大学图书馆、布劳瑟顿图书馆(利兹)、牛津大学学院图书馆、牛津大学莫德林学院档案馆、那不勒斯国家历史学会图书馆、那不勒斯大学图书馆、法兰西学院图书馆(巴黎)、巴特洪堡公共图书馆、科罗拉多州莱德维尔公共图书馆。

我还要感谢以其他方式分享资料或提供协助的众多人士:阿米莉亚·戈斯托尼、迈克尔·克莱登、克莱夫·费舍尔、史蒂文·哈利维尔、约翰·尼科尔、罗伯特·惠兰、罗伊·福斯特、鲁珀特·史密斯、大卫·麦克米伦、爱德华·法雷利、格雷格·盖滕比、基蒂和泰德·德里耶、托尼和简·伍斯特、大卫·怀特(《萨默塞特先驱报》)、奥利弗·福奇、雷格·加德内、帕特里克·吉布斯、盖尔斯·布兰德雷思、丽贝卡·朱厄尔、菲尔·肖、迈克尔·塔夫利、彼得·海兰德、戈登·库克、雨果·查普曼、奥黛丽·柯蒂斯、苏菲·霍普金斯、彭妮·富塞尔、约翰·南丁格尔、罗宾·达沃尔-史密斯、大卫·沃勒、茜尔·奥谢、梅根·邓默、艾伦·奥弗莱厄蒂、路易斯·特纳、斯科特·莫里森、约翰·梅克斯伯勒、奥利弗·帕克、保罗·文森特、唐娜·克拉克、德斯蒙德·希拉里、艾伦·布莱克、德文·考克斯、吉尔·汉密尔顿、A. N. 威尔逊、蒂姆和吉恩·斯特吉斯、亚历山大·费吉斯-沃克、查尔斯·马丁、琳达·凯利。

我特别感谢我的经纪人乔治娜·卡佩尔,她的远见卓识和奉献精神让这个项目结出了硕果;还有宙斯之首出版社(Head xvi

of Zeus）的乔治娜·布莱克威尔及其同事们，感谢他们以如此的洞察力和热情迎接本书问世。

最重要的是，我的妻子丽贝卡·霍萨克，感谢她在过去六年里如此乐观地容忍奥斯卡·王尔德出现在我们的生活中。

序

人人都想挤进门里去。法庭上坐满头戴假发、身穿长袍的大律师。旁听席和过道里挤满了民众和媒体。过去的 20 多年里还没有哪起诽谤案能让这个小镇如此兴奋。上流社会闹得沸沸扬扬。报纸头版头条用最大的字号报道这件事情。王尔德的名字本来就已经足够惹人注目，而开庭日披露的那些耸人听闻的证据更是把人们的胃口吊到了一个新的高度。大家都在期待更多的爆料。名人、性和丑闻的恰当组合将会带来沸腾的效果。律师对晨报上的偏见性报道提出抗议，但首席法官对所有的反对意见一概置之不理。[1]

这是 1864 年 12 月 17 日都柏林民事诉讼法庭上的一幕。这桩引发轩然大波的“诽谤大案”由一位颇有魅力、自命不凡的年轻女子玛丽·特拉弗斯提起，她要控告都柏林著名的眼耳科医生威廉·王尔德爵士那位声名在外的妻子王尔德夫人。奥斯卡·王尔德那年 10 岁，这起事件标志着 14 个月以来针对他父母的诽谤、恼怒和恶意在此时达到了高潮。

玛丽·特拉弗斯的父亲是都柏林圣三一学院的法医学教授，他脾气古怪，做事谨慎。她从十七八岁开始成为王尔德医生的病人，也是一家人的朋友。医生对她的身心健康、成长发展怀有浓厚的兴趣，兴许这其中还有些别的成分。他陪她参观展览，给她买衣服，借（或者给）她钱，鼓励她的文学抱负，给她提供读书建议，邀请她到家里吃饭，和家人一起出游。如果说这

xviii 一切中包含有迷恋的成分的话，那么王尔德医生在 19 世纪 60 年代初曾试图断绝这种关系，这可能是因为特拉弗斯小姐流露出性情越来越不稳定的迹象，让他感到不安。他两次给她钱，好让她和她的兄弟们一同前往澳大利亚。她每次都拿了钱，却没有登船。

相反，她越发强烈地要求王尔德医生关注自己，对王尔德夫人拒绝的做法日益不满。她感觉自己受到了轻视，认为王尔德夫妇存心要欺侮和羞辱她。根据她自己的陈述，最严重的一次凌辱发生在 1862 年 10 月。在王尔德医生的诊疗室，就在他检查她脖子上的烧伤痕迹时，她失去了知觉——可能是被自己的帽带卡住了。她苏醒过来后，发现王尔德医生心烦意乱，面露愧色。她还发现——因此她声称——自己在昏迷期间遭到了“侵犯”。

然而，她并没有因此终止与王尔德一家的联系。她继续去看医生，写信给他的妻子，却也愈发放任自己，敌意越来越深。作为计划中的一系列“威胁”之一，她把大蒜放在梅里恩广场的手术肥皂盘里。她继续向王尔德医生索要钱财，并在一封信中写道：“如果你不像往常一样及时寄钱，看看会发生什么事。”她写了一篇讽刺王尔德夫人最新著作的书评，对该书取得的成功表示愤怒。她威胁要自杀，并寄去一份宣布自己死亡的假剪报。

1863 年 10 月，她印刷了一本名叫《弗洛伦丝·博伊尔·普赖斯：抑或一种警告》（*Florence Boyle Price: or A Warning*）的小册子——以几乎写实的手法记录了她的各种怨气，王尔德夫妇被塑造成自负的“奎尔珀医生和奎尔珀太太”——他“嘴边明显挂着一种野兽般阴险的表情”，她则是个“古怪的，不会持家的女人”，喜欢将“大把时间花在床上”。她用耸人听闻的廉价惊险小说的手法，讲述了医生如何把氯仿藏在一个“漂亮的香水瓶”里，制服了年轻的普赖斯小姐，好让他对她为所欲为。小册子共制作了一千份。

这些小册子在都柏林广为流传。王尔德夫妇竭力不去理睬外界的攻击，他们一度看上去经受住了这次风暴。但 1864 年初，王尔德医生被授予爵位，激起了特拉弗斯小姐的愤恨。同年 4 月，威廉·王尔德爵士要在大都会大厅就“爱尔兰的过去和现在”发表公开演讲，特拉弗斯小姐安排了一群报童在会场外分发这本小册子（连同威廉爵士写给她的一些信件的摘录）。其中一个报童摇着从当地拍卖商那儿租借来的手摇铃；所有人都举着写有威廉爵士夫妇名字的牌子。特拉弗斯小姐躲在一辆停在附近的出租马车里指挥一切。

从那时起，斗争就变得无休无止。《桑德斯通讯》（*Saunders's News-Letter*）上刊登了一封由特拉弗斯小姐执笔，但署名“问询者”（Inquirer）的信件——她在信中装作天真地关心起当天晚上的事件，并提出一种合法的解决方案：“很多男孩都在卖一种小册子，我出于好奇买了一本，威廉爵士在其中被描写得极为不堪。这其中所涉及的事情难道是真的吗？如果不属实，爵士应该采取行动惩罚罪犯。这本小册子已经发行了六个月，其准确性没有受到质疑。”[2]

《都柏林周报》的广告栏里开始出现一些粗鄙的顺口溜，暗指威廉爵士的不正当性行为，以及他的几个私生子；类似的邮件则寄到了梅里恩广场 1 号的信箱里。王尔德夫人逃到布雷（Bray），特拉弗斯小姐跟踪到那里。她让当地的报童沿路列队行进，直接从王尔德家屋外经过，仍然举着标语出售小册子。王尔德夫人忍无可忍，给特拉弗斯小姐的父亲写了一封信：

阁下：

您也许不了解您的女儿在布雷的不光彩行为，她在那里与下流小报的报童们厮混在一起，雇用他们散发写有我名字的攻击性标语和小册子，并在其中暗示她和威廉・王尔德爵士之间存在私通的关系。如果她想丢人现眼，那不关我的事；但她侮辱我的目的是敲诈钱财。她曾经多次勒索威廉・王尔德爵士，并威胁如果得不到钱，就会变本加厉地为难他。我认为有必要告诉您，她不可能通过威胁和侮辱从我们手中敲诈金钱。她的做法和要求如此卑鄙，她永远得不到耻辱赔偿。

简・F. 王尔德

特拉弗斯教授虽然回了信，但他没有销毁原信；而他的女儿从文件堆里发现这封信之后，便立刻打算拿它大做文章。她一心一意要把威廉爵士送上法庭，这似乎是个好机会。她把这封信拿到都柏林的一家律师事务所，指示他们对王尔德夫人提起诽谤诉讼——声称信中诸如“不光彩行为”、“与下流小报的报童们厮混在一起”、“私通”和“耻辱赔偿”等字眼诋毁了她的人格和贞操。尽管写下这些诽谤词句的人是王尔德夫人，但威廉爵士在诉讼中被列为共同被告——因为在当时，丈夫对妻子的民事不端行为负有法律责任。特拉弗斯小姐要求赔偿 2000 英镑。* 王尔德夫妇似乎想寻求庭外和解，但特拉弗斯小姐毫不妥协。他们被迫出庭，要求律师为自己的正当性和权利进行辩护。[3]

xx

---

* 虽然很难确定旧时的货币与当前的货币的等值关系，但 19 世纪晚期的大多数货币的币值乘以 80 到 100 之间的一个数，可得出本书写作时的价值。

双方都排出了强大的法律人才阵容。特拉弗斯小姐的代理人是高级律师阿姆斯特朗，他是爱尔兰出庭律师中的佼佼者，其背后是王室法律顾问赫伦先生和才华横溢的御用大律师艾萨克·巴特（王尔德夫妇的老朋友），以及两名初级出庭律师。王尔德夫人的代理人是高级律师沙利文（未来的爱尔兰大法官），同时还有两名王室法律顾问及另外两名初级出庭律师。案件审理从 12 月 12 日星期一开始，持续了 6 天。

特拉弗斯小姐获得了在法庭上公开表达怨恨的机会。她用引人入胜的细节描述威廉爵士对她的殷勤，他的信件（有时是甜言蜜语的哄骗勾引，有时是抱怨责骂），他要她称呼自己“威廉”，他企图拥抱她，以及他遭到拒绝之后的悔过之心。在律师的引导下，她描述了 1862 年 10 月的事件，当时她在王尔德医生的外科诊所失去了知觉。她声称自己苏醒后，王尔德发疯一般地恳求她：“请理智一些，一切都会好起来的。”“我在你的掌握之中……饶了我吧，哦，请饶了我吧……如果你愿意，就打我吧。我真希望能恨你，但我恨不起来。我发誓再也不碰你的手。请听我说，照我的话去做。你要相信我，要对我有信心，过去的事情可以得到弥补，你可以去澳大利亚。想想这件事可能引发的议论。为了你自己，也要装得像没事人一样。”法庭上鸦雀无声，她声称——是的——她在昏迷期间遭到了“侵犯”；或者，如阿姆斯特朗律师所言，她“走进房间时是个少女，但出去时却成了妇人”。[4]

这些都是报界和公众津津乐道的细节。但特拉弗斯小姐的证词中有许多不合逻辑的地方，她的行为也有许多古怪之处。沙利文律师尽其所能指出了这些矛盾点：她没在所谓强奸发生的当时提出指控，她想不起事情发生的确切日期，此事发生之后她继续与威廉爵士保持着往来，她无法确定之后是否还有任何进一步的类似“交往”。但是，威廉爵士无法直接做出否认，因为他——尽管名义上是共同被告——被建议不要出庭作证。

然而，这倒使得一身黑衣的王尔德夫人（为了悼念她新近在美国去世的哥哥）得以陈述特拉弗斯小姐的骚扰行为。艾萨克·巴特经反复询问后，证明确有其事。也许太自信了。王尔德夫人对特拉弗斯小姐及其主张，摆出一副高高在上的蔑视态度。她拒绝承认威廉爵士与原告之间存在“私通”或“不正当的恋爱关系”。当被问及特拉弗斯小姐寄给她的假死亡通知时，她话锋一转幽默地说：“我想，我在 1863 年 8 月，她死亡之后再次见到了她。”这句话引得旁听席上哄堂大笑，但令陪审团大为震惊。尽管巴特试图诱导她，就她最近翻译的德国小说中所谓的不道德问题展开探讨，但法官阻止了探讨这个问题。

至少对一些旁观者来说，这场法庭决斗含有一些戏剧性的讽刺意味。已婚的艾萨克·巴特尽管在道德上摆出义愤填膺的架势，但谁都知道他（像威廉·王尔德爵士一样）有好几个非婚生子女。而且，尽管他试图把王尔德夫人描绘得冷酷无情，但有传言说，他曾在她婚前的几年间与其调情——如果不是外遇的话。但在四法院（Four Courts）的舞台上，每个人都有自己的角色要扮演。

人们“普遍期望”这桩案子的处理会有利于王尔德夫妇。[5] 法官在对陪审团的讲话中强调了特拉弗斯小姐的古怪行为与所谓强奸之间的关系，他提议，既然她和威廉爵士继续保持着友谊，那或许可以合理地认为“如果确实存在性行为，那也是获得了她的同意，或者肯定没有违背她的意愿……整起事件根本就是捏造的”。

但这与星期五下午艾萨克·巴特的雄辩总结形成了鲜明对比——巴特的陈词被新闻描述为“都柏林陪审团有史以来听到的最强有力的上诉之一”。[6]他把特拉弗斯小姐描绘成一个遭受高傲强大的王尔德夫妇冷酷无情对待的孤立而脆弱的年轻女子。威廉爵士拒绝作证，没有扮演“一个男人的角色”——巴特“为一个爱尔兰绅士的此种行径感到遗憾”。王尔德夫人试图摆脱特拉弗斯小姐布下的诱饵（和艾萨克·巴特的质问），被认为是冷酷无情——不配当母亲、妻子、女人和基督徒。她本应该对特拉弗斯小姐讲述的那次自杀企图做出简短回应，但“王尔德夫人对此完全没有兴趣”，说到这里，他假装非常气愤地道：“哦！可耻的天才！哦！无耻的女人心；羞耻——最重要的是，令爱尔兰女人蒙羞。”

xxii

这番感情用事的上诉——尽管有明显的戏剧夸张成分——产生了效果。陪审团经过几个小时的审议，做出了有利于特拉弗斯小姐的裁决——尽管为了削弱裁决的效力，他们只判她获得了 1 法寻的赔偿，而不是她要求的 2000 英镑。王尔德夫妇被责成负担案件费用——“预计负担相当沉重”。[7]

长达一周的好戏终于落幕。淫荡的案情细节加上慷慨激昂的法庭辩护，使之——在爱尔兰之外——成为一桩爱尔兰特有的奇观。“爱尔兰人冲动鲁莽，感情外露，”伦敦《泰晤士报》称，“他们种族的一个特点就是能言善辩，相信在这桩案子中已经表现得淋漓尽致；但英国人也许会纳闷，它怎么会激起如此大的兴趣，耗费这么多的专门力量。”[8]

注释

1. *The Times*，19 December 1864，6.
2. *Saunders's News-Letter*，29 April 1864，quoted in Melville，96-7.
3. *Belfast News-Letter*，19 December 1864；特拉弗斯小姐拒绝了王尔德夫妇提出的1000英镑和解费，而且她还声称，为捍卫自己的利益，她不会接受可能给她带来的任何损害。
4. 'Extraordinary "High Life" Revelations in Ireland'，*Caledonian Mercury*（Edinburgh），15 December 1864.
5. *The Sunday Times*，25 December 1864，2：'Notes of the Week'.
6. *The Times*，19 December 1864，6.
7. *Belfast News-Letter*，19 December 1864. 依照惯例，案件的费用应为2000英镑。Horace Wyndham，*Speranza*：*A Biography of Lady Wilde*（1951），97；Terence de Vere White，*The Parents of Oscar Wilde*（1967），200；Mel-ville，102；Ellmann，14；Coakley，91. 然而，这个数字的唯一来源似乎是当年12岁的哈里斯，他称威廉爵士被迫支付“几千英镑的费用”。我们或许应该谨慎对待这个数字。另外值得注意的是，玛丽·特拉弗斯要求的索赔金额也是2000英镑。
8. *The Times*，20 December 1864，6.

第一部分
星之子

1854～1874 年

1～20 岁

学生时代的王尔德

1. 不守规矩的小男孩

他很少谈及童年，只说他曾经非常非常幸福。

——罗伯特·谢拉德（Robert Sherard）

3

1855年5月——审理特拉弗斯案件的九年前——爱尔兰皇家大文学家威廉·罗恩·汉密尔顿爵士（Sir William Rowan Hamilton）写信给一位朋友，讲述他在都柏林繁忙的社交生活："一位非常古怪而有独到见地的女士……不久前还刚生了孩子：这类事情至少在爱尔兰是这样的；她请我领她入席……这是我生平第一次见她，她向我说起那个'小异教徒'（young pagan），她是这么称呼他的，请我当孩子的教父，也许因为我是诗人华兹华斯的孙子……她是华兹华斯的崇拜者。然而，我拒绝了。"

这次拒绝似乎并未招来怨恨。不久，这位"古怪而有独到见地的女士"拜访了威廉爵士，当时他正在自办的天文台举行开放日。"我们为她孩子的健康干杯，"他写道，"我的女客人告诉我，孩子已经在前一天受洗，起了一个长长的教名，或者说是一串名字，头两个是'奥斯卡'和'芬格'！第三个和第四个（欧弗雷泰和威尔斯）在我听来像是一个了不起的血统，但我猜想那是她自己杜撰的。"[1]

4

信中提到的"小异教徒"奥斯卡·芬格·欧弗雷泰·威尔斯·王尔德（Oscar Fingal O'Flahertie Wills Wilde）1854年10月

16 日出生于都柏林韦斯特兰街 21 号一栋整洁的乔治王朝风格的连排房屋里，那里靠近韦斯特兰街火车站，背向圣三一学院公园的空地。他在附近圣马克教堂举行的仪式上，由他伯伯主持获得了这串长长的教名。[2]

“奥斯卡”和“芬格”都是富有诗意和浪漫色彩的名字；正如他的母亲所言，它们“崇高、朦胧，有奥西恩的风格”。在古代吟游诗人奥西恩写下的凯尔特史诗中（但实际上它由詹姆斯·麦克弗森作于 1760 年），“奥斯卡”是爱尔兰传说中伟大的悲剧英雄，“芬格”是他同样英勇的祖父，是传说中费奥纳勇士军团的首领。“欧弗雷泰”虽然不那么富有诗意，但也同样充满传奇色彩。欧弗雷泰是爱尔兰西部的一个大家族：他们曾经是康尼马拉的领主和康诺特的国王。小奥斯卡·王尔德可以通过曾祖母与他们搭上亲属关系。“威尔斯”也是一个类似的姓氏——虽然听起来更容易让人联想起“英格兰人”而非“爱尔兰人”。奥斯卡的父亲、祖父都用了这个名字，事实上，两年前奥斯卡的哥哥威廉出生时也用了这个名字。自 18 世纪初以来，威尔斯家族一直是卡斯尔雷一带颇有影响力的地主；王尔德家族之所以接连采用这个名字，似乎并非出于血缘关系，而是因为他们渴望与上流社会建立联系。这些名字排列在一起着实引人瞩目。它们想必给威廉·罗恩·汉密尔顿爵士留下了深刻的印象。这些名字承载着希望和期待。同时它们也透露出孩子父母此举的动机——实际上是装模作样的自命不凡。[3]

奥斯卡·王尔德的父亲和母亲是都柏林的重要人物。尽管奥斯卡出生时他们都只有 30 多岁，却已经被标记为真正的“名人”：“外科医生王尔德”和他的妻子“斯佩兰萨”（Speranza）。夫妇俩不仅在都柏林颇有名望，而且两人的名气还令人难以置信地散布开来。他们的名字传遍了爱尔兰、英格兰、欧洲大陆，甚至美国。

威廉·王尔德不仅是都柏林首屈一指的耳眼科医生，医学研究领域的佼佼者，而且还是旅游和历史类畅销书作者，爱尔兰考古、地形、人种和民俗领域公认的专家，是不列颠科学协会和爱尔兰皇家科学院（Royal Irish Academy，RIA）的重要人物。他的妻子简是个诗人——在大部分爱尔兰人眼里——她是一位民族女英雄。她也许“古怪而有独到见地”，但正如威廉·罗恩·汉密尔顿爵士所言，她也是“一个相当了不起的天才，而且她自己非常清楚这一点”。她为都柏林的期刊撰写博学的文章，闲时读读希腊语书籍，并且翻译了广受欢迎的法国和德国作品。

5

王尔德夫妇在任何环境下都是耀眼的一对。她非常漂亮（事实上有旁观者描述她“简直漂亮极了”）[4]：身高接近六英尺，身形笔挺，气势威严，她也许不是传统意义上的美人，但面容洁净，一双细眉，深色眼睛，一头黑发，喜欢穿鼓胀的带裙撑的白裙，配上飘逸的披肩。她很容易让人联想起罗马女神、罗马贵妇，或者奥西恩笔下的女英雄杜加拉（Deugala）。[5]威廉·王尔德中等身材，和他高大的妻子相比略显矮小。此外，由于长时间的工作，他还稍微有点驼背。尽管她看上去仪态高贵、慢条斯理，然而他却——“像一条斯凯狗①”——肌肉发达、精力充沛，一副忙得团团转的样子。他走起路来怪模怪样，胳膊随着脚步上下甩动。他双眼炯炯有神，相貌有点像类人猿，尤其是他的连鬓胡子更加突出了这一点。他的深色头发已经斑

① 一种苏格兰种长毛短腿猎犬。——译者注

斑驳驳地露出狼灰色，浓密而不羁。他的面色特别黄，以至于有人认为他看上去很“脏”。在男人眼里，他很丑；女人倒觉得他很有魅力。[6]

即便身处一个人人善言的城市，王尔德夫妇依然是才华横溢的突出典范：他极为健谈，善于讲故事；她“大胆无畏得有趣，而且见地独到”，喜欢制造“轰动”。他们在韦斯特兰街共同营造的家庭以善于交际、热情好客、富有智慧、令人兴奋和标新立异而闻名。有些人认为王尔德家的人过于亢奋，过于出格，但几乎没人否认，这一切都建立于真正的事实基础和成就之上。他们是自己这座奥林匹斯山上的“天神阿斯克勒庇俄斯和天后密涅瓦”①。[7]

威廉·罗伯特·威尔斯·王尔德生于1815年，在爱尔兰西部的罗斯康芒郡长大。他在家中排行第三，父亲是当地一位医生，出身于英格兰-爱尔兰新教的富裕家庭。他的母亲阿梅莉亚·菲恩（Amelia née Fynn）具有古老的爱尔兰血统（梅奥郡巴利马克吉本的菲恩家族以其广阔的庄园、古老的名字、与欧弗雷泰家族的关系，以及精神状态不稳定而闻名）。[8]在爱尔兰，本土的天主教凯尔特人和外来的英格兰新教徒移民之间有一条既定的界线，威廉·王尔德欣然接受了自己在传承上的连接性和模糊性。他看到了种族“融合”的巨大好处，认为没有“比撒克逊人和凯尔特人更好的”融合了。[9]

6 威廉的两个哥哥是爱尔兰圣公会的牧师（他的两个姐妹中有一人嫁给了牧师），他则子承父业。他17岁时被送到都柏林学医——或者更确切地说是外科。他在都柏林顶尖的医学院学

① 古希腊神话中的医神和智慧女神。——译者注

习，与同窗友好相处了5年，之后获得了爱尔兰皇家外科医学院（Royal College of Surgeons of Iriland）颁发的执业资格。

这些成绩来之不易。他的哮喘病反复发作。期末考试前夜，他染上了一种近乎致命的热病，靠他的导师兼老朋友格雷夫斯医生开的一份浓啤酒（每小时一杯）才扛过来。除了这些健康方面的担忧，这个22岁的未婚男人还得知自己马上要当爸爸了。在诸多因素（或者全部）的作用下，他接受了一份私人医生的工作，为一位患有肺病的苏格兰富商服务，后者准备乘坐自己的汽艇前往巴勒斯坦的圣地，度过为期9个月的康复期。这份工作并不繁重，他时常在中途停靠的时候为自己的第一本书搜集资料。他回到都柏林后出版了一套两卷本游记，作品广受赞誉。

从《马德拉、特纳利夫及地中海沿岸之旅叙事》（通常称为王尔德的《马德拉游记》）一书中可以看出，作者是一个精力充沛、博学无畏的年轻人。他的文风活泼动人。他的兴趣范围无限：涉及鸟类生活、植物标本、古代遗迹、气候对健康的影响、流浪狗的习性、死刑的方式、女装的式样、拿破仑战争遗址、皇家陵墓、伯利恒年轻女性漂亮的眼睛、科伦纳烟草工厂里年轻女性那优美的手指等。他探访了阿尔及利亚的奴隶市场，冒着生命危险登上金字塔，解剖了一只海豚（为了发现海洋哺乳动物如何在不淹死幼崽的情况下哺乳），并在提尔对“第勒尼安紫”染料的真正起源进行了一番彻底的调查。

在希腊伯罗奔尼撒半岛的迈锡尼，他发现“阿特鲁斯宝库”中巨大的石墙并非用灰浆涂抹而成，而且与爱尔兰米斯郡纽格兰奇的新石器时代大型古墓极为相似，这令他感到极为震撼。这促使他想到，前古典时期希腊的雅利安人和史前爱尔兰的早期凯尔特人之间一定拥有一个共同的祖先。[10]威廉·王尔德对爱尔兰的早期历史特别感兴趣。他童年时在罗斯康芒乡下时，经常跟着父亲在当地农民中巡诊。这些旅行经历令他爱上了地形学、考古学、历史和民间习俗。这是一个充满神秘的世界：到处可见无法解释的古代石头和泥土遗迹，可闻与逝去的英雄时代大人物遥相呼应的地名，当地人丰富多彩的迷信习俗似乎保留了爱尔兰人在基督教诞生之前的世界观。

作为都柏林的一名医科学生，威廉·王尔德很高兴能找到其他像他一样对文物感兴趣的人。他们共同的热情反映了一种新的文化民族主义精神，它虽然不像同时代有些人所拥护的民族主义那样具有那么强的政治和革命色彩，但对现有的等级制度也同样具有挑战性。颂扬爱尔兰前基督教凯尔特时代的历史，似乎压倒了后来所有源于信仰、国籍和政治忠诚的分歧，并且提供了一幅爱尔兰独立统一并脱离英格兰的愿景。爱尔兰皇家科学院是一个致力于搜集、调查和分析爱尔兰文物的机构，它为这些狂热者提供了关注焦点。年纪轻轻的威廉·王尔德 23 岁被选为其中的一员。[11]

然而，他对爱尔兰的热爱从来没有局限性，也不狭隘。他用出书赚来的钱（非常有分量的 250 英镑）在欧洲几个最重要的学术中心完成了医学教育。他在埃及旅行时看见许多人饱受眼疾之苦，这段经历成为他决定专攻眼科疾病的原因之一。他在伦敦皇家眼科医院（莫菲尔德）待了三个月；然后前往维也纳，在当地最大的维也纳总医院（Allgemeine Krankenhaus）学习，那里仍然用拉丁语授课；他拜访了布拉格、德累斯顿、海德堡和柏林的各家机构，于 1841 年回到都柏林，在韦斯特兰街开了自己的诊所（最初在 15 号，后来搬到 21 号）。

王尔德精力充沛。作为一名眼科和耳科医生，他很快就在上流社会站住了脚。作为一项公益慈善之举，他把房子旁边的马厩改建成穷人诊疗所，并于1844年在马克街将其改造成了圣马克眼耳疾病医院。他在专业和慈善领域如此活跃，恐怕要归功于他是个积极的共济会成员。[12]他定期向都柏林著名的《医学科学杂志》投稿，在30岁之前成为该杂志的编辑，并将其改造成更具权威性的季刊。他对医学统计学极富兴趣，成为1841年爱尔兰人口普查医学专员（以及随后1851年、1861年和1871年的人口普查助理专员）。

除此之外，他还撰写了一本介绍奥地利知识分子生活的书（《奥地利：文学、科学和医疗机构》）；参加了不列颠科学协会的博物学和民族学会议。他继续研究爱尔兰古文物，定期向爱尔兰皇家科学院报告最新情况。他修改了《马德拉游记》并将其再版。他为《都柏林大学杂志》（艾萨克·巴特是该杂志的共同创办人，并且短暂地担任过编辑）撰写了多篇题材各异的文章。他出版了《迪安·斯威夫特的最后岁月》，这是第一部提出《格列佛游记》的作者晚年并未发疯的作品。他根据自己在爱尔兰西部写下的随笔（他曾经在麦考莱勋爵研究撰写《英国历史》期间，带其考察博因河战场），出版了散文集《博因河与黑水河美景》（1849年）。

所有这一切都是在委员会会议、俱乐部欢宴、不定期讲座和繁忙的社交生活相互交织的背景下完成的。他似乎还参与了学生时代末期留下的私生子的教育。这个孩子被隐晦地起名为亨利·威尔逊，是王尔德家身份不明的“堂兄”，王尔德医生将其抚养成人，准备让他子承父业。威廉·王尔德至少还有两个非婚生子女，是两个女孩——艾米莉（生于1847年）和玛丽（生于1849年）——由他的大哥拉尔夫·王尔德牧师收养并作为监护人，拉尔夫曾在都柏林郊外的基尔萨拉罕（Kilsallaghan）担任教区牧师。她们的母亲据说是城里一家“黑橡树商店”的店主。[13]然而，将王尔德医生说成是个积习难改的“追女仔”，在“家家户户”留下私生子，恐怕是都柏林八卦圈的夸张捏造。[14] 19世纪50年代初，他似乎有意找个妻子。他向莎士比亚戏剧中的女演员海伦娜·福西特求爱——或者至少是调情，但没有任何结果，于是他移情别处。

简·弗朗西斯卡·埃尔吉（Jane Francesca Elgee）是个值得信赖的伴侣。1851年，时年29岁的她已经名声大噪。她在过去五年间揭露饥荒的惨状，对英国政府无法解决饥荒表达了民族主义的愤慨，作为爱尔兰众多发声英雄之一而广受赞誉。她虽然出身都柏林一个彻头彻尾的传统中产阶级新教家庭，自小在教会和英国军队高层的呵护下长大，却被当时的激进民族主义精神所吸引。不久前去世的托马斯·戴维斯是“青年爱尔兰运动”的创始人之一，他的诗歌“点燃了她心中的爱国主义”。[15]这把火很快就蔓延开来。

9

简是家中四个孩子中的老小，由寡居的母亲抚养成人，她具有强烈的浪漫主义和文学气质。她为自己与哥特式小说家查尔斯·马图林（Charles Maturin）的关系感到自豪，后者创作了一部怪诞的浮士德式故事《流浪者梅尔莫斯》（*Melmoth the Wanderer*），深受歌德、巴尔扎克和年轻浪漫主义者的推崇。马图林娶了她的姨妈，尽管他已于1824年去世，但一直是简充满想象力的生活中的一个关键人物。她努力为自身的艺术天性寻找更多支持，深信自己名字中的“埃尔吉”源自意大利语“阿尔吉耶蒂”（Algiati）——这种（虚构的）联系使她很高兴与但丁·阿利吉耶里（Dante Alighieri）攀上了亲戚（事实上，“埃尔吉”是达勒姆劳工的后裔）。[16]她的童年是在看书和读诗中度过的。丁尼生和伊丽莎白·巴雷特·勃朗宁是她的最爱，“当然，伟大的华兹华斯依然稳坐在他的宝座上。”[17]作为一名出色的语言学家，她不仅熟悉英国作家，而且谙熟欧洲所有的古典和现代文学。然而，正是在爱尔兰的民族主义事业中，她找到了一个激发自身创造力的主题，以及自我的崇高使命感。

面对饥荒中的不公正现象和悲剧及其后果，她开始饱含激情地写信、作诗，以响亮的节奏控诉她自身所属的地主阶级——“我们土地的破坏者”。这些信被寄到爱尔兰激进主义的主要周报、“青年爱尔兰运动”的喉舌《民族报》。由于害怕家人生气，她不敢署自己的名字，在信中落款“约翰·范肖·埃利斯”，她的诗歌则署名“斯佩兰萨”，意大利语意为“希望”。《民族报》的编辑加万·达菲对此印象深刻，斯佩兰萨的诗歌借助他的报纸走进了成千上万个贫穷的爱尔兰家庭。人们围在火堆旁读着，民谣歌者慷慨激昂地朗诵着她的作品：《穷人的声音》《受灾的土地》《土豆的哀歌》。

她在1847年的诗歌《兄弟》中，纪念了年轻的约翰·希尔斯和亨利·希尔斯，他们因参与1798年被镇压的爱尔兰起义而被绞死。她的诗句想象着他们正号召下一代为“祖国”而战：

> 哦！他们在劝诫我们，那些静静的、黯淡的身影——　　10
> 他们在坟墓里，那苍白的嘴唇在殷切地叮咛，
> 作为上帝的造物去为与生俱来的权利而奋斗，
> 如果我们只能像奴隶一样活着，还不如不生。

当简的化名不可避免地暴露之后，家人发现了她所做的一切，他们感到极为震惊，但她丝毫不后悔。她的新角色充满了刺激和戏剧性。她找到了自己的使命："我想要轰轰烈烈地度过一生，"她宣布，"这种正统的循规蹈矩对我来说太过于平淡——啊，我这野性、叛逆、雄心勃勃的天性啊。我希望可以用数个帝国来满足它，尽管圣赫勒拿岛就是尽头。"[18]一场爱尔兰起义似乎真的有可能发动起来——至少在都柏林的激进文学圈里是切实可行的。1848 年 7 月，达菲和其他运动领袖遭到监禁，简响应号召加入了武装起义的行列。她在《民族报》上发表匿名文章，强烈呼吁"十万杆在天堂的光芒中闪耀的滑膛枪"。然而，结果是灾难性的。人民因为贫困而疲惫不堪，并没有起来参加战斗。政府暂时中止了人身保护令。蒂珀雷里发生了一场小规模的叛乱（"寡妇麦考马克的白菜地之战"），两名"叛乱分子"被击毙。在随后对加万·达菲的审讯中（由艾萨克·巴特为他辩护），简发表的煽动性言论成为控方在案件中的关键依据之一。简鼓足勇气找到副检察长，承认自己是这些文章的作者。这一勇敢之举为她的名声增添了一抹新的光彩：它很快就被编成了神乎其神的故事，她在公开法庭上站起身，打断公诉人的陈述，声音洪亮地宣布："如果有人犯罪，我就是罪犯。"[19]

审讯过程中，艾萨克·巴特给简留下了深刻的印象。这位 35 岁的律师，虽然最近才成为民族主义者，却是一位充满激情的支持者（他为达菲提供了无罪担保）。简将他浪漫地描述为"青年爱尔兰运动中的米拉波（Mirabeau），他满头乱蓬蓬的黑发，眼睛闪闪发亮，演讲起来抑扬顿挫，滔滔不绝。"[20]有传言说他们是相互吸引。几年后，约翰·巴特勒·叶芝在给儿子威廉的信中写道："当她还是埃尔吉小姐时，巴特太太就发现（简）和她的丈夫在一起，当时的情境不容置疑，她把这件事告诉了我母亲。"[21]然而，这桩事情似乎和1848年的起义一样只是昙花一现。

11

随着"青年爱尔兰运动"失败，简退出政治前线，转而专注于性别政治和文学作品。她成为妇女权利的热心支持者，一名才华横溢的译者。1849年，她翻译出版了威廉·迈因霍尔德（Wilhelm Meinhold）怪异的哥特式浪漫小说《女巫西多妮亚》（*Sidonia the Sorceress*）的英文版。在接下来的两年里，她翻译出版了拉马丁的《第一次法国大革命》（1850年）及《流浪者和他的家》（1851年）。这些高尚的事业并没有夺去她对生活俗事的兴趣：她的一位女作家朋友曾经回忆说，两人第一次见面时，简"谈了不少诗歌问题……但谈得更多的是时尚"。[22]

简为都柏林的报纸杂志撰写了诸多文章，其中有一篇热情洋溢的书评（发表在《民族报》上）是专门为威廉·王尔德的《博因河与黑水河美景》而写的。尚不清楚这种赞美是开启了一段新的友谊，还是反映了一种现存的友情，但简在1851年11月嫁给了该书的作者。这段婚姻来得正是时候。年初，母亲去世，她在家里形单影只。19世纪中期，未婚女子的生活仍然存在诸多现实问题。亲戚们见她安顿下来，自然松了一口气。

斯佩兰萨曾经开玩笑说："天才不应该结婚。"她自己和丈夫可能都受到这样的制约。尽管如此，他们都努力让自己适应新的情境。他们都喜欢社交和娱乐，都没有放弃出版文学作品。威廉在分析1851年人口普查结果的同时，出版了《爱尔兰的大众迷信》（"献给斯佩兰萨"）和一本重要的耳外科教科书，该书为建立"耳科学"专业（中耳和乳突疾病的医学分支）贡献了一己之力。简继续翻译大仲马的《冰川之地》，之后是新版的史威登堡的《未来生活》。

不过，做出些许调整当然也是必要的。威廉·王尔德不是一个容易相处的人。简向朋友吐露："他在家的时候性情古怪、紧张、忧郁，外界从来看不见这些——只有我能看见，这经常让我痛苦，虽然我能够振作起来勇敢地抵挡一场真正的灾难，却不知道如何应对这种不可思议的负能量……我的丈夫在外界看来如此杰出耀眼，却将自己包裹在……一块黑布中，他像坟墓一样黯淡、严肃、哀伤、沉默……但过一会儿，如果有什么事情能让他兴奋起来的话，他就会投身到忙忙碌碌的生活中去，好像又充满了活力。他生命的全部就是永不停歇的脑力劳动。"[23]但他的才华可以为他开脱，并且带来诸多回报。1853

12 年，他被任命为"爱尔兰女王常任眼外科医师"，除了自己事业兴旺之外，他还在维多利亚保险公司兼任收入颇丰的医疗顾问。[24]

王尔德夫妇的第一个孩子是儿子，出生于 1852 年 9 月 26 日。虽然大家从一开始就叫他威利（Willie），但他受洗时被命名为威廉·查尔斯·金斯伯里（威尔斯）·王尔德（查尔斯是简的父亲的名字；金斯伯里是她母亲的娘家姓）。仅仅 13 个月后，他们的另一个儿子出生了："小异教徒"奥斯卡，他的一连串名字与哥哥的英格兰式名字形成了相互匹配的爱尔兰式平衡。

简以自嘲式的讽刺和热情接受了身为母亲需要付出的关怀照料。威利出生后不久，她对一位朋友述说："哦，爱国主义、光荣、自由、征服、奔忙、冲突、战斗和王冠，我青春的精灵们，你们在哪里？难道那时的我比现在更高尚？也许如此，但现在的生活更真实。一个普通的女人，仅此而已。我现在就是这样……人的一生能经历多少种生活啊！……有人看见我在育儿室里用小炖锅做饭，就说：‘哎呀！命运多么残酷，看哪，斯佩兰萨在煮粥！’……好吧，我要把他培养成一个英雄，也许是未来爱尔兰共和国的总统。谁知道呢？（Chi sa?，意大利语）我还没有完成我的使命。煮粥和育儿室都不能打垮我。”[25]

奥斯卡年仅1岁时，王尔德一家从韦斯特兰街搬到距离不远的梅里恩广场1号。虽然从表面上看只是过了个拐角，但新住址显然标志着这个家庭在地位和规模上都获得了提升。梅里恩广场建于18世纪60年代，宽敞有序地分布着房屋和巨大的中心花园，是爱尔兰最富有的地主家庭在都柏林的一块时髦领地。但是，1800年《联合法案》（Act of Union）的颁布标志着旧的爱尔兰议会消亡，许多英格兰-爱尔兰贵族更希望在伦敦市内拥有宅第，以便靠近真正的政治权力中心。在随后的几十年里，梅里恩广场的大房子成了都柏林成功专业人士的领地——就才能与智慧而言，他们是土生土长的贵族。威廉的事业越做越大，简的自我价值感愈发清晰，梅里恩广场似乎为王尔德一家徐徐开启的生活大戏提供了最适合的舞台。简激动极了。“我很喜欢这次搬家，”她得意地说，“我们有精美的房间，住在都柏林环境最好的地方。”

梅里恩广场1号理所当然非常醒目。它位于广场西北角，沿着梅里恩街一侧加盖的二层扩建使其显得比其他房子更加宽敞。侧楼包括前门和石头铺成的一层走廊，楼上是光线充足的阳光房，以及王尔德医生看病的诊室。大楼后面有一扇门和楼梯单独通向这个诊室，一层后面还有一个更大的房间可以供威廉进行手术。屋里的正房确实十分精美——天花板很高，点缀

13

着精致的花饰和大理石壁炉，可以从正面望见广场对面的景色。王尔德家到处陈列着书籍和绘画。宽大的爱尔兰橡木地板上铺着土耳其地毯。一楼书房里摆放着作为装饰的查尔斯·马图林的半身像。六名住家仆人负责打理这个新家，他们的住处在地下室。育儿室位于房子的顶层。

两个男孩被安置在这里。简希望他们能在宽敞的新环境中茁壮成长，他们做到了。用他们母亲的话说，威利变得“白皙、高挑、精神，一双漂亮的大眼睛会说话”，而1岁的奥斯卡“生得非常敦实，只顾着一个劲儿地长胖”。[26]简是一位尽职尽责的母亲。她对“祖国”的热情和崇高理想，大部分转化为对孩子们的爱和昂扬的愿景。威廉·王尔德虽然既要行医，又要参与为爱尔兰皇家科学院编制收藏目录的大项目，但他仍然积极参与育儿工作。[27] 1857年4月，简又生下一个孩子，一股全新的兴奋劲令整个家庭活跃起来：这是一个盼望已久的女孩，教名为伊索拉·弗朗西斯卡·艾米莉。她立刻成为家里的宠儿。

有人见过婴儿时期的奥斯卡。他似乎很早就有了自我意识和戏剧化的自我表现。一位访客曾经回忆，这个2岁的小男孩在梅里恩广场的客厅里招待一群客人，他反反复复念着自己好听的名字：“奥斯卡、芬格、欧弗雷泰、王尔德……奥斯卡、芬格、欧弗雷泰、王尔德。”[28]奥斯卡当时的一张照片保存了下来，结实、自信，打扮得引人注目——按照当时的风俗，身着蓝丝绒连衣裙。[29]然而，他的举止中丝毫没有女孩子气。1857年8月，瑞典年轻作家洛滕·冯·克雷默（Lotten von Kraemer）在她的父亲——乌普萨拉省省长的陪同下做客梅里恩广场，在她眼里，奥斯卡是一只“棕色眼睛的小野猫”。她回忆威廉·王尔德走进屋子，手里牵着“金发”威利，胳膊上抱着“不守

14

规矩的小男孩”奥斯卡。这对小兄弟已经成为这所房子里热闹非凡的生活的一部分。那个星期天，克雷默父女参加了一场非正式晚宴，他们惊奇地发现孩子们竟然没睡，还在四处走动。他们和父亲吻别道晚安后，又被派去图书室取书。[30]

第二年，在母亲偏爱的眼光里，奥斯卡和威利已经长得“又高又聪明”了。简在同一封信中提到了10个月大的女儿伊索拉，“她有一双蓝色的眼睛，将来必定非常聪明——这两件礼物对任何女人来说都足够了”。[31]夸张、浪漫、想象的世界都是梅里恩广场氛围的一部分。文学也是如此。简从一开始就读书给孩子们听，尤其是诗歌。当他们把小脑袋靠在她身上时，她翻开丁尼生的“克莱尔夫人”和朗费罗的《海华沙》。[32]爱伦·坡的《乌鸦》是她最喜爱的作品。[33]她还给儿子们启蒙了丰富的爱尔兰诗歌遗产，从宏伟莫测的“奥西恩”、汤姆·摩尔忧郁的抒情诗，到托马斯·戴维斯、丹尼斯·弗洛伦斯·麦卡锡激动人心的民谣，甚至还有她自己的作品（母亲的诗作中，奥斯卡最喜欢希尔斯兄弟的那首）。[34]正是从母亲的读书声中，奥斯卡开始领悟到文字的乐感和魔力。

家庭生活充满亲情、鼓励和爱抚。洛滕·冯·克雷默注意到威廉·王尔德的眼神落在孩子们身上，一副“心满意足”的样子，轻轻抚摸着奥斯卡的头发，打发他去玩。[35]简在伦敦旅行时，念念不忘孩子们“临别时的亲吻和温暖的拥抱”。[36]然而，她此行到英国首都的目的是给孩子们找一位训练有素的家庭女教师。随着新助手的到来（一连串人选中的第一个），并且威廉·王尔德的私生子亨利·威尔逊获得了医师资质，王尔德夫妇又能外出旅行了。夫妇俩和克雷默父女的友谊与日俱增，随后几年里，他们定期前往瑞典和斯堪的纳维亚半岛其他地区，把孩子们留在家里由仆人照看。[37]

不过也有全家度假的时候，他们会去都柏林附近的村庄和度假村，或者去西部遥远的康尼马拉欣赏“壮丽的原野风光”，威廉在那里盖了座垂钓小屋——用简的话说——它坐落在“大西洋的边缘”。[38] * 王尔德医生对建筑的热情与日俱增。1861 年，他在都柏林附近最受欢迎的海滨度假胜地布雷（Bray），设计并建造了一排由四栋“非常漂亮”的屋子组成的房产，其中三栋出租，一栋供家人使用。[39]

有一个假期，在格伦克里山脚下美丽的恩尼斯凯里村（Enniskerry）（可能是 1860 年或 1861 年，布雷的房屋完工前），简和出身圣母无玷献主会且掌管着附近新成立的圣凯文感化院的劳伦斯·普里多·福克斯神父成了朋友。他是一个精力充沛、妙趣横生的人，对文学和艺术都很感兴趣：他认识查尔斯·狄更斯和红衣主教纽曼，并以“在室内装潢方面的才能”而享有盛誉——他在自己所属的都柏林郊区因齐科尔（Inchicore）的献主会创立了著名的“圣婴摇篮”。[40] 在格伦克里度假时，他和斯佩兰萨在谈话间“享受了许多愉快的时光”。

宗教在她的思想中占很大比重。她当时正在翻译备受争议的德国浪漫小说《尔等即如神》（*Eritis Sicut Deus*）。该书——1854 年匿名初版——通过罗伯特和他美丽的妻子伊丽莎白的故事，戏剧性地描写了信仰危机以及德意志哲学对此的反应。前者背弃了上帝，转而信奉自创的美学艺术信条——崇拜感官享

---

* 房子坐落在（至今仍然保留着）小小的伊劳恩罗（Illaunroe，意为“红色的岛”）半岛上的费湖（Loch Fee）旁。威廉·王尔德对他安装的垂直推拉窗非常得意，称它们是“康尼马拉唯一的垂直推拉窗”。然而，当他向一位来访的朋友炫耀时，“他发现它们既打不开也关不上”。

受，结果陷入绝望；后者短暂地追随他走上这条道路，但是当临近疯狂边缘时，她恢复了信仰——随之唤回了理智和幸福。[41]虽然简本人（正如她儿子后来所描述的）“对我们称为圣灵的上帝抱有非常坚定的信仰”，但她无法忍受所有的宗教教条，尤其是“任何阻挡在她和上帝之间的牧师和圣礼”。[42]不过，她对天主教崇拜的诸多方面持有一种审美情趣。她在 1850 年为《都柏林大学杂志》撰写的一篇文章中，赞扬了当代爱尔兰天主教会对艺术的大力支持，指出“只有天主教才理解艺术是宗教最高贵的语言之一这条真理”。[43]

在格伦克里度假期间，她带着孩子们去感化院旁边的一座哥特式小教堂参加礼拜。教堂里有个圣坛，访客在那里不会接触到被收容者。福克斯神父回忆，没过多久，她就请他负责教导奥斯卡和他的哥哥：“数周之后，我为这两个孩子施行了洗礼，王尔德夫人自己也在场。”神父随后拜访了威廉·王尔德，向他通报事情的经过。医生“强烈反对将感化院”作为一种手段，来处理大饥荒之后犯下轻罪的众多男孩。他与福克斯神父从未相处得特别融洽，但当时他仅仅表示，自己不在乎儿子“将来变成什么样，只要他们和母亲一样优秀就行”。[44]奥斯卡仍然记得第二次受洗，但这与他童年时期接触到的天主教教育无关。[45]

16

相比之下，其他精神力量给他留下的印象更为深刻。他清楚地记得，一天夜里被一阵刺耳的尖叫声惊醒。他以为那是一只受伤的狗。然而，第二天传来一个亲戚去世的消息。有人告诉他，前一天晚上的哭声一定是报丧女妖的声音。[46]爱尔兰传说一直是这个家庭共有的想象世界的一部分。1862 年，威廉·王尔德在遥远的西部梅奥郡康镇（Cong）附近的科里布湖

（Lough Corrib）岸边买下170英亩土地，这个想象世界因而变得更加真实。这块土地对他来说有着特殊的意义，它不仅曾经属于他母亲的菲恩家族，而且——他相信——也是传说中莫伊图拉之战（Magh-Tura）的发生地，爱尔兰两个古老的凯尔特族群——丹南人和菲尔堡人曾在这里争夺霸权。他着手在此地建造一座漂亮的住宅，取名为“莫伊图拉”。这座两层建筑四周“风景如画”，俯瞰科里布湖，山墙雪白陡峭，它将成为王尔德一家的第二居所。它配备数间宽敞的娱乐室，一个带日晷的玫瑰园，还有一处四周带墙、种满果树的菜园。*

奥斯卡和哥哥在一起玩耍的日子里建立了一种快乐的“男孩间的友谊”——这种关系因为奥斯卡脾气随和而显得轻轻松松，波澜不惊。[47]一次，他甚至把最喜欢的泰迪熊送给威利：“之后每当我生他的气时，”他后来解释说，“我总是威胁他说，‘把熊还给我，威利。’”这句话直到童年结束之后，一直是两兄弟之间的一种交流方式。[48]尽管奥斯卡愿意去适应别人，但他的个性特点也越来越明显。一次在康尼马拉度假时，他离家出走躲进一个山洞里。[49]还有一次，在梅里恩广场，晚上他和威利在育儿室的壁炉前洗澡，他们的小睡衣挂在壁炉围栏上烘烤着。保姆暂时离开房间时，两个孩子注意到一件衬衫上出现了一个棕色斑点。它慢慢地颜色越来越深，之后突然燃烧起来。威利大声呼喊保姆救命，奥斯卡却兴奋地拍起手来。保姆冲进屋里，从围栏上扯下着火的衣服扔进火堆，奥斯卡“眼看这么好看的场面被毁，没了乐趣，大发脾气哭起来”。他后来说，这表明了他和威利之间的某些差别。[50]

17

* 尽管威廉·王尔德对他的宅第很满意，但有些人认为它的“建筑风格非常独特”，都柏林有人将其戏称为“王尔德的眼窝”。

奥斯卡和哥哥开始在家里接受教育。接二连三的家庭女教师——通常是外国人——至少教给了他们法语和德语。[51]梅里恩广场的住所里经常充满了有趣的人和有趣的谈话；而且——正如克雷默父女所见——王尔德家的孩子们很少被排除在外。

王尔德家的社交聚会因为男女主人的活力和魅力而光彩照人，洋溢着知性的欢乐和智慧。简描述称，星期六固定的晚餐宴会是为“十到十二个聪明人”举办的：他们6点半吃饭，11点散伙。[52]有时，餐后会有诗歌朗诵或音乐演奏。这些人中不仅有“爱尔兰的天才”（都柏林首屈一指的文学、科学和古文物收藏人士），还包括“欧洲和美国的名人”。[53]奥斯卡童年“最初的英雄”是“高大而威严的”史密斯·奥布莱恩——曾经的“青年爱尔兰运动”领袖，他结束塔斯马尼亚岛的流亡生活，返回都柏林之后，成了王尔德家的常客。[54] 1861年夏天，都柏林召开各国协会年度会议期间，王尔德家对瑞典代表团敞开大门，举办了一系列非正式宴会，爱尔兰和斯堪的纳维亚代表可以“愉快、自由、轻松”地聚会聊天。[55]

对于许多国外到访者来说，在梅里恩广场的谈话是一种启示。洛滕·冯·克雷默回忆，她在宴会上第一次坐在王尔德医生旁边时，“明白了什么是真正的英式‘席间闲谈’。他那轻松幽默的待客方式很能够打动人”。[56]“英式”这个形容词可能选用得并不恰当。梅里恩广场的那些轻松和幽默明显是爱尔兰式的。即便在场的都是科学家，其对客观事实的交流也要让位于消遣。威廉·王尔德的好朋友及导师威廉·斯托克斯博士（他住在梅里恩广场5号）曾说：“交谈的黄金法则是，没有什么东西是准确的。”[57]尽管许多事物都只是假定不准确而已。他们的谈话内容涵盖“当今所有的热门话题、文学和科学”。[58]他们

18

采纳、赏玩、抛弃各种想法。没有什么是神圣的：在王尔德家的餐桌上，“每一项信条”都是“既可以得到捍卫，也可以遭遇推翻”。奥斯卡从孩提时代就听说了这一切。他开始思考，“他童年所受的最好的教育，是从与父母及他们杰出的朋友的交往中获得的”。[59]

如果说奥斯卡意识到了父母的才华，那么他也同样感知到了他们日益上升的社会声望。他的父亲买下莫伊图拉的地产之后，成了地主。1864年初，威廉·王尔德获得爵士头衔，地位进一步提升。从嘉奖令可以看出，此举与其说是考虑到他在欧洲的医学声誉，不如说是为了表彰他在“与爱尔兰人口普查相关的统计学方面……所做出的贡献”。如果说王尔德医生很高兴能成为“威廉爵士”，那么他的妻子更是因为摇身一变成为“王尔德夫人”而雀跃。她毫不费力地调整了自己的民族主义情绪，适应了因获得王室认可而带来的荣耀。然而，奥斯卡却隔了一段时间才感受到这份喜悦。他当时正离家在外。

注释

1. Robert Perceval Graves, *Life of Sir William Rowan Hamilton*, vol. III (Dublin, 1889), 497.
2. 这座车站是都柏林和金斯敦通勤线路的终点站，1966年更名为皮尔斯车站（Pearse Station）；圣马克教堂坐落于皮尔斯街。奥斯卡·王尔德于1855年4月26日在都柏林圣马克教堂受洗。受洗证书上写着他的名字是“奥斯卡·芬格·欧弗雷泰”。“威尔斯”是一个非正式的附加名。给奥斯卡·王尔德施洗礼的是他的伯伯拉尔夫。克拉克图书馆藏有一份证书复件。
3. Gerard Hanberry, ‘Discovering Oscar Wilde in the Heart of Galway’, *Wildean*,

44（2014），99.

4. Lotten von Kraemer diary，quoted in Elisabeth Mansén，'A Splendid New Picture of Jan Francesca Wilde?'，*Wildean*，40（2012），113.

5. Melville，71.

6. J. S. Blackie 甚至形容威廉·王尔德“个高”；*The Letters of John Stuart Blackie to his Wife*，ed. Archibald Stodart Walker（1909），227－9；Melville，70.

7. Melville，54；Sir William Rowan Hamilton，letter quoted in *DNB*.

8. Gerard Hanberry，'Discovering Oscar Wilde in the Heart of Galway'，*Wildean*，44（2014）；威廉·罗伯特·威尔斯·王尔德母亲的名字，有时候也被写作“Amalia Fynne”或者“Emily Fynn”（杰罗姆山家族墓碑上的写法）。

9. WRWW，'Address to the Anthropological Section of the British Associa－tion，Belfast，1874' in Lady Wilde，ed.，*Legends*，*Charms and Superstitions of Ire－land*（1919），346.

10. Iain Ross，*Oscar Wilde and Ancient Greece*（2013），9－18.

11. T. G. Wilson，*Victorian Doctor*：*Being the Life of Sir William Wilde*（1942），78；Terence de Vere White，*The Parents of Oscar Wilde*（1967），65.

12. 他于1838年学生时期加入共济会；回到都柏林后，他担任过一期分会主席。

13. M. Hone，ed. *Jack Butler Yeats Letters*：*Letters to his Son*，*W. B. Yeats and Others*（1944），277.

14. Ransome，22；G. B. Shaw to Frank Harris，as quoted in Stanley Weintraub，ed. *The Playwright and the Pirate*（1986）.

15. Melville，26.

16. Melville，271－3.

17. JFW to［John Hilson］，13 December 1847.

18. JFW to［John Hilson］，December 1848.

19. Melville，37－9.

20. Ellmann，13.

21. J. B. Yeats to W. B. Yeats，May 1921；William M. Murphy，*Prodigal Father*：*The Life of John Butler Yeats*（*1839－1922*）（1978），551 n. 75.

22. Lotten von Kraemer diary, quoted in Elisabeth Mansén, ‘A Splendid New Picture’, 113.
23. JFW to [John Hilson], 1852, Tipper, *Hilson*, 56-7.
24. *DNB*.
25. JFW to John Hilson, 1852.
26. JFW to John Hilson, 17 June 1855.
27. Melville, 70.
28. Barbara Belford, *Oscar Wilde, A Certain Genius* (2000), 3.
29. 有说法认为，这件衣服有点像传说中奥西恩英雄的装束。See Owen Dudley Edwards, ‘Impressions of an Irish Sphinx’, in *Wilde the Irishman*, ed. J. McCormack (1998), 50.
30. Elisabeth Mansén, ‘A Splendid New Picture’, 112-25, 书中详尽地记载了洛滕·冯·克雷默对王尔德一家的各种描述。
31. JFW to LVK, 17 February 1858, in Tipper, *Kramer*, 13.
32. JW to [John Hilson], 18 May 1858, in Tipper, *Hilson*, 69.
33. Karen Sasha Anthony Tipper, *A Critical Biography of Lady Jane Wilde* (2002), 360.
34. Wright, 31.
35. Melville, 70; Mansén, ‘A Splendid New Picture’, 114.
36. JFW to John Hilson, 18 May 1858, in Tipper, *Hilson*, 69.
37. Melville 71-9; they were there in 1858, 1859 and 1861.
38. JFW to LVK, 1860, in Tipper, *Kraemer*, 21.
39. Tipper, *Kraemer*, 35, 37.
40. Oblates of Mary Immaculate, *Register of Personnel 1862-1863*.
41. Melville, 80-1; JFW began work on *Eritis Sicut Deus* in 1860 according to Tipper, *Kraemer*, 25.
42. *CL*, 25.
43. Coakley, 112-13.
44. Rev. Lawrence Charles Prideaux Fox, ‘People I Have Met’, *Donahoe’ s Maga-zine*; April 1905, quoted in Mason, 118. 福克斯神父说，他为（王尔德夫人的）两个孩子施洗；他提到了奥斯卡的名字，我推测另一个孩子肯定是威利；伊索拉当时年纪还太小。

45. Mason，118. 该事件发生的具体日期尚不清楚。梅森认为是 1862 年或 1863 年，但到那时候王尔德一家已经在距离恩尼斯凯里以东几英里的布雷购置了度假屋，因此时间似乎应该更早。他们确切有记录的一次到访恩尼斯凯里是在 1858 年，也是感化院开张的那一年，但福克斯神父表示，他们随后几年一直住在恩尼斯凯里的一处农庄。福克斯神父直到 1867 年才成为这所感化院的负责人，虽然他从 1854 年起就在都柏林的因齐科尔服事，但很有可能在节日期间当过访问牧师。那个夏天以后，他再也没有见过这家人，这可能是因为王尔德一家后来转至布雷度假。福克斯神父一直住在格伦克里直至 1874 年。后来，奥斯卡·王尔德与格伦克里教养院联系过；见 *CL*，53。Intriguingly the inventory of William Wilde's library（when it was sold in 1879）lists，among various works of religious history，Item 816：Rev. Patrick Power's *Catechism*（2nd ed.，1864），the approved work for the instruction of Irish Catholics.
46. O Sullivan，63.
47. Sherard，*SUF*，78.
48. Sherard，*SUF*，78；also variant at Sherard，*Life*，89–90.
49. Pearson，21.
50. Reggie Turner to A. J. A. Symons，26 August 1935，in Clark.
51. Tipper，*Kraemer*，15，17，32，35，37.
52. Melville，76.
53. 'Oscar Wilde'，*Biograph & Review*，IV，no. 20（August 1880），131.
54. Oscar Wilde，'Irish Poets of the Nineteenth Century'，lecture notes，ed. Michael J. O'Neill，*University Review*，1 no. 4（1955），quoted in Melville，73. O'Brien returned to Dublin in 1856 and died in 1864 when OW was ten.
55. Melville，78–9.
56. LVK，diary，in E. Mansén，'A Splendid New Picture'，113–14.
57. Davis Coakley，'The Neglected Years：Wilde in Dublin'，in C. George Sandulescu，ed.，*Rediscovering Oscar Wilde*（1994），55–6.
58. Melville，76.
59. 'Oscar Wilde'，*Biograph and Review*，131.

2. 风华正茂的奖学金得主

我从快乐中获得知识。

——奥斯卡·王尔德

19 1864年1月末，奥斯卡和哥哥被送去上学，6岁的伊索拉留在家里。[1]他们由此走出育儿室，逃脱了家庭教师的管制。波托拉皇家学校（Portora Royal School）位于都柏林以北100英里弗马纳郡的恩尼斯基林，它历史悠久，1608年由詹姆斯一世建立，旨在为当地新近迁入的苏格兰长老会信徒提供教育。19世纪，这所学校发展成为一个更加开放的公共机构。在威廉·斯蒂尔牧师开明的管理下（始于1857年），它成了一所规模虽小但欣欣向荣的——在学术上享有声望——“公学”（public school）。恩尼斯基林位于不断扩张的爱尔兰铁路网的中心，地理位置十分便利。寄宿学校的学生来自全国各地，多为殖民地官员、爱尔兰上流人士、知名神职人员和专业人士的孩子。[2]

王尔德夫妇在波托拉皇家学校有熟人（他们的朋友威廉·韦科曼在该校任教，他曾经为威廉爵士有关博因河的书画过插图），但就学术和社会声望而言——有人称之为“爱尔兰的伊顿公学”——学校本身就非常值得推荐。学校位于城外小山上

20 一座漂亮的乔治王时代风格的建筑里，下厄恩湖的美景尽收眼底。王尔德兄弟入学时，学校有175名学生：112名寄宿生和63名走读生。男孩们的年龄从10岁（根据招生简章）到17岁

不等，被分成初级部和高级部。[3]

校长斯蒂尔博士是个了不起的人物：智力出众、思想开明、为人坦率，而且举止高贵（他鼓励天主教徒入学该校，但来的人很少）。1864 年，时年 44 岁的他依然保持着“轻盈而充满活力的体格”，走路步伐轻快，一双眼睛“闪烁着活力和智慧的光芒”。[4]他是学校生活的核心。他主持晨祷和点名，[5]“几乎总是出现在孩子们的用餐时刻，那是他自己定下的规矩”。[6]他想方设法——据奥斯卡的同辈人记录——在“与孩子们的频繁接触中，通过许多不知不觉的方式对他们之间发生的事情表露兴趣并予以警觉”，践行了一种介于距离感和亲密感之间的“中庸之道”。[7]当他四处巡视时，通常人尚未到，就先“伸出胳膊，用力摇晃手上的一大串钥匙”，以便所有人都能及时获知他马上要到了。[8]他“像对待绅士一样”和孩子们（实际上还有老师们）打交道——并希望他们也能这样做。总的来说，他们做到了。[9]

斯蒂尔认为古典文学和数学可以为年轻人的教育提供最坚实的基础。其他科目当然也应该教——英语、法语、历史和地理——但相比之下，它们在课程中没那么重要。他认为，要学好法语，真的有必要“去法国”，而“男孩在上学的年龄，还没有能力接受历史或地理方面的哲学知识”。[10]斯蒂尔本人是一位优秀的教师，对经典怀有满腔挚爱。为了让孩子们“在基础知识方面打下扎实的基础”，他主要给初级部讲授拉丁语和希腊语。[11]他坚信考试和奖励的好处——设立了一个广受欢迎的年度仲夏授奖暨体育日，庆贺每年上半学期结束。每学年有两个学期，第一个学期从 1 月底至 6 月中旬，第二个学期从 8 月下旬至 12 月底。[12]

然而，斯蒂尔注入学校的不仅是活力和想象力，他还自己 21 花钱改善学校的环境。学校需要为越来越多的寄宿生提供住所，他对校董事会的官僚作风感到不耐烦，于是他便充分利用原来的房子及其独立的侧翼（建起所谓的“石厅”和“教师大厅”）。他建了一间治疗室，并对学校的管道系统进行现代化改造。1864 年，他萌生了一个雄心勃勃的新计划：建一个宽敞的大厅容纳整个初级部，并下设三个专用教室。[13]

斯蒂尔十分喜爱学校美丽的风景，悉心致力于“美化环境”。[14]下厄恩湖从恩尼斯基林绵延至贝利克大约 25 英里的大片水域，也是一笔巨大的财富。它为娱乐和运动、游泳和划船提供了一处主要场所。男孩们可以乘船去岛上探险。划船比赛成为学校运动日的一项特色。斯蒂尔采纳了全新的后阿诺德时代公学理念，学校还组织其他比赛——足球、田径、网球、板球（在一块新建的板球场上）。

这种风气，无论它有什么普遍的好处，都不是新生奥斯卡·王尔德立即就能发现的。他那年 9 岁，比指定的入学年龄几乎整整小一岁。他那脆弱敏感、富于想象、不受约束、酷爱幻想的性格不适合杂乱打闹的寄宿学校生活：于是他渐渐地走向了边缘化。他没有什么知心朋友。他对游戏——学童生存的最大动力——毫无兴趣（称“我从来都不喜欢踢人或被人踢”）。[15]起初，学习也没法使他精神起来。他最突出的特点是，对数学一窍不通。[16]

相比之下，威利在学校如鱼得水。他善于学习，喜欢游戏，擅长交际，活泼好动，心地善良，立刻在同学和老师当中树立了地位和声誉。第一个学期结束时，他获得了一个初级部的学校奖项——那一年，两名学生在湖上的划船事故中不幸溺水身亡，校方随即取消了颁奖日。这是奥斯卡和威利上学期间遭遇的一系列令人痛苦的戏剧性事件中的第一个。

圣诞假期前的最后几周，第二个打击接踵而来：耸人听闻的玛丽·特拉弗斯案。兄弟俩即使在波托拉学校，也能感受到案件的反响。都柏林的报纸在恩尼斯基林随处可见，该镇的三份地方报纸也刊登了法庭审理过程的全部细节以及许多毁谤性评论。[17]这个案例为学生和教职工提供了一个饶有兴味的讨论话题。然而，由于王尔德家的男孩年龄较小（奥斯卡只有 10 岁，威利还不到 12 岁），再加上圣诞节假期即将来临，使得他们躲过了周围人的许多色情玩笑。 22

那个圣诞节，他们在家得到了父母的支持——那是一桩“令人不快”的事件，好在它现在已经过去了。王尔德夫人写信给她的瑞典朋友罗莎莉·乌利韦克罗纳：

> 这桩事件的简单解决方案是——特拉弗斯小姐是半个疯子——她的家人也都疯了……这件事很烦人，但当然没有人相信她的故事——都柏林所有的人现在都在向我们表示同情，这里和伦敦的所有医学界人士都写信表示，他们完全不相信这一事实上根本不可能的指控。威廉爵士不会因此受到伤害，而最好的证明就是他的工作从来没有像现在这样忙碌。我们更担心的是我们亲爱的外国朋友，他们只能通过对爱尔兰事物抱有偏见的英国报纸获知消息——但令人高兴的是，现在一切都结束了，蓄意伤害我们的敌人明显被击败了。[18]

这些新闻——既有大众报纸，也有医学刊物——在痛惜整个“令人伤感的事件”的同时，确实提供了广泛的支持。[19]他们谴责“恶魔般的”特拉弗斯小姐做出如此“可耻、不守妇道、粗俗、不体面”的行为，同时向威廉爵士的职业声望和他妻子受损的尊严致敬。公众的极少数异议（以都柏林医学出版社的眼科医生阿瑟·雅各布为首）可以归咎为职业竞争。[20]个人的反应则多种多样，并不是所有的都柏林人都站在王尔德夫妇一边。有很多人因为这对惹眼的夫妇落难而感到大快人心。枪打出头鸟，对于没有同情心的旁观者而言，这起案件证实了“威廉·王尔德爵士是个像猿猴一样的人，好色淫荡、懦弱胆小（害怕出庭作证），而且他的妻子是个夸张傲慢、自命不凡的人，她的骄傲就像她二流诗人的名声一样放肆”。[21]对另一些人来说，这场灾难只是提供了一个幽默和玩笑的机会。都柏林圣三一学院的学生对此案的细节津津乐道；一首流传于大学生中间的小调开头唱道：

> 广场上住着一位著名的眼科医生，
> 他的才华世上罕见，他的医术最是高明，
> 如果你要是愿意，我就说来给你听，
> 他是怎样让特拉弗斯小姐睁开了那双大眼睛。[22]

23

但是，任何尴尬的情绪都要直面。都柏林的社会规模还不够大，不可能逃之夭夭（王尔德一家继续与艾萨克·巴特交往，似乎是出于友谊，抑或至少是出于礼貌）。[23]这个家庭仍然有许多朋友和崇拜者。大家都非常同情斯佩兰萨。[24]至于威廉爵士——不管事情的真相如何——他的社交圈里有许多人不愿意为这种小过失而责备他。都柏林保留着 18 世纪那种宽容的氛

围，人们不愿意进行道德谴责。幸好威廉爵士的事业仍然兴旺发达，因为他还要面对棘手的法律成本。

对于整个家庭来说，这是一段痛苦的经历，但奥斯卡和威利 1865 年初重返学校时至少是踏实的——从某种意义上说，他们仍然可以安心地享受在这个世界上拥有的特权。* 波托拉学校分散了他们对家庭事务的注意力。男孩们以不同的方式享受学校生活。威利热心参与学校生活的各个方面，弟弟似乎正好可以因此置身事外。奥斯卡对课程不感兴趣，躲进了自己的书本和想法中。据说他“比任何一个孩子都能更快地投入书本中”。[25] 文学给了他一个可以支配的领域：他回忆道，从童年早期起，“我总是让自己与我读到的每一个杰出人物产生共鸣”。[26] 无论如何，奥斯卡的聪明才智还是被人发现了。1866 年夏天，他获得了初级部的古典文学奖（威利和前两年一样，也获得了这个奖项——这次，他获得了罗宾逊先生的特别“古典文学奖”和一个绘画奖）。

离开学校后，他们漫长的暑假主要在莫伊图拉度过。一家人远离了都柏林的生活——以及都柏林的流言蜚语。那座宅子成了威廉爵士最喜欢的地方。正是在那里，奥斯卡在父亲的教

24

* 奥斯卡对这起案件的理解是——如他后来所说——在整个庭审过程中，他的母亲表现得“异常”高贵，在作证时表现出“完美的平静”，完全没有任何“普通女性的嫉妒”，这让陪审团相信，他的父亲必须“无罪”，不容产生任何不当的联想。人们曾希望，特拉弗斯小姐会在审判之后“移民到一个遥远殖民地投靠近亲”。但她仍然留在都柏林，（1865 年）6 月她起诉《桑德斯通讯》曾经暗示是她“捏造”了自己和威廉·王尔德爵士之间的“丑闻”。这一次，虽然她再次得到艾萨克·巴特的辩护，但陪审团认定她有罪，让她支付诉讼费。这是她最后一次法律尝试，也是最后一次打扰王尔德一家。她似乎一直在爱尔兰，直至 1919 年在米斯郡诺曼斯顿一所没落贵妇的收容所去世，享年 83 岁。

导下，不仅学会了做一个爱尔兰人，而且学会了做一个乡下人和凯尔特人。* 他被爱尔兰西部光秃秃的山丘和变幻莫测的天空散发出来的“狂野壮丽之美”所感染。“大自然的强大力量”规模如此之大，令他深受感动。[27]他们在科里布湖上划船。奥斯卡学会了捕捉“忧郁的大鲤鱼”，这种鱼只有听了盖尔人的歌曲才能被魔法引诱出来，否则绝不会离开湖底。奥斯卡——尽管在古爱尔兰语方面貌似没有多大进步——却一直对其中一首歌记忆犹新，歌曲开头忧伤地唱道：“Athá mé in mu codladh, agus ná dúishe mé”（我睡着了，不要叫醒我）。[28]他学会了射击。他结识了附近一些拥有土地的家庭，以及和他同龄的孩子：罗斯家族的马丁夫妇和摩尔庄园的摩尔夫妇。奥斯卡和威利十几岁的时候，有时会划船到卡拉湖的摩尔庄园去玩一天。老摩尔先生非常喜欢他们，相比之下，他把自己的四个儿子称作“笨蛋”。[29]

奥斯卡探索了当地古老的凯尔特遗迹，他不断发展的想象力也被激发出来。他和威利帮助父亲为写一本有关该地区历史和文物的书准备资料——对考古遗址进行“拓片和测量”——还听很久以前的神话故事。[30]威廉爵士“对历史的热爱”使其具有独特的天赋，这一天赋“能把一块石头变成一段炽热浪漫的文字”。他带着奥斯卡和威利漫步乡间，流连于一些“古董器物，脑海里展现出往日的图景及其逝去的荣耀，心中充满实实在在的喜悦”。[31]环顾四周，古代英雄曾在那里挥洒豪情，达纳

---

* 1864年底，王尔德夫人出版了诗集《斯佩兰萨诗选》，献给“我的儿子，威利和奥斯卡·王尔德”，题词是：“我确实让他们/清清楚楚地说出了‘国家’这个词。/毫无疑问，我教过他们，/国家是必要时人们应该为之牺牲的事物！”

神族（Danann s）国王努阿达（Nuada）率领胜利之师战胜了菲尔博格人（Firbolgs）。小小的奥斯卡欣然接纳了这个世界——既有历史意义，也有民族学意义——将其作为自己身份的一部分。他从父亲那里学会了把自己视为“大胆、可敬、英勇”并且“智力超群”的达纳神族凯尔特人的后代。这是一笔丰厚的遗产，因为威廉·王尔德相信这些凯尔特人和古希腊人属于同一血统，共同拥有许多高尚的品质（他周围的许多古文物研究者也持有同样观点）。王尔德夫人乐于设想，凯尔特人和希腊人一样热爱“荣耀、美丽和不同凡响”，他们像希腊人一样厌恶“辛苦劳作”，鄙视“商贾贸易”：因为这两个民族都“把最高的荣誉献给了学问和诗歌”。[32]

25

莫伊图拉还有许多爱尔兰中世纪遗迹，它们同样激发出独特的想象力。1866 年夏天，奥斯卡和父亲在马斯克湖附近的伊尼什曼附近发现一座奇怪的石砌废墟。威廉爵士认定，这曾是附近修道院的“宗教裁判所”。他在书中附了一张图片——由韦克曼爵士绘画——并附上了一段令人满意的说明，指出该建筑是“作者和他的儿子奥斯卡”发现的。[33]

然而，不管历史有多么让人兴奋，现实的忧虑总是处于随时爆发的状态：1866 年，斯蒂尔博士的大儿子弗雷德里克不幸溺水而亡，成为又一名冰冷的厄恩湖受害者。他是一位很有前途的古典学者，刚刚从波托拉获得了到都柏林圣三一学院的奖学金。他的去世给学校蒙上了一层阴影。然而对奥斯卡来说，这桩事情很快就被另一个更大的悲剧取代了。1867 年 2 月 23 日，他的妹妹伊索拉突然去世。她之前曾有一阵子发烧，被送到都柏林以西约 65 英里的厄齐沃斯镇进行医治，她的姑父威廉·诺布尔牧师（他娶了威廉爵士的妹妹）在那里担任教区牧师。然而，她的病情恶化了，紧接着因“突发脑部积液”去世。她只有9岁。

这是一个毁灭性的打击。伊索拉是个不同寻常的小女孩。厄齐沃斯镇的教区医生说，这是他所见过的“最有天赋、最可爱的孩子”。[34]她的逝去让威廉爵士“悲痛欲绝”。她曾经是他的偶像。[35]“伊索拉是我们家光芒四射的天使，”王尔德夫人对洛滕·冯·克雷默悲叹道，“她那么聪明、健康、充满欢乐。我们做梦也想不到，死亡这个词会用在她身上。”[36]她在短暂的一生中，成为众多家庭成员的快乐轴心。然而，活力被摧毁了。

12岁的奥斯卡和他的妹妹之间似乎存在一种特殊的纽带。[37]也许和平淡乏味的威利相比，他们俩更合得来。他说她是“阳光的化身”，一个“奇妙的人儿，如此快乐，意气风发”。当然，她的离去让他“伤心极了”。他被带到厄齐沃斯镇（也许是参加葬礼），“频繁地定期探访”公墓里伊索拉的墓地，以此发泄孤独的悲伤。他小心翼翼地保存着一绺“我的伊索拉的头发”，信封上装饰着象征着爱、希望和救赎的精致形象：相连的首字母、闪闪发光的十字架、印有字母的卷轴、月桂花环和一顶宝石王冠。绘画艺术并不是他努力表达情感的唯一方式。他还从诗歌中找到了慰藉，创作了几首“动人的，尽管有些孩子气的，带着诗意的作品”。奥斯卡第一次显露出“缪斯女神忠实信徒”的气质。[38]

奥斯卡强烈的真情打动了厄齐沃斯镇的医生。这个男孩的聪明才智也给他留下了深刻的印象。他后来回忆称，在“与他叔叔的谈话中，把奥斯卡和他的哥哥威利做了番比较，威利是一个非常聪明的孩子，我们认为‘奥西’（Ossie，奥斯卡昵称）在思想深度上更胜一筹”。这一观察相当敏锐，因为威利一直在传统的学校生活中处于优势。1867 年的颁奖日上，他再次获得一系列奖项，而奥斯卡只得到一个“高度赞扬”（highly commended）。[39]斯蒂尔博士经常拿威利作为他弟弟的榜样。[40]然而，奥斯卡对自己的心智发展越来越有信心。他的母亲也总是追求卓越，似乎已经认识到了这种特殊力量。据记载，当一位朋友问起她的两个儿子时，她说：“哦，威利一切顺利，至于奥斯卡，他将会成为一个卓越的人。”[41]

1867 年暑假，她带着两个孩子去法国待了三个星期（威廉爵士留在莫伊图拉），有机会近距离地对他们进行评估。大家得以从生活的哀伤中解脱出来。对奥斯卡来说，这是一次令人激动的，对新国家和新文化的认识过程。他后来说，从第一次相遇起，他就“强烈地喜欢上了法国人的性格”——他愿意相信，这种性格“与爱尔兰民族特有的性格存在某种亲缘关系”。[42]他们一行参观了巴黎——这个当时世界上最令人兴奋的城市。当时战神广场上临时搭建的巨大“宫殿”里正在举行万国博览会，四周环绕着游乐场和花园。在科学发明、机械创新和文化多样性的展示中，有瑞典村舍、二胡演奏者、施坦威钢琴推广活动，以及一场启发性的日本艺术展览。回家后，一家人对这段经历感到眼前一亮，他们明显感觉到，和光彩照人的巴黎相比，都柏林可能只是一个“地方小镇”。[43]

27

几乎从他们回国的那一刻起，奥斯卡的进步节奏就加快了。虽然没有证据表明这次访问对他的法语产生了有益影响，但他对拉丁语和希腊语基础知识掌握得非常扎实。这一点在初级部学习阶段结束时得到了证实，他在 1868 年的颁奖日那天拿到了三个古典文学奖项。[44]他还获得了绘画奖。

奥斯卡 13 岁进入高级部，看上去非常小。在一名同学眼里——与奥斯卡同时入学——“他当时天性极其孩子气，以后的几年里一直如此，非常好动，一走出教室就不得安宁。”然而，关于少年奥斯卡的一切都暗示，他的自我意识、时尚感和幽默感正在不断增强。1868年9月5日，从他写给母亲的那封绘有插图的信中（这是他留存下来的第一封信，也是他学生时代的唯一信件）——在男孩子关注的种种事情以及古怪的标点符号之下——所有这三种品质都清晰可辨：

> 亲爱的妈妈，
>
> 今天收到了大篮子（hamper），我从来没有这么惊喜过，太感谢了，它简直出人意料。葡萄和梨都很好吃，而且很凉，但是我猜想因为一路摇晃，牛奶冻有点酸了，不过剩下的都没事。
>
> 别忘了给我寄《国家评论》，它今天没出版吗？
>
> 你送来的篮子里的两件法兰绒衬衫都是威利的，我的衬衫一件是深红的（scarlet），另一件是淡紫色的（lilac），但现在还用不着穿它们，天气太热了。
>
> 上星期四我们去看了可怕的（horrid）赛船会。非常开心（jolly）。那里有帆船比赛。
>
> 你一直都没跟我提起格拉斯哥的出版商。他是怎么说的，你有没有用绿色的信笺纸给沃伦姨妈写信？
>
> 几天前，我们和驻扎在恩尼斯基林的第27团的军官们打了一场比赛，赢了他们70分。
>
> 你想象一下，今天早上当我收到爸爸的信，说他送来一个篮子时，我有多高兴。
>
> 现在，亲爱的妈妈，我必须跟你说再见了，因为邮差

28

马上就要走了。

非常感谢你让我画画。捎去对爸爸的爱。

永远爱你的儿子

奥斯卡·王尔德

他将自己的“深红色”和淡紫色衬衫进行区别对待，透露出一股花花公子的着装品位；他关切自己能否获准继续学习绘画，表现出对艺术的兴趣。“可怕的”赛船会和“非常开心”二者明显自相矛盾；至于“沃伦姨妈”（她母亲极端保守的姐姐艾米莉·托马恩，嫁给了一名英国军官）可能收到一封写在带有民族主义色彩的绿色信笺纸上的信，那可是一个颠覆性的恶作剧；在他这样“无法无天的男孩子”看来，那是一出好玩的闹剧。

奥斯卡与他“亲爱的妈妈”志趣相投，既表现在文学方面，也表现在爱国方面。他希望收到的《国家评论》是一本都柏林的新杂志，上一期杂志上刊登了她的诗歌《给爱尔兰》；这首诗将作为她新诗集的“献词”，由格拉斯哥的出版商卡梅隆和弗格森出版。[45]然而，更重要的是，他接受了母亲对世界的整体看法：大气、奢华、乐观、充满可能性。他接受（并始终保留着）她对自己的看法，认为她是“世界上最伟大的人物之一”，而她对奥斯卡的看法则是“卓越的人”。[46]他在学校给她写的所有信件，似乎都反映出这种共同理解。当然，王尔德夫人很喜欢这些信件所预示的前途——她回忆起它们时，称其为“美妙的，而且往往是真正的文学”。[47]然而，那不过是一种私人呈现。

威利一直是公众人物。他比奥斯卡高两个年级，已经形成了“几分性格”——“聪明、古怪、充满活力”[48]。他沉浸在学校生活中。他虽然在各种比赛中表现平平，但对足球和板球了如指掌。[49]他也许算不上是个系统的学习者，但他仍是个优秀的学习者。他受到老师们的赞许和同学们的喜爱。他很注意要“友善对待年纪小的孩子”。他弹钢琴的时候感情真挚——而且相当准确，他会用即兴独奏取悦低年级的孩子。他是个讲故事的好手。他身上有一种令人愉快的、福斯塔夫式的荒谬气质：他爱吹牛，容易因此而被人取笑。[50]他绰号“蓝血人”（Blue Blood）①，和奥斯卡一样继承了父亲的黝黑和毛孔粗大；正因为如此，他像父亲一样经常被认为看起来很“脏”。有一次，他为自己辩解说，他之所以看上去脏兮兮的，那是因为——作为一名欧弗雷泰家族成员，也就是康诺特国王的后裔——他的血液是蓝色的，而不是红色的。[51]

29

兄弟俩保持着友善的距离。学校生活并没有让他们走到一起。威利“总是……像对待弟弟一样”和奥斯卡打交道。[52]但是，奥斯卡——私下里对自己的能力充满信心——拒绝受人保护。[53]尽管校长可能经常把威利作为奥斯卡的榜样，但他不为所动，只是笑笑。他曾回忆道：“我从未有一刻认为（威利）在智力上与我有任何平等之处……在我看来，他总是‘戴着王冠’。”[54]

奥斯卡开始培养一种优雅的与众不同之处。他说：“我一直希望自己的一切都与众不同。”[55]他的样子——显然是邋里邋遢的——明显时髦起来。[56]他“比其他任何孩子都更在意自己的着装”。[57]淡紫色衬衫只是其中的一个要素。他整个星期都戴着

① 有皇家或贵族血统之意，即出身高贵。——译者注

星期天戴的帽子。[58]他的头发——“又长，又直，颜色金黄”，从前额向后梳——显示出铁了心要不同凡响。[59]事实上在同龄人的记忆中，相比任何其他，头发长度才是他的与众不同之处：在他离校大约30年后，恩尼斯基林的人们仍然在说“他长着一头秀发”。[60]不过，学校生活的方方面面都为这种精心策划的个人特点提供了发展空间。他不再使用传统的教科书，而是喜欢上了“精装版的经典著作”。[61]他努力练字，希望写出一部“清晰、优美、独一无二”的手稿。[62]

奥斯卡的大部分时间——如果不是在胡思乱想的话——仍以读书为乐。用他的话说，自己如饥似渴地读了“太多的英文小说，太多的诗歌”。[63]他以惊人的速度阅读，练就了一种罕见的吸收（和保留）信息的能力，近乎一目十行。

他阅读英国古典文学，走进了沃尔特·司各特、简·奥斯汀、萨克雷和史蒂文森的世界。[64]他读了狄更斯和迪斯雷利的作品。狄更斯是当时伟大而多愁善感的喜剧道德家，迪斯雷利则是不太受人尊重的“银叉文学”① 写手和政治花花公子。而且，为了与他在所有事情上“一鸣惊人”的愿望保持一致，奥斯卡宣称自己更偏爱后者。[65]和其他许多事情一样，他在这件标新立异的事情上也得到了母亲的鼓励。她借给他迪斯雷利的书，和他分享书中的“警句式风格”和贵族背景给人带来的愉悦。[66]奥斯卡沉迷于威廉·迈因霍尔德的哥特式浪漫故事，读他母亲翻译的《女巫西多妮亚》，以及达夫·戈登女士翻译的《琥珀女巫》。[67]他热爱“浪漫之王”埃德加·爱伦·坡的作品，崇拜“姨父”马图林惊人的怪诞之作《流浪

30

① silver fork literary，描述上层阶级和贵族生活的19世纪英国文学流派。——译者注

者梅尔莫斯》。[68]

他通过阅读莎士比亚和英国浪漫主义文学，以及他母亲最喜爱的丁尼生和伊丽莎白·巴雷特·勃朗宁的作品，养成了对诗歌的热爱。毕业后不久，他在《纪念巴雷特·勃朗宁及其诗歌〈奥罗拉·利〉》一文中郑重宣布《哈姆雷特》是“我们文学中最伟大的作品”。[69]也许是受母亲的影响，他过早地对沃尔特·惠特曼激情澎湃的自由诗产生了兴趣。[70]

尽管奥斯卡在别人眼里“举止有些矜持、冷漠”，既不爱交际，也不受欢迎，但他对文学的热爱并没有令他与同时代的人隔绝开来。[71]他也许没有什么“非常特别的朋友”，但他受人喜欢，有时还令人钦佩。[72]对那些最了解他的人来说，他“慷慨、善良，（而且在大多数情况下）脾气很好”。[73]他虽然是个蹩脚的桨手，但偶尔也会到厄恩湖去玩玩。[74]有时他会被引诱加入同学们的玩乐游戏，甚至骑在高年级同学背上玩“骑马冲锋”游戏时折断了胳膊。[75]这次事件即他所谓的“第一次了解对痛苦的恐惧，以及生活中潜在的悲剧”。他讨厌这样。他一直坚持认为，身体上的痛苦“比精神上的痛苦还要糟糕一千倍”。[76]

在奥斯卡的学生时代，性似乎没有什么存在感。他很晚才意识到这一点：后来他提到“16 岁是性开始的年龄”。“当然，”他解释说，“我和其他男孩子一样，是感性的、好奇的，有着男孩子通常的胡思乱想；但我并没有过分沉溺其中。”[77]与英国许多规模较大的公学相比，在波托拉，学生之间对有关性方面的事情几乎一无所知：“男孩子们十之八九脑子里只有足球、板球或划船。几乎每个人都参加体育运动——跑步、跳跃，等等；似乎没有人关心性。我们都是健康年轻的野蛮人，仅此而已。”[78]奥斯卡后来曾经回忆起一个初级部男孩——“比我小两岁”——感人的忠诚，那个孩子显然对他怀有一种小学生的迷恋，而奥斯卡——沉浸在自己令人兴奋的想法和计划中——完全没有注意到这一点。奥斯卡很喜欢这个男孩的陪伴，因为对方是个听众：“我的朋友，”他解释道，“具有倾听的天赋。”[79]对奥斯卡而言，听众变得越来越重要。

31

奥斯卡在学校不断成长，他即便算不得是班上的小丑，也是个多才多艺的表演者。1869 年秋，威利去都柏林圣三一学院之后，他有了更大的活动余地。冬日的下午，孩子们聚集在“石厅”的火炉旁，奥斯卡“状态极好”。他会表演“教堂彩色玻璃的样子”逗其他孩子开心——模仿圣徒和其他“圣人”将四肢扭曲成“不可思议的姿势”（显然，这也是他父亲的一个聚会把戏）。[80]他的快速阅读也是一种娱乐手段。大家通常“打赌”，他能够“在半小时内读完一部三卷本小说，可以准确地描述故事情节的梗概”；如果给他整整一个小时的话，他还能描述次要的情景和直接相关的对话。[81]

但最重要的是，他说得——很流利，很好笑，很有趣，相当好。[82]他在“石厅”给大家带去快乐。他逗乐了朋友们，转移了老师们的注意力。他的“描述能力”“远远超过平均水平”，但他真正的天赋是喜剧。他有一种夸张的手法，可以把最平凡的事情转化成幽默的浪漫场面。[83]他当时的一名同学曾经津津乐道地回忆起这样一件事：他和奥斯卡及另外两个男孩，在恩尼斯基林和一个街头演说家开玩笑，用棍子弄掉了演讲者的帽子。这个玩笑引发了人们的些许不满，孩子们不得不撒腿往山上的波托拉学校跑去。奥斯卡在匆忙逃跑时撞倒了一个上了年纪的瘸子。然而，在他的生动——并且严肃而幽默的——描述中，上了年纪的瘸子变成了“一个愤怒的巨人”挡住道路，奥斯卡不得不“一个又一个回合地与他作战，最终在他的勇力之下，巨人被打死了”。[84]

除此之外，他还养成了对深奥事物的兴趣，以及对奢侈品的嗜好。1869 年的报纸上充斥着有关异端人士 W. J. E. 班尼特牧师的诉讼案，波托拉学校的孩子们也在热烈讨论这桩案件。奥斯卡迷上了“充满神秘色彩的拱门法院”——位于伦敦圣玛丽勒波的古教会法庭，即案件的审讯地点。班尼特精通英国国教仪礼，他在一本册子中宣称，基督真实而完美的身体在圣餐礼中不但存在而且可见，因此触怒了新教神学。奥斯卡兴致勃勃地关注案件诉讼过程。特拉弗斯一案的影响并没有让他放弃法律。他向聚集在“石厅”火炉旁的同学们宣布：“成为这类案件的主犯，作为‘女王诉王尔德’案件的被告名扬后世，没有什么比这种事情更让他感到开心了！”[85]

32

奥斯卡“辛辣的机智”还表现在其他方面。他喜欢颠覆权威，取笑他最不喜欢的学校生活的方方面面：他“从来没有说过数学或科学老师一句好话”，瞧不起步兵部队教官和军事训练官[86]——尽管他一直承认，“他那些针对他们的话语中，没有丝毫憎恨或恶意”。[87]只有一次，奥斯卡做得太过分，他对校长“非常大胆无礼”，双方“吵得不可开交”。[88]

他还有“给人起绰号的神奇天赋”。但是，尽管这些绰号“让受害者摆脱不掉……它们并不会招来怨恨，因为它们总是让人快乐，丝毫没有恶意”。[89]这显然是一种令人钦佩的本事。他自己的绰号叫“灰乌鸦”（Grey-crow）——至今不清楚它的来历和相关性。它显然在某种意义上与厄恩湖上的一个小岛有关，或许还与一位同学的评论有关，他记得奥斯卡——在 16 岁生日之后突然变得“比同龄人更高”，身形更大——“笨拙地四处走动”。[90]然而，他对这个称呼相当反感，别人只有在打算激怒他的时候才会用这个绰号。大多数情况下，大家叫他“奥斯卡”——这也是奥斯卡与众不同的地方，同龄人之间过去习惯用姓氏称呼对方。[91]1870 年他因希腊文圣经课程赢得久负盛名的卡彭特奖（Carpenter Prize），校长宣读他的全名“奥斯卡·芬格·欧弗雷泰·威尔斯·王尔德”后，这个名字招来了“男学生们的取笑”。[92]然而，为了这个光荣的奖项，哪怕被取笑也是值得的。

从学业角度看，奥斯卡进入高年级是一个很大的飞跃。按照惯例，那年有一小部分新生入学，他们一方面是被波托拉学校与日俱增的卓越声誉所吸引，另一方面也是因为该校设有通向都柏林圣三一学院的“皇家奖学金”（royal scholarship）。1868 年的入学新生中包括爱德华·沙利文（他的父亲是特拉弗斯案中王尔德夫妇的律师）和相比之下更具天赋的路易斯·克劳德·珀泽。[93]珀泽来自科克郡的米德尔顿学院，对波托拉学校的教学质量大为惊奇——主要是古希腊经典和数学，也包括英语和“更高级的”法语。不仅如此，他还发现这里在“文化跨度和思想传播”方面，都比他以前的学校要宽广得多。事实上，他认为波托拉学校高级部“更像是一所大学的学院，而不是一所中学”。[94]

奥斯卡很适应这种氛围，尽管是以他自己的方式。珀泽回忆称，他“对知识怀着满腔挚爱，特别是那些含有诗意的，他经常借助提出一些无知的问题——如果他愿意，他会表现得很讨人喜欢——诱导某些老师（我认为，那都是些受过高

33

等教育的人）把‘给我们上课的时间’用来就某一个经他巧妙暗示的话题进行探讨”。有一次，他抛出“什么是现实主义者？”的问题，引发了一场“有关现实主义、唯名论和概念论的专题讨论，我们都在其中提出了问题，这样的探讨非常具有启发性”。[95]

尽管奥斯卡的数学成绩一直“远远低于平均水平”（每次学校考试前都要疯狂地死记硬背），但在其他学校科目（school subject）上——在那个“几乎没有‘科学’（science）的旧时代”——他都学得相当好。正如珀泽所言，如果说他“在同学中算不上特别优秀……那就没有人可以比他更胜一筹了”。他全面而持久地掌握了《圣经》（包括英王《钦定版圣经》和《希腊语新约圣经》），甚至在1869年获得了圣典奖。[96]不过，那时候写作还不是他的特长：他的“英语随笔”和“古典创作”都算不上“出类拔萃”。[97]他的文学天赋——以及对诗意的热爱——似乎并不在课堂内，而是通过打油诗和装腔作势的字句来表达的。*

---

* 其中一首得以保留了下来——是王尔德现存最早的诗歌作品。这首小调献给他在戈尔韦郡舞会上邂逅的一位弗伦奇小姐。

我的安吉丽娜，难道认为	Does my Angelina Fancy
你的埃德温不够忠实？	That her Edwin is untrue [?]
难道说，他健忘，	Does she think that he's forgetful
后悔参加了舞会？	Prone the "Galway Ball" to rue [?]
（第二节）	*Canto the 2nd*
少女啊，让愚蠢的想法	Maiden let that foolish fancy
远离你充满爱与信任的心灵	Leave thy loving, trusting heart
你的样子永远不会，永远不会！	Never shall thy image, never!
离开我这颗心。	From this mind of mine depart

然而，更令他着迷的是阅读。一个新的想象世界向他敞开了大门。他后来回忆说："我快 16 岁时（1870 年），开始逐渐领悟古希腊生活的奇妙和美丽。突然之间，我仿佛看见白色的身影在暴晒的体育场上投下紫色的阴影；'一群群裸体的青年男女……像帕特农神庙的浮雕一样穿过深蓝色的图景。'我出于热爱，开始迫切地阅读希腊文经典，读得越多越着迷。"[98]他一如既往地倾向于认同书中的杰出人物，发现自己——"带着一丝惊奇"——最认可"亚西比德和索福克勒斯"那样具有创造性思维的人，而不是"亚历山大或恺撒"等有军事作为的人。[99]

34

他们是很有意思的范例。波托拉学校使用的教科书是威

（接上页注 *）

（这是第二节的结尾，诗人显然已经伤心得难以继续）

这是命中注定的激情	Never shall this fateful passion
永远不会离开被爱激发的胸膛。	Leave this love inspired breast [.]
那就写一句让我开心的话吧	Write then but a line to cheer me
如果可以就写吧，给我一些宽慰。	Write, if, but to give me rest [.]
我不能给你漂亮的珠宝	No fair jewels can I give thee
也没有闪亮的钻石	No bright diamonds from the mine
我只有纯洁无瑕的爱情	Love's my offering, pure, unsullied
献给一颗不属于我的心！	To a heart alas! Not mine [.]

（写到这里，诗人落泪了/如此频繁/再也提不起手里的笔。）

另一首据传王尔德学生时代写下的小诗，是关于他讨厌的板球运动。开头写道：

我再也不玩了	Never more will I play
飞起来那么快乐	With the soaring and gay
落下去却那么残酷——	But cruel in its fall-
这讨厌的板球。	The mean old cricket ball.

廉·史密斯的《希腊小史》，其中对亚西比德的描述无疑勾起了天才们对犯罪的颠覆性想象："亚西比德从年少时就有暴力、鲁莽和虚荣的特点。他喜欢用任性、放纵的行为让清醒、稳重的公民们大吃一惊。他完全没有道德，无论是公德还是私德。但他的一些优秀品质在一定程度上弥补了他的恶行。他既有大胆的计划，又有积极的行动。"[100]

这种对古希腊世界的极大热情——他感觉凯尔特文化与希腊文化之间存在密切关系，也许是在这个因素的促使之下——似乎毫不费力地推进了奥斯卡的学习。他一定很努力，但是——正如他后来所言——"我从快乐中获得知识，我想它一直是这样。"[101]他那罕见的天赋终于有了一个可供施展的领域。

35 他的进步让同辈和老师们都感到"不可思议"。甚至连斯蒂尔博士也深感了不起。[102]奥斯卡本人一直认为，正是在 1870 年至 1871 年期间，他为自己所拥有的"一切古典学知识""打下了基础"。[103]

奥斯卡独特的才华在"文学方面"表现得尤其突出，在"学业"上鹤立鸡群。珀泽回忆称，"他不厌其烦地研究那些强烈吸引着他的作家，欣赏他们的文学价值，他在这些方面的评论和批评总是引人瞩目"；但他对"语法、考证、历史、'文物'等等就没有那么大的兴趣了"。[104]他也喜欢教学大纲要求的其他科目。在爱德华·沙利文看来，"他在课堂上流畅优美的口译""让人难以忘怀"。[105]

学习占据了奥斯卡的全部精力。他对书中的生活远比对现实生活更感兴趣。[106]暑假在莫伊图拉，他完全沉浸在自己的世界里。一位访客（当地医生的儿子）发现奥斯卡"相当沉闷"，疏远、冷漠、不苟言笑，他的思绪毫无疑问都集中在"希腊诗歌”上——与快乐、热情的大学生威利形成了鲜明对比，而后者喜欢喝酒，自弹自唱。[107]

自从进入高级部，奥斯卡就与珀泽、麦克道尔兄弟、E. 加尔布雷斯一起被当作“真正的奖学金获得者”(fair scholar)——然而在波托拉学校的最后一年，他却成了六年级最能干的领导人物之一。他们似乎是一个紧密团结、互相支持的团体，沉浸在游刃有余的学习中，互相挑战提升学业。他们在一封致助教本杰明·莫菲特牧师的联名信上签字，抱怨他设置的一些测试是不可能完成的。珀泽回忆，大家对奥斯卡在古典文学金质奖章考试中的出色表现极为惊讶，对此印象深刻——“在希腊戏剧《埃斯库罗斯的阿伽门农》口试中，他轻而易举地胜过其他所有学生。”[108]他的分数比第二名高出 25%。[109]这部伟大作品的文学品质吸引了他，他“领悟到了其中的真谛”——但是“他可能忽略了漫长的考试中的其他（对他来说不那么有意思）部分”。[110]

结果——当“漫长的考试”中所有部分的成绩都计算出来后——最终胜出的是珀泽。珀泽还在 1871 年的颁奖典礼上获得了弗雷德里克·斯蒂尔纪念奖，也是第一个同时得到数学和圣经奖项的获奖人。奥斯卡和其他人尾随其后。这倒不是说他落后很多：他是三名获得古典文学奖的优等生之一（与加尔布雷斯和 J. 麦克道尔一起）；并且与加尔布雷斯共同获得了助教颁发的古代史奖项，另外还因为一幅极富表现力的厄恩湖水彩画作品获得了绘画奖。[111]总之，这是他学业生涯的一个非常出色，令人满意的结果。暑假后他将前往圣三一学院。 36

斯蒂尔博士在向奥斯卡告别时多说了一句——也许是习惯使然——如果他继续努力学习，可能会“像威利一样为学校争光”。奥斯卡觉得这话非常好笑。[112]然而，威利在圣三一学院表现非常出色：他大学第一年获得了古典文学奖；他重返波托拉时——可能是为了参加奥斯卡的授奖典礼——给人留下了相当迷人的印象。[113]

奥斯卡的心思已经转向都柏林和大学生活。那里有许多令人兴奋的机会——学术、艺术和社交。他想象自己可以在梅里恩广场的家里拥有一个自己的房间。他希望和圣三一学院的老师们友好相处，并且希望他们都是诗人。他简直等不及了。他沉浸在全新的热情中，甚至人尚未离开，波托拉——尽管在过去七年里教给他许多——便开始从他的脑海中消失了。他差点忘了他的小朋友——那个迷恋他的低年级男孩——对方坚持要到车站送别。当火车缓缓驶出车站，向着都柏林和未来出发时，男孩在他的嘴唇上留下了一个含泪的告别之吻，他大吃一惊。[114]

注　释

1. Melville, 87; White, 10. 那年的圣诞节假期于1月29日结束。梅尔维尔认为奥斯卡在2月入学。怀特推测——鉴于王尔德家的孩子在23个新入学孩子的名单中列于最末——他们可能是2月初到校的，但他没有为此提供任何证据。事实上，学校的入学简介中严格要求假期后按时返校。上一年5月，威廉·查尔斯·金斯伯里·王尔德曾经被送到都柏林圣哥伦巴学校，作为短暂的尝试。
2. 都柏林到恩尼斯基林——自1859年铁路建成之后——仅需三个小时车程；中间在德罗赫达有一次换乘，从都柏林—德罗赫达线，换乘西北线（INW）至恩尼斯基林。
3. 寄宿生的基本费用是每年60畿尼，另外还有音乐（钢琴）、绘画和“操练”（根据1864年的学校招生简章）的额外费用。王尔德的两个孩子都学绘画和音乐，花费 1 畿尼 5 先令，操练 5 先令。另外还有 2 畿尼的入学费（White，38）；只有当三个或更多的兄弟姊妹在学校就读时，才会降低收费（1866 年的学校招生简章）。

4. Herbert Beatty, quoted in White, 34.

5. Steele to William Cotter Kyle, September 1864, quoted in White, 5.

6. John Sullivan, quoted in White, 33.

7. L. Purser, quoted in White, 34.

8. John Sullivan, quoted in White, 33.

9. 斯蒂尔的演讲，以及 1867 年克里斯汀先生在餐会上的回答，见 White, 93-4；也见 Purser on Steele in White, 34。

10. 媒体报道 1867 年斯蒂尔在颁奖日的演讲；White, 92.

11. John Sullivan, quoted in White, 112.

12. 1867 年招生简章；学校每年设有特殊"奖章"颁发给在复活节考试的古典文学、数学和现代文学（英语、法语、德语）科目中名列前三的学生。所有在复活节、仲夏或 11 月的考试中，古典文学平均达到 60%，数学达到 50%，现代文学达到 70%的学生都可以获奖（1867 年招生简章）。

13. White, 36. 据斯蒂尔向受赠学校的管理人员所做的"事实陈述"显示，他在 1859 年至 1869 年间，自掏腰包 4420 英镑 19 先令 4 便士用于学校的"扩大和改善"。

14. August 1865 notice in the *Impartial Reporter*, in White, 63.

15. OW, in Harris, 18.

16. Harris, 16; Sherard, *Life*, 103.

17. Coakley, 77; White, 23-4.

18. JFW, quoted in Melville, 104.

19. Tipper, *A Critical Biography of Lady Jane Wilde*, 587; White, 23.

20. Melville, 103.

21. R. Y. Tyrrell, quoted in Harris, 13. 谢拉德和其他人怀疑这句话是否真的出自蒂勒尔之口。蒂勒尔一直是王尔德夫妇的朋友，也是梅里恩广场的常客。

22. Lord Rathcreedan, *Memories of a Long Life* (1931), 52.

23. 例如，1865 年 11 月 21 日，他们共同出席了约翰·巴特勒·叶芝在国王学院的演讲（Murphy，*Prodigal Father*，45-6）；1869 年 12 月 7 日弗里曼的日记中记录了威廉・王尔德和艾萨克・巴特在法学院学生辩论协会作为“杰出”参与者在一起的情况；他们都于 1874 年 2 月当选为地方自治联盟理事会的 50 名成员之一。

24. Melville，103.
25. Sherard，*Life*，103.
26. Harris，19.
27. ‘Our New York Letter’，*Philadelphia Inquirer*，4 January 1882，Hofer & Scharnhorst，18.
28. Vyvyan Holland，*Son of Oscar Wilde*（1954），45.
29. Joseph Hone，*George Moore*（1936），24.
30. *CL*，85.
31. ‘Oscar Wilde’，*Biograph and Review*，131.
32. Ross，*Oscar Wilde and Ancient Greece*，15.
33. 威廉・王尔德在《科里布湖》一书中提到了湖岸和岛屿，258-9. 该建筑物现在被认为是一座早期的“汗房”（sweat house）。威廉・王尔德也在书中做了描述：他画了一幅哈格城堡的图。
34. ‘E. R. F’，*New York Herald*，22 August 1881.
35. WRWW to LVK，in Mansén，‘A Splendid New Picture’，114.
36. JFW to LVK，16 April 1867，Tipper，*Kraemer*，46.
37. 我们可以认为事实的确如此，但是不至于像梅丽莎・诺克斯（Melissa Knox）在其作品《奥斯卡・王尔德：漫长而愉快的自杀》（*Oscar Wilde: A Long and Lovely Suicide*，1994）中所言，两人之间存在一种乱伦的诱惑。
38. Harris，210；‘E. R. F’，*New York Herald*，22 August 1881. 这些诗句都没有流传下来。他写在墓碑旁的诗歌《安魂祈祷诗》，虽然是对他妹妹的纪念——开头的一节写道：“脚步轻一些，她就在附近/在白雪下，/说话温柔些，她能够听见/雏菊在生长”——但是作于许多年后，而且是在阿维尼翁完成的，王尔德可能在 1875 年夏天去过那里。《诗》的手稿（费城公共图书馆）中的不同版本表明，这首诗可能作于 1881 年《诗集》即将出版之前；从中还可以看出，他最初设想把这首诗作为挽歌献给死去的爱人，而不是纪念死去的妹妹。

39. White，91–2.

40. Harris，18.

41. James Glover，*Jimmy Glover His Book*（1911），34；这位朋友是小说家乔治·摩尔的父亲乔治·亨利。谢拉德（*Life*，90,）给出的版本是在1864年，似乎是乔治·摩尔所说。“威利一切顺利，但是奥斯卡很棒，很棒。他什么都能做。”相比之下，还有一个不太可靠的版本——1937年3月7日谢拉德在写给阿尔弗雷德·道格拉斯勋爵的信中提到，30岁的阿瑟·兰塞姆曾经记录——“他的母亲一直认为，奥斯卡不如她的大儿子聪明。”

42. ‘Oscar Wilde’，*Biograph and Review*，132.

43. JFW to LVK，16 November 1867，in Tipper，*Kramer*，49.

44. 奥斯卡·王尔德赢得罗伯特·克里斯蒂安先生的古典文学奖（Herbert Beatty共同获奖）、罗宾逊牧师的古典文学奖（共同获奖者除了Herbert Beatty之外，还有Leslie Creery和William Lendrum），以及初级部古典文学奖，用于奖励他在上一年考试中取得的成绩。了解奥斯卡·王尔德学生时代的法语水平，可参阅Sherard，*Life*，111，and OW’s annotated copy of Voltaire’s *Histoire de Charles XII*；Thomas Wright，‘Wilde the Doodle Dandy：a Scholarly Doodle’，*Wildean*，47（2015），72–3. Sherard，*Life*，92，引用了1891年的一篇相当不可靠的“传记小品”，声称奥斯卡·王尔德对法国文学的“热情”始于他童年时期的巴黎之行。但这并不令人信服，也没有得到其他来源的证实。

45. *Poems by Speranza*（*Lady Wilde*）（1870）；《国家评论》月刊（the *National Review*），由James Godkin担任编辑，于1868年6月创刊，1868年9月转为周刊。1868年8月1日第三期60页刊登了《给爱尔兰——斯佩兰萨的一首新诗》；第四期于9月5日出版，但很难想象，奥斯卡·王尔德会对杂志内容感兴趣，其中收录的文章包括《爱尔兰最后的土地悲剧》、《普西博士对卫斯理教派的呼吁》、《莫恩山脉》，以及威廉·迈库姆斯纪念唐郡侯爵的诗歌。

46. Harris，210.

47. Sherard，*Real*，177.

48. Purser to A. J. A. Symons，28 January 1932，in Clark.

49. Purser to A. J. A. Symons，28 January 1932，in Clark；OW，in Harris，12.

50. Purser to A. J. A. Symons，28 Janu-ary 1932，in Clark；also ES，in Harris，15. “那时候，威利在讲故事方面（比奥斯卡·王尔德）更拿手”；Sherard，*Life*，109–10；R. H. Johnstone to A. J. A. Symons，26 July 1932，in Clark.
51. Sherard，*Life*，108.
52. ES，in Harris，16.
53. Sherard，*Life*，109，引用一名当时同学的话，“他对威利态度非常高傲。”（原文如此）
54. OW，in Harris，19，17；奥斯卡·王尔德也许确实承认过他的哥哥在音乐方面比他强。尽管他整个学生时代都在上音乐课，但他在这方面仍然“很差”。
55. Harris，260–1.
56. 关于奥斯卡·王尔德青少年时期邋遢的样子，见 R. H. Johnstone to A. J. A. Symons，26 July 1932，in Clark：“他本人非常邋遢，实际上一直把自己弄得很脏”；也可参考另一名当时在波托拉学校就读的学生 W. H. Drennan 所言，“奥斯卡·王尔德在衣着和外表上最为邋遢；他的手和脸似乎都需要洗一洗，指甲也总是又脏又黑”，引自 White，119。另外，有文章提到“奥斯卡·王尔德穿着脏兮兮的白色帆布裤子和短袖上衣坐在昏暗的梅里恩广场餐厅里，用他的小手抓螃蟹”，引自 *Life* in ‘Society Gossip’，*Wrexham Advertiser*，28 January 1882，7。
57. Purser，in Harris，17；see also Purser，*Notes on Portora*（1932），in Clark：“他比其他任何孩子都更在意自己的着装。”
58. Sherard，*Life*，109.
59. ES，in Harris，15.
60. Sherard，*Life*，109.
61. Purser，in Harris，17；他的书单（克拉克图书馆）列出书本费用是 7 英镑 18 先令 6 便士；1871 年 8 月的书单为 1 英镑 15 先令 4 便士；该学年结束时，书单费用为 1 英镑 12 先令。
62. Harris，260–1.
63. OW in Harris，18.
64. Sherard，*Life*，110–11. 他当然认识这些作家，而且很可能在童年时读过他们的作品。1895 年，他在霍洛韦监狱需要慰藉时，他要求得到一本史蒂文森的《巴伦特雷的少爷》(*CL*, 647)。在为雷丁监狱图书馆推荐作品时，他提到了司各特、奥斯汀、萨克雷、狄更斯和史蒂文森；Wright, 172.

65. ES, in Harris, 17.
66. Wright, 54-5.
67. OW, 'Some Literary Ladies', *Woman's World*, January 1889.
68. *CL*, 249；奥斯卡·王尔德从很小时候就知道爱伦·坡：见 Tipper, *A Critical Biography of Lady Jane Wilde*, 360；他认为，应该将爱伦·坡纳入任何一种"百本最佳图书"名单中，*CL*, 277。
69. *CL*, 26.
70. Mikhail, 47. 奥斯卡·王尔德曾经以其特有的夸张口吻宣称，自己"几乎从摇篮里"就知道惠特曼的作品；有关王尔德夫人 1868 年购买惠特曼诗集，见 Tipper, *A Critical Biography of Lady Jane Wilde*, 360。
71. Purser, in Clark, but see also R. H. Johnstone to A. J. A. Symons, 26 July 1932, in Clark："他（奥斯卡·王尔德）显然很不受欢迎……在学校里没朋友。他不参加游戏活动，是男孩子性格里一个弱项。"
72. ES, in Harris, 16；Purser, in Clark.
73. ES, in Harris, 16；Purser, in Clark，提到"他的脾气相当急躁，但并不十分明显"。
74. ES, in Harris, 15.
75. ES, in Harris, 16；Sherard, *Real*, 163，错误地认为此事发生在"育儿室"，而非学校。
76. Sherard, *Real*, 163.
77. G. B. Shaw to Frank Harris, 24 June 1930, in Dan H. Laurence, ed. *Collected Letters of Bernard Shaw 1926-1950* (1988), 191；OW, in Harris, 18.
78. Harris, 18.
79. Harris, 19.
80. ES, in Harris, 15.
81. Slason Thompson, *Eugene Field, a Study in Heredity and Contradiction* (1901), vol. I, 213.
82. ES, in Harris, 15："即便作为一个学童，他的口才也相当了得"；和

OW, in Harris, 28："我在学校非常健谈。"

83. ES, in Harris, 15.
84. ES, in Harris, 16.
85. ES, in Harris, 15. 由于上诉，该案件被审理了三次：1869年4月30日、1869年11月18日和1870年7月20日。只有1869年的两次审理如期举行。有关案件的全部讨论，见 Dominic Janes, *Visions of Queer Martyrdom* (2015), chapter 2。
86. ES, in Harris, 17; Sherard, *Life*, 104.
87. ES, in Harris, 17.
88. Sherard, *Life*, 110.
89. Purser, in Harris, 17; Purser, *Notes on Portora*, in Clark.
90. ES, in Harris, 15-16; Sherard, *Life*, 104; 奥斯卡·王尔德称，他"16岁之前仅仅是个小男孩"(i. e. c. 1870)；见 Harris, 18。
91. ES, in Harris, 15. 在一封由奥斯卡·王尔德和六名同学写给波托拉学校助教 Benjamin Moffett 牧师的信中，奥斯卡是唯一一个用自己的教名（和姓氏）而不是首字母签名的孩子。*CL*, 5.
92. ES, in Harris, 16. 奥斯卡·王尔德获得的奖品是七卷本的爱德华·吉本著作《罗马帝国衰亡史》；见 Wright, 60。
93. 虽然沙利文当时16岁，比王尔德年长一岁，但他比王尔德低一级。事实证明，他是个很有能力的学生，估计有什么事情干扰了他早期的学业。
94. Purser, in W. Steele, *Portora Royal School* (1891), 13.
95. Purser, *Notes on Portora*, in Clark.
96. 他还获得了古典文学和绘画奖；威利获得绘画奖。有关波托拉学校在圣经教学方面的优秀表现，参见 White, 65, 77。
97. Purser, *Notes on Portora*, in Clark.
98. OW, in Harris, 18.
99. OW, in Harris, 19.
100. William Smith, *A Smaller History of Greece* (1873), 112; White, 72, 列出了波托拉学校使用的教材。
101. OW, in Harris, 19.
102. OW, in Harris, 18; Purser, in Harris, 17; Sherard, *Life*, 111.

103. OW, in Harris, 18.
104. Purser, *Notes on Portora*, in Clark.
105. ES, in Harris, 17.
106. OW, in Harris, 19.
107. Conor Maguire, quoted in T. de Vere White, 220; see also *Freeman's Journal*, 8 July 1870, 'Fashion & Varieties', 'Lady Wilde, Mr Wilde, and Mr Oscar Wilde have left Merrion Square for Moytura House, Co. Mayo.'
108. Purser, in Harris, 17.
109. Sherard, *Life*.
110. Purser, *Notes on Portora*, in Clark.
111. White, 123.
112. OW, in Harris, 19.
113. JFW to LVK, 3 April 1870, Tipper, *Kraemer*; Louis C. Purser to A. J A. Symons, 28 Jan 1932, in Clark; 珀泽回忆，1870 年 4 月，他像往常一样“愉快而活泼”，尽管“修饰得有一点点过度，或许还有点世故的样子”。
114. Harris, 19-21.

3. 基础奖学金

他似乎能征服他所应对的一切。

——贺拉斯·威尔金斯

37 1871年10月10日，王尔德在都柏林圣三一学院注册入学，六天以后就是他的17岁生日。紧随其后是三天入学考试，他在44名考生中名列第二，在希腊语和历史科目上表现优异，勉强通过了数学必修课（珀泽名列总分第一）。[1]王尔德在随后的“皇家学校奖学金考试”中延续了优异的成绩，与珀泽、罗伯特·麦克道尔一起获得了波托拉学校的“皇家奖学金”。三个人的名字都被刻在波托拉学校的荣誉公告牌上。[2]

尽管进入圣三一学院标志着王尔德迈入了一个新时代，但从很多方面来说，他是回归了自己熟悉的领域。他几乎就出生在圣三一学院那一带，可以说是挨着它的大门长大成人的。学院的知名学者是他家的常客。他的父亲虽然不是校友，却获得了该校的荣誉学位，而且对学院生活很感兴趣。[3]他的哥哥已经上大学三年级，是校园里的风云人物。然而，新生在开启大学生活的时候，最需要的也许并不是这种熟悉感。

38 王尔德在圣三一学院的远大理想遭受到一连串打击。他那梅里恩广场的家中摆满了艺术品、书籍，时常有成年人之间的谈话会，而大学本科生活却粗俗不堪，不讨人喜欢。他原以为能找到志趣相投的人，但希望很快就破灭了。中学六年级时那种小规模的传统友谊一去不复返。他称，当时盛行着一种“野蛮”的氛围：虽然像学校，但“超级粗俗”。[4]圣三一学院的一千多名本科生中，绝大多数看起来“简直糟透了”，“比波托拉的男生还要糟”：他们脑子里“只有板球和足球，跑跑和跳跳；他们将智力训练与打架喝酒结合起来”。奥斯卡发现，这种糟糕的情况中还有一个新元素，那就是性。那些“有灵魂的学生……会在酒吧女招待和站街女人身上发泄他们粗鄙的恋情”。[5]威利似乎满怀热情地投入了大学生活的这一面；他甚至在一次大学辩论集会上发表了一次令人难忘的演讲，为卖淫辩护。[6]* 奥斯卡对此不感兴趣。一种天生的挑剔——“天性特殊的优雅”——开始显现出来。周围的人发现，他厌恶“暗示性的故事”，事实上，他反感所有粗鄙的表达方式。他很快就在同学中获得了“世上最纯洁的人之一”的美誉。[7]他终究会和性打交道，但和其他事情一样，首先是通过文学。

在他的大学新同学看来，奥斯卡最显著的特点是他的身材和笨拙之态。他在波托拉临近毕业时，身体突飞猛进地生长起来，这种趋势还在继续，他只好努力地去适应新的自我。在人们的记忆中，他是一个“笨手笨脚、发育过度、郁郁寡欢、手足无措的小伙子”，“不断地碰翻东西……大家都嘲笑他”。[8]

面对这一切，学习是一种逃避，也提供了成名的机会。继在入学考试中大放异彩之后，不久他又获得了其他奖项。[9]王尔德在波托拉受到的训练令他在相当长的时间里受益颇多，但他

---

* 威利对于性冒险的热情——就像他的教名一样——和他的父亲很像。这可能令事情复杂化。有一件轶事（可能属于杜撰）是这样的：有个女孩写信到梅里恩广场告诉威利，要他对她未出生的孩子负责。威廉爵士一不留神拆开了信，当儿子下楼来吃早饭的时候，他说：“这是一封最丢人的信。”威利读完信后，神色严峻地说：“好吧，先生，你打算怎么办呢？”

也发现，新的学术环境带来了挑战。他选择的时机很走运。圣
39 三一学院的经典著作课程正在经历一场复兴——甚至可以与该校作为卓越的数学中心的声誉相媲美。罗伯特·耶尔弗顿·蒂勒尔和约翰·彭特兰·马哈菲是站在复兴前沿的两位年轻教师，他们具有无可否认的活力和才华。王尔德被推入了他们的轨道。他们对他的成长产生了巨大影响，开阔了他的视野，让他逐渐喜欢上了大学生活。正如王尔德所言，“对我来说”这两个人“即圣三一学院”。[10]

蒂勒尔和马哈菲——都是爱尔兰人，且毕业于圣三一学院——性格迥异，是两个截然不同的古典主义学者。王尔德入学那年，27 岁的蒂勒尔刚刚担任拉丁文教授。他虽然是个一丝不苟的学者——“完全”了解自己掌握的知识，但他的知识都集中在有限的范围内。[11]他“不会假装了解或关心”考古学、人类学、历史或哲学：他真正喜好的是文学——尽管他是拉丁语教授，却热衷希腊文学。[12]

他能轻松驾驭自己的学识。他的讲座启发人的灵感：一门科目要进行“激励性的联考”，而不是权威性的说教。[13]有时，他可能会拿着一本显而易见的毛边书走进讲堂，然后引导听众由此进入意想不到的“诗歌和想象的王国”。[14]他把评论家的建议“轻轻抛在脑后”，凭借卓越的记忆力引用古代和现代作家进行恰如其分的类比。[15]《泰晤士报》的略传记者对他“闪耀的智慧”大加赞赏，并且暗示“没有哪位老师比他更缺乏系统性；也没人能像他那样，用自己对古典诗歌的热爱成功激励学生”。[16]他尤其喜爱形式之美。事实上，他在所有方面都是个有格调的人：不仅在写作上，而且在谈吐和着装上，都堪称“自律优雅的典范”。[17]然而，他身上还有一些相当亲切友善和“波

希米亚”的东西。[18]王尔德就读圣三一学院时，他还是个单身汉，在学生中很受欢迎，与学生们“不那么正式的交往”让他“特别开心”。[19]

新近担任古代史教授的约翰·彭特兰·马哈菲牧师是个令人生畏的人物。他也是年轻人，只比蒂勒尔大五岁，但是——他身高6英尺多，“强健壮实”，留着连鬓胡子，戴着硬白领——有一种威严的气派。[20]这是他自己营造出来的一种气质。虽然他对自己非凡的造诣心知肚明，但他间或傲慢的态度也会因为一丝清新的幽默，以及不会发字母“R”的音，而被冲淡。

40

马哈菲在1864年获得职位后不久接受了圣职，不过他表示——正如他喜欢说的那样——“说句冒犯的话”自己并不是个牧师。确实有人怀疑他甚至不是信徒。他热爱这个世界，热爱自己在其中的位置。乡间别墅聚会，欢乐的晚宴，正式的宴会，这些都是他喜欢的场合。“假如他周围的男男女女有什么事迹，或者是他感兴趣的人物，那么和他们在一起，是他最快乐的时候。”尽管诋毁他的人可能会说，他最感兴趣的不是王室成员，就是头衔，但事实上，他和什么人都能意气相投。他当然结交了许多贵族和几位王子，不过他也声称，每次乘火车旅行时，他都会对其他乘客产生兴趣。

作为一名古典主义学者，马哈菲提出了不同的观点。据说，蒂勒尔对希腊语和拉丁语感兴趣，而马哈菲的兴趣点在于希腊人和罗马人（或者，用他发音就是“Gweeks 和 Wo-mans”）。他专门研究希腊历史——社会、文化和政治。王尔德说，他“沉浸在希腊思想和希腊情感中”。然而，与那些紧紧守着图书馆资源的同事不一样的是，他准备把眼光投向文学之外的民族学、人类学以及考古学领域的新发现。他逐步形成并且传递了引发争议的修正派观点：例如，主张欧里庇得斯在艺术上优于（时间更早，且后来受到普遍的赞誉的）索福克勒斯，以及公元前 4 世纪柏拉图时期的雅典在文化上优于前一个世纪著名的伯里克利时期的雅典。他（像马修・阿诺德等人一样）对希腊人的“现代性”抱有深刻的认识，并且相信 19 世纪可以从希腊历史中学到很多东西。[21]

他的讲座——与蒂勒尔不同——也许一直属于“高高在上地对着一群安安静静的学生”的授课方式，但同样能起到激励人的作用。他拥有“真正的老师身上所具有的特质——沟通的能力和热情的力量”。[22]大多数学生都尊敬他，有些人怕他——还有极少数人讽刺他。他始终牢记自己的话：“综合考虑起来，我是圣三一学院最棒的人。”不过，即使他很自负，大家也承认他确实有许多值得骄傲的地方。

王尔德被这两个人深深吸引，他热切的兴趣和活力也得到了这两人的回应。王尔德认为蒂勒尔不仅“知识渊博”，而且“极其善解人意”；他总是回忆起这位年轻导师在大学生活初期那些艰难的日子里的恩惠。[23]对于马哈菲，王尔德并不像他的同学那样敬畏。马哈菲是梅里恩广场 1 号的常客，他早已认识这位“将军”。毫无疑问，正是这层关系促使奥斯卡——像他的哥哥威利一样——在入学时选择了马哈菲作为大学“导师”。[24]马哈菲对这个年轻学生的成绩印象深刻：他后来说，奥斯卡“对希腊研究的天分和强烈爱好勾起了我对他的兴趣。据我所知，几乎没有哪个学生能够写出一篇真正出色的希腊文作文。用希腊文写作，必须先判断出你所要转换的英语表达形式之下的实质。而且王尔德属于能够掌握希腊语中中动态（Middle Voice）不同措辞的细微差别，以及变幻莫测的条件从句的极少数几个学生之一”。[25]

马哈菲和蒂勒尔以各自不同的方式激发了王尔德的理解力和想象力。蒂勒尔让王尔德更加“精通（希腊）语言”，马哈菲使他更深地“热爱希腊思想和情感”。[26]他采纳了马哈菲的诸多重要立场（比如，将欧里庇得斯置于索福克勒斯之上）——并恭维他是“我的第一位老师，也是我最好的老师……让我学会该怎样热爱希腊事物的学者”。[27]

两位导师都鼓励王尔德讲话，而且要讲得好。和都柏林的情况一样，圣三一学院高度重视说话的能力。人们认为它不仅是关键的社交才能，而且是一项衡量人的标准。[28]蒂勒尔有一副独特的“高音”，是个健谈的人：他赞扬别人的时候诙谐、自谦、机智、慷慨。尽管被认为妙趣横生，但他总是控制着自己，专注于自己熟悉的话题，基本上没有什么“想象力”。[29]然而，马哈菲是个非同凡响的人。他喜欢交谈，并进行深入研究，打算就此写一部专著。他自己在谈话方面有鲜明的特点，不仅内容丰富、流畅、涉猎面广、想象力丰富，而且容易夸大其词。相比文风，他往往对思想更感兴趣，他“自负、煽情、多才多艺，敢于涉足自己不擅长的领域”。[30]从许多方面说，他的讲话就是一场令人眼花缭乱的演出。一位听众认为，“听过马哈菲讲话，你才会意识到语言原来是可以用来迷惑和催眠的”。[31]

马哈菲最著名的妙语之一是“在爱尔兰，不可避免的事情从不光顾，意想不到的事情经常发生”，以及“不要出于真实性去讲故事，而要看它是不是一个好故事”。[32]相比之下，蒂勒尔的智慧名言就难找多了，有人问他——恰好是在某位大主教的宴会上——是否真的“在大主教的餐桌上喝醉了”，据说他答道：“哦，不，我显然是喝醉了才来的。”[33]对于勃朗宁翻译的

42

埃斯库罗斯著作《阿伽门农》，他声称“要理解它，还是希腊文最管用”，同时他批评马修·阿诺德“过分宣扬了‘避免过度’的信条”。[34]

王尔德被两人的示范深深折服。他注意到他们都善于运用悖论，颠覆预期。他喜欢蒂勒尔诙谐地用《圣经》作为影射（蒂勒尔曾抱怨一位满腹牢骚的古典文学教师说，“如果他去迦南参加婚宴，他会让酒变味儿——进而动摇我们的信仰”）。他发现马哈菲很有说服力：“在某种程度上，他是一位真正伟大的演说家——一位语言生动、张弛有度的艺术家。”[35]钦佩之余，他开始模仿。王尔德总说，在圣三一学院，他“除了说话……什么也没做”。[36]由于找不到意气相投的同学，他的大部分谈话都是与蒂勒尔和马哈菲进行的。[37]事实证明他是个天资聪颖的学生，而且在波托拉学校打下了良好的基础。在蒂勒尔的记忆中，他是“一个非常聪明、健谈的人”，但发现他偶尔会“试图模仿马哈菲”假装“傲慢”。[38]马哈菲认为这样的模仿理所当然，王尔德在他眼里是个“讨人喜欢”的健谈者，尤其在“学术问题上”：他的观点“总是那么新鲜和非传统”，[39]他的方法“充满活力和生活乐趣”。[40]

王尔德在圣三一学院的这两位导师都认为学术不应聚焦在狭隘的事物上，他们以自身为榜样鼓励学生将目光放远，超越既定的课程。王尔德在第一学期定期参加哲学和英国文学讲座。[41]然而，哲学的世界（哲学协会，即初级辩论社）却没有接纳他。虽然他在第一个学期就被推举加入（非常惹眼）并参加了几次会议，但“几乎从未参与过他们的讨论”。他似乎对“社会、宗教或政治问题没有任何明确的看法”。[42]此外，威利是哲学协会的领袖人物——奥斯卡无疑是通过他的影响才得以提前加入的，也许他在那里太突出了，不鼓励兄弟参与竞争。[43]

蒂勒尔和马哈菲都坚信体育运动的好处，他们推崇的古典思想是：健康的身体孕育健康的头脑。蒂勒尔打网球和曲棍球；马哈菲——一个出色的射手兼专业的垂钓者，狂热崇拜拥有大量土地的阶级——认为乡村户外运动属于“基本美德”，并引用古代马其顿人的例子来支持他的观点。[44]他的另一项运动爱好——和蒂勒尔一样——是板球。马哈菲大学期间曾经是圣三一学院板球队队长，担任教职以后还在继续打球。王尔德绝不会参加网球比赛，充其量也只是个观众而已，但他确实真心实意地打起了新近流行的“草地网球”。[45]他还非常喜欢射击和钓鱼，但这些都只是在伊劳恩罗和莫伊图拉等遥远的西部时当作消遣而已。

他像中学时期一样，在都柏林埋头苦读。除学校功课之外，他一心扑在“最优秀的英语作家”身上。他继续阅读爱伦·坡和惠特曼的作品，而且还有了一个重大的新发现：斯温伯恩。[46] 19 世纪 70 年代初，30 岁出头的阿尔加侬·斯温伯恩是个大胆而有争议的人物：极少获得赞许，受到众人的严厉指责。大约五年前，他发表古典希腊戏剧《阿塔兰忒在卡吕冬》（*Atalanta in Calydon*），取得了第一次小小的成功。之后，他出版了令人振奋的第一部作品集《诗歌与民谣》（*Poems and Ballads*，1866 年）。其中的《多洛雷斯》（Dolores，“我们的痛苦女神”）、《赫马佛洛狄忒斯》（Hermaphroditus）、《福斯廷》（Faustine）、《安纳克托利亚》（Anactoria，以古希腊女诗人萨福的名义提及）、《礼赞维纳斯》（Laus Veneris，即唐豪瑟的挽歌，他被永远地困在了维纳斯的地下宫殿里）、《伊提洛斯》（Itylus，即埃顿之歌，传说底比斯女王埃顿不小心杀死了自己的女儿，变成了一只夜莺）和《普罗塞皮娜赞歌》(Hymn to Proserpine)（用令人浮想联翩的诗句，为基督教战胜异教诸神而感到惋惜，如："苍白的加利利人哪，你已经得胜；你的呼吸让世界变得灰暗；/我们饮着忘河之水，以圆满的死亡果腹"）呈现出几个生动的世界——古希腊和中世纪——其中充斥着蛇蝎美人和被诅咒的情夫，挫败的爱情和罪恶的欲望碰撞出燃烧的色彩。书中的每一页内容都抛弃了传统，忽视了禁忌，破坏了必然。异教徒和共和主义者比基督教徒和王室成员更为尊贵，性的快乐与感官的痛苦密不可分。

而且，这一切都是在令人陶醉的诗句中实现的，与其说它是描述，不如说是暗示。斯温伯恩是一位韵律大师，节奏和韵律方面的艺术家。赞美诗《阿塔兰忒在卡吕冬》那辉煌的旋律，伴随着谐音和头韵一遍又一遍不停地回响着：

当春日的猎犬追踪冬日的足迹，
月份的母亲便君临平原和牧场，
让树叶的沙沙声响和雨的涟漪
充满了那些阴影和多风的地方。

44

诗歌有一种近乎狂热的力量，必然会把读者从上一行带入下一行。在《多洛雷斯》中，诗人问道：

亲爱的嘴唇，我伤害了你，你会伤害我吗？
一旦有人触碰它们，
美德的脆弱和消沉，

转瞬间变成罪恶的狂喜和欲望。

虽然有些人说“感觉”往往跑不过“声音”，但没有人能否认斯温伯恩诗歌中的音乐之美。他的诗歌需要被朗诵，甚至是演唱。王尔德被卷入这股潮流之中。他成了“狂热的崇拜者”，反反复复，一遍又一遍地读着斯温伯恩的诗歌。[47]关于它们的一切都能吸引他年轻的心。诗中有他喜欢的场景：一个是他熟悉的古典世界，一个是他乐于发现的中世纪世界。诗中还有吸引他的观点：大胆地违抗所有公认的准则和既定的价值观。古典韵律被巧妙地改编成英语诗句，那是一种对文字的狂热的爱。王尔德评价斯温伯恩是“现存最伟大的英语语言大师”：语言对他来说，“就像音乐家的美妙乐器——是可以随心所欲奏出曲调的小提琴”。[48]至于情色方面的谴责：对王尔德来说，斯温伯恩是第一个“庄严地唱响肉体之歌”的英国诗人。[49]这是一种令人陶醉的氛围，与圣三一学院一般学生的粗鄙小调及更为粗陋的经历体验完全不同，它脱离了肮脏的现实，在越界与绝望相互交织的感觉中得到了升华。

王尔德沉浸在斯温伯恩的诗歌中。他喜欢《阿塔兰忒在卡吕冬》。[50]他对《日出前之歌》（*Poems Before Sunrise*）印象深刻，这是斯温伯恩 1871 年出版的一部轰动一时的诗集，讲述了为争取意大利统一而进行的英勇斗争——该书问世前一年刚刚实现统一。[51]但他最爱的还是《诗歌与民谣》。他把其中的诗描述为“非常完美，非常有毒”——他如饥似渴地饮下了这剂毒药。[52]这本书成了他的“黄金之书”——也是第一本——可以不断参照，获取慰藉和灵感的源泉。他后来称，自己宁愿写这样的一本书，也不愿创作“其他任何文学作品”。[53]

45 对斯温伯恩作品的迷恋，将王尔德带入了一个令人兴奋的新文化世界：拉斐尔前派的王国。斯温伯恩最亲密的朋友和盟友中包括画家但丁·加百利·罗塞蒂（拉斐尔前派兄弟会的创始人之一），以及罗塞蒂的两个年轻弟子威廉·莫里斯和爱德华·伯恩-琼斯。这是一个联系紧密的圈子：罗塞蒂和莫里斯除了从事绘画（和设计）之外，也是诗人，他们的诗虽然在某些方面与斯温伯恩有所不同——相互之间也各有不同——但仍具有许多共同点：迷恋旧时代、怀有一种疲惫而细腻的情感，乐于享受性感的细节。当然，对于持反对态度的批评家来说，他们似乎同属于罗伯特·布坎南明确定义的“肉欲诗派”。人们谴责这种流派“亚丁尼生”“色情”“歇斯底里”“唯美”。[54]在一位保守派批评家看来，其实践者在艺术和道德上的共同缺陷，可以追溯至效忠自由主义，以及济慈的艺术影响。[55]

当然，对于大学本科生王尔德来说，类似的批判性的恶语相向只能激励他去探索。他爱上了威廉·莫里斯创作的乔叟风格的宏伟史诗《人间乐园》（*The Earthly Paradise*），其中讲述了希腊和斯堪的纳维亚神话故事。[56]他从罗塞蒂“难得的旋律”中，又发现了一位既能“用语言表达音乐的精髓”，又具备“优势性格”，能散发“力量和辉煌”的作家。[57]他遵循着批评家和罗塞蒂本人绘制出的艺术谱系，找到了拉斐尔前派的“精神领袖”济慈：半世纪前命中注定，蒙受诽谤，近乎被遗忘的，不到25岁便殒命的浪漫主义作家。[58]济慈，这个“上帝一般的男孩”，成为王尔德检验杰出诗歌的永恒试金石。[59]

对于罗塞蒂和他周围的人来说，绘画与诗歌密不可分，两种艺术相互滋养、相互支持。王尔德沉浸在济慈和罗塞蒂、莫里斯和斯温伯恩的诗歌中，很快就注意到了拉斐尔前派的艺术成就——伯恩-琼斯、西蒙·所罗门、福特·马多克斯·福特以及罗塞蒂本人的绘画作品。他们都采用同样的中世纪和古典主题，同样充斥着感官细节；正如一位评论家所指，他们都具有同样的色彩天赋，而且都缺乏透视感。[60]

但如果说王尔德被拉斐尔前派艺术深深吸引，那么他一定经历了不少挫折。都柏林缺乏有关这些作品的第一手材料，人们没有机会做到眼见为实。新近成立的爱尔兰国家美术馆只有为数不多的早期绘画大师和古典艺术家的作品，没有相关藏品。[61]即使在伦敦，罗塞蒂多年来一直拒绝公开展示他的绘画作品。尽管如此，高仿的复制品还是存在的。斯温伯恩曾经热情洋溢地写文章介绍朋友们的作品。他在《1868 年皇家艺术学院展览笔记》中对许多没有参展的作品做了精彩的描述。他对罗塞蒂的几幅画作赞不绝口——进行了详尽的描述。书中还对美国“天才”詹姆斯·麦克尼尔·惠斯勒[62]（另一位朋友兼邻居）大胆的印象派作品“交响曲”进行了一番精彩的描述。王尔德的艺术视野开始得到拓展。“对美的认识是个人的，”他说，“只能靠自己的眼睛和耳朵去获得。”[63]在圣三一学院，王尔德始终眼观六路，耳听八方，努力捕捉着新的景象和声音。

46

王尔德在拉斐尔前派诗人的诗歌和绘画中所经历的强烈审美体验，在另一位年轻作家约翰·阿丁顿·西蒙兹的作品中找到了共鸣。后者在 1873 年出版的《希腊诗人研究》一书中对希腊文学做了简洁的概述；那也是王尔德“永久”的长项。[64]王尔德被其散文的音律吸引，受到其大胆的思想激励。其中有两样尤其击中要害。在“希腊艺术的天才”一章中，美——“希腊人真正的领域，他们不可剥夺的领地”——被西蒙兹认为不仅是他们世界观中的一个关键因素，而且是他们道德的基础和约束。“对希腊人来说，美是宇宙综合的一个方面，与一切举止得体、道德高尚的东西相匹配。它是人与自然在一种平衡而完整的人性中达成的和谐，是一个健康的、有意识的人得到了满足，好比鲜花、野兽和星星都满足于暂时存在的条件一样。”[65]“个人主义”也备受推崇。西蒙兹断言，古希腊人生活的理想“不是把一成不变的标准强加于个人身上，而是鼓励每个人尽其所能去完成并实现自我”。[66]

王尔德还注意到，西蒙兹习惯于将现代作家比拟成古典作家。济慈被拿来与忒奥克里托斯（Theocritus）做比较，因为他的表达方式有种“纯朴安逸的感官魅力”（在此过程中，忒奥克里托斯和济慈一样，成为王尔德最喜爱的诗人之一）。[67]沃尔特·惠特曼被称赞为“比当代任何人都更像真正的希腊人……充满希望，无所畏惧，接受现状，承认每一种人类冲动的价值，不逃避任何义务，采用完美健康的法则进行自我调节”。[68]

47 尽管马哈菲对西蒙兹“很有才气但并不准确的书”中的某些细节持不同意见，然而他自己的总体观点与之大同小异。[69]他喜欢把过去和现在相提并论。他的注意力也集中在希腊生活的美学元素上。事实上，王尔德开始意识到，他的导师和西蒙兹一样，“对每件事都刻意采取艺术的立场”。这是一种与他自己正在迅速养成的情感相吻合的态度。在马哈菲的日常影响下，它“愈发”成为王尔德自己的成熟“立场”。[70]这种“艺术的”观点鼓励并指引了王尔德的创造力。他继续利用自己的时间绘画。[71]他还写诗。在他的一本大学笔记中，有一段强劲有力的60行斯温伯恩式演讲词，标题是“你们将成为众神”：

午夜来临之前

春曲夏歌尚未响起
上帝从尘埃中养育了
一件灿烂美好的事物：
人啊——来自大地之母，
人啊——来自贫瘠的泥土
被一只可怕的手撕扯着
做成了神的样子。
但人生是一种悲哀
死亡是对痛苦的解脱，
因为爱只能维持到明天
没有爱的生活是空虚的。

它借用《阿塔兰忒在卡吕冬》的韵律，从《诗歌与民谣》中借来冷酷的维纳斯形象。为进一步向斯温伯恩坚定的希腊主义致敬，诗文开头像古希腊合唱一样采用了交替诗句，以及“诗节”（strophe）和“呼告”（apostrophe）。这个笔记本中还有另一段写给某个冷酷美女的充满渴望的诗，以及几行关于“罗莎蒙德”（Rosamund）和“维奥莱塔”（Violetta）的仿中世纪诗剧［斯温伯恩1860年出版的第一部诗剧名为《罗莎蒙德》（*Rosamond*）］。[72]王尔德满脑子都是斯温伯恩式的文学构思。

然而，他感觉无处分享自己的想法和热情。这并非因为他的新偶像们在圣三一学院完全不为人知。威利的朋友布拉姆·斯托克在王尔德入学前的哲学协会会议上读过一篇关于罗塞蒂诗歌的论文。王尔德很可能听过都柏林亚历山大学院年轻的英国文学教授约翰·托德亨特在协会做的关于济慈的演讲。[73]

48

蒂勒尔教授创办了一本名为《科塔博斯》（*Kottabos*，名字源于古希腊的一种饮酒游戏）的大学文学杂志，但内容几乎只专注于翻译，通常是翻译希腊语或拉丁语作品，或将英语作品翻译成这两种语言。它们是教师和有才华的学生们编写的学究式滑稽作品，是日常考试练习的一种有趣的变体：把丁尼生的作品翻译成贺拉斯风格，或者把贺拉斯的作品翻译成丁尼生风格。蒂勒尔在这些表演也可以当作竞赛中表现出色，他会用希罗多德的方式描述都柏林的生活，用色诺芬的风格向他的板球队发表队长演讲。王尔德欣赏他的技巧，但也意识到这种纯粹的模仿作品中存在隐患。他后来谈到蒂勒尔时说："如果他知道得少一点，他会成为一名诗人。学问是一道可悲的障碍。"[74]另外让奥斯卡感到受挫的是，他想要在《科塔博斯》上发表文章崭露头角，可是威利却捷足先登了。1872 年春期刊上登载了威利笔法娴熟的翻译作品，维克多·雨果的《寂静的月光》(Amica Silentia Luna)，随后出版的几期杂志又陆续刊登了几篇他的作品。[75]

志同道合的朋友似乎很少。王尔德在圣三一学院几乎完全没有参与过同学之间轻松友好的交流，马哈菲认为那是大学生活中重要的一部分。[76]在他眼里，大多数同学都是粗鲁讨厌的人。他回忆说，"当我想说话时"，"他们会用愚蠢的嘲讽和笑话打断我的思路。他们认为最高级的幽默就是讲一个下流故事"。[77]大多数人对艺术不感兴趣。当王尔德在一次半正式的"班级讨论会"上朗读他的一首诗时，一个笨蛋——"班级里的恶霸"——嘲笑他的诗。对于一向和蔼可亲的王尔德来说，这是无法容忍的。一位同学写道：

我从来没有见过一个人如此满脸怒气……他大步穿过

> 房间，站在那人面前，质问他有什么权利嘲笑他的诗。那人又笑了，王尔德打了他一耳光。全班一片混乱，不到一个小时，一堆人就到了学校后面，准备打架……没有人认为王尔德会赢，但他却像打桩机一样重重地挥起了拳头。他追着那个横行霸道的人又打了几拳，事情就这样结束了。

这件事给他的同学留下了深刻印象，“对王尔德的评价很高”。[78] 但这似乎并没有给他带来什么真正的朋友，文学上的同好就更少了。

他只是偶尔在考试的时候会看见珀泽。爱德华·卡森是王尔德小时候的玩伴，曾经在同一个保姆的看护下在海边度假，抛开学业成绩，他的勤奋给王尔德留下了深刻的印象（卡森的长项是“哲学”，而不是学校的考试科目）。[79] 两人相处了一阵子，但是——如马哈菲记载——“他们之间谈不上什么友情”。他们两人是完全不同的类型。卡森勤奋而安静，他的才智要到后来才会大放异彩，而王尔德既有才华，又有一种抑制不住的情趣。[80] 两人的交往注定维持不了多久，因为当王尔德指着卡森对一位女性朋友说“这个年轻人注定要到达事业的顶峰”时，他的同伴却回答说，“是的。一个为了达到目的，会毫不犹豫地践踏朋友的人”。[81] 1872 年夏季学期，爱德华·沙利文从波托拉来到圣三一学院，他应该是王尔德眼中“圣三一学院里尚能接受的两三个人”之一。[82]

王尔德发现自己的社交生活主要在大学以外。梅里恩广场仍然是一个热闹的聚会中心。奥斯卡进入圣三一学院前不久，他的母亲开始定期在星期六下午举行招待会。她说，这是她满足诸多想和她见面的朋友们的唯一办法，因为——自从伊索拉死后——她再也没有参加过宴席、社交聚会，再也没有去过剧院、音乐会和其他晚会。* 这些“谈话会”——从 3 点持续到 6 点——为人所喜爱，甚至成了重要活动。“通常我们有大约 100 人参加，”她告诉朋友洛滕·冯·克雷默，“我发现许多聪明人在这里玩得很开心，晚上他们是不会来的。我们听着美妙的音乐，经常朗诵。走廊里有一张放咖啡和葡萄酒的桌子，我再也没什么烦恼了……样样都让人无拘无束。”[83]

尽管经常有一大群人站在楼梯上，但梅里恩广场宽敞高大的会客厅是个合适的聚会场所。王尔德夫人穿着华丽的披肩和带衬里的裙子，“在人群中挤来挤去，高声道，‘我怎么才能款待这么多人呢？’”客人们都大有来头：政治领袖、演员、诗人、记者、医生和科学家。一家报纸报道说：“这简直就像都柏林的巴黎沙龙。”[84]这些场合“没有势利，那是爱尔兰社交聚会上常见的致命缺陷”。[85]才能是受邀的唯一依据：“希利神父的幽默面孔经常出现在那里。为小说家查尔斯·利弗立传、透着忧郁而高贵气质的威廉·约翰·菲茨帕特里克，还有善于观察、愤世嫉俗的马哈菲教授，他们都是这里的常客。蒂斯道尔博士有时候会自娱自乐地朗诵。”[86]

不过，聚会主要还是聊天，它们“刺激而精彩”[87]；完全契合巴黎的沙龙精神，没有人会对茶点感兴趣。王尔德夫人当然非常健谈；“见解相当独到，时而大胆，总是很有趣。”[88]但更重要的是，她善于鼓励别人。她能把害羞的人拉出来，把无聊

50

* 1871 年底，威廉·王尔德爵士又经历了一场巨大的个人悲剧，在他哥哥看管下的他的两个私生女艾米莉和玛丽·王尔德，由于衬裙着火而被烧死，死时分别只有 24 岁和 22 岁。

的人引开。在她的聚会上，“每个人都能说会道”。[89]对于奥斯卡来说，这些星期六下午的招待会就是个令人兴奋的剧场——练习他的谈话技巧，尝试各种想法，分享热情，体验成年人的世界。他的天赋受到了挑战和磨炼。除此之外，还有其他讨论会，包括从副总督招待会到各种私人晚宴。爱德华·沙利文回忆，奥斯卡“在都柏林各种各样的社交活动中……如鱼得水，总是那么活泼有生气，他只要愿意，去到哪里都是受欢迎的客人”。[90]

然而，这样的消遣从未削弱王尔德的学习能力。尽管他声称自己的阅读是在“偶尔空闲时间完成的”，但这一点肯定值得怀疑。[91]他在学术上不断取得巨大的成就。他从未在一轮接一轮的考试中低于“一流”。[92]新生学年（1872 年）末的古典文学期末荣誉考试中，他是全班第一名：“一流中的第一。”[93]他在波托拉学校打下的扎实基础和过目不忘的记忆力是强有力的武器，他的语言天赋也同样非常强大。在圣三一学院，考官们仍然特别重视“优雅流畅的口译”，将其作为“才智测试”。[94]

第二年，王尔德申请了一项令人垂涎的“基础奖学金”，它面向所有大学生“一直到硕士毕业”——这是一个令人精疲力竭的过程，要用拉丁文、希腊文和英文撰写文章。最终只有 10 人获奖，王尔德获得了成功，落后于他的老校友珀泽，在 50 名候选人中名列第六，排在他后面的是威廉·里奇韦。里奇韦后来成为剑桥大学考古学教授。奥斯卡的英语作文和希腊语翻译都得了最高分。[95]奖学金带来了荣誉，以及每年 20 英镑、免学费、在大学里获得一套宿舍的权利。[96]

51

奥斯卡在学校北边的“博塔尼湾”找到了住处。[97]尽管他从未在那里招待过客人，却有同学记得，房间里“极其阴森，打理不善”，但这确实使他更多地融入了学院的生活。[98]1873年12月威利毕业后，他的自我表现空间更大了。威利获得“伦理学与逻辑学”金质奖章（或一等），收获了荣誉，也是他最后一段荣耀。他在历史和哲学协会展现了出色的辩论才能，促使他考虑从事法律工作——或许可以作为政治生涯的前奏。他在本科生阶段就已经被都柏林金斯因斯法学院录取——圣三一学院有意从事法律的学生通常都会走这条途径。他继续“保持荣誉”，后来去了伦敦中殿律师学院也是如此。[99]

奥斯卡住在博塔尼湾，开始参加一些大学活动。1873年11月他加入历史协会（由威利提名），甚至还发表了演讲。1874年1月21日的会议上，他表示支持“贸易联盟主义的原则是合理的”。[100]然而，这样的尝试并不多。他偶尔和朋友们一起玩玩纸牌。尽管人们认为他是一个“极其节制的饮酒者”——至少以爱尔兰大学的标准来看，但他似乎并没有回避所有的欢宴。[101]虽然他不是同学眼里的“超常人物”，但知道他的人确实越来越多。[102]他对艺术的热爱得到了承认（继他战胜了班上的恶霸之后），也受到了尊重。[103]如果偶尔有人因为他的热情而打趣，那也只是开个玩笑。[104]大家都开始喜欢他。[105]在朋友和熟人眼里，他不仅“善良”“脾气好”，而且非常有趣。他享受大学生活的乐趣，自己也很风趣。[106]

他很善于发现滑稽的细节。他和学院导师——邋遢的年轻教师汤森·米尔斯，当时正在辅导他参加考试——之间的一个插曲，把他乐得够呛。米尔斯进屋的时候戴着一顶高帽子，上面蒙着葬礼用的黑绉纱。王尔德见了连忙表示哀悼，但米尔斯笑着解释说，没有人去世——“只是帽子太破了，他才想了个办法遮盖一下。”[107]奥斯卡和他的母亲一样，拥有夸张的戏剧天赋，喜欢从骇人听闻的世俗情感中汲取快乐。他邀请一位大学朋友参加梅里恩广场的招待会时，用了一句明显属于斯温伯恩式的台词，让对方大吃一惊："我要把你介绍给我的母亲，我们成立了一个抑制美德协会。"[108]虽然他热衷于制造惊人效果，但他招惹别人的时候始终带有一丝嬉闹的意味。他享受自己的荒唐。是的，如此"心地纯良"的王尔德竟然参与了一场"抑制美德"运动，其中肯定有它滑稽可笑的一面。

他在圣三一学院养成了一种在琐碎小事上故作正经或夸张渲染的行事风格。一天晚上，他的房间里传出一阵巨响，隔壁的同学冲进屋里帮忙时，惊奇地发现他"正半裸着在地板上跳来跳去"："'我屋里进了一只大苍蝇，一只嗡嗡叫的苍蝇，'他解释说，'我得把它赶出去才能睡着。'"他不愿意简单粗暴地把虫子拍扁，这在大家看来简直优雅得荒谬可笑。[109]他经常发表宏大的言论，然后轻车熟路地推翻它们。去博塔尼湾拜访他的客人，一进门就会发现——惹人眼目地支在画架上——一幅尚未完成的风景油画，王尔德会说，他刚在画中添上了"蝴蝶"。不过，王尔德对惠斯勒（惠斯勒喜欢用一只具有艺术效果的蝴蝶作为自己的作品签名）这种漫不经心的亲近感，却被他自己"幽默却不能令人信服的方式"推翻了。[110]

虽然王尔德的美学热情中含有斯温伯恩式的"肉欲"，但它受到了另一种相反力量的平衡制约：对天主教会的迷恋。具体细节虽不清楚，但他似乎受到了当地一群耶稣会士的影响，与其中一些人交了朋友，偶尔参加一些礼拜仪式。[111]毫无疑问，即使在这个新的兴趣爱好中也包含着一种审美因素。天主教仪式典礼的"艺术性"具有很大的吸引力。而且如王尔德所称，其"芬芳的教义"亦是如此。[112]他发现，爱尔兰教会不具备这些素质。[113]也许斯温伯恩诗句中美妙的“罪恶”感也有赖罗马天主教会提供合适的环境与动力。只有在宽恕与诅咒之间，罪恶才有意义。《礼赞维纳斯》中的悲剧主人公唐豪舍，在返回维纳斯堡之前，曾前往罗马寻求宽恕，却以失败告终。

王尔德考虑改变信仰。然而，父亲禁止他这样做。[114]令人难以理解的是，奥斯卡小时候，当威廉爵士得知福克斯神父给儿子施洗后心里很镇定，而现在却强烈反对改宗。他的兄弟和姐夫都是英国国教教士，但他本人似乎并不是一个持有强烈宗教信仰的人。也许他的反对更深程度上是出于社交和实用性考虑。虽然罗马天主教徒早已获得解放，但英国-爱尔兰统治阶级的旧偏见在许多方面仍然存在。威廉爵士本人从不隐瞒他的观点：他的餐桌是所有人的聚会场所。[115]但是，他也许认为改变信仰会使奥斯卡在事业初期处于不利地位。大学里仍然存在着强烈的53反天主教偏见。虽然天主教徒自 1793 年起就可以在圣三一学院学习，但直到 1873 年，他们才可以获得职位，甚至奖学金。威廉爵士的反对意见得到了马哈菲的支持——很可能——也获得了蒂勒尔的赞成。蒂勒尔虽然自称是不可知论者，但他在“罗马天主教对爱尔兰人的影响”上持悲观看法。马哈菲对罗马教会的看法只能比前者更具批判性。[116]

也许是为避免奥斯卡受到耶稣会影响，马哈菲建议他去牛津大学完成学业。这个重大计划的另一半动机可能出自于学术。虽然马哈菲从不承认老牌英国大学的优越性，但他认可这些学校具有促进作用——一个获得专业提升的机会。[117]奥斯卡的父亲最初似乎对这个计划持怀疑态度。撇开其他不说，他得为此增加额外开支，而当时他刚刚在莫伊图拉雄心勃勃地盖完房子（1872 年 2 月，他在梅里恩广场的房子上抵押了 1000 英镑）。

然而，马哈菲和牛津大学的一位熟人亨利·阿克兰爵士（Sir Henry Acland）打消了他的疑虑。阿克兰爵士是英国皇家医学院教授、英国医学会的坚定支持者，也是威廉·斯托克斯博士的老朋友。[118]

奥斯卡本人肯定对这个想法感到很兴奋。牛津大学是斯温伯恩、伯恩-琼斯和莫里斯的母校；罗塞蒂就是在那里装饰牛津联盟辩论厅时请他们帮忙。牛津大学可以让人摆脱圣三一学院的粗鄙和都柏林的乡土气息。它也许能使人迈入一个辉煌的新阶段。

1874 年 2 月，奥斯卡超越他早期在学术上的成就，在希腊语考试中赢得著名的伯克利金质奖章——针对当年必读书目，回答了一系列试卷，包括奥古斯特·迈内克不朽的七卷本纲要《希腊喜剧诗人作品片段》。* 这是一个明显差别，马哈菲和蒂勒尔从未获得过这个奖项——奥斯卡的考试指导老师汤森·米尔斯曾在 1862 年获奖，更早前奥斯卡的曾伯父拉尔夫·王尔德也曾获得此奖项。威廉爵士对儿子的成就理所当然地感到自豪，他在给爱尔兰皇家科学院院长约翰·吉尔伯特爵士的信中写道："我们邀请老朋友星期四到莫伊图拉小聚（即品尝威士忌），同时也是为了庆贺亲爱的奥斯卡上周获得伯克利金质奖章。你一直是他最仰慕的人，他盼望你大驾光临。"[119] 奖章本身非常漂亮（也很具价值），由 18 世纪著名"唯心论"（Immaterialism）哲学家伯克利主教送给圣三一学院的铸模用纯金锻造而成。这是

54

---

* 除了详细的书面提问之外，问题还包括："从古代喜剧片段中举出一个真正幽默的例子（如果你认为有的话）"（由蒂勒尔出题），以及"这些喜剧片段给我们提供了哪些证据，说明不同城市宴会的独特之处"（由马哈菲出题）。遗憾的是，王尔德的答案没有留存下来。

王尔德在圣三一学院时期一个持久的、重要的纪念品。

尽管从外表看，牛津大学似乎是个单一机构，但它其实（现在仍然）是一个自治学院集群。王尔德必须决定申请哪个学院。马哈菲在牛津最亲密的朋友是女王学院才华横溢的古亚述文化学家 A. H. 塞斯。但奥斯卡选择了莫德林。它没有贝利奥尔学院那样的学术声誉，没有基督教会学院那样的社会威望，也没有默顿学院或新学院那样的历史渊源，但它以美丽著称。他在都柏林的邻居路易斯·佩林新近被该院录取[120]，约翰·阿丁顿·西蒙兹曾经短暂地在那里求学。《牛津大学公报》（1874 年 3 月 17 日）公布，学院将在当年颁发至少两项古典文学奖学金，为期 5 年，每年 95 英镑。

那年夏天，6 月 22 日星期一，王尔德带着出生证明（证明他不满 20 岁）和一份“品行良好”的证明，去牛津面见学院院长弗雷德里克·布利牧师。第二天，他和其他 18 名考生一起参加了奖学金考试。有一名考生记得，他用掉了“一大堆纸”，令其他人感到不安。这个年轻人有所不知，那是因为王尔德的连笔字体——比波托拉时代更具个性和特色——一行只能写四五个字。[121]

王尔德随后在伦敦与母亲和哥哥见了面（威廉爵士当时正在爱尔兰忙着筹备那年夏天晚些时候在贝尔法斯特举行的不列颠科学协会会议）。奥斯卡获得奖学金的消息随即传到伦敦。他的第一次首都——或者如他母亲所说，那个真正的“伟大而强大的城市——世界之都”——之行，因而增添了一抹令人愉快的色彩。国际知名大人物取代了以往的都柏林名人。他们拜访了一圈文学界名流，去切恩罗拜访了上了年纪之后脾气暴躁的“切尔西圣人”托马斯·卡莱尔。[122] 19 世纪 40 年代，王尔德

55

夫人在卡莱尔访问爱尔兰期间曾与他有过书信往来；他们探讨了共同喜爱的丁尼生，她还收到过他的一本书，上面写着一段他自己翻译的歌德诗句：

谁不曾和着悲哀咽下面包，
谁不曾在深夜时分，
啜泣着，哀叹着明日，
伟大的神明啊，他不认识你！

尽管她每逢患难便要求助于这些诗句，但年轻的奥斯卡却觉得它们令人压抑。[123]他更喜欢卡莱尔叙述法国大革命时的那种抑扬顿挫感，他可以整段地背诵下来。“他是多么伟大啊！”王尔德后来这样评价作者，“他第一次用我们的语言把历史写成了一首歌。他是我们英国人的塔西佗。”[124]

在伦敦待了将近一个月后，母子三人踏上欧洲大陆，来到日内瓦，回程经过巴黎，住在左岸的伏尔泰酒店。19 世纪 50 年代中期，这家旅馆曾是斯温伯恩心目中的伟大英雄波德莱尔的家。诗人波德莱尔在《恶之花》中生动地描绘了丑恶、腐败和罪恶之美。正是在这两位的指引下（再加上爱伦·坡和罗塞蒂的注释），奥斯卡开始创作自己精心押韵的诗歌，华丽而性感地描述了可怕的埃及妖妇斯芬克斯，其怪异的形象就在附近的卢浮宫。[125]

那年夏末回到都柏林，马哈菲邀请奥斯卡修订他最新著作《希腊社会生活》手稿。书中关于希腊风俗的众多深奥知识大都源自迈内克的《希腊喜剧诗人作品片段》，王尔德对这部作品非常熟悉，对马哈菲来说肯定是非常有用的资源（马哈菲在前言中感谢他的门生“自始至终”为该书所做的“诸多润色和

56

修订”)。[126]共同的事业使王尔德对马哈菲的公开“艺术立场”有了更清晰的认识。例如，在一段文章中，马哈菲描述了后来的希腊评论家如何将荷马（伟大的人类性格和人类激情描绘者）“贬低”“成为一个道德说教者”，认为他“有一套关于生活和责任的明确理论”。马哈菲认为，“如果我们夸大雪莱和济慈的道德目的，坚持把他们归为塔珀先生和瓦特先生的学派，那么我们也会犯同样的错误”。[127]对维多利亚时代的人来说，认为在艺术中，审美的考虑不仅独立，而且凌驾于道德义务之上，这样的观点不但新颖而且非常惹眼。

更令人瞩目的是马哈菲对通常被压制的“少年之爱”话题的处理。“少年之爱”即 paiderastia——指的是一个年长的男性“爱人”和一个年轻的男性“被爱者”之间充满情欲的、通常与性相关的关系，是古希腊生活的一个特征。这个话题世世代代是个禁忌，即便在学者中也一直如此。然而，德国学者倡导的客观严谨精神日益高涨，渐渐将这个话题推到台前。K. O. 穆勒1830 年对古代“多利安人”和斯巴达人的研究，也许是第一次以近乎坦率的态度提出了这个问题。在好战的斯巴达，“少年之爱”起源于军事和教育，但在希腊的其他地方，它另有侧重。

正如柏拉图所描述的那样，在公元前 5 世纪和 4 世纪的雅典人中，“少年之爱”是知识分子生活的重要组成部分。这是他一部分对话的基础，在他的《会饮篇》中处于中心位置——苏格拉底和他的朋友们在其中辩论它的确切性质和正确表达。苏格拉底在辩论中描述了女祭司狄奥提玛如何为他设计出这个问题，并解释爱总会被美丽、善良和不朽所吸引。使人类最接近这些目标的活动是创造——要么是身体上的（孕育孩子），要么是精神上的（创造思想和艺术品）。为了实现前者，男人会找到一个美丽的女人去爱；为了实现后者——一个更高的目标——他要寻找一个美丽的青年，一个年轻的男性，其外表之美和好学上进将激发他的思想，并通过谈话帮助它们获得形式和表达。[128]

马哈菲认为这个话题太重要了，不容忽视，他用了6页篇幅描述了“希腊人与英俊青年交往时所感受到的特殊的快乐和兴奋”。他意识到自己已经涉足禁地，于是便试图模糊其中的性因素，将这些依恋表达为“浪漫和骑士精神”，其本质上是纯洁的——与现代男女之间的“浪漫友谊”没有太大区别。然而，他也承认，偶尔可能会有“激情”掺入其中，有时会发生“过分”的行为——而且，在底比斯和伊利斯这样的地方，“即便和身体有关，也没有人反对这种关系”。他强调这是一种公民美德，并提出如果19世纪的人认为它反常，“希腊人可能会回答说，所有的文明都是反常的”。[129]王尔德第一次接触到这么有趣的话题，在接下来的几年里，它一直是古典文学界和知识分子生活中一个精彩但有争议的话题。只不过，他会以其他方式对其展开探索。

57

夏末，他准备动身去牛津。马哈菲祝福这个聪明的学生，并且可能第一次在他诙谐的话语中透露出一丝竞争的意味。“到牛津去吧，”他说，“对我们这些在都柏林的人来说，你还不够聪明。”[130]

注　释

1. 他的入学考试成绩为，希腊语两份试卷：8，8；拉丁语两份试卷：8，

7；拉丁语写作：4；英语写作：5；历史：8；数学：2（Sherard，*Life*）。圣三一学院每年有两次主要的入学考试——其中一次是秋季学期（10月初）开始，另一次是在夏季学期（4月）——此外还有五项补充考试。1871年10月10日有44名新生入学，10月21日又有23名入学。11月又招收了一批学生。

2. 考试于10月26日进行：Trinity College Dublin，*Calendar* for 1871；Mason，99，提到当时还颁发了其他六项皇家奖学金（其他有资格获得这类“阿尔斯特皇家奖学金”奖项的学校还有阿马皇家学校、卡文皇家学校和邓甘农皇家学校）。伊拉斯谟·史密斯基金会学校的学生也参加了这次特殊的考试。波托拉皇家奖学金为50英镑或30英镑；*Portora：The School on the Hill*（2008），133。无法证实奥斯卡·王尔德的奖学金数额，他在荣誉公告牌上位列珀泽和麦克道尔之后，可能得到的奖学金数额最少。就读都柏林圣三一学院需缴纳入学费15英镑，之后每半年8英镑8先令，其中包含学费，但不包括“住宿费和一般费用”；*Calendar*，1871。
3. 威廉·王尔德于1863年获得荣誉学位；他的名字经常位列都柏林圣三一学院历史学会的“讲坛上”。
4. Harris，26.
5. Harris，24；Coakley，136，估计1871年圣三一学院的在校学生为“1100人左右”。
6. Pearson，23；这可能发生在1873年6月5日，威利在哲学协会的一次会议上提议，对一篇有关社会上未婚女性过剩的文章“Daughterfull houses. For What?”提出感谢时。
7. ES，in Harris，23.
8. Horace Wilkins，in Mikhail，2.
9. Mason，99，and *Freeman's Journal*，2 December 1871：奥斯卡·王尔德在第一学期末的入学考试中获得希腊诗歌写作奖（2英镑），以及“学期演讲稿写作奖”。
10. Harris，24.
11. ‘Death of Dr. R. Y. Tyrrell’；*The Times*，21 September 1914，10.
12. ‘Obituary：Robert Yelverton Tyrrell’，*Hermathena*，18（1940），xi；*The Times*，21 September 1914.

13. W. B. Stanford, 'Robert Yelverton Tyrrell', *Hermathena*, 125 (1978), 16–17.
14. *The Times*, 21 September 1914.
15. Stanford, 'Robert Yelverton Tyrrell', 13.
16. *The Times*, 21 September 1914.
17. Stanford, 'Robert Yelverton Tyrrell', 10.
18. Stanford, 'Robert Yelverton Tyrrell', 16.
19. 'Obituary: Robert Yelverton Tyrrell', x; 1874 年 8 月 1 日蒂勒尔与圣三一学院一位高级研究员的女儿艾达·肖结婚。
20. 'The Provost of Trinity' (obituary), *The Times*, 1 May 1919, 10.
21. Ross, *Oscar Wilde and Ancient Greece*, 26–8.
22. 'John Pentland Mahaffy', *Hermathena*, 19 (1920), vii.
23. Harris, 24.
24. See register and *Calendar* for the role of 'tutor'.
25. Quoted in W. B. Stanford & R. B. Mc–Dowell, *Mahaffy: A Biography of an Anglo–Irishman* (1971), 75.
26. Harris, 28.
27. *CL*, 562; JFW to OW, Tipper, *Oscar*, 92–3, dated 1882, but should be 1881. 简提醒奥斯卡，马哈菲“是第一个用崇高的推动力刺激你的才智的人”。
28. Mahaffy, 'Life of Trinity College Dublin', *The Dark Blue*, i, 487–93, quoted in Coakley, 136; Mahaffy, *Principles of the Art of Conversation*, 1.
29. Stanford, 'Robert Yelverton Tyrrell', 16–17.
30. Stanford, 'Robert Yelverton Tyrrell', 17.
31. U. O'Connor, *Oliver St John Gogarty* (1981), 18.
32. W. B. Stanford & R. B. McDowell, *Mahaffy: A Biography of an Anglo-Irishman* (1971), 79.
33. Oliver St John Gogarty, 'A Picture of Oscar Wilde', *Intimations* (1950), 33.
34. Stanford, 'Robert Yelverton Tyrrell', 11–12.
35. Harris, 24.
36. Harris, 28.

37. JFW to OW [1881]; Tipper, *Oscar*, 92-3. 马哈菲“让你远离了卑鄙小人和追求享乐者的陷阱”。
38. Harris, 207; Stanford, ‘Robert Yelverton Tyrrell’, 16.
39. Louis Purser to A. J. A. Symons, 1932, in Clark.
40. Pearson, 22.
41. Croft-Cooke, 33. 1871年秋季学期，奥斯卡·王尔德参加了21次阿博特教授的“科学”讲座（共28次）；1872春季学期，道登教授的17次英国文学讲座，他参加了两次（Coakley, 137）。
42. ES, in Harris, 23.
43. 奥斯卡·王尔德于1871年11月23日在哲学协会1871—1872年会开幕式上，由主席提议，秘书长附议推举入会。在同一次会议上，威利因其在上一届会议上发表的关于莫里哀的文章而获得协会颁发的第二枚银质奖章。
44. Walter Starkie, *Scholars and Gypsies* (1963), 98.
45. 奥斯卡·王尔德在“Mental Photograph”中列出草地网球——和猎鸟——是他“最喜欢的运动”。
46. ES, in Harris, 22-3.
47. ES, in Harris, 23.
48. Hofer & Scharnhorst, 85.
49. Wilfrid Hugh Chesson, ‘A Reminiscence of 1898’, *Bookman* (1911), in Mikhail, 379.
50. OW's copy dated Michaelmas 1872; see Ellmann, 31.
51. Hofer & Scharnhorst, 85.
52. OET VII, 231.
53. LAD, *Oscar Wilde and Myself* (1914), 209.
54. Thomas Maitland [Robert Buchanan], ‘The Fleshly School of Poetry: Mr. D. G. Rossetti’, *Contemporary Review*, October 1871.
55. William John Courthope, ‘The Latest Development in Poetry: Swinburne-Rossetti-Morris’, *Quarterly Review*, 132 (1872) 61ff.
56. *CL*, 13; 1872年秋季学期，莫里斯的诗歌道德剧《爱情就足够》（*Love is Enough*）刚一出版，奥斯卡·王尔德就弄到一本；Ellmann, 31, from G. F. Sims catalogue no. 79.

57. Quoted in Wright, 34; 'Draft review of Rossetti's Poems (1881) ' in Clark.
58. Hofer & Scharnhorst, 52; Stella Bottai, 'Keats and the Victorians', www.victorianweb.org.
59. *CL*, 157.
60. 1848 年，但丁·加布里埃尔·罗塞蒂、约翰·埃弗雷特·米莱斯和威廉·霍尔曼·亨特创立了“拉斐尔前派”，但到 19 世纪 60 年代，其艺术呈现开始集中在罗塞蒂、他的朋友及其追随者身上；“拉斐尔前派”通常用来描述他们的作品。
61. 爱尔兰画家弗雷德里克·威廉·伯顿与拉斐尔前派有关，与威廉·王尔德认识，他于 1874 年移居伦敦成为英国伦敦国家美术馆馆长。
62. Algernon C. Swinburne and William Michael Rossetti, *Notes on the Royal Academy Exhibition, 1868* (1868), 44-5.
63. 'The Theories of a Poet', *New York Daily Tribune*, 8 January 1882, 7.
64. ES, in Harris, 23.
65. J. A. Symonds, *Studies of the Greek Poets* (1873), 414.
66. Symonds, *Studies of the Greek Poets*, 415.
67. Symonds, *Studies of the Greek Poets*, 309；克拉布、华兹华斯和歌德也被认为是继承了忒奥克里托斯的自然主义传统；OW, 'Mental Photograph'.
68. Symonds, *Studies of the Greek Poets*, 422n.
69. Mahaffy, *Social Life in Greece from Homer to Menander* (1874), 100.
70. Harris, 24.
71. Harris, 22；奥斯卡·王尔德在画上添加了一个惠斯勒式的蝴蝶。
72. 奥斯卡·王尔德笔记本手稿（纽约公共图书馆伯格藏品）；这首诗几乎肯定没有写完。另外的一段可能是：“我们该拿什么给你？人的谎言/你拥有的足够多——剩余得足够多；/疼痛让人难受犯晕/因为你的脸和形体是美丽的，/因为你的样子赏心悦目，四肢轻盈，色泽暗金。”斯温伯恩的《罗莎蒙德》与《母后》同时出版。他最新出版的剧本有个类似的名字，叫《伦巴第女王罗莎蒙德》（1899）。奥斯卡·王尔德的诗《你们将成为众神》与小说《你们将如上帝一般》（You Shall Be As God）在标题上相映成趣，简·弗朗西斯卡·王尔德将其翻译成了《第一诱惑》。

73. 1870 年 12 月 10 日至 1872 年 2 月 1 日哲学协会会议记录。这些协会在文学文化方面的活力还表现在查尔斯·弗里泽尔有关查特顿的论文（1871 年 2 月 1 日），以及道登教授关于沃尔特·惠特曼的论文（1871 年 2 月 2 日）。
74. Harris，2.
75. 威利在《科塔博斯》上发表过的诗歌作品有：'Per Am-ica Silentia Lunae'，（Hilary 1872），261；'Le Voile'（Trinity 1872），292-3；'Nil restat ni quale decorum puellae（from Victor Hugo）'（Michaelmas 1872）312；'Saith the Poet' and 'Riposta'（Trinity 1873），4-5；'Italia（from Vincenzo da Filicaia'（Hilary 1874），80-1； 'Love's Axioms'（Michaelmas 1874），124； 'Les Lendemains'（Michaelmas 1874），134-5； 'Ad Amicam Meam（from the French of Victor Hugo）'（Hilary 1875），161；'Schubert'（Hilary 1876），245.
76. Mahaffy，'Life of Trinity College Dub-lin'，in Coakley，136.
77. Harris，25.
78. Horace Wilkins，'Memories of Trinity Days'，in Mikhail，2.
79. Ellmann，557 n. 61："1954 年 8 月 28 日，默罗·菲茨杰拉德给《爱尔兰时报》编辑的信。他说，1919 年他曾经为一个女人写过一份声明，1859 年她 15 岁的时候，曾经在邓加文（Dangarvan）给王尔德家两个孩子和爱德华·卡森当过保姆"；Hyde，*Oscar*，15；Sherard，*Life*，115. 卡森在都柏林圣三一学院的成绩从未高出第二名。
80. ALS Reggie Turner to A. J. A. Symons，26 August 1935（Clark）. 奥斯卡·王尔德告诉特纳，他曾经和卡森"手挽手"走路，这其中可能有夸张的成分；Mahaffy，quoted in Coakley，143. Edward Marjoribanks，*The Life of Lord Carson*（1932），13，提到即使在这个时期，卡森也不赞成奥斯卡"轻率的生活方式"，但就卡森和王尔德之间的关系而言，这是一个非常不可靠的来源。
81. Hyde，*Oscar*，15.
82. Harris，26；Sullivan matriculated in June 1872，aged nineteen（TCD Register）.
83. JFW to LVK，3 April 1870，Tipper，*Kraemer*，51-2. 虽然简在信中称，谈话会"从 3 点持续到 6 点"，但收藏在图书馆的邀请卡上印着："家

中，周六，下午 4 点至 7 点。谈话会。”

84. ‘Oscar Wilde’, *Taranaki Herald*（NZ）, 13 April 1895, 2.
85. Melville, 115 n. 24.
86. ‘Oscar Wilde’, *Taranaki Herald*, 2.
87. ‘Oscar Wilde’, *Taranaki Herald*, 2.
88. Melville, 116.
89. Melville, 116.
90. Harris, 23；奥斯卡和威利参加了爱尔兰总督和斯宾塞女伯爵举办的王室招待会；*Freeman's Journal*, 25 February 1874.
91. Harris, 28.
92. Sherard, *Life*, 115. 每个学期都以学期考试开始，然后是荣誉和奖章考试。
93. Purser, *Notes on Portora*.
94. Mahaffy, ‘Life of Trinity College Dub-lin’, in Coakley, 136.
95. Sherard, *Life*, 119, lists all OW's marks.
96. Purser, *Notes on Portora*. 这一成就打破了一些同时代人明显持有的观点，即从学术上讲，奥斯卡只是个“一般人”。Sherard, *Life*, 116-17.
97. Hyde, *Oscar*, 13；这个房间“据称在一楼（楼梯间）第 18 号”。他也提到与威利“共用房间”。
98. Harris, 23.
99. Sile O'Shea（Assistant Librarian at the King's Inns）to M. Sturgis, 10 November 2015. 当时有志在爱尔兰从事律师职业的学生必须在一家英格兰律师学院“保持学籍”；然而，他们只需要每个学期在律师学院吃三顿晚饭，就可以完成这一要求。威利在金斯因斯法学院持有以下几个学期的学籍：1872 年春季学期和复活节学期；1873 年春季、复活节、夏季和秋季学期；1874 年春季学期；1875 年春季和复活节学期；在中殿律师学院为：1872 年秋季学期；1873 年春季学期和复活节学期；1875 年春季学期。1874 年复活节、夏季和秋季学期，他没有在上述两家学院保留学籍。
100. *Freeman's Journal*, 21 January 1874. 两年前，即 1872 年 1 月 17 日和 2 月 7 日，威廉也提出过同样的意见。奥斯卡是否采用了该意见，没有留下记录。

101. Harris, 23.
102. Harris, 25.
103. Mikhail, 2.
104. Ellmann, 29，其中提到哲学协会的“意见簿”上画着关于奥斯卡·王尔德的讽刺画（TCD MS 2058），画面上的两个人物正注视着一张海报，上面写着“午夜会议”（比如定期举行的妓女改造活动），其中一人标注着“仁慈的博比”（克洛泽），另一个人标注的是“警察中的道学先生”（王尔德），让人很难猜出其真正的身份。虽然看上去不太像，但画面中不蓄须的高个子，头发长及衣领，应该指的是奥斯卡·王尔德，也有可能是威利。而个子较小，留着络腮胡子的人（艾尔曼认为此人是奥斯卡·王尔德）和后来约翰·B. 克洛泽的几张照片有些相似，他是奥斯卡在圣三一时期的同学，后来成了阿尔马地区大主教。然而，至于为什么“王尔德”（或者威利）要头戴一顶警察帽子，为什么被称为“警察中的道学先生”，这其中的谜团尚有待研究。
105. TCD contemporary, quoted in Hyde, *Oscar*, 14.
106. Horace Wilkins, in Mikhail, 2; Hyde, 14; ES, in Harris, 23.
107. Hyde, *Oscar*, 16, quoting ES; Harris, 23，提到这位教师是约翰·汤森·米尔斯，但从圣三一学院的注册登记和其他材料来看，其中仅仅提到汤森·米尔斯。他于 1864 年获取学位，1867 年获得文学硕士学位。
108. Sherard, *Life*, 96.
109. O'Sullivan, 189.
110. Harris, 23；惠斯勒从 19 世纪 70 年代初开始使用他的蝴蝶签名。1872 年他在达德利画廊展出的几幅作品就是这样署名的。
111. 邓恩神父写给爱尔兰天主教真理会秘书的信（未注明日期）（克拉克图书馆）：“我相信，即便是早年仍住在都柏林他父亲家里时，他就已经在耶稣会信徒的影响下接近天主教”；Hunter-Blair; Katharine Tynan, *Twenty-five Years* (1913), 130.
112. OW, quoted in the *Chicago Tribune*, 3 December 1900 (reproduced in *Intentions*, October 2010); Alice ffrench 回忆，奥斯卡·王尔德在圣三一学院时两人曾经讨论过“宗教方面的事情”，其中提到，虽然她（错误地）认为他们是“先进的英国国教徒”而不是“天主教徒”，

但他“似乎坚定地持有……崇高的教会观点”。W. E. Redway to Robert Ross, 17 July 1924（Ross Memorial Collection, University College, Oxford）.

113. Croft-Cooke, 33；圣三一学院礼拜堂的“圣餐书”中没有关于王尔德在校参加圣礼的记录。
114. *CL*, 1226；OW, quoted in the *Chicago Tribune*, 3 December 1900；Tynan, *Twenty-five Years*, 130；Fr Dunne to the secretary of the Catholic Truth Society of Ireland [n. d.]（Clark）.
115. William Dillon, *The Life of John Mitchell*（1888）, 2：285，指的是1874年9月在王尔德家里举行的“一场愉快的晚宴”，“著名的多明我会修士托马斯·布克神父”在场。
116. *CL*, 1226；Stanford, ‘Robert Yelverton Tyrrell’, 9；1893年康斯坦斯·玛丽·王尔德考虑成为一名天主教徒，奥斯卡劝阻她说，“它会毁了孩子们（他们的儿子）……信天主教的孩子没法进伊顿公学，也拿不到大学奖学金。”Moyle, 229.
117. 数十年前，圣三一学院另一名精明强干的古典学者亨利·B. 利奇从都柏林在剑桥大学获得学位，随后入职剑桥大学冈维尔与凯斯学院；威廉·里奇韦与他经历相似（*The Times*, 26 March 1921）。
118. 罗伯特·罗斯对奥斯卡·王尔德作品德语版介绍的打字稿（克拉克图书馆）。“亨利·戴克·阿克兰爵士和马哈菲教授说服威廉·王尔德爵士允许他的儿子上了牛津大学。”让威廉爵士放心的是，奥斯卡去了牛津大学就可以切断与耶稣会的联系，这也许是马哈菲的说辞之一。
119. Hyde, *Oscar*, 15.
120. Louis Perrin, of 12 Merrion Square, matriculated October 1873；Peter Vernier, ‘Oscar at Magdalen’, *Wildean*, 19（2001）, 24.
121. Oxford Handbook；Vernier, ‘Oscar at Magdalen’, 19, 26；G. T. Atkinson, Cornhill, in Mikhail, 16；该考试与伍斯特学院奖学金候选人考试同时进行。
122. JFW to [John Hilson], 5 May [1875], Tipper, *Hilson*, 75, where the letter is [mis] dated ‘1876’；JFW to Rosalie Olivecrona, Melville, 122；Ellmann, 34.

123. Ellmann，34；Schroeder，14；1846 年和 1849 年，卡莱尔去过两次爱尔兰；简·弗朗西斯卡·王尔德有一本卡莱尔题字的丁尼生诗集。目前尚不明确，这是否即卡莱尔写下歌德诗句的那一本。
124. Wilfrid Hugh Chesson，'A Reminiscence of the 1898'，*Bookman*，34（1911），389-94，in Mikhail，378.
125. 有关奥斯卡·王尔德的位置，见 Vernier，'Oscar at Magdalen'，26；关于王尔德一家的旅行，见 JFW to Rosalie Olivecrona，'late July' 1874，引自 Melville，122；关于斯芬克斯，见 Isobel Murray，ed.，*Oscar Wilde*：*Com-plete Poetry*（1997），199。
126. Mahaffy，*Social Life in Ancient Greece from Homer to Menander*（1874），viii，dated '4 November 1874'；Ross，*Oscar Wilde and Ancient Greece*，24.
127. Hyde，*Oscar*，17，根据马哈菲传记，表明这一段可能是王尔德"添加"的文本，因为它体现了后来他信奉的"为艺术而艺术"的信条。但似乎更有可能的是，在当时的阶段，影响仍以别的方式存在。
128. Plato，*Symposium*，202-12. Linda Dowling，*Hellenism and Homosexuality in Victorian Oxford*（1996），xiv-xv.
129. Mahaffy，*Social Life in Ancient Greece from Homer to Menander*（1874），306-12.
130. Oliver St John Gogarty，*As I was going down Sackville Street*（1937），239.

第二部分
夜莺与玫瑰

1874～1878 年

20～24 岁

1876 年，王尔德在牛津

1. 年轻的牛津人

他非常活泼，喜气洋洋。

——布尔默德·萨莱斯·拉泰里耶

(Bulmer De Sales La Terrière)

19世纪70年代牛津大学的魅力令人瞩目。这所古老的大学主宰着整个小城：学院和四方院、穹顶和塔楼、建筑上蜜色的石雕、教堂的“梦幻尖塔”仍旧弥漫着中世纪的气息。宽街和“高街”铺着鹅卵石。小城周边并非郊区，而是一幅与牛津郡宁静的乡村融为一体的“独特风景画”，难怪有人后来回忆称：“其魅力何止吸引眼球，简直是深入灵魂。”[1] 61

王尔德善于感知美，洋溢着浪漫精神，对这份魅力当然不会无动于衷。“我的灵魂似乎在我内心得到平静和喜悦，”他记得，“牛津是我的天堂。”在这个天堂里，莫德林学院占据了特殊的位置。它也许是所有学院中最美的一个，位置稍远一些，坐落在蜿蜒的“溪流一般”高街的尽头，一边是小鹿公园的雉堞状围墙，另一边是查韦尔河。韦恩弗莱特优雅的哥特式高塔矗立在“庄严而别致”的建筑之上，下面是点缀着贝壳星星的步道、灰色的回廊和拱形的礼拜堂——5月的清晨日出时分，身着白袍的唱诗班歌手在塔顶迎接春天的到来。王尔德到来的第一个学期，认为自己是“世界上最幸福的人”。[2] 62

他被安排住在“教士院”三楼的两居，靠近小教堂袖廊的彩色玻璃窗。[3]他发现本科同学再不是举止粗鲁闹哄哄的爱尔兰人，而是一群颇具人脉的年轻人，其中有些人和他一样是奔着荣誉学位来的，大多数人只求学习负担不要太重，能获得普通学士学位，但几乎所有人都在充满魅力、自由自在的牛津校园里保持着英国公学令人愉快的行为规范和同学情谊。离开圣三一学院后，这种氛围的变化——社会和物质两方面的——简直“令人震惊”。[4]

尽管王尔德比同年入学的其他大一新生年龄稍大一些（1874 年 10 月 17 日入学，就在他 20 岁生日的第二天），但他那孩子气的脸庞掩盖了这一事实。然而，这并不意味着他不起眼。他身高 6 英尺多，个子比大多数同学高，身材魁梧，显得“手脚过长”，举止笨拙。他浓密的棕色头发“长得过分”，简直难以捉摸，“有时中分，有时侧分”。[5]* 那个年代，人们讲究蓄优雅的小胡子，修剪整齐的连鬓胡子，王尔德苍白的脸上刮得光光的，特别扎眼；[6]在一些旁观者看来，这种“毛发欠缺”似乎是一种“天然属性”，而不是剃刀的缘故。[7]他带来的衣服被看作既正式又不时髦：“虽然那无疑是都柏林市中心大街上的普通穿着”，但在他的同学们眼里，它们看起来“古怪得像要去‘高街散步’一样（星期日晚祷后沿牛津高街的例行散步）”。他很快就被莫德林学院的本科生们亲切地称为“我们那个怪模怪样的新生”。[8]

然而，王尔德似乎一直无忧无虑，并没有意识到他和别人有什么差别。新环境带来的兴奋感、有限的社交知识以及他的

---

* 很难确定王尔德的头发到底是哪一种棕色。他上学的时候是“浅棕色”，但久而久之颜色慢慢变深。它后来被不同的人描述为“不明显的棕色”或“细长而干枯的鼠色”。

自负，可能导致他陷入某些尴尬境地——但也能让他愉快地摆脱这些困境。初来乍到的头几个星期，他被认为犯了“冒昧殷勤”的“过错”。他不懂牛津大学的既定规矩，给新认识的人递上自己的名片（新印的，上面写着“奥斯卡·欧弗雷泰·王尔德，莫德林学院”），根本没有考虑到对方的年龄和地位。他第一次在大厅就餐时，碰巧身边坐着来自另一所学院的客人（一名三年级的“运动健将”），两人聊得不错，然而他的做法让对方“惊愕不已”。他还不等“学长们先行招呼”便迅速地给他通过家庭关系认识或听说过的其他学院同学散发了名片。[9]

63

尽管有些小毛病，但他的友好姿态并没有遭到断然拒绝。他与J. E. C. 博德利（贝利奥尔学院二年级学生，去年夏天在都柏林见过他）重新取得联系，并被拉进了一个活跃的朋友圈——主要是贝利奥尔学院和奥里尔学院的学生。他们乐于接受他，称他是“一个性格温和，而又不谙世故的爱尔兰年轻人”。显然，王尔德正是通过这种“学院外”关系，让莫德林学院的同学们逐渐地对他有所了解。[10]

当时，莫德林是一所规模相对较小的学院，本科生不到一百人。[11]其中，王尔德和其他几个“莫德林人”成了一个与众不同、引人瞩目的小群体，他们的特点是飘逸的长袍和成捆的书籍。他们在餐厅里自己的桌上一起用餐。这并非出于莫德林学院著名的学术氛围（贝利奥尔才是一所学术性学院），而是因为王尔德是那一年仅有的三名获得古典文学专业奖学金的本科生之一。[12]据说，在莫德林，“人们更重视社交能力”，而不是学业成绩抑或“运动能力”。[13]王尔德很能适应环境。他的“和蔼可亲、幽默风趣，以及非同寻常讨人喜欢的谈吐能力”逐渐为他赢得了学术圈以外的名气。[14]

王尔德没有逃避大学同学对他的期望。他和同在莫德林学习古典文学的阿特金森一起参加了学院赛艇队。但总的来说，这次参与并不成功。他们被一个庸俗蛮横的划船教练“拖下水”，王尔德是“尾桨手”，阿特金森“负责船头”。无论从哪种意义上说，两人都行进非常缓慢。王尔德果断勇敢地面对同学们善意的嘲讽。然而，尽管他受到了耐心的鼓励，但事实上却连一项基本的技巧都无法掌握。他总是心不在焉。有一次，大学代表队顺流而下朝他们驶来，要求他们赶紧尽力将赛艇靠边，但王尔德毫不理会。他不顾两名舵手的斥责，一边对阿特金森说，“划桨时没有理由要求人挺直腰板”，并且也不信希腊人在萨拉米斯是靠这个战胜波斯人的。这件事终结了他的赛艇生涯。[15]用他的话说就是，看不出每天晚上倒退着划向伊夫利河水闸有什么意义可言。[16]

大学生活的其他一些方面也同样不尽如人意。莫德林学院

64 的整个教师团队都比较平庸，没法与蒂勒尔和马哈菲相提并论。他们以“学院讲座”——即小组辅导的形式进行教学，很是枯燥乏味。年轻的古代历史导师 W. D. 艾伦有时会透过半敞开的卧室门，向聚集在一起的学生口述“课堂笔记”，这时他的“大獒犬趴在壁炉边的地毯上”。天气寒冷的时候，如果要去溜冰，他就闭门谢客，并在门上别一张卡片写个什么理由。拉丁语导师约翰·杨·萨金特会在晚上围着火炉开一些昏昏欲睡的辅修课，他似乎往往不怎么在乎讲课内容，而是“更在意炉子边大银杯里温着的啤酒”。[17]

王尔德在圣三一学院苦学过三年，他觉得眼下的功课不足以施展自己的才华。尽管有些同学对他之前在都柏林的学业情况略知一二，但他不想宣扬其中的细节，喜欢将表面上毫不费

力取得的成绩归功于天赋。[18]他那流利的希腊语翻译让人眼花缭乱，而且——他声称从未做过诸如此类的练习——他的拉丁语诗歌作品获得萨金特高度赞扬。不过，他经常逃课。[19]

牛津广阔的学术生活对他更具吸引力。当时人们有一种急切的求知欲，寻求一种新的思维和理解方式。对许多评论家而言，科学和考据学的进步似乎不仅损害了《圣经》的字面真理，而且破坏了支撑生活和规范行为的宗教和道德确定性。信仰在达尔文和德国语言学面前不断后退。当时正值英国的物质财富迅速增长，加剧了问题的严重性。这个国家逐渐显露出被商业化、自鸣得意和文化停滞战胜的危险。

牛津人在克服这些困难的过程中，提出了各种各样的解决办法。马修·阿诺德（曾在奥利尔学院任职，1857 年至 1867 年担任诗歌教授）以“文化”取代宗教，提出将欧洲经典著作作为福音书所支持的传统道德体系的基础。贝利奥尔学院院长本杰明·乔伊特希望柏拉图的哲学能够成为基督教神学的一种卓越替代。[20] T. H. 格林（1877 年成为牛津大学伦理学教授）认为，亚里士多德的伦理学以及一种对社会责任的奉献精神，或许可以满足这种需求。万灵学院的比较语言学教授弗雷德里希·马克斯·穆勒出生于德国，他通过研究古印度梵文文献寻找信仰的共同根源，开辟了比较语言学、比较神话学和比较宗教学等新的学科。还有史莱德美术讲座教授罗斯金，他在美——自然和艺术两个视觉世界中找到了精神保证。

65

王尔德被这些潮流深深吸引。他购买了阿诺德的散文和乔伊特的柏拉图译本；他读了格林的书，并且和充满活力、热爱音乐的马克斯·穆勒交上了朋友。[21]但在牛津大学诸多出类拔萃的名家中，罗斯金的吸引力最大。他身上有一种魅力和活力：评论家、辩论家、梦想家、改革家、艺术家和诗人——特纳的拥护者和拉斐尔前派的捍卫者。母亲教导王尔德要尊敬这位伟大的人物，如今他兴奋地发现自己竟然离他如此之近。[22]罗斯金50多岁，是小镇上的怪人，既令人生畏，又平易近人。他一眼望去相貌英俊，长着鹰钩鼻子，留着络腮胡子，有时候他把手搭在年轻的利奥波德王子（维多利亚女王最小的儿子，当时在基督教堂学院读本科）肩上穿过街道，“他的编织长袍从肩上滑落，拖在水坑里”。[23]* 王尔德就读的第一个学期，罗斯金就早期意大利文艺复兴举办了一系列公开讲座——其中八场的题目是“佛罗伦萨的美学和数学艺术流派”，从契马布埃和乔托开始，以弗拉·安杰利科和波提切利收尾。王尔德孜孜不倦地参与其中。

这些讲座产生了巨大影响：他由此结识了那些曾经鼓舞拉斐尔前派的艺术家，激发了他一窥意大利及其大师杰作的渴望。不仅如此，他们还为他打开了一片新视野。罗斯金“极大地”吸引了王尔德。他的热情及其“优美的辞令”，“节奏、色彩……以及文字的美妙乐感”——无论在讲台上还是印刷品上——令人陶醉。[24]王尔德认为，他是“一种精致浪漫的花朵；就像紫罗兰，让空气中充满了难以言喻的信仰的芬芳”。[25]这一信念的核心是“美”的重要性——它以自然的形式出现，在视觉艺术中得到升华，它的道德力量及重要性

66

---

* 一天晚上，王尔德的朋友博德利在莫德林桥上遇见罗斯金正摇摇晃晃地走着。一开始，他以为罗斯金可能喝醉了，但后来意识到这位史莱德教授实际上是闭着眼睛走路的。当被问及原因时，罗斯金回答说，他“刚刚看见一场非常美丽的日落，希望把它留在脑海中，不受任何其他景色的污染，直到他可以独自一人待在自己的房间里”。

与生命相连。

王尔德认为罗斯金是“英国的柏拉图——一个真善美的先知，他像柏拉图一样将三者比作一朵完美的花”。[26]王尔德准备接受这一远见卓识。他心中装满了牛津的美景和艺术的奇妙，发现罗斯金的“美的联想效应理论”特别具有启发性。[27]他在柏拉图的《理想国》中也曾接触过这一思想——孩子们在“一切事物都很公平的简单氛围中被抚养长大，美作为艺术的灵魂，像一股清新的风吹进眼睛和耳朵，从纯净的高地带来健康，并不知不觉地渐渐引导孩子们的灵魂与一切知识和智慧和谐相处，这样他们早在明白道理之前，就会喜欢美丽和善良，憎恶邪恶和丑陋（因为二者往往同流合污）”。[28]王尔德决心成为罗斯金的门徒。[29]

他并不是唯一有此热情的人。罗斯金的讲座每周中午在大学博物馆剧场举办两次，吸引了600多名兴致盎然的本科生和热情的“访客”（主要是女性）。[30]艺术和美显然是两个具有广泛吸引力的主题。

罗斯金在前一年发起一个项目，打算修筑一条穿越沼泽地的乡间道路，把附近的上欣克西村和下欣克西村连接起来，从而将牛津大学本科生的精力从无用的运动转移到有用的劳动上。尽管大多数身强体健的人都没有理会他的号召，但一小群高尚的追随者——主要是贝利奥尔学院学生——已经开始了这项任务，并在罗斯金的偶尔指导下一直坚持着。王尔德（他承认自己天生“奢侈”）很不愿意投身于一项既需要早起，又很艰苦的体力劳动；尽管如此，那年冬天他似乎确实参与了“挖掘”，并向他的新偶像作了自我介绍，建立了一种他希望“日后”也许能进一步“利用”的联系。[31]

罗斯金的教学为王尔德开拓了广阔的视野，让他感到兴奋，但忽视了当下的学业。他忘了要好好准备学位初试（也称“Little Go”），这是牛津大学所有大一新生在第一学期末参加的一项简单考试。尽管其中的希腊语和拉丁语考试不会对他构成任何挑战，但还有一门数学必修课。几乎可以肯定，就是这个因素导致了他未能通过考试。失败既是挫折，也是一种尴尬。校方对此并不买账。在“期末检查”中，莫德林学院院长布利博士把王尔德归入了“暂停学业”的类别，表示学校非常不满意。[32]下一学期开始时校方进一步强调了不满的态度，王尔德正式受到院长“警告”。他很有可能被告知，如果通不过第二次学位初试，就会失去莫德林学院奖学金。他后来在那个学期晚些时候重新参加并通过了考试。[33]

67

然而，这一小小的胜利似乎并不是通过努力学习取得的。相反，分散精力的事情越来越多。1875 年初，王尔德彻底变了样，让朋友们觉得非常有趣。他剪短了头发，换了装束。他竖起高高的新立领，身穿花呢格子短上衣，扎着湛蓝色的领带，头戴“卷边帽”（俏皮地搁在一只耳朵上），努力“超越”那些热爱运动的“年轻的牛津人”。[34]

这完全是一种消遣的姿态。在接下来的几个学期，王尔德似乎把自己献给了无忧无虑的牛津大学本科生活。他的一位同伴回忆，那是一轮接一轮愉快的“打牌、唱歌、串门（和）喝酒”。王尔德“兴高采烈地”沉浸其中。[35]他在高街的施皮尔斯百货公司开了个账户，一年当中在房间里添置了两个瓷壶、一些烛台饰品、一个装红葡萄酒的玻璃酒瓶、八个水杯、六个葡萄酒杯和两副扑克牌。[36]

他发现“赊账”虽有风险，却让人愉悦。他周围都是出身不俗、家境富裕的年轻人，他想象自己也和他们一样。“似乎没有人对钱有任何了解，”他回忆，“或者根本不关心钱。处处都有贵族的感觉；一个人必须有钱，而且不用为钱烦恼。”王尔德就毫不在意。尽管他有奖学金，父亲也给他钱，但他在镇上商人那里的欠债越来越多，而且学会了无视催债。在牛津——正如王尔德所经历的那样——“肮脏的生活现实与他们保持着一定的距离”。[37]

博德利1875 年的日记生动地刻画了这个无忧无虑的世界。他们欢聚在米特雷餐厅，偷偷在校外聚餐，享用丰盛的早餐——鲑鱼和蘸酱腰子。他们举行小型午餐派对，长时间地打惠斯特牌。他们沿河散步“健身”，并在河上划船旅行。骑马或乘马车到乡间做短途旅行：星期日下午驾着轻型小马车飞奔去伍德斯托克（王尔德想象自己驾驭着一辆希腊战车）；或者坐着双人马车安安静静地短途游逛，王尔德喜欢坐在后座“练习吹邮车上的号角，但效果相当一般”，他间或跳下车去开门，“特别缺乏灵活性”。他还特别得意拥有一件“浅灰色风衣”，穿着它坐在“慢吞吞的”四轮大马车顶上显得特别拉风。[38]有一次博德利回到贝利奥尔，发现王尔德和巴顿在他的房间里打拳击，然而王尔德的这帮朋友几乎不参加任何有组织的比赛。不过他们还是愿意看比赛的，去河边看赛艇，或者去跑道边看比赛。王尔德经常“被人撞见在板球场上”，然而他只是个旁观者。他甚至还有一张被莫德林板球队簇拥着的照片。[39]

68

根据牛津大学的古老传统，学期中禁止在校园里进行戏剧表演，但乔治街的维多利亚剧院可以举办“音乐会”和“音乐厅演出”。这些都是很受大学生欢迎的活动，很容易造成混乱。

博德利记录了一个喧闹的夜晚（1875 年 1 月 29 日）在剧院看提洛尔歌手演出的经历：

> 两个包厢连在一起。吵闹个没完，帽子和雨伞发挥了不小的作用。演出期间，莫德林的王尔德爬进我们的包厢告诉我，他哥哥来了，都柏林圣三一学院出来的，就在那里（威利去了英国，当时正值中殿学院的春季学期）。音乐会结束时，我们和提洛尔歌手打趣着跳上了舞台。大王尔德（即威利）先被介绍认识了我，然后便在钢琴上胡乱弹奏着施特劳斯的圆舞曲，舞台工作人员慌忙冲过来拉上幕布。我们和三个提洛尔歌手一起去了米特雷餐厅。他们用约德尔唱法真假嗓轮替着唱，我和韦尔什也在那儿唱。我、菲茨、奇尔德斯、威廉姆森和夏普都因此受了罚。在和王尔德拜访克拉伦登饭店之后，我们就踉踉跄跄地回到住处。[40]

深夜外出，出入特许烟酒场所，这些都是违反校规的行为，导致学生经常和校监（大学里的纪律检查人员）发生冲突，并经常被罚款——尤其是王尔德。事实上，他还因为这些问题获得了一个大大的名声——“本年度最不幸大学生”。[41]不过，这也是乐趣之一。

朋友们之间爱开“玩笑”，喜欢“逗趣”。博德利和奇尔德斯取笑王尔德“天真”，王尔德则以博德利只知道八个掌故作为回击，并称他不停地将它们“仔细编号，轮流讲述”。[42]他们玩恶作剧，发恶搞电报。博德利写道：“王尔德不喜欢寄给他的鳕鱼头和‘伦敦期刊’。他说，他把鱼头偷偷扔进查韦尔河，

69

自我感觉很像温赖特（那位凶手）。”* 去布伦海姆公园游玩时，王尔德——这群人中最壮的一个——会被同伴抓住，推着滚下宫殿前长满青草的斜坡，“这是他喜欢的一种娱乐”。[43]

除了这些即兴消遣，大学社交活动中最大的焦点是共济会。当时，在利奥波德王子的热情支持下，这一神秘而又古老的运动成了牛津的一种特殊时尚，它在一系列象征仪式背后增进了兄弟情谊，促成了各种善举。博德利是牛津大学共济会分会“阿波罗”的热心成员，王尔德的许多大学同学也是其中一分子（莫德林学院尤其以共济会式的志同道合而闻名）。[44]不久，王尔德也加入其中。1875 年 2 月 23 日，由弗兰克兰·胡德（莫德林学院公共休息室负责人）提议，博德利附议，并经投票通过，王尔德和大学划船俱乐部的新星威廉·格伦费尔一起被邀请加入阿波罗分会。[45]王尔德“不失时机地成为新入会者中最热心的人”，“级别”迅速晋升；他于 4 月 24 日被升到“第二级”，5 月 25 日成为共济会三级会员。[46]他对象征性的仪式很感兴趣，喜欢“华丽”的服装和优雅的装束。[47]阿波罗分会保留着穿戴黑色及膝马裤、燕尾服、白色领带、丝袜和轻便帆布鞋的传统。[48]

虽然共济会涵盖了道德和哲学两个方面，而且发起捐款是为了支持“一些非常值得做的慈善事业”，但在 19 世纪 70 年代

---

* 伦敦商人亨利·温赖特因在 1875 年秋季谋杀情妇而受审。他于前一年杀死并埋葬了受害者，但随后在他哥哥的帮助下试图移走已经被肢解的尸体。他被判有罪，并于 1875 年 12 月 21 日被绞死。此案被广泛报道，并且——据博德利日记记载——在牛津大学引发热议。（[巴顿] 像往常一样不停地拿温赖特案件和“致命的美丽”来打趣。）此处的温赖特不是指——如之前推测的——18 世纪艺术家托马斯·格里菲斯·温赖特，他曾经投毒，王尔德后来在作品中提到过他。

70 的大多数牛津本科生看来，共济会是“在‘纪念堂’举办更多宴会和大型舞会的一个借口！”。[49]会议之后，通常会有一顿大餐，还有很多让人欢乐的活动：大家唱着歌（王尔德将“他那善意但不稳定的单调嗓音”融入了合唱），玩着一些小把戏。[50]在王尔德入会后的“节日宴会”上——入夜后，王尔德变得“非常开心”——博德利鼓励王尔德为共济会的基石“J 和 B”祝酒。王尔德不知道这两个大写字母代表——根据共济会的传统——所罗门圣殿支撑门廊的两根铜柱“雅斤”（Jakin）和“波阿斯”（Boaz），于是便提议为“施洗者约翰（John the Baptist）”的健康干杯，引发“一片大笑”。他并且说，“我听说，（他）是这个组织的创始人。”接着他又说：“我希望我们能仿效他的生活，但不是他的死亡。所以说，我们应该保持清醒的头脑。”[51]

王尔德在艺术上的投入丝毫没有因为繁忙的学生活动而减少。这仍然是他的重要课程和极大的兴趣所在。1875 年赛船周期间，博德利一家来到牛津大学，王尔德和他的姐妹阿格尼丝沿着查韦尔河步行回来，两人一路上“谈论艺术”（与此同时，王尔德在奥里尔学院的朋友菲茨杰拉德则一直在给博德利的另一个姐妹贝塔“讲奇奇怪怪的故事”逗乐）。[52]他坚持写诗，斯温伯恩仍然是他“唯一的诗人”，当然也是对他影响最大的人。[53]

王尔德就读牛津第一年翻译了阿里斯托芬的《云》，这篇出色的译诗名为《云女的合唱》，斯温伯恩独特的节奏始终贯穿其中。王尔德也许认为出版译本的机会比原创诗歌更大。

让我们寻找无畏的瞭望塔楼，
那里有雨水滋润的谷田万顷；
女神们常去的河流喁语不休，
汩汩声中回响着海浪的歌声。[54]

1875 年夏天，罗斯金离开一个学期后回到牛津，王尔德再次找到他。他似乎在欣克西路上花了很多时间搞“挖掘”——打石头、铺路面；他甚至自称，“有幸为罗斯金先生本人的独轮手推车铲土”，并在这位伟人的教导下学习如何在木板上推动手推车（“一件很有难度的事情”）。[55]修路的那段日子，他很享受被邀请到基督圣体学院罗斯金的房间里用早餐的特权。[56]这是一个激动人心的机会，可以听到罗斯金无与伦比的演讲，并与这位伟人建立起一种真正而持久的联系。这些场合也让王尔德和贝利奥尔学院既有的“挖掘者”小圈子有了更密切的接触，他们都是理想主义的年轻人，比如阿尔弗雷德·米尔纳、阿诺德·汤因比、伦纳德·蒙蒂菲奥里和查尔斯·斯图亚特-沃特利。

王尔德也许正是在此期间通过罗斯金，结识了一位颇有前途的年轻艺术家弗兰克·迈尔斯。[57]这是一段重要友谊的开始。迈尔斯只比王尔德大两岁，是一位独立、富有的圣公会高级牧师的小儿子。由于体质虚弱，他一直在家接受教育，对艺术、建筑、植物学和园艺产生了浓厚的兴趣。他 20 岁出头就已经（和他的母亲一起）担负起一项卡农迈尔斯教堂（位于诺丁汉郡附近的宾厄姆的诸圣堂）奢华的装饰计划，以及为邻近的教区长官邸建造一座富丽堂皇的花园。[58]尽管他是色盲，却放弃了刚刚起步的建筑生涯，转而专注于绘画。1874 年，他在皇家艺术学院夏季画展上首次亮相（展出作品名为《沉思》），因为对“美丽的女性头部”的着色及其“最完美、最迷人的表现力”而赢得声誉。[59] 1875 年，他的绘画复制品出版并陈列在商店橱窗里，“大受欢迎”。[60]

虽然迈尔斯一家在宾厄姆的教堂从事的工作可能在艺术构思上对罗斯金这样的史莱德教授很有吸引力（罗斯金在牛津的画室里陈列着迈尔斯夫人的作品，这说明母子俩可能去过那里），但是关于弗兰克·迈尔斯如何结识罗斯金，没有留下任何记录。[61]毫无疑问，1875 年，弗兰克已经赢得了这位史莱德教授浓厚的兴趣，并且与王尔德建立了牢固的友谊。博德利在 5 月 8 日的日记中写道，“王尔德和迈尔斯打来电话，这让我有点振奋”（博德利和王尔德随后与“菲茨”在奥里尔学院共进午餐）。“迈尔斯来了。他刚去过罗斯金那里，后者被他的几幅画迷住了。”罗斯金一直鼓励迈尔斯，给他写了好几封信，称赞他是“下一个特纳”，并表示“有了他对母亲的爱，以及他描绘云的能力，他必须继续前行”。[62]

王尔德十分欣赏迈尔斯身上的某种都市魅力。他人脉广泛，温文尔雅，已经踏上了成名之路。那年夏天，他第二次在皇家艺术学院办展。他的名字登上了报纸。他认识伦敦的名人，会传出一些他们的内幕故事（博德利对亨利·欧文早年在金融城当职员的故事印象尤为深刻）。[63]对于王尔德来说，这是他第一次兴奋地看到，在与世隔绝的大学世界之外，年轻人的才华和抱负可能会成就什么。

72

王尔德自己的视野也在扩大。暑假伊始，受罗斯金文艺复兴艺术讲座的启发，他第一次前往意大利。他很善于自我戏剧化，为这次行程准备了一条“非常引人注目的裤子”。他在圣三一学院的老朋友爱德华·沙利文（他临行前给沙利文打过电话）对这条裤子说了一些“嘲笑的话”，王尔德“用自己最拿手的故作严肃状，恳求他不要拿它开玩笑。‘这是我的特拉西美诺裤，我打算在当地穿这条裤子’。”[64]

像牛津大学一样，意大利从一开始就吸引了王尔德。这个国家的一切化为一股合力让人的感官和想象力为之倾倒：美丽的风景、日常生活的色彩、跌宕起伏的历史和辉煌的艺术。他认识到，意大利是“我一生向往的地方”。[65]王尔德在给父母的信中，孜孜不倦地详细记录了他在意大利北部和中部各个城市的游历经过——还经常配上插图——为父亲重点介绍考古学详情，为母亲着重描述人类戏剧。遗憾的是，关于他穿着“引人注目”的裤子去特拉西梅诺湖旅行的描述已经无据可考。现存的第一封信记录了他参观佛罗伦萨考古博物馆的情况，他敏锐地感觉到父亲会对伊特鲁里亚人的金器（甚至比爱尔兰的金器还要出色）产生兴趣。作为罗斯金的崇拜者，他赞赏地指出，“每样东西，即使最普通的盘子或罐子，都出自极其精致和美丽的设计”。[66]然而，正是在佛罗伦萨的教堂和画廊里——如他所言——他目睹了“意大利艺术的全部辉煌”。[67]

王尔德在佛罗伦萨和马哈菲不期而遇，后者正同一个名叫威廉·古尔丁的年轻学生结伴旅行。他们三人一起去了博洛尼亚、威尼斯（“难以形容”）、帕多瓦（“古雅”）、维罗纳和米兰（“第二个巴黎”）。一路上既有美味佳肴（在米兰的 Biffi 餐厅），又有平庸的戏剧（维罗纳的露天圆形剧场上演了一出非常“冷漠”的《哈姆雷特》，斯卡拉歌剧院在上演一部“毫无价值”的新歌剧），还有文学朝圣（参观拜伦曾经住过的威尼斯潟湖上的亚美尼亚修道院，还去了据说但丁和乔托曾经共同住过的帕多瓦宅子)。而且，最重要的是，还要考察艺术和建筑。[68]

王尔德在艺术上热衷的事物反映出他对罗斯金的景仰：威尼斯的哥特式建筑、乔托（尤其是斯克罗维尼教堂里“天堂和地狱的名画”，据说画家的灵感来自一位著名的客人)、弗拉·安杰利科、贝利尼和提香。然而，王尔德经常在判断中打上个人印记：他形容在米兰看到的画家伯纳迪诺·卢伊尼（另一位罗斯金喜欢的画家）作品《可爱的麦当娜》周围环绕着“莫里斯和罗塞蒂喜欢的缠绕在架子上的玫瑰”。在威尼斯，他最喜欢的画作是提香的《圣母升天》——“意大利最好的绘画”——和委罗内塞的《财主和拉撒路》，画中有他在旅途中看到的“唯一一张可爱的女性面孔”。* 他认为这座城市的巴洛克式教堂“缺乏艺术性”，尽管比米兰林立的哥特式教堂要好——后者简直“糟糕透了”。[69]

73

意大利的美需要诗意的回应。王尔德记录了（有可能真实，也可能出于想象）一段黎明前爬上佛罗伦萨城后面长着桃金娘的山头，去往文艺复兴早期的圣米尼亚托小教堂的经历。王尔德提炼出记忆中夜莺的歌声，将其嵌入一首感性的抒情诗，表达了对逝去的时间、爱，以及夜莺的遗憾：

圣米尼亚托

（6月15日）

---

* 王尔德对意大利女性的美貌感到失望，他告诉母亲，“结婚后，意大利女人堕落得很厉害，但男孩和女孩都很漂亮。在已婚女性中，一般的类型是‘泰坦斯’（Titiens）和丑陋的黄脸婆一样的‘特贝理·贝蒂尼’（Trebelli Bettini）”。泰坦斯和贝蒂尼是当时著名的歌剧女主角。

一

看，我已从山边
攀登到神圣的上帝之所，
天使般的僧侣曾从这里走过
看到广为开放的上天。
城墙上的夹竹桃
在晨曦中变成深红，
夜晚的银色阴影
像柩衣覆盖着佛罗伦萨城。
桃金娘的叶子轻轻晃动，
那是微风忧伤地拂过
在杏仁香味的山谷里，
传来孤独夜莺的鸣声。

二

白天很快将使你沉寂
啊，夜莺继续为爱情歌唱。
然而在幽暗的树丛上
似箭的月光洒落下来。
穿过寂寂的草场
月光悄悄地在金色的薄雾中呈现
它向厌倦爱情的双眼隐瞒了
拂晓纤长的手指是怎样
攀上东方的天空
抓住并扼杀战栗的黑夜，
全然无视我内心的愉悦，

74

抑或夜莺就应该死去。[70]

虽然包括圣米尼亚托教堂在内，这首诗的背景似乎纯属偶然，而且“天使般的僧侣”弗拉·安杰利科也从未在这个“神圣的上帝之所”供职过，但二者的结合的确说明，意大利——尤其是佛罗伦萨——让王尔德获得了对“艺术精神”的一种全新鉴赏：一种意大利天主教传统的艺术丰富性与艺术和谐感。他满怀激动地邂逅了“通过色彩和光线传播的宗教光辉”。[71]

然而，享受“光辉”只能到此为止。6 月底，王尔德因为旅费不足，不得不和同伴们分道扬镳。马哈菲一行从米兰南下去罗马，他怀揣“意大利及其灿烂的艺术”还有些许遗憾返回家乡。他在阿罗纳的马焦雷湖稍作停留，开始写诗，抱憾“未访”罗马——至少是在当时。[72]

他在爱尔兰度过了夏天剩余的时间。那里有各种触手可及的娱乐消遣。王尔德收到一位怒气冲冲的母亲寄来的责骂信，因为她走进客厅时发现 17 岁的女儿费迪莉亚正坐在奥斯卡的腿上。弗兰克·迈尔斯来到都柏林，送给他一幅铅笔素描巩固了两人的友谊：肖像上的王尔德眼神含情脉脉，光滑的脸颊上好像有两撇轻微的八字胡。[73]这幅画与那年夏天晚些时候亨利·巴克斯顿·劳伦斯在西部为王尔德所作的肖像极大不同，后者将其描绘成了一个沉默寡言的农夫。王尔德去莫伊图拉是为了寻求“和平、美德和宁静”——然而可能三者都被威利搅乱了，

75

他也在那里，急于逃离自己在都柏林惹下的各种浪漫纠葛。他没有忘记诗歌。他的母亲正在为纪念丹尼尔·奥康奈尔百年诞辰创作一首爱国主义颂歌，奥斯卡推荐了其中几句。“你会得到丰厚的报酬，”他母亲开玩笑说，并把这首诗寄给了美国首

屈一指的天主教报纸《波士顿先驱报》，“你还可以为我写几行优美的台词，加上热情洋溢的词和古代典故来赚点钱。”[74] 10月底，王尔德回到牛津（没留起胡子），他在前往霍利黑德的船上创作了一首中世纪民谣。《国王女儿的哀愁》讲述了一个关于致命的爱情和早逝的故事，其中洋溢着斯温伯恩、罗塞蒂和莫里斯的拉斐尔前派气息，开头写道：

> 七颗星在平静的水中央，
> 七颗星在天上；
> 国王的女儿有罪七项，
> 深刻在她的灵魂上。[75]

回到莫德林，他分到一套位于回廊一层更好的新房间。窗外风景如画，墙壁上装饰着护墙板，可以远眺查韦尔河、水草地与河滨艾迪生步道。有些人认为这是“学院里最欢乐的房间”。[76]王尔德要动手让它们变得更加欢乐。他虽然没有在装修计划中追求“奢华的异国情调”，但也确实展现出比普通大学生更丰富的品味——和更大胆的勇气。[77]当他的大多数同学满足于在莱曼斯租画（“渡湖的牡鹿”、瑞士山脉，或“庸俗伤感”却又无伤大雅的“少女”画像）时，他挂起了弗兰克·迈尔斯赠他的“一些非常漂亮的镶框画”，“大多是裸体画”。[78]凡是平坦的地方都摆上了越来越多的小摆设，两个“巨大”的塞夫勒蓝色花瓶出尽风头。[79]

这个环境优雅、陈设讲究的新环境显然提供了寻欢作乐的机会。王尔德不失时机地从施皮尔斯百货公司购买了六个葡萄酒杯、四个素色玻璃杯和四个苏打水杯。[80]他开始为学院的朋友们定期张罗星期日晚上的聚会。这都是些“快乐和逗趣”的场合，但“并不喧闹”。桌上摆放着一杯杯潘趣酒，“长柄的烟斗里填满了上等的烟草”。王尔德那“爱尔兰人的好客”天性，从一开始就显露出“超出他的微薄收入”的趋势。屋里有一架钢琴，年轻而才华横溢的学院唱诗班指挥沃尔特·帕拉特——他也是共济会成员——常常受邀弹奏乐曲。唱歌是少不了的，王尔德的朋友乔姆利·琼斯后来成为著名的歌剧演员。“有时候，”一名客人回忆道，“大家的欢乐变成了扭打和嬉闹，主人的那些小玩意儿摇摇欲坠危险得很。”但总的来说，他们还是恪守礼仪的。[81]

那个学期，王尔德有很多事情要庆祝。1875 年 11 月，《都柏林大学杂志》刊登了他的译作——阿里斯托芬的诗歌《云女的合唱》。这是一个值得骄傲的时刻：他的作品第一次印刷出版。诗下面署名为“奥斯卡·欧弗雷泰·威尔斯·王尔德”，还额外附加了说明“牛津大学莫德林学院”。[82]这首诗本身既是一项成就，也是对兄弟力量的一种肯定。过去三年里，威利一直定期在蒂勒尔教授的《科塔博斯》杂志上发表诗歌。[83]然而，《都柏林大学杂志》相比之下更有分量。包括王尔德的父母在内，许多爱尔兰最著名的诗人都曾经为其撰稿。尽管名为《都柏林大学杂志》，但其实它并不是一份“大学”出版物，也不局限于都柏林。该杂志 1833 年创刊，副标题为“一份文学与政治杂志”，同时在伦敦和都柏林发行，90%的发行量在爱尔兰首都以外。[84]

不过，威利在其他方面不断取得进步。他身材高大、英俊潇洒、蓄着胡须，正如他母亲自豪地宣称的那样，他注定要“在社会和生活中大放异彩”。那年 4 月，他获得爱尔兰律师资格，王尔德夫人对她的朋友洛滕·冯·克雷默说："他已经做好了准备，像另一个珀修斯那样，冲出去跟邪恶作斗争。"不过，她接着说，他的野心是"进入议会——我想他的这个希望可能会实现，那里有一个合适的舞台来施展才华、口才，以及源自高雅文化和非凡的心理训练的力量"。[85]然而，王尔德夫人对另一个朋友的话语中却几乎不为觉察地流露出一丝微弱的担忧，"如果他愿意努力的话"，"想做什么都不成问题"。而这一点恰恰相当重要。[86]

威利已经表现出一种要把学生时代的放纵延续到新生活中的倾向。娱乐休闲比工作更吸引人。他"惯常"参加各种宴会和舞会，不是醉酒就是闹到深夜。他成了都柏林新建溜冰场的常客。他持续不断地调情和玩弄女性。王尔德夫人希望他能结婚，而且越快越好，但没有任何如愿以偿的迹象；那件导致他整个夏天远离都柏林的丑事，只是众多尴尬事件中的一桩而已。[87]连奥斯卡的牛津同学都知道有这么个"有失体面的熟人"——尽管他是个非常有趣的人物。[88]

至于奥斯卡，他似乎准备至少要在某些"滑稽"的方面与他哥哥一争高下。1875 年 11 月 1 日晚上 10 点左右，一名学监——名叫兰斯洛特·沙德韦尔的奥里尔学院年轻教师——被派往克拉伦登旅馆。他向学监同事 J. R. 瑟斯菲尔德（耶稣学院学监）讲述，自己发现有四个本科生"在咖啡馆吃晚饭"：奥里尔学院的菲茨杰拉德和哈特、基督教堂学院的贝利·佩顿·沃德，还有莫德林学院的王尔德。

> 我记下他们的名字，命令他们立刻或尽快吃完晚饭回到学院。……有人告诉我，他们整晚在街上游荡。他

们对我的态度非常无礼，他们随便开玩笑，其主要方式似乎就是逼我提到他们要去的学院（即耶稣学院）的名字。他们不断地问我，“去哪儿?”，“去哪儿?”我告诉他们，菲茨杰拉德先生会通知他们的。[菲茨杰拉德（曾经）去过我的房间，是为了缴纳在米特雷餐厅用餐而受罚的1英镑。]

一刻钟后，沙德韦尔回来时，发现狂欢的人还是老样子。他命令他们立刻离开。他们比以往任何时候都无礼。“王尔德戴着帽子在餐厅里趾高气扬地走来走去，直到我告诉他，合乎体统的做法应该是把帽子摘下来。”一名奥里尔学院的学生还点起了一支雪茄。即使按照本科生违纪的一般标准来看，这种行为也非常出格。沙德韦尔决定把这些犯事者交给瑟斯菲尔德去训斥，因为他发现这些人同样也在后者的名单上（也许是因为他们傍晚早些时候的荒唐行为）；他只是建议“这件事应该受到严厉处罚，他们应该在5日（烟火节）那天受罚不允许离开学校外出”[89]。

这件事似乎标志着王尔德本科生涯的低谷和转折点。紧接着是一场“特别痛苦”的学监问话，而且——可以预见——还有一大笔罚款。然而，瑟斯菲尔德也许并非完全没有同情心。他本人就是一位杰出的古典主义学者，当时只有30岁出头，他提醒王尔德“眼下就要评分审核”，让王尔德深刻意识到有必要全身心投入这些考试中去。[90]对于王尔德来说，这是一个及时的警告，让他意识到了自己的力量和对成功的渴望。

注 释

1. Margaret L. Woods, ' Oxford in the Seventies ', *Fortnightly Review*, 150 (1941), 276.
2. Harris, 26; 奥斯卡·王尔德称，牛津是“我去过的最美丽的城市”, Hofer & Scharnhorst, 19; 'The Theories of a Poet', *New York Tribune*, 8 January 1882.
3. Peter Vernier, ' Poemsites at Magdalen: Oscar Wilde ', *Wildean*, 23 (2003), 38. 这些房间至今仍是本科生宿舍。
4. Harris, 26.
5. Atkinson, in Mikhail, 16.
6. Atkinson, in Mikhail, 16.
7. Arthur Shadwell to A. J. A. Symons, 7 July 1931 (Clark).
8. [Bodley], 'Oscar Wilde At Oxford', *NYT*, 4 February 1882.
9. [Bodley], 'Oscar Wilde At Oxford'.
10. Bodley diary, 25 October 1874. 晚餐后，他们在彭布罗克学生休息室又见面了；[Bodley], 'Oscar Wilde At Oxford'.
11. 布利博士 (Dr Bulley) 的笔记 (莫德林学院档案馆) 罗列了 1874 年有 99 名学生参加期末考试，其中约 30 人为住校生。
12. 除了奥斯卡·王尔德在莫德林学院的同学 G. T. 阿特金森之外，还有一名获奖者是阿瑟·埃德蒙·斯特里特 (Arthur Edmund Street)，他是牛津大学建筑师 G. E. 斯特里特的长子，威廉·莫里斯曾经当过他的学徒。没有资料显示，斯特里特和王尔德存在任何交情。
13. [Bodley], 'Oscar Wilde At Oxford'.
14. Hunter-Blair, 117.
15. Atkinson, in Mikhail, 17; Harold Hartley, *Eighty-Eight Not Out* (1939), 269. 哈特利的牛津同辈人告诉他，奥斯卡·王尔德开始的时候很想参加比赛，但是“他的身体状况不是很适合。但他在坚持的过程中表现出了极大的勇气。”其他人嘲笑他时，哈特利的朋友“支持他，并努力帮助他”；王尔德一直很感激这份善意。

16. Oliver St John Gogarty, ‘A Picture of Oscar Wilde’, 50.
17. Atkinson, in Mikhail 17.
18. B. De Sales La Terrière, *Days that Are Gone, being the Recollections of some Seventy Years of the Life of a very ordinary Gentleman and his Friends in Three Reigns* (1924), 75；甚至在布利博士的记载中，他在圣三一学院只上了两年学。
19. Atkinson, in Mikhail, 17.
20. Dowling, *Hellenism and Homosexuality*, xiii.
21. Smith & Helfand, 77-8, 108; Wright, 85：奥斯卡·王尔德购买了1875年版乔伊特翻译的五卷本柏拉图《对话录》。“马克斯·穆勒很喜欢他”，简·弗朗西斯卡·王尔德曾经骄傲地提起儿子取得的成绩；JWF to [John Hilson], 5 May [1875], Tipper, *Hilson*. 有关奥斯卡·王尔德后来所掌握的格林的思想，参见 Ross, *Oscar Wilde and Ancient Greece*, 155-6。
22. John Ruskin to JFW, 5 December 1879 (TCD)，感谢她“教导儿子关心我”。
23. Atkinson, in Mikhail, 19.
24. OW, ‘English Poetesses’, *The Queen*, 8 December 1888, OET VII, 124; Harris, 28，提到罗斯金“唱歌的时候很有灵感”。
25. Harris, 28.
26. OW, in Harris, 28.
27. Hofer & Scharnhorst, 19; ‘The Theories of a Poet’, *New York Tribune*, 8 January 1882.
28. OW quotes from this passage in his ‘Oxford Commonplace Book’, Smith & Helfand, 145, 197；更完整的内容可参见他的演讲稿‘The English Renaissance in Art’。
29. Hofer & Scharnhorst, 22-3; ‘The Science of the Beautiful’, *New York World*, 8 January 1882.
30. ‘University and City Intelligence’, *Jackson's Oxford Journal*, 7 November 1874; *Berrow's Worcester Journal*, 7 November 1874, 6.
31. [Bodley], ‘Oscar Wilde At Oxford’，澄清，王尔德没有参与1874年11月的修路。王尔德对他与筑路项目之间的关系，有过各不相同的想象性描；例如，Hofer & Scharnhorst 19；'The Theories of a Poet'，*New York Tribune*，8 January 1882。其中最完整，最不靠谱的一次是他在1882年所做的演讲"艺术与手工匠人"（Art and the Handicraftsman）："就这样，我们走过高街——一群年轻人，其中有些人和我一样只有19岁，要去河边、网球场或板球场——这时，罗斯金戴着帽子，穿着长袍去讲课，碰见了我们。他似乎很烦恼，请我们跟他回去听讲座，我们当中有几个人照办了，他就站在那儿跟我们聊了起来，这次说的不是艺术，而是生活。他说，英国年轻人把最棒的体格和力量漫无目的地花费在板球场上或者河里，这是错误的做法。如果划得好就能得到一个锡制的壶，如果得分高就能得到一个长柄的球拍，除此之外，别无结果。他说，他认为，我们应该致力于一些对他人有益的事情，通过这些事情，我们可以表明，所有的劳动中都有某种高尚的东西。嗯，我们都很感动，说他要我们做什么我们就做什么。于是他绕着牛津城走了一圈，发现了两个村子，上欣克西村和下欣克西村，两个村子之间有一片大沼泽，所以村民们从一个村到另一个村，得走好几英里的路。那个大冬天，我们回来的时候，他让我们帮他修一条路穿过这片沼泽地，让村民使用。我们就这样日复一日地出去了，学会了怎样铺地，怎样砸石头，怎样在木板上推手推车——这是一件非常困难的事情。那年冬天在牛津，罗斯金和我们一起劳动，雾里，雨里，泥里，我们的朋友和对手都出来站在岸上嘲笑我们。我们当时并不太在意，后来也根本不介意，而是在这条路上干了两个月。这条路后来怎么样了？好吧，就像一堂糟糕的课，它突然结束了——就在沼泽的中央。罗斯金去了威尼斯，下一个学期我们回去时没有了领导，那些'挖掘者'，他们这么叫，都分开解散了。"

32. Dr Bulley's notebook. Vernier，'Oscar at Magdalen'，26，指出奥斯卡·王尔德在莫德林学院的五年中，只有10人——包括王尔德——被列入其中。

33. Dr Bulley's notebook；Vernier，'Oscar at Magdalen'，26.

34. [Bodley]，'Oscar Wilde At Oxford'.

35. De Sales La Terrière，*Days that Are Gone*，74.

36. 施皮尔斯百货公司给奥斯卡·欧弗雷泰·王尔德先生的账单，牛津大学大学学院罗斯纪念收藏；reproduced in *Wildean*，44（2014），45. 奥斯卡·王尔德第一次于 1875 年 1 月 19 日购买了“两个瓷壶”，艾尔曼版本传记第 44 页误作王尔德“在校第一个学期”，即 1874 年秋季学期，且购买物品误作“两个蓝色马克杯”。

37. Harris，27；1874 年威廉爵士写给王尔德的信，内容是关于他打算如何分配有望从马图林拿到的钱；他准备将自己的份额 315 英镑借给王尔德；Anne Clark Amor，‘Heading for Disaster：Oscar's Finances’，*Wildean*，44（2014），37，提到威廉爵士每年给王尔德 300 镑零用钱，但没有注明出处。这个数目似乎不太可能。
38. Bodley，‘Diary’；[Bodley]，‘Oscar Wilde At Oxford’.
39. Walter Hamilton，*The Aesthetic Movement in England*（1882），99；*CL*，42，and OW's ‘scrapbook’（National Library of Congress，Washington）.
40. Bodley，‘Diary’.
41. [Bodley]，‘Oscar Wilde At Oxford’.
42. Bodley ‘Diary’，8 May 1875；博德利还提到了王尔德“逗趣的天真”；R. Childers to J. E. C. Bodley，13 March [1875]，其中提到后悔错过了王尔德加入阿波罗分会的仪式，“王尔德一定很有风度”（Bodleian Library）。
43. [Bodley]，‘Oscar Wilde At Oxford’.
44. [Bodley]，‘Oscar Wilde At Oxford’.
45. Bodley，‘Diary’.
46. [Bodley]，‘Oscar Wilde At Oxford’；Y. Bereisner，‘Oscar Wilde：A University Mason’，www. Freemasons-Free-masonry. com.
47. Bodley，‘Diary’，21 February 1875.
48. Bereisner，‘Oscar Wilde：A University Mason’；虽然威廉爵士自从 1838 年就已经是共济会成员，但没有证据显示威利曾经加入过共济会。
49. De Sales La Terrière，*Days that Are Gone*，77.
50. [Bodley]，‘Oscar Wilde At Oxford’.
51. Bodley，‘Diary’；Bereisner，‘Oscar Wilde：A University Mason’.
52. Bodley，‘Diary’，6 May 1875.
53. Atkinson，in Mikhail 19.
54. 即便严厉的评论家 A. E. 豪斯曼（A. E. Housman）也大为赞赏。当阿尔弗雷德·波拉德（Alfred Pollard）把这首诗收录进他的《希腊剧作家诗选》(1890) 时，豪斯曼写道，这首诗“一点也不差”。

55. ‘Oscar Wilde’, *Biograph and Review*, 132; OW, ‘Art and the Handicraftsman’, *Miscellanies: Vol. XIV of The Complete Works of Oscar Wilde*, [ed. Robert Ross] (1908); 奥斯卡·王尔德在两个版本的陈述中（另一次是在 1882 年）指出，这些活儿是在“11 月的早晨”（即在他的第一个学期）干的，但他给出的诸多细节中，有不少是明显错误的，博德利在《纽约时报》上的解释说明，王尔德与修路者们的来往是从第一个学期之后开始的。
56. Atkinson, in Mikhail, 20; JFW to LVK, 6 May 1875, in Tipper, *Kraemer*, 57; JFW to [John Hilson], 5 May [1875], Tipper, *Hilson*, 74-5:“奥斯卡现在是牛津大学的一名学者，居住一个知识分子非常集中的地方。罗斯金请他共进早餐。”
57. 博德利在 1875 年 5 月 7 日的日记中，首次提到奥斯卡·王尔德与迈尔斯的交往：“遇到王尔德和弗兰克·迈尔斯的《花匠的女儿》（迈尔斯的一幅画作）”。
58. *Nottinghamshire Guardian*, 26 September 1873; Molly Whittington-Egan, *Frank Miles and Oscar Wilde* (2008), 28-31.
59. Advertisement, *Graphic*, 25 December 1875.
60. *Graphic*, 18 September 1875. 出版迈尔斯画作复制品的公司有：George Rees, Mrs Agnes Russell and Mansell & Co。
61. OW to Ward, *CL*, 22.
62. Bodley, ‘Diary’, 16 December 1875. 与博德利同时代的记载 G. P. Jacomb-Hood, *With Brush and Pencil* (1925), 114, 驳斥了这段轶事 —— 迈尔斯将一些画作送至罗斯金那里，询问“有什么评价”，收到的回答是：“亲爱的先生，我认为它们很平常。”
63. Bodley, ‘Diary’, 8 May 1875.
64. Harris, 23; 牛津裁缝 Joseph A. Muir 在账单中列出了几条“超级安哥拉裤子”，价值 1 英镑 12 先令 6 便士。
65. ‘Sonnet on Approaching Italy’, written in 1877, on his return to Italy.
66. OW to WRWW, *CL*, 8-9. 王尔德的全部行程不详。保存下来的第一封信件显然属于一个序列。从他 1877 年对格罗夫纳画廊的评论来看，他似乎去过帕尔马和佩鲁贾。佩鲁贾靠近特拉西梅诺湖。

67. ‘The Theories of A Poet’, *New York Tribune*, 8 January 1882, in Hofer & Scharnost, 19.
68. *CL*, 10-13.
69. *CL*, 11-13；罗斯金在一封写给 Dean Liddell 的信中罗列了乔托、弗拉·安杰利科、“约翰·贝利尼”和提香，称他们是伦敦新建的国家美术馆最需要的四名意大利画家。
70. ‘San Minato’ ms version, quoted in Mason, 64；“天使般的僧侣”指的是画家——兼修道士——弗拉·安杰利科，并不是说他曾经在圣米尼亚托教堂作画。
71. ‘Oscar Wilde’s Visit to America’, prospectus published 24 January 1882, Boston, 3；‘Oscar Wilde’, *Biograph and Review*.
72. ‘Oscar Wilde’, *Biograph and Review*；奥斯卡·王尔德的诗《未访的罗马》标注的写作日期是“在阿罗纳期间”，虽然它似乎是在他离开后完成的。OET I, 223.
73. [Unknown] to OW, Bray, 29 July [1875?] (Clark)；迈尔斯的画作于 1875 年 8 月 12 日。Ellmann, 55, 其中提到这幅画完成于都柏林，但没有给出根据。
74. JFW to OW [July/August 1875], Tipper, *Oscar*, 32-3. 蒂珀认为这封信写于 1876 年，但写于 1875 年的可能性更大，因为“颂歌”写完之后“一天也没耽搁，立刻”寄走了。1875 年 8 月 6 日，简的“颂歌”发表在《波士顿先驱报》上，也许在爱尔兰也同时发表。1875 年 8 月 31 日，《民族国家》杂志编辑 J. D. 沙利文给王尔德夫人写了一封信（克拉克图书馆），赞扬他写给奥康奈尔的颂歌，“您的诗歌有一种伟大组织的视野和激情”。《波士顿先驱报》是美国最老牌的天主教报纸，编辑约翰·博伊尔·奥莱利（John Boyle O’ Reilly, 1844-1890）曾是爱尔兰共和党兄弟会成员，后来在前往波士顿途中被送往澳大利亚，然后大胆出逃。1874 年，他开始发表简·弗朗西斯卡·王尔德的诗歌。1875 年 8 月 6 日，威廉爵士夫妇都在都柏林参加“奥康奈尔百年纪念晚宴”。
75. OET I, 226, 其中罗列了斯温伯恩、罗塞蒂和莫里斯的回应；王尔德的手稿上标注，这首诗是“1875 年 10 月 22 日，从金斯顿前往霍利黑德的路上写的”。

76. Cloisters VIII, Ground Floor Right（这些房间现在是学生共同休息室餐厅）; Hunter-Blair, 116.
77. Hunter-Blair, 118.
78. Atkinson, in Mikhail, 16; De Sales La Terrière, *Days that Are Gone*, 75.
79. Hunter-Blair, 118. 亨特-布莱尔说，这些花瓶是从施皮尔斯百货公司购买的，但它们并没有出现在王尔德的施皮尔斯账单上。因此，要么是亨特-布莱尔记错了购买地点，要么就是王尔德当时是用现金支付的。
80. 1875 年 10 月，奥斯卡·王尔德在施皮尔斯百货公司的购物账单。
81. Hunter-Blair, 117-18. 亨特-布莱尔将这些聚会记录为从奥斯卡·王尔德入学“第一年”开始；但是从他的叙述和对房间位置的描述来看，很明显他是在描述王尔德入学第二年（1875 年—1876 年）的事情。事实上，亨特-布莱尔叙述的时间顺序是错误的。
82. John Sproule to JFW, 3 November 1875 (Clark); 宁格尔·库克有时候被当作《都柏林大学杂志》“编辑”，其实是该杂志的“所有者”；他给王尔德夫人寄去了一封“诚挚的祝贺信”，祝贺她的儿子发表处女作，同时寄去了四份杂志。
83. 1875 秋季学期开始，威利在《科塔博斯》上发表作品：‘First Series’, 261, 292-3, 312; ‘Second Series’, 4-5, 6-7, 80-1, 124, 134-5, 161。
84. Kenningdale Cook to OW, 21 July 1877, in Mason, 67.
85. JFW to LVK, 6 May 1875, in Tipper, *Kraemer*, 56-7.
86. JFW to [Hilson], [May 1875], in Ell-mann, 33.
87. JFW to OW [July/August 1875] in Tipper, *Oscar*, 32-3; JFW to OW [January 1876] ‘of course he [WCKW] *must* marry Katy’. Tipper, *Oscar*, 19-20.
88. 1875 年 10 月 31 日，博德利日记；“怀特知道阿姆斯特朗的名声，他说老王尔德是一个该死的有失体面的熟人。”尽管这个称呼经常用来指奥斯卡·王尔德（例如，McKenna, 9），但博德利在日记中始终使用“老王尔德”一词来指代威利。有一次，他甚至加了一个带符号的“old”以示区别：1875 年 12 月 6 日，“晚上晚些时候，我去了丘吉尔剧院，王尔德就是在那里当选的……我第一次唱了老王尔德的《玻璃之歌》。”

89. Catalogued as [Unknown Person] to James R. Thursfield，1 November 1875 (Clark). 这封信写于奥里尔学院，署名“Lt”，即兰斯洛特（沙德韦尔）；沙德韦尔和瑟斯菲尔德 1875 年在牛津大学担任学监，见 *Historical Register of the University of Oxford* (1900)。Ellmann，64，误将事件当成发生在 1876 年。其他几名本科生为阿诺德·菲茨杰拉德、福斯特·哈特和贝利·佩顿·沃德。
90. [Bodley] 其中提到“在一所专门为威尔士山区年轻人提供教育的学院里，学监举行了一场特别痛苦的问话，这让奥斯卡意识到，评分审核就在眼前”。王尔德在考试中取得了第一名。牛津大学耶稣学院与威尔士存在紧密联系，王尔德在校期间，瑟斯菲尔德是耶稣学院唯一的一名学监。

2. 心灵的渴望

你知道一切——我徒然探寻

用来耕种或播种的土地。

——奥斯卡·王尔德，《真正的知识》

莫德林学院有几个人在鼓励王尔德投入新的学习任务方面，发挥了很好的作用。威廉·沃德学习古典文学，比王尔德高一个年级，他的房间几乎就在王尔德的正上方，两人很快建立了友谊。沃德毕业于拉德利公学，家族前辈都是布里斯托尔的律师，在上一年的人文学科学位初试（Mods）中获得第一名。他的兴趣是哲学和共济会，但他喜欢用自谦的幽默来看待这些成绩。据另一名当时的莫德林在校生说，他是“一个非常迷人的小家伙”。[1]沃德有个绰号叫“巨人”，取自19世纪50年代描写牛津生活的伟大喜剧小说《青葱先生历险记》（*The Adventures of Mr Verdant Green*）中的一个矮小但活泼的人物角色。沃德不仅是王尔德的学术榜样，而且对王尔德的才智起到了衬托和激励作用。在“穿越绿林”的愉快旅程中，他“激发（王尔德）说话或思考”——甚至引导他嘲笑自己。[2]让沃德感到好笑的是，事实证明王尔德是个“最令人震惊的骑手”——他全神贯注于自己的论点，几乎每次出门都会从马上摔下来。[3] 78

“巨人”沃德把王尔德拉进了他的莫德林朋友圈。这些人中包括哈丁兄弟、詹姆斯（与沃德同年的另一名古典主义学 79

者）和10月刚刚入学的雷金纳德。在这个大学朋友圈子里，年纪稍小的哈丁很快就获得了“小猫”的绰号，这个名字或许是王尔德起的，它来自一首歌曲《哈丁太太，我的小猫在你的花园里吗?》。他的哥哥被顺势叫成了“猫咪”。王尔德的外号是“霍斯奇”（Hosky）。秋季学期结束时，“猫咪”哈丁和“巨人”沃德把“霍斯奇”拉进了大学里另一个名叫“丘吉尔”的集会，加深了他对共济会的兴趣。[4]沃德还介绍他认识了一个性格和蔼的莫德林学生戴维·亨特-布莱尔，大家叫他“邓斯奇”，因为他在苏格兰有一处几乎与他绰号同名的家族地产。[5]

亨特-布莱尔立刻被王尔德迷人的个性吸引——“他那硕大的脸庞上闪烁着智慧，有一双闪亮的眼睛，洋溢着开朗的笑容”——被他“非凡的谈话能力”所打动。他们三个人——沃德、亨特-布莱尔和王尔德——经常在星期日晚上聚会的其他客人离开后，一直聊到深夜。据亨特-布莱尔回忆，他们天马行空，无拘无束地谈论着“所有的事情”。王尔德“往往是这些午夜谈话的主角，抛出一大波……站不住脚的命题，对人和事情做出古怪有趣的评论，有时候……‘掺进几句诗’，滔滔不绝地加入大段的韵文，要么是他自己写的，要么是他喜爱的其他诗人的作品……我们一边听，一边鼓掌，争辩他提出的一些荒谬可笑的论点”。[6]

他们经常回归到一个话题：宗教。亨特-布莱尔是伊顿公学的老校友，也是男爵爵位的继承人。那年4月，他在访问罗马期间改宗皈依了罗马天主教。此时王尔德仍沉浸在佛罗伦萨艺术的精神之美中，对这位新朋友的举动“非常感兴趣”。他问了许多问题，并坦诚相告自己早年曾经有过改宗天主教的想法——遗憾的是父亲曾经（而且仍然会）予以反对。“你真幸运，我亲爱的邓斯奇，你能独立于你的父亲，自由地做你喜欢做的事。我的情况完全不同。”[7]尽管王尔德的态度像往常一样，“半开玩笑半认真”，但亨特-布莱尔确信他是真正地对天主教信仰感兴趣——并且表示赞同。

事实上，王尔德偶尔会和亨特-布莱尔一起去马斯顿路上的圣克莱门特小教堂做礼拜，那里有美妙的音乐和一名讨人喜欢的牧师。王尔德还陪同他的朋友参加了牛津新建的圣阿洛伊修斯天主教堂的落成典礼。教堂位于伍德斯托克路尽头，红衣主教曼宁在布道中引用了牛津校训“上帝即吾光”（Dominus Illuminatio Mea）。尽管曼宁的讲话——“对牛津的气氛和教学进行了一番猛烈谴责”——令王尔德相当沮丧，实际上亨特-布莱尔也深有同感，但这样的场合以及红衣主教都有一种无法阻挡的魅力。[8]王尔德凌乱的房间里添加了一张曼宁的照片，还有一张廉价的教宗画像（庇护九世）和一尊圣母玛利亚石膏像。[9]

80

“浪漫主义”也为王尔德提供了一种自我戏剧化的新载体。他“厌倦了装模作样的运动”，认为改变信仰——或者至少假定改变信仰——这件事情大有文章可做。最重要的是，这为他的诗歌提供了一个全新而至关重要的主题。信仰和怀疑之间的斗争是一个极具价值的主旋律——在 19 世纪末可能引起广泛的兴趣。除了仿拉斐尔前派作品、希腊翻译和传统抒情诗之外，他开始创作“充满罗马天主教感觉的……个人诗歌”。[10]他把他的诗《圣米尼亚托》改写成一首献给圣母玛利亚的赞美诗（“只要我能瞻仰圣颜/就算立刻死去也心甘”）。他那首《未访的罗马》表达了他未能见到教宗的满腔遗憾（“掌管着可怕的钥匙的人……羊圈里温柔的牧人……上帝指定的唯一君王”）。[11]

亨特-布莱尔受到这些迹象鼓舞。然而，圣克莱门特教堂的牧师虽然对王尔德本人印象深刻，却没那么乐观，他认为尽管王尔德“感受到了天主教信仰和实践真正的吸引力”，但时机并不合适——“上帝的手指还没有触及他”；当时，王尔德“除了在学校里取得成功的雄心壮志之外，对什么都不认真”，牧师指出，即便是学业，“他也一直摆在次要的位置”。[12]

王尔德虽然有自己的学业目标，但他并没有完全专注于课程。那个学期仍然有罗斯金的讲座，内容是“关于约书亚·雷诺兹的艺术谈话”。[13]这些讲座没有从前那么正式。罗斯金“涉猎的领域五花八门”——从恐怖的工业城市风貌到门德尔松无聊而优美的《鸽之翼》，雷诺兹的作品“只不过是一个由头”而已。尽管有些听众觉得讲座效果令人困惑，甚至有时候“荒唐怪诞”，但对王尔德而言，他又一次有机会沐浴在罗斯金雄辩的光耀之下。[14]

然而罗斯金传达的道德信息，现在遭遇到另一股截然不同的思潮。王尔德新近发现了沃尔特·佩特的作品。1873 年，34 岁的布雷齐诺斯学院古典文学教授佩特，出版了一本《文艺复兴史研究》。书中共分八篇，最重要的是“前言”和“结语”，将罗斯金的论述主题带入了新的领域——由法国作家泰奥菲尔·戈蒂耶最近开辟的新领域。佩特在戈蒂耶的引领下，不顾罗斯金标榜的艺术与美的道德和社会要求，转而提出了一种纯粹感知的、实际上着重感官享受的接触世界的方式。面对现代科学所展现的持续变迁，他放弃了对确定性和绝对性的追求，放弃了对压倒一切的信仰体系的追求，退回到自我意识的领域。他信奉相对主义精神，认为人应该只关心自己转瞬即逝的感觉和印象。而且，由于没有任何其他可能的目标，他应该以最高程度的鉴别力，去全身心地体验最多的、最美妙的感觉：

> 经验本身，而非经验的成果，才是目的所在。纵使生活色彩斑斓、富于戏剧性，我们所获得的也只是有限的脉动。我们怎样用最细腻的感觉来领会其中所有应该被领会的东西呢？我们怎样以最快的速度穿梭于各处，总是出现在最强大的力量以最纯粹的活力结合的焦点呢？能永远和这强烈的、宝石一样的火焰一起燃烧，能保持这种极度的喜悦，是人生的成功。[15]

不断变化的生活中处处可以找到这种印象和感觉——“人的手或面庞呈现完美的形态，山峰或海洋出现格外迷人的色调，热情、洞察力或智慧的亢奋”。而最确定、最强烈的激情，不在于自然，在于“对诗歌的热情、对美的渴望和对艺术本身的热爱”——正如佩特所言，“当艺术降临时，它会坦言，除了在那稍纵即逝的瞬间，它会带给你美的极致的享受之外，不会再有什么”。[16]它是一种纯粹的美学信条，认为在追求经验的过程中，“抽象的道德”没有边界。如果说罗斯金是从道德的角度看待艺术，提出了为生活而艺术的观点；那么佩特是从艺术的角度来看待道德（以及其他一切），不仅提出了“为艺术而艺术”的观点，而且还提出了为艺术而生活的观点。

这本书一面世，即便没有引发恐慌，也导致了一定程度的焦虑。人们认为它对年轻人尤其危险。牛津的主教甚至专门布道反对它。然而，这些非难不太可能吓退对其感兴趣的人。王尔德在牛津很早就发现了这本书，尽管他花费了很长时间才揭开它的秘密。它及时地成为他的另一本神圣的教科书——“灵魂与理智的金书，美的圣经”。[17]他喜欢书里庄重优雅的语言。他认为其中有一两页是“文学史上最伟大的散文”——他可以 82

从中学到“艺术的最高形式：美之朴素”。[18]尽管他认为佩特的思想部分源自罗斯金对艺术与生活之间重要联系的认识，但他也认识到，两人引领的方向截然不同。[19]

佩特的审美偏好也别有特色。罗斯金在《威尼斯之石》中宣称，哥特式建筑在道德和精神上优于文艺复兴时期的建筑，他在关于佛罗伦萨艺术的演讲中赞扬乔托和 14 世纪意大利早期画家胜过后来的诸多大师，然而佩特的观点大不相同。相比“早期”，他更喜欢“晚期”作品。19 世纪的历史学家倾向于根据朴素发展、平衡完善和精细衰落的循环模式，标记出以往的文化发展轨迹，佩特则想在每个周期的后一阶段发现其价值和美。[20]他在描绘文艺复兴历程的同时，赞许地聚焦于后期一些微妙地传达了反常和腐朽气氛的作品：如后期普罗旺斯诗歌“优雅、合宜的颓废”，或列奥纳多・达・芬奇艺术作为“美丽和可怖两个极端的混合”，其“腐朽之魔力”及其描述的“古怪的想法、奇异的幻想和强烈的热情”。[21]对于王尔德这样的斯温伯恩崇拜者来说，他不但充分理解对痛苦、陌生和腐朽之美的认可，而且认为它令人陶醉。

佩特在拓展审美潜力的同时，也暗示了另一种行为方式。他在关于 18 世纪艺术史学家约翰・温克尔曼的章节中总结了柏拉图的著作，但他没有像乔伊特可能赞同的那样描绘出一幅类似基督教精神生活的景象，而是间接地叙述了希腊人的“少年之爱”及其优点。[22]这个话题仍然有争议。就在那一年，也就是 1875 年，马哈菲觉得有必要听从各种反对意见，从他的《希腊社会生活》第二版中删除所有涉及“少年之爱”的内容。与此同时，约翰・阿丁顿・西蒙兹也因在《希腊诗人研究》第二系列作品中不慎提及这一主题，招致了类似的批评。大多数古典主义者仍然不愿意在这个问题上发生偏离。乔伊特自认为回避了这个问题，因为他

83

声称柏拉图的“少年之爱”只不过是一种“修辞手法”，而且对现代读者来说，很容易将其转化为对女性的爱：“如果（柏拉图）生活在我们这个时代，他自己就会做出这种转换。”[23]

虽然在众人眼里，佩特的书很危险，但佩特本人却没那么危险。他沉浸在柏拉图描述的苏格拉底传统中，试图挑选一些聪明的年轻人到他和两个姊妹在北牛津合住的房子里参加茶会，从中寻求某种苏格拉底传统的味道。这种气氛微妙地模糊了教学法和“少年之爱”之间的界限。这是一场冒险游戏。早在 1874 年王尔德进入牛津大学之前，佩特就曾经卷入一桩被压制的丑闻，涉及他与贝利奥尔学院本科生威廉·莫尼·哈丁的关系。[24] * 王尔德（或者其他非涉事者）是否了解该事件的细节，至今已经无从考证。蒙蒂菲奥里、米尔纳、汤因比以及哈丁的其他朋友一致决定对这个问题保持“绝对的沉默”。尽管如此，佩特的名字

---

* 哈丁的朋友们（似乎也包括佩特的朋友们）惊恐地发现，两人在往来信件中互称“亲爱的”。佩特生性谨慎。但哈丁绝不是这样的人。他心怀文学抱负，喜欢炫耀卖弄，在他的谈话和诗歌中穿插着大量“暗示着反常和放荡的内容”，入学短短一年，他便在大学运动队里得了个“贝利奥尔的同性恋”的恶名。尽管他的行为带有故作姿态的成分——想要“吓人一跳”——但他的信件几乎证实了对他的指控。他的朋友阿尔弗雷德·米尔纳在写给其他大学同学的信中写道：“当一个人承认自己躺在另一个男人的怀里亲吻他，并且被人发现正在做……当男人之间写下的诗句污秽到让我现在难以落笔，你怎么能指望这种犯罪行为，就算目前尚未犯下，哪一天就不会犯了呢?”伦纳德·蒙蒂菲奥里是哈丁的另一位同龄人，他曾向贝利奥尔学院的一位教师朋友提及这些担忧。学院院长乔伊特得知情况后迅速采取行动制止了这件事。他急于维护贝利奥尔的好名声，同时又不想损害哈丁和佩特的名誉。哈丁直到年底才被打发走。佩特（乔伊特以前的门生）则被召去参加一场“可怕的”面谈——一次足以让他“崩溃（并）绝望”的经历。虽然事件没有被曝光的危险，但乔伊特似乎确实利用自己的影响力，阻止了佩特获得很有价值的大学学监资格。对佩特而言，这是在伤口上撒盐。这场灾难让他感到愤怒和痛苦，他意识到自己未来的生活和人际关系将受到怎样的限制。他认为自己是不公正力量的受害者，并一直将颂扬苦难作为他的文学主题之一。

中仍然残留着一丝危险的气息——而且很可能（对王尔德而言）因此增添了他的吸引力。

84

佩特和罗斯金、古希腊、共济会和罗马天主教：王尔德不断地积累各种宗教信仰和观点。但在百家争鸣的观点中，他似乎既不愿做出选择，也不愿寻求综合；他喜欢和它们轮流戏耍。虽然他可能在去圣克莱门特教堂改宗一事上犹豫不决，但宗教仍然吸引着他。12 月初，他向博德利吐露，自己“在天主教（曼宁学说）和无神论之间摇摆不定”。[25]从本质上说，他在牛津大学余下的时光里一直处于摇摆不定的状态。他的表现引起了朋友们的兴趣、嘲笑和恼怒。

1875 年圣诞节，奥斯卡回到爱尔兰。梅里恩广场的气氛并不愉快。威廉爵士的健康似乎每况愈下。他们甚至商量了要不要把房子租出去，全家人搬到莫伊图拉常住。[26]奥斯卡逃离了这片阴郁，住到克朗芬的都柏林旧友理查德·特伦奇那里。这座房子位于朗福镇，属于特伦奇的叔叔和婶婶。“他们有马、狗、枪、好多食物和大量的威士忌”，想方设法“让日子过得相当愉快”。[27]诗歌也有了一席之地。假期里，王尔德“摇摆不定”地从“天主教教义”中走出来，开始了另一项难以捉摸的拉斐尔前派实践，用甜得发腻的细节对他心爱的人进行了一番细节剖析：

> 红唇轻含洁白的碎玉
> 仿佛一劈为二的石榴，
> 她的两颊泛起淡红，
> 如同向南红透的鲜桃。

他返回牛津后完成了这首诗，题为《爱情的玫瑰，带刺的玫瑰》。蒂勒尔打算将其发表在即将出版的《科塔博斯》杂志上。[28]当年王尔德共发表八首诗歌：四首在《都柏林大学杂志》上，两首发表于《科塔博斯》，一篇刊于《爱尔兰月报》（耶稣会杂志），另一篇刊登在《波士顿先驱报》上（这是他第一篇发表在美国的作品）。对于一个大学本科生来说，这是一个傲人的成绩。他的母亲理所当然地感到自豪，为这个家族“创作灵感尚在”而激动不已。她在他的作品中发现了“显而易见的诗人天性”。她并非持不加批判的态度。在读了奥斯卡重写的《圣米尼亚托》第一节以及新的结尾部分之后，她发表意见说：“我会省略‘羞耻’这个词——罪恶和忏悔极具诗意，而‘羞耻’不是——任何其他单音节词都能表达道德上的软弱。”[29]

> 啊，上帝用爱和火焰来加冕！
> 啊，神圣的基督来加冕！
> 啊，在遍照的太阳向世人
> 暴露我的罪恶与羞耻之前，谛听吧。

在爱尔兰读者看来，发表一系列作品证实了奥斯卡是斯佩兰萨的杰出后代。王尔德夫人在她的一次“午后”招待会上欣喜地赞美了王尔德的诗作。[30]虽然这些作品只是发表在爱尔兰期刊上，却使王尔德在同时代的牛津诗人中获得了一席之地。为了巩固和提高自己的地位，他又留起了长发。[31]

他发表的诗歌中既有充满斯温伯恩情调的《爱的玫瑰》，也有优雅的抒情诗《从春日到冬天》——以最具诗意的鸟类，即画眉鸟（throstle）为特色的一首诗。（王尔德夫人曾经发问，

“什么是‘throstle’?”）[32]他还翻译发表了欧里庇得斯的《赫库芭》。但最经常反复出现的内容是对天主教的灵魂向往。它贯穿两篇“简短的丁尼生风格”作品（王尔德这样称呼它们），《咏愁，咏愁，但请让善长久》和《真正的知识》；它出现在他重新修改的《圣米尼亚托》中，最引人注目的是，它出现在他的诗歌《未访的罗马》中。[33]

这些和宗教信仰有关的作品在都柏林引起了相当大的关注。诗人奥布里·德·维尔（他皈依了天主教，是王尔德夫人的朋友）对这些诗歌很感兴趣，建议做些修改，并利用自己的影响力确保让它们发表。[34]它们一出版就引发了谣言，而且越传越玄，称奥斯卡实际上已经改变信仰“皈依了真正而古老的教派”。[35]这些作品的吸引力不仅限于爱尔兰首都。《未访的罗马》获得了红衣主教纽曼的“高度赞扬”，《新西兰简报》上甚至还刊登了一首匿名的赞美诗。[36]不出所料，马哈菲对天主教就没那么热情了——“（他）说，‘这个没用，’”王尔德夫人写道，“第25行之前一切都好，之后就是胡说八道了。”[37]

王尔德在诗歌方面的成就有效地分散了人们对他学业的注意力。虽然他很想在考试中取得成功，但又不希望自己表现得太好。他把自己塑造成一个“业余诗歌爱好者”——而且取得了相当大的成功。[38]然而，他的一些亲密朋友知道他在“偷偷地”努力。他常常躲在后面的小卧室里，在一堆看似“乱得令人绝望的”书籍包围下，一直学到下半夜。[39]复活节假期，他和莫德林学院的同学阿特金森一起熬夜阅读。学院里只剩下两个本科生，他们在彼此的房间里吃饭（非常糟糕），最后终于意识到相互之间几乎没有什么共同点，然后便各吃各的饭了。一天晚上，王尔德在大厅里逗乐地对阿特金森说，即使独自一人在荒岛上，他也要穿戴得体地用晚餐；也许就孤独地用餐而言，他说话是算数的。[40]

梅里恩广场传来的消息打断了他的学习进程：威廉爵士病得很重。奥斯卡回到家，发现父亲卧病在床，身体明显日渐衰弱。他只有 61 岁。王尔德夫人在记录中写道："没有痛苦——感谢上帝，没有遭受折磨"；只有"安静和宁静，力量日渐衰退"。[41]一个意想不到的人物破坏了病人房间里肃穆的景象，每天早晨都会来一位"身穿黑衣，蒙着面纱"的女人。包括王尔德夫人在内，没有任何人阻拦她，她走进房间，静静地坐在床头。她是威廉爵士的情妇之一（可能是他死去的两个女儿的母亲），然而王尔德夫人已经超越了"庸俗的嫉妒"，丝毫没有表示反对。奥斯卡赞赏地说，这并不是因为她不爱她的丈夫，而是"因为她非常爱他"，并认识到有这个女人在场对他来说是一种"安慰"。[42]虽然有恶意的谣言说奥斯卡和威利来晚了，并且上楼时拖沓嘈杂，吵得他们的父亲在生命的最后几天都很难过，但是 1876 年 4 月 19 日下午，大家都守在病榻边，王尔德夫人握着威廉爵士的手，看着他静静地离开了人世。[43]

现实的需求暂时掩盖了当下的悲痛：都柏林举行大型公开葬礼，市长及医学和古物学方面的显要人物纷纷出席；有许多慰问信需要回复，还有报纸要阅读；尽管一家新创刊的英国社会周刊《世界》杂志称，"伦敦的报纸一般很少关注"这位"最善良、最和蔼的爱尔兰人"去世的消息，但爱尔兰媒体纷纷刊登充满赞美之词的讣告。[44]然而无法否认，威廉爵士之死真是令人痛苦而且可怕。王尔德夫人痛失亲人，她向一位朋友吐露道，感觉自己"就像一艘失事的船"，"泪水模糊了"双眼，脑海里充满了忧伤困惑的焦虑和担心，她的生活"支离破碎

（而且）凄凉”。[45]奥斯卡也沉浸在悲痛之中。他尊敬和爱戴父亲，珍惜他的认可和建议。[46]接下来的几个月里，他试图把这种87失落感转化为诗歌，希望——除了其他方面之外——威廉爵士头顶的“荣耀”能掩盖儿子的诸多不足：“在你认为我不坚强的地方，我是软弱的/你装作愚蠢，却让我变聪明。”[47]

除了情感上的痛苦，其他问题也接踵而至。查验威廉爵士的遗嘱时，人们发现他几乎身无分文。[48]这是一个可怕的打击，威胁到王尔德一家稳定的家庭生活基础。人们一直以为威廉爵士是个有钱人，事实上，在他事业的巅峰时期，他每年能挣3000英镑左右。但他向来不节俭，在都柏林大肆招待客人，并将大笔资金投入到雄心勃勃的建筑计划和慈善项目上。过去几年里，他专心于研究工作，经营莫伊图拉庄园，忽视了自己的医疗事业，把大部分工作留给了他的私生子亨利・威尔逊。正如王尔德夫人感叹的那样，他没有赚到钱，而是一直靠吃老本生活，“直到一切都消失殆尽”。[49]他在去世前不到一年，申请了两笔1000英镑的大额贷款，一笔用梅里恩广场的房子作抵押，另一笔用布雷的房产作抵押。[50]这些钱到底花在了什么地方，至今仍然是个谜，但它确实已经不存在了。[51]他没有给家庭留下一笔可靠的遗产，而是留下了“大笔债务”，几乎没有钱可以用来偿还。[52]

1862年威廉爵士从他和妻子的婚姻财产契约中得来的2500英镑已经完全“埋没”在莫伊图拉。[53]威利作为长子，继承了莫伊图拉的房产和梅里恩广场的房子。王尔德夫人可以在有生之年，一直享受莫伊图拉庄园的租金。然而，这些钱每年仅150英镑，远远低于威廉爵士向他的遗赠人承诺的每年200英镑。即便这个数额也还得取决于实际支付的租金——在那个爱尔兰农业萧条、租户反抗的时代，几乎难以收到租金。

奥斯卡继承了布雷的四栋房子和一半的伊劳恩罗垂钓小屋（与亨利·威尔逊共同继承），他还得到了克朗费克尔（位于阿马郡）的一部分房产，那是通过马图林家族得来的财产。[54]成为业主固然让人兴奋，但事实上布雷的房产（和梅里恩广场一号一样）已经被大量抵押。利息（可能还有本金偿还）虽在下降，却没有钱可用来支付。[55]

威利作为一名初出茅庐的律师，收入还不及偶尔的一笔支出高。王尔德夫人的写作几乎挣不到什么收入（《都柏林大学杂志》曾经刊登过几首她哀悼威廉爵士的诗，但后来便不再向撰稿人支付稿费）。[56]她因悲伤、忧虑和疲惫而感到全身无力。她希望政府能够给她一笔退休金，要么以她自己的名义，要么以表彰威廉爵士对爱尔兰公共生活所作贡献的名义。然而，曾经的民族主义狂热情绪显然对她不利。当得知英国首相迪斯雷利要求获奖者“忠诚、正统、有道德，并且要赞美英国人!”时，她说：“永远不可能——让我堕落到这个地步。想想吧！我曾经在自由的祭坛前当过女祭司!”[57]

88

“这一切就是场可怕的梦，”她对奥斯卡说，“如果我像你一样年轻，我会带个学生一起读书。年轻人可以挣到钱，上了年纪就赚不到了。”[58]然而奥斯卡忙于准备考试，无暇顾及招收学生。尽管布雷的房子可以提供一些租金（一旦出租，每年的租金高达 120 英镑），但他现在需要钱来支付他在牛津的生活费用。家里没有人了解或愿意处理这种情况。债务还在持续累积，支出仍在继续增加。商人们被拖欠了费用。当法警赶到梅里恩广场时，王尔德夫人揣着她的《埃斯库罗斯》离开了客厅。[59]

在这样的情况下，奥斯卡逃回牛津，准备参加人文学科学位初试——以及必须参加的（通常是令人生厌的）“神学”口试。古典文学考试从6月2日开始，日程安排得非常紧，包括即席翻译、考据学、历史随笔以及散文和诗歌写作。[60]王尔德曾经师从马哈菲、蒂勒尔和J. A. 西蒙兹，习惯于把古代和现代世界融入一段对话中，他欣喜地发现牛津的考官们也鼓励从同样的角度来看问题，这样他就可以将自己的古典文学学识与他对当代诗歌的热爱结合在一起。不过，他对自己在逻辑试卷上的表现没有自信，甚至担心可能没有希望拿第一名。[61]

学校方面则对他比较有信心。考试结果要过一个多月才公布，但王尔德的勤奋备考得到了认可。他在6月16日的期末考试中获得“特别表彰”（自从第一个学期的失败后，他一直位居“被表彰”之列）。带着这份认可，再加上折磨人的考试已经烟消云散，王尔德全身心地投入了牛津的缤纷夏日。

“纪念周”即将到来。到时候会有早餐、野餐、郊游、晚餐和舞会，还可以招待女性同伴。沃德的母亲和姐妹（格特鲁德和弗洛伦丝）、哈丁的母亲和妹妹（“小孩子艾米”）及一名德国朋友一起来参加“纪念周”活动。王尔德花了很多时间和他们在一起。他带着沃德家人参观了各个学院（王尔德对“小猫”哈丁说，“伍斯特教堂比以往任何时候都更让我心醉”）。他们参观了威廉·沃德的母校拉德里，在那里打草地网球。王尔德“非常喜欢”沃德太太，同时发现姐姐格特鲁德“确实很迷人”。在一次前往布伦海姆（当时，刚刚19个月的温斯顿·丘吉尔正躺在摇篮里）的集体郊游中，他明显地一直把注意力放在她身上，招来旁人的议论。[62]在阿尔弗雷德共济会举办的一次舞会上，他的深情让弗洛伦丝·沃德印象深刻——或者是逗乐了她。“我觉得王尔德认为我很幼稚，”她在日记中写道，

89

“他试图通过问一些问题来让我感到困惑，比如‘我是否觉得这个世界很空虚?’”[63]

沃德在房间里举办了一场小型晚宴，他和“小猫”哈丁因为要参加莫德林的音乐会而提前离开后，王尔德“成了主人”。他不得不想方设法对付艾米·哈丁，后者因为喝多了——“状态非常好”。两天后，他设宴回请大家。[64]王尔德是个一丝不苟的主人，他坚持让“伙计”（他在大学里的仆人）穿上毛毡拖鞋，并把后面的卧室用作食品间，这样就听不到软木塞从酒瓶里拔出来时那种不雅声音。[65]

尽管王尔德为世界的空虚感到焦虑，但一种具有感染力的欢乐精神占据着主导地位。牛津大学摄影师古根海姆费了好大劲在莫德林修道院拍摄了一张大型集体照——其中包括沃德家人、王尔德和其他许多学生——因为人群不停地发出“爆笑”。一位参加布伦海姆郊游的年长者对莫德林人津津乐道的善意玩笑感到惊讶不已——并且予以了容忍。这样的玩笑有很多：用软管喷苏打水，按邮政喇叭，男扮女装。那一周，在王尔德举办的另一场午餐派对上，他的一名大学同学（Bulmer de Sales la Terrière）早早到达后，发现房间里只有自己一个人，于是他偷偷地用手里的“几张邮票”给装饰在墙上的弗兰克·迈尔斯的裸体画像“穿上了衣服”。午餐开始后，人们注意到了这张画。席间有几位女士。这位恶作剧者回忆道：“第一个人抬起头，咯咯地笑着，脸涨得通红，然后是另一个人，直到整个派对都笑翻了。”王尔德也笑了。[66]

王尔德在考试结束后的那段悠闲时光里，又见到了弗兰克·迈尔斯。6月初，他带着一位新朋友罗纳德·高尔勋爵（他们是在米莱举办的一次聚会上认识的）到牛津待了几天。

90

高尔30岁，是萨瑟兰公爵的小儿子；他新近放弃了自由主义政治道路，转而在雕塑和写作上挥洒激情。迈尔斯把他带到莫德林；高尔在日记中写道："我在那里结识了年轻的奥斯卡·王尔德……他是个令人愉快，活泼开朗的家伙，但是他那留着长发的脑袋里充斥着有关罗马教会的胡言乱语。"[67]

王尔德对这次邂逅印象更为深刻。高尔是个极富魅力的人物：温文尔雅，打扮时髦，人脉广泛，"英俊潇洒，出身高贵，家境富裕"。他是一个真正有艺术造诣的人。[68]他的文化情趣兼收并蓄，引人入胜。他新近出版了一本荷兰和比利时艺术画廊指南，一套16世纪法国宫廷艺术家克鲁埃自制的石版画肖像作品，并为一本关于放荡不羁的诗人罗彻斯特伯爵生平的书撰写了序言。[69]他很有趣，尽管他——起初的时候——曾经试图用嘲笑和讽刺的天赋，扳回王尔德的"天主教倾向"。[70]

如果说弗兰克·迈尔斯的友谊让王尔德得以初涉令人兴奋的伦敦"社交界"和文化圈，那么罗纳德·高尔勋爵让他加深了这层联系。尽管它似乎离得越来越近，却仍然是一个遥不可及的领域。不久之后，王尔德经过伦敦时拜访了迈尔斯，发现他正在为"伦敦最可爱也最危险的女人"德萨特夫人画像，王尔德非常激动。[71]这暗示了一种罕见的危险刺激。学院口试之前，王尔德大部分时间都是去林肯郡的霍恩卡斯尔附近，拜访在西阿什比担任教区牧师的伯父约翰。他在牧师家度过了一段愉快的夏日，全身心投到乡村教区的生活中，"考察了地理和历史方面的学校，唱着歌，吃着草莓"，使自己成为"茶话会的'中心人物'"，还打了好多草地网球。[72]

"我伯伯比以往任何时候都温和，"王尔德对沃德说，"他一天要说六次，'天哪，难道你不觉得发平信比电报更方便吗?’”尽管如此，侄子公开表达了对天主教的兴趣后，他感到很愤怒。两人在这个问题上进行了“激烈的”争论，之后“作为报复，他星期日早上布道讲罗马，晚上布道劝人要谦卑”。[73]

7月3日王尔德回到牛津，他给自己留出几天的时间——如他所愿——为口试做准备。但第二天早晨，他躺在床上读着“（一本）斯温伯恩的书”时，学校的办事员把他叫醒了，问他为什么没去参加口试。大约1点钟时，他到了学校，“神学很快就考砸了”。这次失败也算是种荣誉；显然，“如果有人第一次就通过‘神学口试’，那才是不正常”。[74]

古典文学的口试部分进展得相当不错：关于《奥德赛》，双方讨论了“一般的史诗，狗和女人”；关于《埃斯库罗斯》，他们谈到了“莎士比亚、沃尔特·惠特曼和诗学”；接着是一场“令人愉快”的讨论，内容是他写的一篇关于“亚里士多德论文中的诗歌”的文章。[75]当博德利得知主考人问王尔德“亚里士多德会对沃尔特·惠特曼说些什么”时，他立即打赌说“奥斯卡要么被淘汰，要么得一等”。[76]博德利很走运，幸亏王尔德没有下赌注。他早就从口试提问中判断出，自己已经稳稳地名列一等，并且——他对沃德说——自己在面试中“昂首阔步”。他的论文确实鹤立鸡群，是那年最出色的论文。[77]

两天后，《泰晤士报》证实了这一消息。这是一份真实的、令人满意的成绩。王尔德被“淹没”在电报和贺信中。他的母亲“非常开心”。王尔德却不断地想起父亲“要是知道这消息该多高兴啊”。他夸大了这种真实的情感，并对沃德说，“我认为上帝对我们有点太严厉了。它剥夺了我第一次真正的快乐。”[78]

事实上，快乐从未走远。王尔德在伦敦逗留了几天，看望了牛津大学的朋友们，参观了动物园，还去“代主教座堂”（Pro-Cathedral）聆听红衣主教曼宁布道（“比以往任何时候都更吸引人”）。王尔德意识到自己还在继续“摇摆”，于是宣布：“我必须做出决定。”但是他什么也决定不了。[79]

然后，他带着一个崭新华丽的“上等摩洛哥皮”旅行包，和迈尔斯一家在“宾厄姆教区这个魔法岛”住了一个星期。[80]王尔德被那里一切美丽的东西所吸引：花园里有白色的百合花和长长的玫瑰小径（“只要没有蛇和苹果，这里就是伊甸园”）；装饰华丽的教堂（“简直漂亮极了”）；还有弗兰克的四个姐妹（“的确都很漂亮……她们个个让我满怀钦慕，我的心都碎了”）。[81]他让自己变得“魅力十足”，草地网球打得更勤了（“我打得非常好”），还参加了更多的露天招待会，多吃了好几篮子草莓。[82]事实证明，弗兰克的父亲卡农·迈尔斯是一位趣味盎然、见闻广博的同伴，作为一个“高级圣公会教徒”，他在牛津大学的时候就认识曼宁和纽曼了。[83]

92

红衣主教纽曼与曼宁魅力不相上下。王尔德认为他是天主教会的“伟人”之一——“就像圣奥古斯丁一样，既是一位优秀的哲学家，也是一位优秀的基督徒”。[84]王尔德的幻想之一是，有一天去拜访纽曼，由于无法抗拒“那个神圣的人”，最终“我的灵魂就会获得安详和平静”。王尔德虽然相信一次面谈也许会导致他真的采取行动，但这也让他怀疑这样的面谈是否真的会发生；他没有勇气。[85]离开牛津大学之前，王尔德购买了纽曼的几部作品，计划在暑假期间阅读。[86]但这段神学研究中，似乎一直存在着许多矫揉造作之处。关于阅读纽曼的作品，他保留下来的只有一段关于牛津大学三一学院“窗下金鱼草”的记忆。[87]

回到都柏林，其他方面的需求和兴趣很快引开了他对天主教的虔诚。他和“亲爱的马哈菲”在霍斯待了一段时间，帮他修正新书《希腊漫谈与研究》的校稿。他还另外做着其他文字工作，编辑他父亲未完成的作品——一部关于爱尔兰地形画家加布里埃尔·贝朗格的“回忆录”，着手撰写一篇有关 J. A. 西蒙兹的《希腊诗人研究》（第二系列）的评论。他花费更多的时间打网球，定期泡海水浴；他承认，“泡在海水里的时候，总是有点觉得自己要成为不朽人物”。有时在傍晚时分，他会骑马外出兜风。[88]

王尔德在布雷的房产也是个问题。他错过了 6 月的销售旺季，但咨询过律师之后，他决定在 9 月初分四批拍卖出售这些房产。不过与此同时，他还得花钱在报纸上登广告。[89]8 月的第二个星期，弗兰克·迈尔斯到访，使他得以摆脱这些现实的烦恼，两人一起去西部享受了两周的体育和娱乐活动。

王尔德陶醉于美景，感觉自己立刻“年轻了好几岁”。他们在莫伊图拉的湖上划船、绘画。迈尔斯画了一些“极美的日落”，王尔德在他的鼓励下，模仿创作了一幅极有悟性的科里布湖黄昏水彩画，紫色的群山环抱下，湖上点缀着几座岛屿。[90]两人继续前往伊劳恩罗，王尔德希望迈尔斯——后者这辈子从未开过一枪——“钓到一条鲑鱼，杀死一对松鸡”。结果，他们收获了海鳟鱼和野兔。这其中也许并没有多少是迈尔斯的功劳；他把精力用在了一幅壁画上，在这幅颇具传奇的《绳儿变紧》中，他把自己和奥斯卡描绘成两个垂钓的天使小渔夫。王尔德夫人曾建议他们在日常饮食中添加“荨麻碎”，用它“做一杯好酒”或“像吃菠菜一样”食用。[92]

93

每逢天气“过于晴朗不适合钓鱼”时，王尔德会不情愿地放下“鱼竿和枪”，拿起他的“羽毛笔”。他开始写关于西蒙兹的评论——但始终没有写完（贝朗格的回忆录一直没有动笔，后来由王尔德夫人接手）。王尔德对西蒙兹作品的批判主要集中在有关荷马史诗中的女人那一章。当然，王尔德当时心里也想着女人。那是一个浪漫的夏天。宾厄姆曾经有过可爱的迈尔斯姐妹。伦敦最吸引人之处是一个被牛津学生描述为“你那面带微笑的小朋友”的女孩。[93]也许她就是那位“伊娃”，王尔德从她的堂兄那里收到一封冗长、杂乱、充满诡计的信，打听他的“意图”，并提出要进一步提起诉讼。[94]去往莫伊图拉前不久，他在都柏林遇到了“一个漂亮非凡的女孩”——弗洛伦丝·巴尔科姆，一名退休陆军中校的 18 岁女儿。王尔德告诉“小猫”哈丁，她长着一张“我见过的最漂亮的脸，而且一分钱也没有”。这注定是一段没有结局的罗曼史。[95]

王尔德送给她一幅自己在莫伊图拉画的水彩，为她画了一幅迷人的小肖像画，并且——在那一年的晚些时候——送给她一个刻有他名字的银质十字架（他们最初的约会之一是在都柏林圣公会大教堂参加下午的礼拜仪式）。[96]然而，奇怪的是，王尔德似乎并没有急于为他的新欢写诗。他写过一首未发表的“情歌”，以及一些未完成的性感幻想作品，但是很难将它们与哪个人联系在一起，尤其是这位精致漂亮的巴尔科姆小姐。[97]或许，王尔德潦草的牛津笔记本上那些日后的警句格言中还留存着一丝她的印记：“爱——是一种庄严的毒药。神赐给我们酒，叫我们在路上遇见他”；“爱在一定程度上一直是种误解”；以及——那句更不靠谱的——“爱情本身就是最糟糕的误解”。[98]

不过，他可能真的看上去像个坠入爱河的诗人。9 月初，他送威利坐船去英国时，“倚着舷墙眺望大海”，显得非常浪漫的样子。威利把他介绍给一个女孩，试图给对方留下“我的诗人弟弟”的印象。[99] * 奥斯卡也许希望自己也去旅行。他计划与弗兰克·迈尔斯和罗纳德·高尔勋爵（“我们本该组成一个特别棒的三位一体”）一起去罗马，但高尔在最后一刻取消了行程。奥斯卡被迫待在都柏林——安慰自己，也许“弗洛丽”也在场——然后北上去克朗芬，进行假期结束前的最后一轮“运动”。[100]

94

王尔德在饱受经济压力的情况下，开始了在牛津大学的第三年学业。四套布雷的房产在拍卖会上未能达到 3500 英镑的底价，因此仍未售出。它们非但没带来钱，反而还加大了开支。也许是在代理人的建议下，一项修理计划就此展开。王尔德从当地承包商那里收到了一份令人望而生畏、长达六页的估价，其中包括“油漆、墙纸、修复和增白天花板等等”。作为一名当地的业主，他觉得有义务在“去年布雷遭难之后”[101] 为“怀特的遗孀和孤儿”基金捐款 1 英镑。奥斯卡写信给母亲惋惜地说，自己必须放弃获得学院研究员职位的想法，因为即便获得了这个职位，他也负担不起。

王尔德夫人当时正被更为严重的经济问题所困扰，对此并不以为然。她的回信写得有些生硬：

---

* 这个女孩是 18 岁的埃塞尔·史密斯（Ethel Smyth，未来的作曲家和妇女参政论者）。旅途结束回到伦敦时，威利向她求婚——尽管埃塞尔在渡海期间病得很厉害，而且威利几周前还在追求一个叫莫德·托马斯的女孩。在威利的坚持下，两人秘密订婚，但几周后就分手了。埃塞尔留着戒指。

如果你不得不寻求一份卑贱的职业，放弃获得研究员职位的机会，我将会感到遗憾。但是迄今为止，我觉得你的处境还没有到需要怜悯或同情的地步——从5月以来（才五个月），你在私人零花钱上就拿到了145英镑现金，还有布雷湖别墅的租金，卖家具的钱也许可以让你一直生活到明年春天。然后，你还可以把房子卖掉，获得3000英镑。其中的2000英镑（在偿还抵押贷款后）足以让你在今后十年内每年获得200镑。在我看来，这简直相当充足……手上有2000镑可是一大笔钱——外加你在学校的收入，我觉得你没必要去打工挣钱，或是为了面包求人——事实上，我非常高兴你能如此富裕。[102]

作为财物建议，这封信展现出一种令人担忧的缺乏远见：王尔德夫人的财产规划似乎就是以固定的速度花钱，并希望在95金钱完全耗尽之前出现转机。然而，奥斯卡和威利都准备从原则上接受这种简单的方法。值得怀疑的是，奥斯卡是否认为每年200英镑的收入算是“足够”——甚或只是“够用”。他挥霍的项目中，包括一套进入共济会阿波罗玫瑰十字分会（Apollo Rose Croix Chapter）所需的精美行头，他当时已经“完美地晋身到了第十八级”。他花费13英镑多购置了一套特殊的“围裙和领子”、“珠宝”、剑、腰带和剑带，还买了一个饰有浮雕图案的盒子。[103]

经济上的拮据促使王尔德放眼学术以外寻求未来，但这并非唯一的因素。虽然他也知道获得牛津研究员身份在某种程度上是一种“极大的荣誉”，但他在文学上的最初成就、他与迈尔斯和罗纳德·高尔勋爵的接触，以及他对伦敦与日俱增的了解，都使他渴望登上一个更大的舞台。一天晚上，沃德和亨特-布莱尔——两人都已到了最后一个学期，并且一直都在考虑自己注定要从事的职业，分别是“一个无可指责的律师”和“一个苏格兰地主”——询问王尔德未来的抱负时，他突然严肃地回答说：“上帝知道，我无论如何不会成为一个干瘪的牛津教师。我要成为诗人、作家或剧作家。不管怎样，我会流芳百世，如果不能流芳百世的话，就遗臭万年。”接着，他又回到现实，自我肯定地说：“也许我会在某段时间里过着愉悦的生活，然后——谁知道呢——就整天休息，无所事事。柏拉图说过，在人间，一个人所能达到的最高境界是什么？……就是坐下来想想美好的事物。那或许也是我的目标。”[104]

沃德的期末考试（那年 11 月他参加了考试）并没有按计划进行，尽管他的哲学论文写得很好，却没有如愿拿到第一名。王尔德安慰他说：“做好值得做的事情就是伟业。”他仍然希望沃德能回来读书，获得研究员职位。然而，沃德已经决定离开牛津前往意大利。王尔德和“小猫”哈丁送给他一枚金戒指作为离别赠物——“纪念友谊”。[105] “巨人”离去，对王尔德的莫德林生活来说是一种损失。

注 释

1. De Sales La Terrière, *Days that Are Gone*, 75.
2. *CL*, 40.
3. Florence Ward, ‘Diary’, 23 June [1876] (Magdalen).
4. Bereisner, ‘Oscar Wilde: A University Mason’; 虽然奥斯卡·王尔德参加了 1875 年 12 月 6 日的会议，而且当时博德利（根据他本人的日记）

“第一次唱了威利的《玻璃之歌》（Song of the Glass，根据奥芬巴赫的《杰罗尔斯泰因公爵夫人》改编）”，但入会时，王尔德本人并不在现场。

5. For nicknames see Florence Ward's diary; De Sales La Terrière, *Days that Are Gone*; and *CL*, 14n, 15n.
6. Hunter-Blair, 119-20.
7. Hunter-Blair, 124-5.
8. Hunter-Blair, 125-8；圣阿洛伊修斯天主教堂于1875年11月23日落成开放；庆祝弥撒由伯明翰主教厄拉索恩博士（Ullathorne）主持，红衣主教曼宁布道。亨特-布莱尔的描述有点含混不清。
9. Lord Ronald Sutherland Gower, *My Reminiscences* (1883) 2: 133-4; [Bodley], 'Oscar Wilde At Oxford'.
10. 'Oscar Wilde', *Biograph and Review*, 134.
11. OET I, 6; 7-9；更早之前关于夜莺的版本，被改编成了另外一首诗，即《阿尔诺河畔》(By the Arno)。
12. Hunter-Blair, 128-9.
13. 讲座一周两次，从1875年11月2日至27日。
14. E. T. Cook, *The Life of John Ruskin* (1911) 2: 26; M. L. Woods, 'Oxford in the Seventies', 281.
15. Walter Pater, 'Conclusion', *Studies in the History of the Renaissance* (1873), 231; the passage originally appeared in Pater's review 'Poems by William Morris', *Westminster Review*, 34 (1868). 佩特将此书献给“C. L. S.”——（查尔斯）兰斯洛特·沙德韦尔，也就是1875年11月在克拉伦登旅馆被王尔德粗鲁对待的学监兼奥里尔教师。
16. Pater, 'Conclusion'.
17. 'Mr Pater's Last Volume', OET VII, 243；1897年奥斯卡·王尔德在作品中宣称，他在牛津的“第一个学期”就读到了这本书（*CL*, 735)；这当然是有可能的，尽管他为了显得早熟，或者掩盖他的知识欠缺，常常记错类似的细节。但奇怪的是，奥斯卡·王尔德早期在牛津写下的文章中几乎找不到有关佩特的痕迹。1877年以前，王尔德从未在信件中提到过他。王尔德的修订版诗作《圣米尼亚托》可能作于1875年末，其中仿效了佩特书中有关温克尔曼一章措辞（OET I,

222)，他的文章《荷马的妇女》——可能写于 1876 年夏天——赞许地参考了佩特的散文风格。然而，直到 1877 年，也就是王尔德在牛津的第四年初，他才见到了佩特。奥斯卡·王尔德的那本《文艺复兴史研究》下落不明。威利拥有的 1873 年版书籍——其中的旁注可能出自奥斯卡·王尔德之手——藏于在旧金山大学格里森图书馆；上面题写着“WCK·王尔德，1877 年”（感谢托马斯·赖特提供的信息）。从 1875 年到 1876 年夏季学期，佩特为牛津大学布雷齐诺斯、莫德林、奥里尔和其他五所学院选修了“人文主义文学末期流派”的学生开设了一门关于“柏拉图的理想国——第一卷”的课程。王尔德——当时就读第二年——没有参加；Mason，101. 但沃德比王尔德高一级，很可能确实去听了这些讲座。等到王尔德学习这些课程时，有关柏拉图的课程是一个名叫沃德姆的“亨德森先生”授课。

18. Harris，28.

19. OW，‘The Grosvenor Gallery’，OET VI，11.

20. Ross，*Oscar Wilde and Ancient Greece*，128. 罗斯还提到了佩特对古希腊文化的赞赏。

21. ‘Preface’ and ‘Leonardo da Vinci’，in Pater，*Studies in the History of the Renaissance*.

22. “这个现代学生常常在那个看上去超越了柏拉图，不再属于异教世界的、基于精神生活概念的区域与他相遇。但是柏拉图显现给温克尔曼的这种充满吸引力的元素完全是希腊的，和基督教世界背道而驰，它通过《吕西斯》里那群聪明的年轻人展现出来，他们还没有被任何精神疾病感染，并发现所有在人类外形方面的努力的终结，而美好人类生活的骚动和运作都在继续。”From Pater，‘Winckelmann’，*Studies in the History of the Renaissance*.

23. *The Memoirs of John Addington Symonds*，ed. Phyllis Groskurth，101-2；Ellmann，58.

24. Billie Andrew Inman，‘Estrangement and Connection：Walter Pater，Benjamin Jowett，and William M. Hardinge’，in *Pater in the 1990s*，eds Laurel Brake and Ian Small (1991)，1-20，其中全面叙述了这桩丑闻及其后果，其中引用了米尔纳（以及阿诺德·汤因比）给 Philip Gell 的信，以及 A. C. Benson 的日记中有关乔伊特与佩特面谈的内容。

25. Bodley，'Diary'，8 December 1875.
26. JFW to OW，[Jan 1876]，关于威廉爵士所说的"装修好之后出租——阿门。我很满意——一个巨大的变化可能对我们有好处——威廉爵士去莫伊图拉，威利去钱伯斯（Chambers），你在牛津。我——上帝知道去哪里。" Tipper，*Oscar*，18，21，
27. R. J. Le Poer Trench to OW，'Sunday'[1875]，in Clark（catalogued as 'French，R. J. to OW）.
28. OET I，330-1；OW，'Scrapbook'，提到诗一部分写于克朗芬（1875年12月），部分写于牛津，于1876年5月发表。
29. JFW to OW，in Tipper，*Oscar*，24-5.
30. JFW to OW，in Tipper，*Oscar*，25-6.
31. Lewis R. Farnell，*An Oxonian Looks Back*（1934），57："我们只知道他是个……'怪人'，他会写诗"；Gower，*My Reminiscences*，2：133-4，提到王尔德"留着长发的脑袋"。
32. JFW to OW，in Tipper，*Oscar*，20.
33. *CL*，32；《未访的罗马》（'Rome Unvisited'）——首次出现在《诗集》中（1881年）——首次发表于《月刊》（1876年9月），标题为'Graffiti d'Italia-Arona. Lago Maggiore'.
34. *CL*，16n，32.
35. JFW to OW，'Monday Night'[March 1876]，in Tipper，*Oscar*，22-3.
36. 'Oscar Wilde'，*Biograph and Review*；OET I，330；这首诗标明"献给'Graffiti d'Italia'的作者"；奥斯卡 · 王尔德乐观地认为这份简报"也许出自纽曼"。
37. JFW to OW，in Tipper，*Oscar*，25-6；蒂珀认为马哈菲反对的是"世俗心"，而不是天主教。
38. De Sales La Terrière，*Days that Are Gone*，75.
39. Hunter-Blair，122.
40. Atkinson，in Mikhail，16.
41. JFW to Sir Thomas Larcom，in Mel-ville，128.
42. Sherard，*Life*，27-8.
43. T. G. Wilson，*Victorian Doctor-Being the Life of Sir William Wilde*（1942），311.

44. *Belfast News-Letter*, 24 April 1876, 提到葬礼在杰罗姆山公墓（Mount Jerome Cemetery）举行，“死者的一个儿子在棺木上放置了几个由蜡菊和山茶花编成的漂亮花环”; J. E. C Bodley to OW, 20 April 1876, in Clark; *World*, 26 April 1876.
45. JFW to Thomas Larcom, in Melville, 131.
46. *CL*, 20; in his poem ‘O Loved one ly-ing far away’, 奥斯卡·王尔德提到了父亲的“helping hand”; OET I, 29.
47. ‘O Loved One Living Far Away’;《真正的知识》(‘The True Knowledge’) 与《荷叶》(‘Lotus Leaves’) 也提到了威廉爵士的去世。OET I, 29, 19-20, 26-8.
48. Melville, 132; 1922 年内战中，包括爱尔兰公共档案局在内，都柏林的四法院遭到破坏，威廉爵士的遗嘱因此遗失。
49. JFW to Sir T. Larcom, in Melville, 132.
50. JFW to Sir T. Larcom, in Melville 132-3, 其中写道，两笔贷款的日子是“去年 6 月 5 日”(即 1875 年); JFW to OW [1876], in Tipper, *Oscar*, 31-2, 其中提到“最后的 1000 英镑”贷款是在“1874 年”; Amor, ‘Heading for Disaster: Oscar’s Finances’, 38, 提到抵押莫伊图拉的贷款是“1874 年 11 月”办的，总额 1260 英镑。
51. JFW to OW [1876], in Tipper, *Oscar*, 31-2; 艾尔曼认为，威廉爵士可能把钱给了前任情妇。
52. JFW to Sir T. Larcom, in Melville, 132-3.
53. JFW to OW, in Tipper, *Oscar*, 26-7.
54. Inland Revenue to JFW, 7 August 1884 (Clark), 关于威廉爵士的遗嘱：仍需履行的遗赠和继承义务中“关于布雷和克朗费克尔的租赁财产由奥斯卡·芬格·欧弗雷泰·威尔斯·王尔德先生继承，你和你的共同执行人应对其负责”。克拉克图书馆的其他材料显示，奥斯卡·王尔德与马图林家族的其他成员共同拥有克朗费克尔的财产。
55. JWF to Sir T. Larcom, in Melville, 133.
56. ‘In the Midnight’, *Dublin University Magazine*, January 1877; JFW to OW, in Tipper, *Oscar*, 46.
57. Melville, 133; JFW to OW, in Tipper, *Oscar*, 36-7.
58. JFW to OW, in Tipper, *Oscar*, 43.

59. Sherard, *Life*, 30-32.

60. Ross, *Oscar Wilde and Ancient Greece*, 36.

61. *CL*, 19, 17.

62. *CL*, 17; Florence Ward ms diary (Mag-dalen); Marion Fowler, *Blenheim* (1998), 68.

63. Florence Ward, ms diary.

64. Florence Ward, ms diary.

65. Atkinson, in Mikhail, 16-17.

66. De Sales La Terrière, *Days that Are Gone*, 75.

67. Gower, *My Reminiscences*, 2: 133-4.

68. Hunter-Blair, 129.

69. *Private and Public Galleries of Holland and Belgium* (1875); OW's copy is in Clark. *Three Hundred French Portraits representing Personages of the Courts of Francis I., Henry II., and Francis II., by Clouet. Autolithographed from the origi-nals … by Lord Ronald Gower* (1875); *Some passages of the life and death of the Right Honourable John, Earl of Rochester/reprinted in facsimile from the edition of 1680; with an introductory preface by Lord Ronald Gower* (1875).

70. Hunter-Blair, 130.

71. OW to R. Harding, *CL*, 19; 美丽而“轻浮”的玛丽亚·“明妮”·普雷斯顿于1871年嫁给德萨特伯爵四世；两人于1878年离婚，原因是她与演员查尔斯·萨格登有染，后来她与后者结婚，并于1891年离婚。

72. *CL*, 18.

73. *CL*, 18.

74. *CL*, 20; D. Inman, *The Making of Mod-ern English Theology: God and the Acad-emy at Oxford, 1833-1945* (2014), 175.

75. *CL*, 20.

76. Shane Leslie, *Memoir of John Edward Courtenay Bodley* (1931), 17.

77. *CL*, 20; Hunter-Blair, 123; 118名考生中共有23人名列一等。王尔德的莫德林同学阿特金森也获得了一等生。

78. *CL*, 20; *The Times*, 6 July 1876.

79. *CL*, 20.
80. 奥斯卡·王尔德在施皮尔斯百货公司的账单显示，他于 1876 年 7 月 8 日消费了 3 英镑 15 先令；*CL*, 28.
81. *CL*, 23.
82. *CL*, 21-3.
83. *CL*, 22.
84. *CL*, 25.
85. *CL*, 39, 41.
86. *CL*, 25.
87. *CL*, 27; O'Sullivan, 66.
88. *CL*, 27-8.
89. Cathcart & Hemple & Co [Solicitors] to Oscar OF F. [*sic*] Wilde, 1 May 1876 (Clark)；广告刊载于 1876 年 8 月 24 日、8 月 29 日、9 月 4 日《自由人报》，注明此为“奥斯卡·芬格·欧弗雷泰·王尔德先生的房产”。
90. *CL*, 30.
91. *CL*, 30, 31.
92. JFW to OW, [August 1876], in Tipper, *Oscar*, 34-5.
93. Arthur Llewelyn Roberts to OW [5 July 1876], (Clark)；罗伯茨与王尔德同时在莫德林就学，后来成为皇家文学基金会主席。
94. Edith J. Kingsford to OW, 11 October 1876 (Clark).
95. OW to Reginald Harding, *CL*, 29, 虽然王尔德没有提到她的名字，但称她芳龄“十七”，信的内容几乎直指弗洛伦丝。她的生日是 7 月 17 日。
96. Merlin Holland, *The Wilde Album* (1997), 16-17, 53; *CL*, 29; *CL*, 71-3.
97. OET I, 17；纽约摩根图书馆藏王尔德手稿开头写道：“I saw her thick locks like a mass / of honey dripping from the pin, / Each separate hair was like the thin / gold thread within a Venice glass。”
98. OW notebook at Beinecke Library, Yale. 开头的 56 页记录了有关罗马历史的笔记；背面的两页是字迹潦草的格言警句。其中还包括——本子颠倒过来——剧本《维拉》的铅笔草稿。

99. Ethel Smyth, *Impressions that Remained*（1919），116；当时，史密斯由 Evelyn Wood 夫人陪伴。1876 年 9 月 7 日，《自由人报》刊登“威利·王尔德”与“伍德夫人家人及其随从”“离开金斯顿前往伦敦”。
100. *CL*，32.
101. 1978 年 8 月 9 日，《自由人报》“法律消息”刊登了没人响应的“最低价格”；1876 年 10 月 25 日的“估价”手稿（克拉克图书馆）。虽然难以辨认，但总数似乎为 67 英镑；*Freeman's Journal*，20 November 1876.
102. JFW to OW [October 1876]，in Tipper，*Oscar*，42-3.
103. 仪式于 1876 年 11 月 27 日举行；Bereisner，‘Oscar Wilde：A University Mason’；OW's account with G. H. Osmond，St Aldate's，Oxford，reproduced in *Wildean*，44（2014），43.
104. *CL*，36；Hunter-Blair，120-1.
105. *CL*，35-6. 这枚戒指被保存在莫德林学院，但于 2002 年被盗；表面雕刻着希腊文，戒指内圈刻着“OFFW & RRH to WWW，1876”。

3. 希腊!

上帝的灵魂仍然存在于大理石中。

——奥斯卡·王尔德

96

王尔德利用一切机会继续探索牛津以外的世界。秋季学期结束后，他在返回都柏林过圣诞节之前，投身伦敦的文化圈。他参观展览，听音乐会；最要紧的是去剧院。绘画艺术和音乐尽管很吸引人，但戏剧和演员在他的言谈中占据了主导地位，其中最重要的是亨利·欧文。欧文在兰心剧院扮演的麦克白令他印象极为深刻。据爱德华·沙利文回忆，“他被它迷住了”；尽管他担心一般公众“可能也会受到类似的感动——他称，这会破坏他从一场非凡的表演中所获得的享受”。[1]

王尔德带着新朋友阿瑟·梅去温莎拜访罗纳德·高尔勋爵，那是一次非常愉快的经历。“他各方面都很迷人，是个出色的艺术家，”王尔德告诉哈丁，“我们很快就成了朋友”。[2]高尔的新“窝”配备齐全，坐落于温莎公园旁边，里面摆满各种漂亮而奇特的玩意儿：精致的法国家具、古老的大师画作、18 世纪的肖像画，还有玛丽·安托瓦内特的一把扇子。[3]室内装饰不仅是罗斯金，也是拉斐尔前派一直从事的主题，王尔德正逐步在这个领域形成自己的想法。他们渴望摆脱设计蹩脚、批量生产的丑陋家具，以及机器制造的装饰物和奢华招摇的炫富风格， 97 因此莫里斯、罗塞蒂和伯恩-琼斯于 19 世纪 60 年代早期，合力对莫里斯位于贝克斯利希思市的“红房子”进行了一番类似中世纪风格的装饰，设计了彩绘坐垫、装饰性壁画、雕花桌和刺绣壁饰。三个朋友都参与了莫里斯此后成立的公司，生产家具、配件、织物、彩色玻璃和墙纸，这些物件反映出他们对旧时代强烈的共同爱好，以及对传统手工技艺的尊重。

莫里斯公司从小众品味起步，在少数富有的老顾客支持下，装饰业务渐渐铺开，开始受到关注。公司最初接到的委托业务之一是为全新的南肯辛顿博物馆（现在的维多利亚与艾伯特博物馆）做餐厅设计。19 世纪 70 年代中期，越来越多中等收入但品味较高的人士开始使用莫里斯公司设计的织物、纸张和家具，以及精心挑选的古董、现代和东方摆件——以一种所谓的“审美”风格来装饰他们的房间。

及至 1877 年，有关这种装饰风格的各种独特元素已经有了充分的定义，足以拿出来陈列展示——并且接受嘲讽。那年 9 月，《笨拙》杂志的室内装饰专家“费尔南多·F. 埃米内特先生”出版了一本有关审美时尚的装潢指南。他解释说：“这是一个宽泛的术语，但我可以说，唯美主义的结果就是把年代久远的古怪玩意儿、暗淡褪色的颜料、各种稀奇古怪与令人不适混在一起。”他还详细列举：“灰绿”和“暗黄”的配色方案；在裸露的地板或席子上铺陈“最沉闷的灰色调地毯”；“奇形怪状的”窗帘；“阴暗或病态的背景”墙纸加“蜘蛛网一般的”设计；角落里放着“代尔夫特蓝陶器”；至于绘画作品嘛，“E. 伯恩·琼斯，或者惠斯勒的夜景画，随便哪个都行”。[4]

如果说与这种先进的装饰风格关系最密切的是伦敦西郊新开发的布朗普顿，那么它在北牛津也相当流行，许多教师的新婚妻子——“急于跟上时代的步伐”——给房子配上了“莫里斯墙纸、旧箱子、旧橱柜和蓝色的瓶瓶罐罐”。[5]这种风格并不局限于家居装饰的细节。有一种理解是，用暗色调和莫里斯墙纸装饰客厅的所谓审美观，是追随了一种新的信仰，那是一种对文化和艺术（中世纪、东方或希腊）价值的“狂热”信念。它还体现在“怪异的穿着打扮”上——女性穿着飘逸的长袍；男士穿天鹅绒夹克或披风——男男女女“头发蓬乱”；操着深奥难懂的术语（喜欢用“激烈的”形容词）；“普遍表现出一种疲惫的激情”。[6]

王尔德沉浸在拉斐尔前派的想象中，本能地紧跟时代潮流，成为它的虔诚信徒：一位新近结交的朋友描述他“极度地具有审美趣味”。尽管他的热情溢于言表，看不出有什么“疲惫的激情”，但说起装饰，他现在“疯狂地爱上了合成色、灰色调，以及莫里斯墙纸”。[7]沃德离开后，王尔德在 1877 年初搬进了他那套位于二楼的精美三居室，开始忙活如何把它们布置得更美。他在污迹斑斑的地板上铺了一块刚好合适的“中性”灰地毯。虽然我们不清楚他是否在壁板之上贴了莫里斯壁纸，但他确实在套间“内室”放满了瓷器、照片、成套的绘画（没有镶框的作品）和一架钢琴。他买了一些“威尼斯酒杯”、六个“深红色香槟酒杯”和一对绿色的“罗马尼亚红酒醒酒器”。他向沃德坦言，整体装饰很受欢迎，但到了星期日晚上会受到一点点嘲笑。王尔德一直保持着星期日晚上招待客人的习惯——为了充分展现房间的富丽堂皇，他还经常安排“早餐、午餐等”。[8]

然而，他发现自己在大学里缺少一个令人振奋的同伴。他向沃德抱怨，“小猫”哈丁虽然很有魅力，但“从来没有对我的才智或大脑施以任何影响”。王尔德曾经对“花枝招展的”

克雷斯韦尔以及莫德林学院的某些新生抱有希望，前者和沃德一样毕业于拉德利公学，而且擅长“心理学”，但大多数年轻人虽是“极好的同伴”，却多半说的都是“废话或下流话”。[9]

面对这番天真幼稚，艺术——凭借其沉思和创造——成为一种赏心悦目的逃避方式。王尔德隐居在他“魅力十足”的新房间里，享受着“阳光、鸟鸣，树影婆娑和窗边的微风”，“除了写写十四行诗，胡乱作几首诗之外，什么也没干”。他必须在前一年取得的文学成就之上有所作为。事实的确如此。1877年，王尔德又发表了十二首诗，其中两首是十四行诗。他认为，对于像他这样的年轻诗人来说，十四行诗的形式和固定的押韵模式既是一种极好的练习，也是“实力的考验”。[10]

99

然而，对美的热爱并不仅仅局限于书本、画布、音乐厅以及装饰房间的细节；它可以触及生活的方方面面。西蒙兹曾经在他的《希腊诗人研究》（1873）中敦促读者寻访“清晨男孩们沐浴的田野，夏日的公立学校操场，或者到伊希斯河岸上观看往来穿梭的划船队”，从中“寻找”它们与希腊雕塑之美“活生生的共鸣”。[11]王尔德完全接受这一理念，于是他到田径场上观看运动员训练，并称某一位运动员的“左腿是一首诗”。[12]3月的大学体育运动会上，他特别提到F. 布洛克·韦伯斯特在3英里赛跑中的表现是“我所见过的最美的事情”。[13]这种自觉的希腊式崇拜并不局限于田径场上；不久，王尔德又赞美了一名莫德林新生的“希腊面孔”——“希腊”在他的美学词汇中成为一个表达认可的关键术语。[14]

持有类似观点并不止他一人。在牛津，颂扬男性之美已经成为一种时尚。1880年，布雷齐诺斯学院学生查尔斯·爱德华·哈奇森撰写了一本关于“男孩崇拜”的匿名小册子——声称这种现象并不局限于自觉的“唯美主义者”，而且在运动员中间也有许多“热心的追随者”（“男孩”这个词似乎很宽泛，既包括大学运动代表队的划桨手，也包括学院小教堂的唱诗班歌手）。尽管有人也许会说这份狂热是一种审美思考，但它有可能逐渐演变为性渴望，甚至性接触。毕竟，许多大学生都来自大型公学，在那里男孩子之间的性关系是司空见惯的事情。

王尔德当然了解这种可能性，但他并不赞同。当他发现莫德林学院的查尔斯·托德和一个唱诗班的男孩坐在剧院的私人包厢里，便写信告诉沃德：“在我们的朋友托德的道德晴雨表中，他的道德标准到底在哪个高度？我个人认为托德是极为道德的，他只不过从精神层面上爱着那个男孩（一个 13 岁孩子），但是我觉得带这个男孩出去是件蠢事，如果他一直这么厮混的话……乖乖地别跟任何人提起这件事——这对我们和托德都不会有什么好处。”[15]对于王尔德，男性美不仅提供了欣赏的空间，也提供了创作的空间：他开始动笔为一名“唱诗班男孩”创作一首略带伤感的诗，后来他受到“花枝招展的”克雷斯韦尔的表弟维奥莱·特鲁布里奇画在瓷砖上的一个“瘦高白皙的男孩”启发，写成了一首更为成功的《虚掷的年华》。[16]

100

但如果说一块装饰瓷砖、一名唱诗班成员或一名长跑运动员能激发审美反应，那么艺术展览也许能提供一种精神上的反应。王尔德一如既往地徘徊在天主教的边缘，“深陷在巴比伦淫妇的诡计之中”。[17]他带“小猫”哈丁去伦敦在皇家艺术学会欣赏“绘画大师”的作品，欣喜地发现它们竟然激发了朋友的“天主教倾向”。那一年，除了往常集中展出的英国肖像画和荷兰风景画之外，其间还点缀着众多意大利宗教题材作品。[18]也许就在那次参观期间，王尔德拜访了迈尔斯的画室，通过介绍认识了罗纳德·高尔的妹妹、威斯敏斯特公爵的妻子康斯坦丝。这是他结识的第一位公爵夫人，令他印象极为深刻，是他见过的“最迷人、喀耳刻女神般聪慧的女人”，“简直太迷人了”。[19]

在类似的种种干扰下——社会、文化和精神——王尔德的学业成绩飘忽不定。他申请了“爱尔兰奖学金”——大学里有关古典文学的高级奖项——但没有如愿以偿（“我被语言学难倒了”）。他讨厌失败的滋味，后悔自己之前不够用功。[20]然而，尽管他下定决心要改过自新，为期末学科大考而努力读书，但一切还得取决于他自己。[21]那年 3 月的学期末，全体学生聚集在学院大厅，老师们坐在高桌旁，王尔德被布利博士叫去参加“期末考试”。布利博士问讲授罗马史的导师艾伦：“你觉得王尔德先生的功课怎么样?”艾伦回答：“王尔德先生旷了课也不道歉，他的功课简直一塌糊涂。”院长听了十分威严地道：“王尔德先生，那可不是对待一位绅士的方式。”然而，王尔德太想一鸣惊人了，他回答道：“但是，院长先生。艾伦先生并不是一位绅士。”全场一片愕然。对于一名本科生来说，竟然在如此正式和半公开的场合对导师做出这样的断言，简直太刺激了。事实证明，这么做确实没有任何好处。王尔德被命令离开了大厅。[22]

王尔德在学院里落下了颠覆权威的名声。他经常和学监们发生冲突；或者在学院小教堂搞点事情——一次正逢利奥波德王子和利德尔夫人（基督教堂学院院长的妻子）参加教堂集会，按照计划应由王尔德朗读第一段。他走上讲台翻了翻《圣经》，用有气无力的声音念道：“所罗门之歌……”这是一首关于女性的赞美诗，还没等他继续下去，院长便从前排座位上起身冲了过去，“脸上的胡子直戳到王尔德脸上，低声道，‘你念错了，王尔德先生。应该是申命记第十六章’”。无论如何，101 这段插曲连同其他事件导致了一种新现象，教师们坚决地站到了这个学院“坏男孩”的对立面。[23]

王尔德并不在乎。他相信，与令人心动的伦敦生活和机遇相比，莫德林学院的公共休息室简直就是不值一提的一潭死水。就在艾伦事件发生的同一个月，王尔德在伦敦建立了第一个永久性联系。他被吸纳进入威斯敏斯特圣斯蒂芬俱乐部，那是由戴维·普伦基特——爱尔兰副检察长、都柏林大学议员、朋友巴顿的叔叔——极力推荐的。尽管这家俱乐部是迪斯雷利等人于1870年创建的，但它是个保守党机构，而且可以让人获得艺术共鸣：惠斯勒也是其成员。亨特-布莱尔也是。王尔德意识到这是一份荣誉，但又有点恼火它竟然来得如此之快，因为入会费高达42英镑。[24]

这笔开销让他不堪重负，并且——再一次——“彻底破产”，他觉得自己无法在复活节假期去罗马与沃德和亨特-布莱尔见面。他为失去这个机会难过不已。亨特-布莱尔也很失望；他仍然对王尔德改宗皈依天主教抱有希望，认为去罗马“天主教的大本营看看”可能会发挥决定性作用。他告诉王尔德，既然不是圣彼得，不如就把这件事交给“幸运女神”——他当时正在法国南部旅行——打算在蒙特卡洛赌上“两英镑”；“如果你命中注定要来罗马，我一定会赢钱的。”王尔德随后收到一封电报，带来了非比寻常的消息：他的朋友赚了近60英镑。他激动不已，几乎立刻就动身出发了。“这是我生命中的一个重要时刻，”他告诉哈丁，“我真希望自己能够洞察时间播下的种子，看看接下来会发生什么。”如果真是那样，他也许会惊诧不已。[25]

王尔德一到伦敦便发现，马哈菲教授正准备前往欧洲大陆，途中要去希腊旅行。陪同他的两个学生，一个是古尔丁（一年前他和王尔德的同伴），另一个是年轻的乔治·麦克米伦。麦克米伦刚从伊顿公学毕业，直接进入了自己家族的出版公司。王尔德决定和他们一起去热那亚。这次旅行在物质和精神上具有同样的重要意义。从他们离开查令十字火车站的那一刻起，马哈菲就开始“尽其所能地运用一切论据”试图劝说王尔德放弃罗马和罗马天主教。麦克米伦向他父亲汇报称：“起初，他竭力劝说他和我们一起去希腊，顺便列举了天主教所有最糟糕的错误。然而他发现，这虽有分量，却并不完全有效，于是他改变策略，［他们到达热那亚时］当王尔德开始说，他也许会去时，马哈菲说，‘我不带你一起走了。我不会带上这样一个人跟我在一起。’当然，王尔德有点任性，这使他下定决心要去，我很期待他会去，也希望他会去。”[26]

102

王尔德还在盘算着自己的最终决定，他和麦克米伦、古尔丁在热那亚逗留了几天，马哈菲去镇上看望他的妹妹和生病的母亲。王尔德和同伴们惊叹于文艺复兴时期宏伟的宫殿、众多白色大理石门廊、波光粼粼的地中海、色彩艳丽的房屋（“蓝色、橙色、深红色”），以及长满“山茶花、柑橙、柠檬、橄榄和茂密灌木丛”的花园。他们参观了红宫（Palazzo Rosso），见到了圭多·雷尼那幅阴郁的圣塞巴斯蒂安殉难像。麦克米伦认为，那是他见过的“最美的绘画”。[27]做出这种判断的人不止他一个。尽管罗斯金摒弃圭多的作品，认为它们多愁善感且虚情假意，但王尔德也受到了画面上遥不可及的性感形象的诱惑，“一个可爱的棕发男孩，长着蜷曲的发簇，双唇鲜红，被他的邪恶敌人捆绑在一棵树上，虽然被箭头戳穿，但他扬起的目光中充满神圣和热情，……向着敞开的天国”。[28]主多的“塞巴斯蒂安”就此与柏拉图笔下的希腊年轻人和帕特农神庙的装饰画一起，成为王尔德心目中青春男性之美的典范，充满了活力和光彩。[29]

临近复活节，全城沉浸在欢乐中。王尔德将此情此景写进了《复活节前一周作于热那亚的十四行诗》，暗示在斯科格利亚托花园中度过了“甜蜜时光”，而当他听到路过的“一个小孩”唱着复活节赞歌时，便从异教的感官享受中被召回至耶稣受难的“苦难记忆”中。[30]但是，在发表了这番富有诗意的宣言，并且将天主教置于希腊之上后，他决定暂时搁置基督教的罗马，前往异教的希腊。马哈菲很高兴能让自己从前的学生改变主意，使得他摆脱“耶稣会”，“把他从魔鬼手上抢了回来”。[31]

一行人在耶稣受难日那天乘火车离开热那亚，穿过意大利到达拉文纳（王尔德对那里的6世纪镶嵌画感到惊奇），然后前往布林迪西寻找船只。正如麦克米伦所描述的那样，他们是一支多元而快乐的乐队：马哈菲——“将军”——“幽默而有趣”；古尔丁“精神饱满——虽然对我们所称的文化知之甚少，但全程欣然参与我们所观察的一切——无论是风景、绘画、宫殿等等。事实上，他是一个地地道道诚实荒蛮的爱尔兰人，让人感到乐趣无穷，也不会伤害别人”；还有“颇具审美眼光”的王尔德，穿着一件崭新华丽的棕黄色外套。[32]王尔德可能在美学话题上“说了很多废话”，尽管如此，他仍被视为“一个非常明智、见多识广和极富魅力的人”。[33]

103

复活节（1877年4月1日）晚上，他们从布林迪西起航，黎明时分醒来看到了伊庇鲁斯（Epirus，王尔德称其为“塞萨利”，虽然地理位置不够精确，但更富有诗意）“丘陵绵延的海岸”。[34]他们把船停靠在科孚岛，王尔德在那里用轻描淡写的语气给莫德林学院教务长布拉姆利先生写了一封信。两天后就要开学了；他无法赶到。“这个机会”，关于迈锡尼和雅典之行，他解释道，有马哈菲博士等人同行“对我来说真是太好了”。跟着这样一位向导去参观希腊无疑“和听讲座一样，也是相当不错的”。19世纪70年代，前往希腊的游客非常少。他希望布拉姆利先生不会介意他迟到“十天”。虽然他没有提到自己计划返回途中在罗马停留，但他说明预计将在4月17日左右抵达雅典，显然他缺席的时间将比十天更长。[35]莫德林的灰色四方院无疑看上去远在天边。

热那亚的生活色彩十分明艳，而当他们甫一接触到希腊的最边缘时，这种艳丽就更加强烈了。马哈菲认为科孚岛的赶集日是“欧洲最美丽的风景”之一。对于几位年轻的古典主义学者来说，听见人们说希腊语，看到商店招牌上的希腊字母就已经令人兴奋不已。街道上挤满了人：“穿着羊皮、长相高贵的农民小伙子”，“红色的小帽”和他们浓密的卷发之下的“棕色的脖颈和四肢”。[36]这些年轻人美得惊人。麦克米伦认为他们“很可能都给菲狄亚斯（Phidias，古希腊雕刻家）当过模特”。对王尔德来说，他们似乎活生生是柏拉图笔下的查米德斯，或者圭多作品中圣塞巴斯蒂安的化身。[37]

那一年，希腊的东正教复活节比西方晚一周，所以他们又度过了一个复活节前的圣周。王尔德继续创作他的十四行诗，在科孚岛写下了另一首平衡异教和基督教势力的诗歌。这一次，他颠倒了互动的方式，想象虽然诸神已死，“玛利亚的儿子成了国王”，但也许在“海水恍惚的小岛上”，“某个天神躲藏在日光兰中”，等待着春天的到来。[38]虽然这首诗建议“我们且等一下”，希望能见到这个潜伏的神灵，但一行人还是继续出发了。第二天是4月3日，他们乘船经过赞特岛（仍然像荷马所描述的那样“树林茂密”），前往伯罗奔尼撒西北海岸的卡塔科洛。[39]

这是王尔德自从进入波托拉学校以来，一直在阅读、梦想、思考的地方，这里是孕育亚西比德、柏拉图、荷马、欧里庇得斯和亚历山大大帝的摇篮。“希腊！希腊！”王尔德在十四行诗中描述，当红日沉入大海时，他“终于站立在希腊的土地上！” 104

卡塔科洛并不漂亮，是一个小港口，周围的风景平庸得不值一提。王尔德（和他的同伴们一样）不仅踏上了实实在在的海岸，而且还回归到一片想象之地。除此之外，他们在其他方面也需要适应。古典派学者心目中充盈着希腊的威严，他们对眼前这个“袖珍”的国度感到震惊（站在赞特岛就可以望见帕纳索斯山）。在跨越伯罗奔尼撒半岛的第一站——奥林匹亚，他们见到考古学家们丑陋的挖掘现场和横冲直撞的独轮手推车，被迫面对这样一个事实：神庙并不是用闪闪发光的帕罗斯岛白色大理石建造而成，而是用粗糙不平的石头盖起来的。就这一点而言，麦克米伦最初的失望在几个小时内就转变成为对这部“粗犷宏伟”作品的赞赏。[40]然而，还有许多其他事情也使他们惊诧不已。奥林匹亚考古发掘队队长古斯塔夫·希施菲尔德博士向他们展示了一个刚刚出土，“异常巨大的”阿波罗头颅。马哈菲认为它是“最高和最纯粹的希腊艺术中最伟大的遗迹”之一。[41]也许它留给王尔德的第一感觉是——在最精美的希腊雕塑中——“上帝的灵魂仍然存在于大理石中”。[42]

这一趟伯罗奔尼撒之旅历时八天。他们参观了巴塞著名的阿波罗神庙，漫步在阿尔戈斯的大剧院（另一首十四行诗的主题），见到了古代迈锡尼及其巨石遗迹。王尔德虽然沉浸在希腊及其古典和异教的联想之中，却仍然惦记着基督教的罗马。他甚至在阿尔戈斯的剧院里，想起了——在废墟中——教宗在梵蒂冈被囚禁，"因为金钱丢失了半个宝座！"[43]他"登上奥林匹亚附近一座小山顶"，被一个年轻的农家男孩深深打动，他"脖子上挂着一只小羊羔"——就像"好牧人"中的耶稣形象。[44]

除此之外，还另有乐趣和消遣。这一周，他们徜徉在田园牧歌般的美景中，欣赏着烂漫的春花——鲜嫩的玉米、红色的银莲花、紫色的岩蔷薇——以及当地人优美的身姿和浓密的头发。圣周斋戒期间，他们只吃一点点酸乳酪、树脂酒（"我们只能把这种酒比作家具上光剂"）、复活节彩蛋（"粉红色!!"），呼吸着"希腊空气中令人振奋的力量"。他们享受马背上的生活。古尔丁曾希望，等王尔德骑上马之后，就要打消他的"狂妄自大"，但奥斯卡似乎一直掌控得很好。他很幸运，这也许是因为希腊的马匹主人不喜欢让马快跑。在去往迈加洛波利斯（Megalopolis）的路上，步行陪同的马匹主人发现他的想法遭到了忽视，于是拔出一把刀试图强迫游客们接受他的想法。然而，他很快就被一名成员——几乎可以肯定此人不是王尔德——击败了，因为对方掏出了一把左轮手枪。[45]

希腊北部地区盗贼猖獗，但这一行人并没有遇到太多麻烦。他们遇到的极少数盗贼都"还算友好"。[46]其间发生过一桩令人焦虑的事情，三个年轻成员骑行在前面时，发现马哈菲不见了。他没赶上队伍，大家便开始担心出现最坏的情况。但他们还没来得及发出警报，他就重新出现了。他在穿越一条"近路"的时候，厚外套和小地毯从马鞍上掉了下去，为此他花了一个小时寻找却一无所获，令他大为恼火。[47]

4月13日，这群旅行者从埃皮达鲁斯渡海（经埃伊纳岛）抵达雅典。[48]乔治·麦克米伦立刻宣布自己“开心地飞上了天”，王尔德也许有过之而无不及。对于任何熟悉古希腊历史和文学的人来说，站在雅典卫城上，伫立于帕特农神庙、伊瑞克特翁神庙和雅典娜胜利神庙前，漫步在——麦克米伦所说的——“被如此众多的巨人踩踏过的路面上”，是件激动人心的事情。[49]无论文字，还是形象，这里都堪称这次旅行的制高点。王尔德的一位女性朋友捕捉到了他的几分惊诧（尽管是以虚构的形式）：

> 他给她讲希腊，讲雅典——黎明之城——在拂晓时分的寒冷、灰白和平稳的晨光中渐渐呈现，一位崭新的阿弗洛狄忒现身于一圈圈不断拍击的波浪中。他给她讲帕特农神庙，那是一座庙宇——而不是一座建筑——一座像雕像一样完善而有个性的神殿。第一眼看到雅典卫城，看到它精致裸露的圆形石柱在晨曦中拔地而起，让人感觉就像遇见了一个纯洁的希腊女神。[50]

参观雅典卫城后，他们又见识了其他奇观。他们游览马拉松平原，参观各种纪念碑和博物馆，非常喜欢“塔纳格拉”赤陶小雕像，“它们的外观非常现代”。[51]王尔德从希腊学园的橄榄林中砍下一根“白色手杖”。这并不是他唯一获得的纪念品：他还为自己拍了张照片——颇有点拜伦风格——穿着希腊民族服装。马哈菲的大名为他们敞开了所有的大门，让他们在非公开场合亲眼见到了施利曼从迈锡尼发掘出来的非凡的黄金宝藏。

106

这个爱尔兰旅行团认为，它们“与各种古老的爱尔兰物件非常相似”——让人联想到希腊人和凯尔特人可能拥有共同的祖先。[52]而在雅典邮政局的邮件待领处，还有另一件宝贝等待着王尔德：弗洛伦丝·巴尔科姆寄来的复活节卡片。[53]

4月21日星期六，牛津大学开学17天后，王尔德一行离开雅典。[54]他们乘船赴那不勒斯。“虔诚的”麦克米伦在隔壁的船舱里向折磨他的大堆蚊子和跳蚤发出一连串“咒骂和秽言”，王尔德被逗乐了。[55]然而麦克米伦的悲哀和王尔德的欢乐并没有就此结束。他们经过爱琴海时，一场“可怕的风暴”袭击了这艘船，年轻的出版商被“掀翻后，撞坏了小酒吧里钢琴的琴键”。[56]

王尔德从那不勒斯独自匆匆赶赴罗马，沃德和亨特-布莱尔正在罗马英格兰酒店等着他。这是一次快乐的团聚。他们在亨特-布莱尔的朋友、格拉斯哥大学人文学教授乔治·吉尔伯特·穆雷的专业指导下，一起参观古代遗迹。但是，从希腊回来后，王尔德也许看了太多的废墟。亨特-布莱尔回忆说，“罗马、基督教和天主教”占据了他的主要精力，“唤起了他的热情”。他热切地探究起早期基督教殉道者和文艺复兴时期教宗们留下的“无穷无尽的宝藏”。

当然他们也没有忽略罗马的基督教。亨特-布莱尔一直为王尔德的灵魂倍感焦虑，他希望这次访问能“引导他走上正轨”。几个朋友经常在当地的餐馆吃饭，一起用餐的还有两位和亨特-布莱尔一样的改宗皈依者——年轻的牛津大学学生格里塞尔和奥格尔维-费尔利，两人都是“教宗的侍从”。梵蒂冈的另一位联络人埃德蒙·斯通纳为王尔德和亨特-布莱尔安排了与教宗的私下觐见。这是一个值得纪念的时刻，年迈的教宗将双手放在王尔德的头上向他赐福，“希望他能尽快追随他的（朋友）进入上帝之城”。返回英格兰酒店的路上，王尔德静静地坐在马车里。但他并没有做任何决断，而是关在自己的房间里写了一首十四行诗。[57]

那天晚上，三个朋友坐车去圣保罗大教堂。王尔德坚持要他们在塞斯提乌斯金字塔旁，城墙背风处景色优美的非天主教墓地稍事停留。这里是济慈（也是雪莱）的葬身之地。王尔德希望向《恩底弥翁》的作者致敬，后者因为肺结核死于西班牙台阶附近的一间公寓里。他墓碑上有一段简简单单的墓志铭：“这里埋葬的尸骨，属于一位英年早逝的英国诗人。临终病榻之上，他满心愁苦，不堪敌人的恶语中伤，希望墓碑上刻下这句话……此地长眠者，声名水上书。”济慈的痛苦应该是针对他的批评者。据说他们的尖刻批评加速了他的死亡。王尔德站在春花遍地的墓地旁，突然想到济慈也是一位殉道者，“值得躺在殉道者之城……他是一位美的祭司，在盛年到来之前就被夺去了生命”。他认为他“俊若塞巴斯蒂安”，不幸被“谎言和不公正的言语之箭”杀死。[58]

靠近墓地墙的地方新近竖起一块大理石碑，王尔德认为它破坏了气质的力量。石碑上刻着一些赞美济慈的“平庸诗句”，还有一个“瘦削脸”、厚嘴唇，令诗人显得“丑陋难看”的圆形浮雕像——而在王尔德的个人想象中，济慈是一个理想的希腊式美男子，与阿波罗、查米德斯或圭多·雷尼描绘的圣塞巴斯蒂安不相上下。王尔德不想让这块“充满诽谤的大理石”毁掉这一刻。于是他拜倒在神圣的草坪上，此举令亨特-布莱尔非常恼怒。[59]

如果说王尔德能够领悟到美学中的灵性，那么罗马也能助他欣赏宗教中的世俗一面。教宗的显赫荣耀令他眼花缭乱。尽管他可能还在犹豫是否要成为一名天主教徒，但他确信自己想成为一名红衣主教。这成了他的公开抱负——或者其中之一。如果他在文艺复兴时期成为教会里的大人物，那么就可以模糊罗马天主教和异教信仰之间的界限。对王尔德来说，他在罗马逗留期间的主要乐趣之一就是发现“希腊诸神和希腊故事中的男女主人公们，都登上了梵蒂冈的宝座”。在尤利乌斯二世及其继任者们所收集的古代杰作中，有一尊王尔德特别喜爱的大理石雕像，那是一名四肢修长、正在擦汗的运动员（利西普斯雕刻的“刮汗污的运动员”，利西普斯曾是亚历山大大帝的宫廷雕刻家）。[60]

罗马丰富多样的艺术珍品令王尔德惊叹不已；他后来开玩笑说，这座城市是“艺术的百货商店”。各种各样的艺术陈列扩大并或许也败坏了他的审美情趣。他在欣赏圭多·雷尼时就已经偏离了罗斯金的原则，转而对同样“感性”和“不纯洁”的柯勒乔也产生了热情。后者的“达娜厄”是鲍格才家族珍贵的藏品之一。[61]然而，如果王尔德曾希望借旅行结束他灵魂上的摇摆不定，“成为他生命中的一个重要时刻”，那么他会很失望：这次经历只是加深了他对异教信仰和罗马天主教的认识，赋予了它们更明亮的色彩，更迅速地碰撞出了火花。

王尔德向他的新伙伴畅谈了这份崭新的热情。他通过沃德和亨特-布莱尔认识了一位名叫朱莉娅·康斯坦斯·弗莱彻的年轻美国姑娘；并且和她一起去坎帕尼亚骑马。她与母亲和继父——出生于美国的画家尤金·本森一起住在罗马。弗莱彻虽然还不到20岁，已经写了一本小说（笔名“乔治·弗莱明”，由麦克米伦出版公司出版），当时正在写另一本。弗莱彻聪明、有趣、游历广泛、博览群书，王尔德发现自己“在各个方面都被她吸引住了”。[62]她对他的看法可以从她那年春天写的浪漫小说中窥见一斑。《海市蜃楼》（*Mirage*，一部三卷本小说，讲述了一群前往叙利亚的旅行者的故事）中有个角色叫“克劳德·戴夫南特”，是一位刚从希腊归来的牛津大学诗人。

> 他长着一张几乎有点不合时宜的脸，就像是一幅霍尔拜因的肖像画，脸色苍白，五官硕大；那是一张独特而有趣的脸庞，表情异乎寻常地温和但热烈。戴夫南特先生非常年轻——也许不会超过二十一二岁；但是他看起来还要更年轻。他的头发留得相当长，被拨弄到后面，围绕着他的脖子攒聚着，像一位中世纪圣徒的发型。他说话速度很快，嗓音很低，发言特别清晰；他说起话来就像是一个曾对表达方式做过研究的人。他倾听的时候则像一个习惯发言的人。

弗莱彻显然注意到，并且似乎也很喜欢王尔德表现出的一些典型姿态：比如，思考高深的问题（戴夫南特因为走神，好几次从马上摔下来）；僧侣般不可思议的气质（当被问及他的一首诗“是什么意思”时，他用“最懒散的语气”回答，“哦，可我从不作解释”）；“在物质生活和精神生活的两颗明星——希腊的维纳斯和意大利的圣母”之间分裂的忠诚；以及——最显著的——采用美学观点看待每一个问题。戴夫南特倾其所有买下一块旧纺织品（“我应该称其为灵感，一首彩色的诗”），以防止其他游客买下它，然后用“一件新东西”重新包装它。他坚持把一个年轻的送信男孩带到一间空荡荡的等候室，因为“他有一张漂

109

亮的脸……非常值得一看”。他承认，自从妹妹出嫁，妹夫用镀金的路易十五时期家具装饰了他的伊丽莎白时代庄园后，他就很少去看望她（“对不起，我非常喜欢我妹妹”）。

弗莱彻不但欣赏王尔德的幽默，而且和他一样有求知欲。沃尔特·佩特是她心目中的英雄之一。她打算把《海市蜃楼》献给“文艺复兴的作者”。王尔德答应送她一些佩特未被收录的文章——以及 J. A. 西蒙兹的几本书作为对比（弗莱彻发现，西蒙兹“在风格上有些拖沓——不像一个艺术家——不如佩特大胆。我可以想象西蒙兹先生快结婚了，他妻子的亲戚们正在读他的书”）。[63]

王尔德终于在 4 月底回到英国和牛津。他满怀欣喜从希腊和罗马回来，却震惊地发现学院管理层——终于失去了耐心——已经通过一项决议，令他暂时停学直至学年结束（10 月），并且扣除他一半的莫德林奖学金（45 英镑）。他要在停学期间按要求完成一定数量的作业，否则将失去莫德林学院的奖学金资格。[64]王尔德称，自己作为“第一个访问奥林匹亚的本科生”，竟然要因此被牛津勒令退学，这证实缺乏绅士风度的艾伦先生和“那个穿衬裙的老太太”教务长确实符合他之前有关他们所有的最坏想法。他对这个决定表示不满，仔细研究了“这份决议”，还向学校职员求援，但都无济于事。[65]莫德林学院管理层毫不动摇。他只获得了一个小小的让步：如果他在 10 月准时返校，同时令人满意地完成规定的作业量，可以考虑免除一半罚款。[66]

王尔德满怀厌恶地做了让步。他在伦敦“与弗兰克·迈尔斯和许多朋友”度过了“愉快的”几周。[67]和艺术家们一起待在城里，而且当时正值“艺术季”开始，一切都很令人兴奋。城里有许多音乐会可以参加：瓦格纳在阿尔伯特音乐厅指挥，安东·鲁宾斯坦在圣詹姆斯剧院演奏。[68]皇家艺术学会夏季展览于5月5日开幕：罗纳德·高尔勋爵展出了两尊雕像，弗兰克·迈尔斯展出了一幅风景画《康尼马拉的穆克湖》。然而那一年，皇家艺术学会遇到了一个竞争对手。

那年夏天最大的文化盛事是邦德街新开了一家格罗夫纳画廊。它采用全新的布展空间：布置豪华、设备齐全，而且很新式。库茨·林赛爵士家境富裕且很有艺术修养，在他富有且风雅的年轻妻子的支持下，倾注精力、品味和各种资源，打造出一座现代“艺术殿堂”。它同时也是一座符合新美学风格的殿堂。其每一个华丽的装饰细节都宣告着诚意：悬挂在画廊墙壁上符合审美色调的“灰绿色”和“猩红色”的缎布；“深绿色和金色”的护壁板；帕拉第奥式的出入口；昂贵的“土耳其地毯”和巧妙放置的“日本瓷器”。[69]

林赛精心挑选的开幕展证实了这种审美联系。一幅幅绘画作品被“挂成一排”，而不是像皇家艺术学会那样满满地挤在墙上。展品中包括许多拉斐尔前派传统继承人的作品：霍尔曼·亨特、米莱（包括一幅罗纳德·高尔勋爵的肖像）、沃尔特·克兰，以及林赛本人。但展览中最引人注目的是伯恩-琼斯和惠斯勒的作品。前者创作了三幅精细的大型油画——《梅林的诱惑》《创造的日子》和《维纳斯之镜》——后者则提供了完全不同的作品。惠斯勒在一系列低色调的印象主义“交响乐”（通常是风景画）、“和声”和“改编乐曲”（通常是肖像画）中回避了细节和叙事。

4月30日的私人展是一个名流云集的时刻。正如报纸上兴奋地写道，“每个人”都“在那里”：贵族、政客（格拉德斯通也在其中）、艺术家、作家、演员、尊贵的教士，以及“梦中的美人”。[70]多亏各路熟人，王尔德也得以到场，欣喜地出入于伦敦的名流中。这是一个结识文学人物的好机会，如马哈菲的朋友霍顿勋爵（济慈的传记作家），还能结识惠斯勒。[71]但如果王尔德希望引起别人注意，那他就会发现自己并不是当季首次亮相的人物中最引人瞩目的一个。

伦敦社交圈中出现了一位新的美人：一个举止庄重而慵懒的年轻女子，皮肤白皙，灰色眼睛，一头金黄色的头发。她的五官像雕塑一样有型：弯弯的眉毛，饱满的下颌，轮廓分明而高贵的嘴巴，“庄严笔直的”脖颈。美和其他事物一样，也有自己的时尚。在当时的眼光看来，她似乎是女性美的典范：像一座苏醒过来的希腊雕像。[72]弗兰克·迈尔斯是某一天晚上在剧院第一个注意到她的人，也是在西布赖特夫人于朗兹广场的家中举行宴会时，第一个与她相识的人。她就是兰特里夫人，23

111 岁，是海峡群岛一位牧师的女儿，最近嫁给一个身材肥胖、平庸乏味的游艇爱好者。她最大的抱负是在社交圈出人头地。她并不富有：刚到伦敦时只穿了一件黑色连衣裙，除了结婚戒指外没有其他珠宝首饰。她也没有很好的人脉。但她发现，西布赖特夫人（一位朋友的朋友）是个能干的引路人。[73]

朗兹广场的第一次“家宴”快结束时，莉莉·兰特里获得了无数贵族崇拜者，还有两位渴望赞美她的艺术家——希望从她身上获取些许荣耀。除了弗兰克·迈尔斯，那天晚上米莱也在场。同为海峡群岛人（同时也是皇家艺术学会成员），他不仅赢得了邀请她共进晚餐的荣耀，还获得了为她绘制一幅坐姿肖像的承诺。

迈尔斯也不甘示弱，趁她站着的时候，当场为她绘制了一幅素描。他计划复制这幅肖像，并以此打响她成名的第一炮。在此过程中，他希望能得到王尔德的帮助。[74]王尔德在撰写的介绍中，称她是“欧洲最可爱的女人”。[75]不久，罗纳德·高尔勋爵拜访迈尔斯，发现后者“深深迷上了”兰特里夫人，自称“他和自己手里的画笔再加上他的朋友奥斯卡·王尔德的笔，将使她成为本世纪的乔孔达（蒙娜丽莎）和劳拉！”[76]令人惊讶的是，王尔德写了整整一年的诗，却没有当即为兰特里夫人写一首十四行诗。[77]相反，他回到了都柏林。

注　释

1. *CL*, 34-6; Harris, 31.
2. *CL*, 34-5; 阿瑟·丹皮尔·梅（Arthur Dampier May），画家，生于1857年。
3. 高尔于当年搬进“新家”，see Gower, Lord Ronald, *Bric-a-Brac* (1888).
4. ‘Mr. Punch's Select Committees’, ‘No. I: On Drawing-Room Decoration’, *Punch*, 12 May 1877, 216.
5. Mary Ward (Mrs Humphrey Ward), quoted in L. W. B. Brockliss, *The University of Oxford: A History* (2016), 472. 1872年，沃德夫妇搬到北牛津布拉德莫尔路（Bradmore Road）。
6. Harry Quilter, ‘The New Renaissance or the Gospel of Intensity’, *Macmillan's Magazine*, September 1880, 392-3.
7. George Macmillan to Alexander Macmillan, 28 March 1877; *CL*, 43-4.
8. *CL*, 40, 42; 1877年1月奥斯卡在施皮尔斯百货公司的账单，其余还包括“六个咖啡杯及茶托”。
9. *CL*, 38-40.
10. *CL*, 389; 威利·王尔德也曾经尝试过这种形式。他似乎认为写诗是他的一种有用的恋爱武器。他曾经在《London Society》上发表过一首十四行诗（关于舒伯特），还有几首诗歌发表在《科塔博斯》杂志上。

11. Symonds, *Studies of the Greek Poets*, 408.
12. G. T. Atkinson, in Mikhail, 19.
13. *CL*, 42.
14. *CL*, 42. JFW to OW [Feb 1876], in Tipper, *Oscar*, 20–1, 赞许地描述韦斯特米斯夫人（Lady Westmeath）“年轻，希腊式的头上戴着常春藤花环”。
15. *CL*, 28–9; 唱诗班歌手埃里克·理查德·沃德（Eric Richard Ward）1863年生于萨默赛特郡贝德明斯特。查尔斯·约翰·托德参加过奥斯卡·王尔德1876年的纪念周晚宴。他后来成了一名教区牧师。
16. OET I, 10, 42; “唱诗班男孩”是一篇颇具约翰·贝奇曼风格（Betjeman-esque）的诗歌片段，开头写道：我每天在教堂唱诗班里歌颂上帝，他们说，我的声音越来越高，甚至高过了鸟鸣声——虽然风琴响亮，但歌声穿过拱形的天花板，直达蓝色的天际，上帝端坐那里，而我们却看不见。
17. *CL*, 39.
18. *Exhibition of Works by the Old Masters and by Deceased Masters of the British School*, Royal Academy, 1876; 展览于1876年12月开幕。
19. *CL*, 42.
20. *CL*, 41.
21. 虽然奥斯卡·王尔德非常渴望获得成功，愿意用功勤读，但1878年3月7日J. A. 西蒙兹给他寄了一封信——以及一张照片——劝告他“如果你有能力，就要获得一个好学位。它即便在人死后仍有价值。”(The Oscar Wilde collection of John B. Stetson, cat. item 407).
22. Atkinson, in Mikhail, 17; Vernier, ‘Oscar at Magdalen’.
23. Atkinson, in Mikhail, 18; 1875年5月30日，布利先生的“院长笔记”（莫德林学院档案馆）中记载，利奥波德王子与爱丽丝公主和黑森州的路易斯王子“参加了当天5点钟的教堂礼拜……他们是来拜访基督教堂学院院长的”; Vernier, ‘Oscar at Magdalen’, 28–9.
24. *CL*, 39.
25. Hunter-Blair, 31–2, 他将时间错写成了“1876年初”; *CL*, 41, 43.

26. G. Macmillan to A. Macmillan，*CL*，44.
27. G. Macmillan to A. Macmillan，*CL*，44；G. Macmillan to Margaret Macmillan，quoted in Ellmann，68.
28. OW，'Tomb of Keats'，OET VI，11-12；Ruskin，*Modern Painters*，II.
29. OW，'Mental Photograph'，44-5；OW，'The Grosvenor Gallery'，OET VI，5.
30. 后来（1881 年）王尔德将"甜蜜时光"改成了"希腊时光"；OET I，33，234.
31. （1877 年 4 月 2 日）马哈菲写给妻子的信，quoted in Starkie，*Schol-ars and Gypsies*，100-1.
32. G. Macmillan to Margaret Macmillan，29 March 1877，in Ellmann，68.
33. G. Macmillan to A. Macmillan，*CL*，44.
34. OW，ms notes on Greece（Berg）.
35. *CL*，45.
36. John Mahaffy，*Rambles and Studies in Greece*（1878），48；[George A. Macmillan]，'A Ride Across the Peloponnese'，*Blackwood's Magazine*，123，no. 751（May 1878），550；OW ms notes on Greece（Berg）.
37. G. Macmillan to Malcolm Macmillan，14 April 1877（Hellenic Society）；OW，Grosvenor Gallery review，1877，OET VI，1-11.
38. OW，OET I，'Santa Decca'，44.
39. *Blackwood's*，551.
40. *Blackwood's*，552，554-6.
41. Mahaffy，*Rambles and Studies in Greece*，290.
42. Ross，*Oscar Wilde and Ancient Greece*，53：王尔德对里基茨说这番话时，恰逢从奥林匹亚发掘出普拉克西特列斯制作的赫尔墨斯雕像，这次挖掘发生在王尔德离开一周之后，他实际上并没有目睹雕像出土。
43. OET I，34-5.
44. [Otho Lloyd]，'Stray Recollections' by his 'brother in law'，*The Soil*，1，no. 4（1914），155-6.
45. Mahaffy，*Rambles and Studies in Greece*，404；G. Macmillan to Malcolm Macmillan（Hellenic Society）；*Blackwood's*，558，561；Starkie，*Scholars and Gypsies*，100-1.

46. G. Macmillan to Malcolm Macmillan，14 April 1877（Hellenic Society）.
47. G. Macmillan to Malcolm Macmillan（Hellenic Society）；*Blackwood's*，563-4. 由于艾尔曼书中提到的内容有误，因此有必要重新简要地概括一下奥斯卡·王尔德在伯罗奔尼撒的完整行程［依据 G. 麦克米伦《骑行穿越伯罗奔尼撒》（A Ride Across the Peloponnese）中的文章，以及他的几封书信］：4 月 1 日（复活节），晚上 8 点半离开布林迪西；4 月 2 日早上抵达科孚岛；4 月 3 日，下午 5 点乘坐轮船离开科孚岛；4 月 4 日抵达赞特岛，“一位美国商人出于善意”让他们搭乘了一段帆船，于下午 5 点半抵达卡塔科洛，在皮尔戈斯过了一夜；4 月 5 日，骑马去奥林匹亚，参观遗址，在 Druva 过夜；4 月 6 日，骑马至 Andritzena；4 月 7 日，参观巴塞，在 Andritzena 度过第二夜；4 月 8 日（希腊东正教复活节），清早参加复活节祷告，接着骑马去迈加洛波利斯，于傍晚早些时候抵达；4 月 9 日，骑马去 Tripoliza；4 月 10 日，游览泰耶阿（Tegea），然后坐马车于晚上抵达阿尔戈斯；4 月 11 日，上午游览阿尔戈斯，下午游览迈锡尼，在动身去纳夫普利亚（Nauplia）之前赶回阿尔戈斯；4 月 12 日，从纳夫普利亚骑马至埃皮达鲁斯（Epidaurus），从那里坐帆船去比雷埃夫斯（Piraeus）。
48. G. Macmillan to Malcolm Macmillan（Hellenic Society）.
49. G. Macmillan to Olive Macmillan，17 April 1877（Hellenic Society）.
50. ‘George Fleming’［J. C. Fletcher］，*Mirage*，3 vols（1877），2：94.
51. Mahaffy，*Rambles and Studies in Greece*，55.
52. G. Macmillan to Olive Macmillan（Hellenic Society）.
53. *CL*，66.
54. G. Macmillan to Olive Macmillan（Hellenic Society）.
55. ［Otho Lloyd］，‘Stray Recollections’，155-6.
56. ［Otho Lloyd］，‘Stray Recollections’，155-6. Otho Lloyd to A. J. A. Symons，22 May 1937（Clark）.
57. 无从考证他写的到底是哪首诗。有可能是《神圣又永恒的城市》（Urbs Sacra Aeterna）和《复活节日》（Easter Day），两者都提到朝圣者跪在“神圣的”罗马之主面前，OET I，35，37.
58. OW ‘Tomb of Keats’，OET VI，11；OW to Lord Houghton，*CL*，49-50.
59. Hunter-Blair，133；*CL*，57.

60. “心理图像（Mental Photograph）”中列出，他的抱负是“红衣主教”，希望生活在“文艺复兴时期”；“刮汗污的运动员”是他最喜欢的雕塑。J. A. Symonds on the Apoxymenos；［unknown］to OW，26 October 1878（Clark）提到威利想成为一名议员，王尔德希望成为一名红衣主教；Harris，31.
61. Denis Gwynn，*Edward Martyn and the Irish Revival*（1930），61；奥斯卡·王尔德的“心理图像”中，柯勒乔是他最喜爱的画家之一；罗斯金谴责了现代画家中的艺术家。王尔德在帕尔马了解并参观了柯勒乔的作品。虽然有关他那次访问的细节没有记录，但帕尔马是一座重要的铁路枢纽，王尔德也许是与马哈菲一行从热那亚到拉文纳的火车旅行途中访问过那里。
62. Ward，in Mikhail，14；*CL*，58，61；Fleming/Fletcher's first book was *A Nile Novel*（1877）.
63. *CL*，58；J. C. Fletcher to OW，19 August 1877（Clark）.
64. President's notebook，26 April 1877（Magdalen）.
65. Ricketts，35；*CL*，47.
66. President's notebook，4 May 1877（Magdalen）.
67. *CL*，47.
68. OET VI，197：奥斯卡·王尔德也许在 1877 年 5 月 9 日下午参加了鲁宾斯坦的音乐会，期间演奏了贝多芬的“F 小调奏鸣曲”（《热情奏鸣曲》）。
69. ‘Grosvenor Gallery’，*Morning Post*，1 May 1899；‘London Notes’，*Ipswich Journal*，1 May 1877；OW，‘The Grosvenor Gallery’，OET VI，1.
70. ‘Variorum Notes’，*Examiner*，5 May 1877.
71. *CL*，33；OET VI，11 and *CL*，52 suggest OW's acquaintanceship with Whistler.
72. OW，‘Mrs Langtry’，OET VI，23.
73. Laura Beatty，*Lillie Langtry*：*Manners*，*Masks and Morals*（1999），38；‘Interview with the Jersey Lillie’，*Daily Telegraph*，3 October 1882.
74. Beatty，*Lillie Langtry*：*Manners*，*Masks and Morals*，38.
75. Shane Leslie，*Memoir of John Edward Courtenay Bodley*（1931），68：博德利在说起兰特里的时候回忆道，“还是本科生时，一天晚上”（他于

1877年毕业）他和王尔德离开杂技剧场，王尔德说他“必须赶紧走，并且兴奋地解释说，他要去见全欧洲最可爱的女人……就在弗兰克·迈尔斯的画室”。

76. Gower，*My Reminiscences*，2：153；“劳拉”是彼得拉克十四行诗中的缪斯女神。

77. 有一种可能是，他把自己模仿中世纪风格写成的一首诗（一年前发表在《科塔博斯》杂志上）重新命名为“香颂”，以此献给莉莉·兰特里。这首诗的手稿上（得克萨斯大学奥斯汀分校）显示的题目是“百合花”。大约1877年7月，王尔德的十四行诗清单中（OET I，322）无论是已经写成的还是计划要写的，都没有明显地与兰特里夫人相关的内容，虽然第23首《伯恩茅斯》（Bournemouth）、第24首《图画》（Picture）和第25首《友谊》（Friendship）都表达得比较模糊，足以表明存在这种可能性。

4. 特别嘉奖

提问者："最甜蜜的话是什么？"

奥斯卡·王尔德："干得好！"

112 王尔德夫人和马哈菲都对莫德林学院管理层的做法非常恼火。马哈菲认为这简直是对他个人的侮辱。威利一如既往地认为，这一切的背后肯定有什么见不得人的事情，于是他从莫伊图拉写信给奥斯卡，询问他停学的"真正"原因。[1]王尔德被逐出牛津后，全身心地投入文学和思想领域。他答应为都柏林亚历山大学院的年轻女性举办一系列关于古典文学话题的讲座。这是一项非常重要的任务：马哈菲本人在1869年也举办过类似的课程讲座。[2]王尔德继续写诗——他意识到自己亟须提高地位，于是便投入同样多的精力去营造他的文学关系网。他在愿意出版自己作品的期刊名单中，加入了一本都柏林的天主教杂志《告诫画报》（*Illustrated Monitor*）。[3]他参加天主教大学文学学会的一次公开会议，都柏林的文化名流们在会上讨论了"爱尔兰民族文学的基础"。[4]他经常出去吃饭，非常乐意让大家都知晓他是莫德林学院的人，并且聆听他讲话。[5]

113 不过，眼下他的视野已经超越爱尔兰。他过早地把握了人际交往的力量，开始与更广泛的文学界建立联系。诗歌是他的名片。他写了一首关于"近期保加利亚基督徒遭屠杀"的十四行诗，把它寄给格拉德斯通；当时这位身为反对派的前自由党总理正在为反对土耳其在巴尔干地区的暴行而四处奔走。“我只不过比小男孩略大一点点，”王尔德缺乏诚意地在信中写道，“在伦敦没什么文学关系，但如果您从我寄去的诗歌中发现了什么好东西，某个编辑（《十九世纪》或是《旁观者》）也许会把它们发表出来。”[6]格拉德斯通“友善”的赞美不仅促使王尔德给这位政治家寄去另一首诗（“对于您的恩惠无以回报”），而且还把它们寄给了《十九世纪》和《旁观者》杂志，并附上一张便条说，格拉德斯通“在这些诗中看到了前途”。[7]然而，这样的承诺并不足以确保它们可以刊登发表。

王尔德给霍顿勋爵、巴克斯顿·福曼（Buxton Forman，济慈和雪莱的编辑）以及另一名济慈的狂热爱好者——但丁·加布里埃尔的兄弟威廉·迈克尔·罗塞蒂寄去了他的十四行诗《济慈墓》，并在信中呼吁为纪念诗人修建一座更好的纪念碑。然而他只得到了礼节性的回复，而非热情的响应。霍顿勋爵指出——他的传记中明确写道——济慈本人并不像王尔德诗中所写的那样是个郁郁寡欢的人，至于被王尔德贬低的那个位于罗马的圆形浮雕像，它实际上和诗人“极为相像”，是“由满腔热忱的朋友们建起来的”，试图取代它是不可能的事情。[8]

相比之下，王尔德为《都柏林大学杂志》撰写的一篇有关格罗夫纳画廊展览的文章倒是获得了更好的反响。这一次他很有把握。尽管得到了罗斯金和斯温伯恩的支持，但对他而言，“艺术批评家”是一个崭新的角色；他很乐意与心目中的偶像们平起平坐。《都柏林大学杂志》的编辑建议他修改文中对阿尔玛·塔德玛绘画技巧的批评，王尔德毫不让步地回答：“罗纳德·高尔勋爵、罗斯金先生和我，以及我认识的所有艺术家，都认为阿尔玛·塔德玛画的男人和女人很不像样。我不能在一篇署名为我的文章里说，他是个举足轻重的画家。”[9]

1877年7月发表的这篇评论糅合了华丽的描述、独具慧眼的赞扬和高高在上的姿态。几乎每一句话都在微妙地宣告作者的人脉关系、艺术造诣和忠贞：米莱的几幅威斯敏斯特公爵之女的肖像被赞赏地认为“非常相像”，而他的罗纳德·高尔勋爵肖像“让人一眼就能认出”，虽然它们和罗斯金收藏“在牛津”（不公开展示，而是藏于亨利·阿克兰爵士的老家）的艺术家作品不在同一个档次。威廉·布莱克·里士满的画作《阿伽门农墓前的伊莱克特拉》捕捉到了“希腊天空中那种独特的宝石蓝”——然而其描绘的女性服装显然表明，里士满并没有仔细研究过埃斯库罗斯《奠酒人》中对场景“详尽而哀伤”的描述。文章的一条注脚则无缘无故地记录了惠斯勒——著名的“孔雀屋”的创造者——还不如评论作者，竟然不知道拉文纳早已有了一件类似的作品。[10]

如若王尔德称惠斯勒为“伟大的黑暗大师”，那多半是他把惠斯勒色调幽暗的作品当作了挥洒幽默的背景。他在关于《黑色和金色的夜曲》（《降落的烟火》）及其姊妹作品《蓝与金的夜曲》的评论中，玩笑开得过火到近乎嘲笑的地步：“这些绘画作品当然值得一看，但大约只需要看一个真正的烟火的时间，也就是说不到15秒。”他对伯恩-琼斯的作品则给予了最慷慨的赞扬。

这篇文章让王尔德在当时的艺术界有了一个小小的立足点。为巩固自己的地位，他赶忙把这篇评论寄给其中提到的诸多艺术家。令人欣慰的是，他收到了几封“令人愉快的回信”。[11]然而，正当他抬脚踏足这个领域时，艺术界正在经历一场变革。对于这次格罗夫纳画廊展览，罗斯金在《劳工书简》（*Fors Clavigera*）

中对其的评论却没有王尔德那样温和。他有关惠斯勒《黑色和金色的夜曲》的评论引发了一场诽谤诉讼。惠斯勒赢了官司，但只得到一法新[①]的赔偿金，而且必须自己支付诉讼费用。这次失败令画家倾家荡产，并且在英国艺术界的核心造成了裂痕。大家都选择了自己的立场。伯恩-琼斯违背自己的意愿，作为罗斯金的证人出庭作证，结果却站到了故友惠斯勒的对立面。这是一个王尔德不得不应付的尴尬局面。

然而，王尔德在写格罗夫纳的展览时，关注的不仅仅是艺术界。他的评论也可以被解读为一封精心设计的给沃尔特·佩特的介绍信。王尔德已经在牛津大学待了三年，显然从来没有想过要结识佩特；也许他现在这么做的部分原因是想跟上朱莉娅·康斯坦斯·弗莱彻的热情。他在文中引用了佩特的一句话，如果不是因为编辑删减，其中还会有更多引语。他将佩特和斯温伯恩、西蒙兹、莫里斯放在一起，称其为“文化的复兴和对美的热爱做出了贡献，而这在很大程度上要归功于罗斯金先生”。文中多次提及赫拉克利特，佩特在著名的《结论》中提到了这位哲学家的碑文；文中还提到了柯勒乔，佩特将他的作品装饰在布雷齐诺斯学院的书房里；他还提到了画家西蒙·所罗门，那是佩特的朋友。1873年，佩特因在牛津街附近的公共厕所试图鸡奸而被定罪，此后他就再也没有展出过作品。

115

王尔德把评论寄给身在牛津的佩特，收到一封亲切和蔼、表示认可的回信：

亲爱的王尔德先生：

---

① farthing，四分之一便士。——译者注

非常感谢你的来信和杂志。我怀着极大的愉悦拜读了你有关格罗夫纳画廊的杰出文章；看了文章之后，我很想和你结识，希望你一回到牛津就来我这里做客。

我很想就几个问题跟你探讨一下，整体而言，我觉得你的评论非常公正，而且其表达方式显然也非常令人愉快。这篇文章表明，你具有一些美妙的品味，在你这个年龄，能培养出这样的品味的确非同寻常，你对很多美好事物具有相当多的知识。我希望将来你能写出更多的作品。

佩特　谨启[12]

这是一份珍贵到不能割舍的战利品。王尔德激动地将信件内容抄给沃德和哈丁。[13]

王尔德在文学方面的努力也在成家之路上发挥了作用，为他向弗洛伦丝·巴尔科姆求爱，发挥了一臂之力。弗洛伦丝收到刊登有《神圣又永恒的城市》（Urbs Sacra Aeterna）的《旁观者》杂志后，回信祝贺王尔德写出如此“卓越的”十四行诗：“我完全能理解牧师们对它欣喜若狂……我们想听你自己读给我们听。如果可以的话，明天晚上一定来。”她还开玩笑地加了一句附言：“你觉得往我们这样一个信奉新教的家庭寄送《旁观者》杂志，合适吗?”[14]唯一一个对源源不断的十四行诗感到不以为然的人是亨特-布莱尔。王尔德一而再、再而三地没有献身天主教，让他失去了耐心，他宣布：“不要再给我寄来你的十四行诗。我不想看到它们。”不过，他们仍然是朋友。[15]

他的家庭生活也出现了改善的迹象。奥斯卡同父异母的兄弟亨利·威尔逊因为自己在圣马克的地位而受到鼓舞，同意买下梅里恩广场的房子，并同意让王尔德夫人和她的儿子们继续

116 住在那里，至少目前是这样。这是一个皆大欢喜的解决方案，似乎提供了在都柏林维系家庭生活的可能性。然而，这番景象刚一出现就消失了。1877 年 6 月 9 日，威尔逊病倒。三天后他离开了人世。[16]这是一个沉重的打击。

王尔德家上上下下所有的人都“非常依恋”他们所谓的“表亲”。他做事踏实，又有赚钱的能力，帮助这个家庭度过了威廉爵士去世后的动荡时期。但是，现在他也走了，而且更糟的还在后头。正如奥斯卡所言，他的遗嘱“就像大多数遗嘱一样，是一份令人不快的意外”。[17]奥斯卡和威利一直知道自己是他的继承人，但他却将 8000 英镑财产中的一大部分留给了圣马克医院。威利拿到 2000 英镑。然而威尔逊“固执己见地容不下天主教徒”，他感觉奥斯卡“即将”改宗，因此几乎剥夺了他的继承权。奥斯卡只得到 100 英镑，外加威尔逊在伊劳恩罗的一半股份，而且条件是他依然保持“新教徒”身份。这实在“太令人失望了”。奥斯卡声称自己已经慢慢适应了“天主教倾向”带来的“心灵”煎熬，并把这些痛苦变成了诗歌。然而现在，他的“口袋”却在受苦。它可不适合拿来作诗。[18]

就眼前来说，威利的 2000 英镑意外之财意味着梅里恩广场的生活可以继续维持下去。尽管威利各种享乐不断，但他还是在法律生涯上取得了一点小小的进步（至少他受邀与都柏林著名律师拉金先生共进了晚餐），而且他还在继续盘算自己的政治前途。让王尔德夫人十分欣慰的是，一位人脉甚广的朋友告诉她：“仅仅凭着人们对斯佩兰萨这个名字的热爱，威利就能在爱尔兰的许多地方当选议员。”他建议威利“本着自由的原则开启下一次选举”。[19]

奥斯卡的雄心壮志与哥哥不相上下。除了诗歌和艺术批评，他还希望发表一篇关于古希腊的论文，内容可能来自他在亚历山大学院的一次演讲。[20]然而，他很清楚，所有这些计划中都没有莫德林学院导师们规定的任务。他打算夏天在爱尔兰西部宁静——娱乐消遣——的日子里改变这一现状。他甚至希望最近刚从君士坦丁堡归来的沃德能加入他的行列，鼓励他学习。但结果，他却只能从爱尔兰老朋友迪克·特伦奇和杰克·巴罗处寻求慰藉。

他几乎没怎么读书。当他没有带着棍棒和枪外出，或者沉迷于“游泳池、咖啡壶和潘趣酒”的时候，一份启事引起他的注意。6月初，《牛津大学公报》发布了第二年纽迪盖特诗歌奖主题：“拉文纳”——极其幸运的是，王尔德当年早些时候曾经去过那里。这个奖项（价值21英镑）将颁发给一首“用英雄双行体”写成的诗歌，是牛津大学的文学最高荣誉。马修·阿诺德和罗斯金（以及许多完全被遗忘的年轻人）都赢得过该奖项。王尔德渴望将自己的名字加入这个荣誉榜。[21]

117

在接下来的几个月里，他使出浑身解数，争取最大的获胜机会。他在诗的开头几句便宣告自己确实去过拉文纳。而后他呼唤着拉文纳的灵魂，将这一优势推向极致——他首先“越过菖蒲和沼泽”看见一座“圣城赫然出现，头戴着她那群塔织就的冠冕”。他从自己创作的诗歌中搜罗出他认为最好的诗句和最优美的形象（再次出现了“画眉鸟”）。他考虑到评审们可能持有政治同情，于是便称赞起统一意大利的新国王，而不是梵蒂冈那位目中无人被废黜的教宗：“因为终于，意大利的战士威风凛凛地走入，罗马高大的城门，在这不落之城的神庙里，他头上皇冠巍峨！”[22]

8月，王尔德再次来到克朗芬打松鸡。他参加了一次欢乐的家庭聚会，其中包括福克斯家女主人来自美国芝加哥的几位亲戚。福克斯家的女儿赛琳娜·蒂妮·福克斯带来一本“心理相册”，邀请客人们在里面写下自己的“品味、习惯和信念”。王尔德泰然自若地填写了问卷：“你最喜欢的游戏是什么？”——“猎鸟和草地网球。”

他列出自己最不喜欢他人性格特点中的“虚荣、自大和自负”，然后愉快地写上了自己最“与众不同的性格”——“过分自大”。他对于其他许多条目的回答也印证了这一点。最喜爱的诗人：“欧里庇得斯、济慈、忒俄克里托斯和我自己”；幸福观念：“对人的思想掌握绝对的控制权，即使伴有慢性牙疼也在所不惜”；关于痛苦：“在偏僻的乡村过着贫穷而体面的生活”；梦想：“修剪我的头发”；理想的配偶特征：“对丈夫忠诚”。他把“写十四行诗”作为他“最喜爱的消遣”之一，把“读我自己的十四行诗”作为他“最喜爱的职业”之一。

这是一场充满活力的表演，主角是一个渴望检验和炫耀自己能力的年轻人。对他来说，“世界上最甜蜜的话”就是“干得好!”，而“最悲哀的”莫过于——“失败!”。他认为“人性中最崇高的激情”是“野心”和（相比之下不那么明显的）“禁欲主义”。他向沃德和亨特-布莱尔重申了自己的看法——他的“人生目标”是“成功；名声，甚至恶名”[23]。

118

尽管夏初时，当地的房地产经纪人设法出租了布雷的一幢房子（减去佣金后能拿到 75 英镑），王尔德还是急于卖掉房子。9 月的最后一周，他回到都柏林，家人的一个朋友约翰·奎恩直接找到他，提出以 2800 英镑的价格买下全部四幢房子。王尔德很想答应。几乎在同一时间，又有一方通过他的经纪人巴特斯比提出了报价（2700 英镑）。王尔德得知这一消息后，来到巴特斯比的办公室，解释说他已经有了一个出价更高的主顾；于是巴特斯比便问王尔德，是否愿意以 2900 英镑的价格把房子卖给他们的客户。王尔德回答，如果下星期一上午（10 月 1 日上午 11 点）收到正式发函，他就接受这一方案。然而到了星期一，王尔德没有收到报价，于是他同意以 2800 英镑的价格把房子卖给奎恩。

这本应是件令人高兴的事，或者至少是办成了一桩事情，但交易被叫停了。房子的另一名潜在买家沃森皮姆公司（布雷房产的承租人柯尼汉先生的代理方）坚称，巴特斯比作为王尔德指定的代理人，在星期一上午的最后期限之前代表王尔德接受了他们开出的 2900 英镑的报价。而且，即使王尔德本人对此一无所知，这笔交易也应该属于他们。为支持这一主张，巴特斯比正式提交了一份他们将房产“出售”给沃森皮姆公司的注册“备忘录”。由于双方都不肯让步，王尔德只得走法律程序，巴特斯比和沃森皮姆双方声称的协议暂时搁置。这是一笔缓慢、昂贵且没有把握的生意。[24]

这还不是他在经济方面遭受的唯一挫折。10 月，他回到牛津大学开始第四年学业时获知，学校将维持决定“停发他的半研究员奖学金，直至 1877 年秋季学期结束”。然而，情况还可能更糟。由于他返校时没有完成导师布置的作业，于是只得极力说服“当官的”不要再对他施加任何的“进一步惩罚”。[25]商人们开始催缴一笔笔欠账。他两度被副校长法庭传唤，被要求结清账目（与他的裁缝约瑟夫・缪尔，以及“珠宝商”G. H. 奥蒙德，他从后者手里购买了共济会会员徽章）——并支付相关费用。[26]

抛开这些烦恼，王尔德还是很高兴回到牛津，回到他漂亮的房间里。那里适合接待沃尔特·佩特；王尔德立即跟进佩特119的信，拜访了《文艺复兴》的作者，并邀请他回访。然而，这个机会差点就被博德利破坏了。博德利碰巧上门，发现王尔德正在小心翼翼地摆桌子，便说他打算留下来。王尔德立即反对道："不，不成！绝不能有你这样俗气的人。沃尔特·佩特要来跟我共进午餐。"[27]

之后他们又见了几次面。他们参加茶会，一起散步，共进午餐，交换书籍和照片。佩特借给王尔德一本福楼拜的《三故事》，里面对希罗底和莎乐美进行了美轮美奂的描述。[28]艺术是他们的共同立场。博德利偶尔看到他们在一起，发现"很难理解两人之间微妙的语汇"。[29]然而他始终认为，佩特对"清白"而"易受人影响的"王尔德产生了腐化作用，并且理所当然地委婉提出，他的陪伴是令人倒胃口的同性恋。林肯学院院长马克·帕蒂森在1878年5月5日写下的日记中透露了当时的一些端倪："去佩特家里喝茶，奥斯卡·布朗宁变得比任何时候都更像苏格拉底。他在一个角落里跟四个长得像女人一样的年轻人交谈着，共有五个那样的人正在相互搔首弄姿地逗着玩，我和佩特家的几位小姐坐在另一个角落里看着——不久，佩特出现了，身边陪伴着两个同样女里女气的青年，而刚才有人说他在'楼上'。"虽然考试前夕王尔德不太可能出现在那个场合，但正是大约在那段时间，他通过佩特认识了苏格拉底式的剑桥大学教授奥斯卡·布朗宁。[30]

佩特虽然生性内向，却向王尔德提出挑战，并激励了他。他们第一次见面时，他问："你为什么总是写诗？干吗不写点散文呢？散文的难度要大得多。"为此，王尔德颇费了些工夫去理解并回应这个想法。[31]在这一点上，佩特的想法和他的许多其他观点一样。《文艺复兴》中大胆的论点为未来开辟了有待探索的前景。与此同时，王尔德渐渐发现他的新导师是“那种沉默而招人喜欢的大哥”。他说，佩特的沉默鼓励他开口说话：“他是一个令人钦佩的听众，我和他谈了好几个小时。我从他那里学会了说话的技巧，因为每当我说出些不寻常的话语时，就可以从他的脸上看出来。他不会赞美我，但会令人惊讶地让我活跃起来，迫使我做得前所未有地好——这是一种强烈的生机勃勃的影响，是希腊艺术在鼎盛时期的那种影响。”[32]

然而，对他施加影响的并非只有佩特一人。除了和佩特散步聊天之外，他也同罗斯金一起散步聊天。[33] 1877 年秋季学期，这位史莱德教授回到牛津，以他的著作《当代画家》为名举办了一系列讲座。讲座令人难忘——每次“与其说是一场讲座，不如说它是一场谈话”，内容涉及许多题外话和其他话题；他也许“对特纳的一幅作品进行一番情意绵绵的阐述”，或者“描述一些他自己的精致的建筑绘画”，抑或长篇大论地抨击“摩登时代”，接着“戛然而止，转而呼吁他的听众尽早抓住机会坠入爱河”。[34]王尔德在拥挤的大厅里显得与众不同，他总是倚着大厅一侧的门，“相当惹眼”——据一位同学说——“因为他的着装不同寻常。更出挑的是他那出色的脑袋。”[35]

120

他喜欢罗斯金为现场带来的“激情之火和音乐的奇迹”。他欣赏罗斯金有关恐怖的现代工业时代的种种观点，并对其做了进一步发挥。一天晚上，王尔德在讲堂引导同伴们设想“所有的工厂烟囱和粗俗的作坊都被聚集在某个偏僻的小岛上”，这样就可以把曼彻斯特还给牧羊人，将利兹归还给牧场主，“英格兰又变得美丽起来”。[36]

美，是罗斯金（和佩特）话语中伟大的主题，它在王尔德的思想中占据了相当重要的位置。他不断地寻求理解它的范围和阐明它的力量。他的摘录本中有一页——从柏拉图、斯温伯恩的《随笔与研究》，以及支持斯温伯恩观点的诸多法国作家那里搜集得来——这样写道：

> 只有美才是真实的。
>
> 美可以是奇怪的、古怪的、可怕的，她可以和痛苦、欢乐一同嬉戏，她可以驾驭恐惧，直到把它变成一种快乐。
>
> 艺术是唯一的，虽然艺术的作用千姿百态——美也可以体现在无数种不同的形式中，但对美的崇拜是简单而绝对的。
>
> 它是生命的皇冠和奖赏——永不凋谢的花朵，永不令人失望的快乐——也是早期教育的目标。
>
> 从小就把柏拉图挂在嘴上的孩子发现美的事物能带来一种快乐……换一个地方，他会说，音乐的终点是对美的热爱……这才是最高尚的教育计划。
>
> 美是完美的
>
> 美是万能的
>
> 美是世界上唯一不会刺激欲望的事物。[37]

121 为了表达自己对美的狂热崇拜，王尔德打扮得越发花哨华丽。他逐渐形成了明显与众不同的个人形象。他房间里的装饰变得更加考究惹眼。屋子里原本就摆满五花八门的“零碎物件”，现在又添加了沃德从君士坦丁堡带回来的“希腊地毯”，以及他自己从伯罗奔尼撒带回来的纪念品“塔纳格拉小雕像”。[38]他似乎到梅里恩广场搜罗了圭多·雷尼的一幅印刷作品、教宗的大理石头像，以及一些精选的“小瓷器”。[39]他甚至还打算给天花板镀金。虽然有财务上的烦恼，奢侈仍是他的首选。他集合新美学风格的关键性标志，订购了几幅伯恩-琼斯画作的复制品，其中有三幅在格罗夫纳画廊展览上大出风头的作品。他还收藏“蓝白瓷器”——尽管他的热情远远超过了鉴赏力。他承认，在购买某件瓷器时，被人狠狠地“骗了一把”。[40]

他房间里的定期聚会呈现出越加丰富的审美情趣：举行较多的是志趣相投的爱好者集会，而不是舒适惬意的大学生聚会。王尔德周围聚集起一个被他称为“美学小圈子”的人群，那些大学同学和他一样对艺术、文学和家居装饰充满热情。[41]这个团体也接纳女性。他开始举办所谓的“美容派对”；教师的女儿们——在适当的陪同下——会受邀参加这类茶话会。玛格丽特·布拉德利（大学学院院长的女儿）认为，自己获得邀请主要是因为她与“年轻的雪莱画像”长相相似。玛丽安·维莱是牛津大学第一位中文教授的继女，她也是一名常客；她在一次聚会上遇见了她未来的丈夫，王尔德赠给她一幅伯恩-琼斯画作的复制品。王尔德作为主人，在这些场合占据主导地位。梅·哈珀（耶稣学院新任院长的女儿）注意到，人们“开始拜倒在他的脚下”。[42]

尽管王尔德仍然“穿得像其他人一样”，但他还是设法让自己看起来“与众不同”。当然，他的身材、他的头发、有时还有一顶“宽边软帽”都起到了一定的作用。* 与此同时，他

* 王尔德有时遗憾自己的身材没能更好地展示身上的衣服。在一场名为“Commem”的舞会上，他和玛格丽特·布拉德利坐在一起看别人跳舞，他对她说：“我那么热爱美，可我的脊背却长成这副模样，对我来说是这难道不是件可悲的事情吗？”她没有接这个话茬儿，而是建议他去参加爱尔兰志愿军。

122 的举止也越来越自信。初次见面后不久，梅·哈帕在街上见到他，她的姑母说："瞧，这不是你那位古怪的朋友吗？"王尔德摘下帽子向他们致敬，并"深深地鞠了一躬"。梅评论说，他"走到哪里都会引人注目"。[43]王尔德作为一个出版过作品的诗人，声望越来越高，但他不满足于此，他坚持认为自己是个画家。他重新支起在圣三一学院用过的画架，上面很可能是同一幅未完成的风景画。他让人以为他曾在巴黎学习绘画，甚至声称——如果其他手段不管用时——要放弃文学"住到阁楼里，绘制漂亮的画作"。他解释说，有些艺术家"觉得自己的激情太过强烈，无法用简单的语言表达，他们发现深红色和金色是更适宜的语言模式，因为它们不是那么直白易懂"。[44]

他培养起对花卉的热爱，那是威廉·莫里斯的设计、伯恩-琼斯的画作，以及罗塞蒂的诗句所认可的另一个重要的美学标志。鲜花在他的生活和诗歌中占据了突出位置。他创作的诗歌中充满报春花、雪莲花、紫罗兰、番红花、玫瑰花、风信子、绣线菊、银莲花和"星星点点的水仙花"——尽管有时语言的韵律压倒了理智和观察。一位牛津的朋友称，他发现王尔德写诗的同时正在钻研一本植物学指南，他要挑选出"最好听的花名"，而根本不考虑它们何时何地开放。[45]

然而，他也在很大程度上真正地热爱着鲜花。他认为举办一次完美的晚宴的秘诀是"不要很多吃的，不要很亮，但要有很多鲜花"。[46]他生病闷在房间里时，对"小猫"哈丁说，唯一能带来安慰的就是鲜花。"你能帮我从新大楼外面那棵可爱的开着红花的树上偷一枝花吗？我心里很难受，因为生活中缺少一些新鲜和美丽。"[47]美丽的鲜花有治愈能力，这成为王尔德奢侈的美学观念之一。他在房间里摆满百合花。即便他没有像

“早期佛罗伦萨人”那样，一次花几个小时站在那里凝视一朵花，他也要让别人以为他确实这么做过。[48]他对水仙花（“最完美的花”）抱有一种特殊的崇拜，并且告诉梅·哈珀说，自己曾经“依赖水仙花活了两个星期”。他没有足够的勇气和盘托出自己的荒唐行为，于是便“狐疑地环顾四周”，想知道她对这句新台词有何反应。发现她在笑，他急忙补充说：“我的意思不是说我吃它们。”[49]

王尔德不断提炼和发展他的才智，但他身上仍然留存着大学本科生无聊而天真的想法。他写给沃德的信里有这样的一段话：

> 当然，我和贾普现在连泛泛之交都谈不上，但我曾经狠狠地让他出了次丑；那个怪物满脸放光地踏进餐厅，窃笑着说：“我很高兴他们把 15 英镑的奖学金给了琼斯。”……于是我故意说，“那个老醉鬼（爱德华·乔姆利·琼斯，一名莫德林音乐学者）竟然拿到了奖学金！确实是昏头了。”他病得不轻，于是说：“不对，我说的是万斯伯勒·琼斯（另一名获得半研究员奖学金的同学）。”我听了回答他：“我从没听说过这里有这么个人。”这件事搞得贾普在他那脏兮兮的床上待了一天，两天没去大厅里吃饭。[50]

但现在，与这种笨拙的玩笑相匹配的是更加巧妙的奇思怪想。

从王尔德在牛津时期的笔记可以看出，他当时正在尝试使用警句套路，浓缩他的知识，让他的思想能够被人记住：“形而上学的危险之处在于，人们往往以讹传讹地把名字转变为神祇”；“历史上，我们寻求的并非革命，而是进化”；“积累事实最容易，运用事实最困难”。[51]他开始在谈话中玩弄悖论，把“平平常常的讲话搅得天翻地覆”。玛格丽特·布拉德利记得他曾对一个倒霉蛋说：“我记得你的名字，但我忘记了你的相貌。”[52]

谈及美学狂热时，他逐渐形成了一种“奢侈”的表达方式（他用这个词称呼），使他的话语充满浪漫色彩。[53]但是，对于王尔德来说，乐趣从未远离：铺张的话语总是敌不过幽默，浪漫的想象在荒谬戏谑和微妙的讽刺面前落荒而逃。这成为王尔德独特的话语模式。如果他拿自己开玩笑，那并非因为他不相信自己的远见卓识，而只是想让别人喜欢并记住他的话。一次星期日晚间的聚会上，他对参加聚会的人说：“我发现要想配得上我的蓝瓷器是一天比一天更难了。”[54]这句话机智地提炼了罗斯金的观点，认为艺术和美具有道德力量，可谓击中要害。这句话很快就在大学里传开了，将王尔德的恶名提升到一个新的高度，并在不同程度上引发了欢声笑语、欣赏称赞和愤慨。[55]牛津大学的教堂甚至发表了一篇布道以示反对，它的开头写道（王尔德声称）：“当一个年轻人也许不是以优雅的逗乐口气，而是以清醒的认真态度说，他认为要想配得上他的蓝瓷器是件难事，此时，一种异教崇拜已经蔓延到了这片与世隔绝的阴影中，我们有义不容辞的责任与之作战，如果可能的话，还要将其扑灭。”[56]

124　与王尔德同时代的一些牛津人对他的姿态感到恼火，但大多数情况下，他的好脾气和才智为他赢得了认可，甚至是钦佩。* 他的房间从来没被大学同学们“祸害”过。[57]事实上，

* 他为数不多的死敌之一是爱尔兰出生的年轻作家罗达·布劳顿（Rhoda Broughton），她于1878年搬到牛津。如玛格丽特·布拉德利所述，她“讨厌他”。面对她的敏捷才思和尖酸刻薄，仁厚的王尔德根本不是对手。

1878 年春天，他受邀参加了莫德林划船俱乐部的晚宴，并在席间举杯祝酒。[58]

然而，他的导师们对此并不以为然：王尔德从乡下回来后，他的作业就少之又少。他们确信他即将迎来第三次处罚。王尔德没有向他们做出解释，而是展开了一场密集的——但偷偷摸摸的——阅读和复习。他在教科书的空白处写满评语。他编了详细的笔记。假期里，他和朋友米尔纳熬夜读书。[59]

他并没有排除一切干扰。划船比赛在学期的最后一天（4 月 13 日）举行。王尔德前往伦敦。第二天是圣枝主日①，他去了——如他间或所为——布朗普顿圣堂（Brompton Oratory）。尽管亨特-布莱尔可能已经对王尔德的精神漫游失去了兴趣，但这种漫游仍在继续。王尔德在牛津的社交成就似乎引发了一种反应，一种突发的、做作的、不真实的存在感。他寻求和布朗普顿圣堂的塞巴斯蒂安·鲍登神父进行一次面谈（他是一名老伊顿公学学生，当过兵，以在富人圈子里劝人改宗而闻名）。王尔德对他说："我是一名幻想家和怀疑论者，不相信任何事情，生活没有目标。"他还讲述了自己在经济上的挫折——他被排除在亨利·威尔逊的遗嘱之外，以及出售布雷房产遭遇的法律僵局。鲍登神父敦促他回答"良心的刺痛"并改变信仰，接受"失去财富"是上帝在证明"俗世的空虚"。第二天，他写了一封信重申这些话，敦促王尔德迈出决定性的一步：

> 带着喜悦的心情尽快做出选择吧，困难将会消失，随着你的皈依，你将开启真正的幸福。作为一个天主教徒，

---

① 即复活节前的星期日。——译者注

> 你会发现自己变成了一个新人，既符合自然法则，也遵循神的恩典。我的意思是，你将会抛开一切做作的、不真实的事物，因为它们配不上你内心的那个更好的自我，过一种充满最深刻的兴趣的生活。像一个觉得自己有灵魂需要拯救，但拯救的时间转瞬即逝。因此我相信，星期四你还会来这里进行另一次谈话；请放心，我不会敦促你做任何事情，你只需顺从自己的良心。在此期间，请多祈祷，少说话。[60]

125

星期四到了。王尔德没有回到圣堂。他送去一盒百合花代替自己——百合花是纯洁和圣母玛利亚的象征，也是唯美主义运动的花卉象征。[61]他在最后的紧急关头做出决定：自己不愿意改宗。博德利毫不客气地指出，这是因为王尔德觉得自己改宗这件事还不够惊天动地。他并不是某个古老的新教家族的希望，不需要背叛贵族祖先的悠久传统，他只是都柏林一名医生的儿子。改宗之后，他只是“又一个爱尔兰天主教徒”而已。[62]然而，对亨特-布莱尔来说，这件事情要更为蹊跷。他仍然相信王尔德是真的被天主教吸引，无法理解他怎么能明明看见了正确的答案却不去选择它。[63]

王尔德当然被天主教所吸引——从美学上，从精神上，从情感上——可是，吸引他的事物太多了。优柔寡断令他的学生时代充满刺激，为他的诗歌提供了丰富的题材，但它们只能维持这么久。虽然鲍登神父可能把改宗视为一个新的开始，王尔德却只把它看作一个结果——而且不是他想要的结局。他正在逐步走向生活，充满了希望和憧憬。他心中的“两位大神”是“金钱和雄心”。他可能会写信给沃德，说他渴望“真挚而纯粹”的生活，但这很难让人相信。[64]他的行为表明，他自己并不真正相信这一点。他认识到，对他来说，正式接受任何排他性的教义（如他后来所说）必定是一种“错误”，会抑制他的智性发展，是用“生命理论”代替“生命本身”。[65]他想要丰富教义，而不是从中做选择。从此以后，当别人问起他的宗教信仰时，他总是回答：“我觉得我没有任何信仰。我是一个爱尔兰新教徒。”[66]

在决定不“投奔罗马”之后，王尔德到伯恩茅斯享受了几天新鲜空气，获取灵感并放松休息。

回到牛津后，他精神焕发，参加了赫伯特·莫雷尔夫妇在黑丁顿山礼堂举办的化装舞会。王尔德穿着紧身上衣和马裤长袜，光芒四射，被称为“鲁珀特王子”，在大约 300 名宾客中脱颖而出。他和梅·哈珀跳舞，告诉她“那天晚上他非常开心，因为他的鞋上有扣子”。他还向她透露，“深色头发”是“他一生的悲哀”。[67]然而，对于没有金发（或者，也许是红头发）的失望并没有破坏那个夜晚。王尔德总是回忆起那个特别的胜利之夜——是一个“令人满意的证据”，证明他获得了“特殊的地位”。[68]“我扮成鲁珀特王子，按照他的方式讲话，但实际上更成功，因为我把所有的敌人都变成了朋友。我度过了最美妙的夜晚。”他回忆说，每个人都围着他，让他说话。他几乎没跳舞。[69]为了凝固并延长这一时刻，他不但穿着这身装束给自己拍了照，还买下这套衣服，这样他就可以在自己的房间里穿了。[70]

126

王尔德的兴致一直持续到月底，甚至没有因为被迫参加必修的“信仰和宗教基础”补考而受到影响。登记考试后，当监考官问他打算选择“国教徒考试还是非国教徒考试”时，他的回答让对方大吃一惊："哦，我选的是《四十九条信纲》。""王尔德先生，你的意思是，《三十九条信纲》?"考官纠正道。"哦，"王尔德做出一副萎靡不振的样子道，"真的吗?"考试那天，他迟到了，因为他的名字是以"W"开头的，所以他确信在开头的那一段时间内不会叫到他。当其中一位主考官斯普纳博士谴责他时，他轻描淡写地回答道："您得原谅我；我没有参加及格考试的习惯。"作为惩罚，他被要求抄写希腊文版圣经《使徒行传》中冗长的第二十七章，描述圣保罗横跨地中海到罗马的航程。过了一会儿，有人告诉他可以停笔了，可他没理会，约莫半个小时后，他还在继续抄写。斯普纳说："你听到我说的话了吗？王尔德先生，你不必再抄写下去了。"他回答，"哦，是的。我听到了。但是我对我抄写的内容很感兴趣，简直没法停笔。它讲述的是一个名叫保罗的人，他出门旅行，遇上了可怕的暴风雨，我担心他会被淹死，可是您知道吗，斯普纳先生，他得救了，我一得知他获救的消息，就想着要告诉您。"毫无疑问，他又一次考砸了。[71]

第二天，1878 年 6 月 1 日，王尔德开始"古典文学"笔试。尽管他不相信会考得很好——但还是和以往一样——设法摆出一副高高在上、信心十足的样子，"才过一个小时，便大踏步地走到监考桌前要求拿空白纸；接着又提前半小时交卷"，使得其他考生非常紧张。许多人都接受了王尔德所谓的自己几乎没怎么看书复习的说法，并且越发普遍地认为他一定是个"天才"。[72]

王尔德考试结束一周后，这种看法得到了进一步的证实。6 月 10 日，他的诗获得纽迪盖特奖。这是一个美妙的胜利时刻。

127 他的母亲欣喜若狂：

> 哦，荣耀啊荣耀！万分感谢你发来的电报。这是今年以来我遇到的第一桩开心事——我是多么渴望能读到这首诗——噢，我们家终于出了天才。这太了不起了。这是律师抢不走的东西。哦，我希望你心里也感到开心——你已经获得了荣耀和认可——在年仅22岁（奥斯卡其实已经将近24岁）的时候，这可是一件重大的事情。我为你感到骄傲——我高兴得简直无法形容——它能确保你将来获得成功。你如今可以相信自己的才智了，了解它能实现什么——我真想看到现在你脸上的笑容。永远，永远为你开心和骄傲。
>
> 爱你的妈妈[73]

威利在“都柏林所有的报馆”之间奔走，好让他们知晓这位同乡取得的成就。各种报道纷纷现身，并被地方报纸转载。[74]贺信纷至沓来。[75]奥古斯都·M. 摩尔（乔治·摩尔的兄弟）甚至写了一首颂歌《致〈拉文纳〉的作者奥斯卡·王尔德》发表在《爱尔兰月刊》上。[76]虽然亨特-布莱尔认为王尔德所谓的骑马抵达拉文纳（而不是乘火车）很可笑，而且反感他抛弃教宗转而追捧国王维克托·伊曼纽尔的做法，但这首作品获得了广泛的赞许；《爱尔兰月刊》的评论员认为王尔德对拜伦的道德声誉评价太过慷慨。[77]

王尔德希望麦克米伦公司能出版这首诗，但乔治遗憾地表示它不适合。王尔德不得不退而求其次，寻求传统的权宜之计，让布罗德街的书商施林普顿印刷成册。按照惯例，牛津大学的诗歌教授——当时是约翰·坎贝尔·沙伊尔普——在诗歌发表之前通读全文，提出了修改意见。王尔德彬彬有礼地听取他的建议，甚至还做了笔记，但随后还是将诗原封不动地印了出来。这本书可能只是一本装订的小册子，但第一次看到自己的名字出现在标题页上，他还是兴奋不已。在施林普顿印刷的“几百本”小册子中，王尔德自己买下了“不少于175本”。[78]

他把这本书献给了朱莉娅·康斯坦丝·弗莱彻——或者用他的话说，献给“《尼罗河小说》和《海市蜃楼》的作者，我的朋友乔治·弗莱明”。弗莱彻小姐和她的继父从意大利出发，当她到达牛津时，王尔德就能拿着一本印有自己名字的书（或者至少是一本小册子）以作家的身份同她见面。他在房间里为她举办晚宴，并介绍了她的文学英雄佩特。[79]

在6月的“期末考试”中，王尔德不仅得到“特别嘉奖”；而且还收到一尊名为“青年奥古斯都”的大理石胸像。它是莫德林学院前毕业生的遗赠，专门留给下一位获得纽迪盖特奖的莫德林本科生。王尔德和几个朋友在莫德林修道院和胸像一起合影留念。威利是这个小团体的一员。他是来参加“庆祝”周的。兄弟俩一起参加了大学学院舞会和共济会会员舞会（6月24日和25日）。奥斯卡凭借纽迪盖特奖，妥妥地成为牛津的名人。其间，甚至还可能出版过他的一幅肖像画。[80]他理所当然地在后脑勺上戴了一顶“高大的白色帽子”，让自己显得非常“惹眼”。[81]共济会舞会的第二天，他在谢尔登剧院朗诵《拉文纳》作为牛津校庆活动的一部分内容。

一年一度的颁奖典礼通常都是闹哄哄的，经常被本科生观众各种打断。许多获奖者都害怕出现在这样的场合，但王尔德不怕。观众们听完冗长乏味的获奖论文——《论种族衰落的症状》之后，他获得了“专注的聆听”（《牛津暨剑桥本科学刊》报道）。人们已经对他抱有“极大的好奇心”，而他的朗读更使之有增无减。他把台词说得“相当好”。这首诗不但没有被打断，反而“不时得到掌声”，他在大家热烈的鼓掌声中落座。后来，人们“纷纷围拢来称赞”他，那些“非常杰出”的人（其中包括马哈菲）则对他“大加赞赏”。对于一个喜欢听“干得好!”的年轻人来说，这个下午非同小可。[82]

因出售布雷房产而提起的法律诉讼让人备受压力和烦恼，诗歌获奖无疑在此期间给他带来了可喜的安慰。1878 年 7 月 8 日、11 日和 12 日，王尔德诉沃森皮姆公司案在都柏林副大法官法庭进行为期三天的审理。王尔德之前已经在一份宣誓书中提交证据，没有亲自到场；事实上，他似乎是到伦敦散心去了。[83]三名律师代表他出庭，其中两名是王室法律顾问。他担心，判决结果胜负难分。因此便以他特有的夸张口吻对沃德说，他“完了”，“这个世界”对他来说“无法承受”。[84]事实上，7 月 17 日副大法官做出了对王尔德有利的判决，允许他将房产出售给奎恩先生。他还判定王尔德获得赔偿。这笔资金相当多。不过，还不确定他何时——或者是否——能够拿到这笔钱。[85]

除去这些现实的问题，王尔德接到通知回牛津大学参加口试。他对笔试成绩的担心证明是毫无根据的。他的论文再一次成为当年最佳。[86]主考人非但没有测试他，反而向他表示祝贺。他已经稳拿第一。[87]

如果说纽迪盖特奖向世人宣布他是一位诗人，那么“双重一级荣誉”（Double First）无可辩驳地证实了他的才华和智慧。虽然王尔德自己可能会贬低他的大多数同僚为“迟钝呆滞、三段论式的苏格兰人”，但他有充分的理由为自己的成就感到骄傲。[88]这让他在任何受过教育的英国人群体中处于一种特殊的、受认可的地位。这为他——至少在他自己的头脑里——所有夸张的姿态和精心策划的荒唐行为提供了根据。这还为他提供了一道屏障，使他不会轻易受到批评：无论他沉湎于何种愚蠢的行为之中，批评人士也很难将其斥为傻瓜。

别有乐趣的是，他获奖的事情引发了一片惊诧。他告诉沃德，莫德林的导师们“吃惊得说不出话来——坏小子最终取得了这么好的成绩……我跟所有人的关系都处于最佳状态，包括（糙汉）艾伦！我想，对于之前他对我的所作所为，他很后悔”[89]。学院要求王尔德再待几天，参加7月22日的校友年度庆典，新近加入这一行列的赫伯特·沃伦发表了演讲，说了些“溢美之词”。[90]王尔德在古典文学上取得的成功并不代表他的大学生涯就此结束。他的莫德林半研究员奖学金为期五年，他还得通过神学考试才能拿到学位。而且他也没有完全放弃寻求奖学金的念头。下个学期他还要返校。

然而，夏天是用来享受的。他和弗兰克·迈尔斯一起从牛津划着“桦树皮独木舟”到庞伯恩，“穿过激流，处处都有惊人之举”。[91]之后他回到了都柏林。不列颠科学协会正在城里召开年会，威利继承父亲的衣钵，积极参与各项安排。奥斯卡发现自己也被吸引住了。他帮忙陪同一群人——其中有“大量女士”——去霍斯一日游。威利当时已经开始在《世界》周刊上发表文章，他为当天下午安排的一个活动高潮是，由“今年的纽迪盖特奖获得者”在古代环形石阵前“发表开场演讲”，其间他指出，和奥斯卡同名的传奇人物——奥西恩的儿子，就葬在此地。获奖诗人描述了为什么“古代爱尔兰人认为，吟游诗人可以通过诗歌一般的咒骂，给他讽刺的对象带来暂时的不幸”。至少在爱尔兰，人们认为诗人真的拥有威力。[92]然而，并不是每个人都对这位自信的年轻获奖者印象颇佳。当时正在牛

130

津的奥索·劳埃德在不列颠科学协会的一次招待会上，惊讶地撞见奥斯卡正阴沉着脸打量 T. H. 赫胥黎漂亮而颇具艺术气质的女儿，“我们当时都在散步，还有些流言蜚语”；赫胥黎博士来了，“一句抱歉的话没说，拉起女儿就走”。[93]

年会结束后，奥斯卡和威利去伊劳恩罗。他们在西部一直逗留到 10 月，参加了阿瑟·爱德华·吉尼斯夫妇在整修一新的阿什福德城堡举办的家庭聚会。无论是谈智慧、论思想、作诗歌，还是打草地网球，奥斯卡似乎始终是个中心人物，至少从威利写给《世界》周刊的一段话中判断是如此：

> 在遥远的西部能见到各种各样迷人的新兴团体。我特别要祝贺奥利弗·吉尼斯夫人在阿什福德新居举行的第一次盛大宴会。有关游园会和舞会的精彩叙述不绝于耳，附近郡县的人们纷纷随着斯拉波夫斯基的音乐起舞；有了湖泊、群山、蒸汽艇、优秀的同伴，以及一位真正的诗人（更不用说草地网球了），西部的新教徒们理所当然乐享其中。[94]

除了运动和社交，这个夏天还给奥斯卡和威利提供了一个制订计划的契机。他们决定，自己的未来——还有他们母亲的未来——应该在英国。奥斯卡在牛津的岁月，以及他在伦敦不断扩大的关系网，已经使他的兴趣和抱负的焦点离开了爱尔兰。他渴望有一个比都柏林更大的舞台和更广阔的场景。威利虽然仍旧野心勃勃想成为议员（而且受到鼓动并相信，他的名字和人脉关系也许会有助于搞到一个爱尔兰席位），但他也感受到了同样的吸引力。他渐渐对从事法律工作不再抱有幻想。他明白，你需要有一个“当律师的亲戚来帮你”——光有“辉煌的成绩”是不够的。[95]从他有限的经验来看，新闻行业似乎更容易入门，而且更能立竿见影地获得回报。报纸和期刊数量激增，读者群体不断扩大。这个世界的中心是伦敦。有一种见解令威利深受鼓舞，即许多出版物已经“厌倦了老头子”，正在寻找“年轻人”。[96]他已经获得《世界》杂志编辑埃德蒙·耶茨的认可，并引起了《雅典娜神殿》杂志编辑的注意，后者对威利在不列颠科学协会的表现印象深刻。议员戴维·普伦基特（奥斯卡在圣斯蒂芬俱乐部的赞助人）对此表示支持，另一位熟人表示，“他要是在伦敦从事媒体工作，一年就能轻松赚到 1200 英镑”。[97]

对王尔德夫人而言，她觉得都柏林没有什么能够挽留住她。[98]她已经与儿子们结成联盟，相信她的未来就在他们所选择的地方。尽管她遭受过重重打击，但精神依然没有消沉。奥斯卡的确从她那永不衰竭的乐观精神中汲取了力量。[99]首先，他们要出售梅里恩广场及其内部的陈设。尽管奥斯卡之前和布雷房产打交道的经历表明，这件事也许要拖很长时间，但它还是被提上了日程。[100]

奥斯卡返回牛津途中经过都柏林时，得知弗洛伦丝·巴尔科姆订婚了，这更加深了他对都柏林生活的疏离感。她的未婚夫是威利在圣三一学院的老朋友布莱姆·斯托克，是都柏林的公务员和兼职戏剧评论家。奥斯卡就算曾经求过婚，也算不上是个热烈的求婚者。尽管这个夏天他大部分时间都在爱尔兰，但他并不在都柏林，也没和弗洛伦丝在一起。然而即便如此，他还是让自己享受了一次略微心碎的感觉。他表现出克制的样子写信祝她快乐，询问她是否可以归还自己送给她的那个刻有他名字的小十字架，以“纪念过去两年的甜蜜时光——我年轻时代最甜蜜的时光”。因为即将离开爱尔兰，因此他想象，他们可能再也见不到面了——他并不知道弗洛伦丝也正打算移居伦敦，斯托克已经接受亨利·欧文的建议，同意担任兰心剧院经理。[101]

被人抛弃并且失恋的诗人是一个有用的角色。王尔德前不久刚刚放下摇摆不定的天主教皈依者角色，这次心碎的经历便为他提供了新的诗意声音，以及新的诗歌主题。接下来的几个月里，他似乎在一连串的诗歌中探寻出——或者，也许是逐渐生成了——他的情感，为爱情的短暂无常而懊悔，品味悔恨的痛苦和回忆的快乐：

那当然是一件美事，做一个
最受爱戴的人，哪怕只是一时间，
手牵手与爱神并肩走，看着
他紫色的翅膀掠过你的笑颜。

啊！纵然那惹人憎恶的欲望之蛇
以吞噬我这少年心为生，我毕竟
冲破篱藩，面对面与美神站在一起，
认识了那移动太阳和星辰的爱神！[102]

132

回到牛津，王尔德不得不放弃他在大学里漂亮的房间，在高街（71 号，一家药店楼上）找了个住处。他开始为奖学金而读书。这是最近的一项创新，由一个当时设在大学里的政府委员会设立。奖学金每年约 200 英镑，有效期 7 年，必须通过公开考试竞争获得。然而，各个学院正在进行调整以适应新系统，能够获得奖学金的学生凤毛麟角。据一位与王尔德同时代的人回忆，这导致“大量且越来越多的一流人才只能苦苦等待，去竞争他们所能得到的任何东西”。[103]第二年，只有三一学院和默顿学院宣布将提供古典文学方面的奖学金。竞争变得十分激烈。

为了赋予他接下来的研究一个特定的重点，王尔德还决定参与校长论文奖。该奖项 1879 年的主题是“历史批判的兴起”。从他的笔记来看——实际上还有一份手稿草稿——他很用功，描绘出古典史学从希罗多德到波利比乌斯的发展。也许他认为这是一条更容易吸引考官的思路（抑或仅仅为了挑战自己的知识水平），他一改以往将诗意凌驾于科学之上的偏好，将“历史批判法”的发展描绘成一种进步，即从希腊神话的“致命遗产”——它将自然的理性秩序隐藏在奇迹的混乱之中——发展至后古典时期更加科学、基于事实的方法。[104]

王尔德还扮演了一回认真谨慎的英国国教徒考生。1878 年 11 月 22 日，他重新参加“信仰与宗教基础”考试，并获得通过。结果，接下来的一周，他取得了学位。[105]期末聚会上，莫德林学院不仅同意免除 1877 年对他的罚款，而且还授予他一份价值 10 镑[106]的可自由支配的大学奖金。这张支票可能是王尔德学生时代的最后一笔金钱奖励，但牛津大学会一直以其他无形的方式充实着他的生活。

注　释

1. *CL*，48.
2. *CL*，48；马哈菲关于《原始文明及其物质条件》的演讲发表于 1869 年。现有资料没有记录王尔德何时，抑或曾经发表过演讲；他的两部未出版的手稿《希腊主义》（Hellenism）和《荷马的女人》（Women of Homer），或许是这些讲座的草稿。See Thomas Wright, 'Oscar Wilde: Hellenism', *Wildean*, 41（2012）, 2-50.

3. Mason, 75-6.
4. *Irish Times*, 25 May 1877; Thomas Wright and Paul Kinsella, 'Oscar Wilde, A Parnellite Home Ruler and Gladstonian Liberal: Wilde's career at the Eighty Club（1887-1895）', https://oscholars-oscholars.com/.
5. *CL*, 36.
6. *CL*, 46.
7. *CL*, 48.
8. Lord Houghton to OW, 20 May 1877（Austin）; W. M. Rossetti to OW, 3 August 1877（Austin），奥斯卡·王尔德的信中认为，相比济慈，雪莱更应拥有一座雕像。
9. OW to Keningale Cook, *CL*, 51.
10. OW, 'The Grosvenor Gallery', *Dublin University Magazine*, July 1877; OET VI, 1-11.
11. *CL*, 58.
12. Walter Pater to OW, 14 July [1877]（Austin）.
13. *CL*, 58-9.
14. Florence Balcombe to OW, 'Thursday' [June 1877]（Clark）.
15. D. Hunter-Blair to OW, 1 June 1877（Clark）.
16. 他于6月12日星期二午夜去世，因此他的死亡时间被登记为6月13日。《自由人报》上写的是1877年6月15日。他的地址被误写为“梅里恩广场2号”。
17. *CL*, 54.
18. *CL*, 54；他及时和一名律师商量，付给威利10英镑，劝说他放弃了伊劳恩罗房屋那份继承权。3 August 1877: 'Draft Assignment & Release' from J. A. Rynd, a Dublin solicitor（Clark）.
19. JFW to OW [1879], in Tipper, *Oscar*, 54.
20. Mason, 67, quoting a letter from editor of the *Dublin University Magazine* to OW, 21 July 1877, “我很高兴看到你已经写完了关于希腊的文章”，但他也建议王尔德可以试试投给“《弗雷泽杂志》（*Fraser's Magazine*）

的阿林厄姆（Allingham）”。

21. CL，60；Mason，243-5；*Freeman's Journal*，15 February 1879.
22. 这首诗的开头有 35 行，从“一年前我尽情啜饮意大利的空气”直至“我终于站在拉文纳的围墙里面”。在已出版的版本中，这首诗的开头有一行日期——“拉文纳，1877 年 3 月”。牛津大学，1878 年 3 月——但不清楚它是否出现在提交给评审的手稿中。在《牛津英国文学系列》第一卷中，Bobby Fong 和卡尔·贝克森列出了诗中超过 25 处从已创作的诗歌中借用的地方，其中既有已出版的，也有未出版的（247-51）；Hunter-Blair，137，re. King and Pope.
23. Holland，*Wilde Album*，44-5；Peter Vernier，‘A “Mental Photograph” of Oscar Wilde’，*Wildean*，13（1998），29-51.
24. 交易的细节记录在 1878 年 7 月 8 日、7 月 9 日、7 月 12 日、7 月 13 日、7 月 18 日《自由人报》“王尔德诉沃森”案的报道中，买卖交易备忘录的注册日期是 10 月 4 日。奎恩夫妇与王尔德家的交情在简·弗朗西斯卡·王尔德写给奥斯卡·王尔德的信中可得到证实，in Tipper，*Oscar*，49；该书第 52 页写道，奎恩希望奥斯卡·王尔德能获得他提供的资金。
25. President's notebook，15 October 1877（Magdalen）.
26. *CL*，62.
27. Shane Leslie，*Memoir of John Edward Courtenay Bodley*（1930），17-18.
28. Walter Pater to OW（six letters 1877-8）（Clark）；also The Oscar Wilde collection of John B. Stetson，cat. item 392：沃尔特·佩特写给王尔德的信：“我期待着周三 6 点至 6 点半在布雷齐诺斯学院我的房间里和你共进晚餐。”等等。
29. Leslie，*Memoir of John Edward Courtenay Bodley*，17.
30. H. E. Wortham，*Oscar Browning*（1927），186.
31. ‘Mr Pater's Last Volume’，OET VII，243.
32. Harris，28.
33. *CL*，349.
34. G. T. Atkinson，‘Oscar Wilde at Oxford’，in Mikhail，19（where he misdates the lectures to 1874）；‘Housman on Ruskin，Oxford 1877’，www. victorianweb. org.

35. H. W. Nevinson, *Changes & Chances* (1923), 55. 内文森 1875 年 5 月在基督教徒学院注册入学。
36. *CL*, 349; Atkinson, in Mikhail, 18.
37. Smith & Helfand, 145, 196-7. "只有美才是真实的 (Rien n'est vrai que le beau)" 摘自阿尔弗莱德·德·缪塞 (Alfred de Musset) 的诗《Après une lecture》, 这句话摘录自尼古拉·布瓦洛 (Nicolas Boileau) 更早之前诗作中的一句 "rien n'est beau que le vrai", 并对其进行了倒装改写。
38. *CL*, 61; [Otho Lloyd], 'Stray Recollections', 155; Atkinson, in Mikhail, 16.
39. OW to JFW, in Tipper, *Oscar*, 48-9.
40. 欧内斯特·斯图尔特·罗伯茨夫人 (Mrs Ernest Stuart Roberts, 婚前名为梅·哈珀) 回忆, *Sherborne, Oxford and Cam-bridge* (1934), 66, 曾经在 1878 年的一次晚宴后和奥斯卡·王尔德有过谈话, 他讲述了自己收藏蓝白瓷器的经历。"他还告诉我, 他正在装修自己的房间, 不知道天花板该怎么办, 但正在考虑镀金。" 有关伯恩-琼斯画作的复制品, 见 Ellmann, 66, 560 n. 560; and *CL*, 68。
41. 'The Science of the Beautiful', *New York World*, 8 January 1882, in Hofer & Scharnhorst, 23; 这个小团体的成员中包括莱纳德·蒙蒂菲奥里 (Leonard Montefiore) 和哈罗德·博尔顿 (Harold Boulton)。
42. Woods, 'Oxford in the Seventies', 281; *CL*, 67-68; Roberts, *Sherborne, Oxford and Cambridge*, 68; 尽管学院院长很早之前就被允许结婚, 但直到 19 世纪 60 年代末和 70 年代初, 要求讲师独身的老规矩才刚刚开始放松, 在这个问题上每所学院都有自己的立场。这一趋势得到了《1877 年牛津和剑桥大学法案》的支持。
43. Roberts, *Sherborne, Oxford and Cambridge*, 68.
44. Sherard, *Life*, 137-8; 'Oscar Wilde', *Biograph and Review*, 134.
45. Cf. 'Ravenna', 'Magdalen Walks' (published in the *Irish Monthly*, April 1878) and 'The Burden of Itys'; Sir James Rennell Rodd, *Social and Diplomatic Memories* (1922), 22.
46. Lady Poore, *An Admiral's Wife in the Making* (1917), 58. 波尔夫人, 婚前名为艾达·玛格丽特·格雷夫斯 (Ida Margaret Graves) 和妹妹莉莉

（Lily）一起参加了 1878 聚会。莉莉认为奥斯卡·王尔德的观点“愚蠢而做作”，艾达渐渐发现事实上它们很合乎情理。

47. *CL*，65.

48. Hofer & Scharnhorst，27；Woods，‘Oxford in the Seventies’，282；Douglas Sladen，*Twenty Years of My Life*（1914），109. 以上叙述都并非一手资料。

49. Roberts，*Sherborne*，*Oxford and Cambridge*，60.

50. *CL*，41.

51. Smith & Helfand，141，154，159.

52. Woods，‘Oxford in the Seventies’，281.

53. Hofer & Scharnhorst，23.

54. G. T. Atkinson，in Mikhail，18.

55. A. T. D.，‘Familiarum Sermones，II：O'Flighty’，*Oxford and Cambridge Undergraduate's Journal*，27 February 1879，249，其中提到“欧弗莱蒂（即王尔德）的”“一句受人喜欢的名言”。

56. ‘The Theories of a Poet，’ *New York Tribune*，8 January 1882，7，in Hofer & Scharnhorst，20；奥斯卡·王尔德凭记忆引用了原话。Hunter-Blair，118，布道者是伯根教长（Dean Burgon）。根据《牛津大学历史名册（1900）》（*The Historical Register of the University of Oxford*），约翰·威廉·伯根（BD，Oriel）是从 1877 年秋季学期（即奥斯卡·王尔德在牛津的最后一年）开始的那个学年的“入选牧师”之一。这句“蓝瓷器”格言很可能是王尔德在 1878 年最后一个学年说的，那时候他的唯美主义正变得日益夸张。然而艾尔曼（Ellmann，44）依据奥斯卡·勃朗宁的主张认为，这句话是 1876 年说的，勃朗宁在一封 1912 年 10 月写给《凡人》（*Everyman*）期刊的信中说：“1876 年我去牛津见到从前的学生乔治·巴恩斯（George Barnes）和佩顿（W. R. Paton），巴恩斯告诉我，‘莫德林学院有个叫王尔德的人特别想认识你。他说，听说你受尽辱骂，所以他相信你一定是一个非常优秀的人。’他接着又加了一句，‘他就是那个自称配得上蓝瓷器的人。’由此可见，梅泽尔（M. Mazel）的故事比他想象的更古老。这场友谊就此开启，直至王尔德去世。”然而，我们有理由认为，勃朗宁（一个 75 岁的老人回忆 30 多年前发生的事情）给出的日期并不完全正确，应该往后推迟两年。尽管 1876 年春天勃朗宁曾造访过牛津大学 [H. E. Wortham, *Oscar Browning* (1927), 150]，但威廉·罗杰·佩顿和乔治·斯塔皮尔顿·巴恩斯当时都不在牛津；他们直到 1876 年 10 月才被牛津大学录取。虽然勃朗宁有可能在 1876 年底在牛津故地重游，且没有留下任何记录，但没有证据表明王尔德这么早就认识佩顿和/或巴恩斯。他们在不同的学院攻读不同的科目；他们来自不同的背景，而且佩顿和巴恩斯都不是共济会成员。此外，在奥斯卡·勃朗宁的侄子兼好友沃瑟姆（H. E. Wortham）撰写的传记中，记载了（186）一项既有的家庭共识，那就是勃朗宁第一次遇见王尔德是在牛津，当时他正和沃尔特·佩特住在一起。佩特的确成了佩顿和巴恩斯的朋友，也成了王尔德的朋友。但是佩特和王尔德的关系直到 1877 年才开始。更有可能的是，勃朗宁对王尔德的介绍，以及他获知“蓝瓷器”这句格言的日子应在 1877 年以后——甚至可以追溯到他 1878 年 5 月访问牛津时。[Lene Oster-mark-Johansen, ‘“Don't forget your promise to come here soon”: Seven Unpublished Letters from Walter Pater to Oscar Browning’, *The Pater Newsletter*, 59/60 (2011), 17-28.] 对于勃朗宁与奥斯卡·王尔德之间的友谊，最早的直接证据是 1879 年 5 月 29 日在奥斯汀的一封信，信的开头是“我亲爱的威尔德”(Wylde, 原文如此)，这暗示了一种新近建立的联系。而王尔德的回复也一样——以“亲爱的勃朗宁先生”开头（CL, *80*）。

57. W. Ward, in Mikhail, 13; Woods, ‘Oxford in the Seventies’, 281（有关奥斯卡·王尔德不受欢迎）; G. T. Atkinson, in Mikhail, 17, 其中提到他从未听说王尔德被人捉弄过。关于此事有三种说法，但每一种都很可疑。Sherard, *Life*, 138-9, 其中提到，王尔德遭到几个“年轻强健的庸人”袭击，他们“用吊窗绳捆住他，把他拖到山顶。‘好’，他被释放了之后，掸了掸衣服上的灰说……‘这座山上的风景真是太迷人了。’”如阿特金森讲述，“这听起来很奇怪”，这似乎是对博德利和他的朋友们将王尔德滚下布伦海姆河岸的情景的一种精心误读。Sladen, *Twenty Years of My Life*, 108-9, 描述“另一帮运动员……闯入他房间，砸碎了他的瓷器，把他的头按在学院抽水机的下面”。然而这是奥斯卡·王尔德离开牛津多年以后发生在另一个崇尚美学的学生身上的事情——参见‘From our London Correspondent’, *Newcastle*

Courant，17 March 1882，其中特别提到奥斯卡·王尔德没有遭受过这样的侮辱。And Sir Frank Benson，*My Memoirs*（1930），136-9，生动地描述了王尔德如何挫败了“三四个醉醺醺的入侵者”企图从莫德林学生公用室闯入他的房间的企图。但正如霍斯特·施罗德所言，本森直到王尔德离开牛津大学后才被录取，他的故事（用一位评论家的话来说）“背叛了最老套的奇闻轶事”。

58. Dinner on 16 March 1878. P. Vernier，‘Oscar Toasts the Boat Club’，*Magda-len College Record*，2001.
59. *CL*，64.
60. Fr Bowden to OW，15 April 1878（Clark）.
61. Raffalovich/Michaelson，111.
62. [Bodley]‘Oscar Wilde At Oxford’.
63. William Ward，in Mikhail，13.
64. *CL*，39.
65. OW，*PDG*，参考其中关于道林·格雷与罗马天主教之间的纠葛；see Ellmann，91.
66. O'Sullivan，65.
67. Roberts，*Sherborne*，*Oxford and Cambridge*，60.
68. OW，in Harris，26.
69. Harris，26.
70. Woods，‘Oxford in the Seventies’，281；她说那是一套“租来的李子色天鹅绒服装”。
71. G. T. Atkinson，in Mikhail，18；Sladen，*Twenty Years of My Life*，10-11. 这件事发生在1878年（并非如艾尔曼所称的1876年）；根据《牛津大学公报》，W. A. 斯普纳是1878年的监考官之一，并非1876年。另外，Sladen于1875年在牛津三一学院注册入学；在1878年5月参加了“基础知识”考试，并于1879年获得了文学士学位。
72. Robert Forman Horton，*An Autobiography*（1917），44.
73. Tipper，*Oscar*，51.
74. Tipper，*Oscar*，52.
75. Dulau records letters to OW from Leonard Montefiore and S. Fletcher.
76. *Irish Monthly*，November 1878，610；reproduced in Mason，246. 同一期

《爱尔兰月刊》上还刊登了一篇名为《纽迪盖特奖的爱尔兰获奖者》(An Irish Winner of the Newdigate) 的文章，630-3。

77. Hunter-Blair，136-7；*Irish Monthly*，November 1878，'An Irish Winner of the Newdigate'，630-3："不管希腊的太阳为（拜伦的）早逝洒下了什么样的光环，唉，所谓他"完美的名字"也好，或者认为恶毒的诽谤掩盖了令人怜悯的真相也罢，那都是善意的夸张。"
78. Stuart Mason，*A Bibliography of the Poems of Oscar Wilde*（1907），3. Mason，245 引用了奥斯卡·王尔德在施林普顿的账目表，证实王尔德至少购买了 128 册。
79. Walter Pater to OW，10 June［1878］(Clark）.
80. 奥斯卡·王尔德肖像复制品，上面签名"你的奥斯卡·王尔德，莫德林，1878"(耶鲁大学图书馆)。
81. Lady Poore，*An Admiral's Wife*，58.
82. *Oxford and Cambridge Undergraduate Journal*；*Jackson's Oxford Journal*，29 June 1878；Harris，26；Thomas F. Plowman，*In the Days of Victoria*（1918）270；JFW to OW，［28 June 1878］，in Tipper，*Oscar*，52.
83. *CL*，69.
84. *CL*，69；信中标注日期"星期四"可能是 7 月 18 日，王尔德在信中提到了补偿费用。
85. *Freeman's Journal*，18 July 1878；沃森皮姆公司似乎一直在考虑对巴特斯比采取行动，此举可能会阻碍付款。
86. Hunter-Blair，123
87. *The Times*，20 July 1878，8. 奥斯卡·王尔德在 95 人中名列第一，同时名列第一的有 18 人；另一位莫德林奖学金获得者 G. T. 阿特金森获得第三。
88. *CL*，103.
89. *CL*，70.
90. *CL*，70.
91. Hunter-Blair，122.
92. *World*，21 August 1878，11；*Freeman's Journal*，19 August 1878.
93. ［Otho Lloyd］，'Stray Recollections'；此处应该就是艺术家玛丽安·赫胥黎（Marian Huxley，1859-1887），当时正在斯莱德学习。

94. *World*, 2 October 1878.

95. Tipper, *Oscar*, 52.

96. JFW to OW, 'Friday night' [1878], in Tipper, *Oscar*, 56-7.

97. Tipper, *Oscar*, 55-57；蒂珀记录这两封信的时间是 1879 年初，但从阿什福德城堡的照片说明来看，其时间是 1878 年末。

98. Tipper, *Oscar*, 53.

99. Harris, 210.

100. Tipper, *Oscar*, 52-3.

101. *CL*, 71-2.

102. 'Apologia' ll. 29-36. 这四首诗按照顺序依次为《辩护辞》、《因为我深深爱过》（Quia Multum Amavi）、《爱之沉默》（Silentium Amoris），以及《告别》（A Farewell）。《告别》出现在《诗集》（*Poems*）（1881）中，分为两首诗《她的声音》和《我的声音》。这些诗歌由于没有留下手稿，因此很难断定具体的创作时间。有人推测，其中所指的不是弗洛伦丝·巴尔克姆，而是莉莉·兰特里。然而，这在我看来似乎不太可能。OET I, 122-6, 279-81.

103. *World*, 8 October 1879, 9; Lewis R. Farnell, *An Oxonian Looks Back* (1934), 70.

104. Smith & Helfand, 37ff; Ross, *Oscar Wilde and Ancient Greece*, 59-62.

105. 28 November 1878.

106. Peter Vernier, 'Oscar at Magdalen', 32.

第三部分
快乐王子

1879～1881 年

24～27 岁

1881 年，奥斯卡 · 王尔德

1. 梦中的美人

对美的激情只不过是对生活的强烈渴望。

——奥斯卡·王尔德

王尔德获得学位后，将注意力转向伦敦与未来。他依然抱持着那个有点模糊的雄心壮志：“成功、名声，甚至恶名。”[1]通向成功的方式也同样含糊不清。他只知道自己不会踏足任何传统职业。他对沃德说（后者踏实本分地开启了法律生涯），单调沉闷的商业“让人丧失自我，人们戴着面具，自然的模仿使他们的脸变得呆板无趣，死气沉沉”。王尔德手中的生活则将是“一件艺术品”——需要深思熟虑，塑造改良。[2]他要戴上一副全然不同的面具。文学为此提供了各种可能性。他曾告诉牛津的朋友，自己可能成为“诗人、作家、剧作家”。[3]然而除此之外，他似乎并没有明确的计划。他是一个牛津人，有才智，有一首获奖诗歌，他自命不凡，雄心勃勃，通达乐观，强烈渴望“尝遍世界花园中所有树上的果实”，这就足够了。[4]他还有一些钱，除了出售布雷的房产所得之外，他还凭借克朗费克尔的财产筹到了额外的 250 英镑。[5] 135

做好这些安排后，他便在索尔兹伯里街 13 号，一栋凌乱的狄更斯式公寓租下几间房。房子离斯特兰德街不远，二楼是弗兰克·迈尔斯的住所和工作室。在访客们的记忆中，那是一座阴暗的老式宅第，里面住着一些古怪的租户，老处女一般的房 136

东太太掌管着“古老的楼梯、曲折的过道、破旧的家具和昏暗的角落”，她和年迈体弱的父母共同住在一楼。[6]王尔德认为这个地方“凌乱且浪漫”。[7]他住在迈尔斯楼下，把起居室——一间和房子同宽、镶满壁板的大房间——改造成了充满审美情趣的空间。壁板被漆成白色，为他在牛津大学期间置办下的各种艺术品提供了相得益彰的背景：蓝白相间的瓷器、摩尔风格的瓷砖、地毯和幔帐。为了给房间增色，屋里还有摆成扇形的孔雀羽毛，以及与之形成对照的大把向日葵和百合花。[8]

同住在一幢房子里，王尔德有机会进入迈尔斯丰富多彩的社交圈子，艺术、时髦的波希米亚风格以及各种更先进的时尚社会元素在此融为一体。迈尔斯的工作室吸引了一众人物：作家、画家、演员、“名媛”、上流社会女性、花花公子（比如，罗纳德·高尔勋爵）。即使皇室成员也不例外：迈尔斯把他早期的一幅莉莉·兰特里肖像画卖给利奥波德王子，后者在议院开会期间经常来访；王子的姐姐路易丝公主热爱艺术，也是常客。年轻的王尔德刚到伦敦，便凭借迈尔斯的友谊接触到了一个无法轻易企及的尊贵圈子。他将这个领域想象得很浪漫，渴望去征服它。

他自己在伦敦有一些相当不错的人脉关系，其中包括牛津的同学以及家族友人，有些人也能帮上点忙。汤姆·泰勒是《笨拙》杂志的资深编辑（也是王尔德的熟人），对王尔德很感兴趣，他甚至写信给一位风雅的女主人，询问是否可以邀请王尔德参加她的舞会。[9]坦南特夫人（一位牛津同学的母亲）在里士满露台举办过几次让人大开眼界的招待会。不列颠科学协会主席斯波蒂斯伍德教授和他好客的妻子，在伦敦和肯特郡的库姆银行庄园热情款待了王尔德。教授还给王尔德签名，帮他申请了大英博物馆阅览室出入证。[10]

如果说王尔德以牛津人的身份来到伦敦，那么与此同时他还是个爱尔兰人——他和母亲一样，是个心怀民族主义自信和政治自由理想的爱尔兰人。在别人眼里，他的确如此。这样的定位标志着他是个外来者，也让他坚定地站在贯穿维多利亚时代晚期社会的政治鸿沟——爱尔兰“地方自治”问题的爱尔兰一方。尽管如此，他还是能在协会中发现支持者。王尔德“找到了”侨居伦敦的“爱尔兰帮”，这是一个以文学界和政界人士为主组成的非正式团体，由小说家、下院议员兼“讨人喜欢的谈话高手”贾斯汀·麦卡锡主导。[11]这个圈子甚至延伸到爱尔兰贵族的外围边缘。王尔德在伦敦社交场初期亮相时，最值得书写一笔的是，他参加了奥利维娅·吉尼斯夫人在卡尔顿府举办的舞会。那场面蔚为壮观——而且撩人。[12]

5 月初，王尔德的母亲从都柏林到伦敦，强化并扩大了王尔德与爱尔兰人之间的联系，此时威利终于卖掉了梅里恩广场的房子及里面的大部分东西。王尔德夫人和威利住在骑士桥区奥温顿广场一幢白色灰泥装饰的小房子里。王尔德夫人很快就开始在星期六下午小规模地为“优秀的文学和艺术人士”张罗招待会，客人都是她在伦敦的爱尔兰熟人，也包括她的孩子们。威利和奥斯卡在伦敦同时出现的场合很少，她的聚会就是其中之一。一名客人记录了王尔德夫人端坐在两个忠实可靠的孩子之间的样子。如若不然，奥斯卡会在公众场合设法与他的兄长保持一定距离。他想显示自己的独特之处。于是很快就有人说，他花钱请威利留起胡子，以免别人将他们彼此搞混。[13]

显然从一开始，奥斯卡在社交和文学上的抱负就比哥哥更高。他一头扎进各种时髦的私人画廊，欣赏戏剧首演。他渴望大开眼界，备受瞩目。同时他对文化界的财富也兴趣盎然。他凭借与斯托克夫妇的关系，获得了兰心剧院的入场资格，亨利·欧文在那里创办了伦敦最激动人心、最具创新精神的剧团，埃伦·特丽是女主角。王尔德是剧院常客，甚至可能还——间或以化名的形式——向貌似独立的《剧院》杂志（实际上由善于宣传的欧文创办）投稿，该杂志对兰心剧院上演的剧目做了大量报道。[14]对于醉心舞台的王尔德来说，如此接近艺术的中心实在令人激动不已。欧文成为他在伦敦的第一个“英雄”。[15]

138

兰心剧院同时也成为有才华、有抱负的年轻人聚集地。其中就包括21岁的演员诺曼·福布斯-罗伯逊。[16]他身材修长，举止优雅，面带微笑，神采飞扬，渐渐得了个“喜洋洋”的绰号。他是一个快乐的伙伴，对诗歌感兴趣，对绘画很在行。[17]王尔德初到伦敦便结识了他，称其为朋友兼知己。[18]福布斯-罗伯逊家有十个相貌堂堂的兄弟姊妹（兄长约翰斯顿在短时间内就成长为新生代的头牌演员之一），诺曼是其中之一，他们的父亲是艺术评论家约翰·福布斯-罗伯逊。星期五晚上，他们在贝德福德广场附近的家中举行热闹的聚会，那是将艺术世界和舞台融为一体的波希米亚式场合。王尔德成了常客，他为置身于如此刺激的群体之中而兴奋不已。[19]也有许多人因他而感到兴奋。

王尔德在社交场上给人一种新鲜和出乎意料之感。他的外表和行为与大多数同时代人不同，甚至异于那些被公认具有审美情趣的人士；从当时的漫画来看，那个时代大多数人留着胡须，耷拉着肩膀，身披斜纹软呢披风，头戴宽边帽。王尔德则另辟蹊径。他的体格在牛津大学本科生中鹤立鸡群——身材高大、没有胡子、头发稍长——而这些到了伦敦便似乎更加惹眼了。

他的“惯常装束”虽不古怪，但风格很不自然：浅色的裤子、黑色礼服外套，只系下面的几颗纽扣，让人一眼就能看见里面花色鲜艳的马甲；白色的丝质领结上夹着一枚镶嵌着紫水晶的老式别针。[20]他下巴光光的，再加上脸色苍白，使得面容显得格外突出。这副长相既衬托出那双“热切的大眼睛”，同时也凸显出几个浅色的大雀斑，更让他那口“微微泛绿”的牙齿暴露无遗。[21]有些人觉得他的模样——至少在第一次见面时——“怪诞”，甚至“令人作呕”。[22]一个刚认识他的人干脆叫他“大饼脸”。[23]然而，其他人整体来说都评价他是“一个外表英俊的年轻人……与其说是个普通人，倒不如说他更像阿波罗的化身”。[24]他拒绝采用传统的男性化比喻，这让许多人感到困惑。小说家纳撒尼尔·霍桑的儿子朱利安·霍桑从王尔德身上嗅出“一种可憎的女人味儿”，他并非唯一对此反感的人。然而这种令人不安的“娇柔”似乎一直以来被认为干扰了社会规范，而不是性规范。[25]

139

霍桑的不安很快就被王尔德言谈话语所引发的赞叹消除了。当然，从一开始，王尔德就是一个“令人钦佩的健谈者”——说话流利、生动、自信，并且拥有“出色的舞台表现力”。[26]从牛津搬到伦敦丝毫没有削弱他的自信心和高高在上的感觉。他会在举手投足间安排些引人注目的细节——“它们花样繁多”——比如手拿一双“淡紫色”手套。而且，如一位朋友所说，他的声音“圆润而柔和，是我听过的最迷人的嗓音之一，富于变化和表现力”。[27]他说话时带着“精妙的”“音色和节奏”，其标志就是“牛津人说话时那种特殊的抑扬顿挫”，以及更富于个人色彩的“加强语气技巧”，比如“轻微的耳语声……呼吸时吸气的声音——比发出的嘘声轻得多”，它表示王尔德的故事讲完了。[28]他的爱尔兰口音已经消失殆尽——如果不算上他那轻松安逸的凯尔特式做派的话。* 此外，他说的每句话都带着一种非凡的积极能量。他说起话来“兴致勃勃，显然完全沉浸在自己的想象和言谈之中”。他把快乐传递给别人。他“很有幽默感（不同于机智），极富感染力”；他的笑声也是如此——“非常饱满，充满热情”，而且笑得很频繁，让人猝不及防。[29]

王尔德满怀热忱来到伦敦，热情油然而生，极富感染力。[30]他在人生的这一阶段，活得“着实率真”。[31]见过他的人都记得，他“总是面带微笑，充满热情，生机勃勃，满怀生活的喜悦，尤其是，对于任何他喜欢的东西和人，他都会予以无尽的赞美”。这种“热情赞美的天赋”，在当时的社会是一种“出人意料、令人愉快”的特质。这为他赢得了许多朋友，尤其在演艺界为他打开了许多大门。如果王尔德无意赞美，他会“耸耸肩，保持沉默”——至少在公共场合是这样。[32]私下里，他可能会非常尖刻，“一视同仁地拿朋友和敌人”开玩笑。他将一名性格乖戾的老太太形容为“那个用铁钉把假玫瑰花固定在秃头上的老女人”。[33]

140

不过，他在谈到艺术时，确实保留了当年在牛津时养成的

---

* 有关王尔德的声音最完整的描述，出自他嫂子：“他的声音——（有点男中音）中没有一丝爱尔兰口音或任何地方的‘土腔’，有时语速很快，语音欢快、热闹、兴高采烈，但更多情况下是谨慎从容的，甚至倦怠软弱（不像他的哥哥威利，说话非常快）；他声调圆润柔和，有时略带喉音和轻微的柔声；他的发音非常清楚而且刻意；以一种在英国不常见的方式，将诸如‘adding’、‘yellow’等单词中的重叠字母发挥得非常充分，在元音上轻柔地稍作停留。”

“夸夸其谈”之态。这让有些人觉得有趣，也让另一些人感到恼火。相当一部分人大概是依照演员兼经纪人斯夸尔·班克罗夫特的说法，将这种表现过火的行为视为“年轻人的做作”。然而，缺乏想象力的人往往意识不到其中那种自我讽刺的幽默成分，往往在第一次见面时，就忍不住斥责王尔德只不过是个“装腔作势的人”。[34]朱利安·霍桑为此心绪不宁，觉得有必要出手干预。“王尔德，”一天晚上，他离开派对后说，“你为什么要让自己荒废在这些荒诞的虚构想象中呢？你的声音本身就是一种馈赠；你迟早会被发现的，你就不能表现得真诚一点儿吗，哪怕是几分钟？”王尔德的回答让霍桑更加不安：“我永远是绝对真诚的！”[35]他已经明白，面具是用来表现的，而不是遮盖。很快，他开始有了名气——至少在伦敦的画室里——是一个“热爱艺术”的年轻人。这种热爱横跨了从文学到舞台，音乐到服装，绘画到家庭装饰等各个领域。[36]

他很幸运，几乎从抵达伦敦的第一天起，就结识了一批美学运动的领军人物。他与杰出的美学建筑师、前卫的“英日”家具设计师 E. W. 戈德温建立起友谊。戈德温不仅是福布斯-罗伯逊家族的朋友，也是埃伦·特丽的前任情人，并且正在切尔西新近时兴的泰特街上为弗兰克·迈尔斯设计一间工作室。王尔德认识了同为库姆银行庄园常客的艺术家兼插画家沃尔特·克兰，王尔德“对美的真正热爱”令后者印象深刻。他还再次见到了惠斯勒。然而，时机不巧。惠斯勒前不久因与罗斯金的官司陷入破产，正打算前往威尼斯，他希望为那里的美术协会制作一系列蚀刻版画来弥补自己的财产损失。戈德温在泰特街为他设计建造的白厅也挂出了待售的牌子。[37]

更直接的成果是王尔德与肯辛顿的新潮家庭西克特一家建

立起交往。[38]西克特夫人将他置于保护之下。她是一位剑桥数学
141 家和一个爱尔兰舞蹈演员的私生女，对外人有种天然的同情心；她的丈夫奥斯瓦尔德生于丹麦，曾在巴黎学画。他们有六个孩子，19 岁的老大沃尔特是个雄辩机智的年轻人，尽管其抱负是当画家，却试图去舞台上闯荡一番，他在兰心剧院登台，是“欧文先生麾下的年轻人”之一。

王尔德一到伦敦，就希望结交“文学朋友”。[39]然而，他在这方面进展十分缓慢。尽管他似乎与好客的霍顿勋爵略有相识，而且曾经给格拉德斯通、迈克尔·罗塞蒂等人寄过富有诗意的名片，但如果他借此登门，结果必然是扫兴而归。[40]他想方设法见到了马修·阿诺德，也许还有乔治·艾略特。1880 年 12 月，他带着一个很大的百合花花环去海格特公墓参加艾略特的葬礼。当马车拉着棺木经过他身边时，他试图把花环挂在棺木上，但未能如愿。[41]他在稍微年轻一些的人当中，倒是取得了些许进展。他被介绍给亨利·詹姆斯，表达了对其小说作品的钦佩之情。[42]他的所作所为让文学评论家埃德蒙·戈斯感到困惑不安。两人第一次见面时，戈斯对慷慨热情的王尔德谦虚地回应道：“恐怕你会感到失望的。”王尔德回答：“哦，不，我对文人从不感到失望，我觉得他们极有魅力。让人失望的是他们的作品。”[43]他与美丽时尚的辛格尔顿夫人建立了更为紧密的联系。辛格尔顿夫人以“维奥莱特·费恩”为笔名，写了一首被认为坦率直白的诗。[44]他还和查尔斯·G. 利兰交上了朋友。利兰是一位中年美国喜剧作家兼民俗学研究者，当时住在伦敦，除了手头的几个项目之外，他还对工业设计感兴趣。利兰希望王尔德能入选成为萨维尔俱乐部的会员，那是伦敦最有文学气息的俱乐部，然而这个想法最后毫无结果。[45]

不过，王尔德在伦敦早期最重要的友情既非来自文学圈也非艺术界。它属于莉莉·兰特里。王尔德在迈尔斯的画室再次见到了她。她在伦敦亮相两年以来收获颇丰，已经成为资深名人；是公认的首席“名媛”，威尔士亲王私下的情妇。人们争相一睹芳容，艺术家们抢着为她绘制肖像。“成功、名声，甚至恶名”纷至沓来——而她正值25岁。王尔德被她深深折服。当迈尔斯向一位朋友吹嘘说他“发现了……兰特里夫人”时，王尔德严肃地说：“在我看来，这是一个比美洲更重大的发现。”[46]兰特里本人也对王尔德很感兴趣；被他“熠熠生辉”的眼睛所吸引，发现他沸腾的青春热情之下闪耀着真正的智慧，以及“相当迷人、让人无法抗拒的个性”魅力。[47]

142

他们很快就建立起密切的关系。王尔德仰慕兰特里的美貌，羡慕她的名望，后者则被他的活力和才智所吸引。这两样东西对她都很有用。她虽然高高在上，却深知自己的地位并不牢靠。在即将踏入第三个“社交季”的当口，她的运势出现了一丝难以察觉的转变。她和威尔士亲王的关系已经难以为继。她遭遇了诸多方面的困扰——经济、婚姻，以及感情。值此关头，她很需要一个聪明、有趣、乐观的新伙伴。[48]

王尔德很快就将成名的渴望集中在写作上。他认为自己在文学上最大的抱负是成为公认的诗人。继大学本科期间撰写十四行诗之后，他一直在创作一些更长的作品：《伊底斯的副歌》（The Burden of Itys）描绘了希腊诸神在牛津郡乡间嬉戏的情景；《厄洛斯的花园》（The Garden of Eros）记录了他在诗歌方面对济慈、斯温伯恩、莫里斯和罗塞蒂的感激之情；还有一首《查米德斯》（Charmides）则是极度感性的济慈式经典幻想作品。它们虽然不适合在期刊上发表，但可以做成大量薄薄的小册子引起人们的兴趣。这就是王尔德的目标。一开始，他小心翼翼地尝试让出版商产生兴趣，但结果令人失望。许多编辑甚至拒绝读他的作品。王尔德不得不承认，在伦敦图书业的评价体系中，他仍然是个无名小卒。[49]他第一次意识到，成名的进展可能比他预期的更缓慢。他得考虑其他选项。

当同时代的许多诗歌创作者试图将写小说（对出版商来说，这永远是一个更具商业吸引力的命题）作为迈入更广阔的文学世界的第一步时，王尔德转入了不同的方向。[50]他开始写剧本。毕竟，看戏是他最大的爱好之一。在他看来，戏剧是“艺术与生活的交汇点”，其涉及的“不仅仅是人，而且还有社会人，人与上帝的关系，以及人与人性的关系”。说得更现实一点，它很受欢迎——是当时的“民主艺术”：舞台上的成功会让人真正名利双收。[51]

王尔德饶有兴味地发现很多演员及一些作家，同时从事着视觉艺术。约翰斯顿·福布斯-罗伯逊曾在皇家艺术学院学习绘画，继而办展；剧作家 W.G. 威尔斯——爱尔兰威尔斯家族

143 成员，王尔德一直感觉彼此间存在一条纽带——一直以来都是成功的肖像画家。[52]他受此鼓舞也想延续大学本科时的想法，有朝一日遵循相同的路径。[53]然而没有任何证据显示，他为实现这个梦想真正做过点什么。

他努力抵御大众媒体的诱惑。为报纸撰稿虽然报酬优厚，但几乎没什么“成名”的机会，几乎所有文章都是不署名的。更何况，他的兄长威利已经踏足新闻业，并且在职场上崭露头角。威利在移居英国前，就开始源源不断地为《世界》杂志撰写一些“小块文章”，一到伦敦便从报社接手了更重要的任务。除此之外，他还为时尚周刊《名利场》撰稿，为《爱尔兰每日

新闻》写戏剧评论。[54]而对于奥斯卡来说，像阿诺德、佩特、斯温伯恩和罗斯金那样的文化评论家，才是更具魅力的角色。但是他们的论坛——那些高高在上的月刊，是他无法企及的。为了有朝一日能在《布莱克伍德杂志》《十九世纪》或《双周评论》上发表文章，此刻的他只能姑且为《爱尔兰每日新闻》写一篇有关1879年格罗夫纳画廊夏季画展的综述。可见，无论从哪种意义上，他还有很长的路要走。

然而，这篇综述（署名“O. F. W.”）的确给王尔德提供了一个机会，可以借此赞美从伯恩-琼斯、G. F. 沃茨（“我们所有在世的英国艺术家中最有影响力的”）到威廉·布莱克·里士满、惠斯勒（那位“奇妙而古怪的天才”）等人，他们是整个美学运动中他仰慕崇拜的众多大人物，渴望结交的伙伴。他借助这篇文章炫耀自己和一些人物的交情和关系，比如尤金·本森（朱莉娅·康斯坦斯·弗莱彻的继父）、约翰斯顿·福布斯-罗伯逊（他画了一幅“非常逼真”的演员赫尔曼·维津的肖像）、“瓦伦丁·布罗姆利夫人”（艾达·福布斯-罗伯逊，罗伯逊家族天才的兄弟姊妹中的另一位）、玛丽·斯图尔特-沃特利（一个牛津朋友的妹妹）和W. G. 威尔斯。虽然《爱尔兰每日新闻》几乎不在都柏林以外的地方发行，王尔德还是细心地将他的文章寄给了其中提到的每一位艺术家——并为其“糟糕透顶”的印刷质量致以歉意。[55]

一开始，王尔德在伦敦确实获得了非常幸运的突破性进展。他强烈地引起了威利所在的《世界》杂志老板埃德蒙·耶茨的兴趣。耶茨计划推出一个名为《时代》的新文学月刊，与《世界》周刊同时发行，正在寻找撰稿人。他写信给威利，要求他与奥斯卡“默契配合”——“他获得过纽迪盖特奖，我听说过

144 许多关于他的事情，人们都在夸他”。[56]（其中一个不断向耶茨讲述奥斯卡的人很可能是维奥莱特·费恩，她自己也经常为《世界》周刊撰稿。）耶茨——他本人被称作“才华横溢的谈话高手”——很高兴能遇到另一个富有灵感的健谈者。[57]他适时地邀请王尔德为创刊号写一首诗。

王尔德创作了一首 60 行诗，命名为《时间的征服者》——讲述大英博物馆石棺中的一颗种子长成了“白色的花朵”，它是“永恒之子”。[58]《时代》月刊和王尔德的诗于 1879 年 4 月面世——《世界》杂志以及其他报纸对此进行了广泛的跟踪报道：它是王尔德在英语（而不是爱尔兰语）期刊上的初次亮相，标志着他在伦敦文坛正式登场。

耶茨擅长为他的明星作者打造声誉。6 月 4 日，《世界》杂志上刊登了一篇关于道格拉斯-默里夫人在波特兰广场举办“化装舞会”的报道，其中提到一些“看上去非常特别的人物”：维奥莱特·费恩扮成“印度公主”，“惠斯勒身穿‘夜曲’般的黑色天鹅绒，打扮成一个中世纪西班牙人”，以及“打扮成威尼斯贵族的奥斯卡·王尔德”。[59]这是一群尊贵的宾客，王尔德身在其中自然也尊贵起来。这篇报道很可能出自威利之手。威利的记者身份理所当然地让他在伦敦的各个圈子里“做了很多有助于奥斯卡出名的事情”。他以极大的热情投入其中，持续地报道——既在媒体上，也在朋友和同事中间——“奥斯卡说过的，或者可能提及的每一句妙语”。在他的推波助澜之下，“关于王尔德的某种神话”开始形成。[60]

尽管王尔德在伦敦迈出了乐观的第一步，但他心里仍记挂着开辟第二个专业领域：学术界。他继续参加各种征文大赛（虽然至今无法确定他是否曾经提交过文章）。[61]他与乔治·麦克米伦通信，谈到可以为对方的公司做一些翻译工作——希罗多德选集，或者欧里庇得斯的一部戏剧。他参与了麦克米伦和A. H. 塞斯的计划，为研究古希腊考古学建立一个希腊学会。[62]他打听到新近在雅典设立的考古学奖学金的情况。[63]之后，他决定申请牛津大学提供的下一个开放奖学金。[64]

牛津仍然是王尔德生活中的重要组成部分。他似乎仍然在那里拥有自己的房间。他与佩特保持着联系，继续把他当成自己的参谋。一次（据王尔德自述），他们并肩坐在一条长凳上“看着学生们在河里洗澡”，谈起“浪漫的迷人芬芳可能与古典形式的质朴之美相结合”获得一种新的“艺术合成”，佩特——被王尔德卓越的口才征服——从座位上滑下来，跪倒在地，亲吻了他的手。[65]王尔德不但没有忘记老朋友，还结交了新朋友。他发现了一个志趣相投、仰慕他的信徒，伦内尔·罗德是牛津大学贝利奥尔学院的本科生，具有诗歌鉴赏力和唯美倾向。罗德发起创办了一本小型诗歌杂志《流浪儿》，王尔德答应为其撰稿。[66]和以往结交新朋友之后的情形一样，王尔德带着他去温莎拜访了罗纳德·高尔勋爵。[67]剑桥也是王尔德的结交范围。他“令人心醉地”数次去国王学院拜访热情洋溢的奥斯卡·布朗宁，尽管他向雷吉·哈丁坦承，“我希望他不叫奥斯卡”（王尔德让布朗宁误以为，自己和他一样是“以瑞典国王的名字命名的”）。[68]

在伦敦，王尔德和迈尔斯开始共同款待客人。他们显然恢复了王尔德在牛津的惯例，举办“茶叶与美人”派对，只不过宾客不再是牛津教员的女儿们，而是迈尔斯周围大名鼎鼎且通常很有贵族气派的“名媛”。这些“单身派对”在王尔德那间极具审美情趣的房间里举行——据一位年轻的宾客描述——“它们堪称全伦敦最有趣的事情”。[69]房间内部的装饰风格别有情趣：有花朵，有羽毛，参加派对的许多戏剧界和文学界名人都把自己的名字刻在白色镶板上。并非所有的客人都是名人。21岁的劳拉·特鲁布里奇是跟随表兄查理·奥德来的，奥德是王尔德在牛津的朋友，她在日记中写道：“很有趣，有许多‘热情’的年轻人，这些笨蛋，逗死我们了。”[70]

但对大多数客人来说，能见到兰特里夫人才是这些派对最吸引人的地方。王尔德发请帖时经常提到她可能到场，并持续不断地为她造声势。他把她比作一尊古典雕像，并告诉每个人，她是“希腊历来最可爱的尤物”。[71]他无意中听见有宾客打听，在场的女士中哪个是那位著名的美人，于是便夸张地道：“多荒谬的问题啊！如果太阳发出光芒，我当然知道那就是太阳。”[72]无论如何，房间里挂满了兰特里的照片，客人应该看得出来。[73]

146

有时，派对上会设置一个艺术焦点：迈尔斯的画作《海浪》在皇家艺术院获得特纳奖后，这幅油画就成了下一次聚会上令人骄傲的重点展品。[74]爱德华·波因特绘制的莉莉·兰特里雍容华贵的肖像画也受到了同样的追捧，画家将其赠予了画中人。[75]王尔德意识到，艺术与女性美是一种强有力的结合，既引人注目，又令人仰慕。他决定利用这种力量。当他第二次在《时代》月刊上发表作品时，便抛弃了抽象的东西，为莉莉·兰特里创作了一首纵情的赞美诗。诗句中虽然没有提到她的名字，但很明显，诗歌的题目“新海伦”暗指的就是她——“爱情的百合花，纯洁而不可亵渎的花儿啊！象牙的塔楼啊！火一般灼灼燃亮的红玫瑰！”[76]王尔德后来说：“的确，特洛伊就是为了这种女士（像兰特里这样的）而被摧毁的，很可能为了这样一个女人，特洛伊会被摧毁。”这样的说法进一步强化了兰特里和特洛伊的海伦之间的联系。而且他还在送给她的一本书上题词：“致海伦，旧居特洛伊，现居伦敦”。[77]

然而，兰特里并非王尔德歌颂的唯一一个美人。5月底，莎拉·伯恩哈特率法兰西喜剧院抵达英国，准备在伦敦的欢乐剧院打响第一炮。34岁的伯恩哈特是当时最耀眼的戏剧明星——巴黎人成熟与性感的化身。王尔德与诺曼·福布斯-罗伯逊一起去福克斯通迎接她——以及剧院其他成员——的船只。

人群聚集起来。福布斯-罗伯逊冲到前面，给伯恩哈特献上一朵栀子花。人群中有人（用法语）对女明星说：“他们很快会用花朵铺成地毯来迎接你。”王尔德领会了这个暗示，于是喊道：“瞧这儿！”说着，便把满怀的百合花撒在她脚下。当伯恩哈特小心翼翼地从鲜花上踩过时，他叫起来：“嘿，嘿，万岁！莎拉·伯恩哈特加油！”——引来周围人群的热烈响应。这位年轻的啦啦队长“长着一双明亮的眼睛，留一头长发”，给伯恩哈特留下了深刻印象。[78]

6月2日王尔德观看了剧团首演，伯恩哈特因为在拉辛的作品《费德尔》（*Phèdre*）中的精彩演出而获得满堂喝彩。他认为这是自己历来目睹的“最辉煌的创作”。[79]在舆论的一片叫好声中，王尔德添上了一首充满诗情画意的赞歌。他在十四行诗的开头写道：“对于你这样一个人来说，我们这个俗世一定显得多么乏味而空虚啊！”一周之后，这首诗没有刊登在《时代》月刊，而是发表在它的姊妹期刊《世界》杂志上，这样便能获得更大的关注度。威利满怀热情地写信给一位女性朋友，询问

她是否看见“奥斯卡”在“报纸上匍匐在伯恩哈特的脚边，倾诉他的灵魂”。[80] *

把自己的名字和创作灵感与两位明星人物——兰特里和伯恩哈特——牢牢拴在一起之后，奥斯卡立即将注意力转向第三位：美丽的埃伦·特丽。他写了两首十四行诗，一首赞美她在W. G. 威尔斯的《查理一世》中的表演，另一首则夸赞她在《威尼斯商人》中扮演的鲍西娅。两首诗都刊登在《世界》杂志上。[81]王尔德凭借这些赞歌树立起自己的地位，他是颂扬女性美的桂冠诗人，拥有了固定的读者群，并从他笔下的魅力人物身上获得了回报。

他努力强化这些人际关系，并且收获了女主角们的友谊。他将第一首十四行诗献给埃伦·特丽时，向她保证“从来没有哪位女演员像你一样对我产生过影响”。[82]王尔德是伯恩哈特逗留伦敦期间的“忠实随从”；他非常开心能有机会炫耀自己的法语。[83]伯恩哈特去过索尔兹伯里街几次，一天晚宴尽兴之后，她在刷白的镶板上潦草地添上了自己的名字。[84]** 王尔德在与伯恩哈特相处的过程中意识到，她不仅是个“了不起的天才”，而且还是一个“了不起的女人”。伯恩哈特很欣赏这名随从的机智和精明。“那些对待女演员彬彬有礼、大献殷勤的男人，

---

* 威利还转述了一则他无意中听到的“只言片语”，是对这首诗的批评，其中提到诗中那句“茫茫一片没有香味的水仙花田”，根据希腊神话，那是冥府的景象：“拐杖”（问“牙签”）：“喂，水仙花是什么鬼东西？”“牙签”：“不知道——算了吧——我猜是一种灭绝了的蔬菜！”（“牙签”和“拐杖”是当时社会头面人物的通用昵称。）

** 伯恩哈特还把自己的名字写在一幅画作的玻璃镜框上，这幅画是王尔德在惠斯勒变卖白厅陈设时，花5基尼买回来的。这幅画被归类为“莎拉·伯恩哈特的肖像”，女演员自己也曾经提到这幅肖像“非常像”她。然而，惠斯勒后来看到这幅作品时称，他从未给伯恩哈特画过肖像。

大多数都别有用心，”她后来回忆道，“奥斯卡·王尔德不这样。他……为了让我在伦敦过得舒心安逸，做了很多事情，但他似乎从来都没有追求过我。”[85]这句恭维话虽然听起来似乎有点拐弯抹角，但看得出来，在漂亮女人眼里，王尔德很讨人喜欢；他把她们当成普通人，当作朋友对待。

毫无疑问，这样他就仍然是弗洛伦丝·斯托克心碎的旧情人：他必须远远避开（正如他在诗歌《人性》中所写）爱情那“高尚的疯狂”，“必须离开这甜蜜的毁灭而逃亡出奔”，虽然他永远无法忘记那位美人，“曾经在一小段时期内，使我的青春缠绵钟情于精美的懒惰”。[86]回忆驱使他在“弗洛莉”初次登台时——通过埃伦·特丽，以匿名的方式——送去一顶花冠，想要“让她戴上属于我的物件……有任何属于我的东西可以触碰到她”。他在信的结尾夸张地泪泣道：“她以为我从来没有爱过她，以为我忘了她。我的天哪，这怎么可能！”[87]

148

莉莉·兰特里或许曾经引诱他忘记旧日的恋人，虽然她自己并没有怂恿他这样做。她想要的是一个随从，而不是再多一个情人。王尔德为她做了很多事情。他成了她的非正式秘书，替她写信，帮她处理各种杂事。[88]他为她的穿着打扮出主意，鼓励她铺张奢侈。她偶尔会提出异议；一次，王尔德抱怨说：“莉莉太烦人了。她不愿意听我的劝告……我向她保证，不论是为了她自己还是为了我们，她都应该每天穿着一身黑，坐在黑马拉着的黑色维多利亚式马车里，黑色的软帽上用暗蓝宝石衬饰着‘耶稣纪元后的维纳斯’（Venus Annodomini）。可是她不肯听。”[89]他培养了她的思想独立意识。莉莉·兰特里成长在一个全是男孩子的家庭里，掌握些粗浅的古典文学知识。王尔德鼓励她继续学习。他给她上拉丁语课，定期带她去大英博物馆，陪她去伦敦大学学院倾听查尔斯·牛顿关于希腊艺术的讲座，兴奋异常的学生们会在那里夹道欢迎他们的到来。[90]他带着他的思想导师罗斯金去看她。她注意到，王尔德在“大师”谈论“希腊艺术”时表现出非同寻常的“极端崇敬和谦卑”，并且猛烈地抨击日本文化只是中国文化的拙劣可笑版本。王尔德注意到，当罗斯金说到“像你这样的美丽女人掌握了世界的命运，既能创造也能毁灭”时，“（兰特里）哭着跑出了屋子”。[91]

王尔德作为秘书助理兼导师，确实带着一点骑士之爱的意味。兰特里夫人既是他的缪斯女神，也是他不可企及的崇拜对象。他用诗歌和鲜花表达爱慕之意。二者都很受欢迎。有一次，他去考文特花园给她买了一大束“泽西百合”，等候出租马车时，一个街头小子被这些橘黄色的鲜花惊呆了，大声叫道：“你真有钱啊！”（这段轶事——显然集美丽和财富于一身——让罗斯金听了很开心。）[92]当然，就财务状况而言，王尔德一点儿也不富有，他常常不得不为了给兰特里买一枝孤挺花而放弃坐车。[93]

但是，就所有这些优雅俗套的做派而言，王尔德看上去确实已经沉迷其中。他甚至敢于接近不可企及的人。创作《新海伦》的时候，他经常出没于兰特里家附近的街道上。一天晚上，兰特里先生很晚才回家，发现他竟然蜷缩在门前的台阶上睡着了。[94]王尔德的一些未发表的诗歌暗示，他可能经历过一段挫败的罗曼史。《玫瑰与芸香》——其手稿的标题是“致L. L.”——叙述诗人深深地爱上了一个说话声音发颤、神态像小鸟一样的美人，她虽然允许他俯身亲吻，却认为他根本不配：“你只能怪怨自己，”她对他说，“你没有名声。”对此，诗人回答道：“的确，我是挥霍了我的青春，但那是为了你，你的书架上摆满了诗人，我也把自己献给你！”不过，与其说这些诗句是对事实的回忆，倒不如说它是种美好的想象。[95]

当王尔德的热情变得“过于执着”时，兰特里不耐烦了。这并不是她所需要的。正如王尔德的一位朋友后来所说，“他根本不是她追寻的猎物。”[96]她与威尔士亲王的婚外情渐渐冷淡下来后，为了弥补这段空缺，不仅与他的堂兄、风度翩翩的巴滕贝格亲王路易斯交往，而且还和年轻的施鲁斯伯里勋爵有来往。她在和这两个大名鼎鼎的人物展开暧昧关系的同时，还与她童年时的朋友阿瑟·琼斯保持着一段秘密关系。[97]所有这些男人也许有时候会对王尔德心怀不满，因为他有接近“新海伦”的种种特权，而且她显然很享受他的陪伴。但值得存疑的是，他们是否真正地将王尔德当成过赢得芳心的对手。[98]

她让王尔德恪守本分。“我担心自己为了摆脱他，说过不少伤害他感情的话。”她后来如此回忆道。有一回，他因为一番评论惹恼了她：“男人总是不忠的，女人却因为天生轻浮让他们相形见绌。”那次，王尔德给她唱小夜曲乞求宽恕。还有一次，兰特里“坦率地”抛弃了王尔德之后，坐在自己的剧院包厢里发现，“正厅前排一阵骚动——那是奥斯卡，他突然发现了我，流着眼泪被他的朋友弗兰克·迈尔斯带了出去”。[99]不过，她心里很有把握，自己只需要一句话就能将他召回到身边。一次，她怠慢了王尔德之后，在给他的信中娇媚地写道：“我无法原谅我自己，所以只能恳求你原谅我。”[100] *

王尔德一直处于兰特里的支配之下。不管他有什么特权， 150

* 在又一次“愚蠢的争吵”之后，她试图将自己非常喜爱的玩具孔雀送给王尔德，以此弥补两人之间的关系。然而，这份礼物背后别有目的，因为她刚刚得知孔雀是不吉利的。也许是王尔德命该走运，礼物送到时，弗兰克·迈尔斯以为是送给他的，把它拿进了自己的画室。

有多少学识，他仍然是个奴隶，而且他毫无怨言。他们之间的关系使得他既令人羡慕，又惹人眼目，这就足够了。《新海伦》发表后，他确凿无疑地成为公认的“她的吟游诗人”。[101]当上流社会诗人弗雷德里克·兰普森为兰特里夫人创作诗歌时，他在其中一节诗的开头遗憾地写道，“我无法像奥斯卡·怀尔德（Oscar Wylde）那样押韵。”[102]

1879 年夏天，王尔德带着罗纳德·高尔勋爵的美术馆指南，到比利时进行一次短暂的文化之旅。[103]他的旅伴是新朋友伦内尔·罗德。他们一起参观图尔奈，对那里的一座哥特式墓葬产生了兴趣。墓葬上描绘的是一个穿着盔甲的骑士，上面刻着“不是不报，时候未到”（*Une heure viendra qui tout paiera*）。罗德将它充满诗意地翻译成“一个弥补一切的时刻，终将会到来”。对王尔德来说，这个“奇怪的传说”，“不禁让人觉得，也许人死之后，激情仍在延续”。[104]在布鲁塞尔的博物馆里，鲁本斯的“杰作”《背负十字架的基督》以其闪闪发光的色彩和敏捷而富于动感的人物动作给人留下了最深刻的印象：“那是”，王尔德抛开其忧郁的主题认为，“艺术的乐趣”。[105]

王尔德与罗德一家在比利时阿登地区的河畔旅游胜地拉罗什小住了一阵。除了罗德普普通通的父母和妹妹之外，那年 7 月的莫尼耶旅馆简直就是在举办文学聚会。同时入住的宾客中有酷爱济慈和雪莱的 20 岁荷兰诗人雅克·佩尔克，丧妻的比利时地质学家、小说家、诗人兼艺术史学家格扎维埃·德勒尔，后者当时正带着两个孩子及 21 岁的亲戚马蒂尔德·托马斯小姐在那里度假。即便在这样的一群人中间，王尔德也显得十分与众不同。德勒尔 8 岁的儿子保罗清楚地记得王尔德“高个子，脸色苍白，刮光了胡子，留着长长的黑色直发，他身穿白色的衣服，从头到脚都是白色的，从他那高高的宽边毡帽到他的手杖，那是一根象牙色的权杖，顶部是圆的，我经常拿着它玩。我们叫他‘皮埃罗’”。* 他已经看起来是“一副艺术家的做派”。[106]

在热烈向上的氛围中，王尔德会走到青铜谷，坐在一块扁平的墓碑一样的岩石上朗诵几首自己的诗歌。虽然保罗年纪尚小，觉得他嗓音拖沓，节奏单调，样子很有趣，但其他人似乎都很受感动。雅克·佩尔克——暂时把献给马蒂尔德的十四行诗搁在一边——写了一首热情洋溢的小诗描述王尔德：“这位英国青年浑身散发出青春的气息，充满才智，还有欢乐和愉悦，他在内心是个诗人，讨厌一切恶的事物。”[107] **

那年夏末，王尔德在迪耶普拜访了之前在那里租下房子的西克特一家。西克特夫人邀请了他，他似乎很享受无拘无束的家庭海滨度假方式。那是一段充满欢笑的时光。王尔德与西克特的独生女海伦娜成了特别要好的朋友。海伦娜 15 岁，立志上剑桥大学；王尔德和她讨论诗歌和思想。王尔德讲的奇幻故事也让海伦娜的两个小弟弟奥斯瓦德和里奥十分开心。每当海伦娜假装怀疑故事的真实性时，他就会假装忧伤地请求她：“你不相信我，内莉小姐。我向你保证……唔，这故事千真万确。”[108]一天下午，大家坐在果园的苹果树下，说服他朗诵获奖诗歌《拉文纳》；西克特夫人的老师斯利小姐不时打断他，纠正他发音中的小错误，然而王尔德始终心情愉快。[109]

---

* 原文为：“Grand et blême, face glabre, cheveux longs, noirs et plats, il se vêtait de blanc, – blanc des pieds à la tête, depuis le large et haut chapeau de feutre jusqu'à la canne, un sceptre d'ivoire, au pommeau tourné, avec lequel j'ai joué bien souvent. Nous l'appelons Pierrot.”

** 原文为：“l'adolescent Anglais, d'intelligence plein, de gaîté, d'allégresse. Au cœur poète, qui hait tout ce qui est mauvais.”

然而，无忧无虑的夏日不可能一直持续下去。9月，王尔德回到伦敦听到一个噩耗，他的朋友莱昂纳德·蒙蒂菲奥里在美国突然去世。他只有26岁，只比王尔德大一岁。[110]然而，生命固然无常，生存却非常现实：王尔德此时已经负债累累。[111]他的收入很少，却支出频繁，品位奢侈。他有两条自己的经济原则："把奢侈品都拿给我，这样你们都能获得必需品了"，以及"过度带来的尽兴无可比拟"。[112]尽管他可以用所谓爱尔兰的房租尚未到账之类的说辞来搪塞债主，但负债却丝毫没有减轻。[113]偶尔发表在报纸上的几首诗，只能带来微薄的收入。他开始借钱，一开始向他母亲借（他母亲也负担不起），后来又向一个名叫埃德温·利维的放债人借钱。[114]

王尔德在这样心事重重的情况下，参加了牛津大学三一学院的开放奖学金考试。[115]他为考试做了准备，但也许数个月的伦敦生活难免让人在学术上分心。一名考生描述他第一天下午出现在考场时，温文尔雅中带着窘迫：

152

> 试卷考的是形而上学，题目出得很烂，主要包括几个似是而非的问题，比如，"形而上学和道德伦理之间有什么关系？""形而上学和宗教之间有什么关系？""形而上学和艺术之间有什么关系？"等等。试卷发下来没多久，王尔德站起身，在大厅的炉火前舒展了一下肢体，然后傲慢而愉悦地对我们说——"绅士们，出这份试卷的人简直不学无术。我注意到，每个问题中都有'形而上学'这个词①，上流社会从没有这么说话的。"[116]

---

① 试卷上写的是"metaphysic"，词尾没有"s"。——译者注

他没有拿到奖学金。虽然他一直渴望找个“收入稳定”的位置，却没有申请下一个可能得到的奖学金（12月在默顿学院）。[117]相反，他申请了雅典的“考古学奖学金”，并请求塞斯支持他的申请，因为他听说还有许多其他的“竞争者”。[118]结果证明，申请的人确实太多了。那次挫败之后，他考虑追随马修·阿诺德的脚步，申请学校督学的职位，并且请求奥斯卡·布朗宁支持自己。[119]然而，他又一次失败了。

他考虑当老师。给莉莉·兰特里讲授拉丁语课程唤醒了他的教书本能——而他与哈里·莫里利尔的友谊又进一步激发了这种本能。莫里利尔是基督医学院学生，有时候住在索尔兹伯里街13号一楼他叔叔那里。王尔德鼓励这个穿着蓝色长袍的14岁聪慧少年学习古典文学，利用半天假期和他一起读欧里庇得斯的作品。莫里利尔给王尔德端咖啡，作为对这些课程以及聊天的回报。如果莫里利尔来的时候恰逢王尔德有事，他会给这个男孩半克朗，让他去剧院。[120]为了把自己的教学技能——以及他在希腊和意大利的经历——变成钱，王尔德把自己包装成一名“旅行导师”，要价是每月30英镑。不过，他不确定是否能找到主顾。[121]

尽管遭遇了诸多挫折，而且财务危机不断，但王尔德对他人的困境表现出深切的关注。他参与筹款活动，写信给罗纳德·高尔的妹妹康斯坦丝·威斯敏斯特，请求她为一件“最值得也最令人难过的案子”提供资助（公爵及时寄来10英镑）。[122]另一次，伦敦泰晤士河南岸的兰贝斯发生洪水，王尔德——和伦内尔·罗德一起——前往被洪水洗劫一空的贫困家庭，看看能否为他们做些什么。罗德回忆王尔德在一名卧床不起的爱尔兰老妇人“破败的出租房”里的情形：他用“他的快

153

乐幽默”为她打气，资助她“买一点点生活必需品，他说，她为他祈祷‘愿上帝在天国给您一个安身之地’就已经远远超过了自己应得的报偿”。[123]

这些小插曲无疑源自王尔德在牛津大学时从 T. H. 格林那里受到的有关慈善传统的教导。这些做法很可能也获得了罗斯金的认可，他也是一位伟大的穷人利益捍卫者。1879 年下半年，王尔德经常去看望这位年迈且日渐虚弱的导师。他仍然对罗斯金投身社会以及社会问题的做法深怀敬畏，认为“他像基督一样，承受了整个世界的罪孽”（王尔德总感觉自己“像彼拉多一样，逃避所有的责任”）。[124]他带罗斯金到兰心剧院观看欧文的夏洛克。* 之后，王尔德参加了米莱夫妇举办的大型舞会，庆祝他们女儿的婚礼。“真奇怪，”他对雷吉·哈丁说，因为他意识到，埃菲·米莱曾经在 19 世纪 50 年代嫁给罗斯金，但后来和画家私奔了。[125]

王尔德邀请罗斯金到王尔德夫人的奥温顿广场“做客”。[126]他还把这位伟大的批评家带去里士满区的坦南特家，去看多莉·坦南特创作的儿童画。罗斯金觉得画作非常不错，很喜欢这个 24 岁的艺术家。他取消了下午拜访莉莉·兰特里的计划，告诉坦南特夫人他已经爱上了多莉和她的妹妹埃维，“那两个可爱的姑娘”。[127]他后来向王尔德透露：“我确实认为多萝西和我在某种程度上‘相处得还不错’，我认为我们应当再进一步——你最好留神点——我总是很招这类女孩子喜欢（这倒不

---

* 演出结束后，王尔德带着罗斯金到后台去见欧文。罗斯金称赞欧文的表演“高贵、温柔而且真实”——正如《戏剧杂志》所报道的那样——尽管他后来澄清了一点，即他不赞成欧文颠覆性地把夏洛克描绘成“一个合法贸易原则支持下的受害者”。

是说，她和我以前见过的女孩子一样）。”[128]他觉得她很有潜力，如果她努力的话，会成为大人物。[129]

王尔德自己的成名计划并没有如他所希望的那样迅速展开。154 1879 年 11 月底，他写了一篇感伤的文章，叙述和朋友希克斯比奇全家一起“消磨时光，打野鸡，无聊到巴不得放火把整个世界点着”。[130]一位上流社会的女士记录下一段生动的对话，当时王尔德的朋友兼支持者斯波蒂斯伍德夫人刚刚赶到一次茶话会便宣布，她只能待一分钟，“因为我要去奥斯卡·王尔德家，要去见兰特里夫人和其他几位名媛”。一位著名教授听到“奥斯卡·王尔德”这个名字前居然没有“先生”二字，感到很惊讶，便问道：“谁是奥斯卡·王尔德?”斯波蒂斯伍德夫人听了之后，比他更诧异，于是答道：“奥斯卡·王尔德是个诗人。”然而，当被问及他写过什么作品时，她答不上来了，直到她身边年轻人出面帮她解围：“嗯——哈——奥斯卡·王尔德还没写过多少……但他在大学期间的获奖诗歌很了不起。”教授听了这番话之后，露出“一副讥讽的神态”。对此，女主人承认“昨天我发现自己真的是被冷落了，因为我对奥斯卡·王尔德一无所知。但如果他的作品尚未出版，我不明白他们为什么要那样盯着我看”。[131]

注　释

1. ‘Mental Photograph’, 44.
2. W. Ward, in Mikhail, 14.
3. Hunter-Blair, 120-1.
4. *CL*, 739.

5. 1879年初，奥斯卡·王尔德和威利短暂返回都柏林时做出了这个安排。兄弟俩都缺现钱。梅里恩广场在出售之前需要整修，王尔德打算在来年夏天出租伊劳恩罗的房子（他在当地打出了广告）。王尔德还将自己在克朗费克尔的财产抵押给一位凯瑟琳·诺克斯小姐，由此筹得250英镑；William C. Hogan & Sons to OW，20 October 1882（Clark）.
6. L. Langtry，*The Days I Knew*（1925），60；H. C. Marillier memoirs quoted in Jonathan Fryer，'Harry Marillier and the Love of the Impossible'，*Wildean*，28（2006），2. "一楼是约翰·比塞特爵士的临时落脚处；一位年纪很大的特纳博士住在阁楼上。"
7. *CL*，85.
8. Fryer，'Harry Marillier and the Love of the Impossible'，3；Mrs Claude Beddington，*All That I Have Met*（1929），34.
9. 'A Chat with Oscar Wilde'，*Quiz*（Philadelphia），25 January 1882，4；Tom Taylor to Mrs Boughton，Monday，19 May [1879]（Austin）.
10. Pearson，49，其中（非常含混不清地）记录了一则轶事，其中写道，王尔德在伦敦突如其来地拜访了斯波蒂斯伍德，并说，"我是来和你吃饭的；我觉得你会喜欢我。" L. B. Walford，*Memories of a Victorian Lady*（1912），147；Desmond Hillary to M. Sturgis，19 June 2013，引用Gordon Raybould's 1967 关于库姆银行庄园及其周围环境的内容；*CL*，78 n.；Walter Crane，*An Artist's Reminiscences*（1907），191-4.
11. 'Exit Oscar'，*Truth*，11 July 1883；JFW to OW，[13 May 1879]，in Tipper，*Oscar*，60："不知道你是否愿意拜访Cashel Hoey夫人（爱尔兰短篇小说作家）。她就在文学圈里——见到你会很高兴。" Mrs T. P. O'Connor，*I Myself*（1910），158.
12. 'Fashion and Varieties'，*Freeman's Jour-nal*，18 July 1879. 和奥斯卡·王尔德一同前往的客人中还有"the Hon De La Poer Trench""the Hon. David Plunkett，M. P."以及"Mr A. Moore"。
13. *CL*，87，Melville，159. Melville，149 描述奥温顿广场1号是"暂时租来的房间"，但1881年的人口普查显示，简·弗朗西斯卡·王尔德、威利·王尔德，以及一名仆人，是这座房子里唯一的住户。Reginald Auberon [Horace C. Wyndham]，*The Nineteen Hundreds*（1922），75.
14. 克莱门特·斯科特夫人（Mrs Clement Scott），在记述去世丈夫的回忆录［*Old Days in Bohemian London*（1919），238］中写道，“（奥斯卡·王尔德）即便当时（即仍旧奔波于牛津和伦敦之间的时期）也对表演艺术抱有一种几乎敬畏的心情，他大学时代撰写的几篇关于戏剧和演员的文章被克莱门特·斯科特发表在《戏剧》杂志上……署名‘一名年轻的牛津人’，如果这算是笔名的话。”这种说法有点蹊跷。克莱门特·斯科特直到1880年才接任《戏剧》杂志的编辑一职，那时候王尔德已经定居伦敦。我也一直无法从《戏剧》杂志上找到任何署名“一名年轻的牛津人”撰写的文章，或者任何明显让人联想到王尔德风格的文章。早期的杂志（1878~1880年）中有一些对伦敦戏剧作品的未署名概要评论，也许那些是奥斯卡·王尔德的匿名投稿。

15. *CL*，154.

16. 他17岁时首次登台，在1879年跟随埃伦·特丽到兰心剧院出演《铁箱子》和《威尼斯商人》之前，就已经和她在一起。

17. Obituaries in *The Times*，30 September 1932，7；1 October 1932，6. 后来，诺曼·福布斯-罗伯逊投资了邦德街的一家画廊，并在鉴别维米尔作品《基督在马大与马利亚家》的过程中发挥了重要作用，这幅画现藏于苏格兰国家美术馆。

18. *CL*，89. 哈特·戴维斯和霍兰德认为该信写于1880年3月，但得克萨斯大学奥斯汀分校收藏有一封诺曼·福布斯-罗伯逊写给奥斯卡·王尔德的新，标注日期是1879年3月20日，表明信应该是1879年3月写的。福布斯-罗伯逊在信中写道：“亲爱的王尔德（原文如此）——很抱歉，昨天我没能去拜访你，尤其是，我本可以和你独享一段时光。但我约了一个朋友吃饭，那是个推不掉的饭局。也许我可以改天去拜访，因为我想了解你的诗。你真诚的朋友，诺曼·福布斯-罗伯逊。”

19. E. W. Godwin，‘Diary 1879’（V&A）. 戈德温几乎参加了当年5月9日至8月1日福布斯-罗伯逊的每一场“家庭聚会”，并列出了参加人员，奥斯卡·王尔德也在其中。

20. Langtry，*The Days I Knew*，87.

21. Langtry，*The Days I Knew*，86. Ellmann，89，提到他的牙齿变色是由于他在牛津时感染梅毒时采用的“水银疗法”（水银会使牙齿变黑）。然而，目前还没有证据表明奥斯卡·王尔德感染了这种疾病，或者服用了汞。从他的行为来看，这是不可能的。牙齿变色更可能是吸烟所致，或者是死髓牙。更多有关王尔德可能感染梅毒的讨论，可参见 Part XI，chapter 3，n. 70。

22. Langtry，*The Days I Knew*，86；Augusta Fane，*Chit Chat*（1926），103.
23. Thomas Hake and Arthur Compton-Rickett，*The Life and Letters of Theodore Watts-Dunton*（1916），1：172.
24. Harry Marillier，quoted in Fryer，'Harry Marillier and the Love of the Impossible'，2.
25. Julian Hawthorne's diary，18 Feb 1880，quoted in Ellmann，57；"我们有几个共同的熟人，我经常见到他。我和其他人一样，对他卓越的精神品质印象深刻……他身上有一种令人反感的东西，也有吸引我的地方。" J. Hawthorne，'Oscar Wilde and What He Wrote'，*Philadelphia North American*，3 Dec 1900，8.
26. Harris，36；Langtry，*The Days I Knew*，87.
27. Langtry，*The Days I Knew*，86-7.
28. Violet Hunt，'My Oscar'（ms Cornell），quoted in Robert Secor，'Aesthetes and Pre-Raphaelites：Oscar Wilde and the Sweetest Violet in England'，*Texas Studies in Literature and Language*，21（1979），402-3；*Topeka Daily Capital*，16 January 1882.
29. 'Wilde's Personal Appearance' by his 'sister-in-law'（Mrs Frank Leslie?），*The Soil*，1，no. 4（1914），150.
30. Harris，36.
31. Langtry，*The Days I Knew*，87.
32. Harris，36.
33. Langtry，*The Days I Knew*，96.
34. Walter Sickert to Alfred Pollard，27 August 1879（private collection）.
35. 'Oscar Wilde'，*Pasadena Star-News*，17 July 1924，8，quoted in Gary Scharnhorst，*Julian Hawthorne：The Life of a Prodigal Son*.
36. Tom Taylor to Mrs Boughton，Monday，19 May [1879]（Clark）；弗兰克·哈里斯在他的王尔德传记中提到，奥斯卡·王尔德初到伦敦时，自称是一个"美学教授和艺术评论家"——他评论这是一种"极其可笑又可悲的"假设。但这段描述（哈里斯自己承认）来自福斯特的

《牛津校友录》，这本书直到 1886 年才出版。而上述称谓（无论是王尔德自称，还是编辑所为）指向的是 1879 年。

37. Godwin，'Diary'；Walter Crane，*An Artist's Reminiscences*（1907），191-4. 惠斯勒于 1879 年 5 月 8 日宣布破产。当年 9 月他动身前往威尼斯，直到 1880 年 11 月返回。白厅于 1879 年 9 月 18 日售出，买家是艺术批评家哈里·奎尔特（Harry Quilter）。
38. 西克特夫妇也是福布斯-罗伯逊家，以及戈德温的朋友。See Godwin，'Diary 1879'（V&A）.
39. *CL*，77.
40. *CL*，88.
41. Harris，37；Maureen Borland，*D. S. MacColl*（1995），25.
42. 两人初次见面的日期无处可考，但 1882 年奥斯卡·王尔德在华盛顿再次见到詹姆斯时并不陌生，并且表达了钦佩之情。
43. Ann Thwaite，*Edmund Gosse：A Literary Landscape*（1984），211.
44. 'Violet Fane' to OW [mid May 1879]（Austin），信中感谢他题刻的《拉文纳》，表示她已经读过这首诗，"兰西夫人——我们共同的朋友"已经给过她一本诗集。她并且写道，"我在其中所发现的美，在某种程度上让我对《时间的胜利》的成熟完美有了更深的理解，我非常非常欣赏它。"她期待着 5 月 28 日 5 点到 7 点之间在她的招待会上见到奥斯卡·王尔德和他的哥哥。这封信在哈利·兰塞姆中心被错误地归类于"维奥莱特·莱恩"条目下。
45. C. G. Leland to OW，4 October 1879（Austin）；see also JFW to C. G. Leland（TCD），1 Ovington Square，她在信中希望"于周六下午再次"见到他。
46. Frank Harris，*My Life and Loves*（1964），456.
47. Langtry，*The Days I Knew*，86-7.
48. 这些观点源自 Beatty，*Lillie Langtry：Manners，Masks and Morals*，3-4。
49. 'Exit Oscar'，*Truth*，11 July 1883.
50. 王尔德之前的两名纽迪盖特奖获奖者——马洛克和哈丁——都转向了小说创作，乔治·摩尔也同样如此。
51. Quoted in R. B. Glaenzer，ed.，*Decora-tive Art in America：A Lecture by Oscar Wilde*（1906），32；*CL*，98.

52. OW，'Grosvenor Gallery'，*Irish Daily News*，5 May 1879，OET VI，18.
53. 'Oscar Wilde'，*Biograph and Review*，134.
54. WCKW to Miss Campbell，Thursday [30 January 1879]（Clark）；信中提到的内容刊登在1879年1月29日《世界》杂志；Harris，32。WCKW to Ellen Terry，19 November 1879（Leeds）信中提到自己为《名利场》编辑"圣诞刊"，信末写道，"我希望你在《爱尔兰每日新闻》上看到我为《威尼斯商人》撰写的文章。"威利当时很可能也为其他报纸撰稿。
55. OET VI，16–18；*CL*，79；1879年，奥斯卡·王尔德初次涉足批评领域，其内容是针对J. A. 西蒙兹的新卷《意大利的素描与研究》中《雅典娜神殿》的一篇未署名评论。他在其中赞扬了西蒙兹对美的敏锐鉴赏力，并对他偶尔缺乏语言克制力表示遗憾。
56. Edmund Yates to WCKW，30 January 1879（Houghton）；耶茨似乎对纽迪盖特奖的声望很有信心。1876年的纽迪盖特奖获奖者威廉·莫尼·哈丁（William Money Hardinge）曾经为《世界》周刊撰稿：see W. M. Hardinge，'A Benediction'，*World*，19 March 1879，14；'A Chance Meeting'，*World*，27 August 1879，13.
57. W. L. Courtenay，*The Passing Hour*（1925），118. 考特尼说，自己只听说过耶茨和哈利·考斯特这两个人，他们在状态最好的时候，也只不过"接近于"王尔德的健谈水平。
58. 'The Conqueror of Time'；see OET I，104–16. 1881年这首诗被收录进王尔德的《诗集》，改名为《阿萨纳西亚》（Athanasia）。
59. *World*，4 June 1879，9：舞会于1879年5月29日周四晚上举行。查尔斯·迪尔克（Charles Dilke）描述道格拉斯–默里夫人"和蔼可亲，人超好"。Stephen Gwynn，*The Life of the Rt. Hon. Sir Charles W. Dilke*（1917）.
60. Harris，32.
61. 那一年没有颁发奖项。克拉克图书馆藏有奥斯卡·王尔德的完整手稿（未完成稿）。王尔德的信件中没有透露他是否递交了作品，还是没有获得奖项。See OET IV，xxii.
62. *CL*，78；Ross，*Oscar Wilde and Ancient Greece*，100–1.
63. *CL*，79.

64. *CL*，78n. 从奥斯卡·王尔德的大英博物馆读者券可以看出他的“目标”：《关于大学教学的希腊和拉丁文文学研究》（Study of Greek and Latin literature with ref. to University career）。
65. Harris，29.
66. 他在《流浪儿》杂志上发表了两首诗歌，《复活节日》（Easter Day）和《航行印象》（Impression de Voyage）；Mason，216–18；R. Rodd，*Social and Diplomatic Memories*（1922），10.
67. Gower，*My Reminiscences*，2：320. 拜访的时间为 1879 年 12 月。
68. *CL*，80–1，84；Oscar Browning，*Memories of Sixty Years*（1910），281–2，提到其中一次拜访发生在 1879 年 10 月，他和奥斯卡·王尔德“一同去了剑桥的演艺剧场。演出结束后我和演员们一起吃了晚饭。” H. E. Wortham，*Oscar Browning*（1927），185.
69. *CL*，86；Francis Adams，‘Frank Miles’，*Boomerang*，5 May 1888，9，quoted in Meg Tasker，*Struggle and Storm*，*the Life and Death of Francis Adams*（2001）.
70. Marillier，quoted in Fryer，‘Harry Marillier and the Love of the Impossible’，3；diary entry ‘July 1879’ in Laura Troubridge，*Life Amongst the Troubridges*（1999），152.
71. OW，quoted in Harris，*My Life and Loves*，457.
72. William Shepard，ed.，*Pen Pictures of Modern Authors*（1882），210，quoting ‘An English Aesthete’ from the *Boston Herald*. 这篇文章（以及其他早期美国媒体报道）中提到，奥斯卡·王尔德的下午招待会是拉下百叶窗，在烛光下举行的，但这些描述似乎与王尔德夫人的派对有些混淆，而且也没有得到莉莉·兰特里、劳拉·特鲁布里奇等当时知名访客的证实。
73. Troubridge，*Life Amongst the Troubridges*，152.
74. *CL*，86 and n；*Vanity Fair*，13 December 1879，提及画作的主题为“海浪”。
75. Marillier，quoted in Fryer，‘Harry Maril-lier and the Love of the Impossible’，3.
76. 埃德蒙·耶茨写给奥斯卡·王尔德的信中提到，《新海伦》本应发表于 1879 年 6 月的《时代》月刊，但后来被推迟至 7 月，400–

2. Edmund Yates to OW, 20 May 1879 (Austin)；推迟的原因是耶茨要刊登维奥莱特·费恩和“斯库达莫尔先生”的两首热门长诗。Violet Fane to OW [May 1879] (Austin)，关于推迟刊登：“我没有在《时代》的内容介绍中看见《新海伦》——也许，我们的胖编辑（耶茨）打算把它先放一放，到下期刊登，让它保持原貌。”

77. 'The Apostle of Beauty in Nova Sco-tia', *Halifax Morning Herald*, 10 Octo-ber 1882, in Hofer & Scharnhorst, 170; *CL*, 65, n. 3.

78. Sarah Bernhardt, *My Double Life* (1907), 297-8. 欢迎的人群规模并不大；事实上，1879年6月2日《每日新闻》在《法国喜剧院抵达》的报道中提到，（迎接的人）“为数不多，其中不乏热情的观光客”。

79. *CL*, 80；节目单上还包括莫里哀的两个剧目（《愤世者》和《可笑的女才子》），伯恩哈特演出的是《费德尔》第二幕。

80. WCKW to Miss Campbell [June 1879] (Clark).

81. 'Queen Henrietta Maria', *World*, 16 July 1879, 18; 'Portia', *World*, 14 January 1880, 13.

82. *CL*, 81.

83. Shepard, ed., *Pen Pictures of Modern Authors*, 211, quoting 'An English Aesthete' from the *Boston Herald*.

84. Ward, in Mikhail, 14:“她尝试着想看看自己能跳多高，并在墙上用木炭写下自己的名字。从房间里潦草的字迹以及距离天花板不远的位置来看，她的尝试似乎还不赖。” Quoted in Fryer, 'Harry Marillier and the Love of the Impossible', 3.

85. Quoted in Arthur Gold and Robert Fizdale, *The Divine Sarah* (1992), 151; Christian Krogh, 'Fitz Thaulow and Oscar Wilde at Dieppe, 1897', *New Age*, 10 December 1908, in Mikhail, 349.

86. 'Humanitad', OET I, 96; *CL*, 107，其中暗示奥斯卡·王尔德曾经向埃伦·特丽吐露过他从前对弗洛伦丝的爱情。

87. *CL*, 107.

88. OW to Henry Irving, 13 Salisbury Street [on St Stephen's Club letter-head] [1879]，为兰特里夫人索取《哈姆雷特》的演出票。Ref 8497 in Henry Irving Correspondence online in HI Foundation Centenary Project; *CL*, 91.

89. Lillie Langtry to OW [1879], quoted in Beatty, *Lillie Langtry: Manners*,

Masks and Morals, 138:“我去过索尔兹伯里街……想问问你，我在这儿该穿什么去参加化装舞会。” W. Graham Robertson, *Time Was* (1931), 70.

90. Langtry, *The Days I Knew*, 95；兰特里描述了她“初来乍到时”（1877年），去伦敦国王学院听讲座的情形。但大英博物馆文物管理人（兼希腊人协会主席）查尔斯·牛顿举办讲座是1880年5月/6月在伦敦大学学院；见‘Literary Miscellany’, *Leeds Mercury*, 29 May 1880。兰特里和王尔德的出现，令这些讲座“时髦”起来，它们确实“真正地代表了……美学世界”。‘London Gossip’, *Hampshire Telegraph*, 16 Octo-ber 1880.

91. Langtry, *The Days I Knew*, 150-1; Violet Hunt, ‘My Oscar’, quoted in Secor, ‘Aesthetes and Pre-Raphaelites’, 402. Ellmann, 109, 罗斯金“含着眼泪长篇大论地斥责荡妇，将（兰特里）赶出了屋子，‘像你这样的美丽女人掌握了世界的命运，既能创造也能毁灭’，他在她离去的身影后嚷嚷着。”然而亨特的描述却没有这么体面。兰特里之所以掉眼泪，是因为这个大人物竟然如此这般地夸赞她的美丽。

92. Ricketts, 29；自从1878年米莱在英国皇家艺术学院展出肖像画《泽西百合》以后，“泽西百合”（又名孤挺花，amaryllis belladonna）就与莉莉·兰特里联系在一起。“泽西百合”成了她的外号。米莱的画作上描绘的是出生于泽西的兰特里，手上拿着一枝孤挺花。

93. Langtry, *The Days I Knew*, 93.

94. Langtry, *The Days I Knew*, 96.

95. OET I, 118-21, 278；虽然手稿上的“致L. L.”明确暗示这首诗与莉莉·兰特里有关，但诗中描写的胆小怯懦、闪烁着一双灰绿色眼睛的女子却不像她。而且值得注意的是，奥斯卡·王尔德会为某个人写一首诗，然后再把它献给另一个人。他将十四行诗《海伦娜》(Helena)——为莫杰斯卡所作——改成《卡玛》(Camma)，献给了埃伦·特丽。See OET I, 290.

96. Langtry, *The Days I Knew*, 96; Vincent O'Sullivan to A. J. A. Symons, 26 May 1937 (Clark):“我认为，王尔德初到伦敦时，确实爱上了兰特里……她根本没有爱上他，我确信，她什么也没给过他。”

97. Beatty, *Lillie Langtry: Manners, Masks and Morals*, 160-6.

98. Beatty, *Lillie Langtry: Manners, Masks and Morals*, 140.

99. Langtry, *The Days I Knew*, 96; Gerson, *Lillie Langtry*, 54.

100. Lillie Langtry to OW, Shipley, Derby, 'Monday' [1879-81] (Austin); 她"至今"自己"无法原谅自己","把马车的事情忘得一干二净"。

101. 'London Gossip', *Hampshire Telegraph*, 16 October 1880.

102. Frederick Locker Lampson, *My Confidences* (1896), 309-10; *World*, 3 December 1879, 9:"这是一位著名的上流社会诗人作品的正版抄本，周五晚上在米莱夫人府上供人传阅（奥斯卡·王尔德当时也在派对现场）：

For MRS LANGTRY

When youth and wit and beauty call, I never walk away;

When Mrs. Langtry leaves the ball I never care to stay.

I cannot rhyme like Oscar Wylde

Or Hayward (gifted pair!) [Abraham Hayward, 1801-84]

Or sing how Mrs. Langtry smiled, Or how she wore her hair.

And yet I want to play my part, Like any other swain;

To fracture Mrs. Langtry's heart-And patch it up again

致兰特里夫人

青春、智慧和美貌召唤时，

我从不走开；

兰特里夫人离开舞会时

我绝不愿意留下。

我无法像奥斯卡·怀尔德（Oscar Wylde）

或者海沃德（多么天才的一对！）（亚伯拉罕·海沃德，1801-1884）

那么押韵，

去歌唱兰特里夫人的微笑

以及她如何整理云鬓。

然而我想像其他情郎一样，

扮演自己的角色；
让兰特里夫人心碎——
然后再修补它。

103. For OW's copy of Lord Ronald Gower's *A Pocket Guide to the Public and Private Galleries of Holland and Belgium* (1875) at Clark see Thomas Wright, 'Tite Street Books at Clark Library', *Wildean* 48, 88-90.
104. OW '*L'Envoi*', preface to Rodd's *Rose Leaf and Apple Leaf* (1882); 其中收录了罗德的十四行诗 'Une heure viendra qui tout paiera' 。在罗德自己为该书所作的注解中，这首诗标注的是"图尔奈，1879 年"; W. Schrikx, 'Oscar Wilde in Belgium', *Revue des Langues Vivantes*, 37 (1971), 122.
105. OW lecture, 'The Renaissance of English Art', 1882.
106. Paul de Reul, quoted in Schrikx, 'Oscar Wilde in Belgium', 119-20.
107. Schrikx, 'Oscar Wilde in Belgium', 126-7; the lines are from Peck's poem, 'A Monsieur de Reul', dated 'Diekirch 25 Juillet, Dans un café'; 马蒂尔德·托马斯证实，诗歌中提到的英国青年是奥斯卡·王尔德，而非罗德。雅克·佩尔克死于 1882 年，被推崇为荷兰文学界的"80 年代"美学先驱。格扎维埃·德勒尔的艺术史研究主要集中于鲁本斯；他——和王尔德一样——对艺术家陈列在布鲁塞尔的作品《背负十字架的基督》极为仰慕。
108. Walter Sickert to Alfred Pollard, 27 August 1879 (private collection); Helena Swanwick, *I Have Been Young* (1935), 65-6.
109. Swanwick, *I Have Been Young*, 64 - 5; Oswald V. Sickert to Edward Marsh, 30 August 1895 (Berg) .
110. *CL*, 82.
111. Harris, 39.
112. Harris, 36, 38.
113. *CL*, 84.
114. Harris, 39; *CL*, 156.
115. 考试于 1879 年 9 月 23 日上午 9 点半在三一学院举行。"考试科目与传统学校所承认的科目相同", *Oxford University Gazette*, 17 July

1879，487.

116. Lewis R. Farnell, *An Oxonian Looks Back*（1934），70-1.

117. *CL*，87. 三一学院的职位给了 Mr James Saumarez Mann MA，他后来去了埃克塞特学院（*Oxford University Gazette*，10 October 1879，17）。1879 年 11 月 4 日，默顿学院宣布招考两个古典文学教职。考试当天（12 月 23 日），奥斯卡·王尔德在伦敦；*CL*，85.

118. *CL*，85.

119. *CL*，87-8.

120. Marillier，quoted in Fryer，'Harry Marillier and the Love of the Impossible'，3.

121. OW to 'Mr Silter'，[n. d]，13 Salisbury Street；王尔德号称已经有人找过他（"鉴于我手头还有另一个工作机会，我很愿意能够尽快得到你的消息，告诉我你今年夏天有些什么安排。"），但这很有可能是一种策略，目的是希望这种说法能够有助于尽快找到工作。Bloomsbury Auctions，20 August 2015，lot 402.

122. Constance Westminster to OW，4 January [1880]（Austin）.

123. Rodd，*Social and Diplomatic Memories*，23；当时，洪水在伦敦并不常见。1879 年 8 月 28 日的《晨报》提及兰贝斯区的洪水，"给贫困地区的居民……带来严重损失"。

124. George E. Woodberry to C. Eliot Norton，25 April 1882（Houghton），in Ellmann，192.

125. *CL*，85.

126. J. Ruskin to OW，'Thursday' [December 1879]（Berg）："亲爱的奥斯卡，（我发现）我能够于明天 4 点准时到达奥温顿广场；我很高兴能去那儿——就像你让我度过了星期天一样。"

127. 这次拜访的时间是 1879 年 12 月的一个"周日的上午"；David Waller，*The Magnificent Mrs Tennant*（2009），238.

128. J. Ruskin to OW，'Thursday'（Berg）.

129. 这是罗斯金拜访坦南特一家之后告诉王尔德的话；Waller，*The Magnificent Mrs Tennant*，238.

130. *CL*，84.

131. L. B. Walford，*Memories of Victorian London*（1912），147-8；本书的大

部分材料源于 Lucy Bethia Walford 的朋友和“姐姐”（约翰·库珀在《王尔德在美国》（“奥斯卡·王尔德在美国”网站）中确认她是汉弗莱·沃德夫人（Mrs Humphrey Ward））当时写的信件和日记；沃尔福德误将此事记成 1874 年，很可能是将“1879 年”误读所致。

2. 小丑和笑话

他比他们想象的要聪明得多。

——查尔斯·里德

155 显然，奥斯卡·王尔德尚未获得成功。事实上，伦敦生活的第一年临近结束时，尽管他和莉莉·兰特里的关系已经名声在外，但他的纽迪盖特奖诗歌已经渐渐失去光彩，而令他最出名的或许在于，他的名气并没有朋友们和支持者们所吹捧的那么高。

然而，潮流开始转向了。王尔德一直很下功夫——在培育人际关系，跟进各种邀请方面。他没有固定工作，如一位毫不客气的观察家所说，除了“绕着伦敦小跑，跟别人打嘴仗”之外，无所事事。他努力让自己显得和蔼可亲，结果很有成效。[1]他受益于这样一个现实：曾经封闭的贵族化、党派化的传统社会正开始渐渐扩大和开放。虽然在所谓“上流社会”中存在着微妙的等级划分，许多老牌地主家庭仍然置身事外，但旧的分歧正在逐渐消失，暴发户找到了立足之地。各种招待会和宴会上可以出现不同的政治信条。专业人士获得了进入时髦客厅的权利。艺术家就是其中之一。有时候甚至连戏台都可以登堂入156 室。有几位新潮的女主人（她们富有，但并非贵族）一马当先，向“每一个有趣并卓越的人士”敞开自家大门。[2]王尔德从这种崭新的气氛中获益良多：他即便算不上“卓越的”，也确凿无疑是“有趣的”。

更何况，女人们喜欢他，女人统治着社交界。宴会的宾客名单是她们列的，请柬是她们发的。男人们也许认为王尔德“娘娘腔”“做作”，他们可能厌恶名媛们把他当作宠儿的样子，他们也许会在吸烟室里拿他开玩笑，但与此同时他们却在不由自主地邀请他登门。他们的妻子喜欢王尔德滔滔不绝的谈话、他的文化底蕴、他的聪明才智，以及他对室内装饰和穿着打扮的看法；她们乐于听取他的奉承，喜欢他的幽默风趣。[3]他将她们的聚会提升了一个档次。宴会桌上坐在王尔德旁边被视为一桩乐事。他离开牛津后不久，一位贵族夫人在“赫胥黎晚宴”上遇到了他，她认为自己“从未见过这么神奇、聪明的人”。[4]*

王尔德喜欢孩子，这一点也对女人们特别有吸引力。很多小女孩都像茜茜·马克西夫人的7岁女儿维奥莱特·马克西一样，被他的故事和笑话迷住了。[5]年纪稍大一点的女孩也觉得他很招人喜欢。他身上表现出来的“柔弱”不但不让人讨厌，反而使他在异性面前很有吸引力。劳拉·特鲁布里奇和她的一个妹妹“都深深地爱上了他”，劳拉在日记中写道，她们认为他“非常讨人喜欢”。[6]王尔德当然喜欢这种赞美。他说服古西·格

---

* 偶尔也会出现失误。一次，王尔德接到“史密斯太太”的晚餐邀请，但随即——鉴于他又接到另一份邀请，有机会见到罗伯特·布朗宁——又写信给女主人“痛心地”表示，他因为“当天晚上不得不去北方”而爽约。布朗宁参加的晚宴安排在摄政公园附近的朋友家里，是一场私人聚会。王尔德和布朗宁正聊得兴起时——令他大为惊恐——有人报“史密斯夫人”来了。史密斯夫人收到王尔德的第二封信后，取消了自己的晚宴计划。发现王尔德也在场，她很不高兴。“这就是你所说的‘北方’吗?”她质问道。这件事情让王尔德很没有脸面。但是，尽管史密斯夫人威胁说再也不理他了，但王尔德当天晚上就平息了她的愤怒情绪，而且“他们还是一如既往的好朋友”。

雷斯韦尔带着特鲁布里奇家的姑娘们参加他在索尔兹伯里街举行的茶会，作为交换，他把古西介绍给莎拉·伯恩哈特。[7]

但是，即便王尔德很享受女性的关注，他也很少花费心思去跟进。弗洛伦丝·巴尔科姆依然是他挥之不去的记忆。他曾经那么仰慕的朱莉娅·康斯坦斯·弗莱彻在经历了爱情挫折之后，似乎已经变得遥不可及。他和弗朗西丝卡（弗朗姬）·福布斯-罗伯逊建立起一种特殊的融洽关系，但这是一种牢固的友谊，并非爱情。伦纳德·蒙蒂菲奥里的不幸离世确实让王尔德与伦纳德的妹妹夏洛特走得很近。而且，根据家族传统，他甚至向她提出了求婚。不过，尽管她真心喜欢他，但还是一口回绝了，并且得到了一个潦草的回复："对于你的决定，我觉得很遗憾。以你的金钱和我的头脑，我们本可以鹏程万里。"[8]

157

王尔德在极大程度上喜欢那些散发着魅力，更加遥不可及的大人物。当出身波兰的著名女演员海伦娜·莫杰斯卡1880年2月初从美国抵达伦敦时，他自封为她的追随者。[9]他把她介绍给重要人物，写诗称颂她的美貌，热烈讨论她的作品，安排她利用弗兰克·迈尔斯的画室请人画像。他在慈善义卖会上当她的"追随者"，自告奋勇为她改编剧本，把她的波兰语诗歌《艺术家的梦想》（Sen Artysty）"翻译"成英语，发表在《劳特利奇》一年一度的圣诞特刊上。他逗她笑；她很乐意听他描述自己的成就，当她用难懂的波兰语为英国观众朗诵诗歌时，大家都哭了，因为她的声音"撩拨了人们神经系统的最末梢"。[10]莫杰斯卡尽管被他的热情所感染，但还是对这位年轻的追随者感到有些迷惑不解："这个年轻人究竟做过些什么，怎么到处都能见到他？"她问，"哦，是的，他很会说话，但是他做过什么呢？他什么都没有写过，也不会唱歌、画画或演戏——他除了夸夸其谈之外什么都不做。我没法理解。”[11]

在王尔德谈论的所有话题中，艺术是最重要的，也最有助于提升他的名气。他没能成为报纸艺术评论家、终身教授、成功的作家，也没能成为旅行导师，他成为某种文化伴侣、一个自封的品味仲裁者，在艺术画廊和展览会上随侍各种时尚女性。[12]女人对艺术感兴趣，或者认为她们应该对艺术感兴趣。1880 年，她们对美学艺术特别有兴趣。长期以来，唯美主义只是一小群人的品味，最终却成为一种社会时尚。王尔德既是这种时尚的促成者，也是其受益者。任何去过他在索尔兹伯里街寓所的人都知道，他是一个唯美主义信徒。很快，他就成为格罗夫纳画廊和皇家艺术院引人瞩目的人物，他不仅自己欣赏画作，还把它们介绍给“一群”热切的女性“崇拜者”，“把他的理论解释给愿意接受的人听”。[13]

158

王尔德的学识和品味广受赞誉。有些人认为王尔德装腔作势，但小说家查尔斯·里德警告说：“他比他们想象的要聪明得多……他很懂艺术，几乎对绘画无所不知。”里德讲述某天早上在皇家艺术学院偶遇这位“轻浮的年轻绅士”——并目睹他“准确无误地发现了每一幅值得一看的作品。这样的作品确实不多；但是都被他发现了”。[14]王尔德的幽默也让人感到非常愉快。一次他说，皇家艺术院收藏的那些传统画作“除了它们不是画，也根本算不上艺术品之外”，“真的没什么可指摘的”。[15]

与此同时，王尔德一直试图通过接近拉斐尔前派的圈子来增强自己的美学权威性——拉斐尔前派是这场美学运动的先驱者和缔造者。他先被画家兼诗人威廉·贝尔·斯科特吸引，后者既是罗塞蒂和斯温伯恩的好朋友，也是“拉斐尔前派所谓的鼻祖之一”。斯科特的妻子提携过许多“有前途的年轻人”，她发现王尔德——“这个刚从牛津毕业的迷人的爱尔兰年轻人”——就是个新手。在她的安排下，“某个下午”——在切尔西区的切恩步道的斯科特家——王尔德遇见了阿尔弗雷德·亨特夫妇和他们 17 岁的女儿维奥莱特。

他崇拜的亨特先生是一位精致的水彩画家，是拉斐尔前派的边缘人物，亨特夫人（一位通俗小说家）也一样，但他最仰慕的人是维奥莱特；她长着一头浓密的赤褐色头发，大大的眼睛和富于表现力的嘴巴——用埃伦·特丽的话说，她是“伯恩-琼斯笔下波提切利的翻版”。[16]王尔德成了这家人的朋友，邀请他们去索尔兹伯里街参加茶会，去切尔西登门拜访，并与维奥莱特（“英格兰最甜美的紫罗兰”）调情。[17]他鼓励她写作，即便并没有真正向她求婚，他也会用这句（几乎屡试不爽的）话奉承她：“我们将统治世界——你和我——你以你的容貌，我以我的才智。”[18]

王尔德还结识了另一位拉斐尔前派画家阿瑟·休斯。他在位于伦敦南郊旺德河岸边的休斯家中度过了愉快的星期六。那里有画室舞会，有欢乐的晚餐，还有穿过草地去到小河边的长时间散步。休斯家的常客中包括汤姆·泰勒一家、西克特一家，以及演员柯尼·格兰。[19]休斯家的三个女儿中，18 岁的阿格尼丝虽“不善交际”，但认为他是所有到访的朋友中“最有趣、最善解人意，和蔼可亲的一个”。他给她们讲鬼故事，用夸张的言行逗乐她们。他常常坐一辆体面的出租马车从伦敦一路过来：“多么俗气的东西，亲爱的阿格尼丝，还这么有用！”有时他还会带来几个朋友：其中一个被他称作“极具天赋的孩子——他把煤斗漆成了白色，看上去真可爱！”王尔德则对阿格尼丝自己做的“柔和、飘逸”的连衣裙大加赞赏，它们“色彩明快，裁剪得恰到好处”。[20]

也许是通过休斯家族，王尔德在这段时期结识了爱德华·伯恩-琼斯。[21]1880 年 6 月，莎拉·伯恩哈特回到伦敦时，王尔德理所当然地安排这位追星画家与她见了面。然后，他开始编织关系网，寻求在伯恩-琼斯的帮助下一睹威廉·格雷厄姆收藏的拉斐尔前派绘画作品；此举并非为了他自己，而是为了法国艺术家朱尔斯·巴斯蒂昂·勒帕热，那年夏天巴斯蒂昂·勒帕热也在当地，正在为亨利·欧文绘制肖像。[22]

然而，王尔德新结识的最重要人物来自文化圈之外。47 岁的乔治·刘易斯是一名罪犯和离婚律师：他是个老谋深算、言行谨慎的犹太人，正在富人圈中混得风生水起，他替富人阶层打官司，处理那些“有可能让他们丢丑或陷入不幸的罪孽蠢事”——确保他们能够毫发无伤地离开法庭。威尔士亲王雇他来处理自己与诸多情妇之间的纠葛。于是，刘易斯认识了莉莉·兰特里，王尔德也许正是通过她认识了律师。* 刘易斯不只善于解决问题，他还喜欢把人聚在一起，建立有用的联系，发起有趣的活动。他和做起事来张弛有度的第二任妻子在波特兰广场的豪宅里，为画家、政治家、作家和律师们建立了一个至关重要的聚会场所。对于一个“有前途的年轻人”来说，这就是他应该去的地方。[23]

王尔德仍然坚信自己未来可期。1880 年，他的公众形象开

---

* 奥古斯塔·费恩夫人记录了一件毫无疑问是杜撰的轶事：王尔德去拜访刘易斯，被带进一个房间，那里有几个女人在等着。他对男仆抱怨说：“这是间为有不可告人的经历的女人们准备的屋子。我要去那间有前途的男人们待的屋子。”无论如何，这句隽语确实反映了王尔德的情绪，有可能他此前确实说过这句话。

160 始发生变化。除了在《世界》杂志上偶尔露面之外，他的名声——直到那时——主要靠人们口口相传。现在，一个新的元素加入进来：《笨拙》杂志。过去五年中，这份充满中产阶级的幽默与偏见的漫画周刊一直在以小品、模仿等形式讽刺“美学狂热”，尤其是杰拉尔德·杜穆里埃的漫画。事实上，对许多人来说，正是杜穆里埃笔下虚构的“热情洋溢的布朗普顿居民”阐明了这场运动的定义，比如“温和纤弱的年轻吟游诗人”、尊贵的菲茨-拉文德·贝拉尔斯一家、矫揉造作的艺术评论家普雷斯比，以及穿着长袍、满头乱发、有点像伯恩-琼斯的契马布埃·布朗夫人。随着唯美主义变得日趋流行和时尚，杜穆里埃加强了攻击。1880 年初，他又给这组漫画增加了两个人物。

2 月 14 日《笨拙》杂志刊登杜穆里埃的漫画《彼此仰慕的社会》，其中描绘“诗人杰拉比·波斯尔思韦特”在“画家莫德尔”陪同下去参加契马布埃·布朗夫人的宴会，受到女主人的热情夸赞：“哦，看他的大脑袋和诗意的面孔，那鲜花一般的眼睛，还有那高雅而伤感的微笑！看他那瘦高匀称的身材，柔弱得像个女人。”她把他称为“伟大的诗人”——不过附注中补充说，他其实“默默无闻”。

杜穆里埃并不打算把王尔德作为这幅画的具体讽刺对象。他笔下的“美学”人物都属于凡人“类型”（尽管有人说契马布埃·布朗夫人的形象部分是根据格罗夫纳画廊经理乔的妻子爱丽丝·科明斯·凯尔创作的）。当时，自我陶醉的拙劣诗人并不少见。尽管波斯尔思韦特胡子刮得干干净净，头发有点长，但他那瘦削、佝偻的身躯看上去一点也不像王尔德。[24]然而王尔德作为诗人兼唯美主义者的名声日渐在外——被热情洋溢的朋友们大加赞赏，但基本上属于“默默无闻”——这意味着有些人确实会将二者联系在一起。接下来的几周里，这种联系非但没有打破，“热情”而懒散的波斯尔思韦特还成了杜穆里埃作品中反复出现的美学界名流人物。[25]

王尔德认为这是个机会。他不仅鼓动人们相信，而且还一口咬定存在这种联系。他忽略了外形上的差异，声称自己确实就是波斯尔思韦特的原型。王尔德接受了杜穆里埃的漫画嘲讽，并把它作为一种个人展示，试图借此将人们的注意力吸引到自己身上。《笨拙》杂志发行量很大，影响深远。如果王尔德能够在公众的心目中等同于具有审美情趣的“波斯尔思韦特”，他会把波斯尔思韦特假设成唯美主义的典范诗人——甚至典范形象。

毕竟，这个位置当时还空着。到 1880 年，美学运动公认的领军人物仍然只是之前拉斐尔前派小圈子里的几个人：罗塞蒂、斯温伯恩、莫里斯、伯恩-琼斯，还有戈德温以及他们曾经的朋友惠斯勒。对于一家渴望以个性化方式叙述问题的媒体来说，这是不利的一面。几乎所有这些人物要么已经退出公众视野，要么已经变得十分受人尊敬。除了惠斯勒，目前他们谁都没有任何明显的“古怪装扮或举止”。[26]罗塞蒂事实上是一个隐居者。斯温伯恩已经退休到帕特尼去了。莫里斯迷上了商业和政治。尽管伯恩-琼斯的作品经常被人讽刺，但他早就屏蔽了任何个人宣传。戈德温则忙得什么都顾不上。媒体需要一张新面孔，一个新人物——一个活生生的唯美主义的化身。王尔德——打算把自己塑造成“波斯尔思韦特”的原型——也许正好需要这个角色。

这是一个很有独创性的想法，也是一个年轻人在事业刚刚起步时采用的大胆策略。对于维多利亚时代大多数认真追求崇高艺术的人来说，笑对并接纳冷嘲热讽简直不可想象。然而，王尔德另有想法。同时代的人评价他“对自己的年龄有敏锐的洞察力”，他明白“一个人所能引发的好奇心是他成名的要素之一”。[27]这种好奇心因何而起并不重要。他从学生时代起，就随时用幽默来颠覆自己的自命不凡。如果他经常拿自己开玩笑，那只不过是一时间允许别人使用这种特权罢了。他理所应当地坚称自己是这场游戏的同谋。他特意去找杜穆里埃，对他很客气，甚至主动提出（他是这么说的）做他的模特儿，以便使他能画得更像。他拒绝别人拿他开玩笑，只是对漫画的艺术性表现出一种美学上的关注。他要让人以为，他确实为杜穆里埃的漫画提供了素材。[28]

杜穆里埃发现自己的思路被王尔德带跑了。他确实开始从王尔德身上借鉴素材。6月17日，波斯尔思韦特（这是他第四次出现在《笨拙》杂志上）被描绘成独自坐在一张茶几前，桌上的花瓶里插着一枝百合花。侍者问：“先生，您还需要点别的吗?”他回答：“谢谢，不用了！我要的东西都有了，马上就好。”一个唯美主义诗人长时间地对着一朵花冥思苦想，这番场景正好呼应了王尔德之前对梅·哈帕所说，他曾经“依赖水仙花活了两个星期”。杜穆里埃似乎是在重新利用某种版本的王尔德式言论。[29]几个月后，杜穆里埃描绘了一个“唯美主义新郎”（看上去有点像王尔德）和他“热情的新娘”凝视着他们的“六马克”中国茶壶，并配文道：“哦，阿尔杰农，我们别辜负了它。”很多人都看出来了——并且议论纷纷——这是回炉了王尔德在牛津时的著名段子。[30]

年底，惠斯勒从威尼斯回到伦敦，他在一次展览上遇到王

162

尔德和杜穆里埃，问道："我说，你们两个人到底是哪一个发现了另一个，嗯?"这句话起初被认为是对杜穆里埃（他一度曾是惠斯勒的朋友）的侮辱，但它也确实反映了在大众的想象中，唯美主义的"波斯尔思韦特"与唯美主义者王尔德之间日益显现的一致性。[31]整个1880年，"波斯尔思韦特"变得越来越像王尔德，王尔德也变得越来越像"波斯尔思韦特"。[32]他怀着极其"明确的目标"去表现"这个人物"。[33]他放大了人物角色。他的言谈举止变得更加矫揉造作，他的姿势更加无精打采，他的谈吐更加刻意做作。他甚至还可能使用了美学术语（如《笨拙》中所写）——"完美""绝对""至高无上""简直太……"。当然，他有一种打破常规的天赋，既能举重若轻，也会兴师动众。但他所做的远不止这些。王尔德已经远远超越了波斯尔思韦特的"诗人"角色（毕竟他自己还几乎算不上是个诗人），试图成为唯美主义的精髓——如一位朋友所说："在同胞们的眼中，体现出一种建立在对美的崇拜之上的人生观。"他宣称自己的生活就是"一件艺术品"。[34]他发现越来越多的人开始接受这种想法。

他的语录——它们将审美标准强加于生活的方方面面——很快成为伦敦的一种社交货币（social currency）。他将自己在牛津时写下的格言警句改头换面，逗乐了所有伦敦人：亨利·欧文的"两条腿都非常宝贵，但他的左腿是一首诗"。[35]人们传说，他看见伦敦一座房子的前院花园里有一树杏花，便喊道："我真想被邀请进去，看看那棵杏树；我喜欢它甚于男高音。"坊间还流传着一则王尔德拒绝服药的轶事，原因是它那"暗棕"的颜色。药剂师很快用一瓶漂亮的"玫瑰红"液体和一些"像金子一样闪闪发光"的药丸取代了它，王尔德便高高兴兴

地吞了下去。他的病痊愈了，尽管他之前曾经表示自己真不愿
163 意身强体健。[36]有媒体报道，当王尔德在街头遭遇一群顽童取笑时，他不动声色地说："我很乐意为下层阶级提供消遣。"[37]

其他广为流传的轶事还包括，他住在一幢乡间别墅里，一天下楼用早餐时脸色苍白；当被问及是不是生病了，他回答说："不，我没病，只是累了。事实上，我昨天在树林里摘了一朵报春花，它病得很重，我照看了它一晚上。"[38]他因为喜爱报春花，走进杰明街的一家花店；他要求店家从窗户上取下几束花。当被问及想要多少时，他回答说："哦，我不想要，谢谢。我只是想让你把它们从窗户上拿下来，因为它们看起来累得很。"[39]当然，这其中很多都是杜撰的。有关他手里拿着一朵百合花在皮卡迪利大街上招摇过市的故事——尽管可能让人联想起他给莉莉·兰特里送花的事情——根本就是虚构的。但是，正如他带着倨傲的口气所说："任何人都有可能做那些事情。"而他让全世界相信，"（是他）干了这些事情"，由此他完成了一件"伟大而又极具难度的事"。[40]全世界——在《笨拙》杂志和"波斯尔思韦特"的推波助澜下——越来越愿意相信这些事情就是他干的。然而，虽然这些故事为王尔德扬了名，但其中始终令人捉摸不透的是，读者们开怀大笑到底是因为他的机智，还是在嘲笑他的愚蠢。

不过，王尔德并不关心这些。他看到的是这些矛盾差异中有用的一面。他刻意夸张的公众形象与私下里显而易见的个人才智之间明显存在差距，这种现象进一步让人感到茫然而困惑。一位记者不得不承认说："如果你偶然发现波斯尔思韦特（即王尔德）正巧独处，并且让他对你放松警惕，与他讨论任何与艺术无关话题，你可能会惊讶地发现他是一个多么精明世故、

通情达理、脚踏实地的人。”[41]有时候，王尔德可能会突如其来地放下做作姿态，猛然间换上一种让人放心踏实的亲近态度。一次，他受邀与瑞典歌剧女演员克里斯汀·尼尔森共同步入宴会厅，刚说了几句精致优雅的恭维话便遭到了尖刻的反驳：“听着，王尔德先生，克里斯汀·尼尔森太太可不吃这一套。这都是装腔作势，全是废话。”对此，王尔德敏捷地答道：“谢谢您。您是我遇到的第一个明智的女人兼真正的朋友。”据尼尔森说，从那以后，他们相处得极好。[42]

在王尔德的波斯尔思韦特式姿态中，还存在着其他矛盾。在大众的想象和《笨拙》杂志中，“唯美主义者”应该是苍白、孱弱、被生存的绝望吞噬的样子。但王尔德身高六英尺多，体格健壮，对食物、生活，甚至对草地网球都保持着明显的嗜好；* 他的说话方式幽默风趣，夹杂着“天生聪明的谈笑”，尽管他可能会在诗歌里感叹绝望，但他对生活的总体看法充满了富有感染力的乐观主义。然而除了少数欣赏的人之外，大多数人忽略了这种差异。[43]只有认真和蔼的美国作家查尔斯·G. 利兰将王尔德偶尔摆出来的诗意做派误当作真正的“悲观主义”，并发誓要把他从“所有病态的废话”中拯救出来，把他变成“一个头脑清醒、充满活力、健康而有男子气概的作家”。[44]

164

王尔德——以其鲜明的波斯尔思韦特式形象——逐渐成为一个引人瞩目的公众人物，无论时尚聚会、艺术展览、戏剧演出都“无法忽略”他的存在。[45]那年 6 月，他去贝利奥尔学院为全部由男生出演的埃斯库罗斯戏剧《阿伽门农》（用希腊语演

---

* 1880 年夏天他还是一个身形潇洒、风度翩翩的人物，在戴维斯家后面公共花园里“笨重的草坪”上，与威利和戴维斯姐妹们一起打网球，“戴着高高的硬顶礼帽，甩着大衣后摆，一头长发在微风中舞动”。

出）捧场；这出戏由他的朋友沃尔特 · 帕拉特作曲，伦内尔 · 罗德是合唱队成员。[46]当年晚些时候，这出剧在伦敦举办了三场颇受关注的演出，王尔德为演员们举办了一次茶话会，邀请朋友们来见见“克吕泰涅斯特拉”（F. R. 本森）、“卡桑德拉”（乔治 · 劳伦斯）以及希腊的长老们。[47]

茶会安排在新居举行。1880 年夏天，王尔德和弗兰克 · 迈尔斯搬入泰特街 1 号，这是戈德温为迈尔斯设计的一幢“低调的”三层红砖“工作室”。它集各种最新美学元素于一身——室内光线柔和，陈设稀疏，有裸露的木板，以及“阳台等用来满足花卉爱好者（迈尔斯）的其他配件”——坐落在伦敦极具波希米亚风格的郊区一条最具艺术特色的街道上。[48]戈德温已经在泰特街设计了四幢房子。惠斯勒的“白厅”就坐落在大道的另一边——虽然它现在已经不再属于惠斯勒。

王尔德很喜欢他的新住所。他告诉亨特太太，尽管地址“让人讨厌”，但这房子“非常漂亮”。为了弥补这一点，他把这幢房子重新命名为“济慈屋”。[49]索尔兹伯里街的娱乐传统还能在此延续下去。迈尔斯的新模特莎莉 · 希格斯是个“罗塞蒂式”小巧玲珑的美少女，她身穿和服，一手端着茶壶，另一只手擎着百合花，成了优雅的“工作室茶会”上令人陶醉的人物。[50]王尔德依然坚持铺张的信条，毫不吝惜地装饰自己的房间。他花好多钱购置了一张新桌子，并且向诺曼 · 福布斯-罗伯逊解释道：“除了齐本德尔式的桌子和椴木家具，我实际上什么都没有——我都不知道自己一直以来是怎么写字的。”[51]

165

王尔德正忙于他的文学计划。他期待在学术上也同样有所建树，然而却几乎毫无进展，希望似乎已经日渐渺茫。为麦克米伦公司做翻译没有了下文。尽管他确实宣布打算“写出……

一些关于希腊艺术的文章”，但最终只是在《雅典娜神殿》上发表了一篇关于《大英百科全书》中杰布教授撰写的希腊历史和文学条目的未署名评论。[52]诗歌仍然是王尔德的主要关注点，尽管有时候它们不像预期的那样具有明显的审美情趣。他以斯温伯恩为榜样，不仅抒发感情，还谈论政治。他刊登在《世界》杂志上的《万福，女王》是一首篇幅很长，饱含爱国主义，但同时充满质疑的“关于英国的诗歌”，引起了广泛关注。[53]这部作品写于英国在阿富汗战争①中受挫之际，诗中概述了大英帝国的辉煌成就，却没有将其叙述成军事上的胜利，而是称其为基督式的牺牲；它抛开当下的痛苦，期待英国能作为一个共和国实现民族复兴。王尔德认为这首诗在他的众多作品中占有特殊地位；他对一个朋友说：“我从未接触过任何无形的、看不见的事物，只有一次是例外，那是在我写《万福，女王》之前。”[54]他理所当然地为自己的作品感到自豪，于是邮寄了一本给画家 G. F. 沃茨。[55]在收到的各种各样的赞美中，有一首刊登在《真相》杂志上的戏仿作品，还有一封是一群身在阿富汗的英国军官写来的信，他们被诗中的“真实与美”深深感动。[56]为了在成功的基础上更进一步，王尔德在另一首为《世界》创作的十四行诗《神圣的自由渴望》中重申了他对“共和的国家”的政治偏好（前提是不能通过暴力的“无政府主义的亲吻”获得实现）。[57]

讽刺周刊《PAN》果断地进行了一次美学冒险，它们将王尔德“定位成诗人”。王尔德在这份“胆汁一般的”青绿色报纸上发表的头篇作品是一首维拉内拉诗②，开头这样写道：

---

① 1839~1919 年。——译者注

② 十九行二韵体诗。——译者注

“噢，牧神的阿卡迪亚！……这个北方的小岛现在需要你！”这首诗招来了《白厅评论》（*Whitehall Review*）上一篇讽刺性的回应文章，其开头写道：“精神失常专员……奥斯卡·王尔德需要你。”[58]

《传记与评论》8月号刊登了一篇关于王尔德的文章，其中提到了这些并不显著的文学成就。《传记与评论》是一本颇受欢迎的月刊，专门介绍政治、宗教和艺术领域的人物。这些有关“奥斯卡·王尔德先生”的内容——出自他的一位朋友之手——热情洋溢地介绍了他的家庭背景、大学生涯和文学前景，引用了他的几首十四行诗，却搞错了他的出生日期（也许是出于工作疏忽，也可能是王尔德本人给出了错误的信息，杂志上标明他出生于1856年，而非1854年）。[59]另一份大众报纸——《事实》（*Fact*）——刊登了一篇长文回应《传记与评论》上的文章，其中指出王尔德尽管才华横溢、潜力无限，但他配不上这样的待遇。[60]在19世纪80年代以自我为参照的新闻界，有关王尔德毫无价值的宣传，很可能成为他扬名的另一种方式。

166

注　释

1. Hake and Compton-Rickett, *The Life and Letters of Theodore Watts-Dunton*, 1: 172-3.
2. Lady St Helier, *Memories of Fifty Years* (1909), 180.
3. ‘Postlethwaite from a new point of view’, *World*, 16 February 1881, 7-8.
4. Sherard, *Life*, 168.
5. Hugh and Mirabel Guinness, *Imperial Marriage* (2002), 34; OW to Mrs Maxse, Salisbury Street [1879?] (BL)，邀请她和维奥莱特去喝茶。

6. Troubridge, *Life Amongst the Troubridges*, 152, 其中记录 1879 年 6 月 30 日在查尔斯·奥德（Charles 'Tardy' Orde）举办的茶会上，奥德外号“慢吞吞”，是特鲁布里奇家和格雷斯韦尔家的表亲。
7. Adrian Hope, *Letters of Engagement* (2002), 6. 特鲁布里奇家的另一个亲戚查理·奥德采取了另外一种态度，他拒绝了王尔德介绍埃伦·特丽和他认识，认为这样做可能“破坏了幻觉，他更愿意（把女演员）想象成为她们在舞台上所呈现的美人的样子”，91。
8. 1879 年 10 月，弗莱彻在威尼斯与温特沃斯勋爵（拜伦的孙子）相遇并随即订婚。婚礼计划在罗马举行。正当一切进展顺利时，1879 年圣诞节当天，温特沃斯勋爵突然取消婚约。其中的原因虽然没有公开，但其实是因为温特沃斯发现弗莱彻的母亲在和本森先生交往之前就已经和丈夫离婚（或分居）了。弗莱彻受到打击后，在罗马得了重病。她康复之后，于当年晚些时候再次来到伦敦，但从此没有结婚。1880 年 12 月 30 日，温特沃斯勋爵与玛丽·斯图尔特-沃特利结婚；*CL*, 82 n2.
9. C. Hamilton Aidé to OW (Austin)，信中嘱咐王尔德去拜访邦赞塔伯爵(Count Bonzenta)，“我向他介绍过你，你得认识他那迷人的妻子——你和你哥哥可能给他们帮上点忙。5 月份她要在伦敦登台。她好像是个很有天赋，很招人喜欢的女人——她的名字‘莫杰斯卡’在美国大名鼎鼎。他们的地址是半月街 6 号。”
10. *CL*, 90, 99; OET I, 152, 290. 王尔德诗歌《卡玛》的早期手稿（克拉克图书馆）上，题目是“海伦娜”，是为莫杰斯卡所作；see M. Sturgis, 'From Cleopatra to Camma', *Wildean*, 50 (2017), 97 – 100. *Sheffield & Rotherham Independent*, 18 June 1881, 12,《费加罗报》上关于“忠实的奥斯卡·王尔德先生”参加莫杰斯卡新作的报道。Modjeska to Frank Miles, 18 February 1881 (Clark), re. studio. *World*, May 1881, 有关慈善义卖是为了资助国立医院的瘫痪病人和癫痫患者，举办地点是惠灵顿公爵的骑术学校。*CL*, 95, 有关海伦娜·莫杰斯卡女士的《艺术家的梦想》。Translated from the Polish by Oscar Wilde', in *The Green Room*; Helena Modjeska, *Memories and Impressions* (1910), 396.
11. Atkinson, in Mikhail, 20.
12. OW to Mrs Maxse, 13 Salisbury Street [1879] (BL)，“我一直忙于我的剧本，以至于没有时间来看你，安排咱们的国家美术馆艺术朝圣”；

also William Powell Frith's painting *A Private View at the Royal Academy, 1881*; *The Hampshire Advertiser*, 8 January 1881, 'Notes on Current Events'，关于格罗夫纳画廊开张的报道。

13. William Powell Frith, quoted in Christopher Wood, *William Powell Frith* (2006), 211.
14. John Coleman, *Charles Reade-As I Knew Him* (1903), 266.
15. William King Richardson to Dudley [Lincoln], 29 May 1881 (Houghton).
16. Violet Hunt, 'My Oscar', quoted in Secor, 'Aesthetes and Pre-Raphaelites', 402-4.
17. *CL*, 88, 93, 94, 101, 102, 108, 114.
18. Violet Hunt, 'My Oscar', quoted in Secor, 'Aesthetes and Pre-Raphaelites', 403; Ellmann, 221.
19. C. Hale-White, 'A Tribute to Mark Rutherford', ts, Bedford Public Library, Mark Rutherford Resource, MS. JHW7, 25-29（非常感谢托马斯·莱特提醒我查看这些资料）. 阿瑟·休斯的二女儿阿格尼丝1891年嫁给了约翰-亨利·怀特（John-Henry White），手稿中记录了她的回忆。去旺德河边拜访过的客人还包括Theophil Marzial一家、麦克唐纳一家、赫胥黎一家、达尔文一家、伯恩-琼斯一家，以及罗塞蒂一家——但没有证据显示，奥斯卡·王尔德在那里遇到过他们。
20. Hale-White, 'A Tribute to Mark Ruth-erford'. 原稿中收录了完整的王尔德讲述的鬼故事，说的是一架鬼神附体的钢琴会在半夜神秘地自己弹琴。
21. 无法认定奥斯卡·王尔德与伯恩-琼斯建立友谊的确切日期。他们之间还有其他共同的朋友，包括罗斯金，也有可能是他把两人撮合在一起。*The Magnificent Mrs Tennant*, 195，提到坦南特夫人在1876年12月27日的日记中记录了一条奇怪的内容："不得不努力取悦伯恩-琼斯先生和奥斯卡·王尔德先生。哦，多么无聊。烦。"这很奇怪，因为1876年12月下旬，奥斯卡·王尔德肯定在爱尔兰。哈罗德·哈特利（Harold Hartley, *Eighty-Eight Not Out*, 269）称，霍利迪小姐（Miss Holiday，艺术家亨利·霍利迪的妹妹）告诉他，有一天，奥斯卡·王尔德穿着天鹅绒夹克，一手拿着一朵百合花，一手拿着介绍信径直去了伯恩-琼斯家。但这番情形应该是想象的，即便伯恩-琼斯下午开放画室，也会邀请王尔德的。

22. Edward Burne-Jones to OW，［1880］（Morgan Library），提到伯恩-琼斯希望送给“莎拉·伯恩哈特小姐”一幅画，“以表达对我期待已久的一场会面的敬意和纪念”，并在结尾写道“感谢你给了我这样一个机会”；Edward Burne-Jones to OW，［1880］（Austin），提到与巴斯蒂昂·勒帕热去了格罗夫纳广场35号；1880年7月3日，亨利·欧文和埃伦·特丽在兰心剧院款待巴斯蒂昂·勒帕热和莎拉·伯恩哈特。奥斯卡·王尔德很有可能也在场。他理所当然地担任了巴斯蒂昂·勒帕热和欧文之间的翻译，当天的晚餐后画家为欧文画像。Shepard，ed.，*Pen Pictures of Modern Authors*，211，quoting ‘An English Aesthete’ from the *Boston Herald*.
23. DNB，‘Sir George Lewis’.
24. *New York Tribune*，23 October 1881，5；Eve Adam，ed.，*Mrs J. Comyns Carr's Reminiscences*（1926），84. *PMG*，20 August 1880，‘Some Recent Verse’：“世界上从来没有像现在这样充斥着诗人，尤其是那些二流货色。”
25. ‘Postlethwaite’ appeared in *Punch* during 1880 in ‘Mutual Admiration Society’，14 February 1880；‘The Mutual Admira tionists’，22 May 1880；‘A Love-Agony’，5 June 1880；‘Affiliating An Aesthete’，19 June 1880；‘An Aesthetic Midday Meal’，and ‘Fleur des Alpes；or，Postlethwaite's Last Love’，25 December 1880.
26. ‘Distinguished Esthetes’，*Argus*（Melbourne），27 August 1881.
27. Henri de Régnier，*Les Annales Politiques et Littéraires*，in Mikhail，465.
28. ‘The Theories of A Poet’，*New York Tribune*，8 January 1882，in Hofer & Scharnhorst，20. 在这次采访中，奥斯卡·王尔德，也有可能是记者，把波斯尔思韦特（诗人）和莫德尔（画家）搞混了，很难说此举是出于无意还是有意为之。T. Martin Wood，*George Du Maurier：The Satirist of the Victorians*（1913）20－1；Shepard，ed.，*Pen Pictures of Modern Authors*，212，quoting ‘An English Aesthete’ from the *Boston Herald*.
29. 当然，这个想法——在《笨拙》中出现之后——很快就得到了王尔德的认同：see *Providence Journal*，July 1881（reprinted *Intentions*，April 2012）.《伦敦布谷鸟》（*London Cuckoo*）杂志（1881）在采访威利时

问道："你弟弟真的像杜穆里埃所说的那样……喜欢百合花吗？"

30. 'The Six-Mark Tea-Pot', *Punch*, 30 Octo-ber 1880. The *Hampshire Advertiser*, 8 January 1881，描述王尔德"被认为是杜穆里埃在《笨拙》上描绘的众多唯美主义年轻人的原型"，"正是因为这些家喻户晓的讽刺漫画背后的焦点人物，他才会向一个唯美主义少女建议'不能辜负他们的蓝色瓷器'"。Shepard, ed., *Pen Pictures of Modern Authors*, 212, quoting 'An English Aesthete' from the *Boston Herald*，其中同样提到1881年1月15日杜穆里埃描绘的波斯尔思韦特背后有王尔德的影子，"附带的说明中写道，他从来不洗澡，因为他不喜欢自己在水中因为透视而被缩短的样子"。
31. J. M. Whistler, *The Gentle Art of Making Enemies* (1890), 241; J. and E. J. Pennell, *The Life of James McNeil Whistler* (1911); Julian Hawthorne, *Shapes that Pass* (1928), 158，提到这一幕发生在格罗夫纳画廊的招待会上，惠斯勒自己的描述（没有遭到杜穆里埃的反对），这一幕是发生在1880年12月"威尼斯蚀刻"艺术展上，后一种说法更为人所接受。虽然奥斯卡·王尔德被公认为是"波斯尔思韦特的原型"，但有些评论者混淆了杜穆里埃创作的两个人物，错误地把他当作"莫德尔"的原型；实际上，也许杜穆里埃的画作中，和王尔德的实际相貌最"相像"的是《莫德尔的职业选择》中所描绘的莫德尔（*Punch*, 12 February 1881）。
32. Langtry, *The Days I Knew*, 87-8; Harris, 38. 1882年1月5日，《利兹水星报》极为准确地概括了奥斯卡·王尔德与波斯尔思韦特的关系："人们也许好奇奥斯卡·王尔德先生与漫画人物如此相像，但不为人知的是，《笨拙》上的'波斯尔思韦特先生'才是他（奥斯卡·王尔德）突然成名的真正原因。但如果是这样，我们中的许多人都希望了解一个重要问题；也就是说，究竟'波斯尔思韦特'代表了王尔德，还是王尔德只不过是'波斯尔思韦特'的模仿者。"
33. Henri de Régnier, *Les Annales Politiques et Littéraires*, in Mikhail, 465.
34. De Régnier, *Les Annales Politiques et Littéraires*, in Mikhail, 465.
35. William Mackay, *Bohemian Days in Fleet Street* (1913), 16；这句话的最早版本（我找到的）是 *Life*, 24 July 1880, 586："两个美学学派人物正在讨论一位杰出演员的外貌，一个人表示羡慕，另一个人不以为然。

不屑赞美的人说：‘他的腿不行。’另一个人回答：‘不，我觉得两条腿都很富有诗意。我不确定哪条腿更甚。我觉得左腿更瘦一些。’”Shepard, ed., *Pen Pictures of Modern Authors*, 211，引用《波士顿先驱报》文章《一个英国唯美主义者》，王尔德作为现在众所周知的那句话的作者，“你不认为欧文的左腿很有表现力吗?”然后，他也许回答，“是的，他的左腿比右腿更具有表现力。”然后，他也许回答，“是的，他的左腿比右腿更具有表现力。”Richard Le Gallienne 所说的那句“逗乐了所有伦敦人”的格言是：“（欧文的两条腿中）其中一条是一首诗，另外一条是一曲交响乐。”*The Writings of Oscar Wilde*（1907），vol. 15，Richard Le Gallienne，‘His Life-a Critical Estimate of his Writings’，54；William King Richardson to Dudley Lincoln，6 March 1881，Balliol College，Oxford（Houghton），“当（奥斯卡·王尔德）被问及对欧文的腿有何看法时，他答道：‘两者都是完美的，但我认为右腿是更为纯粹的诗歌。’”

36. Walford，*Memories of Victorian London*，148-9.
37. *Bucks Co. Gazette*（Pennsylvania），13 October 1881，1.
38. Augustus Hare，*The Story of My Life*（1900），5：386.
39. Pearson，50.
40. W. B. Maxwell，*Time Gathered*（1937），96.
41. ‘Postlethwaite from a new point of view’，*World*，16 February 1881，7-8.
42. *Los Angeles Herald*，20 December 1882. 克里斯汀（又名克里斯蒂娜）·尼尔森（1843-1921）于 1880 年和 1881 年到伦敦演出。奥斯卡·王尔德与 J. E. 潘顿夫人（Mrs J. E. Panton，诗人，有时为《世界》杂志撰稿）与此类似；她回忆，“我在伦敦的一个客厅里见到奥斯卡·王尔德时，他走上前来，用他那最做作的腔调同我谈话。但我很快就向他表明，我既不喜欢交响乐，也不喜欢神经病。当我不经意地提到他是在对牛弹琴，明珠暗投时，他开心地笑了，欣然聊起天来，直到他母亲过来才恢复原样。”*Leaves from a Life*（1908），287.
43. ‘The Poet's Day’，*Punch*，4 Feb 1882； ‘Mr Oscar Wilde's Poems’，*World*，3 August 1881，17.
44. C. G. Leland to OW，4 October 1879（Austin）.
45. Langtry，*The Days I Knew*，87-8.

46. *New York Telegram*，13 January 1882，in Ellmann，101；*Morning Post*，4 June1880；Rodd，*Social and Diplomatic Memories*，10. 媒体报道中，既没有提到奥斯卡·王尔德参与了戏剧创作，也没有提到他观看了 1880 年 6 月 3 日的演出。演员们的确感谢了“伯恩-琼斯先生、里士满教授……和其他人”；据报纸报道，演出的观众都是“大学精英”，包括“许多著名学者”（*Jackson's Oxford Journal*，5 June 1880）；the *Daily News*，5 June 1880，提到“为数众多的观众中”包括“牛顿先生和罗伯特·布朗宁”。1880 年 6 月 9 日，《世界》杂志上刊登的一篇有关这次演出的调侃文章可能出自奥斯卡·王尔德（也可能是威利）之手。文章对剧中的一些不恰当处理表示惊讶，探讨了“特洛伊女祭司”（卡桑德拉）与希腊女王（克吕泰涅斯特拉）“赤裸裸的偷情”，但又说反正也没人介意，因为这出戏是用希腊语演的。“阿伽门农临死前的哭号是一出好笑的悲剧；最后一幕中邪恶最后取得胜利时，和一般剧目中美德获胜一样，获得了伦敦剧院观众的热烈响应。”
47. 伦敦演出的时间是 1880 年 12 月 16、17、18 日；*CL*，103-4. 令人遗憾的是，莫杰斯卡女士没有参加茶会，由于她的丈夫身体不适，她觉得即便自己“已经上了年纪”（她当时 40 岁）也不该单独“去赴年轻男子的约会”。see H. Modjeska to OW，‘Saturday’［1880］（Austin）.
48. Devon Cox，*The Street of Wonderful Possibilities*（2015），61-5.
49. *CL*，94；房子之所以被命名为“济慈屋”的另一个原因是，19 世纪初曾经有位名叫伊丽莎白·济慈的姑娘住在附近。另外，起这个名字也有可能是向珀西·雪莱（诗人雪莱的儿子）致敬，他就住在拐角处新建的切尔西堤坝附近。
50. Jacomb-Hood，*With Brush and Pencil*，115；Fane，*Chit Chat*，103.
51. *CL*，99.
52. ‘Oscar Wilde’，*Biograph and Review*；OET VI，21-3.
53. *World*，25 August 1880；E. Yates to OW，11 August 1880，in Mason，232.
54. John Sloan，*Oscar Wilde*（2009），101-2；George E. Woodberry to C. Eliot Norton，in Ellmann，192.
55. *CL*，95.
56. Shepard，ed.，*Pen Pictures of Modern Authors*，213，quoting ‘An English

Aesthete' from the *Boston Herald*; Sherard, *Life*, 165.

57. *World*, 10 November 1880, 15.

58. Mason, 168-70; 'Our London Corres-pondence', *Liverpool Mercury*, 25 Sep-tember 1880; 这部戏仿之作是朱莉娅·弗兰考（即当时的朱莉娅·戴维斯）的第一部作品。她的哥哥詹姆斯是 *PAN* 的创始人兼编辑。这首诗引起了埃德蒙·耶茨对朱莉娅的兴趣。1880 年 10 月 10 日《劳埃德周报》提到 10 月号的《肯辛顿》“因为奥斯卡·王尔德的一首十四行诗而格外引人注目”。但是那期杂志至今已无可考。

59. 'Oscar Wilde', *Biograph and Review*, 130-5.

60. 'Slate and Puff', *Fact*, 21 August 1880, 8-9.

3. 一切妥当

一个最热情的年轻人，
一个脉脉含情的年轻人，
一个超级浪漫、极具审美情趣、
奇特非凡的年轻人！

——W. S. 吉尔伯特，《佩辛丝》

167 《传记与评论》的文章中写道，王尔德当时正在创作一部“四幕无韵体诗悲剧”。这一点——就像这篇文章中的许多具体细节一样——并不十分准确。王尔德的确一直在努力创作一部戏剧，但它不是无韵体诗悲剧。那是一部以当代俄罗斯为背景的散文情节剧，名为《民意党人维拉》。他欣然承认，这出剧的“文学价值”“微乎其微”。[1]王尔德笔下的女主人公维拉·萨布罗夫是一个年轻的民意党人，决心推翻令人憎恨的“沙皇伊凡”政权。她爱上了战友亚历克斯，却不知道对方是沙皇的长子兼继承人，隐姓埋名加入了反抗父亲暴政的密谋。在这出剧的后半部分，沙皇被民意党人暗杀，亚历克斯继任皇位，计划建立一个共和制的俄罗斯。但是，民意党人确信他已经抛弃了他们和他们的事业，密谋要暗杀他。经抽签决定，维拉被选中
168 去执行这项任务。她偷偷溜进皇室寝宫准备实施行动，却惊醒了亚历克斯。亚历克斯发誓永远爱她，她热烈地回应了他。但接着，为了救亚历克斯，她将刀尖刺向自己，然后把血迹斑斑

的匕首扔出窗外，向等候在楼下的民意党人报告暗杀已经完成。“你都干了些什么?”亚历克斯哭着问。“我拯救了俄罗斯!”维拉说完就离开了人世。

剧本主题与美学无关，却是个热门话题：沙皇亚历山大二世的独裁统治和虚无主义者的所作所为在新闻中频频出现。1878 年，一个名叫维拉·苏萨里奇（Vera Sussalich）的年轻民意党人因企图暗杀圣彼得堡市长在当地受审。她的无罪释放被英国媒体视为自由反抗压迫的胜利，但引发了接二连三的阴谋、暗杀和独裁。伦敦戏剧界颇有地位的杂志《时代》（*the Era*）评论说：“俄国舞台上……正在上演本世纪最重大、最激动人心的戏剧。”这份报纸还刊登了一篇题为《现代史与悲剧》的文章，呼吁将现代历史作为戏剧的主题。我们无从得知，这篇文章是促成了，还是仅仅反映了王尔德接触民意党人题材。尽管王尔德在俄国没有私人关系，但作为爱尔兰民族主义者和斯温伯恩派，他一直将自由和共和主义两大主题铭记在心。[2]

在王尔德这出戏的情节中，占主导地位的是两个主要人物——维拉和沙皇长子——浪漫的理想主义。但在第二幕中，王尔德引入了另一个人物——“保罗亲王”，沙皇身边可爱而愤世嫉俗的总理大臣，一个贵族、专横之徒和花花公子——据他的对手说——他“可以刺死他最好的朋友，为了在他的墓碑上写一段碑文”。他与另一名同僚的开场对话，为自己定下了基调：

保罗亲王：至少在我看来，我觉得这些内阁会议特别累人。

彼德罗维奇亲王：那是自然的，您一直讲个不停嘛。

保罗亲王：不，我认为这一定是因为我有时候不得不听别人发言。[3]

169 他那些笨拙的同僚——或者慷慨激昂的沙皇长子——的每一番话都会招来一句警句、悖论或谬论。听到皇太子说想要“换换空气”，他回答道：“这真是一种最革命的情绪！您的父皇对俄国的任何改革都极为反感，甚至温度表也不能有丝毫变化。”当被提及他在某些领域缺乏“经验”时，他耸耸肩说：“经验，那是人们用来称呼他们的错误的。”[4]

他乐于被民意党人憎恨，因为“冷漠是对庸才的报复”（其意并非指读那些讨伐他的“暴力宣言”是浪费时间，而是因为“他们的拼写实在太糟糕”）。他唯一渴望留下不朽名声的是，发明一种新的调味汁：“我一直没有时间认真考虑这个问题，但是我感觉到我有这个能力。”他希望，政治可能为他应对这样的美食挑战做好了准备。他的一个观点是：“要做出一盘美味的沙拉，必须是一位杰出的外交家——这两件事情面临的是完全相同的问题，都需要知道该在醋里添多少油。”一位内阁同僚抱怨说：“好像生活中的任何事情您都要拿来嘲笑一通。”保罗亲王回答：“是啊！我亲爱的伯爵，生活太重要了，无法正正经经拿来讨论。”[5]

保罗亲王（他被新沙皇驱逐后，加入了民意党人的行列，并以刻薄的言辞对待他们）给王尔德提供了一个尽情发挥自身才智的机会。他对成果非常满意。[6]剧中许多人物所说的隽语也许就是他曾经说过的话；当然他以后还会反复使用它们。[7]他明显感觉到，幽默确实能达到目的：它能够强化，而非削弱悲剧的中心主题。[8]尽管王尔德非常同情“民主”的力量，但他还是假借保罗亲王，对民意党人的暴力煽动发出了警告。剧中人物感叹“在一个良好的民主制度下，每一个人都应该是贵族”，这句话也许是重复了王尔德过去的观点。

四幕戏剧于夏天创作完成。王尔德对这个巨大的成就抱有很大希望。他把手稿读给朋友们听，并且花钱印刷了若干份，将它们发送给他在过去 18 个月里经营起来的各路戏剧界人脉——亨利·欧文、埃伦·特丽、赫尔曼·维津、吉纳维芙·沃德、诺曼·福布斯-罗伯逊、迪翁·鲍西考尔特，甚至还有为宫务大臣审查戏剧的 E. F. S. 皮戈特——希望他们能给予支持并提出建议。[9]他邀请海伦娜·莫杰斯卡喝茶，希望她能对剧本感兴趣。[10]

然而，剧本的反响平平。女演员吉纳维芙·沃德回信提议见个面，以便告诉他“我对此事的所有想法”。但没有人主动提出想要排演这部剧，甚至没有人建议应该排演这部剧。迪翁·鲍西考尔特是个非常成功的剧作家，也是王尔德家的老朋友，他在回信中提出了诚恳而务实的建议。他认为剧本的“脊柱”——维拉和沙皇儿子的关系——“很精彩，富有戏剧性”，但同时指出，“它的肋骨和四肢与脊柱脱节。你的其他人物角色，你的对话主题——占整部戏的五分之六——不是情节活动，而是讨论……你的情节因为对话而停止，而对话应该是情节活动对角色施加影响之后的必然结果”。[11]

170

王尔德已经在《世界》杂志和其他地方逐渐树立起诗人形象，与他早期寻找诗歌出版商时屡屡碰壁的失败经历相比，这个剧本是他遭遇的又一个打击。然而，王尔德没有灰心丧气。他的处境并不能完全用“失败”这个令人憎恶的词来形容。剧本已经完成；它已经存在，而且他相信，它会在适当的时候找到一个出品人——即使其过程比预想或期望的要长得多。与此同时，剧本还有改善的余地。王尔德非常乐意“接受（他）获得的每一个演员的建议”。事实上，他在印刷剧本时就早已在其中夹进空白页，以便人们对其做出修改和补充。

然而，他面对集体冷漠的第一反应是逃跑。夏末，他再次和“年轻的信徒”伦内尔·罗德去法国度假——后者刚刚获得纽迪盖特奖，正在准备当年12月的期末考试。[12]“因为我们不想让人知道自己是谁”，王尔德装出一本正经的口吻对乔治·刘易斯12岁的儿子解释说，罗德“在旅行中使用的假名是史密斯爵士，而我是鲁宾逊勋爵”。他们游览了沙特尔，沿着卢瓦尔河——“世界上最美的河流之一顺流而下，从头到尾倒映出上百个城市和五百座塔楼的倩影”。[13]他们在昂布瓦斯度过了一段美好的时光——“那个小村落有着灰色石板屋顶和陡峭的街道”——在那里写生、闲逛，“计划着辉煌的事情，还有怎样去骚扰俗人”。[14]随后，王尔德独自前往巴黎，他在那里过得“非常愉快”。[15] *

1880年10月底，王尔德回到伦敦，他发现尽管自己在剧本创作方面遭遇挫折，但作为典型的唯美主义者，他的形象却在节节上升——而且速度很快。《笨拙》杂志上，杜穆里埃一直在漫画中保留着他的形象，而且未来还打算发表更多。11月20日，伦敦标准剧院上演了一出名为《猫在哪儿?》的新喜剧。这是一部荒唐的滑稽剧，剧中主要人物里有一个名叫斯科特·

171

* 也许正是在这次旅行中，王尔德在与一位铁路检票员的争吵中也表明了他的美学观点。罗德在1882年的一封信中（现保存于都柏林圣三一学院）回忆道：“奥斯卡尽管威风凛凛，但检票员不让他通过没有栅栏的检票口，他抗议说这太荒谬了。检票员伸出双臂，把诗人往后拦。奥斯卡克制着，但并没有让步，他叫道：‘哦，天哪，多么可怕的手！’”

拉姆齐的美学诗人，由赫伯特·比尔博姆·特里扮演，这个角色显然是在讽刺王尔德。他戴着五颜六色的领带，“举手投足间一副古典做派”，他“为一朵向日葵花叹息”，所有这些都被认为“滑稽至极”。[16]比尔博姆·特里声称，他复制展现的“不是某个个体，而是一种类型的人”，但几乎没有人接受这一说法。众所周知，比尔博姆·特里与王尔德相识，并且曾经“非常接近地”“研究过王尔德独特的”着装和行为特点。《时代》杂志的一位评论员认为，剧中模仿的是“社交界诗人”王尔德，这一点“不可能有错”。[17]更何况，这位 27 岁的演员与王尔德有着同样的身高和体格。王尔德的朋友朗斯代尔夫人观看演出的那天晚上，“比尔博姆仿照诗人的样子，一条裤腿下面翻着边……他一踏上舞台，观众们嘴里便接二连三地说出了‘奥斯卡·王尔德’这个名字”。[18]

王尔德观看了这出戏。[19]尽管他没有发表公开评论，但《生活》杂志却专门写了一段文字报道这件事情，“有个唯美派人物竟然荒唐到写信给比尔博姆先生，要求他为模仿王尔德而道歉”，而“我听说，另一个唯美派人物则明智地写信祝贺比尔博姆先生的表演恰到好处”。[20]鉴于王尔德对杜穆里埃的积极态度，以及他“乐于恭维的天性”，人们很难否认他即是文章中的后一个唯美派人物。[21]毫无疑问，比尔博姆·特里的精彩表演，以及这出戏的成功上演（它上演至第二年，并在各地巡回演出），将王尔德的名气又提升了一个档次。

时光荏苒，事物交相辉映地往前发展着。新年之后，又有两部新剧获得巨大成功，它们都在讽刺铺张过度的美学“狂热”:《上校》（《笨拙》杂志新任编辑 F. C. 伯南德编写的滑稽剧）于 1881 年 2 月 2 日在威尔士亲王剧院上演，吉尔伯特和沙利文联手创作的喜歌剧《佩辛丝》由理查德·多伊利·卡特出品，于4月23日在喜剧歌剧院首演。* 王尔德去看了这两部作品的首演，坐在正厅前排的座位上，十分引人注目。他坐在喜剧歌剧院的座位上，一副“瞠目结舌”的样子，几乎立刻就被“画廊的常客们”“认出来”了，由此他“不得不忍受着没完没了的打趣”。一家报纸描述，他以“非凡的冷静”和“极好的脾气”忍受了这一切。[22]他确信自己是演出的一部分。好几份报纸都注意到他喜欢这部歌剧，并进行了报道。[23]《上校》相比之下没那么轰动，它是一出仓促拼凑而成的作品。不过，尽管王尔德私下里觉得它“枯燥乏味”，却从来没有公开对该剧表达过反对意见。[24]

172

这两出戏都没有直接讽刺王尔德。《上校》中的喜剧反派人物——唯美主义“教授”、“格调诗人”、“美学高雅艺术公司”创始人兰伯特·斯特雷克——是个上了年纪的江湖骗子，他利用一时的流行时尚欺骗富裕家庭里容易轻信上当的女子，由此骗取大量钱财，满足他那相当缺乏美感的品味。吉尔伯特和沙利文塑造的两位“美学”诗人，雷金纳德·伯恩桑和阿奇博尔德·格罗夫纳，也都是“骗子”——假扮成美学家，希望赢得美丽的佩辛丝。然而，兰伯特·斯特雷克人生信条中的诸多细节——剽窃自杜穆里埃发表在《笨拙》杂志上的漫画——明显带有波斯尔思韦特，也即王尔德式特征。例如，斯特雷克声称，他“能够靠水杯中的百合花活下去”，并指示他的一个

---

* 当时，《佩辛丝》破纪录地上演了578场，最初在喜剧歌剧院，后来在新落成的萨沃伊剧院。《上校》上演了550场。1881年10月4日，该剧甚至在巴尔莫拉宫附近的阿伯杰尔迪城堡（威尔士亲王的寓所）为维多利亚女王进行了一场御演。这是女王自20年前阿尔伯特亲王去世后第一次观看演出。她说自己“非常开心”。

信徒“不要辜负”她的茶壶（世故的布莱斯夫人因此回应道，“我理解不辜负我的收入，但无法理解什么是不辜负我的茶壶”）。[25]

许多评论家称赞吉尔伯特避开了对“各种审美趣味的特定代表人物”的人身攻击。相反，人们认为他呈现了一幅唯美主义者矫揉造作和故作姿态的全景讽刺画：故作懒散忧郁的做作气氛，自我专注，天鹅绒夹克，对瓷器的狂热爱好，对日本风格或中世纪物件的喜爱，喜欢故作低调，崇拜格罗夫纳画廊，对鲜花充满感性的强烈爱好（这种情感甚至可能发展至“像柏拉图一样从精神上喜欢一颗小土豆”）。然而，许多观众都非常乐意脑补剧作家机智的疏漏——即便他们相互之间对讽刺对象和方式存在争议。

《泰晤士报》的评论家认为，身材矮小的乔治·格罗史密斯扮演的伯恩桑模仿了斯温伯恩。也有人发现，这位演员戴着眼镜，留着一绺与众不同的白发，打扮得像惠斯勒。然而，大多数评论者认为他们身上都有王尔德的影子。伯恩桑宣称，“如果你走在皮卡迪利大街，手上拿着一朵罂粟或一朵百合”，那就获得了进入“高级美学群体”的资格，这句话似乎在暗指王尔德的行为；伯恩桑描绘自己的诗歌是“一篇狂热的、怪诞的、耽于肉欲的作品”，这句话简直就等于公开提到了王尔德的名字。尽管有人谨慎地表示，其实“温和的”利己主义者阿奇博尔德·格罗夫纳才是源于王尔德的人物形象，但很快人们就普遍认同了伯恩桑身上的王尔德身影。[26]事实上，这出戏开演后不久，格罗史密斯在一场聚会上表演了一段伯恩桑的挽歌，正好说到“这就是他”一句时，王尔德进来了。[27]

173

这三部重头戏——《猫在哪儿?》《上校》《佩辛丝》——

之后，伦敦的舞台上开始大肆讽刺唯美主义。1881 年年中，《伦敦新闻画报》报道说，剧场里“充斥着百合花和向日葵……每一部滑稽剧和喜歌剧中都有唯美主义者”。许多舞台上的唯美主义者形象还刻意指向王尔德：“甚至连图尔先生——著名喜剧演员、愚蠢剧院老板——也要在一部滑稽短剧中与向日葵花一起出现，他从马尔盖特的更衣车上走出来时说道“这让我变得如此像王尔德。”[28]

名声似乎可以自我滋养扩张。伦敦报纸上的内容在各个地方和都市媒体上重复出现。它们在美国、澳大利亚、南非和新西兰被反复报道。威利和奥斯卡更是为之煽风点火。他们俩已经完全学会了“广告的把戏”（威利是这么说的），为雨后春笋般增加的“社交界”报纸提供各种花边新闻和个人消息。一份短命的期刊《伦敦布谷鸟》甚至还采访了威利，谈他如何帮自己的兄弟扬名立万。[29]

1881 年 5 月，杜穆里埃打算去掉波斯尔思韦特这个人物，于是创作了一幅告别漫画《受挫的社会抱负》，描绘心烦意乱的诗人正与莫德尔和契马布埃·布朗夫人一起哭泣。“他们从一本广为流传的当代期刊上读到，自己其实只存在于笨拙先生生动的想象中。他们天真而自鸣得意地以为，自己终于可以名扬天下了。”[30]王尔德失去了他的另一个自我，但他挺过来了。事实上，他的名声很快就变得“家喻户晓”。其他杂志的漫画家和写生画家们很乐意填补杜穆里埃留下的空白。接下来的几个月里，王尔德在《笨拙》杂志上继续被滑稽地模仿着，他以各种各样的面目出现，比如“奥斯库罗·王尔德古斯”、“德拉维特·迈尔德”和“大眼诗人”。[31]该杂志的另一位主要画家林利·萨姆伯恩给他画了一幅“《笨拙》第 37 号精选肖像”，画面上他的脑袋从向日葵中探出来。[32]王尔德被四处标榜为“‘诗人’，一个自封的执掌美丽和高雅艺术的大祭司”。[33]

在那一年的皇家艺术学院夏季展览开幕式上，他在众多女性崇拜者的簇拥下显得格外与众不同，以至于W.P.弗里斯觉得必须将他——与米莱、勃朗宁等名人一起——收入自己正在为预展创作的大型油画中。王尔德当然很乐意为画家当模特。[34]他的面孔无处不在。他的照片开始陆续出现在“所有商店的橱窗里”——“长头发，脸上刮得很干净，宽松的领带，天鹅绒的外套，紧握双手放在一侧脸颊下，眼神空洞地凝视着某处”。[35]一位评论人士认为，王尔德现在“被议论和书写的程度，超过了除杀人犯和政治家以外的任何一个男性”。[36]*

如果说王尔德取得了相当卓越的地位，那是要付出一定代价的。大量的模仿、讽刺和漫画虽然传播了他的名字，但也强化了这样一种观念，即他在某种程度上是一个荒谬而滑稽的人物。一天晚上，他去剧院看演出，无意中听到一个戏迷说：“那边就是王尔德，那个大傻瓜。”听到这番话，他兴致勃勃地对同伴说：“一个人在伦敦这么快就出名了，真是不可思议。”[37]王尔德觉得自己能够做到这份平和。他自知不是傻瓜。他知道，在私人的社交圈子里，他总是能够通过谈话中展现的魅力和智慧纠正外界的印象。而且他相信，自己可以通过艺术，在更广泛的公众当中实现同样的转变。

---

* 1881年的一天，王尔德和一群记者在罗曼诺餐馆喝酒，他用那种难以言喻、高人一等的口气说：“如果我不是诗人，也不能成为艺术家，我希望成为一个杀人犯。”“什么!”（记者当中）有人惊呼，“把你的画像登在《每日电讯报》上?”“那样更好，”王尔德哼哼着说，“总比去一个没有太阳的无名坟墓好。”奇怪的是，到目前为止，竟然没有人凭借这段话推断王尔德是“开膛手杰克”。

然而，他可能低估了其中的困难。《维拉》遭受的冷遇使他第一次意识到，名声可能不会直接转化为艺术上的进步。但他似乎并没有意识到，这事实上会成为一种障碍。王尔德的鼎鼎大名——以及他成名的方式——引起了巨大的不满。文学圈里也许几乎没人把他看成傻瓜，却有不少人认为他是个小丑。他们认为，他的自我宣传庸俗不堪，他装腔作势的样子荒唐可 175 笑。同样让他们不屑的是，他如此引人瞩目，而实际上却并没有创作出任何实质性的作品。像佩特这样挑剔的人认为，王尔德初出茅庐的“整个样子”“令人非常反感”。[38]

一些媒体也对王尔德赢得的社会地位感到不齿。王尔德喜欢把热切参与社会活动作为他从事美学运动的一个重要部分：试图“扫除所有障碍，让艺术家与赞助人直接交流”。[39]但许多人怀疑其动机并没有那么高尚。有人说，他和兰伯特·斯特雷克、伯恩桑一样，注定是个“美学骗子”，是个暴发户，他摆出“可笑”的姿势，留着“令人反感的”长发，只是为了讨好时髦的女主人们以便进入“上流社会”——而实际上他一直“躲在暗地里发笑”。王尔德过于尊重社会，渴望社会地位，因此并不怨恨这种指责。他只是难得有一次向一名编辑抱怨——尽管是私下里——《世界》杂志上有篇文章指责他表里不一。耶茨为此表示道歉，声称文章发表之前自己没看，并且表示——他说——已经“明确指示”，今后不得在文章中出现任何令王尔德“感到不快”的内容。[40]

还有部分怨恨（来自男性）则源于王尔德的魅力。他已经很受女人们的仰慕，而他的名声只会使他更具魅力。他渐渐成为一个声名鹊起的“女性杀手”。有人注意到，“在伦敦的许多客厅里”，热爱艺术的年轻女性“围在他身边，眼神中充满仰慕，那情景让人联想起格罗夫纳画廊里的作品”。[41]威利天真地想象，弟弟将来会娶一个女继承人。[42]然而，奥斯卡的所作所为并不支持这种想法。虽然他在一次非正式舞会上独占了“极其漂亮”的莉莲·梅杰，称她是“一块抚慰人心的宝石”，甚至还拜访了她的家乡希恩，并且因此引发了人们的议论，但两人之间并没有进一步的联系。[43]他继续不温不火地同维奥莱特·亨特调情，几乎每周都去看望她的父母。然而，她并不是女继承人。她似乎也不愿意追随王尔德去天涯海角。有一次谈到老地图的时候，王尔德说，非洲广袤无垠，图上除了“hic sunt leones”的图例之外①，常常是一片空白。他激动地补充道：“维奥莱特小姐，你和我，咱们去那儿吧？”她回答：“让狮子吃掉？”[44]

也许更有希望的是那年夏天他遇到的一个女孩。康斯坦斯·劳埃德是王尔德家一个都柏林旧友的孙女，也是王尔德在牛津认识的奥索·劳埃德的妹妹。她和祖父及一个未婚的姑妈住在伦敦兰开斯特街，她寡居的母亲（当时已经改嫁斯温伯恩·金）住在附近的德文郡。在康斯坦斯母亲举办的茶会上，两人一经介绍认识，王尔德便被这个长着一双美丽的蓝绿色眼睛的22岁姑娘吸引了。依照家族中的传说，离开茶会时，他对自己的母亲说：“顺便说一句，妈妈，我打算娶那个女孩。”他们很快就有了再次见面的机会：康斯坦斯的姑妈在兰开斯特街给他们安排了一次“在家”的机会；还有王尔德夫人的星期六“沙龙”——其间王尔德“几乎一直”独自霸占着康斯坦斯；

176

① “hic sunt leones”拉丁文原意“此地有狮”，古代水手在地图上以此标注未知的领土，也有“这里没有文明人”“这是未经授权的领地”之意。——译者注

他还邀请康斯坦斯去兰心剧院看了亨利·欧文的《奥赛罗》。康斯坦斯也许一度很害羞。她承认第一次见到王尔德时“害怕得浑身发抖”。但她很有魅力，对文学感兴趣，爱好艺术，而且思维敏捷。她的哥哥注意到，她“能够以出奇快的速度从任何推理中发现缺陷或弱点”。他还说，她“能够在任何争论中顺畅地表达观点，总是有勇气发表自己的看法”，与此同时还表现出“一种心平气和的幽默感和一丝滑稽的感觉”。[45]

王尔德也许早就获知康斯坦斯有钱，或者将来会有钱。她的祖父霍雷肖·劳埃德实际上就是她的监护人，他凭借起草“铁路证券投资者所熟知的劳氏协议”而挣下了一笔可观的财富——在被一桩不幸的丑闻临时取消律师资格之前（过度劳累导致他疲惫不堪，竟在圣殿花园裸奔，吓坏了一群带孩子的保姆）。康斯坦斯作为霍雷肖·劳埃德的孙辈之一，确实有可能成为女继承人。[46]这不是什么浪漫的想法，但算得上锦上添花。

王尔德竭尽全力去吸引她——大大方方地摒弃了他那些过分的矫揉造作之举。“当他单独跟我说话时，”康斯坦斯说，“一点也不做作，他谈吐自然，只是他的语言比大多数人更胜一筹。”[47]他还在她的祖父身上下了很多功夫，陪同他和康斯坦斯参观蓓尔美尔的艺术画廊。这个策略很成功。“我觉得爷爷喜欢奥斯卡，”康斯坦斯告诉哥哥，尽管她不得不承认劳埃德家的其他亲戚都喜欢嘲笑他，“因为除了他的长发，而且看起来很漂亮之外，他们什么也看不见。”她补充道：“我非常喜欢他，但我猜想这是非常糟糕的品味。”[48]人们至今不清楚，两人之间始于6月的亲密关系在何种程度上维持到了1881年底。但毫无疑问，康斯坦斯至少对这位长发美学家保持着一种罗曼蒂克的兴趣，甚至希望这种兴趣能发展成为一种更持久的东西。[49]

177

如果说王尔德正在成长为一名社交场合的名流，那么与此同时他也敏锐地意识到，周围还有许多比他年龄更大、资格更老的名人。他利用自己新近获得的名气去接近美学运动中的大人物。为了尽快加深与惠斯勒的交情，他找到画家，并且成了惠斯勒著名的“早餐聚会”上的常客。尽管惠斯勒声称自己被强行结下友谊，但王尔德有理有据的奉承、显而易见的才智和不断增长的名气，及其与莉莉·兰特里和埃伦·特丽的密切关系——画家认识并崇拜她们，都让他深为佩服。[50]夏天过去，惠斯勒搬进泰特街的新画室，两人之间的友谊迅速发展成为同志般的友情。惠斯勒工作的时候喜欢有人陪伴，一小群追随者会定期聚集在他的新家。这些人当中除了王尔德和弗兰克·迈尔斯之外，还有刚从牛津回来的伦内尔·罗德，画家乔普林夫人，美国艺术家哈珀·彭宁顿和沃尔多·斯托里，漂亮的画室模特阿奇博尔德·坎贝尔夫人，以及一个年老体弱的退休陶器画工马修·埃尔登。[51]

在王尔德看来，他的新朋友身上附着有真正的魅力。47 岁的惠斯勒尽管近年屡遭挫折，但他的活力和自信丝毫未减。他完全保留了以往的无畏个性和风格，传说中的机智敏锐和穿衣品味。回到伦敦以后，他仍然坚信自己是当代最伟大的艺术家，尽管诸多证据表明事与愿违，但他举手投足间就好像别人也都认同他的看法。在其故意为之的荒谬行径衬托下，他专业上的唯我独尊越发引人侧目。一位崇拜者恭维他道：“世界上只有两位伟大的画家——你和委拉兹开斯。”他回答说：“哦，为什么把委拉兹开斯也算上?”王尔德接受这样的评判：无论多么自鸣得意，他“推断自己……是个小人物”，围在“大师”身旁的那种。[52]他虽然没有抛弃心目中已有的拉斐尔前派偶像，但他现在同样相信惠斯勒的天才。这位画家成了他心目中的新"偶像"——一个可以和亨利·欧文相提并论的人。[53]王尔德早期在格罗夫纳画廊评论中那些有所保留的认可被抛在脑后，取而代之的是溢美之词。惠斯勒的《白色交响曲》成了王尔德所见过的"最美丽的图画"。[54]

然而，绘画只是惠斯勒成就的一部分而已。他对艺术充满令人振奋的想法和惊人的见解。他倡导日本文化和法国印象派的作品。他"痛骂"特纳（"那个老外行"），并贬低拉斐尔前派。他摆出高人一等的派头，并且称，老朋友罗塞蒂"并不是一个画家，而是一位绅士和诗人"；而伯恩-琼斯（通常被称为"琼斯"）则被斥为"对绘画一窍不通"。[55]* 惠斯勒在巴黎时，认识了那里的许多知名煽动家、诗人和画家。他与德加和马拉梅关系很好，通晓泰奥菲尔·戈蒂耶和波德莱尔的思想。他展现出一种见多识广且聪慧理智的老练风度，令王尔德向往不已。他的作品——王尔德逐渐认识到——反映了当代思想中最大胆、最新颖（并且最法国的）的一切。惠斯勒模糊、低调的"和谐"背后，是戈蒂耶"为艺术而艺术"的信条——强调艺术可免于任何政治、社会和道德考量，只关乎其自身的形式完美。戈蒂耶的想法是，既然所有的主题都呈现在艺术家面前，那么选择那些未被尝试过的，被人贬低的，就不失为一种美德，惠斯勒于是受其鼓舞去描绘对现代大都市的短暂印象。

178

---

* 惠斯勒曾经嘲弄伯恩-琼斯说："好吧，你要知道，我还没有到伯恩-琼斯的地步，但真的应该有人把琼斯的画烧掉！"［伯恩-琼斯的名字中，Burne 与 burn（燃烧）谐音。——译者注］

虽然王尔德在佩特的作品中已经领略过戈蒂耶“为艺术而艺术”的理念，但在一个艺术家的工作室里，在现实中与之相遇则是另一码事情。这种效果非常令人刺激。王尔德赶忙向他的新朋友致以诗人的敬意，在《世界》杂志上发表了一首明显带有惠斯勒风格的诗，名为《清晨的印象》——如果不计较语法的话，极具法国风情。[56]这首小诗开头写道，“夜里的泰晤士蓝中泛金/已变成和谐的灰色一片”，试图将惠斯勒的印象派艺术转化为诗歌。它专注于形式的完美，抛弃了诗歌应该“或知性，或感性”的观念。[57]

但如果说王尔德从惠斯勒那里学到了一些艺术知识，那么他获益更多的是关于如何自我宣传。有人发现，“惠斯勒教导他，天才与众不同，而且自行其是，我行我素；并向他展示，独特的外表、机智甚至粗鲁在一个民主国家尤其重要”。[58]这些经验极为重要，在王尔德不断培养才能，形成自我风格的过程中发挥了极大的作用——尽管王尔德秉性温厚，对“粗鲁”持谨慎态度，难以全盘接受。两人虽然乐于相互做伴，但性情迥异。王尔德不会像惠斯勒那样极度蔑视他人，“享受矛盾冲突”。事实上，他经常试图阻止自己的偶像做出那些“过于残酷”的举动。[59]与惠斯勒尖刻、暴躁、伤人的方式相比，王尔德的才智属于另一种类型：有智慧、有创意、有雅量，“总是兴致盎然的样子”。[60]

两人交友之初，王尔德自知其位，不敢越雷池一步。当惠斯勒就有关媒体批评的限度斥责《泰晤士报》的艺术评论家时，王尔德跃跃欲试很羡慕，便在一旁低声道：“我真希望那是我说的。”惠斯勒回答他道：“你会的，奥斯卡，你会的。”[61]然而，尽管惠斯勒爱嘲讽人，但他终究能给王尔德提供帮助。

他需要王尔德的陪伴，提议两人去巴黎和海峡群岛旅行。（“现在，奥斯卡，你只需再次乔装改扮起来，明天跟我一起去泽西。”）[62]他让王尔德参与各种计划。两人和弗兰克・迈尔斯一起，打算让戈德温在泰特街为莉莉・兰特里造一座房子。兰特里回忆说，她的“三人顾问团”沉浸在各种想法和建议中，当建筑师来察看他们的“草图”时，竟然“发现根本无法安楼梯”。这个项目随后便被放弃了。[63]惠斯勒和王尔德一起探望了临终卧榻的中世纪风格建筑师威廉・伯吉斯，观看了《佩辛丝》首演；对于乔治・格罗史密斯扮演伯恩桑丑化他的样子，惠斯勒给这位演员写了一封热情洋溢的赞扬信——这是王尔德从中受益的另一事例。[64]

然而，王尔德并非全心全意地投身于他与惠斯勒的情谊。他选择性地忽略了罗斯金-惠斯勒官司之后美学圈子内部已经公开化的裂痕。他进一步加深自己和拉斐尔前派运动中各个大人物之间的关系，与伯恩-琼斯日渐亲密。他能够成功地玩转这种双面游戏，这既表明了他在社交上的自信，也体现出他的机智圆滑。在伯恩-琼斯位于西肯辛顿的庄园，王尔德是座上宾。伯恩-琼斯十几岁的外甥女爱丽丝・吉卜林（拉迪亚德的妹妹）在一次家庭晚宴上见到王尔德时，怀疑她的叔叔面对王尔德的崇拜感到有点尴尬——“我觉得，奥斯卡称他为‘大师’时，他畏缩了”。[65]伯恩-琼斯的儿子菲尔当时在牛津大学念本科——她注意到，相比之下——他对王尔德有一种明显的“崇拜”。但事实上，中年画家和他年轻的崇拜者很快就建立起愉快的亲密关系。令一些人惊讶的是，他们成了真正的“好朋友”。[66]他们在艺术和文学上有很多共同爱好[67]，王尔德让和蔼、忧郁的伯恩-琼斯感到很开心。画家甚至认为“奥斯卡是我认识的所有人中最逗趣的一个”——他有一种罕见的能力“可以让人释放出欢乐”。[68]王尔德说服他享受生活：伯恩-琼斯担心，在闹哄哄的牛津大学校庆典礼上接受荣誉博士学位会让自己“出丑”，最终王尔德说服他去坦然面对，“（他）对我非常好，前几天碰到他时，他说自己很欣慰，他看起来真的很开心，我很喜欢他”。[69]伯恩-琼斯也许赠给王尔德好几幅画，回报他的善意。[70]他们的友谊也是乔治·刘易斯夫妇鼓励促进的结果，作为两人共同的朋友，刘易斯夫妇经常把他们聚到一起，或者在波特兰广场，或者在他们泰晤士河边沃尔顿附近的周末度假地。[71]

180

或许是伯恩-琼斯的认可鼓舞威廉·莫里斯抛开了对王尔德的偏见。1881 年春天两人初次见面时，莫里斯坦白道：“我必须承认，魔鬼并不像人们描画的那么黑，奥斯卡·王尔德也一样。他非但不是一头蠢驴，而且他还确实挺聪明。”[72]在其他场合，王尔德也证明了自己既是一个“极为出色的叙述者”，又是一个“非同寻常的好伙伴”。[73]毕竟，他对莫里斯的诗歌和设计怀有一种略带奉承的热情，对他的政治观点也持开放态度。王尔德已经信奉“社会主义”——尽管部分原因是为了达到某种效果。（他初次见到维奥莱特·亨特时宣称，“我是一个社会主义者。是不是有人告诉你，这些人很可怕？”）[74]莫里斯也适时地发现了王尔德与众不同的“天生好脾气”。两人之间形成了某种友谊。[75]

王尔德与年老的福特·马多克斯·布朗之间则是一种更加舒适惬意的关系。王尔德发现和老画家在一起非常悠闲，声称他家是“伦敦唯一一处他去了用不着倒立的房子”。他经常在星期六下午过去喝茶。马多克斯·布朗的孙子（未来的小说家福特·马多克斯·福特）回忆当时到访的王尔德是“一个文静的人”，他“坐在高背扶手椅上，朝着壁炉里燃烧的木柴微微伸出一只手，谈论着也许是最无趣的话题……《爱尔兰地方自治法案》或者‘合并债务的转换’”，而福特·马多克斯·布朗则“坐在壁炉另一边的一张高背椅上，把一只手伸向炉火的方向”，他通常不同意客人的观点。[76]

然而事实证明，王尔德想要和拉斐尔前派中两位最伟大的偶像建立如此随意的亲密关系就困难多了。斯温伯恩对过分热情，热衷自我推销的信徒相当警惕。事实上，王尔德在某种意义上已经成了这位诗人的对头。两人的确一起参加了霍顿勋爵家的招待会。王尔德抓住机会说服“相当尴尬”的沃茨·邓顿（斯温伯恩的朋友兼同伴）从中作了介绍。斯温伯恩同意见一面：“很好，把我们介绍一下。但我和他说不上三句话。”他说到做到。这次邂逅勉强持续了三分钟。这也是他们唯一的一次会面。然而，王尔德拒绝承认自己受到了冷落。他为了搭上关系，甚至建立友谊，已经竭尽所能；他给斯温伯恩留下的印象是“一个无伤大雅的无名小卒”。[77]

181

罗塞蒂虽然住在离泰特街不远街角处的切恩步道，却完全高攀不上。他容易情绪低落，“对奥斯卡的名字与他及他的圈子联系在一起的方式深恶痛绝”，拒绝与这个暴发户有任何联系。他甚至斥责他的老朋友伯恩-琼斯，说他“居然和假扮成新美学运动领袖的人搭讪”（伯恩-琼斯坚决捍卫王尔德的才华）。[78]被拒之门外的王尔德只好退而求其次，寻求建立某种代理关系，热衷于从罗塞蒂的老朋友那里收集他的各种轶事。[79]

事实证明，更广阔的艺术界比较友好，对他们与王尔德的所谓关系没有那么焦虑。牛津大学新上任的史莱德教授威廉·布莱克·里士满成了他的朋友。[80]王尔德是位于圣约翰伍德的劳伦斯·阿尔玛-塔德玛夫妇美学之家的常客。[81]他参加他们每星期二的例行活动，并出席了他们为 50 名精挑细选的好友举办的“绝妙”化装舞会。只有王尔德一个人拒绝戴假面参加舞会。“塔德玛夫妇觉得他太自负了，”埃德蒙·高斯说，“请求大家尽可能地戏弄他。”[82]王尔德还为画家绘制的古希腊女诗人萨福及其朋友，提供了有关早期希腊拼字法的建议。[83]

王尔德新结交的所有人当中，最显赫的是威尔士亲王。王尔德与莉莉·兰特里和弗兰克·迈尔斯的友谊一直让他有一种接近王室的感觉，但直到现在，这种感觉才真正转化为一次会面。王尔德日益上升的人气引起了亲王的兴趣，于是他请朋友克里斯托弗·赛克斯设宴让他们见了个面，他还为此编了一个警句：“我不认识王尔德先生，不认识王尔德先生，也就没人认识你。”[84]宴会本身并不尽如人意：有一位名叫伯纳尔·奥斯本（亲王的御用“小丑”）的客人不停地说着粗俗的俏皮话，导致王尔德离席而去。不过，多少令人欣慰的是，奥斯本从恼怒的亲王那里得到了“应受的责备”，更让王尔德满意的是，宴会的消息传开了。埃德蒙·耶茨写了一首诗以示祝贺——发表在《世界》杂志上——题为“Ego up to Snuffibus Poeta”。[85]

182

王尔德在威利的热情配合下，适时地宣传了自己与其他皇室成员的邂逅。[86]社会声望压倒了共和情绪。王尔德万分激动地把亲王请到济慈屋，到那里参加了 W. 欧文的读心术演示。客人中包括惠斯勒、欧文、刘易斯夫妇、阿齐博尔德·坎贝尔和莉莉·兰特里。[87]在格罗夫纳画廊的招待会上，亲王穿过拥挤的长廊，“离开随行的人”，“伸出手”，亲切地问候他的新朋友。[88] 王尔德还参加了马尔伯勒宫的一个游园会。[89] * 那些对他在社交界功成名就感到愤愤不平的人，如今更是怒不可遏。

注 释

1. *CL*, 98.
2. Francis Miriam Reed, ed. , *Oscar Wilde's 'Vera; or, The Nihilist'*, Studies in Brit-ish Literature, Vol. 4 (1989), xvii–xxvi；王尔德在 1883 年 8 月 12 日接受《纽约世界报》采访时说，他从 1876 年开始创作《维拉》，但这似乎不太可能。Quoted in R. B. Glaenzer, ed. , *Decorative Art in America: A Lecture by Oscar Wilde* (1906), 195.
3. OW, *Vera; or, The Nihilists* (1880), 19, 16. 此处的 1880 年版本比较罕见，*A Drama in Four Acts*, printed by Ranken & Co. , Printers, Drury House, St Mary-le-Strand, W. C. London. 其中的题字“致吉纳维芙·沃德小姐，作者为她的好友兼崇拜者。Sept 1880' is in the Eccles Collection at the BL.
4. OW, *Vera; or, The Nihilists*, 17, 16.
5. OW, *Vera; or, The Nihilists*, 19, 17.
6. *CL*, 98：王尔德向 E. F. S. 皮戈特表示，该剧的文学价值并不高，但也肯定“我认为第二幕写得很好。”
7. 例如，“每个人犯了错误，都自称是经验。”这句话见 *LWF* (1892)。
8. *CL*, 204.

---

* 游园会让王尔德近距离见到了维多利亚女王。他被她“高雅的举止”迷住了。他解释说，“她看起来就像镶嵌在黑玉上的红宝石。她个子很小……每当她走近时，人们就会让到一边去。根据宫廷礼仪的规定，任何人都不能看她的正脸，只能看侧面。这就颇为难办，因为当她的眼神落在你身上时，你必须谨慎小心。然后你必须鞠躬，向她走去。她伸出手……她的双手和手腕都美丽至极。”

9. H. Irving to OW（Austin）; D. Boucicault to OW（Clark）, G. Ward to OW（Clark）; *CL*, 96, 98, 99.
10. Jopling, in Mikhail, 204. 乔普林错误地认为，王尔德想让莫杰斯卡对《莎乐美》感兴趣。
11. G. Ward to OW（Clark）; D. Boucicault to OW（Clark）.
12. *CL*, 101; *World*, 16 June 1880, 12, 其中提到罗德朗诵了自己的纽迪盖特奖获奖诗歌，并形容他是“奥斯卡·王尔德先生的年轻信徒”。
13. *CL*, 101. 有关王尔德与罗德去沙特尔，可参见王尔德在《使节》和《英国的文艺复兴》中提到有关沙特尔的片段，以及罗德所写关于沙特尔的诗歌。
14. OW, ‘Envoi’.
15 *CL*, 101.
16. *Era*, 28 November 1880;;《猫在哪儿?》源自德国，由詹姆斯·艾伯里（James Albery）改编。
17. Shepard, ed., *Pen Pictures of Modern Authors*, 213, quoting ‘An English Aesthete’ from the *Boston Herald*. *Era*, 28 November 1880. *Morning Post*, 22 November 1880 concurred:“比尔博姆·特里先生……滑稽而夸张地化装成一位知名的‘社交界诗人’，那样子实在是太有趣了。”
18. Shepard, ed., *Pen Pictures of Modern Authors*, 213; *Harper's Weekly*, 23 July 1881, 491, 其中写道，“所有看了演出的人都会惊呼‘奥斯卡·王尔德!’”
19. Ellen Terry to OW, 18 February 1881 (Austin), 信中邀请王尔德“下周四去她的包厢看《猫在哪儿?》”；但似乎他有可能之前就已经看过这部戏（参见注解 20 中有关《生活》杂志的内容）。Ellmann, 128, 提到王尔德认为这出戏很糟糕，但没有给出参考证据。
20. *Life*, 25 December 1880, 1037.
21. *World*, 2 November 1881, 11; Shepard, ed., *Pen Pictures of Modern Authors*, 212:《波士顿先驱报》的文章作者对王尔德怀有敌意，得到的消息也不全面，《生活》杂志引用他的话称，奥斯卡·王尔德肯定“反对”特里的表演，并声称王尔德确实写了“一封愤怒的信，在信中抗议（特里）利用了他们‘偶然的’相识”。然而，他的陈述非常可疑。

22. *World*, 27 April, 1881, 12. ‘DISTIN-GUISHED AESTHETES’, *Argus* (Melbourne), 27 August 1881. 虽然王尔德写信给乔治·格罗史密斯希望能在上演当晚搞到一个“3 畿尼的包厢”（*CL*, 109），但从媒体报道上看他坐在正厅前排。
23. *Era*, 30 April 1881，其中提到“波斯尔思韦特（即，王尔德）正对着台上假扮他的那个人（即剧中的伯恩桑）笑”。1881 年 4 月 25 日，《弗里曼月刊》报道，“周六晚上的演出中最有意思的一幕是，那位据说是杜穆里埃笔下波斯尔思韦特原型的绅士以及几位最知名的唯美主义信徒，在观剧的过程中从头到尾表现得严肃而认真。”
24. *CL*, 109; ‘Mr Oscar Wilde's Poems’, *World*, 3 August 1881, 15：“他以最愉快的心情对待（讽刺）攻击；他从不回应他们。”
25. Anne Anderson, ‘*The Colonel*: Shams, Charlatans and Oscar Wilde’, *Wildean*, 25 (2004), 34-53; F. C. Burnand, *The Colonel*, at www. xix-e. pierre-mateau. com/ed/colonel. html.
26. *Era*, 30 April 1881; Ian C. Bradley, ed., *The Complete Annotated Gilbert and Sullivan* (2016), 360; ‘Interview with a Theatrical Manageress’ (Helen Lenoir), *South Australian Weekly Chronicle* (Adelaide), 8 August 1885; Walter Hamilton, *The Aesthetic Movement*, 63; Millard to W. A. Clark, 9 October 1922 (Clark)；格罗夫纳的扮演者是 Rutland Barrington。
27. Shepard, ed., *Pen Pictures of Modern Authors*, 213.
28. *Illustrated London News*, 18 June 1881, 598.
29. ‘An Interview with Oscar Wilde's Brother’, *New Zealand Herald*, 8 April 1882, 2, reprinting an article from *The London Cuckoo* (1881).
30. *Punch*, 21 May 1881, 229.
31. 有关《笨拙》杂志上王尔德讽刺漫画的全部内容，可参考 Mikhail, 227-9。
32. ‘Punch's Fancy Portraits No. 37:“O. W.”’, *Punch*, 25 Jun 1881, 298.
33. ‘The High Priest of Aesthetic Art, Postlethwaite’, *Bristol Mercury and Daily Post*, 14 May 1881.
34. *World*, 7 December 1881, 11. 虽然王尔德对这个请求感到受宠若惊，但弗里斯私下里承认，他之所以将“这位著名的美的信徒”和“热切的崇拜者”纳入绘画作品中，是为了打击在艺术问题上“听命于自吹自擂的批评家的愚蠢行为”。

35. William King Richardson to ‘Dudley [Lincoln]’, 17 April 1881 (Houghton); 文中提到的照片至今无法确定，但这一时期的其他照片可参考 Holland, *The Wilde Album*, 54, 77, 94–5。
36. ‘Our London Letter’, *Sheffield & Rotherham Independent*, 1 December 1881.
37. Frank Benson, *My Memories* (1939), 138.
38. V. O'Sullivan to A. J. A. Symons, 8 June 1931 (Clark).
39. ‘The Science of the Beautiful’, *New York World*, 8 January 1882, in Hofer & Scharnhorst, 23.
40. ‘Postlethwaite from a new point of view’, *World*, 16 February 1881, 7–8; Edmund Yates to OW, 28 February 1881 (Houghton), reproduced in Mason, 234.
41. Verily Anderson, *The Last of the Eccentrics: Life of Rosslyn Bruce* (1972), 45; ‘A Jackdaw's Flight’, *Leeds Mercury*, 22 July 1882.
42. *London Cuckoo* (1881).
43. W. B. Maxwell, *Time Gathered* (1937), 95.
44. Ellmann, 221.
45. ‘Unknown Wives of Well-Known Men: Mrs Oscar Wilde’, *Ladies Home Journal* (Philadelphia), October 1892, reprinted in *Intentions*, 42 (2006), 21–5; Moyle, 45–7, 33.
46. Moyle, 17.
47. CMW to Otho Lloyd, 7 June 1881, quoted in Moyle, 46.
48. CMW to Otho Lloyd, 10 June 1881, quoted in Moyle, 46.
49. Moyle, 54–5.
50. Hake and Compton–Rickett, *The Life and Letters of Theodore Watts–Dunton*, 1: 172–4，讲述了奥斯卡·王尔德初次参加惠斯勒早餐会的情形，当时惠斯勒声称不知道他是谁。沃茨–邓顿当时在场，提醒道，“你在‘外面’的某次宴会上见过他，当时有人正在买‘蚀刻画’，他突然指责你……你很随意地邀请他来早餐会，他立刻就信了你的话。”惠斯勒也认为确有其事。无论如何，几个星期后，奥斯卡·王尔德已经“征服”了他。

51. Pennell and Pennell, *The Life of James McNeill Whistler*, 212, 224; Rodd, *Social and Diplomatic Memories*, 16; *CL*, 148 n. 1.
52. William Rothenstein, *Since Fifty* (1939), 76.
53. *CL*, 154.
54. 'Aesthetic: An Interesting Interview with Oscar Wilde', *Dayton Daily Democrat*, 3 May 1882, 4, quoted in Hofer & Scharnhorst, 145.
55. Pennell and Pennell, *The Life of James McNeill Whistler*, 336; William Rothenstein, *Men and Memories I* (1931), 114; E. R. and J. Pennell, *The Whistler Journal* (1921), 34, quoted in Ellmann, 126.
56. *World*, 2 March 1881, 15; 奥斯卡·王尔德将这首诗收入诗集时，把题目改成了“Impression du Matin”。
57. George E. Woodberry to C. Eliot Norton, 25 April 1882 (Houghton), in Ellmann, 192.
58. Harris, 38.
59. Harris, 47; JMW to S. W. Paddon, 22 March 1882 (Library of Congress), 奥斯卡·王尔德称，惠斯勒对豪厄尔的攻击“真的过于残酷”; also JMW to T. Waldo Story (Morgan Library), 'Oscar, too, always says, “Jimmy, you are a devil.”'
60. William Rothenstein, quoted in Count Harry Kessler, *Journey to the Abyss* (2011), 293. 罗森斯坦称王尔德“性格丰富”，称惠斯勒只是“不时地说些俏皮话”。
61. Harris, 38. 惠斯勒曾经对批评家汉弗莱·沃德说，“你绝对不能说这幅画是好是坏……好和坏不是你可以用的词；但是，你可以说，我喜欢这个，我不喜欢那个，那是你的权利。”
62. JMW to Fox [April/May 1881] 提议“下次我带上奥斯卡·王尔德”; JMW to OW [9 October 1881]; 没有证据证明王尔德有过这两次行程。
63. Langtry, *The Days I Knew*, 60.
64. J. Mordaunt Crook, *William Burges and the High Victorian Dream* (1981), 328; Robert Garthorne-Hardy, ed., *Ottoline* (1964), 82; JMW to George Grossmith (GUL).
65. Alice Kipling to Rudyard Kipling, 18 March 1881, quoted Ian Taylor, *Victorian Sisters* (1987), 136-7, 书中将写信时间误作 1882 年。

66. Mrs J. Comyns Carr, *Reminiscences* (1926), 85.

67. E. Burne-Jones to Charles Eliot Norton, 12 December 1881, *CL*, 132: "（奥斯卡·王尔德）真的很热爱你和我共同喜欢的那些事物"。

68. Edward Burne-Jones to Mrs George Lewis, 'Friday' [July 1883]; Edward Burne-Jones to Mrs George Lewis, 27 June 1881 (Bodleian); 伯恩-琼斯当时正在为维尔街的圣彼得教堂设计一扇彩色玻璃窗，奥斯卡·王尔德根据其隔壁百货商店的名字，戏称给教堂起了一个外号"SS Marshall & Snelgrove教堂"。

69. Edward Burne-Jones to Mrs George Lewis, 20 Jun 1881 (Bodleian).

70. Violent Hunt to OW, July 1881, in Ellmann, 221, "你完全配得上你那四幅伯恩-琼斯的画"，这句话中没有直接说明画是伯恩-琼斯赠送的，但很有可能是赠送的。

71. Comyns Carr, *Reminiscences*, 85-6; George Lewis, ms notebook, 'Parties 79-80' (in fact covering 1879 to 1884) (Bodleian) 列出了刘易斯家的客人，包括：1881年5月19日，"兰特里夫妇、科明斯·卡尔夫妇、伯恩-琼斯先生、（亚历山大）·韦德伯恩先生、奥斯卡·王尔德、弗兰克·迈尔斯"；1881年10月27日，"伯恩-琼斯夫妇、兰特里夫人、奥斯卡·王尔德"。1881年王尔德另外仅有的一次出现在刘易斯家餐会上的时间是3月8日，在场的有"菲利普斯夫人、佩鲁吉尼(Perugini)夫妇、奥斯卡·克莱顿先生、布里尔（Brill）"。

72. Norman Kelvin, ed., *The Collected Let-ters of William Morris*, 2: 38, William Morris to Jane Morris, 31 March [1881].

73. George Bernard Shaw to Robert Ross, 13 September 1916, in Dan H. Lawrence, ed., *Collected Letters of Bernard Shaw 1911-1925* (1985), 414.

74. Violet Hunt, 'My Oscar', quoted in 'Aesthetes and Pre-Raphaelites', 402.

75. Hake and Compton-Rickett, *The Life and Letters of Theodore Watts-Dunton*, 180; Edmund Yates to OW, 8 July 1881 (Houghton)，其中提到莫里斯也在"你的朋友之列"。

76. Ford Madox Ford, *Memories of Oscar Wilde* (1939); Sondra Stang, ed., *The Ford Madox Ford Reader* (1986), 139.

77. Hake and Compton-Rickett, *The Life and Letters of Theodore Watts-Dunton*,

175; Lord Houghton to Theodore Watts [-Dunton] (Houghton); 信上标注“惠斯勒-1881年7月9日-斯温伯恩与王尔德见面”。A. C. Swinburne to E. C. Stedman, 4 April 1882, in Cecil Y. Lang, *The Swinburne Letters* (*1959–62*), 4: 226.

78. Hake and Compton-Rickett, *The Life and Letters of Theodore Watts-Dunton*, 175–6.

79. O'Sullivan, 209–11. 奥斯卡很喜欢听威廉·莫里斯讲述的一段轶事是：莫里斯告诉罗塞蒂，他打算写一首诗，关于一名中世纪骑士和龙成了兄弟，罗塞蒂听后一直不断强烈反对，“竟然把龙当作兄弟!”；最后，莫里斯终于忍无可忍反驳道，“行了，加布里埃尔，总比把傻子当作兄弟强。”罗塞蒂听闻这番话，停顿了一会想了想说：“啊，是的。威廉·迈克尔也确实没啥可说的。”

80. 威廉·莫里斯和奥斯卡·王尔德的见面地点就在他的家里；see above.

81. ‘Distinguished Esthetes’, *Argus* (Mel-bourne), 27 August 1881.

82. ‘Feminine Fashion and Fancies’, *New-castle Courant*, 11 March 1881; 其他客人包括：女主人的内弟埃德蒙·高斯、乔治·刘易斯夫妇、约翰·克利夫妇、科明斯·卡尔夫妇、埃德蒙·耶茨、弗雷德里克·麦克米伦、悉尼·科尔文、约翰·福布斯·罗伯逊。George Lewis to OW (Austin), 25 January 1882, 提到“（塔德玛夫人）周二晚上表现得和往常一样”。Edmund Gosse to Hamo Thornycroft, in Thwaite, *Edmund Gosse*, 211.

83. *CL*, 105–6; 1881年3月18日劳伦斯·阿尔玛-塔德玛给奥斯卡·王尔德写信，请他帮忙提建议，此信目前在得克萨斯大学奥斯汀分校，被归类为“尚待确认”。

84. Shane Leslie, *Memoir of John Edward Courtenay Bodley* (1930), 74; Mrs Julian Hawthorne, *Harper's Bazaar*, quoted in Ellmann, 123.

85. Leslie, *Memoir of John Edward Courte-nay Bodley*, 74; *World*, 21 December 1881; reproduced in Mason, 233: ‘Albeit nurtured in democracy / And liking best that state Bohemian / Where each man borrows sixpence and no man / Has aught but paper collars; yet I see / Exactly where to take a liberty. / Better to be thought one, whom most abuse / For speech of donkey and for look of goose, / Than that the world should pass in

silence by. / Wherefore I wear a sunflower in my coat, / Cover my shoulders with my flowing hair, / Tie verdant satin round my open throat, / Culture and love I cry, and ladies smile, / And seedy crit-ics overflow with bile, / While with my Prince long Sykes's meal I share.'

86. Shepard, ed., *Pen Pictures of Modern Authors*, 213-4 提到与王尔德、威尔士亲王、阿瑟·沙利文、乔治·格罗史密斯等人共进晚餐；'An Interview with Oscar Wilde's Brother', *New Zealand Herald*, 8 April 1882, 2, reprinting an article from the *London Cuckoo* (1881). 威利在接受采访时说，"今天早上，我收到了亲爱的奥斯卡的一封信，告诉我亲王和他一起喝了茶。"当被问及王子是否真的去喝过茶，他回答说，"啊，我不能说——但他说是真的，不管是不是真的，人们都会相信的……我想让你看看这封信，只是我刚刚把它寄给了王尔德夫人。"
87. *The Times*, 4 June 1881, 7; *World*, 8 June 1881, 14; *Dundee Courier & Argus*, 6 June 1881.
88. Edwin Ward, *Recollections of a Savage* (1923), 50.
89. The *Hampshire Telegraph and Sussex Chronicle*, 23 July 1881, quoting *Life*, 提到人们送别嘉宾时"似乎对奥斯卡·王尔德先生别致的外形格外感兴趣"。

4. 一位英国诗人

> 我承认，无所作为是一个很重要的优势，但是别做过火。
>
> ——奥斯卡·王尔德，引自安托万·代·里瓦罗尔

王尔德决定把自己的名气用到实处，出版一本诗集，确立 183 自己作为新美学诗人的地位。经历了之前的挫折后，现在似乎时机已经成熟。然而，尽管他的名气越来越大，却仍然找不到一家甘冒风险的经营性出版商。他无法忍受一等再等，决意亲自着手处理这件事。那年（1881 年）5 月，他写信给出版商大卫·鲍格——出版过《拜伦的生日书》《肯辛顿奇史》和《板球队员笔记》——询问他是否能够“立刻”出版一本诗集。[1]王尔德愿意承担全部出版费用——这种做法在当时并非罕见。但从鲍格的做法看，他似乎确实对这本诗集有点信心，不仅修改了他的标准“协议”使之对王尔德有利，而且降低了费用以作为对王尔德出资的回报。[2]

王尔德把这本书当成一件精美的美学作品，以此展示他的品味。他在诗集上投入了很多资源，这个项目势必让他进一步陷入债务危机。诗集收录的 42 首诗——其中包括他在期刊上发表过的所有诗歌——将被印在“手工荷兰纸”上，页边空白很 184 大，书页顶部镀金，整个装帧采用“白色羊皮纸”，上面镶嵌着印有日本风格樱花图案的金色纸板。[3]该书的建议零售价——

10 先令 6 便士（相当于半个畿尼）——意味着，它是为特定读者设计的精品。

虽然王尔德希望尽快出版这本书，但丝毫没有忽略编辑方面的问题。他将自己的诗歌分成几组，每一组都有各自的页眉标题。为避免浮华的效果，他决定将其命名为《诗集》。他将那首自我标榜的十四行诗《唉!》——用斜体字印刷——作为开篇，也就是《序文》。王尔德在这首诗中，把自己塑造成出于宗教或学术原因，“不再挽留”“旧时的聪明和苦行般的自制”，为的是获得佩特式的感官上的瞬间印象和不断变幻的激情——他的“灵魂随每一缕激情飘逸”，“……化作弦琴任八面来风吹奏”。尽管如此，他还是一如既往地想知道——在触摸了“浪漫的蜜糖”之后—— 是否真的“灵魂的遗产就须从此丢个精光”。他似乎暗示，自己还有可能进一步改变想法。

他仔细研究印刷厂的校样。据说，吃饭的时候，有人问他这一天过得如何，他回答，一直在埋头苦读：“整个上午我都在校对我的一首诗，去掉了一个逗号。”当被问到下午时，他说：“下午——嗯，我又把它放回去了。”[4]到 6 月中旬，这本书总共印刷了 750 本。然而，其中只有 250 本是“第一版”。这是精明出版商们的另一种常见做法：这样做可以减少他们的初始投入，而且还能通过将已经印刷好的书页装订成“新版本”来刺激市场。

王尔德既有雄心壮志，又有敏锐的商业头脑，把目光投向了美国，他在那里正日益受到关注。当然，他的诗已经在《波士顿先驱报》上发表过，但更重要的是，他作为“美学艺术的最高权威”和“波斯尔思韦特的原型”正在被美国媒体广泛报道。[5]他与波士顿的罗伯茨兄弟公司达成协议，允许他们同时出版该书的美国版；书中文字内容完全相同，只是没有装饰的布面，准备将售价定成较为便宜的1.25美元，相当于5先令。[6]

及至6月底，一切就绪：广告开始出现在报纸上，甚至“伦敦城”的墙上。[7]《世界》杂志宣称：“有些人一听到奥斯卡·王尔德先生的名字，就要问他是谁，他做过什么，现在他们终于如愿以偿了，因为王尔德先生的诗集即将出版。”[8]这本书——以其显著的题目和精美的形式——证实了王尔德长久以来作为“诗人”的地位。他为自己的成就感到自豪，并将签名题字的书本寄给众多朋友和名人，其中包括格拉德斯通和莉莉·兰特里、威廉·布莱克·里士满和埃伦·特丽。维奥莱特·费恩和玛格丽特·伯恩-琼斯等人还收到了充满诗意的献辞。[9]现在他觉得，自己可以和文学界的大人物建立紧密联系了，于是还把书——连同辞藻华丽的附信——寄给了斯温伯恩、罗塞蒂、威廉·莫里斯、马修·阿诺德、罗伯特·布朗宁和约翰·阿丁顿·西蒙兹。反响令人欣慰。

185

西蒙兹——虽然私下里认为王尔德的附信几乎“像极了《笨拙》中的讽刺形象”，但他——很欣赏这本书。[10]他回复了一封深思熟虑的赞美信，指出了诗歌中的不均衡、政治矛盾和过度的“济慈式”感官投入——但也“从中感受到了诗人真正的天赋”。[11]马修·阿诺德在回信中恭维王尔德是一位“同行”，并感谢他发来“简直过于友善”的短笺：“我只是刚翻阅了一下，不过，我觉得这些诗歌确实把握住了韵律，要想写出好诗，这是最基本的要素；事实上，就写诗而言，作为一切努力的根本，这种把握并不是虚假和徒劳无益的。”[12]斯温伯恩即便谨慎，也对诗集表示了欢迎；并且特别提到被其中的一首《剪影》（Les Silhouettes）深深打动。勃朗宁和威廉·莫里斯寄来了“表示赞赏的信”。[13]似乎只有罗塞蒂没有回信。*

《诗集》在新闻界制造了很大的轰动。王尔德糟糕的名声使得这本书在英国和美国都受到了广泛的点评。可以确信——尤其在英国——这本书不会得到完全公正的待遇。王尔德请求包括奥斯卡·布朗宁和威廉·沃德在内的朋友们为这本书撰写评论，尽其所能地对抗预料之中的敌意。[14]他受到了评论家、记者和其他作家的大量攻击，他们憎恨他的名声、他“庸俗的”自我推销，以及他在社交界获得的成功。《笨拙》杂志是这一波攻击的带头者。他们把这本书编进一首小调，“唯美主义者中的美学家！名字有什么蹊跷？诗人名叫王尔德，但他的诗却那么乏味”，他们在一篇评论中证实了这一结论，谴责这部作品是诗歌界的“剽窃品”，是“兑了水的斯温伯恩”。[15]

186

王尔德丰富的文学素养成了他的不利因素。评论家们普遍认为他的诗歌是仿作，而且不仅仅模仿了斯温伯恩一个人。批评家们列举出他模仿的对象有弥尔顿、罗塞蒂、莫里斯、伊丽莎白·巴雷特·勃朗宁、济慈、华兹华斯、丁尼生和阿诺德，借此炫耀他的学识。他们认为王尔德唯一没有模仿的“当代诗人”是罗伯特·布朗宁——尽管，一位作家很不厚道地指出：“他‘模仿的布朗宁’大概在另一本书里。”[16]

他们也许愿意承认王尔德“聪明”，但其他方面却未必。[17]除了模仿，最引人注目的指责是“不真诚”和“品味差”。他

* 罗塞蒂的私人助理霍尔·凯恩称，他一拿到这本镶金的书，便觉察出“（作者）这一大堆滑稽做作背后的天赋”。然而与这一说法并不一致的事情是：1881年10月1日，诗人告诉简·莫里斯：“我看到了奥斯卡·王尔德那本可怜的书，我只要瞥一眼，就足以清清楚楚地看出它有多么垃圾。乔吉［伯恩-琼斯］是不是说过，内德［伯恩-琼斯］真的欣赏它？要是这样，他一定是在说傻话。”

们认为，王尔德的感情装腔作势。他在得意忘形之际暴露了对大自然的无知："他以为绣线菊和银莲花会同时开放……在海上能常常见到猫头鹰。"[18]从罗马天主教到异教，从君主制到共和制，从革命到共产主义，王尔德显然能够"平等地"看到"一切事物的好坏"——但这在别人看来是一种混淆。[19]还有人对作品中大量"淫荡而低俗的语气"做出了严厉抨击。[20]《查米德斯》——讲述一个西西里年轻人与雅典娜雕像的激情邂逅——被认为是其中最败坏的一首。诗歌中的"冰清玉洁的肋腹"和"丰满滑腻的大腿"，被认定"远远超越了从前异教徒诗人所允许的程度"。[21]

除此之外，漫画杂志的记者们还嘲笑了王尔德的诗句——出自《爱的沉默》——"荒芜的记忆/未吻之吻"，他们想知道"未吻之吻"到底是什么，并且提出王尔德的大多数诗歌似乎都出自"未想之想"，也许会招来"无咒之咒"。[22]

不过，也有一些更为宽容的评价。王尔德确实拥有支持者。一位评论家恭维称，"济慈的一小块斗篷"掉落在他的身上。[23]《伊底斯的副歌》被反反复复称赞为诗集中最好的诗歌。[24]《世界》杂志（或许是意料之中）发现，这本书的外观（"一件美丽的东西"）和内容（"构思巧妙，表达得当"）都有许多值得赞赏之处。[25]奥斯卡·勃朗宁响应王尔德的请求，在《学园》杂志上发表了一篇赞赏性质的评论——虽然并非不加任何批判——文章结束时下结论道："我们合上这本书时可以确信，187 英格兰又多了一位新诗人。"美国人的反应往往与这种积极的情绪相呼应。在大西洋彼岸，《万福，女王》特别受人赞赏；《纽约时报》称它是"丁尼生没有写过，也写不出来的一首关于英国的颂歌"。[26]

尽管王尔德乐于听到这样的赞美之词，但他仍为英国普遍存在的批评和敌意感到沮丧。[27]日趋明朗的是，他来之不易的名声不仅对他的艺术理想帮助有限，而且事实上也许已经成为一种明确的障碍。他精心设计的姿态，虽然可能会吸引一些人，却激起了怨愤，招来许多人的嘲笑。它触怒了许多艺术家，也惹恼了庸俗的媒体和“普通大众”。但即便在这种情况下，也仍有回旋的余地。公众的关注确保了这本书的知名度。它找到了自己的读者。“第一版”很快就卖光了，“第二版”的另外 250 本也立刻装订成册。10 月初，有消息称“奥斯卡·王尔德先生击败了批评家们的嘲笑。这本书在他们的嘲讽中出了第三版”。[28]因此除去原来的 750 套之外，计划再新印 500 套；美国也采纳了类似的做法，这本书很快就在那里推出了两个版本。[29]

在伦敦小小的文学圈子里，这本书可谓取得了“了不起的成功”。事实的确如此。王尔德夫人在一次她张罗举办的招待会上沾沾自喜地告诉客人们：“知道吗，他们说自从拜伦以后就再没有出现过如此这般的轰动……每个人都在谈论（奥斯卡的诗歌）。”[30]这些话当然是王尔德的朋友们传出来的。埃伦·特丽对它“爱不释手”。[31]伦内尔·罗德建议他的一个熟人“应该去读一读王尔德的新书，里面有很多精彩的文字”。[32]惠斯勒希望来访的美国赞助人和她的旅伴们“人人购买一册王尔德的诗集——要不然你们休想离开！”[33]王尔德自己对整个结果非常满意。如果不是完胜，这本书就不会有人讨论、点评和购买。虽然高昂的成本意味着他只能从中挣点“零花钱”，但才出版了一本诗集就能获利，仍不失为一次成功。[34]

这本书在牛津引发了激烈辩论。王尔德当时仍然是学校里的一个人物。他一如既往地定期去学校——发现除了朋友之外，还出现了一些模仿者。现在似乎每个学院都出现了一小撮美学"极端分子"："他们普遍留长发，"一名在校本科生说，"戴着火红色的运动围巾，房间里挂着蓝色瓷器和波提切利的画作，除了斯温伯恩和罗塞蒂的书，其他一概不读。"[35]王尔德的"追随者们"变得越来越扎眼，渐渐遭到了抵制。其中有人（一个莫德林学院的人）曾经提议，牛津大学辩论社图书室应取消订阅《笨拙》，因为该杂志一直在嘲笑唯美主义，但遭到了断然拒绝。当他们得知王尔德将在夏季学期期末到牛津（到大学学院参加舞会，与莫德林学院的信徒见面），莫德林划艇俱乐部里便有人计划到时候抓住王尔德和他的追随者——把他们按倒在"学院的抽水泵"下面。幸好有人提前把消息透露给王尔德，使他绕过了莫德林学院。他的追随者虽然身体躲过一劫，但房间遭到了洗劫。这次攻击事件——对方扬言还要发动进一步袭击——着实削弱了大学校园里的唯美主义热情。[36]

188

正是在这种敌意日益加深的背景下，王尔德应牛津学联图书室的要求，寄去了一本带有题赠的诗集。7月11日会议结束时，当图书管理员宣称已经收到这本书，提议接受并对作者表示感谢时，奥利弗·艾尔顿——公认的牛津大学"知识分子"领袖——出人意料地提出反对。他精心准备（在未来大诗人亨利·纽博尔特的协助下）并发表了一番"假装严肃"的滑稽演讲来谴责这本书：

> 并不是说这些诗歌内容空洞——虽然它们是空洞的；并不是说它们有违道德——虽然它们是有违道德的；并不是说它们有这个或那个毛病——虽然所有这些毛病它们都

有；问题就在于，它们的大部分内容根本不是这个所谓作者撰写的。

他宣称发现作者直接抄袭了60多位作家的作品——其中包括莎士比亚、菲利普·西德尼、约翰·多恩和威廉·莫里斯——他建议拒不接受这本书，因为“牛津学联已经拥有所有这些诗人的更好也更全面的著作”。他的建议招来各式各样的喝彩声和嘘声。接着是一场即兴辩论，意见双方各自有几位发言人，在艾尔顿的要求下最后以140票对128票，做出了拒绝接受此书的决定。图书管理员试图挽回局面，他要求进行会员投票表决。但此举以188票对180票进一步坐实了先前的决定。这本书必须原路退回，学联秘书长为此表达了歉意。[37]王尔德以一种贵族式的优雅回应了这一拒绝——他“主要遗憾的是……在牛津，竟然还有这么多年轻人愿意以自己的无知为标识，自己的武断为准绳来衡量富有想象力的美好作品”。[38]

189

这件事虽然令人懊恼，但也产生了一个有用的结果。它引起了“社会杂志”《真相》创始人亨利·拉布谢尔的注意，并使他抱有兴趣（拉布谢尔同时也是自由党议员、剧院老板、机智风趣的反犹主义者、W. S. 吉尔伯特的敌人，以及乔治·刘易斯的委托人）。在此之前，《真相》杂志曾经冷落他，讽刺挖苦他，现在却要站出来支持他。[39]“拉布”是个得力的朋友，也是个有趣的同伴。事实上，王尔德认为他是“英国最有才华的健谈者兼最杰出的记者之一”。[40]“聪明的对手”变成了同样聪明的盟友，这是件好事。他很快便进入了王尔德自己精挑细选的“英雄榜”。[41]

不过，《诗集》在为他赢得新的支持者的同时，也令他失去了一位老朋友。弗兰克的父亲卡农・迈尔斯长期以来不仅对王尔德的作品抱有兴趣，而且一直关注着他的精神生活。他仔细阅读这本书，但越看越沮丧。尽管他发现了很多“纯洁而美丽”的片段，但他还是被几首诗中的“反基督教”情绪深深困扰。其中尤为明显的也许是《查米德斯》，他的妻子看了之后心烦意乱，马上将它裁掉，并确信它“对青年男女极其危险”。[42]卡农写了（两封）信给弗兰克，敦促他向王尔德提出告诫。虽然弗兰克确实向王尔德笼统地提到了这件事，但他并没有真正地把父亲的信给他看，而是让父亲直接写信给他，摆明种种忧虑，要求日后这本书再版时删掉那些令人不快的诗句，“以免玷污……当代最富有诗意的作品之一”。

王尔德为自己的立场进行辩护，其中可能提到艺术与道德不可相提并论，就像“事物主体”与“处理方法”必须分开一样。这是他当时隐约产生的一个想法：有人暗示他的诗歌“不纯洁、不道德”，对此他对另一个提出疑问的人说：

> 一首诗写得好或写得差，在艺术中不应该存在评判善恶的参照标准。如此一个参照物的存在意味着视觉上的不完整。希腊人懂得这一原则，他们极其平静地享受艺术作品，我想，我的一些批评者是绝不会允许他们的家人看那些作品的。诗歌带来的享受并非出自主题，而是来自语言和韵律。诗歌应该因其本身而受人喜爱，不该受到道德标准的批判。[43]

然而卡农丝毫不为所动。他回信写道：

> 至于道德，我禁不住想说，弗兰克应该是清楚的——我相信，他经常与你争论。如果我很遗憾地建议你们分开一段时间，那并非出于，我们不相信你的人品与你诗歌中所表达的其实非常不同，而是因为你不像我们这样觉察到了已经发表的诗歌之危险性，它会让所有读者自忖，"这已经超出了诗歌的范畴"，这简直是放荡，任何人读了它都会深受其害。[44]

因担心王尔德在道德上对弗兰克·迈尔斯产生影响而要将其逐出济慈屋，这个想法本身颇具苦涩的讽刺意味。在两人合住期间，王尔德倒是日渐意识到他这位朋友真实存在的道德缺陷——他喜欢跟女孩子混在一起，偏离了专业精神转而将她们当作猎物捕食。[45]有一个说法是（有点添油加醋），有一次王尔德在泰特街发现迈尔斯处于"极度痛苦和惊恐的状态下，正在匆匆忙忙地准备逃走"。他承认自己和"一个年轻的女孩"作下了孽，并且说："我确定，她的父母已经告发了我，我随时有可能被抓走。我要在警察赶到之前逃走。"王尔德担心为时已晚，因为他已经注意到外面街上有两个身影，很可能就是警探。迈尔斯语无伦次地嚷嚷着要"出于耻辱去自杀，跳楼自杀"，王尔德断然阻止，并且提出他也许可以从房顶逃跑。迈尔斯从画室窗户逃走时，王尔德顶住不断敲门的警察。当他最终开门让警察进来时，假装以为警察们死缠烂打要他开门是"画室搞的什么恶作剧"。他告诉警察，迈尔斯已经去了欧洲大陆。[46]

迈尔斯肯定也意识到，是父亲一手造成了这样不公的境地，然而他在经济上依赖父母，他觉得无法违背他们的意愿。王尔德非常愤怒。他很少这样发脾气，但这是其中一次。根据当时在场的萨莉·希格斯描述，他怒火中烧，要求知道迈尔斯是否191 真的打算“如此粗暴地破坏他们长期结下的友谊”，“仅仅因为你父亲是个傻瓜就要在相处这么多年之后分开?”迈尔斯心烦意乱地反驳说，自己“绝对没有别的选择”。

“那么，很好，”王尔德说，“那我就离开你。我现在就走，我这辈子也不会跟你说一句话。”

他冲上楼，把自己的东西胡乱塞进一个大箱子，不等仆人帮他拿下楼就从扶栏上把箱子扔下楼去。箱子砸在下面厅里一张贵重的古董桌子上，将其砸成了碎片。王尔德冲出屋子，重重地关上门。他再也没有回去。[47]

这个裂痕让王尔德第一次领教了英国人的伪善。尽管他在诗歌中提到要亲吻“罪恶之口”，但他自己的行为却一直相当检点。他的身上没有丝毫性变态的痕迹，对性的方面兴趣也不大。伦内尔·罗德回忆，他对“危险的不良交往”很敏感——他提到曾经在工作室展览上遇到一个表面上看起来令人钦佩的绅士，对方虽然“非常和蔼……但我们绝不能与像他这样的人为伴”。[48]

王尔德被赶出泰特街，也被逐出了迈尔斯身边尊贵的社交圈。他搬到梅菲尔，在离格罗夫纳广场不远的查尔斯街9号（现卡洛斯广场）租下两间带家具的房子。房间很小但地址却“暗示着奢华”，而且房子由一个退休的仆役长和他的妻子打理，能够提供很好的服务。房间的装饰毫无审美情趣可言：墙上镶嵌着橡木壁板，以及用厚重的黑框装饰的旧版画。[49]

自己租房是一种挑衅式的奢侈，但它确实使王尔德对金钱的迫切需求显得更加突出。一个人生活意味着，他现在不得不完全依靠自己的资源。1881年的成功令他心满意足：《笨拙》杂志和《佩辛丝》以滑稽的方式模仿了他，出版了《诗集》并将其呈给了威尔士亲王；他自以为拥有了“名声”“恶名”以及某种程度上的“成功”。但是，所有这些都无法带来他所谓的“维持生活的手段”。王尔德在解决这个问题上尚且犹豫，他的朋友们却比他更实际。乔治·刘易斯和他的妻子对他抱有积极的兴趣——就像他们对待莉莉·兰特里一样，后者也同样需要一份事业。于是，他们在波特兰广场就“奥斯卡的未来规划”展开了几次讨论。[50]

192

王尔德仍然期待《维拉》能够被搬上舞台。他的期许或许源自当年3月在阿德尔菲剧院上演的另一部以俄国为背景的情节剧《米歇尔·斯特罗戈夫》。就在同一个月，沙皇亚历山大二世在彼得堡遭到虚无主义者暗杀，他的剧本似乎因此获得了更强的时事性。然而眼下没有人提出要排演这部戏，他得另谋出路——一些更加异想天开的事情。于是报纸上出现了这样的内容，“奥斯卡·王尔德先生打算在下一个演出季走到公众面前，以莎士比亚剧演员的身份亮相”。[51]阿齐博尔德·福布斯——《每日新闻》勇猛的战地记者兼刘易斯的好友——提出了一个纯属无用的建议，作为“在唯美主义和破产之外的另一种选择”，他认为王尔德应该“应征一个骑兵团，试着当一年的私人龙骑兵”（这个想法让贫穷的唯美主义者“不寒而栗”）。[52]甚至还有报道称，王尔德可能会开始打理苗圃，种植“数英亩的水仙花”。[53] *

---

* 讨论中，关于莉莉·兰特里的未来也遵循了同样的轨迹。弗兰克·迈尔斯建议她盖一个花园，专门种植“耐寒的花卉”；王尔德驳回了这个想法，“悲痛地”指出，它会“迫使莉莉穿着沾满泥水的靴子在田地里踏来踏去”。惠斯勒建议她当一名画家；其他朋友建议她从事女帽和制衣行业。她得到一份条件优厚的合同，担任八卦专栏作家。尽管如此，王尔德坚信“她的未来自然是在舞台上”。

然而，刘易斯支持王尔德去美国演讲。[54]巡回演讲可以赚很多钱。事实上，阿奇博尔德·福布斯走的就是这条路，而且非常成功。同年早些时候，迪翁·鲍西考尔特曾经提出过这个想法——甚至有可能是莎拉·伯恩哈特之前提出的——但王尔德一直很谨慎，对自己在讲台上发言的能力表示怀疑。[55]眼下的时机似乎更为有利。他变得越来越自信。大西洋彼岸的人们对他本人及他的作品日益感兴趣，《诗集》受到的热烈欢迎就证实了这一点，这表明他可能会有听众。[56]这项计划得到他的朋友们和支持者的热烈赞同。[57]

他必须找到一个推广人，于是刘易斯向才华横溢的年轻剧院老板理查德·多伊利·卡特“提出了这个问题”。这一步棋走得很巧，时机也刚刚好。卡特作为吉尔伯特和沙利文歌剧的制作人已经确立了声誉：他刚刚建成豪华的萨沃伊剧院正好可以展示他们的作品。卡特具有国际视野，他还负责美国和各殖民地的戏剧制作和巡回演讲；当时正在帮阿齐博尔德·福布斯运作。他理所当然地对王尔德印象深刻，认为他是一个“聪明的年轻人”，“有很多话要说”。[58]但更重要的是，他意识到王尔德提供了一个机会。1881 年 9 月，美国版《佩辛丝》在纽约上演，反响非常好；其他作品也计划在美国各地上演。虽然这部讽刺唯美主义的作品很受欢迎，但在美国，人们对这一主题的直接认知非常有限。不过，王尔德的名字倒是经常在有关歌剧的报道中被提及，他不仅是一本备受争议的美学诗集的作者，而且还是“美学思想的创造者”。卡特意识到，如果把王尔德带去美国，“以一种公开的方式阐明他的审美理念……公众会愿意倾听他说话”。[59]王尔德在伦敦取得的社会成功也许会助力他融入美国社交界，为这次冒险之旅提供威望支撑并扩大宣传范围。更重要的是，正如《佩辛丝》激发了美国人对王尔德的兴趣，王尔德也可能进一步提升美国人对《佩辛丝》的兴趣。

卡特的直觉得到了他的商业伙伴（后来成为他的妻子）海伦·勒诺瓦的肯定，她当时正在纽约。一位人脉广泛的女记者向她和 W. F. 莫尔斯上校（卡特的纽约办事处经理）保证，只要王尔德打扮妥当，在纽扣孔里插一朵向日葵，手持一朵百合花，美国人肯定愿意去听他的唯美主义演讲。[60]卡特放心了，果断采取了行动。一封电报自纽约发出送到王尔德手上："可靠的经纪人委托我咨询你，是否愿意考虑他在信中提出的 50 场活动，从 11 月 1 日起。保密。请回复。"王尔德第二天发出回电（10 月 1 日）："只要条件优厚即可。"[61]这是双方开始协商条件的基础。[62]

对王尔德来说，这样的需求令人兴奋。他最初的想法是做三个演讲：第一个是《致力于对日常生活中的"美"的思考》；第二个是《莎士比亚诗学方法的例证》；第三个是《一首抒情诗》，也许就是他最喜欢的《查米德斯》。然而，莫尔斯邀请的美国订票代理商劝他重新考虑。美国人想要他们的唯美主义者谈的是唯美主义——或者，用卡特和莫尔斯的话说就是，"时髦疯病的最新形式"。[63]50 天的行程也起了变化。首次演讲决定在纽约展开，然后——根据那里的情况——去东部几个大城市。与此同时，美国之行的日子被推迟到新年。大西洋两岸的新闻界都报道了有关这些安排的消息。

王尔德作为《佩辛丝》主题精神的化身而受到推崇，其程度和用意愈发明显。卡特对海伦·勒诺瓦说，王尔德对此"有点敏感"，"但我觉得这没什么"。《体育时代》刊出"几段愚蠢至极的话"后，出现了"些许尴尬"，其中一段话说，王尔德是作为

194

“为《佩辛丝》打招牌做广告的人”被发送到美国的，另一段话则称，巡回演讲已经取消了，因为多伊利·卡特发现完全可以用一半的价钱从美国找一个头发更长的，真正的“招牌广告男”。但卡特有能力摆平这些事情，继续推进他的诸多计划。[64]

他向王尔德建议，最好一到纽约就去看歌剧——要在“私人包厢”里——“我们得事先让人知道”，他“很可能会被认出来”。王尔德“相当喜欢”这个想法，乔治·刘易斯也一样，他一如既往地陪伴在王尔德左右。落实了这桩事情后，卡特告诉王尔德：“千万不要介意我借用一个小小的谎言在美国造势。”[65]王尔德很容易被说服：毕竟，为了在伦敦给自己造势，他已经使用过不止一个小小的“谎言”。卡特明确要求王尔德在演讲中至少要提到《佩辛丝》一次，而且他在讲台上的穿着也要像伯恩桑一样，一身“唯美”的黑色天鹅绒外套加齐膝马裤[66]（王尔德有一条旧的共济会马裤，除此之外还有他的那套“鲁珀特王子”化装舞会行头）。

双方一直在谈条件。在乔治·刘易斯的指导下，王尔德最终与卡特达成协议，在扣除费用后，得到净收入的一半。[67]王尔德还有许多事情要做：除了准备演讲稿之外，还要考虑穿着。除了伯恩桑套装，他还购买了“饰有盘花纽扣的制作精美的绿色毛皮大衣”和一顶波兰式帽子——惹得惠斯勒既好笑又生气：“奥斯卡，——你竟敢如此！穿成这样到底是什么意思？把这些东西还给内森（戏剧服饰供应商），再也不要让我看见你在切尔西的大街上打扮成那个样子，一身科苏特加曼塔里尼先生。”[68]* 王尔德还联系了许多熟人和朋友，请他们帮忙写引荐信。他对驻伦敦

---

* 科苏特·拉约什是匈牙利（并非波兰人）政治改革家；曼塔里尼先生是狄更斯小说《尼古拉斯·尼克贝》中那个做作的花花公子。

的美国大使詹姆斯·罗素·洛厄尔——毫无疑问还有霍顿勋爵等几十个人说："我知道，对于所有的美国杰出人物和才智人士来说，您的名字简直就如同一张通行证。"[69]

在准备美国巡回演讲的过程中，将《维拉》搬上舞台的计划终于实现了。这不是一场完整的演出，而是在阿德尔菲剧院的一次促销活动——只有一个下午（晚间上演的是风头正劲的查尔斯·里德作品《改变永远不会太晚》）。这次活动的幕后推手似乎是女演员伯纳德·比尔夫人，她是威利喜欢的人。她入行之后一直追随莫杰斯卡，渐渐地也认识了奥斯卡。她也许从《维拉》这出戏中发现了一个证明自己也能演女主角的机会。这出戏的题目中，角色名字引人瞩目；这出戏——出自"奥斯卡·王尔德"之手——肯定会吸引公众的注意。"多特"·鲍西考尔特（迪翁·鲍西考尔特 22 岁的儿子）也答应在其中出演"重要角色"。[70]尚不清楚的是，谁会为这次演出提供资金。即便一场一次性的日场演出，所需费用也相当可观：要租剧院；要给演职人员发工资。王尔德估计花费在 100 英镑左右。[71]无论如何，媒体上很快出现了有关这出戏的文章——将于"12 月 17 日"上演。[72]

然而几天之内，媒体就掉转了风向。11 月 30 日《世界》杂志宣布："考虑到当前英国的政治情绪，奥斯卡·王尔德先生已经决定将他的戏剧作品《维拉》推迟一段时间上演。"媒体暗示——在随后的几篇详细报道中——这出戏里的共和情绪，以及其中"一个非常暴力的革命人物所发表的几次演讲"使得这场演出将给"'忠实的英国戏剧界'带来太大风险"。[73]事实上，媒体甚至称，自从维多利亚女王观看了《上校》（她接见了扮演男主角的演员）之后，戏剧界对王室的忠诚情绪如此高涨，以至于王尔德发现“无论出于热爱，还是出于金钱，他都根本不可能为这出戏找到愿意扮演共和派的演员”。[74]王尔德本人暗示，他被拒绝“允许”上演这部作品——可能是戏剧审查人员——因为它高调地“公然宣扬共和思想”。[75]与此同时，在最近沙皇遭遇暗杀之后，某些领域收到了来自外交层面的建议：至少有一份报纸报道说，外交大臣收到了俄国大使关于这个问题的沟通来信。[76]这些理由虽然丰富多彩，且并非不可置信，但似乎都是牵强附会。它们转移了公众的视线。演出延期更可能是由于缺乏资金。[77]王尔德宽慰自己，他可能会在共和制的美国找到人来接手这部戏——他以鲍西考尔特之名，把剧本寄给纽约的诸多制作人，以及美国女演员克拉拉·莫里斯。[78]

196 那年冬天，王尔德在戏剧舞台上见证的唯一一次闪亮登场是莉莉·兰特里的作品。兰特里被拉布谢尔的演员妻子亨丽埃特所倾倒（很可能是受王尔德的影响），于是很快就以业余演员的身份，出现在特维克纳姆市政厅上演的汤姆·泰勒的开场喜剧《公平交战》（*Fair Encounter*）中。[79]王尔德坐在拉布谢尔先生旁边，在观众中非常显眼，“（他）那雪白的领结、前胸衬领和马甲……衬托着一块向日葵色的手帕，它被巧妙而不经意地插在衣服上”。[80]几周后，他再次参加了兰特里的伦敦舞台秀——还是作为业余演员——在干草市场剧院参演一部慈善剧《委曲求全》（*She Stoops to Conquer*）。威尔士亲王夫妇坐在皇家包厢里观看了演出，然而坐在正厅前排，幕间休息时同朗斯代尔夫人对话交谈的王尔德依然十分引人注目。[81]

演出可以说是成功的。尽管兰特里作为一个演员才能有限，但她有明星的光环。媒体是善良的，公众是热情的。王尔德赞美了她那“美妙的音乐般和谐的嗓音”，她那“令人快乐”的举止，以及她无穷的潜力。[82]斯奎尔·班克罗夫特和妻子玛丽是干草市场剧院的经理，他们被她打动了：立即与她签约——以令人愉快的“高薪”——请她加盟来年上演的第一部作品。她似乎在舞台上找到了“救赎”。[83]对于即将踏上全新冒险旅程的王尔德来说，她的成功既让人欢欣鼓舞，又让人感到任务艰巨。

随着出发的时间日益临近，他受到各种激励，振作起来。1881年的《世界》杂志“圣诞专刊”将他誉为“伦敦之光”年度杰出人物（其他年度人物中还包括吉尔伯特和沙利文、斯温伯恩、拉布谢尔、迪翁·鲍西考尔特、罗伯特·布朗宁和乔治·刘易斯）。[84]拉布谢尔的《真相》中有一大段关于他未来旅程的报道，预言他的“共和剧本”和他关于“浪漫现代生活”的演讲将获得成功；[85]一本名叫《我们的大陆》的美国画报周刊给他发来一封电报，请他“写一首诗，二十行，每行稿费一基尼；主题是——向日葵或百合花，一到美国就发给他们”。这既是对他作品价值的赞许和肯定，也是他第一次领教大西洋对岸的人在商业和诗歌上同时表现出来的直率态度。[86]

为给他送行，惠斯勒、罗德以及其他几个泰特街住户在“一家波希米亚酒馆”请他吃了一顿饭。王尔德说：“我希望横渡大西洋的时候不要晕船。”惠斯勒回答：“好吧，奥斯卡，如果你晕船，就把伯恩-琼斯吐出来。”1881年12月24日，王尔德带着这些忠告在利物浦登上了开往纽约的“亚利桑那”号。[87]

注　释

1. *CL*，110；Harris，39. 我们无从得知奥斯卡·王尔德听从了谁的建议，或者为什么会给大卫·鲍格写信，但他有几个朋友请这位出版商出版过书，其中包括 Welbore Saint Clair Baddeley, *Legend of the Death of Antar and Other Poems*（1881）and Zadel Barnes Gus-tafson, *Genevieve Ward: A Biographical Sketch from Original Material Derived from Herself and Friends*（1881），后者的内容里包括奥斯卡·王尔德写的两封信。这家出版商还出品了沃尔特·惠特曼的《草叶集》（1881）。

2. 与王尔德差不多同时代的乔治·摩尔（George Moore）1881 年初出版 *Pagan Poems* 时自掏了 25 英镑。奥斯卡·王尔德的出资很可能更多。摩尔向王尔德赠送了一本书，"并附上了作者的致意"（Adrian Frazier, *George Moore*, 2000, 77）。甚至还有可能，王尔德是被竞争对手鼓动起来，收到礼物后决定为自己的诗歌找到一个出版商。他对这位康尼马拉老邻居的文学才能极为蔑视：see Josephine M. Guy and Ian Small, *Oscar Wilde's Profession*（2000）, 84-8. 协议手稿目前收藏在克拉克图书馆。修改后的协议第四款写道："上述大卫·鲍格应以公开定价的一半作为批发价，扣除 10%的佣金后实行十二赠一。""十二赠一"表示给书商的折扣；他们以十二本书的价格收到十三本。William Hale White, *The Autobiography of Mark Rutherford*（1881）, 150. 对王尔德怀有成见的评论家称，大卫·鲍格只看重他狼藉的所谓名声，连读都没读就接手了诗稿。Leonard Cresswell Ingleby, *Oscar Wilde*（1907）, 18-19.

3. Mason, 281-3；虽然广告中说这本书"用羊皮纸精美地包装"（即动物皮革），但实际上用的是"日本牛皮纸"，是一种加工纸。

4. Sherard, *SUF*, 72；see also OWIA 有关早期（1884 年）媒体上各种版本相关轶事的内容。

5. 'Personalities', *National Republican*, 25 January 1881, 2; 'Literary Notes', *New York Tribune*, 2 March 1881, 6; *Worthington Advance*（Minnesota）, 3 March 1881, 4.

6. Mason, 324-5. 1881 年 1 月 25 日的《纽约论坛报》在一则广告中描述该书"将于 1 月 26 日上市"。1881 年 3 月 2 日《纽约论坛报》第 6 版"波士顿快递"栏目中提到，奥斯卡·王尔德一直努力（在英国和美国）出版诗歌：其中提到奥斯卡·王尔德"即将在英国出版大量诗歌，他写信给波士顿的出版社，建议在这里同时出版。出版社回信说，他们应该很乐意根据王尔德先生的建议去检视这部作品，但这位唯美主义诗人对美国人的无礼傲慢非常反感……于是他立即中止了讨论。”

7. *World*，6 July 1881，20；Shepard，ed.，*Pen Pictures of Modern Authors*，214.
8. *World*，6 July 1881，13. 具体出版日期无从考证，梅森认为是 1881 年 6 月 30 日（see *CL*，111）；1881 年 6 月 25 日，《帕尔摩报》宣布，奥斯卡·王尔德即将出版一本诗集“该书将于下周由大卫·鲍格推出”。
9. *CL*，113，65n；Harris，44；W. B. Richmond to OW（Austin）；OET I，157. 格拉德斯通在 7 月 26 日的日记中记录，他收到书之后给王尔德写了一封信，并且不久之后（8 月 3 日）在伯恩-琼斯的画室见到了王尔德。H. C. G. Matthew，ed.，*The Gladstone Diaries*（1990），10：98，10：104.
10. J. A. Symonds to Horatio F. Brown，31 July 1881，in Horatio F. Brown，ed.，*Letters and Papers of John Addington Symonds*（1923），120.
11. OW to J. A. Symonds，quoted in Ellmann，138－9；西蒙兹将这些评价私下告诉了他的好友霍雷肖·布朗，“书里有许多不错的内容，我认为，他（奥斯卡·王尔德）是个诗人——毫无疑问。”他认为其中“最精彩的一首”是《爱之花》（ΓΛΥΚΥΠΙΚΡΟΣ ΕΡΩΣ）。Brown，ed.，*Letters and Papers of John Addington Symonds*，120，132.
12. Matthew Arnold to OW，9 July 1881（Austin）.
13. ‘Literary Notes’，*New York Tribune*，20 August 1881，6：“据说作者的书面世后，从威廉·莫里斯、斯温伯恩先生、罗伯特·布朗宁、马修·阿诺德、格拉德斯通先生等人那里收到了许多表达赞美的贺信。”
14. *CL*，111，112.
15. *Punch*，23 July 1881，26.
16. *Punch*，23 July 1881，26；*Athenaeum*，23 July 1881，103－4；*Saturday Review*，23 July 1881，lii，118；‘Our London Correspondence’，*Liverpool Mercury*，13 July 1881.
17. 几乎每一篇评论中都出现了各种表达“聪明”的字眼。*Saturday Review*，23 July 1881，lii，118；*Spectator*，13 August 1881，liv，1050；‘Recent Poetry and Verse’，*Graphic*，23 July 1881.
18. *Saturday Review*；有关“非常不可思议地拼凑各种不同季节的花卉”，see also *Spectator*；and *Morning Post*，8 August 1881，6：在结束这篇必

然简短的通知之前，我们必须提请作者注意他所误解的自然的几个方面，例如：行路人的喜悦（铁线莲），不是黄色而是白色；浸泡在酒中的，例如，丁香属的吉利花，要在水仙花开放很久之后才开放；当杏树开花的时候，玉米花是毫无动静的；“男孩的爱”，他的意思可能是“小伙儿的爱”，这是英国北方对南方森林的古老称呼，它并不苍白。顺便问一下，“bellamour”是什么花？——我们是真的想知道，并没有吹毛求疵的意思，因为其中必然包括隐含的联想。”

19. *World*, 3 August 1881, 15-16

20. *Saturday Review*, 23 July 1881, lii, 118

21. ‘Current Literature’, *Daily News*, 23 July 1881; ‘Current Literature’, *Argus* (Melbourne), 19 November 1881.

22. *Leicester Chronicle and the Leicestershire Mercury*, 3 September 1881; *New North-West* (Montana), 26 August 1881, 1; *The Daily Cairo Bulletin* (Cairo, Illinois) 7 September 1881. 1881年9月21日，《世界》杂志选取《潘蒂娅》(Panthea) 中的一段作为讽刺：认为在此书中，“折磨并扰乱人类心灵”的“惊天后世秘密”竟然被“当下公认的天才”揭示了出来：“奥斯卡先生不仅告诉我们‘……明白/贝母的花纹是谁涂画’不要管它们是什么东西——而且还说‘欢乐的大海/将成为你我的衣装，那有芒须的星辰/把箭矢射向我们的快乐。’这些就足以把射艺会远远甩在后面。再比如，‘我们会/成为它的一部分，那万能的宇宙整体，/历经千秋万载与那宇宙魂相交相融成一体！’那该是有多棒！”

23. *Daily News*. W. E. Henley to Sydney Colvin [1881], quoted in E. V. Lucas, *The Colvins and their Friends* (1928), 130:“奥斯卡的书终于做出来了。《雅典娜神殿》骂得很凶。《每日新闻》的一名作者，我猜他是 Lang，倒是语气缓和些，但也嘲笑了它。我看了其中的几段，似乎还能勉强忍受。”亨利在另一封信中提到，《雅典娜神殿》上的文章出自 Joe Knight 之手。Damian Atkinson, *Letters of W. E. Henley to Robert Louis Stevenson* (2008), 168.

24. ‘Mr Oscar Wilde's Poems’, *Morning Post*, 8 August 1881, 6:“其中无可比拟最出色的是《伊底斯的副歌》。它饱含韵律，包含着一些清新怡人的意象。”‘Current Literature’, *Daily News*, 23 July 1881:“《伊底

斯的副歌》篇幅稍长，是其中最有魅力，无可挑剔的一首。” ‘Recent Poetry and Verse’, *Graphic*, 23 July 1881：“也许其中最出色的是那首《伊底斯的副歌》”。‘Our London Correspondence’, *Liverpool Mercury*, 13 July 1881 称赞王尔德在“音乐节拍方面有优秀的天赋”。

25. *World.* 从其中的论据来看，显然这篇评论并非出自威利之手。

26. *Dial*（Chicago），August 1881，ii，82-5；*Providence Journal*，July 1881；*NYT*，14 August 1881，10；*Century*（New York），November 1881，xxiii，153，响应了对《万福，女王》的称赞，表达了对《笨拙》杂志的不满。The *New York Tribune*，31 July 1881，6，文中承认“奥斯卡·王尔德先生确实不是个白痴”，并在诗歌中发现了若干不错的地方，但整体而言并不是十分慷慨大方。

27. Harris，42.

28. Mason，282-3；“第二版”和随后的“各个版本”的封面设计是以稍大尺寸复制了原先的样式（Mason，287）．‘Our London Letter’，*Northern Echo*（Darlington），4 Oct 1881；新的“标题页”——第三版——于 1881 年 9 月 26 日印刷（Mason，283）。

29. *New York Tribune*，20 August 1881，6：“奥斯卡·王尔德的诗作马上要在伦敦推出第三版，罗伯茨兄弟正准备在我们国家发行第二版。”美国版的第二版于 1882 年发行，虽然此前的第一版已经有许多种“样子”，see Mason，324。

30. Harris，49.

31. Harris，44.

32. J. R. Rodd to unknown [1881]（Clark）.

33. JMW to Louisine Waldron Elder，21 September 1881（GUL）.

34. Harris，42.

35. William King Richardson to Dudley Lincoln，Balliol College，6 March 1881（Houghton）.

36. Francis Gribble，*The Romance of the Oxford Colleges*（1910），164-70. *World*，8 June 1881，12，报道了这起事件：“在一片‘莫德林不需要美学家！’的吼叫声中，这些没规矩的莫德林年轻人揪着那个美术和文学作品的唯一欣赏者，把他摁在水泵下面。”犯错的人都被关了起来。William King Richardson to Dudley Lincoln，29 May 1881（Houghton）

证实“上周一”奥斯卡·王尔德在牛津。

37. Henry Newbolt, *My World As In My Time* (1923), 96-7. 纽博尔特认为，艾尔顿的演讲“毫无疑问比我记忆中的还要好”。Sandra F. Siegel, ‘Wilde’s Gift and Oxford’s “Coarse Impertinence”’, in T. Foley and S. Ryder, eds, *Ideology and Ireland in the Nineteenth Century* (1998) 7; Ellmann, 140; Schroeder, 55. 诗集上题写着“给牛津学联图书室，我的第一部诗集，奥斯卡·王尔德”，此书收藏于大英图书馆 Eccles Collection。奇怪的是题词下标注的日期是“1881 年 10 月 27 日”。或许这一天是该书被牛津大学退回的日子？

38. *CL*, 116.

39. Shepard, ed., *Pen Pictures of Modern Authors*, 214. 自从 1874 年《世界》杂志创办，拉布谢尔一直与埃德蒙·耶茨合作。两年后，他离开杂志，创办了与之非常相似的《真相》杂志，这可能是他的杂志最初不愿报道奥斯卡·王尔德的原因。然而 1880 年该杂志上确实出现了一篇戏虐模仿王尔德《万福，女王》的作品。

40. ‘Philosophical Oscar’, *Chicago Times*, 1 March 1882, 7, in Hofer & Scharnhorst, 94.

41. *CL*, 154.

42. Canon Miles to OW, 21 August 1881 (Clark).

43. ‘Oscar Wilde: An Interview with the Apostle of Aestheticism’, *San Francisco Examiner*, 27 March 1882, in Hofer & Scharnhorst, 103; 亨利·科尔在 1881 年 8 月 26 日的日记中提及，在惠斯勒的画室中遇见奥斯卡·王尔德：“他告诉我，在文学领域，一个作品之所以枯燥乏味那完全是作者的过错，他手里掌握的题材并没有错”（GUL）。

44. Canon Miles to OW (fragment) [1881] (Clark).

45. Frank Harris, *My Life and Loves* (1966 edition), 457; 罗德在评说中（对一个姓名不详的朋友说起）暗示弗兰克·迈尔斯的名声存疑：“今天（惠斯勒的）画室来了个黑眼睛的小姑娘，名叫黛西……她告诉我们，弗兰克是她的最爱——他有一种特别的魅力。——我揣摩只有一种魅力，还是老样子吧。” R. Rodd to [Unknown], 15 August 1882 (TCD).

46. Sherard, *Real*, 110-12. 谢拉德也对此事做了较为简短的叙述，详见

Sherard, *Life*, 139。两份材料中都没有提及弗兰克·迈尔斯就是那个艺术家朋友，也没有提到受害者是个“年轻姑娘”。这些信息来自 Sherard to A. J. A. Symons, 18 August 1935 (Clark)：“因为奥斯卡在切尔西泰特街的济慈屋大力相助，而从警察手中逃脱的艺术家是弗兰克·迈尔斯，他因为对一个年轻女孩有点小冒犯而被通缉。这个故事相当真实可信。奥斯卡逃脱了警方的指责，因为他辩解称，自己一直以为是周围的其他人在开玩笑戏弄他。”王尔德的另一个朋友回忆起另一桩事情，弗兰克·迈尔斯遭到一个女人勒索，那女人曾经引诱他“做出了非常愚蠢的行为”；那天王尔德再次出手相救，坚持要见一见那个女人，从她手里骗来了有罪证据材料，将其扔进火里付之一炬。随后他便看见，陪同那个女人来的“恶霸”一直在“楼下等着”。Anon., *The Great Reign* (1922), 94-9, in Mikhail, 275. 很难判断这起事件中是否涉及一个未成年女孩。谢拉德必然告诉了赫斯基思·皮尔森，“作为一个勤奋的艺术家，迈尔斯喜欢展览是天经地义的事情，但是我听说，他只邀请小女孩们单独前往观展，那就应该受到斥责。”Pearson, 55-6. 除了这几桩事情之外，还有人认为弗兰克·迈尔斯是同性恋：Croft-Cooke, 40; Hyde, *Oscar*, 23; McKenna, 14。但似乎并没有证据支持这种说法。

47. Ward, Recollections of a Savage, 108; Harris, 457.
48. Rodd, *Social and Diplomatic Memories*, 23. 这位“绅士”可能是罗纳德·高尔勋爵。虽然长期以来一直有谣言称，高尔与年轻男子之间存在私下的秘密性关系，但王尔德一开始并不相信。1878 年，一份名叫 *The Man of the World* 的下流小报称，高尔卷入了“令人憎恶的丑闻”，涉及“最令人作呕的不道德角色”。高尔威胁起诉这家报纸，但后来案子没上法庭就被他撤销了；见 *PMG*, 1 January 1879。如果王尔德一开始只是从表面上看待这场胜利，那么他后来可能改变了想法。他与高尔的友情似乎在 19 世纪 70 年代末，王尔德搬到伦敦后就全部结束了。也许他已经认识到他是一个“不受欢迎的”伙伴。
49. Sherard, *SUF*, 86-7; Sherard, *Life*, 144，其中描述房间“很小”。
50. Archibald Forbes, ‘London Jottings’, syndicated to *South Australian Adver tiser* (Adelaide), 9 July 1884：“我记得大约三年前曾经在一场讨论会上帮着筹划奥斯卡的未来。”

51. *Daily Globe*（Minnesota），30 October 1881，5.
52. Forbes，'London Jottings'.
53. 'What the World Says'，*Bristol Mercury and Daily Post*，4 August 1881.
54. 'London Letter'，*Leicester Chronicle*，12 November 1881，5.
55. 媒体最早提及巡回演讲的可能性是在1881年6月27日的《北方回声报》"我们的伦敦来信"中（达灵顿）；其中写道这个想法是鲍西考尔特提出的。1882年1月4日《帕尔摩报》（引用《纽约先驱报》上一篇对鲍西考尔特的采访）提到，奥斯卡・王尔德一开始曾经对鲍西考尔特说，"无论制造出什么样的效果，只有客厅里的观众才会欣赏"。有关伯恩哈特可能参与其中的经历，建议参考 Louis Fréchette，'Oscar Wilde'，*La Patrie*（Montreal），20 April 1895，见 Schroeder，56。
56. 奥斯卡・王尔德告诉布兰奇・罗斯福（Blanche Roosevelt），"他想到美国来看看我们是些什么样的人，他显然很乐意提到他的一些诗受到美国媒体追捧"。*Memphis Daily Appeal*（Tennessee），14 October 1881，2，reprinted in the *New York Tribune*.
57. *Public Ledger*（Tennessee），9 September 1881，4.
58. D'Oyly Carte interview，from the *New York Tribune*，quoted in *Freeman's Journal*，25 January 1882.
59. Richard D'Oyly Carte to T. B. Pugh，8 November 1881（Morgan）；信件保存在卡特的美国代理人W・F・莫尔斯手中，Pugh是费城活动的带头发起人。
60. 这位不知名的美国人与海伦・勒诺瓦的谈话，收录在 Nathan Haskell Dole 'Biographical Introduction' to *Poetical Works of Oscar Wilde*（1913）；莫尔斯指出，提出建议的是"一位在英国和美国报纸圈十分有名，专门撰写当下社会热点话题的女士"。W. F. Morse，'American Lectures'，in *The Works of Oscar Wilde*（1907）. 有人提出，这位女士很可能是弗兰克・莱斯利夫人，但似乎并不可靠，见 Lewis & Smith，24。此人还有可能是布兰奇・罗斯福。
61. Morse，73. Hyde，*Oscar*，60，and Ellmann，145，提到这封电报是从卡特的纽约办事处发出的，但是在莫尔斯简洁的叙述中没有提到这一点，这封电报似乎更有可能是那位女记者发出的，其中提到那位"可靠的经纪人"是W・F・莫尔斯。这封发给奥斯卡・王尔德的电报，被送到了他母亲的地址，奥温顿广场 1 号。

62. “有报道称，王尔德先生已经定下了美国的行程，这些说法还为时过早。我们了解到，目前他已经收到不止一个邀请，让他今年冬天去纽约做‘美学’讲座，有关条款的谈判正在进行中。” *Graphic*（London），26 November 1881.
63. Richard D'Oyly Carte to T. B. Pugh，8 November 1881（Morgan）.
64. Richard D'Oyly Carte to Helen Lenoir（copy），17 December 1881，quoted in Regina B. Oost，*Gilbert and Sullivan*：*Class and the Savoy Tradition*（2009），57-8.
65. Richard D'Oyly Carte to Helen Lenoir（copy），17 December 1881，quoted in Oost，*Gilbert and Sullivan*：*Class and the Savoy Tradition*，57-8. Oost 认为，这些建议与奥斯卡·王尔德观看伦敦的一场演出有关，但从上下文看，卡特指的是王尔德在纽约观看演出的事情。
66. Friedman，70. 除了化装舞会和共济会的聚会之外，没有证据表明王尔德此前曾经穿过这样的服装，尽管自 1877 年以来，这种服装元素就经常在杜穆里埃的各种“美学”漫画中饱受讽刺。
67. *CL*，118；Hart-Davis and Holland（*CL*，123）提到，协议规定是三分之一净收入，但“1882 年 W. F. 莫尔斯的叙述”（阿伦茨藏品，纽约公共图书馆）中明确是五五分成。
68. J. Lewis Hind，*Naphtali*（1926），235；Whistler，*The Gentle Art of Making Enemies*，243；Hind 提到，惠斯勒的评论被刊登在《世界》杂志上，但事实并非如此。那应该是一次私底下的交流。
69. *CL*，118.
70. 伯纳德·比尔夫人在丈夫英年早逝后，“将注意力转向了舞台，赫尔曼·维津（Hermann Vezin）指导她表演艺术，威利·王尔德（奥斯卡的哥哥）是她的智慧向导。在这两个男人的教导下，她成了一个学识造诣非常出众的女人，但起初并没有什么表演才能。” ‘Social Gossip from Home’，*Argus*（Melbourne），24 March 1888. 有关“多特”·鲍西考尔特的参与情况，参见‘The Theatres’，*Daily News*，21 November 1881。他的参与似乎导致了有关他的父亲迪翁·鲍西考尔特参与其中的错误报道——甚至还有人称其为这一演出的制作人。‘From our London Correspondents’，*Newcastle Courant*，2 December 1881. 此后，这个错误说法被不断采纳引用：Ellmann，146. 1881 年 11 月和 12 月，迪翁·鲍西考尔特分别在都柏林和纽约忙于工作，这证明他的确没有参与其中：see George Rowell，‘The Truth about Vera’，*Nineteenth Century Theatre Research*，vol. 21（1993）.

71. Elizabeth Robins，*Both Sides of the Curtain*（1940），18；奥斯卡·王尔德告诉罗宾斯，在伦敦的剧院举行一场日场演出的费用达 100 英镑。
72. 最早透露消息的是 1881 年 11 月 9 日的《世界》杂志，10：其中一段提到奥斯卡·王尔德即将开始赴美国的演讲之旅，“我还听说王尔德先生将在离开伦敦之前，安排推出一部原创剧”。This was followed by the *Daily News*，21 November 1881；*World*，23 November 1881；*Freeman's Journal*，28 November 1881，etc.
73. ‘Private Correspondence’，*Birmingham Daily Post*，5 December 1881.
74. ‘London Gossip’，*York Herald*，15 December 1881，8.
75. *CL*，97.
76. *NYT*，26 December 1881.
77. Rowell，‘The Truth about Vera’，99. 在 1881 年 12 月 5 日《伯明翰每日邮报》上一则关于取消演出的隐晦评论中，可能暗示了资金短缺的问题：“至于戏剧方面的安排，在那些手持剧本等待上演的人看来，一直没有认真地进行过。”
78. *CL*，97；1883 年有人在纽约戏剧制作人阿瑟·沃雷克（Arthur Wallack）的抽屉里发现了奥斯卡·王尔德的剧本。当被问起为何没有排演王尔德的作品时，沃雷克的助手莫斯先生说，“我想它需要删减，就像他的头发一样。”*Evening News*（Sydney），21 April 1883.
79. Beatty，*Lillie Langtry*：*Manners*，*Masks and Morals*，212-14.
80. Langtry，*The Days I Knew*，163 - 5；*World*，23 November 1881，15；*Burra Record*（South Australia），20 June 1882.
81. *Dundee Courier & Argus*（Dundee），17 December 1881.
82. ‘Philosophical Oscar,’ *Chicago Times*，1 March 1882，7，in Hofer & Scharnhorst，93-4. 奥斯卡·王尔德被误引用为赞扬兰特里的“令人愉悦的举止”
83. Beatty，*Lillie Langtry*：*Manners*，*Masks and Morals*，220.
84. *World*，‘Christmas Number’，21 December 1881，19. ‘Ego Upto

Snuffibus Poeta'(by Edmund Yates), illustrated by Alfred Bryant. 在有关斯温伯恩的诗歌中提到了王尔德、哈丁和马洛克。

85. *Truth*, 22 December 1881, 813.

86. *World*, 4 January 1882, 14.

87. Rodd, *Social and Diplomatic Memories*, 25.

第四部分
声名鹊起

1882 年

27 ~ 28 岁

1882 年的王尔德

（拿破仑·沙勒尼摄）

1. 最美好的地方

我被社会撕成了碎片。

——奥斯卡·王尔德

1882年1月2日晚上“亚利桑那”号抵达斯塔滕岛。这艘船直到第二天早上才通过检疫，在纽约港外抛锚。王尔德心里充满希望、期待和焦虑，忍受着时间的拖延。不管他有多么焦虑，纽约的媒体都比他更胜一筹。

莫尔斯上校和海伦·勒诺瓦投入了巨大的精力，颇有成效地为王尔德的美国之行造势。他们乐于营造一种困惑，即王尔德来到美国是作为滑稽可笑“矫揉造作”的伯恩桑和波斯尔思韦特的化身，还是作为一个才华横溢，肩负着严肃使命，准备向感兴趣的公众解释“审美崇拜”的诗人兼学者。他们在两方面都下了功夫。在相较“严肃”的一系列行动中，他们制作了一本小册子，简要介绍这位“年轻的英国诗人”——他杰出卓越的父母，他在圣三一学院和牛津大学辉煌的学术生涯（他在波托拉学校的时间被减少到一年），他的文化影响（罗斯金、意大利和古希腊），他的文学成就（他的《诗集》和他的少量评论文章），他的社会地位，以及他对唯美主义的深刻认识。但这幅光彩照人的肖像在某些地方被巧妙地修饰了一下。小册子中没有提及《佩辛丝》和《笨拙》杂志，只是承认王尔德对美学思想的“夸张表达”——“年轻人热情而鲁莽的言论”情有可原——招来了某些英国媒体的嘲笑。[1]大部分的揶揄嘲笑都收录在一本名为《奥斯卡·王尔德生活中的灵魂苦闷》的匿名插图小册子中，它从另一个角度介绍了这位了不起的唯美主义者，从婴儿时期“握着粉嫩的小拳头伸向向日葵”，一直到他和埃伦·特丽、莎拉·伯恩哈特、威尔士亲王变得“形影不离”。

纽约的报纸都急于在王尔德的肖像上添加自己的一笔；他们是如此急切，事实上有几个记者甚至雇一艘划艇登上了停泊着的“亚利桑那”号。王尔德的同船旅客非常兴奋，在他们的指引下，记者们追踪这位“英国唯美主义的伟大代表”来到船长的船舱。王尔德出来迎接他们，觉得很有趣，但也被眼前晃动的笔记本和一连串问题弄得有点仓皇失措，比如：喜欢美国吗？一路横渡大西洋感觉怎么样？来这儿做什么？有什么计划？会在纽约制作戏剧吗？会出让版权吗？马上要去演讲吗？如果是，多久讲一次？会在美国待多久？唯美主义是哲学吗？能给它一个定义吗？

这种纠缠不休的“采访”在英国新闻界闻所未闻，王尔德被吓了一大跳。尽管如此，他仍然保持着令人钦佩的镇定。记者们纷纷发现他从容优雅，语速稍慢，每逢第四个音节都要重读一下。同样令记者们印象深刻的是他那强健的体格（与广为流传、萎靡不振的唯美主义者形象大相径庭），领口袖口镶着毛皮装饰的阿尔斯特大衣，他的超级“拜伦式”衬衫领子；他们甚至还赞叹了他的牙齿。他们还喜欢他在谈话中随时迸发出的洪亮笑声（一连串大笑“嚯，嚯，嚯嚯”）。[2]

整场提问只持续了不到十分钟；第二天出版的截稿时间不允许他们继续逗留下去。王尔德的回答是空洞、含糊和简短的。但是，当记者们回到船上时，其他乘客向他们提供了一些王尔德在船上的小插曲。其中有人提到，在海上航行五天之后，王尔德曾对一位在甲板上散步的绅士说："我对大西洋不是很满意。它没有我想象的那么雄伟壮观。咆哮的大海根本不咆哮。我渴望遇到一场暴风雨，把驾驶台从船上卷走。"这才更像是王尔德说的话。

第二天一早，纽约几家报纸刊登了这则轶事，一下子吸引了公众的想象。"奥斯卡·王尔德对大西洋感到失望"很快成为大西洋两岸的头条新闻，并在接下来的几周内招来了无数的讽刺诗句和挖苦评论。很多报纸都想知道"大西洋对奥斯卡·王尔德有什么看法?"[3]这件事给王尔德上了第一堂课，让他认识到美国媒体的运作方式，而且媒体需要引用评论。他刚一踏上美国，媒体便将他描绘成一个幽默的叛逆者，而不是一个冷静的学者，他是个可以根据听众的品味，或取悦，或激怒他们的人。

第二天早上，"亚利桑那"号停靠在北河码头，码头上已经有更多的记者，以及莫尔斯上校和一群兴趣盎然的"崇拜者"在等着他。王尔德一边和拿错行李的脚夫理论，一边兴致勃勃地应付记者们的问题，他们想让他"定义"并阐释唯美主义。一名记者问："河对岸那座扎眼的谷物升降机是新泽西州景观中的主要物件，它美在哪里?"王尔德只得说自己近视得太厉害，看不清。[4]

莫尔斯把他从这一切中解救了出来，带着他穿过曼哈顿拥挤的街道，去安静的酒店套房吃早餐。[5]* 对王尔德来说，纽约在

---

* 遗憾的是，没有证据表明王尔德曾对纽约海关官员说，"我没有什么要申报的，除了我的天才"。这句话是王尔德被引用次数最多的名言之一，最早出现在阿瑟·兰塞姆 1912 年的著作《奥斯卡·王尔德：批判性研究》(*Oscar Wilde: A Critical Study*) 第 64 页。有一种可能是，罗比·罗斯把这句话告诉了兰塞姆，可能是王尔德告诉罗斯的——或者因为他当时真的说了，又或者是因为他希望自己当时这么说了。

规模和外观上都是全新的，它有宽阔的网格状街道、高耸的建筑物（有些超过十层楼高），以及喧嚣和热闹。王尔德后来回忆道："每个人似乎都在急着赶火车。"纽约看起来很富裕，人们穿着光鲜，有一种"舒适的气氛"。[6]

从王尔德抵达的那一刻起，他就被视为名流对待。这是一次全新而愉快的经历——与他在伦敦的日常大不相同。他的纽约演讲要到下一周，即1月9日才开始；与此同时，莫尔斯小心翼翼地管理着各项开支，保持他在媒体上的形象，维护他在公众面前的神秘感。王尔德被告知不要"大摇大摆上街"。如果他需要购物，可以坐专供他使用的马车出门。

202

"他不应该让自己显得太平庸。"[7]莫尔斯授意王尔德打出去的第一通电话中，有一个是打给弗兰克·莱斯利夫人。她是一个貌美的寡妇，拥有好几家美国报纸。她表示自己旗下的各种出版物都愿意提供支持。当王尔德向她抱怨说，自己还没下船就被"可怕的记者"包围了，因此不得不"转身背对"他们时，她责备道："王尔德先生，你犯了一个错误。如果你到了美国，就必须认识到记者是很有影响力的。在他们眼里，你代表着一大笔钱。他们的职责是采访，正如你的职责是演讲一样。如果你不跟他们说话，他就得自己想办法挣钱，到那时候他们写出来的就不太可能是恭维话了。"[8]

这是一条中肯的建议，王尔德努力照着去做。但是，应该如何展现自己呢？他完全同意，为了提高自己在美国的知名度，并且赢得受众，一定程度上的"废话瞎话"可能是必要的。他并不反对卡特、莫尔斯等人玩双重角色的把戏。毕竟，他正是靠这种手段在伦敦建立起声望的，而且他很享受其中的种种。然而，他决定严肃地对待这次美国之行的"使命"，并且希望其他人也一样。他刚到美国时接受的采访中充满了对艺术本质的真挚见解，而且这样的内容非常多。

王尔德开玩笑说，他到纽约的第一周，每天都会收到大约一百个“采访请求”。[9]为了减轻王尔德的负担，莫尔斯让他从酒店搬到28街一处僻静的“私人公寓”。地址本应保密，但《纽约星报》的一名记者在收到王尔德的一封介绍信后，竟然在报纸上极不体面地刊登了相关消息。事情虽然引发了“极大的烦恼”（采访者很快就出现在门口），但这个地方还算平静，足以让王尔德对演讲稿进行最后的润色。[10]他努力进行着各种文字工作。然而，作为唯美主义的活化身是一回事，试图去定义它又是另一回事。他完成了《我们的大陆》的约稿任务，用他最出色的新惠斯勒风格写了两首十二行的《印象》：一首（《公园》）根据要求描述了“环状的百合花”和“狮子一般的向阳花”，另一首（《大海》）描绘了夜晚的大海。[11]

王尔德要来美国的消息一经宣布，当地的摄影师们就一直在争夺他的照片拍摄权——以及销售权。莫尔斯把这项使命交给了拿破仑·沙勒尼。这是一个明智的选择。这位身材矮小的艺术家——身高只有五英尺，长着大大的鼻子，留着与众不同的胡子，惯常戴一顶土耳其毡帽——有一种罕见的能力，他能创造出引人瞩目的名人形象。所有的舞台明星都来他的工作室。两年前，他为莎拉·伯恩哈特的美国巡演拍摄了一系列令人难忘的宣传照。

203

拍摄安排在1月5日。矮小的摄影师很喜欢他的大号模特，以及他那飘动的头发、毛皮镶边的外套和白色手杖。“嘿，”他大声说，“的确是一幅别致的画面。”

王尔德有过一些拍照经验，之前他一直摆高贵的姿势，但他发现沙勒尼是一个鼓励他达到新高度的艺术家。两人合作拍摄了一系列不同凡响的照片，将王尔德定位成了非传统的、自信的、富有诗意的天才典型——他的长发不羁地从中间分开，他的双眼深情地凝视着远方，朝观众瞥去，扫过远方的地平线。王尔德换了几套服装，但除了少数几张照片外，他都穿着那条优雅而独特的黑色齐膝马裤。

第一次大约拍摄了 24 张，沙勒尼在摆姿势这件事上“费了很大的劲”：他蹦来跳去，嘴里不停地小声聊着，与此同时忙着“翻出（王尔德的）阿尔斯特大衣边缘，这里折进一个角，那里抹平一行褶，把王尔德的手左放右放，让他或侧面，或正脸朝前，或略微侧身站着，或坐或站，把他的腿摆过来放过去”，努力达到最好的效果。[12]

沙勒尼当初付给伯恩哈特 1500 美元，获得了她的肖像拍摄权，他有信心从销售中赚回这笔钱。随着媒体不断高涨的热情——他“很乐意为王尔德出同样多的钱”。[13]莫尔斯保证沙勒尼的独家性：他拍摄的将是王尔德访问美国期间的唯一照片。他们要为美国公众塑造一个华丽、精致、与众不同的王尔德形象。沙勒尼认为“他以前从来没有拍过这么好的摄影作品”。[14]

拍摄和采访并不是王尔德唯一的宣传任务。除此之外，还有一场精心安排的观看一场《佩辛丝》。活动安排在 1 月 5 日晚上。第一幕演出进行到一半的时候，王尔德一行时髦人物走进私人包厢，引发场内一阵骚动。他身穿毛皮镶边的阿尔斯特大衣，里面是晚礼服。莫尔斯事先在人群中安插了一名《纽约论坛报》记者，以便他能够记录下，当伯恩桑踏上舞台时，“所有观众都转过头来看着王尔德先生”。王尔德——似乎对这种审视毫不在意——已经早有准备，他要借用演讲中的一段警句。只见他斜靠身子，用足够让论坛报记者听见的大嗓门，笑着对一位女性朋友说：“这是庸才对那些不凡之辈的恭维方式之一。”[15]幕间休息时，王尔德走到后台亲切地祝贺演职人员，吸引了更多的注意。[16]演出结束后，当他离开剧院时，大量观众久久不散，想目睹他的样子，以至于他不得不“从后门溜走”。[17]

在一连串的自我推销活动中，还有许多社交活动。纽约社交界向来对来访的名人慷慨大方、充满好奇。莫尔斯的宣传活动确保了王尔德以名人的身份登陆美国。更何况，他还带来了大量推荐信，甚至还有一些颇有地位的美国人脉。他一到美国便接到一大堆邀请：参加奥古斯都·海斯夫人（一位业余旅行作家的妻子）的下午茶会；与约翰·毕格罗夫人（前美国驻伦敦大使的妻子）共进晚餐；去第五大道富有的帕兰·史蒂文斯太太的公寓参加晚会；参加社会记者 D. G. 克罗利夫人（又名“珍妮·琼”）专门为路易莎·梅·奥尔科特——以及“奥斯卡·王尔德”举行的文学招待会。

即使如此，莫尔斯也没有忽略宣传的作用。他知道，王尔德的社会声望将在一定程度上吸引来更多公众：于是媒体将王尔德在曼哈顿的沙龙和客厅里的表现一一认真地记录了下来：

> 在（海斯夫人举办的）招待会上，王尔德先生站在客厅中央，他的身后是一把巨大的日本伞，伞上用色彩艳丽的纸装饰着怪诞的图案。又长又粗的竹制伞柄放在王尔德左边一张桌子下的地板上，从侧面保护着他。他的另一边是分隔两个客厅的隔板，王尔德先生从下午 3 点到 6 点，

> 大多数时候就像个异教的偶像一样，被围在中间……他的姿势相当优雅，很容易让人联想起《笨拙》杂志中的图画，当然是去除了其中的讽刺意味之后……在一个令人愉悦的瞬间，王尔德先生一走出由日本伞和隔板围城的圈，便立刻被女士们围起来，她们站成一个马蹄形，两边是约翰·毕格罗夫人和兰扎侯爵夫人。[18]

205

据说，王尔德的经纪人“仔细审查”了宾客名单，确保只有“纽约社交界的顶级精英”才能受邀见到他。这种说法有点夸张：纽约最显赫的阿斯特家族、范德比尔特家族等名门望族并没有参加这些活动。[19]虽则如此，盛情欢迎王尔德到纽约的都是聪明时髦的人物。他在伦敦社交界赢得了一席之地，却只是一个古怪而无足轻重的存在——一个稀奇之物。在这里，虽然他仍被视为一个奇人，但同时还是明星和贵宾。这是一次全新的体验，也是一次美妙的经历。他在给乔治·刘易斯妻子的信中兴高采烈地写道：“我现在明白了为什么皇家男孩（威尔士亲王）总那么春风得意：当个小王子（petit roi）是一件令人愉快的事情。”[20]

然而，焦虑仍然挥之不去。他迄今还没有发表演讲。许多事情要取决于他的表现。莫尔斯已经在其他几个城市暂时预订了讲座，但要等他在纽约打响第一炮之后，才会宣布确切的计划。正如王尔德向刘易斯夫人吐露的那样：“如果星期一没有获得成功的话，我就完蛋了。”[21]

首场演讲定于8点在第五大道和西十八街交叉口的奇克林礼堂举行。从广告上看，这次演讲的标题相当严肃，是“英国的文艺复兴”，避开了“唯美主义”这个词。然而，莫尔斯的营销策略非常奏效。礼堂座无虚席，一千多张单价 1 美元的门票全部售罄。大多数人是被一种“好玩的好奇心”所驱使，想亲眼看一看这个经常被谈论的年轻人。但正如《纽约论坛报》所写的那样，其中也有一些他的崇拜者：“具有审美情趣、面色苍白、留着刘海的年轻人……以中世纪的姿态倚靠在”座位的侧面。讲台布置得十分简单：一个铁制的讲坛，两侧是两把椅子，底下垫一块东方地毯，一块棕色的屏布从天花板上垂下来，作为朴素的背景。

在后台等待观众入场的时候，莫尔斯上校发现王尔德相当冷静（与许多经验丰富的演员大不相同）。8 点 10 分左右，礼堂的煤气灯开到最亮，观众爆发出热烈的掌声，王尔德和莫尔斯上校大步走上讲台。王尔德立刻吸引了所有人的目光，他身材高大，头发飘逸，身穿黑色天鹅绒“燕尾服”，最特别的是他那条伯恩桑式齐膝马裤。他看上去像个艺术的另类。他和莫尔斯在那两把椅子上坐下来。掌声响起——其间夹杂着一丝“窃笑”——随后便安静下来。王尔德看起来有些微微地脸红。然后是一阵尴尬的沉默，人们在等待迟到的观众落座。王尔德成为“一大群歌剧望远镜”的焦点，大家都在仔细研究他那“独特”的装束细节。最引人瞩目的是他的齐膝马裤。除此之外，还有他的白色大领带、白马甲（从马甲口袋里垂下一枚沉甸甸的金印）、巨大钻石模样的衬衫扣饰、黑色长筒袜、镶着“蝴蝶结”的无筒鞋。人们惊讶地发现，他的衣服上竟然没有扣眼。“坦率的好奇心”很快变成了“小声议论”，甚至还夹杂着一些“含蓄的讽刺”，继而又是尴尬的沉默。“有人轻轻笑出声来，接着，后排传出一阵大笑。”莫尔斯怀着沮丧，表现出一种“几乎充满反感的”态度。

206

窃笑声越来越大，眼看着就要变成“哄堂大笑”，这时莫尔斯上校站起身向前走几步，他乍一开口，礼堂便安静下来。“我荣幸地向大家介绍英国诗人奥斯卡·王尔德，他将以英国的文艺复兴为题发表演讲。”他鞠了个躬，走下讲台。王尔德继续“平静地坐着”，打量着观众，延续着这一戏剧性的时刻。他认出下面坐着一位熟识的女士，向她点了点头。然后他起身走向讲台，与他的身材相比，讲台真是太矮了。他把讲稿放在讲台上，抓住讲台两侧，抬眼朝向天花板，开始说起来：“我们在许多方面都受惠于歌德非凡的美学天赋，比如是他第一个教导我们要尽可能具体地界说美，也就是说，总是在独特的表述中显现美……”

有一家报纸形容，他的声音“可能来自坟墓”。王尔德站在讲台上朗读时，他的措辞——在客厅里如此魅力四射，富有音乐色彩——变得出奇地平直且单调。“在这次有幸向你们奉献的讲演中，”他继续道，“我不想提供任何抽象的美的定义……而是要给你们指出本世纪伟大的英国文艺复兴的总的思想观念，尽可能深地探索其来源，也尽可能远地估量其未来。”他刻意地称之为“我们英国的文艺复兴”，因为它“的确是人的精神的一次新生，同15世纪伟大的意大利文艺复兴一样，它渴慕更为美好、更为通情达理的生活方式，追求肉体的魅力，专注于形式，探寻新的诗歌主题、新的艺术形式、新的智力和想象的愉悦”。

207

这绝不是“伯恩桑现身”。这次演讲的主旨是严肃的，思想是抽象的，论点是复杂的。他开始追溯新艺术精神的起源，以及新的“美的表达”，从它们在法国大革命中的发酵起源，到拉斐尔前派及其继承者。他寻求将这一运动的特征解释为两种伟大的“人类精神形式”的结合：希腊精神和浪漫精神，一个“静穆优美”，另一个“个性张扬”。他提到了众多权威人物，除歌德之外还有马志尼、柯勒律治、华兹华斯、罗斯金、卢梭、雪莱、斯温伯恩、布莱克、米开朗基罗、丢勒、荷马、但丁、济慈、威廉·莫里斯、乔叟、忒奥克里托斯、红衣主教纽曼、爱默生、安德烈·谢尼埃、拜伦、拿破仑和菲迪亚斯。

演讲的效果“很快就变得令人难受起来”。人群中笼罩着一种“肃静”的气氛。但是，当接下来谈到深受济慈诗歌启发的艺术家时，王尔德停顿了一下笑着说：“拉斐尔前派是些什么人呢？如果你问英国公众‘美学’这个词意味着什么，他们中十分之九的人将会告诉你，这个词在法语中的意思是装模作样，在德语中的意思是护墙板。”听到这里，全场哄堂大笑。那是一种如释重负，饶有兴味的笑声，演讲者也放下了心里的一块大石头。他因为大家接受了自己的笑话而感到“心满意足”。礼堂里的气氛变了。莫尔斯说，王尔德从这一刻开始，“找到了感觉”。沉重的空气被驱散了。随着演讲逐步展开，王尔德式“新奇而生动”的口才开始占据主导地位——他展开了一幅为艺术而艺术的愿景，在其中，创造性和想象力的作品不会受政治争论或道德责任的影响。

第一句妙语产生作用之后，他便一发不可收拾起来。王尔德声称早期的拉斐尔前派“有三种东西是英国公众所不能容忍的：年轻、能力与热情”，这个评判引发了热烈的掌声。人们又一次对他的隽语“讽刺是庸人对天才怀有的敬意”（曾经在标准剧院的包厢里发表过）大加赞赏。他的论断也同样大受追捧：“能与四分之三的英国公众在所有问题上持不同意见，正是心智健全的首要条件，在任何时候都是对精神彷徨的慰藉。”

208 人群中爆发出热烈的掌声，据说其中要数爱尔兰裔观众最为兴奋。接着他说，“英国的商业精神”已经摧毁了这个国家“美好崇高的国民生活”，扼杀了伟大的戏剧，戏剧才是“艺术和生活的交汇之处”。

他大胆的言论勾起了观众的兴趣，“诗歌无所谓道德不道德：诗歌只有写得好和不好的，仅此而已”；他的想法激发了人们的思考（此处借用了佩特的观点，虽然他没有承认），他认为“音乐”是一种形式和内容密不可分的艺术，它是“最完整地体现了艺术理想的艺术，是其他艺术所力求达到的艺术境界”。他脸上挂着“一种奇特的微笑，仿佛是让观众要对他有信心”，说出来的话让“听众们震撼不已”。他问观众，既然他们“已经花了上百个晚上听我的朋友阿瑟·沙利文的迷人歌剧《佩辛丝》”，那么是否也能听听“我一个晚上的讲演”。他呼吁他们不要“根据吉尔伯特先生的讽刺来做审美判断”——“就像不会根据光柱中舞动的尘土来判断太阳的威力和光耀，不会根据波浪上破碎的泡沫来判断大海的力量和壮观一样”——这番话引起一片“如雷般的掌声”。

观众们“由衷地喜欢”听他讲话：“我想你们中的少数人大概听说过与英国唯美运动有联系的两种花，据说（我深以为这种说法是错误的）还是一伙青年唯美主义者的粮食。好吧，我就告诉你们，我们热爱百合花和向日葵的原因，不管吉尔伯特先生对这件事是怎么说的，它们是不适合拿来作为任何种类的蔬菜的。”演讲者乐在其中，和观众们一起笑起来。当他解释说，这两种花在唯美主义者中大受青睐的原因是它们天生适合装饰艺术时，严肃的气氛又倏忽回来了，“一种是绚丽雄壮的美，另一种是优雅可爱的美，都给艺术家以最充分最完美的愉悦”。他号召他的美国听众们，从本国独特的动植物中寻找灵感，让简朴的装饰品变得“更为雅致”，从而获得“前所未见的美的宝藏”。然后，他概括了几个主题（相当突如其来）并最后宣告：“我们的岁月都消逝在对生命的奥秘的追求中，而生命的奥秘就在艺术中啊。”

演讲在热烈的掌声中结束。全场雷动的声音证实了王尔德的胜利。他开始退场，但在一片掌声中，他又转过身鞠了一躬。最后离开讲坛时，“他的脸红得像个女学生”。[22]莫尔斯上校被深深折服。他后来回忆，在他与演讲者长期打交道的经验中，他想不出“有哪一次……经受过如此严峻的考验”，王尔德面对的是一群可能存在敌意的听众，同样也没有“哪一次演讲比这更彻底、更令人信服地获得了成功”。[23]王尔德离开礼堂，沿着第五大道被带到约翰·麦克夫人主持的盛大热烈、花团锦簇的招待会上，乐队演奏了爱国歌曲《天佑女王》欢迎他到来。《纽约先驱报》报道称：“许多衣着优雅的漂亮女士挤在一起和他握手。”[24]

王尔德取得了真正的成功，第二天的新闻报道证实了这一点。尽管有一些批评，以及少数有关伯恩桑的隐喻——特别是《纽约论坛报》——但风头正劲的王尔德仍然得到了欣赏和尊重。现在毋庸置疑，王尔德可以演讲，他的旅程将继续进行。[25]1月11日卡特到达纽约，兴高采烈地推进各项安排。他开心地发现，票房一直下降的纽约版《佩辛丝》，现在“获得了新生”，竟然止跌回升。这出歌剧可以持续上演到本季结束。他在给阿瑟·沙利文的信中写道：“美国公众的生活方式令人费解，虽然看起来很荒谬，但奥斯卡·王尔德在美国的出现引发了一股常规的‘热潮’，似乎刺激了商界的发展。”卡特向美国媒体宣布，鉴于王尔德在奇克林礼堂获得的成功，他打算带着这位唯美主义者“环游全国”——可能要花上“两三个月”。[26]

接下来的日程在匆忙之间被一一敲定下来——他将前往费城、华盛顿、巴尔的摩、奥尔巴尼、波士顿和芝加哥——王尔德在纽约度过了愉快的一周，沉浸在胜利的喜悦中。正如《莱斯利画报》所写，他“得到了社交界的接纳和支持”；请帖、“信件、诗歌、鲜花和请愿书”一齐向他涌来。[27]68岁的山姆·沃德“大叔”一副势不可当的样子，是王尔德在社交界的领路人兼裁判员，他是个政治说客，偶尔写写诗，是孜孜不倦的美食家，还是个根深蒂固的亲英派。沃德让王尔德笃定放心，《纽约世界报》编辑威廉·亨利·赫尔伯特是他的朋友，将会为他提供宝贵的关注和支持；此外，他还在自己的克林顿广场公寓举办了一场以闪亮百合花为主题的晚宴，在宴会上，巨大的酒杯里漂浮着朵朵睡莲，客人们在扣眼上插着铃兰花。[28]

然而，为王尔德举办的最大规模派对要数玛丽昂·T. 福蒂斯丘夫人（出嫁前是明妮·奥谢）主持的一场盛大的“狂欢”。玛丽昂出生于都柏林，是《自由人报》一名编辑的女儿，也是罗伯特·B. 罗斯福的情妇。王尔德在那场宴会上经人介绍认识了头发浓密的“内华达山脉诗人”华金·米勒，他鼓励王尔德去寻找西部“大自然的壮观与美丽”。无论走到哪里，王尔德都是人们关注的焦点。[29]“像我这样喜欢保持隐姓埋名之美德的人，”他写信给刘易斯夫人开玩笑道，“你可以想象我是多么讨厌这种巴结。”[30]有人告诉他，自查尔斯·狄更斯访问纽约以来，“还从未有过如此盛况”。“我出门造访时，站在会客室最首要的位置上，”他解释道，“两个小时内，他们不停地为我作各种

210

介绍。我优雅地鞠躬示意，时常用皇家言辞向他们致以敬意，第二天所有的报纸都会刊登这些言论。”[31]在福蒂斯丘家的聚会上，他那句普普通通的“我喜欢美国——也就是说我喜欢纽约”，受到了纽约媒体的热切关注。[32]王尔德给诺曼·福布斯-罗伯逊描述了他充满乐趣的新生活：“盛大的接待会，美妙绝伦的午餐，人群等候着我乘坐的马车通过。我挥动着戴手套的手和象牙手杖，他们欢呼喝彩。姑娘们相当可爱，男人们非常朴实，很有知识。房间里专门为我到处悬挂起白百合。我偶尔喝点‘男孩’（一种香槟）……总的来说，像我一贯表现的那样——‘非常可怕’。”[33]

事实上，王尔德的行为一点儿也不可怕。他可能会厚颜无耻地炫耀自己，但他的沉着冷静、“即兴表演”、自吹自擂，以及他的才智和谈吐，也令主人和客人们赞赏不已。他很快就被认为是“自霍顿勋爵时代以来最会讲闲话的人”。[34]《笨拙》在其刊登的一篇恶搞文章《诗人的纽约对话》中，捕捉到了王尔德大获成功背后的一二：

> 他一直与格拉德斯通过从甚密，认为对方是一个值得称道的政治家，尽管他发现此人有关荷马的观点有问题。他闲聊时大谈他的朋友威廉·哈考特爵士，并且表示自己和欧洲各国领导人相处融洽……诗人对艺术、月亮、美酒和共和主义采取普遍认同，他曾经寻求让英国王室皈依共和主义，这早已不是什么秘密。[35]

有几个见过他的人似乎被这种邂逅给震慑住了，至少有点不知所措；其他人则努力保持着一种谨慎的客观中立。当菲比·彭伯（可敬的美国护理界先锋人物）被介绍给这位年轻的唯美主义者时，她忍不住笑个不停。她的侄子坦承："（他说话的时候）我一直在笑。"[36]约翰·毕格罗带王尔德去著名的世纪协会用餐时，人们对他产生了"极大的兴趣"，尤其是那些"医学家"，他们好奇地观察了王尔德独特的"女性化特征"；[37]而在另一次聚会上，著名眼科大夫霍尔库姆医生——威廉·王

211 尔德爵士的学生，纽约族谱和传记协会创始人——宣称自己"对王尔德那双古怪的眼睛特别感兴趣"，非要让大家"用他的放大镜仔细看看它们"。[38]

有些纽约人则置身事外。他们没有华金·米勒那样的慷慨，而是表现出些许怨恨、职业性的焦虑和高高在上的厌恶。傲慢的诗人兼文学评论家艾德蒙·克拉伦斯·斯特德曼拒绝与王尔德会面，尽管他收到了两封推荐信（令他大为恼火的是，有几家报纸错误地写道，他陪同妻子出席了在克罗利家为王尔德举行的招待会）。斯特德曼之所以反感王尔德及其《诗集》是因为他的朋友埃德蒙·戈斯写来一封信，信中称那本"可怕的书"，是"一种低级趣味的霉菌，一种散发着恶臭的寄生物"，依靠作者的"贵族朋友"的帮助，这本书已经发行到了第三版。他绝不会对王尔德心存慈悲。[39]在他看来，王尔德是一个"骗子"——尽管还算聪明——只是纽约那些有钱的"非利士俗人"，他们"既势利又愚蠢"，要在他身上"愚弄自己"。他认为，"真正的"作家和诗人该对王尔德避之不及——他会尽最大的努力去鼓动他们。[40]品性高洁的艾玛·拉撒路（自由女神像底座上镌刻着她作于1883年的十四行诗《新的巨像》）没有见到王尔德——尽管她钦佩王尔德"真正的想象力和才华"——因为她不喜欢他"无耻地追求低俗的恶名"。[41]

王尔德当然一直谨记他的宣传责任。莫尔斯为此提供了必要的支持。王尔德向诺曼·福布斯-罗伯逊解释说，他有“两个秘书，其中一个负责替我签名，回复上百封索要签名的来信。另一位长着一头棕色头发，他把自己的一绺绺头发寄给来信向我索要头发的年轻小姐们；他很快就成了秃顶。还有一个黑人仆役，他是我的奴隶——在一个自由的国家里，没有奴隶是无法生存的——他有点像克里斯蒂吟游诗人①的成员，只不过他不会猜谜语”。[42]

沙勒尼拍摄的照片被印在小卡片上，它们广受欢迎，在美国各地传播王尔德的形象。王尔德夸口说，需求“远远超过了供应极限”。[43]莫尔斯还安排了一位年轻的纽约艺术家詹姆斯·爱德华·凯利为王尔德作了一幅蚀刻肖像画，这是一幅简单的线条画，比任何照片都更容易复制，也更便宜。当凯利上门为王尔德绘制肖像时，他发现王尔德和一个“有着金色卷发和蓝色眼睛的漂亮小男孩”在一起。王尔德建议让孩子站在他的椅子边，一起出现在图画中。这是一个迷人的场景，尽管当凯利蚀刻这幅画时，只绘制了王尔德的头部侧面。[44]与王尔德的肖像同样受欢迎的，是他的书。虽然当他目睹自己的美国版《诗集》被以“商业化和普普通通的方式”发行推广时，他的美学理念受到了冲击，但他很高兴罗伯茨兄弟能够再版这本诗集，以满足自他来到美国后“被鼓噪起来”的巨大需求。[45]

212

在纽约期间，王尔德了解到更多有关美国人接触美学思想的情况。他参加了凯特·菲尔德在服装合作社举办的一场精心

① 1843年在纽约成立的一支黑脸乐队。——译者注

准备的艺术午餐。这是一家致力于为女性生产更健康、设计更精良、价格更便宜的礼服的龙头企业。[46]他还参观了“联合艺术家”的工作坊，这是另一个女权主义合作项目，旨在推广装饰艺术，尤其是针法和织物设计。该公司在前一年对白宫切斯特·阿瑟总统的卧室进行了重新装饰，美国媒体将其描述为“超美学、超诗意的……奥斯卡·王尔德流派”。[47]

王尔德还腾出时间推进了他在美国排演《维拉》的计划。他最大的希望是能够说服33岁的女演员克拉拉·莫里斯出演这个角色。他之前给她寄过一份剧本，现在想亲自上门跟进一下。莎拉·伯恩哈特激发了这个渴望，她曾经告诉他——他对一位记者说——“在美国有两件事情值得一看，一件是克拉拉·莫里斯的表演，另一件是芝加哥有一种可怕的杀猪方法。她建议我都去看看。”[48]在他眼里，猪可以等（也许无限期地等），但是他渴望尽快见到莫里斯小姐，并确保她对《维拉》感兴趣。

在王尔德的提醒下，克罗利夫人邀请这位女演员参加了她的招待会。她身穿镶着珍珠和水晶的白色锦缎，星光熠熠地走来。然而，她的心情却没有那么闪亮。尽管王尔德向她致以热忱的问候（伸出双手握着她的手，诉说见到她是多么喜悦，以及他从莎拉·伯恩哈特那里听到了许多关于她的事情），她却心绪不佳。一个在场的目击者甚至注意到，一提到莎拉·伯恩哈特，她的嘴唇似乎扬起了一丝“高傲的微笑”。[49]第二天下午，213 他们在凯特·菲尔德的服装合作社午宴上又见面了，王尔德的心情愉快了不少。即便她没有同意接受这个角色（如一些报纸所说），也在他的劝说下表示愿意考虑一下这个角色。为了让她进一步参与进来，王尔德请她“对当前的情况提一点建议”。次日，他去观看她首演的《新马格达伦》，进一步乘胜追击。[50]

她无法不被他的热情打动："莫里斯小姐是我所见过的最伟大的女演员，"他对《纽约论坛报》说，"如果说我可以就她扮演的这个角色来做评价的话。我们英国没有感情这么强烈的女演员。按照我的标准，她是一位伟大的艺术家，因为她所做的一切和所说的一切，以其所做所说的方式，不断激发了人们的想象力去补充她的表演。那就是我所谓的艺术……她是一个名副其实的天才。"[51]

就在那一周的晚些时候，她让王尔德陪自己和丈夫去观看玛丽·安德森出演的 W. S. 吉尔伯特作品《皮格马利翁与伽拉忒亚》。这是一个让人看到希望的开始。但是，尽管莫里斯怀有兴趣，却一直没有做出任何明确的承诺。这一切并不影响王尔德夸夸其谈；在戴尔莫尼科餐厅吃午饭时，他向埃德加·索尔特斯吹嘘说，有人给他开出 5000 美元的预支片酬——用他的话说，"这点薪水简直不够维持温饱"。他承认，剧院经理想让他对剧本做一些修改，然后又说："可我是谁，有什么资格篡改一部杰作？"[52]1 月 16 日王尔德离开纽约起程前往费城，此时他非常乐观。[53]

注　释

1. *Oscar Wilde's Visit to America* (1882), eight-page prospectus (Toronto University Library).
2. 'Ten Minutes With A Poet', *NYT*, 3 January 1882; *Sun* (New York), 3 January 1882; *World* (New York), Lewis & Smith, 31.
3. 《世界报》(纽约)、《纽约先驱报》和《纽约时报》报道了这则轶事，据说是一位同船旅客讲述的。1882 年 1 月 3 日，《太阳报》(纽约) 直接引用王尔德的话写道：“顺便说一句，你知道吗，我对大西洋非常失望。它很温顺。”但人们更喜欢另外三家报纸上的讲述—— 很相似，但不完全相同。有关这则轶事在美国和英国传播的情况，see Morse，76；*Daily News*，4 January 1882；*PMG*，4 January 1882；*Freeman's Journal*，5 January 1882；*London Daily Herald*，9 January 1882；有关讽刺的诗句，in *Reynolds's Newspaper*，8 January 1882，2；Lewis & Smith，33；Ellmann，151，提到《帕尔摩报》刊登了一首诗“失望的大海”（The Disappointed Deep）——然而在报纸上并没有发现这首诗；*Leeds Mercury*，5 January 1882.

4. *New York Evening Post*，in Hofer & Scharnhorst，15-16.
5. 目前无法确认，奥斯卡・王尔德最先入住的是哪家酒店。两个最有可能的地方是格兰德酒店（Grand Hotel）或布伦瑞克酒店（Brunswick）。See OWIA，and Lewis & Smith，35.
6. OW，‘Impressions of America’，22.
7. *CL*，127；typescript of Dan O'Connell，‘Bohemian Experiences of Oscar Wilde and Sir Samuel Barker’，originally published in *The Chronicle*（San Francisco）（Clark）.
8. Quoted in Dick Weindling and Marianne Colloms，*The Marquis de Leuville*：*A Victorian Fraud*?（2012）.
9. *Boston Globe*，29 January 1882，in Hofer & Scharnhorst，48.
10. Morse，76；*Boston Globe*，29 January 1882，5；*NYT*，8 January 1882，7；‘Wilde's Experience，’ *Topeka Daily Capital*，16 January 1882.
11. Mason，124-6.
12. ‘Art's Apostle’（from the NY corres-pondent of the *Boston Herald*）；*Evening Star*（Washington，DC），21 January 1882. 约翰・库珀（John Cooper）指出，王尔德的27张照片中（reproduced in *The Wilde Album*，65-91），前面23张是同一场景，后面四张属第二个场景（王尔德的头发明显长了一点）。The *Topeka Daily Capital*，16 January 1882，提到沙勒尼给奥斯卡・王尔德拍了“30张照片”，这个数字可能是合同中约定的——有些照片没有冲印出来。
13. *Topeka Daily Capital*，16 January 1882；Lewis & Smith，39，其中提到，莫尔斯“特别希望由沙勒尼为他的明星拍照，甚至为此放弃了一贯的收费”。大多数传记作品中都提到了这一点。但《托皮卡首府日报》和其他报纸在一些细微之处存在矛盾的地方，例如‘Miscellaneous’ in *Northern Argus*（Clare，South Australia），30 January 1885。有一种可能是，莫尔斯放弃了预付款项，决定与沙勒尼以一定比例分配销售收入。

14. *Topeka Daily Capital*，16 January 1882.
15. ‘The English Renaissance’，*Miscellanies*，121；*New York Tribune*，6 January 1882，5.
16. *New York Tribune*，6 January 1882，5.
17. *Era*，21 January，1882.
18. ‘Vanity Fair’，*The Argonaut*（San Francisco），10，no. 1，7 January 1882.
19. Lewis & Smith，57.
20. *CL*，124.
21. *CL*，124.
22. Morse account；*NYT*，*New York Tribune*，10 January，1882，2；*CL*，126；versions of the speech from *NYT*，*Miscellanies*，*Seaside Edition.* ‘Oscar the Aesthete’（US newspaper cutting），29 January 1882（Clark）.
23. Morse，78-9.
24. ‘Living Up to Beauty’，*New York Herald*，10 January 1882.
25. *New York Herald*，*New York World*，*NYT*，in Friedman，77. ‘Wilde's Experience’，*Topeka Daily Capital*，16 January 1882 lists Mr Connery of the *Herald*，Whitelaw Reid，*Tribune*，George Jones，*NYT*，William H. Hurlburt，*World*，Mr Fiske，*Star*.
26. ‘The Drama in America’，*Era*，21 January 1882；Richard D'Oyly Carte to Arthur Sullivan，[January 1882]（Clark）；D'Oyly Carte interview，from the *New York Tribune*，12 January 1882，reprinted in *Freeman's Journal*，25 Jan 1882.
27. Quoted in Lewis & Smith，55.
28. Friedman，77-8；*Argonaut.* 赫尔伯特也为王尔德组织了一场“迷人的”晚宴（于1月10日）；see *New York Tribune*，10 January 1882，2；*Topeka Daily Capital*，16 January 1882.
29. *Argonaut.*
30. *CL*，126.

31. *CL*，127.
32. *Argonaut*.
33. *CL*，127.
34. Friedman，76；'Our London Correspondence'，*Liverpool Mercury*，24 January 1882.
35. 'The Poet's Day'，*Punch*，4 February 1882.
36. Phoebe Pember to 'Clavius'，16 January 1882，New York（Southern Historical Collection，Wilson Library，University of North Carolina at Chapel Hill）.
37. Jervis McEntee，'Diaries'，14 January 1882（Archives of American Art，Smithsonian Institution）；diary of James Herbert Morse，quoted in Friedman，79.
38. J. E. Kelly，'Memoirs'（Archives of American Art，Smithsonian Institution）.
39. Edmund Gosse to E. C. Stedman，quoted in Thwaite，*Edmund Gosse*，211.
40. Laura Stedman and George M. Gould，*Life and Letters of Edmund Clarence Stedman*（1910），2：31.
41. Quoted in Bette Roth Young，ed.，*Emma Lazarus in Her World*（1995），189.
42. *CL*，127.
43. *Manchester Times*，27 May 1882.
44. Kelly，'Memoirs'. 凯利写道，他在纽约演讲的“两三天”后拜访了奥斯卡·王尔德，并在第二天作了这幅画。人们常常认为，画中的孩子是凯利的儿子。但凯利并没有儿子。他在回忆录中明确说明，这个男孩是王尔德一个朋友的孩子。这个孩子也许是 *CL*，124 提到的“小盖尼米得”，也可能是罗伯特·B. 罗斯福和福蒂斯丘夫人的几个孩子中的一个。1907 年，原版蚀刻板丢失，一幅根据凯利原作制作而成的新版画——木刻画——诞生了。不久之后，凯利又根据同一原作制作了一幅青铜浮雕头像。
45. 'Wilde's Experience'，*Topeka Daily Capital*，16 January 1882；Mason，324-5.
46. Gary Scharnhorst，'Kate Field Meets Oscar Wilde'，*Wildean*，28（2006），

其中对午餐作了完整的描述。

47. Mary Warner Blanchard, 'Oscar Wilde's America: Counterculture in the Gilded Age', 46; a letter from Posie Emmet to 'Billy', 17 January [1882] (Archives of American Art, Smithsonian Institution), 提到奥斯卡·王尔德参观了 Dora Wheeler（Candace Wheeler 的女儿）的工作室; *Bismark Tribune* (North Dakota), 23 December 1881, 4.
48. 'Oscar Wilde', *Chicago Tribune*, 1 March 1882, 7, in Hofer & Scharnhorst, 91.
49. *Argonaut*.
50. *Argonaut*.
51. 'Is this Aesthetic Taffy', *New York Herald*, 13 January 1882.
52. Edgar Saltus, *Oscar Wilde*; *An Idler's Impression* (1917), in Mikhail, 427.
53. *CL*, 128.

2. 前进

一切都相当顺利。

——奥斯卡·王尔德

214

费城这座友爱之城似乎正在急切地欢迎他。王尔德此时已经积攒了一些有用的人脉：文学界的、艺术界的，还有爱尔兰裔的。他的老朋友查尔斯·利兰最近回到费城创办了一所工艺美术学校；著名外科医生塞缪尔·格罗斯以前是梅里恩广场的访客；诗人玛丽·丽贝卡·达利-史密斯曾经送给王尔德夫人一本诗集。还有他的一个（第二个）堂兄，英国国教牧师巴兹尔·马图林神父，他从都柏林来到这里，在当地一座教堂担任教区长。王尔德离开英国之前向他约稿两首诗的《我们的大陆》杂志，就是在费城出版的。杂志的共同所有人罗伯特·S. 戴维斯答应为这位年轻的演讲者举办一场招待会。同样持此想法的还有《大众纪事报》老板乔治·W. 蔡尔兹，以及当地另一位雄心勃勃、爱好文学的企业家 J. M. 斯托达特。[1]

公众对他怀有极大的兴趣。他从纽约出发，在火车上接受了费城一家报纸的采访，入住奥尔丁酒店后不久又接受了另一家报纸的采访。名片和访客源源不断地拥入奥尔丁酒店，王尔德让他的贴身黑人男仆守在房间外，告诉来访者："王尔德老爷今天太忙了，没空接待。"[2]王尔德的演讲安排在 1 月 17 日于新近重开的费城园艺厅举行，人们纷纷翘首以盼：1500 张门票 215 销售一空。[3]

然而到头来，整个事情却让人有点扫兴。尽管整场爆满——而且许多观众手里都拿着“有魄力的生意人”在门口分发给大家的向日葵状扇子（他们在每一朵花的背面放了一张小广告）——但演讲本身和观众都不如在纽约时那么活跃。王尔德啜了一口水，全场竟突然迸发出最热烈的一次掌声。他后来告诉一名记者：“我的听众非常冷淡，好几次我都想停下来对他们说，‘既然你们不喜欢，那我继续讲下去也没什么意义’。”[4]

这次失败既让人震惊，又令人失望，但在朋友们的支持和《大众纪事报》一篇慷慨评论的帮助下，这种失望情绪得到了些许缓和。[5]好在第二天下午，王尔德去拜访了他心目中伟大的文学英雄之一沃尔特·惠特曼，这一趟激动人心的短途旅行有效地缓解了失落的情绪。62 岁的《草叶集》作者居住在费城河对岸的工人阶级小镇卡姆登。一连串的轻微中风让他过早出现了衰老的迹象，他拒绝了王尔德到达当晚参加戴维斯的豪华招待会的邀请，也拒绝了斯托达特在王尔德演讲后举办的小范围晚宴。但他捎信说，如果这位年轻诗人愿意在 1 月 18 日下午 2 点到 3 点半之间来访，他很乐意与他见面。[6]

用过格罗斯医生招待的一顿愉悦的早餐，并且对费城女子设计学院进行短暂访问之后，斯托达特陪着王尔德穿过特拉华州，把他送到惠特曼居住的简朴砖房，惠特曼在那里由他的弟弟和弟媳照顾。这是一场“大老粗”（惠特曼这样称呼自己）和年轻有为的唯美主义者之间的一次愉快会面。惠特曼拿出一瓶自家酿制的接骨木酒，在楼下的客厅招待客人。斯托达特回忆，那酒“难喝至极”，但令他惊讶的是，王尔德竟“满脸欢喜地”饮下好几杯。其后，王尔德因此受到了指责，但他解释说，“如果那是醋”，他照样会喝，那是他对惠特曼的钦佩。喝完酒之后，斯托达特巧妙地退了出去，留下两位诗人共度午后时光。两人来到楼上惠特曼位于顶楼的“窝”里，聊起了诗歌与人物。[7]

216 王尔德被这个“毫无装饰的白色小房间”迷住了——屋里有一把大椅子（惠特曼坐的）和一个小凳子（给他坐的），一张“松木桌”上面放着一部莎士比亚的作品、一部但丁译本和一壶水。冬日的阳光洒满房间，“越过对面的屋顶可以看见河中船只的桅杆”。[8]尽管简朴的风格让这个房间成了艺术创作的绝佳场所，但王尔德也注意到，屋里到处散落着一堆堆“剪报”。[9]惠特曼虽然自诩天性淳朴，却善于迎合媒体。这是两位作家之间的另一条纽带。他们很快便相处得相当融洽。惠特曼大声说：“我要喊你奥斯卡。”王尔德回答：“我简直太高兴了。”[10]

王尔德坐在老人的脚边（确实如此），夸赞着他。“我来拜访您，就像来见一个我在摇篮里就几乎已经认识的人”，他讲述母亲读惠特曼的作品给他听的情形，以及他如何携惠特曼的书在牛津“漫步”。他们谈到了丁尼生和美，以及诗歌的实用性。惠特曼给他讲解自己的“作诗”方法：“哦，你知道的，我曾经当过排字工人，每当一个工人排满一行字的时候，他会停一小会儿，然后开始排下一行。”（王尔德后来在他的一次演讲中提到，“要想成为一个成功的诗人，应该去学着排字”。）[11]王尔德谈到罗塞蒂和莫里斯，以及斯温伯恩（惠特曼在英国的热烈拥护者），称对这三个人有一种莫名的亲近。[12]为了让这些人脉关系相互促进，他主动提出要给斯温伯恩写信，将惠特曼的赞美之词连同照片一起邮寄给他。*

惠特曼发现王尔德是一个很有魅力的伙伴，他后来对一名记者说："在我看来，他是个大个子的漂亮棒小伙……如此坦率、直言不讳，很有男子气概。"此外，他还向一位朋友透露："他很喜欢我，说明他有很好的判断力。"[13]王尔德不仅喜欢惠特曼，而且对他那种毫不做作的高贵精神感到肃然起敬。他借用J. A. 西蒙兹的评价，将其描述为"一个了不起的、高大的、完整的人，他可能生活在任何时代……强壮、真实、心智健全：迄今为止，他是我们现代生活中最接近希腊人的人"。[14]然而，他惊讶并钦佩地意识到，所有这一切中还包括一份"镇静从容"。[15]时间过得飞快。惠特曼为客人准备了一大杯牛奶潘趣解渴，王尔德"一饮而尽"，让他大为赞叹。斯托达特回来时，天已经黑了。两位诗人怀着浓浓的友情分手道别。惠特曼大声喊道："再见，奥斯卡，愿上帝保佑你。"[16]

虽说拜访惠特曼是此行的高潮，但这并非王尔德在费城逗留期间唯一令人关注的一次会面。斯托达特领着王尔德去圣克莱门特，在漂亮的新罗马式教堂拜访了马图林神父。两个爱尔兰亲戚非常享受这次见面，然而当王尔德瞥见牧师宿舍里"朴素而且有点简陋的陈设"之后，便拒绝了表兄让他们在那里"留宿"的提议。[17]他们还拜访了弗洛伦丝·邓肯，她是当地首屈一指的文学和社交杂志《问答》（*Quiz*）的编辑。尽管她的出版物——在此之前——一直对王尔德的美国之行持讽刺的态度，但刚一见面，邓肯夫人就立刻对这个男人有了好感，被他

---

* 他的策略获得很大成功。王尔德收到了斯温伯恩的慷慨回信，信中详细叙述了他对惠特曼的仰慕之情——王尔德立刻将这封信誊抄了两份，一份给这位美国诗人，另一份给媒体。

的彬彬有礼（根本不提杂志早些时候对他的攻击）和他谈话中的聪明才智所折服。“他谈论济慈的时候滔滔不绝，”她在下一期杂志的报道中撰文写道，“一个能像王尔德先生那样谈论《希腊古瓮颂》的人，当然不可能是傻瓜。”[18]

王尔德之前曾向伦内尔·罗德许诺，要努力为他的诗集《南方之歌》（*Songs of the South*）寻找一家美国出版商，于是便向斯托达特提出了这件事情。该书只能以独家出版的方式发行。他们计划——稍作改动后——推出两种版本，一种是“豪华版”，另一种是“普通版”，但两种版本设计都很美观，并配有王尔德写的“序言”。除此之外，还有人希望王尔德能写点什么。罗伯特·戴维斯提出让王尔德为《我们的大陆》写三篇文章，谈一谈“将现代唯美主义应用于现实生活”的话题：一篇关于“家”，一篇关于“服装”，还有一篇关于“如何打造杰作”。尽管戴维斯出价每篇稿费 100 美元，但王尔德很谨慎：一篇文章只付一次稿费；一个讲座可以演说很多次。[19]

由此，他更倾向于听从戴维斯的另一个建议，在同样的“实际”演讲基础上准备进行“第二轮演讲”。在领教了费城观众的“冷淡”，以及刚到纽约时遭遇的困难之后，王尔德已经意识到他需要对讲话做出修改。“英国的文艺复兴”也许太深奥，过于抽象。王尔德夫人在英国读到相关报道时当然也想到了这一点，“没有什么吸引人的地方，”她称，“不如做一些个性化的描述”，“比如一些现代名人……罗斯金、米尔、卡莱尔”。[20]不仅如此，1 月 19 日广受欢迎的“海滨图书馆”小册子系列的出版商乔治·门罗推出了一本盗版的《王尔德诗集》，以及《有关英国文艺复兴的演讲》。其内容由速记记录和新闻报道拼凑而成，虽不完整却包罗一切，而且售价只有 10 美分。

218

1. 王尔德夫人，奥斯卡的母亲，43 岁。都柏林画家伯纳德·穆雷宁（Bernard Mulrenin）1864 年绘制。

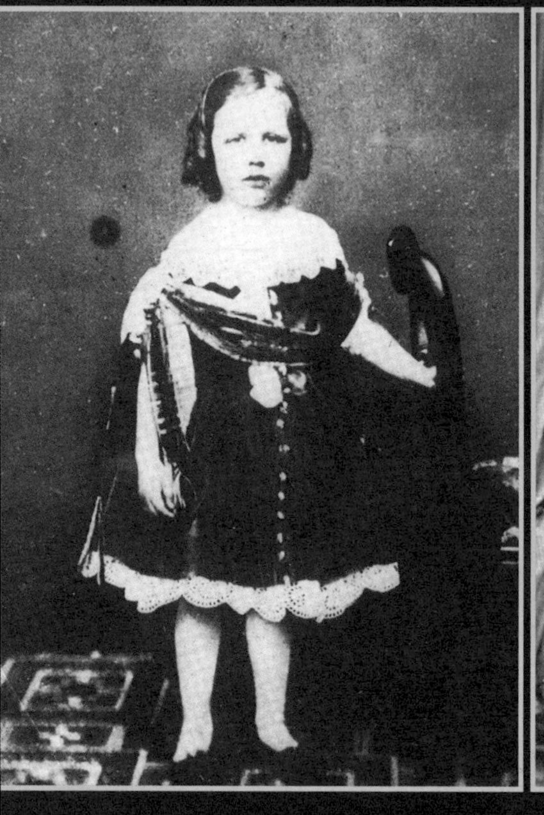

2. 左：奥斯卡大约 2 岁时，身着蓝色天鹅绒裙子。

3. 右：威廉·王尔德爵士临终前不久，胸前佩戴着瑞典北极星勋章。

4. 左：约翰·彭特兰·马哈菲，都柏林圣三一学院古代史教授；他引领奥斯卡“如何去热爱希腊事物”。

5. 右：约翰·罗斯金，19 世纪 80 年代牛津大学史莱德美术讲座教授。

6. 左：沃尔特·佩特，颇具争议的牛津大学教师，《文艺复兴史研究》作者，该书是奥斯卡的“金书”。

7. 右：弗兰克·迈尔斯，人脉广泛的年轻艺术家兼业余园艺家，他将奥斯卡引入伦敦社交圈。

8. 左：莉莉·兰特里，知名名媛，她是奥斯卡诗歌里的“新海伦”。

9. 右：埃伦·泰利，欧文的学园剧院的头号女主角，奥斯卡数篇十四行诗中的主题。

10. 戴高礼帽的王尔德，惠斯勒绘。

11.“漂亮非凡的女孩”弗洛伦丝·巴尔科姆，奥斯卡绘，约 1876 年。

12. 左：莎拉・伯恩哈特，约 1880 年由拿破仑・沙勒尼摄于纽约。奥斯卡评价这位女演员时说“绝对没有像她这样的人”。

13. 右：海伦娜・莫杰斯卡，波兰籍女演员；奥斯卡是她在英国的拥护者。

14.1883 年左右的康斯坦斯·劳埃德，之后不久她与奥斯卡订婚。

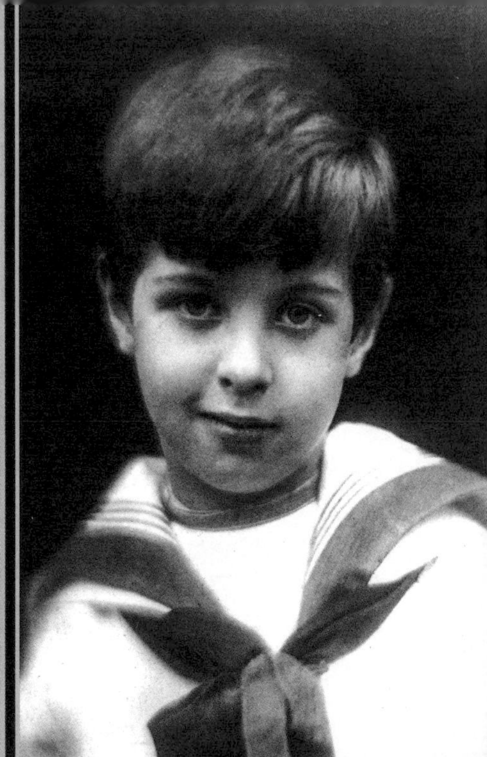

15. 左：7 岁的西里尔，1892 年在克罗默附近菲尔布里格村的花园里。

16. 右：身着海军衫的维维安，虽然康斯坦斯考虑让他加入海军，但王尔德夫人坚持认为他是个“天生的作家”。

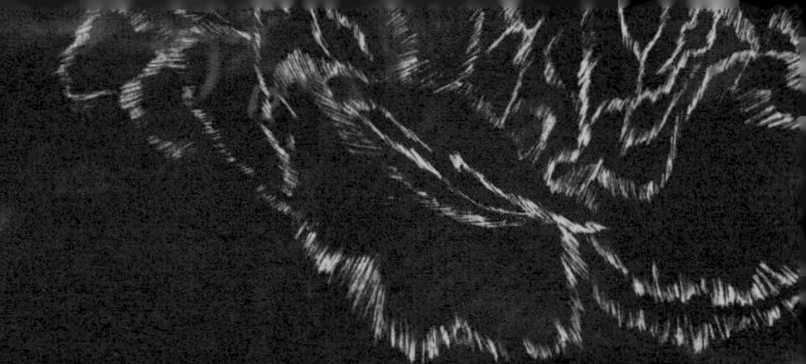

17. 左：詹姆斯·麦克尼尔·惠斯勒，奥斯卡心目中的“英雄”，他的朋友、师长和敌人。

18. 右：1880 年的沃尔特·惠特曼，奥斯卡认为“他是我们现代生活中最接近希腊人的人”。

19. 左：玛丽·普雷斯科特，她在命运多舛的《维拉》的纽约首场演出中扮演女主角。

20. 右：克拉拉·莫里斯扮演的《茶花女》，由沙勒尼拍摄。虽然这位美国女演员很“固执”，但她是王尔德为《维拉》挑选女主角时的第一人选。

为了留住听众，王尔德必然需要新的演讲内容，最好换一种观点。戴维斯解释说：

> 美国人都很务实，他们不关心抽象的、虚夸的、遥远的事物。但他们非常愿意接受和欣赏直接的、切实有用的东西。他们热切地需要指点，而且会欣然接受。观众受到的教育往往是肤浅的，他们很少有机会接触艺术文化。你必须将这一点考虑进去。美国人已经迫不及待地想要运用他们所学到的东西。无论给出何种艺术理论，都应该详细说明，该如何将其应用到日常生活中去。这样就能毫不费力地教会他们其中的意义。[21]

这是明智的建议。虽然王尔德当时仍坚持“英国文艺复兴”的话题，但他立刻着手修改并删减讲稿。接下来的几周里，他删除了很多理论论证和历史背景方面的内容，采用更多的口语化阐述以及实用的建议，并将演讲时长从近两个小时缩短到一个半小时。

修改讲稿期间，王尔德于 1 月 19 日从费城坐火车南下前往华盛顿。莫尔斯因为有事必须返回纽约，因此将行程安排交给了一名“办公室助理”。王尔德发现阿奇博尔德·福布斯也在同一节豪华车厢，福布斯即将结束他的美国之行，当晚要在巴尔的摩发表演讲。两人的行程事务等都由卡特和乔治·刘易斯张罗安排，因此互相亲切地打了招呼。

作为一名经验丰富、能力出众的演讲者，福布斯对于围绕王尔德的大肆炒作颇为恼火。他曾经在给一位英国朋友的信中毫不客气地写道，王尔德的“演讲一文不值，但他很会勾引

219 人，把他们要得晕头转向——手段相当聪明”。他相信人们对王尔德感兴趣只是出于好奇，他说——试图用一种幽默的口吻——马戏团经理 P.T. 巴纳姆曾经请王尔德帮忙“招揽客人”……和他在一起的还有“一头小象”、祖鲁人首领、查尔斯·吉托（因刺杀加菲尔德总统，不久将被处决）的尸体，但前提是他必须“一手拿着百合，另一只手拿着向日葵”。[22] * 福布斯还在自己的演讲中提到了王尔德的齐膝马裤和对向日葵的热爱。尽管措辞足够温和，主要是为了博人一笑，但其中确实带有轻蔑的意味。

在火车上，王尔德赢得了与福布斯同行的两个年轻女子当中一位的好感，这件事可能进一步加剧了对方的怨恨。刚从宾夕法尼亚美术学院毕业的约瑟夫·佩内尔也在那节车厢里，他告诉未婚妻说：“你真应该看看（王尔德）是怎样迷住了一个漂亮的巴尔的摩女孩——她在五分钟内就沦陷了。”佩内尔本人也被王尔德的谈话吸引住了。他说：

> 足足有半个多小时，我从没听到过有人像他这么说话。他的谈话无疑令人着迷，除非他把对我说过的话，说给每一个人听，要不然那简直太美妙了，尤其是他描述惠斯勒的画作时……他会靠近你，直视你的眼睛，他的脸距离你约莫六英寸，他的嗓音宛如音乐，你很快就会发现，这就

---

* 关于巴纳姆把王尔德当作一件新奇物件做宣传的笑话变得司空见惯，特别是——当年晚些时候——巴纳姆从伦敦动物园带来一头巨大的、上了年纪的大象，名叫“江波”。许多报刊都在文章中写道：“据报道，巴纳姆邀请奥斯卡·王尔德坐在江波身上在街头巡游。一份美国报纸说，如果不是王尔德坐在大象上，而是江波坐在王尔德身上，人们会更满意，而且对江波也不会有太大伤害。”

是他平常说话的方式。[23]

然而，到达巴尔的摩时，福布斯和王尔德像朋友一样作别了。曾经有个计划，可能是让王尔德——和莫尔斯或卡特一起——在巴尔的摩稍作停留，参加福布斯的演讲。但随着莫尔斯回到纽约，卡特出于健康原因去了佛罗里达，王尔德以为他们已经放弃了这个想法。因此他继续前往华盛顿。直到当天晚上抵达酒店，他才从一名记者那里得知，巴尔的摩人确实在等他，有谣言说他之所以缺席是因为和福布斯发生了争执。王尔德否认了这种说法，但随后却意外地收到莫尔斯的电报，催促他立即返回巴尔的摩。可是时间已经太晚了，而且他已经太累了。[24]

220

第二天，莫尔斯发电报的原因水落石出。王尔德惊讶地得知，有一位卡罗尔夫人为他准备了一场盛大宴会，由于他没有到场，宴会被迫在最后一刻取消。对此，国外有一则恶意的报道称，王尔德曾经向巴尔的摩一个艺术俱乐部举办的招待会索取费用。据称，整个城市的人都很沮丧，他们感觉受到了冒犯。

媒体绞尽脑汁编造王尔德与福布斯之间“发生争执”的故事。他们把各种各样“冷嘲热讽的评论”强行安在两个人头上，用来佐证这个故事，进一步挑唆矛盾。尽管王尔德和福布斯都没有立即上钩，但还是埋下了分歧的种子。王尔德觉得有必要给福布斯写封信，询问他是否可以从演讲中删掉针对唯美主义的玩笑性影射内容（“我觉得有必要非常坦率地告诉您，我认为这些内容既不高雅，也不适合您的主题”）。福布斯对此大为光火。他酝酿已久的愤怒和“愚蠢的”嫉妒心突然爆发出来。他在一种“忘我的愤怒”（如一位观察家所说）中，猛烈抨击王尔德，拒绝“修改”他的演讲，并公开诋毁王尔德来美国的动机。王尔德本来希望能从巡回演讲中赚点钱，这是可以理解的，但福布斯将其歪曲成他在美国只是图谋“纯粹的金钱”。王尔德试图缓和情势，但为时已晚。他被粗鲁地回绝了。随后，福布斯努力引诱他的竞争对手卷入同一家报纸的争议中，但未能得逞，于是只好继续在媒体上发表针对王尔德的粗俗评论。他直到1月28日收到乔治·刘易斯的电报后才收手，电报中写道：“行行好，别攻击王尔德了。就算你帮我一个忙。”[25]但即便如此，他仍在暗地里有所动作，向英国报纸提供有关王尔德的负面文章。[26]

这件事情无疑使王尔德在华盛顿期间心烦意乱，颇为分心。幸亏有山姆·沃德的斡旋，美国首都已经做好准备要殷勤款待王尔德。王尔德被这座城市深深吸引，尤其是那些“漂亮的红砖新房子”，还有“迷人的木结构和阳台”。[27]和在纽约与费城一样，一场场豪华宴会接踵而至：在乔治·彭德尔顿参议员夫妇家、布莱恩参议员夫妇家、爱德华·G. 洛林家，以及在单身汉私人俱乐部（有报纸报道，王尔德拒绝加入跳舞的行列，“我吃过饭了，所以我不跳舞，跳舞的人不吃饭”）。王尔德还参加了一场热闹的当地文学俱乐部聚会，地点是在斯万·伯内特博士与妻子弗朗西丝·霍奇森·伯内特优雅的波希米亚风格住所，里面装饰着向日葵。[28]

日程安排得很紧。王尔德总是在“台上”等候表演，他很快意识到自己需要节省精力。他喜欢晚上在主人的书房或“窝”里躲藏至少一小段时间。和大家在一起时，他开始有所收敛。“王尔德说他从不让自己感到无聊，”他的一名崇拜者向一位派对客人解释说，“他从不掩饰自己的烦恼，这能给他提供充足的保护。”[29]他需要这么做。眼下，每次聚会现场都会有一些人对王尔德显而易见的成功心怀不满。有美国媒体对他做出了最负面的评价，认为他是一个唯利是图的骗子，而这些人紧随其后地想要表现出，至少他们没有被他“粗俗”的滑稽表演所蒙骗。

似乎是在华盛顿，有个女人直截了当地发问，他来美国是不是为了“逗他们开心”。他回答，自己是来“做指导”的。于是她说：“如果那是你的目的，我建议你把头发剪短，把裤子弄长。”[30]王尔德在首都期间，理所当然地不得不面对一连串咄咄逼人的老处女和冒冒失失的年轻姑娘。阿比盖尔·道奇在谈到他对唯美主义的拥护时，直言不讳地问道：“这个玩笑能持续多久？”（王尔德虽然对如此直截了当的攻击感到“震惊”，但他回答“玩—笑？这是我的生活”。）[31]有人介绍他认识卡罗琳·希利·达尔，可对方只是盯着他，拒绝伸出自己的手；年轻漂亮的诺德霍夫小姐（《纽约先驱报》记者的女儿）“怀着故意要让他出丑的心思”问道：“请告诉我，王尔德先生，你生来就很了不起吗？”王尔德回答：“小姑娘，你还是去买冰淇淋吧。”[32]

还有一小部分华盛顿的人物则竭力避开王尔德。亨利·亚当斯的妻子克洛弗夸口说，自己“逃过了结识这个人”。她告诉同样从伦敦来到华盛顿的亨利·詹姆斯，“来（她的家）的时候，不要带上他的朋友奥斯卡·王尔德”——并补充道“我绝不会让小偷和笨蛋进门”。然而，在她眼里，王尔德到底是个小偷——因为他抄袭了罗斯金、莫里斯还有其他人的观点——还是个“笨蛋”——因为他穿着齐膝马裤四处招摇，这一点并不清楚。[33]

222

39 岁的亨利·詹姆斯几乎算不上王尔德的“朋友”，尽管伦敦文化生活中的种种场合让他们有机会结识对方。两人性格迥异，互不吸引：詹姆斯勤奋、谦虚、谨慎，而王尔德热情、柔弱、招摇。虽然王尔德赞赏詹姆斯的作品，让他倍感受用（王尔德告诉一位美国记者，作为小说家，“没有哪个在世的英国人”能与美国出生的詹姆斯相比），但他隐约感到，无论是当面接触还是从专业的角度，只要这个年轻人在场，就会令人不安。他对艺术收藏家伊莎贝拉·斯图尔特·加德纳表达了一番见解，其中含着一种奇怪的怨恨，他提到，自己在洛林家见到了“令人厌恶、愚昧无知的奥斯卡·王尔德，让我高兴的是，根本没人在看他”。其他姑且不论，这种说法完全不符合事实。洛林夫妇的女儿哈丽特生动地描述了王尔德是如何“突然出现在”聚会现场的——“紧身裤，黄色的手帕和所有的一切”；虽然他看起来很“可怕”，但一眼就能看出他同时也“非常有趣”：“充满爱尔兰人的敏锐和幽默，真的十分有趣”——而且“非常质朴”。她写道，她的父亲和其他客人也这么认为。相比之下，她觉得亨利·詹姆斯——当晚的另一位“名流”——相当乏味，“充满善意，但思维非常迟钝”，丝毫没有“神圣的火花”。[34]

詹姆斯非常敏锐，意识到了有人会做如此比较。他知道，无论是作为谈话对象，还是在吸引人方面，王尔德都无人可比。1 月 23 日晚，大批观众聚集在林肯大厅聆听王尔德演讲；虽然有评论挑剔他的表达方式很差劲，但大家一致认为，他演讲的内容“很有趣”，其说话的方式“绝对有说服力”。他们喜欢他对时事做出的隐喻，尤其是他说，虽然雕塑是华盛顿的艺术品，但“我觉得你们有很多关于战争的雕塑。我敢说，你们不想要更多骑在马背上的青铜将军了”。[35]

这些成功让詹姆斯感到困惑、不满，甚至有点嫉妒。他继续尖锐地贬低王尔德，称其为“一个愚蠢的傻瓜，最低劣的无赖”，甚至是“一头肮脏的畜生”。但他显然喜欢王尔德关于华盛顿的“青铜将军”的那些话：他后来将其据为己有。[36]在王尔德演讲后的第二天，他不辞辛苦地去酒店登门拜访。他的动机至今尚不得知。也许他想探寻，一个只出版过一本薄薄的诗集的“作家”竟然可以做国际巡回演讲，这个新的文学世界中到底隐藏着怎样的商业现实。[37]王尔德没有意识到詹姆斯的敌意，兀自一副情绪高涨的样子。他谈起了“波士顿”，令他的客人大为不快。当詹姆斯说自己很怀念伦敦时，王尔德的回答让这位大旅行家兼侨民更加恼火：“真的吗？你在乎身居何处吗？世界就是我的家。”[38]

世界似乎正在为王尔德打开大门。他从华盛顿——再一次由莫尔斯妥妥地驾驶护送——向巴尔的摩进发。他在那里真诚悔过，表达他对埃德加·爱伦·坡的一片热忱，以此平息巴尔的摩人的怒气。他从马里兰州直奔奥尔巴尼（纽约州首府），然后前往波士顿，再回到纽约，在纽黑文、哈特福德和布鲁克林继续演讲。

几乎从王尔德踏上美国的那一刻起，人们就一直告诉他，他会如何喜欢上波士顿，波士顿人又会多么爱他。[39]他们也没有完全说错。王尔德刚刚抵达位于时髦的后湾地区被白雪覆盖的旺多姆酒店，就收到一封请柬，奥利弗·温德尔·霍姆斯邀请他当天与“星期六俱乐部”共进午餐——“星期六俱乐部”是波士顿最著名、最热闹的文学组织。[40]霍桑是其中的一员；拉尔夫·沃尔多·爱默生和朗费罗仍然健在——尽管两人现在都体弱多病，无法参加帕克庄园每月一次的午餐会。“73 岁的年轻人”[41]霍姆斯——王尔德学生时代最喜欢的作家——仍然是俱乐部的头等天才。王尔德一脚踏进这个“聪明男人的聚会”，度过了一个愉快而刺激的下午。[42]

王尔德从那里（只休息了短暂的一小会儿，接受当天的第二次采访）由波士顿《舵手报》风度翩翩的编辑约翰·博伊尔·奥赖利——他此后刊发了王尔德早期的一些诗歌——带着赶往波士顿的另一个知识分子联谊会——纸莎草俱乐部吃饭。之后，他们在环球剧院观看了《俄狄浦斯王》——其中部分台词是希腊语。然后在回酒店休息的路上，他又拜访了圣博托尔夫俱乐部。[43]王尔德的社交耐力堪称惊人。

王尔德在波士顿期间受到了“隆重接待”。一场场更加私密的聚会取代了纽约人举办的盛大招待会。伯恩-琼斯的好朋友、哈佛大学艺术史教授查尔斯·艾略特·诺顿当时不在城里

224 （而且，正如他私下承认，摆脱了王尔德那“做作而伤感的感觉主义”让他如释重负），但他的儿子艾略特“替他挽回了面子”。[44]王尔德与废奴主义者、演说家温德尔·菲利普斯共进午餐。在“星期六俱乐部”尽兴之后，他拜访了奥利弗·温德尔·霍姆斯家，称赞了他女儿的针线活，他讲的故事“异常生动”，令霍姆斯的儿子（当时即将成为高等法院法官）着实难忘。[45]山姆·沃德寡居的姐姐朱莉娅·沃德·豪是个令人钦佩的人物——著名的《共和国战歌》作者——她在家里摆下了欢迎宴会。她邀请王尔德参加一场即兴的星期日午餐派对——只有家庭成员参加，以及伊莎贝拉·斯图尔特·加德纳和女中音歌手布拉乔蒂夫人。她在日记中写道：“午饭后大概来了 10 到 12 个朋友。”“我们吃了一种我称为‘可爱抛抛’的食物，这是一

道迅速把各种材料混合而成的社交菜肴，就像煎蛋卷一样快。”[46]

山姆·沃德的影响力还为王尔德争取到一次与亨利·沃兹沃斯·朗费罗见面的机会。朗费罗年事已高，身体日渐衰弱，他是王尔德从小时候便开始的想象生活的一部分。[47]王尔德非常欣赏诗人翻译的但丁作品《神曲》，即便朗费罗的其他作品并没有那么持久的魅力。（这成为王尔德的名言：“只有对那些从未读过诗歌的人来说，朗费罗才是一位伟大的诗人。”）[48]尽管如此，他仍然是美国文学史上一位伟大的老人，而王尔德——总是渴望与伟人交往——决定与他会面。

虽然最初遇到一些阻力，但他还是收到了去哈佛广场附近朗费罗家用早餐的邀请，并在那里度过了一个愉快的下午。[49]“我去的时候，”王尔德说，“正好赶上暴风雪，回来的时候遭遇了飓风，这正是拜访诗人的适宜情境。”[50]会面让人如沐春风——非但没有风浪，而且还“相当愉快”。[51]王尔德见到病弱的诗人大为感动（他在一个月后就去世了），他回忆道，“他本身就是一首美好的诗歌”——事实上，“比他撰写的一切都更美好”。[52]他很欣赏朗费罗对布朗宁的评价（“我很喜欢他——就我能够理解的部分来说”），非常珍视朗费罗向他描述访问温莎的经历，当时女王称赞了朗费罗的诗歌。朗费罗对于自己的诗歌在温莎如此出名感到很惊讶，于是女王答道：“哦，我向你保证，朗费罗先生，你的名气大极了。我所有的仆人都读过你的作品。”朗费罗承认，自己直到现在晚上醒来，还会思忖这是不是一种“故意的怠慢”。王尔德——他自己很爱虚荣——怀疑这是女王陛下在指责“诗人的虚荣”。[53]

尽管后来媒体上有些充满敌意的报道称，朗费罗一直在

“被迫忍受”王尔德的到访，但他似乎很享受这次会面——尽225管他对来访者的成就感到相当困惑，只知道王尔德写了“一些很不错的诗”。[54]他对一位朋友说起：

> 几天前，奥斯卡·王尔德来看过我，不管他在公开场合是什么样子，私下里他都是一个很讨人喜欢的年轻人。当我们回想起他曾在英国剑桥大学获得过数学一等荣誉时，我们或许可以原谅他的一些怪癖，否则是不可原谅的。想想吧，亚西比德为了让雅典人说话，把他的狗的尾巴割掉了，彼得拉克因为阿维尼翁的女仆弄乱了他的卷发而烦恼不已。[55]*

1月31日晚上，王尔德在波士顿音乐厅发表演讲，现场满座，听众超过1000人。几天以来大家都知道——媒体也都报道了——一群哈佛学生买下了前面的两排座位。他们的意图很明显，要在演讲即将开始，全场观众已经落座时，大摇大摆地走进礼堂——60个年轻人，“全部穿戴着精心设计的‘唯美主义’服饰”：

> 有金色的假发、黑色的假发，各种颜色、各种款式的宽领带……有齐膝马裤，有“旧时代”的黑色长筒袜，每个人手里都拿着“优雅可爱”的百合花，或“狮子一般”的向日葵。这些年轻人一进门就摆出各种姿势，或高傲地

---

* 王尔德的“双重一级荣誉”——在莫尔斯的宣传材料中提到——被一些美国评论员误解为包括经典阅读和数学在内的两个一等学位。不懂数学的王尔德必然很享受这种混淆——几乎就像被比作亚西比德和彼特拉克一样开心。

抬头向上，或含情脉脉低头看着盘旋落下的花瓣。然后他们坐了下来，对自己的做法感到相当满意。[56]

然而，王尔德早已知道了这出玩笑。观众都在期待目睹他出洋相，他却从容地走上讲台，没有穿他那套特有的美学服装，而是身着传统的晚礼服：燕尾服、白色领带，黑色裤子。他走到讲台上，放下稿子，眼睛扫视了一遍那两排“古怪的冒充者”。然后他对他们笑了笑。其他的观众也笑了。然后观众们大笑起来。接着全场响起了掌声。 226

“作为一个大学毕业生，我向你们致以问候，”王尔德温文尔雅地开口道，这让观众们更加兴奋起来。他紧接着充分发挥自己的优势，扯了几句题外话：“当我环顾四周，我第一次被迫热烈祈祷，‘把我从这些信徒的手中拯救出来吧’。”这句责备轻描淡写却格外有效。演讲本身相当成功，但引发最多评论的是王尔德教训哈佛恶作剧者的事情。[57]“王尔德先生取得了真正的胜利，”之前曾经对他语出轻蔑的新闻界写道，“这是一种征服的正义，一种绅士的力量，是真正的名副其实……没有什么能比这位演讲者对（哈佛新生）的整个举止更高尚、更文雅、更悦耳，然而却又更有批评分量的了。”[58]他的成功使得一些报纸开始声称，这整出戏肯定是莫尔斯上校为了展示王尔德的聪明才智而精心策划的。[59]

这一事件标志着王尔德在学习成为公众人物的过程中，进入了另一个阶段。总的来说，他很好地应对了因为声名鹊起而面临的各种需求。他忍受了公众的侵扰性关注。在他下榻的酒店里，客人们“想尽各种办法”，“希望能在晚餐时见到奥斯卡”。他要持续不断地应付索要签名的人。他迅速用完了“美丽的绿色”纸条，现在开始在黄色的大卡片上签名。不过，这活儿很累人。当他到达华盛顿酒店时，还有27封要求签名的信在等着他。为了阻止这股签名潮，他告诉一位记者，以后他“只给漂亮的女士”签名。[60]

王尔德尽力满足贪得无厌的新闻界。他逐渐明白媒体想要什么，于是发明了一个颇为有效的套路，专门应付没完没了的连串采访——对有关美国的话题发表几句可以被拿去引用的评论，提一点个人建议，说点儿奉承话，提起几个严肃的人物，适当地扯点儿美学背景。他身边反复出现的道具包括，一本诗集（一般是他自己的）、一瓶花、一支点燃的香烟、镶毛边的大衣和几条彩色方巾。[61]事无巨细都考虑到了。詹姆斯·凯利回忆称，曾经在下火车的时候见到王尔德。他当时看上去面色苍白、疲惫不堪，还“有点脏兮兮的”。然而没过多久，当凯利带着一名记者来到王尔德的酒店房间时，发现他如同换了一个人。舞台已经布置妥当：

> （王尔德）坐在桌边的扶手椅上，耀眼的阳光洒在玫瑰色的围巾上（王尔德在车站时戴的那条围巾），此时这条围巾被拿下来，换上了一条青铜绿色的围巾。这一切显然都是不经意的，但效果极好；手帕的光亮在他的脸上反射出微妙的光彩，给他带来一如往常相当不错的效果。

227

凯利顿时“肃然起敬”。[62]

王尔德欣然接受了一些想象力极为丰富的评论作者强加给他的拙劣的妙语警句。据说，有一位华盛顿的女主人问他：“您的百合花在哪里？”王尔德回答道：“夫人，在家里，您把礼貌落在了那里。”当被问及此事时，他声称——当然不是真心话——这段对话“绝对真实”，只不过它“发生在伦敦，而且那位女士是一位公爵夫人”。不过，他纠正了另一篇有关他曾经抱怨“美国没有古迹和古董”的报道（据说此事招来了讽刺性的反驳，“时间会弥补这一切，至于古董，我们可以进口”）；他指出，第一个讲述这个故事的人是狄更斯，那是40年前狄更斯在美国的时候说的。[63]

果然，来自报业的人身攻击让王尔德感到心烦意乱。《纽约论坛报》依然对他保持着无情的敌意，继续把他当作一个唯利是图的巡回表演家。而且其他报纸也接纳了这些谎言。尤其令人恼火的是，巴尔的摩“惨败”之后出现的各种恶意和虚假报道。一开始，王尔德在愤怒之余颇有怨言，他对一名《纽约先驱报》记者说：“如果你们希望有英国绅士来你们的国家，那就必须提高你们的新闻品质。类似这种事情必须改变，否则我是不打算……再来了。”[64]他一到巴尔的摩，便找着了那个编造他参加私人招待会时索要钱财的记者。王尔德问他写这篇文章赚了多少钱。当得知那篇文章只值区区6美元时，据称他是这么回答的：“那就好，看来美国的说谎率不是很高。这就是我想要求证的。再见。”[65]然而，他很快意识到满腔怒火、义愤填膺只会适得其反。他其实可以背地里请乔治·刘易斯出面，对《纽约论坛报》编辑怀特洛·里德进行干涉，尽力阻止这些“坏报道”，但在公开场合，他可以努力对新闻界及其荒腔走板的行为摆出一种愉悦超然的态度。[66]

当一名波士顿记者问及他对“新闻工作者”的看法时，王尔德答道：228

是的，他们当中有些人相当乏味，而另一些则非常有

> 趣。一天晚上我（在华盛顿）正穿衣服时，收到一个人的名片：上面印着他的名字，还写着他是许多家西方报纸的通讯员。“这一定是个了不起的报人”，我说。我做梦也不想让他久等。于是我穿上便袍，准备接受采访。来了一位非常年轻的绅士，或者干脆说，是个孩子。他走进房间，当我看到他时，我估计他快16岁了。我问他是否上过学。他说，他不久前辍学了。他向我请教，问他在记者这一行中该怎么发展。我问他是否懂法语。他说不懂。我建议他去学法语，还提了些关于该读什么书的建议。事实上，是我采访了他。最后我给了他一个橘子，然后把他送走……他自始至终看起来很温顺，很是招人喜欢。[67]

他对莫尔斯向《华盛顿邮报》提出抗议一事表示不满。该报在头版刊登了一幅王尔德手持向日葵的画像，与之并列的是一个拿着热带水果的婆罗洲“野人”画像，上面的标题是“他俩之间有多远?”“所有漫画和讽刺作品都根本不值得关注，”王尔德堂而皇之地告诉他的经纪人，“我很遗憾你竟然会在意。”他把自己和伟大的浪漫主义者置于同一条战壕里，告诉《波士顿先驱报》记者，一个艺术家不会在意“嘲笑和辱骂……雪莱被辱骂了，但他没有理会”。[68]

不过，当有自己管理团队之外的人奋起维护他的时候，他还是很开心的。朱莉娅·沃德·豪和华金·米勒因此令王尔德感激不已。他们谴责刻板、自负的托马斯·温特沃斯·希金森，因为他在《女性期刊》上发表了一篇过激的文章，抨击王尔德“极为平庸的诗歌”既“不道德”又充满异教徒气质，而且还暗示社交界不适合接纳这样的人。沃德·豪刚刚在星期日的午宴上款待过王尔德，于是她给《波士顿环球报》写信回击道："即便有人声称，古代经典在（王尔德）骨子里遗毒过深，也不该如此轻易地在公开出版物上对他进行粗俗、奚落和无休止的辱骂，而是应该进行亲切友善的沟通，这才是我们这个社会中最动听，最甜蜜，最纯洁的声音。"[69]

王尔德在美国不断上升的知名度，也在英国获得了回应。所有的报纸都刊登了美国记者或通讯社撰写的有关他所作所为的报道。大多数评论都是正面的，然而——如王尔德夫人所说——许多报纸（特别是《名利场》）"对齐膝马裤非常不满"。《帕尔摩报》一如往常地报以"嘲讽"，《每日新闻》——在福布斯的怂恿下——接二连三地刊登了一堆刻毒的故事。例如，他们煞有介事地称，一天晚上王尔德在纽约的世纪俱乐部用餐，一名酷爱双关语的会员一到那里就大声问："她在哪儿？你看见她了吗？哦，何不用'她'这个称呼呢？我知道她是一个夏洛特-安！"[70]另一方面，拉布谢尔的《真相》杂志则热情洋溢地率先刊登了一批从美国媒体上搜集来的，有关王尔德初到美国获得的好评。[71]

伦内尔·罗德给王尔德寄了一份，并写道："你确实很幸运，有耶茨和L（拉布谢尔）站在你这边。"他满怀羡慕与妒忌（使用了惠斯勒最喜欢的形容词"amazing"）继续写道：

> 好吧，你似乎在那边过得很爽（amazing）。我们都有点嫉妒了。还有，你的声明当然也十分精彩（amazing），但是你没必要说得那么肯定，你回来之后会发现没人反驳你！——这对你没什么好处！我们很吃惊地读到，王尔德先生听说楼上有女士（在一篇关于费城戴维斯招待会的文章

里）就拒绝进餐。即便在以色列，这规矩也非并众所周知。[72]

惠斯勒这个人总是嫉妒心胜过钦佩心，他给王尔德（和纽约的报纸）发了一封逗趣的信——据罗德说，他自己对此“非常满意”：“奥斯卡！我们这些泰特街和波福特花园的人为你的胜利而欢喜，我们很高兴你获得了成功，但是——我们觉得，除了你说的那些警句之外，你说起话来就像是西德尼·科尔文（牛津大学新任史莱德教授），除了你的齐膝马裤，你穿戴得像是艾里·奎尔特（遭人鄙视的《泰晤士报》艺术评论员）。签名者：麦克尼尔·惠斯勒、詹尼·坎贝尔、马特·埃尔登、伦内尔·罗德。”王尔德以同样的口吻私下回了一封信：“亲爱的吉米，你那可恶的文学企图得逞了：我根本不相信，我那可爱优雅的阿奇夫人（坎贝尔）会在那上面签名。我被激怒了，因此一定要跟记者聊一聊你的事情。我会把报道发给你。”为了出版考虑，他又发了一封电报：“我承认穿了齐膝马裤，也说了警句，但不接受奎尔特，拒绝科尔文。”[73]

230 王尔德在美国期间，一直都在不断地赞美惠斯勒。据《纽约世界报》报道，他曾在一次招待会上对宾客们说，惠斯勒是“英国的第一大画家”，之后又补充道，“（但）英国要花三百年才能找出这么一个人”。[74]王尔德虽然没有在“英国的文艺复兴”演讲中提到惠斯勒的名字，但他——在交谈中——渐渐将惠斯勒拉进了人们的视野。他对惠斯勒的支持赞扬受到了广泛关注，然而他对约瑟夫·佩内尔宣称，是自己“让惠斯勒名声大噪”，他有些夸大其词。[75]

王尔德夫人为小儿子的成功而欢欣鼓舞。她为奥斯卡的“胜利”及其在英国引起的轰动感到高兴。“没有消息，”她几乎每周都给他写信，其中一封信中写道，“除了谈论你以外，什么都没有。”[76]这些谈论中，不少都是王尔德夫人自己一手操办的。维奥莱特·亨特记录了一次造访王尔德夫人位于公园街的新家时两人的“谈话”，女主人事无巨细地讲述了“奥斯卡，他在美国获得的成功，他创造的‘奥斯卡服饰’（即齐膝马裤），那里所有时髦的年轻人都穿它”。她还展示了沙勒尼拍摄的一张照片，亨特认为照片“看起来相当迷人”。[77]王尔德的照片当下在伦敦随处可见。住在朗廷酒店的美国人正在纷纷购买。甚至连王尔德夫人的送奶工也买了一张。[78]

王尔德回到纽约（2月3日），他的星运仍在上升。他的前六次演讲所引发的兴趣——以及他在社交界的受欢迎程度——始终维持不变。他一直是新闻界不断关注的焦点。他还获得了音乐界的致敬和商业开发的双重追捧。音乐销售商开始提供各种产品，诸如“奥斯卡·王尔德舞曲”、“奥斯卡·王尔德，勿忘我（华尔兹）”、“奥斯卡的苏格兰圆舞曲”、“王尔德·奥斯卡·王尔德”以及“奥斯卡亲爱的！”（其中活泼的副歌唱道，“亲爱的奥斯卡，亲爱的奥斯卡，/你是多么彻底，多么轻率；/奥斯卡亲爱的，奥斯卡亲爱的，/你太狂野了，哒哒”）——除此之外，更普遍的是打着“美学”名头的曲子，比如《向日葵华尔兹》和《一个十足的年轻人》。[79]

“富人区高档服装商店的橱窗”里盛开着唯美的向日葵和百合花。[80]事实上，“狮子一般的”向日葵变得无处不在，许多花商都在努力维持供货。[81]王尔德的大衣创造了一种新时尚，报纸广告上写着“女士们为‘奥斯卡’的阿尔斯特大衣‘疯狂’① 了”[82]。 231

① 原文为 wilde，与 wild 谐音。——译者注

男士用品商店（既没有事实支撑，也没有获得支持的可能性）声称他们的“新款时尚产品”代表了“奥斯卡·王尔德的风格”。[83]虽然有几家公司果真采用了讽刺的方式（一家专门为铁路工人提供工作服的公司推出一套“王尔德的豪斯车”套装，芝加哥的威洛比希尔公司打出了一件“有趣的”新款燕尾服广告，上面印着“王尔德·奥斯卡……一头蠢驴”（Wilde Oscar... the Ass-thete），但大多数情况下，他都得到了认真的对待。[84] *

1882年，他的照片——通常都是由沙勒尼拍摄，且未经许可——被更广泛地运用在各种流行的、大批量生产的“商业名片”上，其热度超过了任何一个人。人们认为“奥斯卡·王尔德”这个名字能让一件产品显得更为卓越。从雪茄到厨房炉灶，他可以用来提升所有东西的品质。王尔德的肖像甚至还被用在“玛丽·芳丹夫人美胸仪”的商业名片上——在任何情况下，只要人们忠实地遵循这种产品的使用指导，无论年老的还是年轻的女士，只要胸部变得松弛，无论什么原因，这款产品将使它们恢复原状，使它们变得坚挺而硬实。[85]

由于宣传浪潮不断高涨，多伊利·卡特的办公室一直忙得不可开交。人们对王尔德的兴趣如此之大，以至于莫尔斯已经有能力安排一次大规模的中西部巡回演讲，目标固定在几个大的城市中心——芝加哥、辛辛那提、克利夫兰、明尼阿波利斯和圣保罗——但也会包括许多稍小的城镇。计划一直持续到3

---

* “Ass-thete”这个词，除了含有愚蠢的意思外，源自一个流传甚广的“谜题”：“谁是第一个唯美主义者？”是巴兰的驴，因为耶和华让他说话。《旧约·民数记》中有这样一个故事：巴兰的驴有了说话的能力，所以他可以向愤怒的巴兰解释说，他——驴——之所以半路停下来，是因为有天使挡在路上。

月的第三个星期，要在短短六周内举办 27 场活动。在那之后，加拿大的几个城市也提出了需求，还有人要求他回访费城、波士顿和纽约。王尔德设想将这次巡回演讲持续到 4 月，然后及时赶回欧洲参加巴黎沙龙。[86]

注　释

1. Margaret Stetz，'Everything is going brilliantly'（lecture，University College London，2016）.
2. Pearson，62.
3. *CL*，128.
4. *Philadelphia Press*，in Lewis & Smith，73.
5. Lewis & Smith，73.
6. Stoddart to W. Whitman，11 January 1882（Library of Congress）；Lewis & Smith，71.
7. Horace Traubel，Jeanne Chapman and Robert Macisaac，eds，*With Walt Whitman In Camden*（1992），7：366："几年前，斯托达特和奥斯卡·王尔德一起来过，当时王尔德正在美国，有关他的话题甚嚣尘上。他们来的时候排场很大——带着一个仆役什么的。接下来，立即让我感到惊讶的是，斯托达特机智过人。他对我说：'如果您愿意的话——请原谅——我要出去一小时左右——再回来——你们二位可以待在一起。'等等。我说：'我们很愿意你留在这儿——但也不必非在一小时内赶回来。两三个小时也没问题'——他确实没有——我想他是直到天黑才来的。" *Kansas City Journal*，12 November 1899，12，at OWIA.
8. 'With Mr. Oscar Wilde'，*Cincinnati Gazette*，21 February 1882，in Hofer & Scharnhorst，69.
9. Sherard，*Life*，214.
10. Lewis & Smith，75.
11. *Philadelphia Press*，quoted in Lewis & Smith，75 - 7；Morse，118.

'Wilde's Buncombe', *National Republican* (Washington, DC), 24 January 1882, 1.

12. Hofer & Scharnhorst, 29.
13. Lewis & Smith 75; Walt Whitman to Harry Stafford, 25 January 1882, at OWIA.
14. *Boston Herald*, 29 January 1882, in Hofer & Scharnhorst 43.
15. Traubel, Chapman and Macisaac, eds, *With Walt Whitman In Camden*, 4: 79:"我们聊完之后，王尔德表达了些许惊讶；他说，'你和我想象中的不完全一样。'我问他：'更糟还是更好？'他说，'更好——而且不同。'事后他告诉唐纳森他所说的是什么意思。汤姆问他。他说：'他的镇静让我吃惊。'"
16. Lewis & Smith, 75, 77.
17. Morse, 136.
18. Alan Grey and Joane Whitmore, eds, *Florence* (privately printed, 2008) 1: 162-3, quotes fragments of a letter from OW, received 17 January 1882,"亲爱的弗洛伦丝·邓肯夫人，谢谢您的诚挚来信，我不想错过见一见费城最……"; 'A Chat with Oscar Wilde', *Quiz*, 25 January 1882, 4; [Unknown] to OW, 10 February 1882 (Clark),"(邓肯夫人)非常聪明，她问起我是否向您提起过，她对您的作品的批评。'不，不，他在伦敦就看到了《问答》，'我说。她看上去很吃惊，并且说——'那他怎么能视而不见，而且还来看我呢！'我回答，'因为他是个绅士'。这个回答很棒吧？"
19. Davis to OW (Clark). 乔治·刘易斯提醒奥斯卡·王尔德留心"作为某份报纸的通讯员，或其他可能带来经济利益的事情"。George Lewis to OW, 25 January 1882 (Austin); 即便如此，王尔德还是拒绝了《星期日星报》（特拉华州维明顿市）有关"美国生活印象"的约稿。J. C. Farra to OW, 21 January 1882 (Clark).
20. JFW to OW, 19 February 1882, in Tipper, *Oscar*, 69.
21. Robert S. Davis to OW, 20 January 1882 (Clark).
22. Archibald Forbes to Flossie [Boughton], 15 January 1882 (Clark).
23. J. Pennell to Elizabeth Robins [Pennell], 19 January 1882, in Elizabeth Robins Pennell, *The Life and Letters of Joseph Pennell* (1930), 51.

24. ‘What Oscar Has To Say’, *Baltimore American*, 20 January 1882, in Hofer & Scharnhorst, 34-5; ‘Wilde and Forbes’, *New York Herald*, 21 January 1882, in Hofer & Scharnhorst, 35-8.
25. *CL*, 133n, 134; Morse, 79-80.
26. *CL*, 148, 159.
27. Hofer & Scharnhorst, 45.
28. Lewis & Smith, 82ff; *Argonaut*; Caro-line Healey Dall, ‘Diary’ (Massachusetts Historical Society).
29. Healy Dall, ‘Diary’.
30. ‘The United States’, ‘New York, Feb 4 [1882]’, *Argus* (Melbourne) 21 March 1882; also ‘Oscar the Aesthete’ [newspaper cutting], 29 January 1882 (Clark) where the incident is placed in Philadelphia.
31. *Argonaut*.
32. Healy Dall, ‘Diary’.
33. Ward Thoron, ed. *Letters of Mrs Henry Adams* (1936), 328-9.
34. Harriet Loring to John Hay, 23 Febru-ary 1882; quoted in George Monteiro, ‘A Contemporary View of Henry James and Oscar Wilde, 1882’, *American Literature*, 35 (1964), 529-30.
35. ‘Wilde's Buncome’, *National Repub-lican* (Washington, DC), 24 January 1882; *Evening Star* (Washington, DC) 24 January, 1882.
36. Henry James, *The American Scene* (1907), 335.
37. Friedman, 122-3.
38. *Letters of Mrs Henry Adams*, 113, Clover Adams to her father, 31 January 1882.
39. Lewis & Smith, 114.
40. *CL*, 132.
41. 霍姆斯在 1879 年 5 月 27 日写给朱莉娅·沃德·豪的一封信中，用“73 岁的年轻人”形容自己；*CL*, 131；詹姆斯·罗素·洛厄尔也是该俱乐部成员之一，正是他的推荐信让王尔德受到了邀请。
42. Hofer & Scharnhorst, 70. Hofer & Scharnhorst 47，提到了出席午餐会的另外两位客人——詹姆斯·弗里曼·克拉克（James Freeman Clarke）和菲利普斯·布鲁克斯（Phillips Brooks），两人都是牧师兼作家。

43. Lewis & Smith, 116; Hofer & Scharnhorst, 50; 虽然王尔德可以凭借自己的名望进入，但他还是交给奥赖利一封弗洛伦丝・邓肯的推荐信。See Grey and Whitmore, eds, *Florence*, 1: 165.
44. *CL*, 137; C. E. Norton to Mr Simon, 6 February 1882, in Kermit Vanderbilt, *Charles Eliot Norton* (1959), 178; C. E. Norton to J. R. Lowell, 22 February 1882, in Sarah Norton and M. A. de Wolfe Howe, eds, *The Letters of Charles Eliot Norton* (1913).
45. *CL*, 137, 132, Mark De Wolfe Howe, *Justice Oliver Wendell Holmes: The Proving Years 1870–1882* (1963), 255n.
46. Laura E. Richards, Maud Howe Elliott and Florence Howe Hall, *Julia Ward Howe* (1916), 70. 爱丽丝・卡里・威廉姆斯（Alice Cary Williams）在其回忆录（*Thru The Turnstile*, 1976）中对当时的情况进行了生动的第一手现场描述，但其内容似乎并不可信——尤其是，威廉姆斯直到1892年才出生。（1882年）“周一早上” F. Marion Crawford 写给奥斯卡・王尔德的信（Austin），信中提到第二天下午，王尔德拜访了沃德・豪的长女，具有诗人气质的安格斯夫人（Mrs Angauos）。
47. Two letters from JFW to Henry Longfellow–30 November 1875 and 11 May 1878 (Clark).
48. Mikhail, 379, 384.
49. Lewis & Smith 115–6; Hofer & Scharnhorst, 84.
50. Hofer & Scharnhorst, 70.
51. Hofer & Scharnhorst, 49.
52. Hofer & Scharnhorst, 129.
53. Lewis & Smith, 116; O'Sullivan, 215
54. *Boston Evening Traveller*, 30 January 1882, in Ellmann, 172.
55. Lewis & Smith, 116; H. W. Longfellow to Mrs Bean, 5 February 1882 (Morgan).
56. *Journal*, in Lewis & Smith, 125.
57. Lewis & Smith, 125–6, Kelly, 'Memoirs'.
58. Transcript in Lewis & Smith, 128.
59. *Detroit Saturday Night*, in Lewis & Smith, 128.
60. *Washington Star*, January 1882, quoted in Lewis & Smith, 88; ibid.,

90; ‘Wilde's Experience’, *Topeka Daily Capital*, 16 January 1882: “最初，王尔德用完了‘绿色’的纸，他不得不懊恼地在普通的奶油色纸上签名。”

61. Friedman, 136-8; 奥斯卡·王尔德毫不隐讳对美国烟草的失望。他抽完了从英国带来的土耳其烟后，开始抽“Old Judge”，那是他最喜欢的美国烟草品牌。
62. Kelly, ‘Memoirs’.
63. ‘A Man of Culture Rare’, *Rochester Democrat and Chronicle*, 8 February 1882, in Hofer & Scharnhorst, 55.
64. ‘Wilde and Forbes’, *New York Herald*, 21 January 1882, in Hofer & Scharnhorst, 36.
65. *St Louis Globe-Democrat*, 26 February 1882, in Lewis & Smith, 82.
66. *CL*, 136.
67. ‘Oscar Wilde’, *Boston Herald*, 29 January 1882, in Hofer & Scharnhorst, 40; 王尔德还讲述过有关这个故事的其他版本, the *St Louis Globe-Democrat*, 26 February 1882, in Lewis & Smith, 88-9.
68. *CL*, 141; Lewis & Smith, 101; ‘Oscar Wilde’, *Boston Herald*, 29 January 1882, in Hofer & Scharnhorst, 44.
69. Higginson and Ward Howe, quoted in Lewis & Smith, 119-21; see also Schroeder, 62; for Joaquin Miller's open letter to OW, published in the *New York World* (10 February 1882), 他为“庸俗媒体的粗俗评论”道歉，此信以及王尔德的回信可参见 *CL*, 141-3。
70. JFW to OW, 19 February 1882, in Tipper, *Oscar*, 70; ‘Mr Oscar Wilde in America’, *Daily News*, 2 March 1882 (‘by our New York correspondent’), 6; *CL*, 148n. WCKW wrote, on 10 March 1882, to T. G. Bowles, editor of *Vanity Fair* (of which WCKW was the drama critic): “有一件事我一直没有开口，这对我和我自己都是一件非常痛苦的事——为什么你一有机会就那么恶毒地‘攻击’我弟弟奥斯卡呢？逗趣、讽刺、打趣、开玩笑、实实在在的批评，这些都可以，但是像你们‘首席’（在杂志的“注释”部分）讲述的这些故事，说他‘完全脱离英国社会’——既没有获得承认，也没有得到认可——（大概两期杂志之前）是可耻的，而且，事实上是虚假的……（而且）这些虚

构捏造的美国轶事，其目的肯定是暗中攻击一个年轻人——这不符合报纸一贯的诚实作风。这就是我要说的，后果自负。”

71. ‘The Aesthete and His Travels’, *Truth*, 2 February 1882, 175–7.
72. Rennell Rodd to OW, [February 1882], (Austin).
73. Rennell Rodd to OW, [February 1882], (Austin); *CL*, 147, 148n.
74. Quoted in *Argonaut* (San Francisco), 10, no. 1, 7 January 1882.
75. William [Merritt] Chase to OW, 21 November 1882 (Clark), “你对惠斯勒的热情鼓舞了我。” ‘Aesthetic: An Interesting Interview with Oscar Wilde’, *Dayton Daily Democrat*, 3 May 1882, in Hofer & Scharnhorst, 144–5; Joseph Pennell to Elizabeth Robins [Pennell], 19 January 1882, in Pennell, *The Life and Letters of Joseph Pennell*, 51.
76. LFW to OW, 19 March 1882, Tipper, op. cit. 73.
77. Violet Hunt diary for 27 May 1882, quoted in ‘Aesthetes and Pre-Raphaelites’, 399. 王尔德夫人提到，维奥莱特・亨特参加了晚会：“漂亮的维奥莱特很期待见到你。” LFW Letters to OW, 28 May 1882. Tipper, *op. cit.*, 78.
78. JFW to OW, 25 February 1882, in Tipper, *Oscar*, 70; JFW to OW, 18 September 1882, in Tipper, *Oscar*, 88.
79. *Intentions*, 14 (2001), 9; CD available; Hofer & Scharnhorst, 162.
80. ‘American Letter-New York, 13th Jan. 1882’, *Belfast News-Letter*, 26 January 1882.
81. Lois Foster Rodecape, ‘Gilding the Sunflower: A Study of Oscar Wilde’s Visit to San Francisco’, *California Historical Society Quarterly*, 19 (1940), 104.
82. *Freeman’s Journal*, 9 February 1882.
83. H. C. Weiner’s clothing store advert in the *L. A. Times*, 12 April 1882.
84. Lewis & Smith, 157; OWIA, ‘Ephemera’.
85. Friedman, 96 – 7; Kit Barry, of the ‘Ephemera Archive for American Studies’ 发现“有将近一百种”不同的产品在广告种使用了王尔德的形象；这在1882年超过了其他任何一个人。
86. ‘Speranza’s Gifted Son’, *St Louis Globe-Democrat*, 26 February 1882, in Hofer & Scharnhorst, 81.

3. 广阔而伟大的世界

啊，他说的有些话可真好听，但是大体上，我对它们大概也只是一知半解。不过我知道，那是有关艺术的。

——一位女观众

王尔德对未来的挑战和机遇感到兴奋。他开始憧憬财富。232 他在波士顿见到迪翁·鲍西考尔特时，对方曾敦促他“甩掉卡特”，自己安排行程，甚至主动表示愿意提供资金资助，因为这将带来更大的利润，并且可以把王尔德从卡特那种马戏团式的推广中解放出来。然而——正如鲍西考尔特向刘易斯夫人解释的那样——王尔德“不是一个务实的商人”，这个想法让他感到害怕。[1]他宁愿继续执行现有的安排。尽管如此，他对前途依然乐观，希望能怀揣 1000 英镑回到英国。[2]

这是个一厢情愿的预测，虽然是基于三个月的演讲计划，但王尔德对财务的把握并不可靠。他吹嘘说——在公开场合或私下里——自己从波士顿的演讲中“拿到”了 200 英镑（约合 1000 美元）。莫尔斯的账目确实显示波士顿演讲的收入为 1000① 美元。但还要从中扣除 144. 52 美元的业务开支和 89. 15 美元的个人开支，剩下利润 846. 33 美元。这笔钱由卡特和王尔德平分。所以王尔德实际上“拿到”423. 16 美元（约合 84 英

① 疑原文有误，应为 1080 美元。

233 镑 10 先令）。这仍然是一个相当大的数目，但像波士顿这样规模的城镇相当少。[3]

美国和英国的报纸都极其关注王尔德的收入。他自己当众高估了演讲收入，再加上报纸过分夸大的预测（暗示他可能净赚 3500 至 15000 英镑），二者共同催生了怨恨的情绪。人们纷纷予以嘲笑。“奥斯卡·王尔德，”他们说，“是发现向日葵可以变成钱的第一人。”[4]他讥讽地回击道：“美国人全然漠视挣钱，这让我惊叹不已。”他对一位记者说，对方听闻此言惊讶地铅笔都掉了。“我想靠演讲赚几块钱，他们认为这是一件奇怪而讨厌的事情。为什么呢，艺术需要赚钱。金钱可以用来建造城市，让人获得健康。金钱可以买到艺术品，使之成为一种激励。我想赚钱，这难道很奇怪吗？”[5]

王尔德确实意识到巡回演讲的业务和个人开支两项相当“沉重”：火车头等车厢，他自己和仆人、经纪人的旅馆住宿，在餐馆吃饭。但是，他喜欢这一切奢侈：坐下来吃一顿清淡的牡蛎晚餐，旁边站三个“有色人种的侍者……帮他端酒，照顾他的其他需要”；在每个旅馆拥有一间套房；坐进火车的豪华卧铺车厢。这些都是新鲜而令人愉快的经历。[6]“我获得了一种胜利性的进步，”他告诉刘易斯夫人，“过着纵情逸乐的青年般的生活，像年轻的神那样旅行。”[7]这是他有生以来第一次真正赚钱。他花钱一向大手大脚，而新的境遇只会促使他更加自由地挥霍金钱。每到一个地方——除了莫尔斯掌管的业务和个人开支，王尔德的私人开支也相当可观（如莫尔斯的账簿所示）：葡萄酒、香烟、马车、信使、“点心”、报纸、邮票、洗衣、书籍、手套和其他“杂费”——这些费用随后会从他的那份利润中扣除。

他不断地修改并完善他的衣着，一切都是朝着更加奢华的样式。他根本没有打算穿稍长一点的裤子（或是把头发剪短）：因为公众都希望他看起来像沙勒尼照片里的人一样。如果有人认为这是粗俗的广告，那么王尔德心知肚明，正是这种做法才能有效地发挥作用。他在2月底之前——不是从传统的裁缝店，而是从一个戏剧服装师那里——订购了两件华丽的新天鹅绒马甲，紧身合体，配有“宽大的花袖和麻纱白葛布小皱领”。他预言，它们会“引起巨大的轰动”。[8]后来，他还引领了“一种晚装新潮流——黑色天鹅绒配蕾丝”。[9]

234

鲍西考尔特自盼能让这位年轻的朋友“少一点奢华——少一点享乐”，并催促王尔德把钱存起来，投资“收益率6%的债券”。然而，正如他遗憾地向刘易斯夫人诉说：“他认为我秉持的是‘一种令人不快的人生观’。”[10]事实上，王尔德确实表现出一些要担负起财务责任的迹象。他几乎用人生的第一笔收入偿还了在利维那里欠下的债务，还把收到的第一张支票寄给了他母亲。[11]

王尔德于2月6日开始中西部探险之旅。他随身携带“两个萨拉托加式铁皮箱”，还有他的贴身男仆和一位尽职尽责的巡回演说经理，25岁的J. 西德尼·维尔。[12]* 尽管他的演讲广告上仍打着“英国的文艺复兴”，但他一直在规划新的演讲，按

---

* 王尔德的黑人贴身男仆的名字一直扑朔迷离。尽管他经常出现在新闻报道和王尔德的信件中，却从未被提及名字。凯文·奥布莱恩（Kevin O'Brien）在《奥斯卡·王尔德在加拿大》（1982）中提到，男仆的名字是斯蒂芬·达文波特（Stephen Davenport），但他没有透露任何消息来源。但这种判断是可信的。从莫尔斯的账簿中可以看到，王尔德的私人开支中多次出现“斯蒂芬”这个名字——数额很小，从50美分到3.35美元不等。另据美国1910年的人口普查记录显示，有一个名叫“史蒂文·C. 达文波特”的识字黑人，1856年出生在弗吉尼亚州，但居住在纽约，（之后）在证券交易所当投递员。

照罗伯特·戴维斯的建议朝着更具实用性的路线改进。演讲后来被命名为“装饰艺术”，并大量借鉴了罗斯金和莫里斯的思想和语言。[13]虽然“英国的文艺复兴”的演讲触及了这个主题，但其主要内容大多抽象概括；这次的新演讲将会更加具体，并有针对性。这给王尔德的演讲增添了一种使命感。他现在的使命不仅有告知，而且还要改变。他主张机器时代也需要艺术手工艺品，设计要借鉴自然形式，形式要服从功能。他强调，优秀的设计能给社会带来诸多好处，支持优秀的设计需要诸多社会条件。

他告诉尤蒂卡（位于纽约州——他的第一站）的听众：

> 伟大的运动必然源于工匠们……我们房子里的陈设应该给制造它们的人带来快乐。艺术的优点不在于我们能直接从中学到什么，而在于我们能通过艺术间接地成为什么。所有的艺术都是视觉艺术，所有的艺术都是装饰艺术。把工匠和艺术家一分为二，会同时毁灭二者。没有艺术的劳动只是野蛮行为。装饰是手工艺人在劳动中表达快乐的方式。设计是将习惯和观察累积起来之后，对其进行研究并得到的结果。我对较为贫困阶层的进步和教育怀有信心。我想看看那简陋而美丽的家园。[14]

235

这些观点是他在赶往芝加哥的路上，在罗切斯特和布法罗（两个城市都位于纽约州）演讲时形成并阐述的。然而在罗切斯特，听众中主要是挥舞着向日葵的当地大学生，他们吵吵嚷嚷，以至于他的大部分讲话都没有被听到。这件事引发了几乎全国性的强烈抗议。[15]

王尔德在布法罗演讲（一场成功的午后日场试讲）结束后，参观了尼亚加拉大瀑布。回顾他对大西洋的“失望”所引起的轰动，他对大瀑布也摆出了同样的姿态。“我第一眼望见尼亚加拉大瀑布时，”他对《布法罗快报》记者说，“我对它的轮廓深感失望。在我看来，它的样子不够雄伟，线条不够多变。”然而他确实认可了它的色彩“不断变幻”，并且承认“直到站在桌岩瀑布下，我才强烈地意识到大自然的壮观和美丽……在我看来，这体现出一种泛神论。我想起了列奥纳多·达·芬奇曾经说过，‘世界上最美丽的两样东西是女人的微笑和水流的运动’。”[16]唯一的缺点是，从桌岩瀑布的角度观赏时，必须穿上“像防水雨衣一样难看的黄色油布雨衣”。[17]王尔德作为“一个失望之人”，其立场再次在各大媒体上招来强烈反响。[18] *

关于芝加哥——或者更确切地说，关于芝加哥人——王尔德几乎毫无保留地热情。他在这个繁荣的商业城市，美国食品加工业之都受到一批大人物的欢迎。芝加哥几乎是在 1871 年大火灾之后全部重建起来的，王尔德对崭新、宽阔、洁净的街道大加赞赏，尽管他嘴上称，“想到上百万的金钱被悉数花费在建筑物上，而别具风格的建筑却如此之少，这有点令人难过”。[19]

236

尽管当地媒体对他大加嘲讽，但公众还是成群结队地去听他的演讲——要去亲眼见一见他本人。大约有 2500 人挤进了中

---

* 王尔德后来详细叙述了他的失望情绪。据《纽约论坛报》报道，他建议莉莉·兰特里不必再费心想着尼亚加拉瀑布：“他们告诉我，数百万加仑的水在一分钟内倾泻而下，我看不出它美在哪里。那里只有庞大，没有美丽……在我看来，尼亚加拉大瀑布就是一大堆没用的水，它以错误的方式砸在没用的岩石上。”后来，他又及时地发挥道：“所有美国新娘都被带去那里，目睹这壮观的瀑布，即便不是美国人婚姻生活中最刻骨铭心的失望，也是最早失望的事情之一。”

央音乐厅。王尔德有关“装饰艺术”的演讲正在不断改进中；他按照讲稿发言，加入一些流畅的即兴发挥，还经常引用当地的典故。其效果很吸引人。王尔德高兴地发现，观众们都怀着真正的兴趣和欣赏之情在聆听。但同时他也很诧异，毕竟在此之前“媒体的语气”是如此不友好。[20]他的听众在得知“世界上最宏伟的艺术就是共和政体”时，心中激动不已，充满爱国自豪感。他们记下了这样的话，“你可以用美国火鸡做一个很棒的设计，就像日本人利用本土的鹳一样”，以及“机器制造的装饰品让人无法忍受。他们都是蹩脚的，毫无价值的，丑陋的”。他们喜欢他评论说，“人们不应该误将文明的手段当作目的。蒸汽机和电话的价值完全取决于它们的用途”。[21]他们被他的信念所鼓舞——意大利文艺复兴已经表明——商业精神可以和伟大的艺术结成盟友。[22]

芝加哥人是他迄今遇到过的最棒的听众。王尔德向乔治·柯曾描述他们“令人愉快——是一群了不起，且富有同情心的热情的人，他们欢呼鼓掌，给了我一种平静的力量，即便是《星期六评论》的侮辱也无法带来这种效果”。[23]然而，王尔德的演讲还是引发了一阵小小的不满。由于天生喜爱挑衅，他竟然对这座城市著名的高达154英尺的仿中世纪水塔（在大火灾中幸存下来的为数不多的建筑之一）出言不逊。他称赞水塔巨大的水泵引擎“简洁、宏伟、毫不做作”，之后却语出惊人地对观众称，水塔从外表看是“一个挂满胡椒盒的、城堡似的怪物”——这是对“哥特式艺术”令人发指的“侮辱”。此话一出，当即引发一阵愤怒的窃窃私语，此后更招来众多媒体的质疑。[24]这件事也确保了王尔德将永远被芝加哥人铭记。

有些批评是芝加哥人愿意接受的。王尔德责备他们忽视了芝加哥土生土长（并在巴黎学习过）的年轻雕塑家约翰·多诺霍身上罕见的“艺术价值”。眼下，多诺霍正在芝加哥艰难地谋生。多诺霍送给王尔德一座小型青铜浅浮雕，牢牢抓住了他的兴趣。那是根据王尔德的诗歌《安魂曲》制成的一个女孩坐像。王尔德收到礼物后参观了他的工作室，艺术家漂亮的“年轻的索福克勒斯”仿制雕像、他的凯尔特血统，以及他那波希米亚式的贫穷给王尔德留下了极为深刻的印象。王尔德的宣传很有说服力，心怀愧疚的芝加哥人迅速向多诺霍发去了大量订单。

王尔德以芝加哥为基地，随后连续展开了三圈规模宏大的横跨中部各州的旅行。离开东海岸发达的大都市中心后，他开始对美洲大陆的规模和多样性有所了解。他对不止一位记者说过，“美国不是一个国家；这是一个世界”。[25]在第一次为期12天的行程中，他从韦恩堡出发，途经底特律、克利夫兰、路易斯维尔、印第安纳波利斯、辛辛那提、圣路易斯和斯普林菲尔德，然后返回芝加哥。据他自己估计，演讲在辛辛那提和圣路易斯又获得了“巨大成功”。[26]

辛辛那提本身谈不上可爱。王尔德甚至对一名记者说：“我怀疑，是不是有罪犯会以你们丑陋不堪的城市作为犯罪的借口。”然而，这里文化机构林立，艺术爱好者众多。设计学院让王尔德大为赞叹，除了那里的一块“禁止吸烟”标志——“天哪，”他惊呼道，“他们说起吸烟就好像它是一种犯罪。我想知道，他们是不是也该警告学生们，让他们不要在楼梯口自相残杀。”他拜访了一些艺术收藏家，游览了艺术博物馆。他还参观了两年前刚刚成立的鲁克伍德陶瓷厂。

关注艺术创作的观众渴望聆听王尔德的思想。虽然他在演讲中（在大歌剧院的一次满座日场）提到，他看到一个鲁克伍德花瓶上的图案，“我应该说，是一个急着要在5分钟内赶火车的人画上去的”，但他也有赞美之词。他用话语让辛辛那提人爱上了自己，“我在你们的城市，看到你们如此喜爱美丽的装饰艺术，兴奋之情溢于言表”。[27]

他在圣路易斯演讲时，大厅的音响效果很糟糕，听众也有点“吵闹”。尽管如此，他还是觉得与当地大量热爱艺术的人建立了一种真正的联系。[28]他还特别称赞了当地的“艺术学院博物馆”，称其为“世界上最好的博物馆”。他坦承，虽然博物馆的“藏品不是很多”，但其所有馆藏都是“精心挑选出来的，（所以）它们不会让年轻学生误入歧途”。[29]

238

在肯塔基州北部的路易斯维尔，王尔德享受到了另一种成功。在共济会教堂做完一场座无虚席的演讲之后，一个和蔼、文雅的中年女人朝他走来，她叫爱玛·斯皮德。她解释说，自己是约翰·济慈的侄女（她的父亲是这位诗人的弟弟乔治，他已移民美国并取得了成功）。王尔德在演讲中提到济慈，她深受感动，于是邀请他到家去看看诗人留下的遗物。第二天，王尔德满怀“柔情和敬意”，全神贯注地花费好几个小时欣赏了这些文学宝藏：济慈写给他在美国的兄弟的信，“破旧发黄的”手稿，还有济慈在一部小版《神曲》上所做的有关弥尔顿的《失乐园》的笔记。这次拜访相当顺利：斯皮德夫人认为王尔德是一个“献身于美的精神”的人。不久之后，她把济慈的十四行诗手稿寄给他，诗的开头写道，“蓝色！这是天堂的生活……”，希望他——不要像济慈那样——可以“永远不知晓‘世界的不公和他的痛苦’”。[30]

王尔德为自己与心目中的英雄之间的这条纽带激动不

已——他“曾经醉心于那纸张”，那是诗人的手曾经触摸过的，还有“曾经唯他是听的墨，以及……他清秀甜美的字迹”。“您所赠予我的”，他在给斯皮德夫人的回信中写道，“比黄金还要灿烂辉煌，比这一伟大国度所能给予我的任何珍宝都要珍贵……这是一首我向来非常喜爱的十四行诗，实际上唯有超凡脱俗、完美无缺的艺术家才能从仅仅一种色彩中获得如此充满神奇之物的灵感。”[31]

王尔德于2月28日回到芝加哥，但几乎即刻便又出发了。他的第二轮中西部行程——“在11个不同的城市连续不断地演讲11个晚上”——先把他带到迪比克（艾奥瓦州），然后经过伊利诺伊州和威斯康星州，先后到达罗克福德、奥罗拉、拉辛、密尔沃基、乔利埃特、杰克逊维尔、迪凯特、皮奥里亚和布卢明顿，然后返回芝加哥。不过，这是一趟可悲的失败之旅：王尔德称之为“彻底的失败”。这些城镇都很小，观众也更少。在乔利埃特，“只来了区区52人……”；皮奥里亚的观众是78人。即使在名单上最大的城市密尔沃基，也只有大约200名听众，而且“可能有三分之一的人还没等结束就离场了”。[32]他对此既不恼怒，也没兴趣。在迪比克，少得可怜的观众稀稀拉拉地“分散各处”听着他的演讲，“仿佛是在参加一个朋友的葬礼”。[33]虽然温德尔·菲利普斯曾经告诉王尔德，“考验一名真正演说家”就要看他是否有能力“让全场仅有的20名听众产生兴趣”，然而他并不想用这种方式考验自己。[34]与此同时，他也被日程表压得喘不过气来。在拉辛（3月4日）“演讲的过程中，他短暂地崩溃了，自称已经精疲力竭，无法继续念讲稿”。[35]此外，莫尔斯也未能从当地的承办人手里获得有保证的回报。在奥罗拉，他只收到了可怜巴巴的7.35美元。而在乔利埃特，他们甚至

239

入不敷出。王尔德抱怨说，这是一项“令人沮丧，毫无用处的”工作，他为如此微薄的报酬“耗尽了嗓子和体力”。[36]

再次回到芝加哥，他松了口气。3 月 11 日，王尔德在中央音乐厅第二次露面。他为此起草了一篇新讲稿，比先前的“装饰艺术”讲稿更实用，更具规范性。这一次他论述了如何将美学思想应用于“房屋的装饰”。事先被问起演讲内容时，他解释说：“我要从门环开始讲，一直讲到阁楼。再过去就是天堂了，我会把它留给教堂。”[37]他说到做到，提出了一些有用而实际的建议，比如：“门廊处不应该贴壁纸，因为频繁的开门和关门会使墙壁暴露在恶劣的天气之下；应该用漂亮的木材做护墙板……不要在地板上铺地毯：普通的红地砖可以使地面变得温暖而美观……不要（在客厅的天花板上）贴纸；这给人一种住在纸盒里的感觉，会令人不快。”他推荐了“安妮女王”式的家具、小小的圆形镜子（“用来集中室内的光线”）、黄铜炉具和阿尔巴尼亚（Albanian）的衣帽架——“的确，那倒不是说阿尔巴尼亚人在其他方面也展露出很高的艺术品味，只是阿尔巴尼亚人的衣帽架比其他任何国家的都要好。而且，我可以说，他们的衣帽架上有美丽的艺术曲线，这是我们在其他地方找不到的……当然，对于你们这样聪明的听众，我不需要提醒，这里的 Albanian 所指的并非美国纽约州的奥尔巴尼（这几乎是演讲中仅有的一个‘笑点’，这句题外话引发了掌声、笑声和尖叫声）”。[38]

王尔德最后的中西部行程是从“双城”明尼阿波利斯和圣保罗出发，途经苏城，最后到达奥马哈。他到访圣保罗时正值圣帕特里克节（3 月 17 日）。散居各处的爱尔兰移民使得王尔德在美国的许多地方都受到了特别的欢迎，与其说他是“唯美主义的使徒”，倒不如说他是“斯佩兰萨的天才儿子”。他很愿意接受这个标签，并彰显他作为一个自豪的爱尔兰人的地位。他在圣路易斯——那里拥有大量爱尔兰人口——接受了《环球民主报》的一个特别采访，阐述了他“对爱尔兰问题的一些既定观点”。他宣称自己“完全赞同爱尔兰土地同盟（Land League）的立场”，敦促对土地所有权进行一次再分配，使之有利于长期贫困的“农民”，“政府以合理的价格从地主手中购买爱尔兰的土地……并将其分配给人民”。政治变革也势在必行，尽管如他所说，“政治是一门实用科学。一次失败的革命仅仅是谋反而已；一次成功的革命却能成就国家历史上的一个伟大时代”。他借用母亲出版的一本关于《爱尔兰裔美国人》的小册子指出，活跃于爱尔兰政治中的现代“实用共和主义”精神，“完全反映了美国思想的影响”，它们是由移民带回爱尔兰的。然而，他对过于急剧的变化始终保持警惕。他认为，爱尔兰还没有准备好“宣布完全脱离”英国。他像他的父亲一样，宣称自己是一个“坚定的”地方自治派，并建议“第一步……应该是建立一个地方议会”。[39]

240

在圣保罗，演讲结束的那天晚上，他在歌剧院参加了一场民族主义色彩的圣帕特里克节活动。他虽然没打算发言，但还是在人劝说下发表了一次即兴演讲，部分原因是观众“对讲话中提到斯佩拉萨在爱尔兰事业中所做的努力”做出了“慷慨的回应”。他将政治与艺术联系起来，描述了爱尔兰种族“曾几何时是欧洲最具艺术气息的民族”，但随着12世纪英国人的到来，丰富多彩的传统被终结了——“因为艺术无法在暴君的统治下获得生存和繁荣”。只有爱尔兰恢复独立后，该国的“艺术学校和其他教育分支才会获得新生，爱尔兰才会重拾曾经在欧洲众多国家中享有的骄傲地位”。这一番观点赢得了“热烈的掌声”。[40]

王尔德在西行的过程中接触到了另一个受压迫的种族。他一直想接触美国的“印第安人”——“看看那些一生都生活在户外的人……见识一下他们的举止”。[41]他从一名旅伴处得知，有一个“曾经以向日葵为食”的部落，这番话激起了他的好奇心，但遗憾的是他无法找到他们一起用餐。[42]他真正见到的“印第安人”则远没有那么浪漫：他们只是意志消沉地在站台上兜售商品的人。他在给伯纳德·比尔夫人的信中写道：

> 让人好奇的是，他们中大多数人外表像乔·奈特（英国戏剧评论家），还有少数人长得像阿尔弗雷德·汤普森（剧作家），当他们行进打仗时，看起来就像一队萨拉*：你听不懂他们的谈话，但觉得很有意思，不过一旦翻译过来就相当愚蠢可笑——就像亲爱的多特（鲍西考尔特）所说的话。他们当中也有像伯纳德和吉尔伯特一样的人——事实上，此时此刻裹着毯子，头戴猩红色羽毛的伯纳德正在窗外逼迫我买下一双珠子串成的拖鞋，他正朝着旁边凶神恶煞的吉尔伯特使眼色，如果我不买，他就要用印第安斧头砍我。这是到目前为止，我见过的最奇怪的印第安人。他们真是太奇怪了。印第安女人拙劣地模仿成克拉拉·杰克（一位曾在伦敦舞台上扮演过美国印第安人的女演员），

---

* 乔治·奥古斯都·萨拉，英国著名记者，他也在美国做过演讲，巧合的是，他还为1881年的《世界》杂志圣诞节专刊撰写过一篇以“北美印第安人”为主题的喜剧小品。它以“动物出没的大草原”开场，那里“烟雾缭绕，伴着……狂野男孩奥斯卡（Oscar the Wild Boy）特别提供的朦胧诗”，黑夜变得愈发深沉。

孩子们则是多特的样子。他们管婴儿叫“Papoose”，但第二天这个词将意味着河流、枫树或其他完全不同的东西。

王尔德认为，印第安人“对文学相当反感，以至于他们每天都要对同一件物品使用不同的词语来称呼”。[43]

正巧就在王尔德穿越大草原的时候，他的计划发生了改变。有几个竞争对手找莫尔斯接洽，提议将王尔德带到更远的西部，越过落基山脉进入加利福尼亚。王尔德到达奥马哈时，细节已经敲定。王尔德和他的团队没有按照原计划返回东部，而是继续向旧金山进发。尽管有媒体报道称，加州的承办人查尔斯·E. 洛克已签约要在三周内举办 20 场演讲，除去开支直接支付 5000 美元作为报酬，但最终的任务安排并没有那么艰巨——报酬也没有那么丰厚。王尔德将在三周内在加利福尼亚州、犹他州和科罗拉多州举办 15 场讲座，酬金是 3000 美元。[44]

注　释

1. D. Boucicault to Mrs Lewis, 29 January 1882, *CL*, 135n.
2. *CL*, 136.
3. *CL*, 136; Hofer & Scharnhorst, 63; Morse, Accounts book (New York Public Library).
4. 'London Gossip', *Royal Cornwall Gazette* (Truro), 9 June 1882; 'London Gossip', *York Herald*, 10 June 1882; *Aberdeen Weekly Journal*, 8 July 1882.
5. *Chicago Inter-Ocean*, 13 February 1882; Hofer & Scharnhorst, 64.
6. Hofer & Scharnhorst, 36.
7. *CL*, 136.
8. *CL*, 141.

9. *CL*, 163.

10. *CL*, 135n.

11. Morse, Accounts book: 5 February, draft to Levy $343.00 (c. £68 12*s*); JFW to OW, 25 February 1882, in Tipper, *Oscar*, 70; 奥斯卡 · 王尔德寄给母亲 15 英镑，威利从中获得 5 英镑。

12. 有关箱子的信息，见 *St Louis Daily Globe Democrat*, 26 February 1882。1880 年美国人口调查显示，J. 西德尼 · 维尔（1856 年出生于英国），是“出版社分社主管”。莫尔斯记载他的名字为“J. H. Vail”，刘易斯与史密斯记载为“J. H. Vale”，艾尔曼记载为“J. S. Vail”。Lewis & Smith, 204, 211，其中提到人们叫他“约翰”（似乎引用自《圣路易斯邮报》上的一篇报道）。Ellmann, 177，显然误读了 Lewis & Smith, 204 中的信息。

13. Kevin O'Brien, *Oscar Wilde in Canada* (1982), 150.

14. *Utica Daily Observer*, 7 February 1882.

15. Lewis & Smith, 156–8.

16. *Buffalo Express*, c. 9 February 1882; Hofer & Scharnhorst, 57.

17. OW, 'Impressions of America'.

18. 'The United States', *Standard*, 11 February 1882; 'Politics and Society', *Leeds Mercury*, 13 February 1882: “可怜的奥斯卡 · 王尔德先生又一次失望了。先是当他穿越大西洋时，大西洋没有摆出气势，现在尼亚加拉大瀑布也犯了同样严重的错误。” *Fun*, 8 March 1882, 103, in Friedman, 157–8.

19. *Chicago Inter-Ocean*, 13 February 1882, 2; Hofer & Scharnhorst, 61.

20. Hofer & Scharnhorst, 132, 147.

21. Lewis & Smith, 178.

22. Friedman, 160.

23. *CL*, 139.

24. 'Oscar Wilde, The Aesthetic Apostle,' *Chicago Tribune*, 14 February 1882.

25. 'Wilde', *Cleveland Leader*, 20 February 1882, 'Speranza's Gifted Son', *St Louis Globe-Democrat*, 26 February 1882, in Hofer & Scharnhorst, 66, 80.

26. *CL*, 143, and *St Louis Globe-Democrat*, 26 February 1882.
27. Lewis & Smith, 188–91, 199–201; 'With Mr Oscar Wilde', *Cincinnati Gazette*, 21 February 1882, in Hofer & Scharnhorst, 70; 'Oscar Wilde', *Chicago Tribune*, 1 March 1882, in Hofer & Scharnhorst, 89.
28. John Wyse Jackson, *Oscar Wilde in St. Louis* (2012) 52, 54; Hofer & Scharnhorst, 132, 161.《圣路易斯环球民主报》对王尔德持不友好的态度，据该报报道，王尔德走下讲台时称，圣路易斯的观众是“邪恶的”，并宣称这是他来美国后经历的最糟糕的事情。但目前已知他有关圣路易斯演讲所发表的其他言论都是正面的。
29. 'Oscar Wilde', *Chicago Tribune*, 1 March 1882, in Hofer & Scharnhorst, 89.
30. OW, 'Keats' Sonnet on Blue', OET VI, 84; Emma Keats Speed to OW, 12 March [1882] (Austin).
31. *CL*, 157.
32. *CL*, 146; OWIA; *Milwaukee Sentinel*, 6 March 1882, 5.
33. *Dubuque Herald*, 3 March 1882, at OWIA.
34. Hofer & Scharnhorst, 63.
35. *Chicago Tribune*, 7 March 1882, 4, at OWIA.
36. OWIA; *CL*, 146, 147; 莫尔斯的账本：奥罗拉：收入 7.35 美元，支出（人力、业务、个人）15.32 美元；乔利埃特：收入 18.75 美元；支出 27.64 美元。
37. 'Oscar Wilde', *Chicago Tribune*, 1 March 1882, 7; Hofer & Scharnhorst, 91–2.
38. 'The House Beautiful', in O'Brien, *Oscar Wilde in Canada*, 165–81; O'Connell, 'Bohemian Experiences of Oscar Wilde'.
39. 'A Home Ruler', *St Louis Globe-Democrat*, 26 February 1882, in Wyse Jackson, *Oscar Wilde in St. Louis*, 75–7; *CL*, 115–16.
40. *Daily Globe* (St Paul, Minnesota), 18 March 1882, 1; OWIA.
41. Hofer & Scharnhorst, 45.
42. Hofer & Scharnhorst, 45; Phil Robinson, *Sinners and Saints, A Tour Across the States* (1892), 39.
43. *CL*, 152–3 and n.

44. *Alta California*, 17 March 1882, in Rodecape, ‘Gilding the Sunflower’, 98; W. F. Morse to OW, 11 March 1882 (Clark) 提到莫尔斯和另两位承办人——林肯市的 Seager 和堪萨斯城的 Fulton——就“此次加州之旅”进行了协商，建议预付“毛收入的 60%，以及每晚 200 美元的保证金”，外加三张往返车票。*CL*, 155；莫尔斯的账本（纽约公共图书馆）中记载的实际数字是：“收入 3000.00 美元”减去“个人”开支：212.50 美元，以及“业务开支”：547.90 美元。净收入——2239.60 美元——与卡特代理事务所五五平分。王尔德在这次美国远西区巡回演讲期间“个人”开支了 267.90 美元。

4. 好小伙

越往西走，越让人喜欢。

——奥斯卡·王尔德

坐火车从奥马哈到旧金山全程 1867 英里，耗时四天（四夜）。王尔德向诺曼·福布斯-罗伯逊描述不断变换的景色时写道：“起初是灰暗、荒凉凄楚的平原，像海边的荒地一样没有色彩，不时有成群的淡红色羚羊仓皇掠过，体型庞大的水牛蹒跚而行，从举止和外表上与乔·奈特非常相像，鹰鹫渺小得像飞虫一样，嘶叫着在高空盘旋；随后缘内华达山脊而上，白雪皑皑的大山在我们称为天空的蓝色火焰穹隆中像光亮的银色盾牌一样熠熠闪光，深不见底的峡谷中长着松树。”王尔德认为内华达山脉西麓的约塞米蒂峡谷是美国两大最奇异的风景之一——另一处是纽约的戴尔莫尼科餐厅。[1] 242

虽然王尔德乘坐的是被称为“宫殿车厢”的豪华头等车厢，但这段漫长的旅程非常乏味——速度缓慢，频繁停车。由于没有餐车，用餐只能在沿途的车站旅馆或餐馆里解决。有几次停车时，成群的当地居民向这位著名的唯美主义者或致以欢呼，或呆呆地看着他发愣。在犹他州的科林市，“40 名临时聚集起来的唯美主义者手持向日葵在叮当作响的铜管乐队伴奏下”甚至试图“闯入”王尔德的车厢，要为他唱小夜曲。这种经常性的、干扰性的关注很快就变得令人厌烦了。幸运的是， 243

与他同行的另一位乘客是歌剧男高音约翰·豪森，他正前往旧金山准备在多伊利·卡特首肯的《佩辛丝》中扮演伯恩桑。两人相处得很好，豪森偶尔会穿上伯恩桑的服装，戴上假发，假装诗人出现在车窗边，以此帮助王尔德解围。[2]

经过四天旅行，火车从冬天般寒冷的山区驶出，进入永恒夏天的旧金山湾，那里有“挂着果实的橘子树林，花丛，绿色的田野和紫色的山丘”。王尔德称，这就是“一个意大利，没有其艺术而已”。到了旧金山，他被安顿在新近落成的奢华的皇宫酒店，这座“世界上最大的酒店”——也许是最丑的。[3]

洛克已经规划出一张在海湾周边几个城市演讲的完整日程表：奥克兰、萨克拉门托、圣何塞、斯托克顿，以及旧金山本地——其中几个地点安排了多个场次和特别的日场。尽管安布罗斯·比尔斯对王尔德怀有敌意，在他的讽刺报纸《黄蜂》上不断攻击王尔德，但王尔德还是在加州受到普遍好评。据一份报纸称，他在旧金山装点着鲜花的普拉特大厅的首场演讲吸引了“热衷于娱乐活动的最时尚观众”。据《每日报道》估计：其中30%的人之所以选择前往，是因为他们坚决认为自己不会被奥斯卡·王尔德的“愚蠢行为”说服，想要身临其境体验一下他是如何“落荒而逃”的。

13%的人之所以前往听演讲，是因为“妻子坚持要去”。

10%的人思想开明，他们想听一听奥斯卡·王尔德会说什么。

10%的人“各有各的理由”。

9%的人“总的来说就是想看一看，听一听这个该死的傻瓜”。

1%的人承认自己是“奥斯卡忠实的崇拜者”。

然而，王尔德却赢得了众多怀疑者的支持。如《观察家报》报道："人们起初对演讲者外表的焦虑和惊奇感一旦过去，（听众）就被他对待话题的热情所感染，他们听得全神贯注，不停地鼓掌，爆发出赞赏的笑声，表现得兴致勃勃。"[4] *

尽管最初的计划是 14 天内在加州安排 9 场演讲，但期间仍留有加场的余地。4 月 5 日，应一些旧金山"杰出市民"的特殊要求，王尔德在普拉特大厅发表第四次演讲，主题是"19 世纪的爱尔兰诗人和诗歌"。他提炼（或者说反驳）了他在圣保罗发表的言论，认为英国对爱尔兰人的压迫事实上刺激了爱尔兰民族的诗歌冲动，而不是压制了它。"爱尔兰的诗歌和音乐不仅是富人的奢侈品，也是爱国主义的堡垒，是自由的种子和花朵，"他宣称，"撒克逊人夺走了我们的土地，留下的是荒芜。我们借鉴了他们的语言，为其增添了新的曼妙。"为阐明自己的观点，他朗读了托马斯·戴维斯、加文·达菲和他童年时期读过的其他诗人的作品，以及约翰·博伊尔·奥莱利，当然还包括斯佩兰萨的作品。演讲在广大民众和各党派人士中引发热烈反响。实际上《旧金山纪事报》认为，这是王尔德在当地的所有演讲中最受好评的一场。[5]

244

尽管几乎每天都有演讲，王尔德还是有充足的时间找乐子。的确，在西海岸度过的两周——在明亮的天空和波光粼粼的海洋之间，在桃花和绿树丛中——似乎是他的美国之旅中一段令

---

* 1882 年 3 月 31 日安布罗斯·比尔斯在《黄蜂》上，用三段辱骂性的文字对当时的情况做了负面报道，开头写道："那个让人忍无可忍、狂妄独尊的奥斯卡·王尔德一直在连篇累牍地胡言乱语。他爬上讲台，搜肠刮肚地喷出一堆粗鲁无趣的玩意儿去启迪他周围那些蠢人和笨蛋，戏弄这些傻瓜。他猛地一甩脑袋，滔滔不绝地说了一大堆可怕的废话。那个令人难以忍受的笨蛋无话可说，只能用一种随意而拙劣的表达方式，毫无道理的粗俗姿态、手势和服饰来加以掩饰。从来没有哪个骗子如此可恨，从来没有哪个傻瓜如此愚蠢，从来没有哪个疯子癫狂得如此古怪，令人厌恶。"

人陶醉的插曲。他总是回忆起旧金山这个特别的地方，“一座真正美丽的城市”，人们“热情、慷慨、有教养”，而且还有一种异国情调。王尔德此前曾经贬低中国艺术，认为它“没有美的元素，恐怖和怪诞似乎成了完美的标准”；旧金山让他改变了想法。他对城里熙熙攘攘、五彩纷呈的唐人街很着迷——“是我见过的最富有艺术韵味的街区”——那里的居民尽管并不富裕，但“他们身边不能有任何丑陋的东西”。即便是用墨汁写在宣纸上的账单，也像一件艺术品；而妓院可能蒙着一层诗意（王尔德经常提起他从旧金山“罪恶之屋”听来的一副“中国对联”：“夜光抚玲珑，莺花慕明月”）。尤其让他备受打

245 击的是，最卑微的中国茶馆里使用的青花小瓷杯——“和玫瑰花瓣一样纤小”——相比之下，他在自己“俗丽”的酒店里使用的茶杯野蛮而丑陋，其边缘足有“一英寸厚”。[6]

他参观了图书馆、美术画廊和艺术学校。他赶赴的宴会有午餐，有晚餐，甚至还与地产大亨阿道夫·苏特罗共进早餐。苏特罗特别渴望听一听王尔德对他的新城郊计划的意见，于是领着这位有点“懒散的思想者越过沙丘”，为他描绘了一番“苏特罗高地”的愿景。王尔德随时准备赶赴下一个宴会，他表示很乐意给出建议——但是“要在早餐之后”。王尔德曾经两次受到旧金山“波希米亚俱乐部”——这个名字起得不太恰当——的款待。虽然俱乐部是一个为“与艺术有专业联系的绅士”建立的聚会场所，但商界和法律界的要人一直以来纷纷加入其中。王尔德在那里用过午餐后说，他这辈子从未见过“这么多穿着考究、营养充足、会做生意的波希米亚人”。[7]

愚人节当天的晚宴上，俱乐部会员——毫不客气地——打算让他们的客人难堪一次。“（大家推举）霍夫曼法官和巴恩斯

将军在酒足饭饱之后，分别在古典文学和英国文学两个领域对王尔德发起‘攻击’。”然而，尽管事先毫无准备，而且还喝了很多酒，王尔德还是胜人一筹，让两个对手相形见绌。会员们大加赞叹，而且惊诧于王尔德竟然有这么好的酒量。当晚宴最终结束，王尔德站起身时，有几位客人显然已经在桌旁睡着，或倒在桌子下面了。对于那些原本将这个留长发、穿齐膝马裤的唯美主义者看作是“南希小姐”的人来说，这是一个强有力的反驳。这些“波希米亚人”，和之前的其他人一样，不得不承认王尔德“并不像他看起来那么愚蠢”。随后，马上有一拨人造访皇宫酒店，要求获准为王尔德画像，并将这幅肖像与其他著名访客一起陈列在俱乐部。[8]

在一场由画家约瑟夫·德怀特·斯特朗和朱尔斯·塔韦尼耶主持的工作室午后派对上，王尔德发现了一个更真实的波希米亚圈子。画室布置得很艺术化，天窗上画着玫瑰，画室小工是个穿着锦缎长袍的中国人，负责为客人们上茶。“这里，”王尔德环顾四周大声道，“这才是我所属的地方！这才是我喜欢的氛围!”斯特朗的妻子贝尔记录了当天下午王尔德极富感染力的光彩时刻。“他很迷人。他的热情，他的坦率真诚，立刻消除了任何拘束……他的讲话，他的快乐、机敏，他那令人愉快的亲切，几乎深情的友好，让我们倍感兴奋。”画室角落里放着一尊身穿女装的模特坐像；王尔德在房间里踱来踱去欣赏画作和“印第安人的”手工艺品时碰到了这个假人，他一时间误以为撞到了另一位客人，于是赶紧道歉。旋即，他立刻意识到自己出了个错，便“保持不变的语气”和坐着的人像“开始攀谈起来”。“他向她讲述了自己对旧金山的印象……或惊讶，或赞许地回答着想象中她的评价。”“那是一场极为精彩的表演，”斯特朗夫人回忆道，“是一部充满智慧和快乐的杰作……当他离开时，我们都觉得自己见到了一个真正伟大的人物。”[9]

旧金山也是一个浪漫的城市。几乎从王尔德到达美国的那一刻起，人们就开始猜测他的爱情生活——以及他带一个“美国女孩”回英国做他的妻子的可能性。无论他走到哪里，他都——像伯恩桑一样——被“患相思病的少女们”包围着。其中有许多姑娘相当漂亮，有些姑娘很有意思，有一小部分姑娘态度坚决。海伦·勒诺瓦回忆，在一次招待会上，有个姑娘一边朝他走去，一边欣喜若狂地喊道：“哦，王尔德先生，这一刻我渴望已久。”[10]他的母亲希望，他能从美国带个新娘回来。[11]但是他紧张忙碌的旅行计划和媒体持续不断的密切关注，几乎完全隔绝了风流韵事。当一名记者问及他的“私人生活”时，他疲惫地回答说：“我倒是希望自己有。”[12]他对另一名记者感叹道，任何未来的王尔德夫人都只是“一个梦，一个梦”。[13]他承认，华盛顿之行后，他“见到了黛西·米勒的原型”（亨利·詹姆斯同名小说中迷人的年轻女主人公），但拒绝透露更多细节——因为他希望再次见到她。[14]

然而他对山姆·沃德说，他在洛杉矶感到灰心丧气。[15]他始终没有透露倾慕的对象，但最有可能的人选是哈蒂·克罗克，南太平洋铁路公司董事查尔斯·克罗克的 23 岁女儿。她聪明、活泼、美丽、富有。她和家人算得上旧金山的贵族，住在诺布山的一座大宅第里。全家人都对艺术很感兴趣：她的父亲出资赞助在邮政街建造了一座壮观的新建筑“作为音乐厅及其他艺术用途”；她的叔叔埃德温·B. 克罗克在萨克拉门托成立了一家画廊，王尔德参观了那里。哈蒂的父母参加了王尔德在普拉特大厅的首场演讲，她很可能和他们在一起。哈蒂或许是参加蒙哥马利街茶会的“年轻的社交界女孩”之一。她的堂妹艾米·克罗克当时肯定在场。[16]

另一件可以肯定的事情是，他离开旧金山不久，便给“亲爱的哈蒂”写了一封充满欢乐的信，信中感叹他们的分离，并且在结尾写道：“当我想到美国时，我只记得有一位佳人，她的嘴唇像夏日深红色的玫瑰花瓣，眼睛像两颗棕色的玛瑙，如美洲豹一般魅力十足，既有雌虎一样的胆识，又有小鸟依人似的优雅。亲爱的哈蒂，我现在意识到我彻底爱上了你，并永永远远是你充满深情、忠心耿耿的挚友，奥斯卡·王尔德。”[17]哈蒂·克罗克本可以成为与王尔德十分般配的另一半，正如他母亲梦寐以求的那样，但紧迫的日程安排使得他根本没有机会去培养这种关系。

王尔德被带领着飞快地穿过犹他州平原。仍旧是在洛克的安排下，他在盐湖城歌剧院为崇尚一夫多妻，且朴实而又相当“无知的”摩门教徒发表了一场演讲，王尔德称之为“一桩巨大的事件”，“场地大约有考文特花园那么大”，“轻松容纳了 14 个家庭”。[18]他在丹佛豪华的塔博尔大歌剧院讲了两场，在时尚的温泉小镇科罗拉多斯普林斯讲了一场。在此期间，他还出人意料地绕了个弯。科罗拉多州副州长霍勒斯·塔博尔倚仗落基山脉高处莱德维尔的一座银矿积累了财富；王尔德临时受邀去那里演讲。这是一个传奇小镇：宽阔的主干道周围杂乱无章地分布着一座座矿工营地，它被称为美国最富有，也最暴力的城市。王尔德自从来到美国，就“非常”想目睹这座城市：机会来了。[19]

那次造访令人难忘。它有点危险：王尔德因为这趟行程而获得了一把左轮手枪——尽管他声称，自己用它射中了电报线上的麻雀，但这种说法似乎值得怀疑。这是一段漫长的旅程，窄轨列车缓慢爬升了一万多英尺，抵达时“稀薄的空气”让人头晕目眩。进城的路上，“一群全副武装的暴徒无声而庄重地接待”了他。还有一个意想不到的惊喜是，能容纳800人的塔博尔大歌剧院里坐满了身穿红上衣、留着金色胡子、神情专注的矿工。王尔德认为这是他迄今在美国见过的穿着最得体的人。整个场面令人愉快，但很不协调。王尔德满怀新奇地描绘说：“我向他们描述波提切利的画，那些名字……在他们听来似乎是一款新的饮料……我讲到近现代艺术，几乎使他们对美的事物真正产生了崇敬之感，但当我不幸谈及吉米·惠斯勒那幅《蓝色和金色的夜曲》时，情况突变。他们一跃而起，以极为简单的口吻赌咒发誓说，事情不应该如此。”《莱德维尔每日先驱报》虽然描写得没有那么传神，但也证实了这个场面的真实性，该报在报道中提到，王尔德关于文艺复兴时期比萨的建筑辉煌的专题演讲，被观众的喊叫声打断，“我们在这个国家住的是土坯房！”[20]

248

演讲结束后，王尔德在向导的带领下逛了州街上吵闹的酒吧和妓院，他大为惊诧地发现，帕·怀曼酒吧里竟然悬挂着一块牌子，上面写着“请不要射杀钢琴师；他已经尽力了”。他说，这是“我所见过的唯一合理的艺术批评方法”——因为它承认了“一个事实，那就是糟糕的艺术应该受到死刑的惩罚”。[21]* 王尔德从州街出发，步行几英里后出城，乘上一辆“牛车”，两侧都是手举火把的矿工，他要去塔博尔著名的银矿“无敌之矿”享

* 王尔德很快就开始主张对一大批“拙劣”艺术家处以死刑。他同情加拿大水彩画家约翰·C. 迈尔斯，因为廉价的彩色平板印刷品大行其道，他宣称“除非绞死一个可怕的彩色平板印刷品画家，否则（绘画）永远得不到应有的欣赏”。然而，在与制作人斯蒂尔·麦凯讨论临时演员——或“超级演员”——的滑稽动作时，他又建议“除非我们绞死一个超级演员，否则我们不可能有严肃的戏剧艺术”。

用晚餐。他费了九牛二虎之力穿上橡胶防护服，然后被装进一个大金属“桶”里顺着竖井往下降。王尔德称，尽管媒体报道说他一直焦虑地抓着桶绳，但他忠于自己的原则，自始至终保持着“优雅”。

在矿长的陪同下，王尔德发现一群矿工正等着迎接他，他们每个人手里都拿着一个瓶子。一场“盛宴”已经铺开，尽管王尔德后来说这场盛宴“第一道菜是威士忌，第二道菜是威士忌，第三道菜还是威士忌”。不出所料，矿工们对他的酒量大为赞叹。当他毫不畏缩地干掉第一杯“鸡尾酒”时，他们说他是“一个没戴玻璃假眼的好小伙”；他说，这是“质朴而自发的赞美，比文学评论家浮夸的赞美更让我感动”。王尔德的精力着实充沛。他在地底下度过的几个小时里，一直在“不停地聊天”。

他考虑到矿工们可能会以为艺术“与体面紧密相连，没有留给他们的空间”，于是便尽力表明“艺术和体面之间真的没有任何联系”。他把他们看作“与金属打交道的人”，给他们讲述了文艺复兴时期伟大的金匠、“最有成就的粗人”本韦努托·切利尼，他既杀了人，又创造了一件杰作。他们想知道王尔德为什么不把这位杰出人物一起带来，并且——当得知他已经死了“好一阵子了”后——问道，“谁射杀了他？”[22]王尔德在“全场鼓掌声中”挥舞起一把银钻头打开了一条新隧道（这条隧道被命名为“奥斯卡”），然而他除了那把银钻头以外，并没有得到这条隧道相关的矿脉股份，对他来说这不失为一桩憾事。[23]

当王尔德探索落基山脉以西的世界时，莫尔斯上校正在策划他的东向路线，确认在密苏里州、堪萨斯州、内布拉斯加州、艾奥瓦州、俄亥俄州和宾夕法尼亚州安排另外 15 场演讲的具体日期。体验过加州的阳光和魅力之后，接下来可能是一段艰难的长途跋涉。然而，随着春天的到来，再加上王尔德对周围环境的开放心态，这段日子因为变化而变得活跃起来。“每一天，”他声称，“我都会见到新奇的事物。”[24]他从密苏里州的圣约瑟写信给诺曼·福布斯-罗伯逊：

> 在我的窗外，向西行大约四分之一英里，立着一座有绿色木栅栏的黄色的小房子，一大群人正在把它完全拆掉。这是出了名的火车大盗兼杀人犯杰西·詹姆斯的房子，他上周被他的同伙（罗伯特·福特）枪杀了，现在这些人都是来搜罗遗物的。昨天，他们通过公开拍卖，出售了他的垃圾桶和刮脚刀，今天下午要卖他的门环，拍卖底价大约相当于一个英国主教的年收入……他最喜欢的彩色石印画被卖到了相当于在欧洲一幅提香原作，或者一幅曼特尼亚真品的价格。

他特别提到，美国人“是伟大的英雄崇拜者，总是能从犯罪阶层中挑拣出自己的英雄”。[25]

在内布拉斯加州林肯市，他和当地大学的年轻英语教授乔治·E. 伍德伯里度过了有趣的一天。他们一起参观了附近的州立监狱。“可怜而悲伤的”囚犯们让他感到沮丧，他们穿着“丑陋的”条纹制服，在烈日下制作砖头。不过，至少让他略感宽慰的是，他们看起来都“长相卑贱”。他告诉奈莉·西克特：“我不愿看到一个罪犯有着一张高贵的脸庞。”他在一间“干净得可悲”的白色小囚室发现了一本但丁诗集的译本。“在我看来，”他说，“一个佛罗伦萨人在流亡时抒发的悲伤之情，在数百年后，竟能够唤起现代牢房中一些普通囚犯同样的情感，这是既奇特又美好的事情。”而他不太喜欢的是，有个杀人犯在被执行死刑之前竟然花好几个星期的时间来读小说；他认为，“无论面对上帝还是虚无，这都是一种糟糕的准备”。* 250

王尔德在各种消遣以及旅行杂事的间隙，找时间继续推进罗德诗作新版的出版项目。他已经写好了序言，或是跋：这3500个精心推敲而成的华丽文字，用他自己的话说，检验了“散文的韵律价值”[26]（他最终接受了佩特在他们第一次见面时提出的写作散文的挑战）。这篇文章不仅关注佩特，而且还提到了惠斯勒和戈蒂耶——王尔德一直在旅途中阅读他们的作品。它宣告了一条“重要的”，与众不同的艺术信念——正如王尔德对斯托达特所说——它意味着“我对罗斯金先生和拉斐尔前派有了新的发展”。[27]

事实上，这种信念所包含的元素已经在他关于英国文艺复兴的演讲中有所表达，但王尔德现在要以一种新的激情将他的各种思想凝聚在一起。也许是在惠斯勒的画室里待了一段时间之后，使他变得更加大胆，他宣称自己抛弃了罗斯金美学体系中的“伦理”基石，即人们“应该根据一幅画（或一首诗）所表达的崇高道德观念的量来对它进行评判”。取而代之的是，他主张“艺术中感官元素的首要性，为艺术而热爱艺术”。王尔德在文章中引用戈蒂耶的话，并大量转述佩特的观点，他反

---

* 那个囚犯透露，自己当时正在读夏洛特·M. 扬的一部畅销的高派教会浪漫小说《雷德克里夫的继承人》，他想让王尔德对此评价几句。而王尔德对伍德伯里说：“这个注定要死的人，他的双眼把我的心彻底搅乱了，但如果他读《雷德克里夫的继承人》的话，那或许还是听从法律的安排比较好。”

对来自艺术领域的“一切文学怀旧和一切形而上学的思想”，主张完美的形式和个性化的表达。王尔德（和罗德）等——寻求“完善英国文艺复兴的人”——“现代浪漫主义”诗人的作品被描述为“本质上是印象诗，就像最新的画派，惠斯勒画派……它表现在与主体相对的情境选择上；它们讲述的是一般情况以外的事物，而不是生活的各种类型；在其短暂的激情中，在我们所谓瑰丽的瞬间，它确实是诗歌和绘画当下试图向我们展现的生命的瞬间，自然界的瞬间”。

王尔德称，真正的艺术家在“美的原则”指导下，避开了“肤浅的正统观念”和“毫无价值的怀疑主义”，只为稍纵即逝的印象，不断变化的情绪——寻找“经验本身”，而不是“经验的果实”。[28]这种在诗歌和绘画领域对罗斯金的否定并没有波及王尔德的“装饰艺术”观点；他有关这一主题的讲座中，在论及手工艺的优点和日常生活中美的提升作用时，处于主导地位的仍然是罗斯金的观念。

251

王尔德同时还在忙于书籍出版的各种细节：选择字体、讨论设计、挑选纸张、提供装饰建议。* 他将书名改成《玫瑰叶和苹果叶》。这本书的英文原版是献给罗德的父亲，但王尔德将其换成了对自己的夸张致敬：“给/奥斯卡·王尔德/‘心灵的兄弟’/这寥寥无几的诗歌，以及未来的很多诗歌。”[29]

为出版一本书做准备，要比将剧本搬上舞台容易得多。有关《维拉》的计划已经陷入重重困境。与克拉拉·莫里斯会面

---

* 王尔德在丹佛见到阿尔玛·斯特雷特尔（J. 科明斯·卡尔夫人的妹妹）时，他告诉她：“印刷得太乏味了……眼下它一点也不精致。在我出版的下一本书上，我希望能给出一些类似的，更令人满意的例子。这些字母会设计成一种罕见的样式；逗号是向日葵，分号是石榴。”不过，花卉样子的标点符号只是《玫瑰叶和苹果叶》没有尝试的极少数创新之一。

后，王尔德成功说服多伊利·卡特，使他对这个项目感兴趣，这件事短暂地鼓舞了他最初的乐观情绪。卡特向王尔德保证，“这件事应该会有结果的”，因为这个作品看上去是“一出强烈的，充满情感的，彻彻底底的艺术戏剧”。他准备为之提供与巡回演讲相同的条件——利润的一半——一旦确定在纽约上演，就预付200英镑。[30]和王尔德一样，他“意识到”克拉拉·莫里斯这个人很固执，“而且（一部作品）的失败会给她带来什么样的现实风险”，但他似乎认为值得去努力争取这位女演员，而不是去接触其他不太出名的演员。[31]

卡特曾敦促王尔德再写一篇“序言”，为这部戏剧提供一个背景，而王尔德在穿越中西部的同时，也完成了一个新的开场场景，勾勒出沙皇专制和西伯利亚监狱集中营的场景画面，并提前透露了一些将在稍后的戏剧中上演的冲突。[32]然而，新剧本到得太晚了。尽管莫里斯的丈夫已经告诉卡特，她无法接手《维拉》是出于“不稳定的健康原因”，但4月初有消息宣布，莫里斯将领衔主演改编版的《远离尘嚣》，该剧将在月底上演。 252 此时，卡特已经不可能再另寻演员了，至少在今年春季是这样。莫尔斯试图安慰王尔德，秋季更有利于上演“大部头作品”——比如《维拉》，但这也是一种失望，他要将戏剧搬上舞台的努力再次遭遇挫折。[33]

注 释

1. *CL*, 158; ‘Dinners and Dishes’, *PMG*, 7 March 1885; OET VI, 40.
2. *San Francisco Chronicle*, 27 March 1882; *Record-Union* (Sacramento, California), 27 March 1882; OWIA.

3. Rodecape, ‘Gilding the Sunflower’, 100; ‘Oscar Wilde At Home’, *San Fran-cisco Examiner*, 9 April 1882, in Hofer & Scharnhorst, 123-4.
4. *San Francisco Chronicle*, 28 March 1882, OWIA; *Examiner*, 28 March 1882, in Rodecape, ‘Gilding the Sunflower’, 102. *Daily Report*, 28 March 1882, in *Wildean*, 30, 82. 王尔德预定在旧金山做三场演讲，他在这次重温了他关于“英国文艺复兴”的演讲，是凭记忆说的；*Alta California*, 28 March 1882, in Rodecape, ‘Gilding the Sunflower’, 102. 王尔德在加州的整个演讲计划（由 John Cooper 整理，参见“奥斯卡·王尔德在美国”网站）是：3 月 27 日，旧金山，“英国的文艺复兴”；3 月 28 日，奥克兰，“英国的文艺复兴”；3 月 29 日，旧金山，“装饰的艺术”；3 月 30 日，奥克兰，“艺术装饰”；3 月 31 日，萨克拉门托，“装饰的艺术”；4 月 1 日，旧金山（日场），“漂亮房子”；4 月 3 日，圣何塞，“装饰艺术”；4 月 4 日，斯托克顿，“装饰艺术”；4 月 5 日，旧金山（计划外临时加场），“19 世纪的爱尔兰诗人和诗歌”；4 月 8 日，萨克拉门托（日场），“漂亮房子”。
5. Robert D. Pepper, *Oscar Wilde, Irish Poets and Poetry of the Nineteenth Century* (1972); OWIA; The *Livermore Herald*, 6 April 1882, 该报注意到，奥斯卡·王尔德在乘坐火车前往萨克拉门托途中，一直在“全神贯注地从一本厚重的，有关爱尔兰诗人和诗歌的书中……为他的下一场演讲借取材料”。
6. Hofer & Scharnhorst, 104, 146, 133; OW, ‘Impressions of America’, 28-9（奥斯卡·王尔德在此文中将酒店的茶杯厚度增加到了“一英寸半”）
7. O’Connell, ‘Bohemian Experiences of Oscar Wilde’, in Rodecape, ‘Gilding the Sunflower’, 105.
8. O’Connell, ‘Bohemian Experiences of Oscar Wilde’; Lewis & Smith, 255-6; 这幅肖像由波希米亚俱乐部会员 Theodore Wores（1859-1939）绘制，于 1906 年旧金山大地震时被毁。
9. Isobel Field, *The Life I’ve Loved* (1937), 143-9. 伊索贝尔·菲尔德（贝尔），本名姓奥斯本，她是罗伯特·路易斯·史蒂文森（Robert Louis Stevenson）的继女，有时兼任他的文书助理。
10. ‘Interview with a Theatrical Manageress’ (Helen Lenoir), *South Australian*

Weekly Chronicle (Adelaide) 8 August 1885; *Freeman's Journal*, 3 August 1882.

11. JFW to OW, 25 April 1882, in Tipper, *Oscar*, 75.
12. Hofer & Scharnhorst, 2.
13. *Peoria Evening Review*, 11 March 1882.
14. *Topeka Daily Capital*, 16 January 1882.
15. M. H. Elliott, 'This Was My Newport'; 'Andrew's American Queen', 17 June, 15 and 29 July 1882, in Ellmann, 193.
16. *San Francisco Chronicle*, 'Local Art Notes', 30 April 1882; 'Oscar Wilde', *Argonaut*, vol. 10, no. 13, 1 April 1882, 4; Field, *The Life I've Loved*, 147. 艾米·克罗克在其1936年出版的自传 *And I'd Do It Again* (286) 中提到了克罗克家举行的一次晚宴，当时客人们想尽办法要把奥斯卡·王尔德灌醉，但没有成功。但这个故事听起来是假的，很可能是对波希米亚俱乐部轶事的改编。
17. *CL*, 19 April 1882. 这封信（现存克拉克图书馆）写于"密苏里州圣约瑟市"；王尔德在此前的十天里去过堪萨斯城、丹佛、科罗拉多斯普林斯、莱德维尔和盐湖城，但从未在其中任何一个地方停留超过一天，所以很难想象他在那段时间里会产生爱慕之情。他在旧金山的两周时间，有可能是萌生浪漫的时刻。1880年的人口普查显示，"哈蒂·克罗克"是旧金山唯一的一个"哈蒂"，此外还有三个与她年龄相仿，但不太可能参与社交的"哈丽特"。1882年，旧金山的社交杂志上偶尔也出现过一个"哈蒂·赖斯"（Hattie Rice）的名字。
18. *CL*, 161; Hofer & Scharnhorst, 147.
19. *Chicago Inter-Ocean*, 13 February 1882, 2; in Hofer & Scharnhorst, 63.
20. *CL*, 161-2; *Leadville Daily Herald*, 14 April 1882; 'Mr. Oscar Wilde on America', *Freeman's Journal*, 11 July 1883.
21. OW, 'Impressions of America', 31; Sherard, *Life*, 226.
22. *CL*, 165-6; OW, 'Impressions of America'; 'Mr. Oscar Wilde on America', *Freeman's Journal*, 11 July 1883; 这些资料表明，奥斯卡·王尔德在他的演讲中提到了切利尼，尽管任何媒体报道中都没有提到这一点，但这件事是有可能的。不过，王尔德对有关切利尼下落问题的回答表明，有关这位艺术家的讨论应该发生在一个不太正式的场合。

23. *CL*，162.

24. *CL*，166.

25. *CL*，164.

26. *CL*，205.

27. *CL*，140，175.

28. OW，*L'Envoi*；see also 'Aesthetic：An Interesting Interview with Oscar Wilde'，*Dayton Daily Democrat*，3 May 1882，in Hofer & Scharnhorst 144：奥斯卡·王尔德在其中声称，自己不再是“拉斐尔前派”、罗斯金的门徒，而是惠斯勒“新学派”的“拥护者”。

29. Martin Birnbaum，*Oscar Wilde*：*Fragments and Memories*（1914），18；Mason，182-6.

30. R. D'Oyly Carte to OW［fragment］（Clark）；*CL*，150.

31. *CL*，150n.

32. *CL*，151.

33.［Unknown employee of Carte Agency in NYC］to OW，21 March 1882（Clark），“正如卡特先生给您的信上所述，哈里奥特先生（莫里斯的丈夫）在他的最后一封信中似乎想给这件事泼冷水——至少在这个季节，因为哈里奥特太太的健康状况不稳定。”Morse to OW，*CL*，156n.

5. 不同的方面

我已经教化了美国——除了天空之外。

——奥斯卡·王尔德

王尔德5月初回到纽约，比原计划结束巡回演讲的时间晚了几周。然而，他现在没有停下来的念头。他的名声因为横穿 253 中西部以及更远地区这一壮举而获得提高，他准备抓住这个机会。纽约、费城、波士顿和辛辛那提都渴望再次聆听他的声音。加拿大方面期待他前去访问。最近他还收到一个去“南方”旅行的建议。王尔德准备在各个方面齐头并进——暂时把《维拉》带来的失望抛在脑后。

他于5月10日回到费城，参观了朋友利兰开办的手工艺学校，并得到几件可以配合他的演讲进行展示的作品。他身上那件在科罗拉多入手的“牛仔”服，令所有旁观者印象深刻，他还再一次拜访了惠特曼。* 第二天，他在纽约拥挤的沃勒克剧院发表演讲。实力雄厚的演出筹办人兼自我宣传家P.T.巴纳 254 姆就坐在前排。[1]

莫尔斯重新安排了最初定在3月的若干加拿大行程日期，

---

* 可能正是在这次拜访中，惠特曼隐晦地触及了同性欲望的话题。尽管王尔德提到，他不喜欢J.A.西蒙兹在这个话题上过于直接的“好奇”态度，但他十分明白，惠特曼也喜欢其他男人。分手的时候他们拥抱作别，从此以后王尔德便可以自豪地说：“我的嘴唇上还留着沃尔特·惠特曼的吻。”

将其调整为从 5 月 14 日开始，为期两周半的安大略和魁北克之旅。莫尔斯上校认为，这是王尔德整个跨洋之旅中“最令人享受的部分”——加拿大观众比他们的美国邻居“更容易对王尔德及其演讲话题产生认同感”。王尔德本人也轻松了许多，之前数月“不停歇的工作”给了他“表达的信心和技巧”，也让他得以完善自己的演讲。大城市里的房子都很宽敞。新闻界——除了少数例外——宽宏大量，彬彬有礼。每到一个地方都有娱乐活动、晚宴和各种招待会。他受到作家的褒奖，获得了艺术家的赞誉。多伦多雕塑家弗雷德里克·邓巴甚至劝王尔德坐下来，以便为他塑一座胸像。[2]

在多伦多，王尔德观看了一场“多伦多人队”和圣瑞吉斯印第安人队（来自附近的一个保留地）之间的曲棍球比赛，他非常享受这个盛大的场面。《多伦多环球报》写道：“当任何一名球员突然倒下时，他都会开怀大笑；场上打出好球时，他不停地鼓掌。”王尔德告诉记者，他认为这项运动——当时是加拿大的国民运动——“魅力十足”，“在培养人的体格方面远远领先于板球”，因为他认为“每个人似乎都可以平等地参与其中——或努力表现”。从美学的角度看，他尤其欣赏“身材高大、体格精壮的防守球员”罗斯·麦肯齐的表现，而对“印第安人”没有在身上脸上涂颜料感到遗憾。[3]

6 月 12 日他回到纽约，随后即刻动身前往南部各州——一如既往地由他的贴身男仆，以及一名新任巡回演讲经理人弗兰克·格雷陪同。王尔德发现，在一个名叫彼得·特雷西的孟菲斯承办人的指挥调度下，这次巡回演讲虽然没有提高强度，时间却拖得越来越长，让他颇为恼火。整个行程从原先预计的“三周”延长至近五周。而在此期间总共只安排了 18 次演讲，王尔德认为这一比例“相当荒谬”。[4]尽管如此，他几乎每隔一天就要进行远途跋涉，穿越田纳西州、路易斯安那州、得克萨斯州、佐治亚州、北卡罗来纳州和弗吉尼亚州，途经孟菲斯、维克斯堡、新奥尔良、加尔维斯顿、圣安东尼奥、休斯敦、新奥尔良（再一次）、莫比尔、蒙哥马利、哥伦布、梅肯、亚特兰大、萨凡纳、奥古斯塔、查尔斯顿、威尔明顿、诺福克和里士满。尽管“演讲让人兴奋不已”，尤其是“拥有了感兴趣的听众”，可是王尔德却越来越讨厌旅行。“我讨厌准时，我讨厌时间表，”他悲叹道，“铁路对我来说都是一样的。要么简直令人难耐；要么简直无法忍受。”[5]此外，黄热病的威胁使这次旅行倍感压力；然而，正如王尔德所说：“能在（美国）新闻业中幸存下来，就能从黄热病中活下来。”[6]

尽管有各种烦心事，王尔德还是被“美丽、富于激情而荒芜的南方”那种凄美深深打动，他在给朱莉娅·沃德·豪的一封信中写道：“这是一片木兰盛开，音乐袅袅，玫瑰与浪漫相伴左右的土地：她虽然跟不上你们北方人敏锐的思维，但她同样美丽如画；她主要靠赊账过日子，生活在惨败的记忆中。”[7]对战前岁月的怀旧弥漫在一切事物中。王尔德说，一次他对一位南方绅士说：“今晚的月亮多美啊！”他得到的回答是：“是啊，可惜你没能在战前看见它。”[8]他对这个地方有一种亲近感，看到了南方邦联和爱尔兰之间的一种纽带：它们都曾武装起来想要实现“自治”，然而却都功亏一篑。[9]

除此之外，还有一种家庭意义上的联系。王尔德的舅舅，法官约翰·K. 埃尔吉（王尔德夫人的哥哥，年轻时移民美国）曾是路易斯安那州南方邦联事业的坚定支持者。他于 1864 年去世，但人们回忆起他仍然十分尊敬。甚至有报道激动地称，王尔德可能会主张对亚当斯堡附近老宅的所有权。纵使王尔德坦承，拥有“木兰树林的所有权”是一件令人开心的事，但他否认了这种想法。[10]他离开南方时只带走了“上校”的荣誉头衔，他很满足——这是得克萨斯人喜欢的称呼。[11]

王尔德特意绕道前往密西西比州比洛克西附近的种植园，拜访了南方邦联战败的总司令杰弗逊·戴维斯。王尔德在一次报纸采访中对其领导力所做的一番评论，让戴维斯深受触动，于是出人意料地向他发出邀请。王尔德对戴维斯大加赞赏，称其是“一个最敏锐的智者”。然而，74 岁的戴维斯似乎发现王尔德“不可名状地令人反感”——这也许是一个令他不适的新时代即将来临的先兆。他很早便离席了。[12]

在南部的众多美景中——加尔维斯顿的“水晶海”、圣安东尼奥古老的西班牙遗址、路易斯安那的鳄鱼和佐治亚的森林——王尔德最喜欢的是随处可见的“年轻黑人”，他们或在阳光下嬉戏，或在树荫下舞蹈，“他们半裸的身体像青铜一样闪闪发光”。美国人的生活中充斥着单调乏味的物质主义，身在其中的黑人青年却似乎提供了一种罕见的“人类服饰与习性的生动画面”。令他吃惊的是，美国的画家和诗人并没有更多地将此作为艺术的主题。王尔德虽然可能对此有所夸大，但他似乎已经融入了黑人的方式中——在新奥尔良——他甚至参加了一场他们的巫毒仪式。[13]

256

不过，他渐渐忧心忡忡地意识到，分裂南方的种族仇恨依然存在。据报道，当火车经过路易斯安那州邦福卡镇时，他无意间目睹了一起私刑事件，一个可怜的“黑人”正被吊死在铁路桥上。[14]行至亚特兰大和萨凡纳之间，他和黑人贴身男仆一起登上头等卧铺车厢，一名铁路官员告诉他，“向有色人种出售卧铺车票是违反公司规定的”（车票是巡回演讲经理人格雷提前购买的）。王尔德很生气，拒绝改变行程安排，并指出他之前从来没有遇到过类似麻烦。但一名黑人搬运工开门见山地对贴身男仆解释说，如果在琼斯伯勒上车的乘客发现有一名黑人坐在白人专用车厢里，他们很可能会对他动用私刑。于是男仆同意离开这节车厢。[15]

南方巡回演讲结束后，王尔德回到纽约。那时正值7月中旬，整个城市都在放假。不过，莫尔斯仍然在百老汇的多伊利办公室。他对王尔德在过去六个半月中的收入和支出做了一番完整的说明。总收入为21946.56美元；旅游的相关费用（旅行、住宿、广告宣传、维尔和公司提供的各种服务）为9579.42美元。剩下的净收入为12367.14美元。王尔德获得其中的一半6183.57美元——约合1100英镑——略高于他原先期待带回英国的1000英镑。但事情并没有那么简单。王尔德在旅途中的私人开支（酒、香烟、电报、报纸等）为2217.68美元。另外，他还预支了1169.65美元：用来支付各种寄给利维、王尔德夫人、他的美国裁缝，以及其他商人的“汇票”。最后他拿到手的只有一笔相当微薄的3344.07美元（约合665英镑）。

这个数额不容小觑。这笔钱足够让人在巴黎或罗马享受几个月的休闲、旅行和文学创作。甚或还可以去亚洲。几个月来，王尔德一直在琢磨打听去日本——“世界上最文明的国家”——旅游的想法。他在采访中屡次提及这件事情。他原本有心劝说惠斯勒或者沃尔特·西克特陪他一同前往，这样他们就可以为他将要撰写的一本关于日本的书绘制插图。他确实应《我们的大陆》约稿，写了一系列关于日本艺术的文章，他甚至开始收集推荐信，以便结识在日本可能有用的人物。尽管如

257

此，他仍在犹豫要不要执行这个计划。[16]

他越来越意识到，还有其他事情需要他动用自己的资源。伦敦的报纸对他在美国取得的成功和获得的收入进行了夸大报道，这促使他的许多债主纷纷行动起来。王尔德夫人不时在信中提到一些要求结算的旧账单。她催促他在有能力的时候尽快还清。她还时常抱怨自己财务状况不稳定，以及威利的挥霍无度。王尔德觉得他需要继续挣钱。他询问莫尔斯，是否能安排一些新的演讲，跟进澳大利亚的行程，眼下福布斯正在那里演讲。[17]王尔德向媒体表示，他想去澳大利亚和新西兰的愿望，是在看了地图之后产生的：当他看到“澳大利亚是一个多么丑陋的国家”，他觉得必须亲自前往“看看是否能让它的形状变得漂亮些”。[18]

尽管有这样那样的计划，经过数月的艰苦旅行和辛劳演讲，王尔德觉得实在有必要享受一段假期。他很想接受到手的一些邀请，去长岛或其他地方的海滨拜访朋友。莫尔斯想出了一个令人愉快的解决方案：去时尚的东海岸度假城镇和卡茨基尔山静养地，来一趟非正式的“夏日之旅”。两趟行程之间，他可以安排和朋友们一起度假。如此安排旅途距离很短，日程安排轻松（大约六周内安排 20 次演讲），气氛也放松了。此外，莫尔斯希望他能保证每次收入 100 美元。[19]暑期讲座是一个新鲜事物，王尔德仍有吸引力。

莫尔斯作为巡回演讲经理一路陪同，他回忆这次旅行是一段特别愉快的插曲。王尔德在这些暑期演讲中——往往在不太宽敞的酒店接待室举行——“状态极佳”：

> 他不再依赖他写的讲稿，而是根据当时的情况，经常

> 根据听众的需求，改变自己的讲话。与讲坛上更加正式的场合相比，这些演讲中的一些内容要有意思得多。下午场的听众都是梳妆打扮十分迷人的女士，对演讲者而言，她们是灵感的源泉，而且还给予了热情而柔和的掌声回应。她们身上闪耀着智慧、警句和隐喻的光芒；他的演讲内容取材于他自己的观察所得和最近的亲身经历；听众的智商越高，就越懂得欣赏他的努力付出，激发他产生前所未有的幻想和雄辩。

258

然而可惜的是，正如莫尔斯感叹，这些讲话都没有得到充分的报道或留存。[20]

7 月 15 日，王尔德在罗得岛州纽波特的赌场剧院演讲，他在论述一件精心设计的裙子所能产生的持久之美时引起了“相当大的轰动”，他说，“我现在要对那些不是百万富翁的人讲话，如果现在场内有百万富翁的话”，恰逢此时，范德比尔特夫人走进了大厅。[21]从纽波特开始，莫尔斯带着王尔德一路蜿蜒到访了朗布兰奇、巴比伦、长滩、鲍尔斯顿温泉、萨拉托加以及更远的地方。[22]

日程安排有休息和娱乐的时间。王尔德接受朱莉娅·沃德·豪的邀请，在她位于纽波特附近的农舍住了几天，不过他宣布自己不仅要随身携带一个装满书的“独眼巨人”皮箱（“我的旅途中离不开巴尔扎克和戈蒂耶”）、一个帽盒和一个旅行皮箱，而且还要带上他的贴身男仆，这让全家人“着实大吃一惊”。[23]他在那里度过一段愉快的时光，把罗得岛称为“让无所事事成为美德的小岛”。[24]他当真用某些矫揉造作的手段试探了沃德·豪全家以及他们的客人：有一次，在森林茂密的山谷里，他身穿黑色天鹅绒外套，戴着一顶懒散的帽子和一条三文鱼色的围巾，手里拿着一朵玫瑰，一边聊天一边闻着花香。[25]不过，尽管噱头不断，他仍被认为是“一个难得的讨人喜欢的客人”：他的谈吐“惊人地出色……所有这些是他最好的一面”。一天下午，他在树下朗诵他的“高贵诗篇”《万福，女王》，“讲了无数关于斯温伯恩、惠斯勒，以及当代其他名人的故事”。[26]一次晚宴上，他口若悬河，风头盖过了“著名的波士顿智者”汤姆·阿普尔顿和奥利弗·温德尔·霍姆斯。

这次访问不禁让媒体猜测，王尔德已经和沃德·豪最小的女儿莫德订婚了。这些谣言毫无根据。于是沃德·豪夫人立即出手，告诉媒体：“如果说，这世界上还有两个人彼此之间毫无共鸣，那就是沃德·豪小姐和奥斯卡·王尔德。”尽管如此，这件事情在英国报纸上被广泛报道；王尔德夫人很失望，不得不否认这一说法，并拒绝了她收到的诸多“热情的祝贺”。[27]

259 那年夏天，王尔德怀着度假的心情，留下了无数身影：身着泳衣在长滩的他光彩照人；[28]他的网球技巧和质朴的魅力令纽约剧院老板威廉·亨德森的家人惊奇不已；[29]与福蒂斯丘家族和“鲍勃叔叔”罗斯福坐着他们的新游艇“三色堇”号（他之前用一瓶香槟和“一小段简洁的演讲”为游艇进行了命名）在“大南湾”一起巡游；[30]与山姆·沃德一起参加纽波特马球赛季开幕式，并“对比赛产生了最深刻的兴趣”；[31]与沃德和赫尔伯特一起，三人在长滩用餐，享受“月光下的海洋、夕阳、最可爱的海风”。[32]王尔德曾经期待在假期里“对着鲜花和孩子们”胡说八道，现在两个机会都来了。在度假城市巴比伦，他在旅馆里为孩子们编童话故事，趁着舞厅里的音乐尚未响起时给孩子讲故事。[33]他把5岁的娜塔莉·巴尼从一群粗陋的男孩子手里解救出来，并且在长滩的沙滩上打转转，还用“一个美妙的故事”给她带来了欢乐。[34]

他被介绍给美国前总统、南北战争期间的联邦军队指挥官尤利西斯·S. 格兰特。[35]他拜访了博物学家约翰·伯勒斯，发现这位作家粗犷的外表及其文学言论之间的差异“相当矛盾，但也非常亲切”。而伯勒斯则发现这位客人“出色”的口才与其“耽于享乐”的举止做派之间的差异不那么吸引人，他注意到他走路时“臀部和后背”有一种“让人觉得不舒服”的动作。[36]王尔德还在周末隆重拜访了朱莉娅·沃德·豪的“老朋友”亨利·沃德·比彻，参观了他那座“位于哈德逊河畔的美丽别墅”。王尔德认为这位著名的传教士和废奴主义活动家是“一位了不起的人物”；他们俩有着相似的外貌、雄辩的天赋，以及蔑视公众责难的勇气。[37] *

王尔德的夏日演讲——尽管很有趣——却并非特别明确地有利可图，他决定继续工作到秋天。莫尔斯与一个承办人签订了合同，让王尔德去新英格兰东北部的工业城镇做一次简短的旅行，然后北上去加拿大的“海滨”省份。[38]王尔德以波士顿为大本营，分别前往普罗维登斯（“工业的蜂巢”）、林恩（“罪恶之城”兼制鞋业之都）、波塔基特（一个繁荣的磨坊城镇）、北阿特尔伯勒（美国纽扣之都）和缅因州的班戈（新英格兰的木材中心）发表演讲。在其中几个城镇——当地人热衷于制作各种东西，也许对如何把东西做得漂亮很感兴趣——他吸引了“大约500名”观众。[39]他从班戈越过边境进入加拿大，在弗雷

260

* 1874年，比彻卷入了一场丑闻，被怀疑与其门徒的妻子通奸。但是——在法庭上击败了原告之后——他重新确立了自己的地位。

德里克顿（新不伦瑞克省）演讲，然后继续赶赴新斯科舍省的各个城镇和爱德华王子岛。[40]

他在加拿大广受欢迎，只是在蒙克顿（新斯科舍省）经历了一桩令人遗憾的混乱事件。当地的基督教青年会以为，已经确认将由他们赞助王尔德的演讲，然而结果却发现，王尔德实际上已经将自己的推广事务交给了他们的竞争对手。他们感到怒不可遏，试图送达一份阻止他演讲的书面令状。幸运的是，当地的治安官——王尔德这样称呼他——是一位“有一点世故的绅士”，并且他“拒绝做任何不必要且无礼的事情”。讲座办得“非常成功”；后来基督教青年会要求王尔德支付100美元作为赔偿，但案子尚未开庭，事情就已经很清楚，他们放弃了这一要求，王尔德感叹：“这件事表明，最道德的机构也有不道德的地方。”[41]

王尔德于10月13日下午在新不伦瑞克的圣约翰作了最后一次演讲，回到纽约，此时他已经“精疲力竭”。[42]他几乎已经马不停蹄地巡回演讲了9个月，在大约130个地方演讲140次左右。他行程超过1.5万英里，亲眼所见的北美大陆比大多数美国人历来见识的还要广。他所接受的采访，以及被描绘的段落比国内任何其他人物都要多。他的名字成了一个传奇，他的容貌几乎人人知晓。即便他没有发大财，他也一定赚到了钱。

他给人留下了深刻的印象。虽然他吹嘘“教化了美国”通常意义上是兴致所至的夸大其词，但他听起来是在对那个时代猖獗的物质主义进行反击。[43]他使“美”成为一个代名词，让“唯美主义”成为一个众所周知的术语。他顶住了部分新闻界的敌意。人们渐渐认识到，他时而做出的“荒诞和夸张”是有意义的：没有它们，他就不可能获得如此表达思想的机会。[44]无论他是在台上还是台下，成千上万听过、看过他演讲的人当中，有相当一部分从他身上获取了知识、受到了激励或者鼓舞。一些人辞去工作去追求个人梦想，还有些人则转而开始从事具有实际意义的项目。弗雷德·霍兰德·戴（F. Holland Day，后来成为出版人、摄影师）认为，他年轻时在波士顿南站站台上与王尔德的那场相遇，是他人生的转折点之一。多年来，“太阳神”王尔德给他的签名，以及当时写字用的铅笔，一直作为纪念物悬挂在他的图书室里。[45]王尔德在巡回演讲的旅途中，收到许多仰慕者发来的信件，其中一名崇拜者感谢他作了如此“富有成果的讲座”——它教会“我迄今为止从未在此地听到过的福音，我相信它的效果要比盖一座棉纺厂更好”。[46]纽约的陶艺家查尔斯·沃克玛认为，王尔德的演讲不仅令他的作品“受益颇多”，而且还在美国的“艺术进步”中“发挥了重要作用”。这个判断得到了其他人士的响应。[47]

261

注　释

1. *CL*, 169.
2. Morse, 84-5. 在蒙特利尔的首场演讲（5 月 15 日），收入为 300 美元，多伦多的首场演讲（5 月 25 日）收入 403.55 美元，魁北克（5 月 18 日）的收入为 158.50 美元；Frederick Dunbar to Richard Glaezner, 28 July 1911（Clark）. 邓巴回忆说，当胸像在艺术学院展出时，崇拜他的少女们每天都要“按照希腊风格”用鲜花装饰它的基座。
3. *Toronto Globe*, in O'Brien, *Oscar Wilde in Canada*, 98-9.
4. Friedman, 216-17; *CL*, 174.
5. ‘Oscar Wilde in Brooklyn’（newspaper cutting）, George Lewis archive（Bodleian）.

6. ‘Mr Oscar Wilde in America’, *Freeman’s Journal*, 11 July 1883.
7. *CL*, 175.
8. OW, ‘Impressions of America’.
9. *New Orleans Picayune*, 25 June 1882, in Hofer & Scharnhorst, 157; *Saratoga Weekly Journal*, 20 July 1882, in Ellmann, 187.
10. *Richard III* programme notes, Carll’s Opera House, New Haven, 30 January 1882, reprinted in *Intentions*, June 2010, 25; Lewis & Smith, 362.
11. Hofer & Scharnhorst, 157. 奥斯卡·王尔德后来说，“我在得克萨斯时被人称作‘上尉’，在这个国家的中部地区时被称为‘上校’，而当我到达墨西哥边境时，又被称作‘将军’了”（‘Impressions of America’）。
12. Friedman, 223-4; see E. P. Alexander to Jefferson Davis, 12 June 1882, Louisville, Kentucky, introducing OW, item 372 in the Oscar Wilde collection of John B. Stetson.
13. Hofer & Scharnhorst, 156-7; CL, 176; Hofer & Scharnhorst, 362.
14. ‘New Notes’, *Sedalia Weekly Bazoo*, 27 June 1882, in Friedman, 218.
15. ‘Oscar Wilde and His Negro Valet’, *NYT*, 9 July 1882, in Friedman, 227.
16. Hofer & Scharnhorst, 166, 161; *Manchester Times*, 27 May 1882; *CL*, 174, 166. H. W. B. Howard to Oscar Wilde, 2 September 1882 (Clark), 信中提出出价 500 美元，向奥斯卡·王尔德购买四篇 3500 字的有关日本工艺品文章，“可在日本期间或回国后立即撰写”，并建议他之后可以将这些文章集结成书出版；*CL*, 177；克拉克图书馆藏有三封给日本官员和学者的推荐信。
17. Morse; Hofer & Scharnhorst, 147.
18. *CL*, 183; W. F. Morse to OW, 20 November 1882 (Fales), “我已找到那个澳大利亚人莱昂斯，并给他写了信”; Lewis & Smith, 420.
19. Morse to ‘Dear Sir’, 5 August 1882, MSL collection, Delaware.
20. Morse, 91. *Sun* (New York), 20 August 1882, quotes OW: “当然，夏季在酒店演讲有很多缺点。这些讲座往往管理不善，在房间里讲话效果不理想，不可避免地会出现忙乱和混乱，没有人能帮得上忙，也没有人应该为此负责。”
21. ‘From the *Ladies Pictorial*’, *Hampshire Telegraph and Sussex Chronicle*, 9 August 1882. 王尔德介绍了他在加利福尼亚旅行时提到过的有关“百

万富翁”的内容；*San Francisco Chronicle*，30 March 1882. ‘Oscar Wilde at Newport’，*Sun*，16 July 1882，报道中没有提到他在当地讲话的主要内容：“当他谈到帽子的丑陋时，在女士们中间引起了一阵骚动，他说，能与这种丑相提并论的，只有人造花的丑，他希望谁也不要戴那种花。”

22. 其他日程中还包括：Sharon Springs，Cooperstown，Richfield Springs，the Catskills，Cornwall，Saratoga Springs，Seabright，Spring Lake，Asbury Park，Ocean Beach and Cape May。
23. *CL*，175；Richards，Howe and Howe Hall，*Julia Ward Howe*，2：72.
24. *CL*，177.
25. ‘Guide to the Oscar Wilde Invitation’，catalogue of Newport Historical Society，MS 2012. 3.
26. Richards，Howe and Howe Hall，*Julia Ward Howe*，2：72. Julia Ward Howe refers to OW's poem as ‘The Ode to Albion’.
27. *Democrat and Chronicle*（Rochester，New York），11 July 1882，2；‘London Gossip，’ *Freeman's Journal*，17 July 1882；JFW to OW，6 August 1882 and 16 August 1882，in Tipper，*Oscar*，82，83.
28. *Frank Leslie's Illustrated Newspaper*，v. 54，12 August 1882，389；OWIA.
29. James L. Ford，*Forty-odd Years in the Literary Shop*（1921），143.
30. *New York Mirror*，‘The World of Society’，August 1882，8. 其中提到的所到之处还包括：Babylon，Jesse Conkling's，the Surf Hotel（aka ‘Sammis’），Fire Island，Bay Shore，and Wa Wa Yanda Club。
31. ‘Polo at Newport’，*Sun*（New York），16 July 1882.
32. Sam Ward to Maud Howe，31 July 1882，in Maud Howe Elliott，*Uncle Sam Ward and his Circle*（1938）.
33. *CL*，175；Lily Morgan Morrill，*A Builder of the New South：Notes in the Career of Thomas M. Logan*（2011），142.
34. Natalie Barney，*Aventures de l'esprit*（1929），at OWIA.
35. Lewis & Smith，391.
36. Edward J. Renehan Jr.，*John Burroughs：An American Naturalist*（1998），148；Ellmann，154.
37. *Sun*（New York），30 July 1882；‘From the *Ladies Pictorial*’；Sam Ward to

F. Marion Crawford，3［0］July 1882，in Maud Howe Elliott，*My Cousin*，*F. Marion Crawford*（1934），134；Hofer & Scharn-horst，78. 当时有公司（Kerr & Co.）在其“棉轴线”的商业名片广告上印着一幅卡通图画，上面描绘了王尔德和比彻的形象，见 *Intentions*，64（October 2009），27。

38. 王尔德从夏季巡回演讲中挣到 623.96 美元（Morse，‘Receipts，’BL）。*CL*，183，182. 他们原本希望秋天的时候，摩尔能保证在两周内赚到“每周 700 美元”。然而，最初的回报令人失望。

39. ‘Gleanings’，*Birmingham Daily Post*，13 October 1882.

40. 他的旅行日程从圣约翰开始，一路经过阿默斯特、特鲁罗、哈利法克斯、夏洛特镇、蒙克顿，然后又回到圣约翰。

41. ‘Oscar Wilde Explains’，*Moncton Daily Transcript*，18 October 1882.

42. ‘Oscar Wilde Thoroughly Exhausted’，*New York Tribune*，27 November 1882，in Hofer & Scharnhorst，172-3.

43. Ellmann，195.

44. ‘By a Correspondent of the Manchester Examiner’，*Manchester Times*，27 May 1882.

45. Estelle Jussim，*Slave to Beauty*（1981），77.

46. E. Brainerd to OW［1882］（Clark）.

47. Charles Volkmar to OW，29 August 1883（Clark）；Charles G. Leland to OW，11 May 1882，in John B. Stetson，cat. item 385：“你为艺术教育事业做出了巨大的贡献，我对你的感激之情无以言表——对我而言，您是一个谦逊的老师。”

6. 诗人的梦想

做好任何事情，似乎都得花很长时间！

——奥斯卡·王尔德

[262] 旅行终于结束了，王尔德并不急于返回英国。还有些计划和有意思的事情需要他在美国多待一段时间。演讲的任务并没有妨碍他对文学方面的各种计划安排保持兴趣。罗德的《玫瑰叶和苹果叶》出版了，王尔德对成品非常满意（罗德喜欢这本书的奢华——初看便写信褒扬了斯托达特）。[1]他现在希望能在美国出版一本他母亲的诗集，由约翰·博伊尔·奥赖利作序。但遗憾的是，这个计划后来不了了之。[2]有人向他建议，应该先创办一本自己的美国期刊，然后让他的母亲过来做宣传，但他没有采纳。[3]

他真正热衷的事情另有其他。他仍然希望自己能够作为一名剧作家获得成功。为了实现这一愿望，他曾经在夏末的时候，请莫尔斯重新寻找一位有可能将《维拉》搬上舞台的女演员或制作人。首先，为了获得美国的版权，王尔德花钱购买了一个新修订版（带“序幕”），以莫尔斯的名义在国会图书馆印刷[263]并登记。他随后将副本寄给女演员罗丝·科格伦，以及纽约和波士顿的剧院经理。然而一个月过去了，他没有得到非常积极的回应。[4]

渴望成功的王尔德还着手了一个新的戏剧项目。他很想写一部以文艺复兴时期为背景的莎士比亚式诗剧。他勾勒出一个关于“阿维尼翁红衣主教”的场景——一个神父对他年轻漂亮的被监护人怀着满腔爱意——甚至还创作了几页对白。但后来他又有了另一个想法。[5]整个夏天，王尔德都在寻访倍受欢迎的22岁女演员玛丽·安德森，她在朗布兰奇有一栋度假屋。王尔德在纽约见过安德森，看过她的表演。他对她的才华大为赞赏，据说他描绘她“像一朵山间的雏菊一样纯洁和无畏；像河流一样变化多姿；既温柔，又清新、耀眼、灿烂、华美、平和”。[6]他还曾在媒体上说，她是一个“非常漂亮的女人”——这是和女演员交朋友的前奏。[7]王尔德想写一个剧本来展示她的才华。这将是一出悲剧——有一位威严的女主角——以文艺复兴时期的意大利为背景。[8]

这个故事——关于“弗洛伦丝公爵夫人”（她很快就被改名为“帕多瓦公爵夫人”）和她与一个年轻人不幸的爱情——只有一个大概的轮廓，王尔德想把安德森拉进其中，坚持要她在“剧本”上共同投入。“所有好的剧本，”他告诉她，“都是诗人的梦想和演员的实践知识相结合的产物，这种实践知识让人致力于表演，它强化了情境，用描述所产生的诗的效果，代替了生活化的戏剧效果。”[9]他们不断地见面讨论。王尔德想尽办法，用他独特的恭维和乐观的热情裹挟着她往前推进：“我希望你能跻身世界上最伟大的女演员之列，（而且）我丝毫不怀疑我能为你，而且将会为你撰写一个剧本，它为你而创作，从你身上获得了灵感，它将让你得到蕾切尔（19世纪初法国著名女演员）一般的荣耀，而我也许会因此收获（维克多·）雨果一样的名望。"[10]王尔德希望通过一番精心设计，促使安德森立即买下剧本，并承诺出演这部剧。然而，尽管她明显对这个主意很着迷，她的热情却遭到了她的继父兼经纪人汉密尔顿·格里芬劝阻。他绝不会仓促行事。

王尔德整个9月一直在全力对付安德森，给她寄去服装和布景的创意和草图。他还获得了一个新盟友的支持。王尔德在纽约期间结识了颇具远见卓识，且不知疲倦的斯蒂尔·麦凯（剧作家、制作人、教师、剧院经理、发明家兼设计师）。他们经常在弥漫着波希米亚风情的纽约羔羊俱乐部见面。麦凯虽然已经四十出头，但仍然充满青春活力，滔滔不绝的口才甚至可以和王尔德相媲美。他也是一个唯美主义者。他在巴黎学过绘画，对舞台设计非常着迷。他还是一个创新者：他的众多戏剧"发明"中包括安全幕布、可翻转座椅、间接照明、可移动舞台和"雾化器"——一种在舞台上造云的机器。由于他在时尚风格方面的判断力要强于经济头脑，因此他的各种商业冒险极少获得成功。1881年，他被恼怒的商业伙伴赶出了自己精心装修的麦迪逊广场剧院。王尔德遇见麦凯时，他正在努力为一座新的"梦想剧院"筹集资金——一个打算建在百老汇和第33街拐角处的巨大的酒店剧院综合体（筹资和建造剧院最终都没有实现）。

264

这两个人之间结成了一种热切的友谊。麦凯立刻意识到王尔德作为一个剧作家的天才——或潜力。他对创作一部以意大利文艺复兴为背景，由玛丽·安德森领衔主演的诗体悲剧的想法感到无比激动，自告奋勇担任设计总监。就安德森而言，她似乎对与麦凯合作的前景感到兴奋。在与"可爱的人儿"和她的监护人"狮鹫格里芬"会面时，王尔德向他们兜售了这个想法。“我告诉他们（王尔德在给麦凯的信中写道），你们可能会在别人的诱导之下接受制作过程中的监督和管理……我要解释的是，你们必须对每件事、每一个人都有绝对的控制权。他们同意了。”安德森表示希望在1月22日之前完成制作。她意识到需要华丽的布景和服装。麦凯估计制作成本为1万美元；令王尔德开心的是，安德森宣布她“投入多少资金都愿意”。[11]

这次会面显然令人满意，但在与“狮鹫”达成明确的协议之前，还是遇到了不可避免的进一步拖延。他是“一个野蛮人”，王尔德抱怨说，与“简单、善良、温顺”的玛丽·安德森相比，他是“一个装腔作势的讨厌鬼，除了喜欢出风头，什么想法都没有”。[12]王尔德试图通过声称——其中真相尚不清楚——对手演员劳伦斯·巴雷特已经“为这部剧开出了一个非常高的报价”来促成此事。[13]也许是这个策略助推了事情的进展。安德森及时确认了她对这部作品的承诺，但建议将制作时间推迟到下一年9月，以便留出空间使这出戏能够“上演很长一段时间”。[14]

这是一个小小的挫折。“当然，一个人在年轻的时候是没有耐心的，”王尔德在写给她的信中写道，“但我已经准备好等待一年，以便让我们的这出戏获得应有的成功。”[15]然而，王尔德和格里芬又花了将近八周时间才“达成协议”。最后双方同意以5000美元成交（授予安德森对这部剧“永久的”完全所有权），王尔德得到1000美元预付款，其余款项将在“安德森小姐”收到并接受这部作品后支付。交付日期也确定下来：格里芬的合同草案上写的是1883年3月1日；王尔德将其推迟到了3月底。王尔德雄心勃勃地想把自己的戏剧搬上专业舞台，这份合同标志着他朝着实现这个伟大抱负迈出了一大步。他接

265

下来只需要写一篇合同里所谓的“一流的五幕悲剧”。[16]

王尔德与安德森的协议，以及他承诺的时间表，使得他搁置了去澳大利亚演讲的计划，至少当时是这样。事实证明，这个决定是明智的，因为王尔德的另一份戏剧合同很快就接踵而至。麦凯不满足于为《帕多瓦公爵夫人》做计划，他对《维拉》也很感兴趣。王尔德给了他一份新印刷版的剧本，虽然麦凯认为这部作品还需要进一步改进，但他对其潜力感到兴奋。他为这出戏接洽了很多女演员。[17]最鼓舞人心的回应来自争议不断的年轻女明星玛丽·普雷斯科特。

11 月初，29 岁的普雷斯科特和她的丈夫威廉·佩泽尔在戴尔莫尼科餐厅与王尔德和麦凯共进早餐，讨论这个项目。她对剧本大加赞赏——尽管和其他人一样，她认为有必要做一些改动。大家提出，准备于第二年在纽约上演这出戏。接下来还需要解决一些合同的细节问题，事实证明佩泽尔是一个比“狮鹫格里芬”更难对付的谈判者，但王尔德似乎得到了这位女演员的“口头保证”，“一切都会好起来的”。[18]

冬天临近，王尔德因为戏剧方面的各项计划继续留在美国。他的母亲不知道他是否还打算回家；美国媒体则怀疑他可能不想离开了。10 月 23 日，莉莉·兰特里在美国首次登台，人们确信他还在纽约。他捧着百合花迎接她，并护送她在城里四处游览。开演前一天晚上，公园剧场被大火烧毁，他在旁安慰她。他从兰特里公寓的窗户眺望大火，为它的美丽感到惊艳。[19]

随着兰特里的剧团匆忙进驻沃勒克剧院，王尔德受托为《纽约世界报》撰稿，他要写的并非对首映之夜的评论，而是对女主角做一番审美鉴赏。他写了十几段文字颂扬她那张完美的“纯正希腊式”面孔——“庄严的低额，高雅的拱眉；嘴巴呈现雕琢的高贵”等等。对于那些主张“不可能存在绝对完美”的“非利士人”，他反驳说：“现在只有不可能的事情才值得去做！”[20]

两个朋友再次见面都很开心。他们在一起的时候，笑声不断。詹姆斯·爱德华·凯利回忆，兰特里取笑了王尔德的“卷发”。[21]当得知王尔德从斯蒂尔·麦凯那里学习表演时——根据“德尔萨体系”（一种由法国演员弗朗索瓦·德尔萨开发的方法）学习《哈姆雷特》——媒体兴奋地猜测，他可能正在打算以王子的身份出现在兰特里的《奥菲莉亚》中，与她演对手戏。或者像《皆大欢喜》里的奥兰多对罗莎琳德那样。[22]王尔德夫人为这个想法激动不已。“你会成为迷人的奥兰多，”她告诉他，“试一试。每晚 100 英镑……奥兰多和罗密欧——你和（兰特里夫人）会是绝佳的拍档。”然而，这个计划并没有付诸实施，没有证据表明，王尔德曾经有过任何真正当演员的抱负。[23]

而且，兰特里很快就被那些在她身边打转的，包裹着权力、金钱和性的一波波男人吸引住了。她与王尔德的关系再次显现出不平衡。她被“不务正业”的追求者包围着，结识了年轻富有的经纪人兼骑手弗雷迪·格布哈特，引发媒体的议论，还和陪同她来美国的亨丽埃特·拉布谢尔断绝了关系。在 12 月初前往波士顿继续她的戏剧巡演之前，她就已经脱离了王尔德的轨道。

不过，王尔德能够用自己不断推进的戏剧计划和纽约生活中的各种事情来让自己分心，获得安慰。亲密无间的波希米亚式聚会替代了他刚到美国时的那种豪华招待会：参观工作室，和诗人、艺术家、演员和作家们一起享用欢乐的俱乐部晚餐。[24]山姆·沃德为他争取到了曼哈顿俱乐部的贵宾特权。还有几次文学远足：他和西奥多·蒂尔顿（亨利·沃德·比彻的潜在对手）一起参观了“俯瞰哈德逊河的老房间”，爱伦·坡就是在那里创作了《乌鸦》。[25]

即便王尔德不再是以前那个新奇人物，他的外表仍然能够吸引人们的注意。随着气温下降，他披上了一件扎眼的“高锁扣大翻领外套”，就像18世纪“奇装异服的年轻人”一样。[26]一天晚上，他在大歌剧院“几乎遭到围攻”（“下层青年们”在走廊上“以最可耻的方式对他起哄和喊叫”）；他访问证券交易所却招来“善意的嘲笑”，以至于他不得不从后门溜走。[27]他在邦内尔博物馆亲眼见识了“选美比赛”，却没有为任何一名参赛佳丽投票——也许是因为她们都不够“希腊”。[28]他和玛丽·詹森调情，这位漂亮的黑发女演员主演的吉尔伯特和沙利文戏剧《贵族与仙女》刚刚在标准剧院开演。* 他又一次访问了费城。[29] 11月27日，他甚至在纽约帕雷帕厅作了最后一次演讲。[30]

267

最后的两份合同至少在理论上刺激了他的财务状况。约上千人参加了他在纽约的演讲。他在费城逗留期间，从阔绰而具艺术气质的布卢姆菲尔德·摩尔夫人手中获得了她心爱的项目之一“基利永动机公司”的若干股份（尽管王尔德一直希望它们能带来一笔财富，但基利的发明被证明是一场骗局）。[31]他需要钱。租住旅馆或者公寓，每天出去吃饭，晚上大多上剧院看戏，这种生活方式很昂贵。王尔德夏季和秋季的巡回演讲给他

---

* 这位女演员给他写了一封很有趣的信，信中揭示了王尔德如何用自身的幽默感唤起别人的幽默感：“亲爱的王尔德先生，听说您只和杀人犯交谈——只有他们才不会让您觉得无趣——我一听到这个消息，立刻确定我是一个您值得与之聊天或吵架的人。我用所有空闲时间寻找受害者，但一无所获——至今还没找到一个好货色。我不得不承认我的失败，我的遗憾无以言表。”

带来了超过1000美元的收入——玛丽·安德森也给了他同样多的钱——他的收入大幅增加。[32]但他在钱的事情上总是很慷慨，他从《公爵夫人》的预付款中借给麦凯200美元。[33]不过，情况可能还会更糟。

12月14日，王尔德被一个年轻人骗去玩了一场有猫腻的骰子游戏，那人假扮成托尼·德雷克塞尔（著名银行家和J.P.摩根的合伙人A.J.德雷克塞尔的儿子）。赢了最初的几轮之后，王尔德开始输钱——为了挽回损失，他输掉了更多。随着午后时光的流逝，他的现金很快就用完了，为了弥补损失，他不得不连续写下三张支票——60美元、100美元和1000美元。正当他在最后一张支票上签字时（终于!），他才意识到自己被 268 骗了。他一边找借口，一边甩掉想和他一起离开的"德雷克塞尔先生"，跳上一辆出租车，飞快驶向麦迪逊广场银行，到那里叫停了那三张待付款的支票。然后他赶到第30街警察局，向同情他的警官坦白承认自己当了回"该死的傻瓜"。当王尔德被领着走过挂着出了名的罪犯照片的"无赖画廊"时，他立即指认出"德雷克塞尔先生"——警官马上就认出了那个臭名昭著的骗子，"饿死鬼乔"·塞利克。警察催促王尔德赶紧起诉，但他拒绝了。他声称自己已经"名气够大了，不想让美国公众知道他被人坑蒙拐骗了一把"。也许是王尔德的坦率和悔过换来了信任，这名警官一反常态地没有向媒体公布这件事情。[34]

经历了这桩祸事之后，王尔德的健康也垮了。他患上了"疟疾"，很有可能是在南方旅行时感染的。他认为这是"一种唯美主义的疾病"，但向一名记者承认这"是一件令人讨厌的事情"。[35]回家的时间到了。他预定了一张12月27日开往利物浦的"波的尼亚"号船票。

王尔德离开美国之前，有关他与“骗子”发生冲突的传言就已经不胫而走。圣诞前夜，一名记者在戴尔莫尼科餐厅设法接近他，想知道他是不是真的被骗走了1000美元，王尔德神秘地回答（长时间的抽烟之后）：“我否认损失了1000美元，但如果我真的损失了这笔钱，我也不反对让人知道。”[36]

在一次告别采访中，一向不友好的《纽约论坛报》声称，王尔德已经承认“他在我们这片野蛮的海滨之地的使命，大体上是失败的”——有一些媒体则欣欣然支持了这一观点。[37]但即便王尔德没有真正地改变美国，他也已经留下了自己的印记。同样重要的是，美国改变了他。他享受了不平凡的一年：经历了旅行，体验了独立，欣赏了全新的景观，获得了新的感知。他不仅实现了“成名”的雄心壮志。他让整个大陆知晓了他的想法。他赚了一大笔钱——花掉了其中的一大部分。他受到了盛情款待。他见到了惠特曼和朗费罗。他还使得两位当红女演员对他的两部戏剧作品产生了兴趣。

注 释

1. *CL*, 178, Ellmann, 189.

2. *CL*, 182.

3. Unknown to OW, 10 February 1882 [Clark] .

4. *CL*, 183n；莫尔斯的账本显示，“印刷剧本”的开销为69美元。

5. 达特茅斯大学和普林斯顿大学藏有疑似1882年《阿维尼翁红衣主教》的场景手稿和几页对白。

6. ‘Literary Notes’, *PMG*, 1 November 1883；奥斯卡·王尔德在Hogarth俱乐部的座谈会上对惠斯勒说了这番话。

7. Lewis & Smith, 47; *Topeka Daily Capital*, 16 January 1882, re. Anderson

at Croly reception.

8. OET V，3–5.

9. *CL*，178–9.

10. *CL*，178–9；“蕾切尔”是伊莉莎·菲力克斯（1821–1858）的艺名。

11. OW to S. Mackaye，［26 September 1882］，Providence，RI，in *Epoch*，446；*CL*，181.

12. OW to S. Mackaye，［26 September 1882］，in *Epoch*，446；*CL*，181.

13. *CL*，181. 编辑们认为这封信写于 1882 年 9 月，但我认为它更可能写于 10 月 2 日左右，and follows on from OW's letter to Mackaye，*CL*，184。

14. S. Mackaye to OW，4 October 1882（Clark）.

15. *CL*，185.

16. H. Griffin to OW，1 Dec 1882（Clark）；Mason，327；Schroeder，71–2；*CL*，191.

17. *CL*，186，187；Mary Anderson to OW（Morgan）；她的字迹不太清楚，但信的内容似乎是，“我对《维拉》很感兴趣；它很有气势。我想我愿意扮演这个角色——对我来说，这个角色比起公爵夫人要更陌生（原文可能是 stronger）”。王尔德认为，她率先提出了“公爵夫人”，这一点很重要。他在 9 月 26 日写给麦凯的信中说，“从虚无主义者开始是非常愚蠢的；因为它无法提供艺术而美丽的情节背景”。他在 9 月 26 日写给麦凯的信中说，“从虚无主义者开始是非常愚蠢的；因为它无法提供艺术而美丽的情节背景”。

18. Mason，258：这场会面发生于 1882 年 11 月 12 日，周日；Lewis & Smith，442.

19. *Standard*（London），31 October 1882；此事引发 1882 年 11 月 2 日《帕尔摩报》刊登一首戏仿诗“The Too Too Fire”：‘He dwelt on its chords of intense white and yellow，/ Of umber and chrome he impassionedly spoke，/ He remarked how the crudest of reds became mellow / In softening effects of harmonious smoke.’

20. ‘Mrs Langtry’，*New York World*，7 November 1882，5；in OET VI，23–5.

21. Lewis & Smith，420；Birnbaum，*Oscar Wilde：Fragments and Memories*，19.

22. Ellmann 197；‘London Gossip’，*Hampshire Telegraph and Sussex Chronicle*，

11 October 1882; 'Literature & Art', *Nottinghamshire Guardian*, 20 October 1882, 3; *Liverpool Mercury*, 21 October 1882.

23. JFW to OW, 22 December 1882, in Tipper, *Oscar*, 95-6; 虽然没有证据表明奥斯卡·王尔德曾经严肃地考虑过登台表演，但是在纽约时，他确实拜访过一位通灵大师，对方预测——同时预测的还有其他事情——他会“扮演哈姆雷特”。他很开心，宣称这是他“此生的梦想”，而且“如果他去了澳大利亚，他会这么做”。'The Trifler' [James Huneker], *Musical Courier* (New York), 26 July 1893.

24. Lewis & Smith, 420. *Illustrated Police News*, 14 October 1882, 在 Brown's Chop House 用餐时，在座的还有 John Howson、Harrison Gray Fiske 等等; Edgar Fawcet to OW, 10 November [1882] (Austin) 在 Union Club 用餐时，在场的有“Tal、Martin van Buren、Frankie Riggs”。Desmond Hawkins, ed., *The Grove Diaries* (1995), 785, 其中提到 1882 年 11 月 18 日，Agnes Grove 参加了“博塔夫人的餐会。雕塑家 Waldo Story 朗读了一首自己写的诗。奥斯卡·王尔德也在场”。William Merritt Chase to OW, 21 November 1882,“希望能再次有幸在我的工作室见到您。”

25. *CL*, 190n.

26. *Evening News* (Sydney), 20 January 1883.

27. *Standard* (London), 20 September 1882, 5; *Era* (London) 30 September 1882.

28. 'Oscar Wilde See the Beauties', *Sun* (New York), 20 November 1882, 3.

29. 'Oscar Wilde's Legs', *National Police Gazette* (New York) 30 December 1882, in *Intentions*, 35 (December 2004), 34-5.

30. Robert Marland and John Cooper, 'Wilde's Final Farewell Lecture in New York', *Wildean*, 42 (2013), 57-61.

31. Sherard, *Life*, 172.

32. W. F. Morse to OW, 20 November 1882 (Fales):“兹附上 500 美元支票一张。目前全部到期金额为 550 美元——Moncton 返回的钱尚未到手，也不包括我们仍在使用的备用金账户。”莫尔斯的账本显示——当年的第二部分——他欠王尔德 1010.50 美元，但到 12 月 21 日——扣除各种私人开支和预付现金之后——只有 44.12 美元未付。王尔德此时已经搬到格林尼治村西 11 街 48 号。

33. *CL*，209 其中转载这个数字为“200 英镑”（约合 1000 美元），但似乎更可能是 200 美元。

34. Morse，132-3；Lewis & Smith，439-40；‘The United States’，*South Australian Register*（Adelaide），16 February 1883.

35. ‘Andrew's American Queen’，23 November 1882，in Ellmann，195；Theodore Tilton to OW，13 December [1882]（Clark），听说王尔德生病后。

36. Lewis & Smith，440.

37. *New York Tribune*，10 January 1883；Lewis & Smith，442-3.

第五部分 忠实的朋友

1883~1888 年

29~34 岁

1884 年，奥斯卡·王尔德在怀特岛

1. 塞纳河上

我应该去写作——应该去写作。

——奥斯卡·王尔德

271

回程渡海的经历让人感觉相当难受。王尔德不得不承认，他先前对大西洋的批评“可能有些苛刻”，抵达英国时他很开心。上岸的时候，他满脑子都是旅行者的故事，一个个充满“创意，古怪逼真”。他自认为是个凯旋的英雄，他的母亲也这么认为，他在伦敦逗留期间和母亲住在一起。[1]埃德温·利维就他的财务状况安排了一次商讨，他的财产并没有大家想象的那么可观。他在纽约的最后几个月挥霍无度，回到英国，旧债仍未还清。[2]但这笔钱已经足够他按照计划在巴黎逗留一段时间，而且他一旦完成给玛丽·安德森的剧本，还会有更多钱进账。

在伦敦的那几天，他看了“很多吉米（惠斯勒）的作品”，他在美国时曾经支持这位艺术家，或许希望因此而得到认可。当然，他十分招摇醒目地回到了泰特街。尽管他表现出对惠斯勒在威尼斯新创作的蚀刻画（“连上帝都没有见过这样的水面风景画”）十分赞赏的样子，但他新近摆出来的“奥林匹亚式的态度”——连同他那身崭新而“奇异的红色毛绒套装”还是激怒了聚在工作室的一些人。

272

伦内尔·罗德就是其中之一。他已经渐渐感觉到，王尔德一手操办《玫瑰叶和苹果叶》让自己的名誉受到了损害。对于这本精美的书，他最初的热情已经转而凝结为怨恨。在他看来，王尔德似乎绑架了这个项目——他过于“热情洋溢”地投身其中，他撰写的序言矫揉造作不切实际，“还有那些怪诞的小插曲”，所有这些都把这本书变成了一种“广告……臭名昭著”。罗德在一封信中提出了这些反对意见，并警告王尔德说，他在美国各地的“奢华表演”对自己造成了“伤害”，毫无疑问引起了“极大的冒犯”。对王尔德来说，这看起来简直就是忘恩负义且傲慢无礼。两人都早已心怀不满，再见面只能是怒气冲冲地分手。他们的友谊走到了尽头。王尔德装出一副绝不后悔的样子。他称罗德的绝交信“就像一只可怜巴巴的小红雀在路边啼叫，而我那不可估量的雄心则阔步前进”。王尔德将独自完成“完善英国文艺复兴”的使命。他在那本平凡无奇的书中题写了这样一句格言：“唯一值得创立的流派就是没有信徒的流派。”从今以后，罗德在他眼里就是“真诗人兼假朋友”。[3]

1月底，王尔德抵达巴黎。在崭新豪华的新大陆酒店小住了一阵后，他在左岸更舒适的伏尔泰旅馆安顿下来，就在卢浮宫对面；这也是1874年他与母亲和兄长一起住过的地方。[4]他在这间“塞纳河上的小房间”里动笔完成了《帕多瓦公爵夫人》，然后着手修改《维拉》——“这两出戏，”他对母亲的一个朋友说，“（它）听起来野心勃勃，但我们生活在一个每个人都野心勃勃的时代，我认为世界应当理解我。”为了使这一时刻更加戏剧化，他工作的时候身上穿了件白色的“布尔努斯袍”，一种巴尔扎克曾经穿过的著名的带兜帽的晨衣。这件衣服似乎意在激励他达到巴尔扎克那样的专业和作品高度。事实证明这个方法非常有效。[5]

《帕多瓦公爵夫人》进展飞快。王尔德通过五幕庄严的无韵诗详细叙述了“罪与爱”的故事，讲述了年轻的公爵夫人对英俊的圭多的淫欲之情；她谋杀了残忍的公爵，她的丈夫；当她因这可怕的行为遭到圭多拒绝时绝望和愤怒；当他允许她把罪责推给自己时，她感到既宽慰又羞愧；她迟到的决定把他从绞刑架上替换下来，让自己走向了死亡——这种自我牺牲的行为促使圭多也结束了自己的生命，最终肯定了他们注定失败的爱情。不断展开的戏剧情节模仿了莎士比亚、弗莱彻，以及雪莱诗剧《钦契一家》（*The Cenci*）中再三反复的特点。[6]

273

尽管背景设定在意大利文艺复兴时期，王尔德还是渴望在该剧中融入“现代生活”的主题（如他所述，“艺术的本质”是“在一种古老的形式下产生现代思想”）。他让公爵夫人成了一名未来的社会改革者，关心城市里的穷人和赤贫阶层。当时正值英国的社会困境日趋加重，公众的同情与日俱增，他认为台词中涉及“陋巷中垂死挣扎的孩子”或“睡在桥拱下的人”，不可能“不博得满堂喝彩”。[7]他还采用了一些“喜剧”元素来活跃这部戏剧。邪恶的公爵——另一个油头粉面的愤世嫉俗者，与《维拉》中的保罗亲王不相上下——滔滔不绝地说着辛辣尖刻的警句：“至于良心，那不过是临阵脱逃的懦夫歪歪斜斜刻在盾牌上的名字”；“她（公爵夫人）比丑陋还要糟糕，她有一副慈悲心肠”；“在别人身上，勤勤恳恳做家务的美德经常是很美的”；以及（也许是采用了作者自己有关大众媒体的经验）“在我们这个乏味而愚蠢的时代，一个人最古怪的事情就是有点头脑，那时候众人都会把他嘲笑”。王尔德迫不及待地想让安德森接受他的作品，然后让格里芬支付第二笔报酬，他甚至还在台词中诡秘地提到了“格里芬在荒蛮的亚美尼亚看守的金子”。这部作品于 3 月 15 日完成，比计划提前两周，立即被寄往蛮荒的美国。

没过多久，王尔德与法国著名演员科克兰共进午餐，他在回答对方问题的时候说：“我的戏剧？它只谈了风格。雨果和莎士比亚两人加在一起，已经用尽了所有的题材；人们再没有创新的可能，哪怕连新的罪行都无法实现；因此，剩不下什么情感，只剩下异乎寻常的形容词。剧本的结局颇具有悲剧性；我的男主角在胜利之际想要说一句警句，却达不到预期的效果，于是他像一个学者那样，被迫发表了不情愿的演讲。”[8]他对自己取得的成绩极为重视。

他怀着紧张、兴奋和焦虑的心情，在手稿寄出后紧接着便给安德森写了一封长信，他在信中将这部剧描述为“我所有文学作品中的最佳，我青春的杰作”。然后他开始解释——也许过于详细——他的各种创作决定背后的“科学”思维——“喜剧”与“悲剧”的结合（“必须减轻观众的情感压力：如果你不让他们笑，他们就不会哭”）；将“强烈的情感（置于）智力思考的背景之下”；有意识地将“现代”思想引入“古老的形式”。在这封“冗长”书信的结尾处，已经分不清楚他是在努力说服这位女演员，还是他自己，相信这部戏剧的种种优点。最后，他要求安德森用电报把她的决定发到他母亲在伦敦的地址。[9]

274

与此同时，他还在忙着《维拉》的事情。玛丽·普雷斯科特现在提议，夏末时在纽约上演这部戏。尽管王尔德在文本方面欣然采纳了她的许多建议，但他不得不使用类似于他给安德森的理由，说服她不要删掉其中的“喜剧性台词”。他说，“生理学的事实之一”在于，任何“极其强烈的情绪”都需要通过一种与之相反的情绪获得缓和。“成功是一门科学，”他继续道，“如果你具备条件，你就能有所收获。艺术是对美进行感性追求的精确结果。如果不经过深思熟虑，就会一无所有。”普雷斯科特急于把所有的“条件”都安排好，她不仅参与了文本的创作，而且还参与了演员挑选、服装和布景的构思。她还从丈夫手里接手了商业谈判，提议预付给王尔德 1000 美元，以获得该剧的独家代理权，另外每场演出再支付 50 美元（保证每周演出七场）。这是王尔德准备接受的条件。[10]

事情似乎开始步入正轨。王尔德的工作状态很好：精力充沛，满脑子各种计划。他又写了几首“印象”系列诗歌（其中一首是关于孩子们在杜伊勒里花园里玩气球），以及一首《黄色交响曲》，将它们寄给《世界》杂志。然而，令他失望的是，耶茨——“再三考虑”——之后，反对发表这些作品。“考虑再三是非常危险的，”王尔德说，“因为这些想法通常都很不错。”[11]王尔德又回到了夏天在美国编织的童话故事中，他还起草了一个“真实的儿童故事”并将它寄给多萝西·坦南特——希望她能提供插图。他认为，她的作品恰到好处地结合了“幻想”与“真实”、“精致”与“直白”，“那正是童话故事所要求的”。她被这个故事迷住了，但计划中的合作没有任何结果。[12]

王尔德的法语本来就很好，现在又有了提高。他开始用法语撰写格言：“诗歌是理想化的语法”；“诗歌艺术家和诗人；两种非常不同的事物：参见戈蒂耶和雨果”。* 他写给母亲的信是用法语写的，至少她说，这些信“堪比巴尔扎克的作品”——“如此纯正而流利”。[13]事实上，王尔德接触巴尔扎克的小说始于美国，而且仍在继续。这是一种身临其境的体验。

275

* 除此之外，他还写了一句更加神秘的话：“我想要把狮子关在金笼子里；这很可怕——吃过人肉之后，狮子们喜欢上了骨头，他们从来得不到这些东西。”

“读过《人间喜剧》之后，”王尔德后来称，“人们开始相信，真正的人是那些从未存在过的人……巴尔扎克不断地把我们活着的朋友变成影子，把我们熟悉的人变成影子中的影子。”[14]他特别崇拜吕西安·德·吕邦泼雷，这位外表俊秀的未来诗人初到巴黎，对文学事业充满希冀，却在黑社会的诱惑下，背叛他的朋友和家人，经历了短暂的成功之后，最后在监狱里自杀，终了一生。王尔德称吕西安的死是“我一生中遭遇的最大悲剧之一”——“一件我从未能解脱出来的伤心事。它在我快乐的时刻纠缠着我。当我欢笑时，我就想起它来。”[15]

巴尔扎克式的晨衣并不是王尔德在当季唯一购置的服饰。他开始模仿吕西安的“优雅”着装，模仿19世纪30年代花花公子的装束和举止——他的裤子和衣袖收得那么紧，引得路人议论纷纷。他甚至像巴尔扎克一样，拄着一根顶上镶着绿松石的象牙手杖。他彻底改变了外形，他在巴黎期间实现了其中的一部分。受到卢浮宫尼禄半身像的启发，他剪了同款样式的发型并烫了卷。他让人以为，他曾经特地带理发师去仔细观察过那尊雕塑。他认为，结果堪称巨大成功：他的新形象的外在象征——奥林匹克演说家、成功的剧作家和印象派诗人。“第一阶段的奥斯卡已经死了，”他宣布道，“我们如今关心的是第二阶段的奥斯卡。”[16]

随着剧本交稿的压力解除，以及春天临近，王尔德更多地参与了社交活动。他到达巴黎时随身带着若干封推荐信——还有几本《诗集》——从现在开始他要物尽其用了。令人敬畏的美国社交名媛、女主人凯特·摩尔让他神魂颠倒。他受邀参加了各种文学沙龙、展览开幕式和晚宴。他收到一份令人欣喜的邀请，去拜访伟大的文学家，爱德蒙·德·龚古尔。惠斯勒的

276

朋友、艺术批评家泰奥多尔·迪雷帮他铺就了这条道路，除此之外还有王尔德自己的礼物《诗集》，以及一同附上给“《拉福斯坦》作者”的一封充满溢美之词的信。龚古尔对八卦消息十分上瘾，他被王尔德讲述的伦敦文学圈故事逗得乐不可支——在日记中写道：“他描述了斯温伯恩……如何尽其所能地让他的同胞们相信他的鸡奸和兽性行为，却绝不是个鸡奸者或兽交者。”龚古尔对王尔德自己的性别身份很感兴趣，将其归类为“性取向不确定”（au sexte douteux）。[17]

王尔德在画家和绘画作品上投入了大把时间。他可能甚至打算去学习绘画，尽管此事似乎最后不了了之。惠斯勒的鼎鼎大名使他得以进入巴黎艺术界的印象派圈子。他参加了一场朱塞佩·德·尼蒂斯（一位创作精致都市街景的画家）举办的招待会。宴会上，他倚着墙上的挂毯，站在华丽的大烛台下，与卡米尔·毕沙罗、让-夏尔·卡赞谈论绘画，显得格外与众不同。就连以言语尖刻而闻名的德加也愿意倾听他说话。尽管他认为打扮一新的王尔德看起来就像某个在乡村剧院里扮演拜伦勋爵的人，但他对王尔德颇为赞赏，并邀请他去自己的画室。[18]

王尔德经常和旅法美国艺术家约翰·辛格·萨金特见面。他们一起在左岸用餐，萨金特在餐厅的“相册”上为他和作家保罗·布尔热画了一幅素描。[19]他和雅克-埃米尔·布兰奇结伴参观画廊；这位人脉颇广的年轻画家是沃尔特·西克特的朋友，他满心讨好地展示了一幅画，画中的女人在读王尔德的《诗集》。[20]那年春天，西克特本人也来到巴黎，他此行是带着惠斯勒的画作《灰与黑的协奏曲》（《艺术家的母亲》）去沙龙送展。“记住，他不再是以沃尔特·西克特的名字出游”，惠斯勒如此向王尔德解释道。西克特现在是一个使者：“当然，他令人惊叹——难道他不是神奇人物的代表吗？”两人同住在伏尔泰酒店。他们谈论艺术时，西克特引用了德加的一句评论：“还有比中产阶级更可怕的——就是那种模仿我们的人。”王尔德在他的摘记簿中记下了这句话。[21]

对王尔德颇有用处的各种人脉当中，还包括伯恩-琼斯当年的缪斯女神、美丽而富有的玛丽亚·卡萨维蒂·赞巴科。王尔德在1877年的格罗夫纳画廊评论中曾经这样描述她——她是伯恩-琼斯的作品《梅林的诱惑》中维维安的原型模特——

277

“高大、轻盈……美丽，看起来头脑敏锐，像一条蛇”。她住在巴黎，和罗丹一起学习雕塑。年轻的艺术家和作家——包括萨金特和布尔热——都围拢在她身边。在一次宴会上，王尔德遇到一位22岁的英国人，名叫罗伯特·谢拉德。他长得引人注目，个子高高的，蓝眼睛，五官端正，宽眉毛，长长的金发。王尔德起初以为他是乐队的一分子：“拉大提琴的赫尔·舒尔茨”但他很快就醒悟了。

王尔德兴致勃勃地讲述他如何在卢浮宫度过快乐时光，反复品味“米洛的维纳斯”的美丽，然而谢拉德却直率地回应称自己对艺术毫无兴趣：“我从未去过卢浮宫。”他声称，“人们提到这个名字时，我总是想到卢浮宫百货大楼，在那里我可以买到全巴黎最便宜的领带。”他意识到这个年轻人已经“科学地”琢磨出了一个可能使他感兴趣的姿态。[22] *

异国的城市生活充满各种令人兴奋的事情，王尔德身处其中很想有个同伴，而谢拉德似乎可以担当。他（像弗兰克·迈

---

* 卢浮宫一名看门人的话，让王尔德感到很开心：当被问及去古代大师馆朝哪个方向走时，他回答：“古代大师？是木乃伊，不是吗？”——给问路人指了指展出埃及木乃伊的方向。

尔斯一样）是一个富有的圣公会牧师的儿子，放弃了牛津大学的学业来到巴黎写作。迄今为止，他在文学上的主要地位是作为威廉·华兹华斯的曾孙，不过他刚刚写完一部小说，正在忙着写一本诗集，偶尔还向出版社投稿。他因为得不到父亲的支持而被切断了经济来源，过着放荡不羁的生活。但他渴望与文学界人士交往。他把阿尔封斯·都德当成朋友，他也可以说是维克多·雨果的熟人。初次见面后的第二天晚上，王尔德邀请谢拉德到图尔农大街富丽堂皇的富瓦约餐厅吃饭。王尔德每天都在期待着玛丽·安德森的4000美元，他宣称："今晚我们在与公爵夫人共进晚餐。"从这个第一次之后，在接下来的六周里，他们几乎每天都要吃饭和见面。[23]

谢拉德喜欢把自己表现为一个阴郁的加尔文主义者，由王尔德这个"快乐的凯尔特人"来照亮他，让他变得更快活。但是，虽然这幅场景有一定的真实性，但它无法传达出年轻的谢拉德作为一个人，其气质和魅力是多么招人喜爱。有同时代的人说他"英俊得无与伦比"，另有人称他是"金发男子气概的卓越典范"。他的面容和他的故事为他增添了一种传奇色彩。如果有人认为他像在劫难逃的诗人查特顿，他鼓励这种想法。他还很有活力。他有时会显得笨拙和粗鲁，但他也可以被描述为"一个很棒的人……特别见多识广，能就任何可以想象到的话题进行滔滔不绝地交流……给他的亲密伙伴不断带来快乐和惊喜"。[24]王尔德理所当然觉得他既"可爱"又趣味盎然；他的描写能力是罕见的（"带着色彩，带着喜悦"），他们都有"对美的渴望"。[25]

278

但如果谢拉德想做王尔德的朋友，他就必须承认自己的身份是一个追随者。他们第二次见面时，谢拉德去王尔德下榻的旅馆，在他的房间里欣赏河对岸的景色。王尔德曾说过这样的话表明他的立场："哦，那完全无关紧要，除了旅店老板，他要收账单。一个绅士是从不会眺望窗外的。"[26]王尔德确立了自己的权威后，便带着谢拉德去逐步享受巴黎的快乐——宴会、午餐、剧院、短途旅行、晚餐。总是王尔德付钱，谢拉德揣摩他一定是一个非常富有的人。他常常心血来潮地赠送礼物。谢拉德十分欣赏王尔德书桌上一幅皮维·德·夏凡纳画作的复制品——一个形象古怪的年轻裸女，于一片苍翠碧绿的乡村图景中坐在"她解开的裹尸布"上——王尔德立刻就把这幅画送给谢拉德，并在画作的饰边上写下缪塞的箴言，"只有美的事物才是真实的"，并且建议"用带有朱砂色窄边的灰色纸板为它做框"，这幅画也许会十分好看。[27]

他们到歌舞剧院的化妆室看望正在那里演出的莎拉·伯恩哈特；见到伦敦的老朋友她很开心。后来他们去维里埃大街登门造访了伯恩哈特的家，令谢拉德颇为难忘的是当时有一位年长的剧作家竟然称呼他为"大师"。王尔德觉得这位老哥相当"乏味"——这是当季他表示不满时，最喜欢使用的形容词。他们又一起拜访了王尔德的理发师。新的"尼禄式发型"几乎每天都需要打理。谢拉德在他的说服之下卷起了"蜂蜜色"的头发，但只此一回。[28]作为对所有这些恩惠的回报，谢拉德把王尔德带到了维克多·雨果的家中。王尔德用他精心排练过的斯温伯恩的奇闻轶事，给在场的人留下了深刻的印象，然而耄耋老人雨果却根本没有注意到这位才华横溢的客人；他一直坐在炉边的椅子上打瞌睡。[29]

据谢拉德回忆，在那几个星期里，两个人脑子里"除了文学什么都没有"；它主导了他们所有的思想和讨论。王尔德送给他的新朋友一本《玫瑰叶和苹果叶》，希望他能欣赏这些诗以及其中的“跋”。他还为他找到了一本关于诗人热拉尔·德·内瓦尔的小书。他们都非常喜爱这位法国浪漫主义作家，他曾经带着一只系在蓝丝带上的龙虾在皇家花园穿行。* 他们还谈到其他的诗人，先于他们的时代已经逝去的诗人；谈到了查特顿和坡的作品，尤其是写下《恶之花》的诗人波德莱尔。[30]

王尔德——通过研究斯温伯恩——已经注意到波德莱尔的魅力，但现在，回到巴黎，他重新埋头研究起这位诗人来：他的诗歌、他的生活和他的思想。他满怀欣赏地向谢拉德津津乐道地讲述《腐尸》和《凶手的酒》中病态的恐怖，以及《音乐》中庄严的韵律。[31]他再次提出了一个具有挑战性的观点，即艺术家可以将从前因邪恶或丑陋而被排除在考虑之外的主题，通过艺术使其变美。

那年春天，他写下的格言警句中有这样一句话：“希腊人发现‘美丽的是美丽的’，我们却说‘丑的也很帅气’。”他还记录了一段与科克兰见面时交流的内容：

> 科克兰：文明是什么？王尔德先生。
> 王尔德：对美好事物的热爱。
> 科克兰：什么是美好的事物？
> 王尔德：中产阶级认为丑陋的东西。

---

* 千奇百怪的宠物是巴黎文学生活的一个特征。王尔德一直很想了解一位绅士——罗伯特·德·孟德斯鸠，他有一只镀金的乌龟，上面镶嵌着祖母绿，并宣称他自己也想要一个“活生生的小饰品”。也许王尔德正是受此激发，后来买了一条宠物蛇；乔普林太太回忆说，有一天当她打开画室的门，发现他站在外面，那条蛇“缠住了他的脖子”。

科克兰：中产阶级认为什么算是美好的东西？

王尔德：那种东西并不存在。[32]

这些都是谢拉德难以理解的观点。他们第一次共进晚餐后，谢拉德故意把雪茄烟头按在沾满咖啡的茶碟里，问这种行为中有没有“美”？他回忆说，王尔德无精打采的回答背后难得地
280 “闪过一丝不愉快”：“哦，当然。它创造了一种令人印象深刻的褐色。”丑陋之美是王尔德想要去探索，而不愿予以解释的一种悖论。[33]

王尔德并不孤单。曾经同他在左岸的咖啡馆桌边对话的布尔热，刚刚出版了《当代心理学文集》，布尔热在其中认为，波德莱尔对巴黎新兴一代诗人和作家产生了显著影响。他可以为王尔德展示这种新的艺术倾向的详细情况。在《恶之花》那种暗黑氛围和堕落形式，以及戈蒂耶为该书1868年版（当时唯一的印刷版）所作的著名序言的鼓动之下，一场运动渐渐显露出来。戈蒂耶曾在他的评论中将波德莱尔的诗歌措辞描述为“颓废的风格”——“一种巧妙的、复杂的、博学的、充满意义和研究色彩的风格，总是把语言的极限推向更高的境界”——一种完美地适用于表达现代精神中不断变化的情绪、过于微妙的感觉和“奇异幻觉”的风格。戈蒂耶将其比作“后罗马帝国的语言，已呈现出解体过程中的生涩现象……是民族生存和文明发展所必须的和历史注定的语言风格，因为这时人为的生活已经取代了自然的生活，并且在一个不知道自己真正需要什么的人那里发展了这种风格”。[34]

对于那些聚集在黑猫夜总会，一边喝着苦艾酒，一边讨论作品，狂热迷恋波德莱尔的年轻诗人来说，这些思想极具吸引

力。“颓废”成了他们的口号和理想。他们吸取采纳这部作品中显而易见的悲观主义和神经过敏、其风格的复杂性以及对堕落的迷恋。他们从龚古尔的小说中找到它，颂扬它，他们还在保罗·魏尔伦笔下的诗歌和人物中也发现了它。39 岁的魏尔伦——秃顶，长着一张色狼脸，酗酒而且是同性恋——最近刚刚结束十多年的自我放逐回到巴黎。他发现，人们对他 19 世纪 60 年代出版的三本早期波德莱尔风格诗歌集的记忆，还不如对他与年轻的阿蒂尔·兰波之间激情澎湃、注定失败的风流往事的印象来得清晰。他被年轻的“颓废派”热切地吸引住了。他们鼓励他写作，并出版了他的诗歌。

一天晚上，王尔德和谢拉德在法兰西第一咖啡馆见到了魏尔伦，魏尔伦喜欢那里的苦艾酒。尽管王尔德对这位法国诗人怀着——努力保持着——巨大的敬意，但他们的第一次见面却没有聊出什么名堂。王尔德对魏尔伦灰头土脸的落魄样子感到非常失望，而他自己才思泉涌的谈吐竟然浪费在这么一个天真烂漫的法国诗人身上。对魏尔伦来说，王尔德没有把他那看上去十分昂贵的香烟递过来，这让他很生气。[35]

新近出版了《神经官能症》(*Les Névroses*) 的诗人莫里斯·罗利纳倒是没有那么令人沮丧，但更令人担忧。他是黑猫夜总会的常客，他——憔悴、苍白，披着一头拖把似的乱糟糟的黑发——坐在钢琴边为自己伴奏，同时朗诵着关于谋杀、强奸、盗窃、弑父、性、亵渎、疾病和活埋的诗歌。有些人认为他甚至比波德莱尔还要更胜一筹。他既是一个瘾君子，又是一个恶魔。王尔德饶有兴趣地带着钦佩之情读了他的诗，渐渐地被诗人“垮掉的个性”迷住了。[36]

281

见面之后，王尔德记录下若干罗利纳的话：“我不相信进步：但我相信人的反常会停滞”；“美好的事物只有一种形式，但是每个人对不同的事物有不同的表达；因此，诗人是无法被人理解的”；“我需要梦想和虚幻的事物；我欣赏日本的椅子，就因为它们不是用来给人坐的”。他还喜欢罗利纳的观念，即“音乐延续了诗歌之美，但放弃了诗歌的思想”。[37]

王尔德邀请罗利纳和谢拉德到伏尔泰旅馆的房间共进晚餐；饭后，他邀请罗利纳朗诵那首令人毛骨悚然的《特罗普曼的独

282

白》（*Soliloque de Troppmann*）——充满想象地再现了连环杀手在实施犯罪过程中的种种想法。罗利纳狂野的手势和不断升级的紧张兴奋感，让这场表演显得格外恐怖。王尔德非常喜欢这种场合。而谢拉德认为，罗利纳的表现是一种故意为之的自我毁灭，他对此深感不安。他不明白，王尔德为什么不出面制止。第二天早晨，两人走过艺术桥时，他问：“如果你看到这里有人投河自沉，你会追过去吗？”“我觉得那么做是一种粗暴无礼的行为。”王尔德如此答道。[38] *

在波德莱尔和颓废者们的普遍影响下，王尔德再次提出想要写一首关于斯芬克斯（他将其拼写为“Sphynx”）的诗。他上次访问巴黎住在伏尔泰旅馆时就已经写了个开头，现在又回到那里，以一种自觉的颓废方式来重塑这首作品，诗歌中充满了宝石般的多音节词、可怕的形象、色情的暗示和隐晦的暗示。

布尔热曾经在他的《颓废理论》中说，“一种颓废的风格”

---

* 罗利纳的朗诵并不是当晚唯一离奇的娱乐活动。王尔德一直对富有人情味的戏剧性事件很感兴趣。他听说巴尔·布利耶舞厅有一名男舞者想逃离“巴黎堕落的深渊”，回到故乡布列塔尼加入海军；于是王尔德给了他一些钱资助其回到故乡。当天晚宴结束时，年轻人出现了，他急切地想炫耀一下用王尔德资助他的钱购买的回乡时穿的新西装。为了表示感谢，他坚持为三位晚餐同伴跳了一曲“惊人地优雅而敏捷”的单人舞。

会使整体分解为各个部分，“书页的统一性让位于句子的独立性，句子让位于词语的独立性”。王尔德欣然接受这种思想。他一向为文字本身的缘故而喜爱它们，津津乐道于它们的读音，从中获得感官上的乐趣。他和爱伦·坡一样，相信文字的“音乐价值”大于“智力价值”。《斯芬克斯》——像爱伦·坡的《乌鸦》——也是一首由奇异铿锵的文字所主导的诗歌。

王尔德把这些词罗列在一起——“安米纳尔克”（amenalk）、“变色龙”（chameleon）、“角鹰兽”（hippogryph）——接着再将它们一一安插在合适的地方。他辛辛苦苦地埋头干着这桩活儿，俨然是个文字工匠。然后，当他走在林荫大道上时，他还要在心里默诵并且重新安排那些响亮的词句。令谢拉德吃惊的是，他说韵脚词典“是一个对写作抒情诗很有用的附属工具”——尽管他希望他的朋友对这个游戏亦能有所贡献。“为什么，”他会在两人见面时提出要求，“你没有从帕西（Passy）给我带来韵脚?”让谢拉德感到开心自豪的是，他想出了一个王尔德想要的，以“ar”结尾的三个音节单词“nenuphar”（睡莲）。它被如愿以偿地摆放在对句的末尾：

> 庞大的神牛啊，可曾跳下车辇在你的脚边献上簇簇睡莲?
>
> 大大的花团啊，蜜一样的色彩，蜜一般的香甜。[39]

王尔德仍然沉溺于颓废模式，但是从幻境转向了现代都市的肮脏现实，他创作了《妓女的房子》——在其中，欲望的交易被演化为木偶表演的死亡之舞：

像奇怪的机械的滑稽画，
变幻着不定的舞姿，
黑影快速来往于窗帘之后。

巴黎是一座充满性和罪恶的城市，但王尔德似乎把他所有的情欲能量都倾注在了他的诗歌里。让谢拉德大为吃惊的是，283 在他们相处的六周时间里，王尔德似乎只发生过一次性行为——一天晚上在伊甸园音乐厅挑选了一名妓女。第二天，谢拉德来到伏尔泰旅馆时，王尔德对他说的第一句话是："罗伯特，我们都是怎样的兽类啊。"对王尔德来说，性——狮身人面像的秘密——似乎是一种毁灭性的力量："你唤醒了我内心的种种兽欲，你让我成了我不愿成为的人。"[40] *

因为手头拮据，王尔德没有去饭店款待罗利纳，而是在伏尔泰旅馆招待了他。到 4 月底，他已经花光了在美国期间挣到的钱。他持有的基利永动机公司股票也没有什么盼头。[41]而且他仍没有收到玛丽·安德森关于"巴利-帕多瓦公爵夫人"（威利如此称呼）的回信。为了推进解决这个问题，他给女演员发了一份电报，要求她作出决定。[42]

当天晚些时候，他收到了回复，当时谢拉德也在伏尔泰旅馆。两人午饭后坐着抽烟时，收到一份小巧精致的海外电报。王尔德读电报的时候面无表情——只是从纸上撕下一小片，把它揉成一团，塞进嘴里，这是他阅读时经常做的一个无意识的

* 有了哥哥的前车之鉴，王尔德不会去嫖妓。威利写信给身在巴黎的王尔德，请求他"去某个圣人的圣殿为我点一根蜡烛，他要……懂得忏悔，憎恨妓女。你就不能找个饱经风霜，上了年纪的加尔默罗会修士——某个圣洁的人——教我用止痛药、安眠药和药剂来毁掉过去吗？"

动作。然后他把电报递给谢拉德，说道："罗伯特，这太乏味了。"安德森拒绝了手稿。这是一个可怕的逆转。他在这出戏上寄托了如此之多的希望和期待——既有艺术上的，也有经济上的——是安德森和格里芬鼓舞了他；他在手稿上花了那么多心血。但是，如果自尊心受到沉重的打击，他也能承受。他立刻转移话题，不再提起电报的事情。[43]

不过，那天晚上他们不打算"与公爵夫人共进晚餐"了。王尔德提议去吃一顿实惠的"齐默餐馆的腌白菜马铃薯炖肉"。但谢拉德出于对朋友的同情，坚持认为王尔德必须——就这一次——作为他的客人去"河对岸的一个服务还是不错的小餐馆"。随后，他领着王尔德穿过曲曲折折的小路，进了巴黎咖啡馆的侧门。直到两人挤进金光闪闪的豪华大厅时，王尔德才意识到自己身在哪里。他说："真是个很棒的小餐馆。"整个晚上，他们一直在讲这个笑话，把这家豪华餐馆当作一家不起眼的酒庄。接着他们去了女神游乐园，谢拉德在那里定了个包厢。但没过几分钟，王尔德就提议离开那里。他觉得有太多的眼睛在盯着他。"有些时候，"他说，"包厢就是枷锁。"这是他唯一一次表现出沮丧的迹象。[44]

284

几天后，安德森的信件寄到，证实了她的决定。她把剧本寄还到王尔德在伦敦的住址。"在任何情况下，"她告诉他，"我都不能在合同中提到的时间出演你的剧本……我恐怕，照目前这个样子，这部戏剧无法像《威尼斯幸免于难》① 或《卢克雷齐娅·波吉亚》② 那样赢取今日的公众。我们两人如今都无法承受失败，如果我出演你的公爵夫人，它将不会获得成功，

① 托马斯·奥特韦创作。

② 维克多·雨果创作于1833年的剧本。

因为这个角色不适合我。我一如既往地钦佩你的非凡才干。希望你能理解我在这件事上的感受。”[45]

他刻意用一种“古老的形式”来展现“现代思想”，然而令人恼火的是，他竟被告知其效果只不过类似复辟悲剧和维克多·雨果的早期作品，和它们一样守旧陈腐，无法搬上舞台。批评是严厉的。王尔德拒绝承认这一点。他对自己的剧本和才华太过自信了。他真的相信《帕多瓦公爵夫人》是他青春的杰作。[46]安德森的拒绝也许打击了他的自尊心，但他会恢复过来。她在信中暗示了这出戏的前景，它在她手里不会成功——因为这个角色不适合她。王尔德必须找到其他更合适的人手来接受挑战。然而，这并不是一下子就能做到的，而且与此同时，他还要面对一笔预期中的4000美元（800英镑）突如其来的不可挽回的“损失”。王尔德在巴黎的文学生涯也将走到尽头。

虽然他还有希望在8月见到《维拉》上演，但他开始考虑其他可行的赚钱办法。他的面前始终摆放着各种支出计划：他以一贯的慷慨资助谢拉德回到英国处理家庭危机。王尔德再次提出了演讲的想法。这是他迄今为止取得最大成功的领域。今年晚些时候，《维拉》在纽约上演后，他有可能赴澳大利亚进行一次巡回演讲。但他也意识到，演讲或许也可以安排在英国。

至于演讲的主题，王尔德还在美国的时候，就有人提出可以他在美国的经历为基础发表讲话，后来这个主意随着他穿越大西洋回到了英国。在巴黎期间，他开始整理那些美国轶事。和龚古尔在德·尼蒂斯家再次见面时，他讲述了自己在美国西部见识的诸多“荒诞怪事”。[47]在一场由“钢笔和铅笔俱乐部”

285 外籍记者和艺术家举办的晚宴上，王尔德发表了一篇关于大西洋彼岸生活的饭后演讲，令所有人“轰然大笑”。当晚最火的亮点是莱德维尔酒吧里发生的故事，以及里面那块劝诫人的告示牌“请不要射杀钢琴师；他已经尽力了”。[48]各大报纸上很快就传开了，王尔德正在“为英国听众准备一场演讲”。[49]

注　释

1. *World*，10 January 1883.
2. E. Levy to OW，26 January 1883（Clark）；JFW to OW，9［Feb? 1883］，in Tipper，*Oscar*，100，关于“债主们非常可怕”。
3. *CL*，195；Rodd，*Social and Diplomatic Memories*，25；Walter Ledger to Thomas Bird Mosher，2 April 1906（Houghton）；Sherard，*SUF*，40；OW，*L'Envoi*；*CL*，205. Schroeder，74，其中注释提到，“没有证据”表明，奥斯卡·王尔德写在书中的格言警句与罗德存在联系；但这句话可以确信是 1883 年王尔德到达巴黎，稍事休息之后写的；罗德在书中被描述为王尔德的“信徒”。所以二者之间的联系似乎有点道理。
4. 新大陆酒店即现今的威斯汀巴黎酒店；伏尔泰旅馆现在叫“伏尔泰码头酒店”（Hôtel Quai Voltaire）。
5. Sherard，*SUF*，26.
6. OET V，34-42.
7. *CL*，197.
8. OW notes（Berg）.
9. *CL*，196-203.
10. Mason，259-65；*CL*，203-4，其中奥斯卡·王尔德写给玛丽·普雷斯科特的信日期做了更正，由“1882 年 12 月”改为“［1883 年 3—4 月］”；克拉克图书馆收藏了一份普雷斯科特与王尔德之间的“合同”，由一名纽约律师起草，标注的日期为 1883 年 2 月 7 日，上面有普雷斯科特的签名（但是没有王尔德）。这份合同的条款与普雷斯科特写给王尔德的信中内容一致（Mason，260）。奥斯卡·王尔德似乎对确认这份文件表达了些许焦虑（当时他不在纽约）。克拉克图书馆收藏有两封乔治·刘易斯写给王尔德的信，信中大致讲述了这件事情：第一封信写于 1883 年 2 月 27 日，关于为“剧本”起草一份“协议”（“我希望它最终和你期望的一样出色”）；第二封写于 1883 年 3 月 15 日，为他的职员未能起草协议道歉，并推荐由 R. O. 毛姆（萨默塞特·毛姆的父亲）担任这项工作。

11. *CL*, 206.
12. OW to Dorothy Tennant [1883], in Waller, *The Magnificent Mrs Tennant*, 216-17; Dorothy Tennant to OW, Richmond Terrace, 9 April [1883] (Austin). 坦南特夫人是热心的亲法派，是科克兰的朋友。
13. Harris, 48; OW notes (Berg); JFW to OW, [1883], in Melville, 174.
14. OW, ‘Balzac in English’, *PMG*, 13 September 1886, in OET VI, 89.
15. OW, ‘Decay of Lying’.
16. Sherard, *SUF*, 21, *Real*, 200; JFW to OW, in Melville, 174.
17. Kate Moore to [OW] ‘Mr Wylde’, [1883] (Clark); *CL*, 207; *Goncourt Journal*, 2: 1002, Saturday, 2 April 1883.
18. *CL*, 204, OW to Clarisse Moore, “现在，和我的艺术工作一起，我将把我的大部分时间都投入到戏剧中”; Sherard, *SUF*, 18; Anna Gruetzner Robins, ed., *Walter Sickert: The Complete Writings on Art* (2000), 520; Sherard, *Real*, 243.
19. Sherard, *SUF*, 66 提到这幅画作现已丢失; the Oscar Wilde collection of John B. Stetson, cat. item 404; J. S. Sargent to OW, [1883], “我希望明天早上你能来看看我的画像。如果你来不了，请立即就周日的事情给我回个信，因为我想请一个法国人布尔热，一个聪明的作家兼诗人来见见你。”
20. *CL*, 206, J. E. Blanche, *Portraits of a Lifetime* (1937), 98.
21. JMW to OW, [1883], ‘The Correspondence of James McNeill Whistler’ at GUL; 有关德加的评论，见 OW notes [1883] (Berg) ‘Degas to Walter [Sickert])’(10)。
22. Sherard, *SUF*, 23-4.
23. Sherard, *Real*, 235; *SUF*, 33-6.
24. Sherard, *SUF*, 36; Edgar Jepson, *Memories of a Victorian* (1933), 261;

Augustus John, *Chiaroscuro* (1954), 35; CMW to Otho Lloyd, *CL*, 228; Reginald Auberon [Horace C. Wyndham], *The Nineteen Hundreds* (1922), 78-9.

25. *CL*, 210; 211.
26. Sherard, *SUF*, 26.
27. Sherard, *SUF*, 29-30; R. H. Sherard to OW, [26 May 1883] (Clark).
28. Sherard *SUF*, 67-9; *Life*, 233.
29. Sherard, *SUF*, 17-18.
30. *CL*, 205; Sherard, *SUF*, 32, 43-6.
31. Sherard, *SUF*, 46.
32. OW notes (Berg).
33. Sherard, *SUF*, 33-4.
34. Théophile Gautier, 'Notice' preceding Charles Baudelaire, *Les Fleurs du mal* (1868) quoted in Matthew Sturgis, *Pas-sionate Attitudes* (2011), 22-3.
35. Sherard, *SUF*, 56.
36. *CL*, 207-8; Sherard, *SUF*, 48.
37. OW notes (Berg).
38. Sherard *SUF*, 48-50.
39. Sherard, *Real*, 274-6; *SUF*, 31-2;"我相信，一个词的音乐价值要大于它的智力价值，没有什么能比美国年轻人写的《乌鸦》这部想象力超级丰富的作品更能体现这一点"。'Wilde in Utica', *Utica Daily Observer*, 7 February 1882.
40. Sherard, *Real*, 155; R. H. Sherard to A. J. A. Symons, 3 June [1937] (Clark). 妓女的名字叫玛丽·阿盖唐 (Marie Aguétant); 三年后她被一个小偷谋杀，名字广人所知。谢拉德认为，有必要每周去找一次妓女，他称之为"疏散"。
41. Sherard, *Life*, 243; Sherard to A. J. A. Symons, 13 May (Clark).
42. Sherard, *SUF*, 85; *Real*, 236.
43. Sherard, *SUF*, 85; *Real*, 236-7.
44. Sherard, *Real*, 237-8.
45. Mary Anderson to OW, Friday, Victoria [1883]; Oscar Wilde collection of John B. Stetson, cat. item 374; Ellmann, 212. 安德森后来告诉一位记

者，她发现这出戏“不合适，因为它几乎完全涉及犯罪，所以我不得不归还它”。‘Literary Notes’, *PMG*, 7 September 1883.

46. Sherard, *Real*, 238.
47. Edmond and Jules de Goncourt, ‘Journal’, ed. by Robert Ricatte (1989), *Goncourt Journal* 2: 1005. 龚古尔误以为故事发生在“得克萨斯州”。
48. 20 April 1883, *Daily Advocate* (Newark, Ohio); *Liverpool Mercury*, 15 March 1883 in Dibb, 17.
49. ‘The European Mail’, *Brisbane Courier*, 6 June 1883.

2. 第一出戏

没关系，奥斯卡，其他伟人也遭遇过重大失败。

——威利·王尔德

5月中旬回到伦敦，王尔德不顾自己经济状况不佳，仍然续租了他原先在查尔斯街住过的房子。为了尽快筹集到一些资金，他给斯蒂尔·麦凯写了封信，热情洋溢地叙述了《帕多瓦公爵夫人》——没有提到玛丽·安德森拒绝这部作品——并请他归还之前借走的200美元。虽然我们无法确定，但他或许不太可能要回了这笔钱。作为一种更有效的权宜之计，他当掉了伯克利金牌，这可能并不是第一次。[1] 286

王尔德准备投资创作自己的戏剧。他花钱印刷了20本《公爵夫人》；扉页上描述自己是"《维拉》等作品的作者"，这部戏是"16世纪的悲剧，写于19世纪的巴黎"。左上角有个"Op. II"标记。他寄出这些剧本，希望能收到对制作感兴趣的回复，却没有立即得到回应。即便劳伦斯·巴雷特确实在前一年表示对这部剧感兴趣，但他现在并没有继续跟进。目前唯一的回复来自画家米莱，他写道："我饶有兴趣地阅读了您的剧本，我敢肯定，如果它被搬上舞台，一定会获得成功。情节和描述都令人钦佩，但其中许多部分的对话还有待改善。"[2]

王尔德不愿意让这些挫折削弱他自信的姿态。他又一头扎进了伦敦生活的"华丽漩涡"。他离开首都快一年半了，决心 287

迎头赶上。他往来于各种“家宴”、茶话会、招待会和舞会。他与惠斯勒共进早餐，与乔治·刘易斯共进晚餐，参加为亨利·欧文举行的宴会。[3]“我努力工作，却无所事事，”他告诉谢拉德，“深夜和饥饿的明天一个接着一个。”至于社交圈，他说：“必须让他们大吃一惊，我的尼禄式发型已经让他们大吃一惊了。”[4]劳拉·特鲁布里奇强忍惊讶：“（王尔德）长得特别胖，”她在日记中写道，“一张巨大的脸，满头细密的卷发——一点儿也不像他过去看上去那么有审美品味的样子。”她对他的新做派并没有什么好印象：“他非常有趣，说话很巧妙，但那只是独角戏，而不是谈话交流……我想，他很粗俗，我想象着，他用一种诗意的姿态懒洋洋地四处闲逛，身上穿着皱巴巴的衬衫，袖口翻在外套袖子外面！”[5]有些人准备打断他的独角戏。一次招待会上，作家奥古斯都·黑尔饶有兴味地注意到，当王尔德开始滔滔不绝地说自己“打算让人大吃一惊”时，年迈的邓肯·斯图尔特夫人打断了他。她平心静气地说：“可怜的、亲爱的，愚蠢的孩子！你怎么能说这种胡话呢？”[6]

王尔德在社交旋涡中发现了康斯坦斯·劳埃德。在他前往美国，以及后来暂住巴黎期间，王尔德夫人一直谨慎地保持着和劳埃德家人的联系。康斯坦斯和她的哥哥奥索曾经参加过几次王尔德夫人的“家宴”。奥索发现这种场合相当不合常规，但他确实注意到女主人喜欢上了他的妹妹，而且——“她尽管有那么多古怪之处”——却是“女孩子们的知心朋友……尤其是（像康斯坦斯那样）有头脑的女孩”。[7]5 月中旬，在王尔德夫人组织的一次沙龙上，奥斯卡再次见到了康斯坦斯。两人之间立刻恢复了过去那种融洽的关系。“奥斯卡·王尔德与康斯坦斯进行了长谈，”奥索写道，“像往常一样，谈的都是些关于艺术和风景的话题。”王尔德提到“那个如此可怕的地方”时，把奥索逗乐了：“瑞士，其丑陋的群山让它显得那么粗俗，全部非黑即白，就像一张巨幅的照片。”[8]

这样的见面很快就一次接着一次，有时在帕克街，有时在劳埃德家。他们甚至还一起参加了“渔业展览会”，王尔德表现得热情洋溢。那天晚上，康斯坦斯在和姑姑共进晚餐时说：“嘉莉姑姑，跟一个才子相处了三个半小时之后，见到你是多么令人高兴。”[9]王尔德夫人全力支持这种越来越亲密的关系，她给“亲爱的康斯坦斯”写信，确认她会参加随后的星期六沙龙（“我喜欢有人来装饰我的房间”）；不过她偶尔也会因为奥斯卡冷落其他客人，只盯着漂亮的劳埃德小姐说话而感到恼火。 288 大家注意到，两人没在一起说话时，他的一双眼睛就会尾随着她在房间里四处转悠。[10]

“如果这个男人不是奥斯卡·王尔德，”奥索说，“人们可能会认为，他爱上了她。”毫无疑问，事情往往就是这样发生的。但奥索是个反应特别迟钝的哥哥，他没能读懂种种迹象。“我不相信他有什么目的；他对待所有自己感兴趣的姑娘都这样；康斯坦斯后来告诉我，他们俩在任何问题上都达不成共识。”[11]

尽管王尔德喜欢说，促使他爱上康斯坦斯的原因之一是“她几乎从不说话，（所以）我总是想知道她的想法是什么”——事实上，她表达意见时虽然声音不大，嗓门不高，但态度直截了当。她并不赞赏王尔德当下从巴黎获得的灵感想法，她对他说：“恐怕你我对艺术的看法不一致；因为我认为没有完美的道德就没有完美的艺术，而你说它们是不同的，是可以分离的东西。”[12]但即便他们在艺术的目的上存在分歧，两人对艺术的重要性的看法是一致的。康斯坦斯和奥斯卡一样，对“艺术和美的事物”怀有强烈的“乐趣”。这种乐趣，以及她“对形式和色彩的敏锐感觉”，体现在她生活的方方面面，从她的穿衣品味到她创作的漂亮刺绣品。[13]

王尔德当时特别热衷于讨论艺术。他同意在皇家艺术学院的学生俱乐部就这个问题发表演讲，诺曼·福布斯-罗伯逊的弟弟埃里克是俱乐部的秘书。这是一个面向大学本科生的非正式场合，王尔德重读了佩特的作品，聆听了惠斯勒建议，似乎已经做好了准备。[14]

6月30日晚，他向“年轻的画家听众”（一家报纸这么称呼他们）展示了他对“现代艺术培训”的一番振奋人心的愿景：“是什么造就了一个艺术家，艺术家又创造了什么，艺术家与周围环境的关系如何，艺术家应该接受什么样的教育，一件好的艺术作品该有怎样的品质?”他阐述的愿景是为了艺术而创造艺术。

他对年轻的听众们说：“作为画家，你所画的并不是事物真实的样子，而是它们看上去的样子；不是事物的本来面目，而是事物不存在的面目。”“非利士人时代的标志，”他告诉他们，“是反对艺术的不道德呼声。”文化民族主义从此爆发，“英国的艺术是一种毫无意义的表达。我们不如谈谈英国的数学”。专门化的主题纷纷遭到抨击（“所有这些分类，比如动物画家、风景画家、描画英格兰迷雾中苏格兰牛的画家、专门画苏格兰迷雾中英格兰牛的画家、赛马画家、斗牛犬画家”），同样受抨击的还有“让人惊叹‘多么奇妙’的考古画、让人感叹‘多么有趣’的感性画，以及所有那些无法当即给人带来艺术上的快乐，并大呼‘多么漂亮’的绘画作品”。而惠斯勒则

289

被笼统地称为“当代最伟大的艺术家……永远的大师”。

王尔德谈到“对真正的艺术家来说，根本没有什么事物就其自身而言是美的或丑的”，这时候他开始即兴发挥，展开了罗斯金式的文字描绘，因为任何场景或物体都有可能被艺术家的视觉和光的效果所改变：

> 即便是高尔街，这条伦敦最单调乏味、苍白无趣的大街之一，也有些许非常美丽的时刻。我记得，我从一个聚会回家，穿过这条街，那时候天刚破晓，它的样貌十分迷人，我被那番景象深深打动了。柔和朦胧的晨雾呈现出一派金色和紫色的氛围，使它的轮廓变得柔和，使它的影子变幻多样，阳光将它穿透成一条条长长的金色光柱，屋顶像熔化的银子一样闪闪发光，朱红色的邮筒像宝石一样耀眼。这简直是一幅仙境般的美景。

他以帕特里安式的断言总结道：“一幅画除了美丽没有任何意义，除了欢愉没有传递出任何信息。这是你绝不能忽视的关于艺术的第一个真理。一幅绘画仅仅是一件装饰物。”[15]

尽管媒体注意到王尔德“绝妙古怪的哲学”“从学术角度来看相当离经叛道”，但这场演讲将格言警句和幽默风趣结合在一起，深受学生们的喜爱。[16]它既为王尔德计划在下一周发表的公开演讲做了准备，也为它造了声势。

从巴黎回来后，王尔德欣喜地发现他的美国巡回演讲经理莫尔斯上校最近搬到了伦敦。两人在莫尔斯办公室见面，讨论了王尔德在英国巡回演讲的想法。他们决定，为了测试市场，应该先在伦敦办个一次性的讲座，不谈艺术，而是谈谈他“对美国的个人印象”。演讲定于7月10日（星期四）晚上8点半在皮卡迪利大街王子大厅举行。王尔德努力把一切成功的条件都准备好，一遍遍地背诵材料，排练表演。他曾经在美国因为嗓音问题而屡屡受到批评，于是他向赫尔曼·维津请教了发音吐字方面的问题。他告诉这位演员："我想请你帮忙。我希望能以一种自然的方式演讲，稍微带一点感情就行。""哦，"维津答道，"奥斯卡，你还没有学会那一手吗？"[17]

290

这次活动的门票很贵，价格是半畿尼。但即便如此，奥斯卡·王尔德首次在英国的讲坛上亮相还是吸引了一大群人，可容纳600人的大厅几乎满座。观众被视为"具有非常时尚和明确的审美，特别是其中的女性"。惠斯勒相当引人注目，"像一只蟋蟀一样"跳来跳去，"整个大厅里到处都是他的身影"。[18]当王尔德大步走上讲台时——迟到了大约20分钟——人们并没有看见唯美主义的齐膝马裤、天鹅绒外套和一头长发，人群中有些人感到一丝失望。与之相反，他穿着传统的晚礼服，只是裤子很紧，袖口很长，纽孔很精致。人们认为他配上新的卷发发型，看上去"活脱脱就像摄政王"。[19]

王尔德如今是个十分自信的表演者，既放松又自然；他时常看两眼笔记但不会照本宣科。事实上，他的讲话不太像演讲，而更像是"一种微妙的、有哲学意味的全方位交流，有时色彩夸张，有时异想天开，整体结构模糊，充满了强烈的个人兴趣和一种暗藏的爱尔兰式风趣"。[20]他讲述了自己在纽约、芝加哥、旧金山的华人社区，以及与盐湖城的摩门教徒之间的经历。他又讲了一遍莱德维尔矿工的故事和尼亚加拉瀑布令人失望的老笑话。他赞扬了美国的机械之美，还有美国妇女的智慧力量。他感叹美国的风景单调乏味（"它的范围是如此辽阔，仿佛大自然已经绝望到极点，放弃了装饰这片原野的任务”），以及这个民族对典礼仪式的冷漠（“在整个访问期间，我只看到两支游行队伍，一次是消防队前面走着警察，另一次是警察前面走着消防队”）。他形容美国女孩是“世界上最漂亮的暴君……是现实常识的广袤沙漠中的一些不合常理的小绿洲”——美国男人们完全只关心生意：“游手好闲在他们身上是不存在的，因为那是与我们同在的一门艺术。”

大厅里笑声不断：他形容普通的美国火车“其私密程度就像坐在皮卡迪利大街中心的一把扶手椅上”；一个小男孩想卖给他一袋花生，并且说：“你买一点儿……我还从来没有把花生卖给过一个诗人呢”；他拒绝在一个名叫格里格斯维尔的小镇上发表有关“美”的演讲，因为“这个名字太丑了”，而且“居民们拒绝改名”。[21]人们饶有兴趣地听着他对美国民主的看法，不时响起阵阵掌声。但即便一向支持他的《世界》杂志也认为，演讲“有点太长了”。差不多过了两个小时——临近 11 时——人们开始陆续离开。王尔德迅速掌握形势，匆忙得出了激动人心的结论：美国是“一个能够教会我们‘自由’之美和‘解放’之价值的国家”。

291

尽管演讲结束得有点仓促，但总的来说还是很受欢迎。一篇颇有特色的评论称赞它“相当的‘奥斯卡·王尔德’……它似是而非、大胆创新，像讽刺短诗一般，充满精彩的故事、生动的描述，时常没来由地幽默一下，（并且）含有大量的第一手信息”。[22]然而，王尔德总有本事招来两极分化的意见。有些媒体坚持要对演讲进行负面报道。[23]然而，其中最具敌意的评论竟然来自一个或许出人意料的地方：拉布谢尔的《真相》杂志刊登了一篇充满怨恨的长篇评论《奥斯卡的退场》。文中先描述王尔德“在旺季的时候，向着空荡荡的长椅做演讲”是个“可悲的崩溃实例”，随后便开始不怀好意地说起了他的职业生涯：在牛津，他是一个“兼有两性特征的青年”和“女里女气的高谈阔论者”，他是“伦敦各家客厅里的临时笑柄，是美国讲堂里的嘲弄对象，是波希米亚巴黎的失败者”。这本杂志称，王子大厅的“惨败”必然标志着终点：“玩笑已经结束了；从陶管里吹出的五彩缤纷的肥皂泡破裂了。”[24]

先前支持他的拉布谢尔发起如此攻击，究竟是反映了新兴的新闻行业想要欲擒故纵，还是体现了拉布谢尔夫人因莉莉·兰特里在美国的所作所为而与王尔德产生了裂痕，我们不得而知。这篇文章对王尔德来说无疑是一个烦恼，尽管他说，如果拉布谢尔需要用三栏文字来证明他已经被人遗忘，“那么成名和无名之间也就没什么区别了”。[25]

事实上，人们普遍认为王尔德的演讲是成功的。正如莫尔斯所预测的那样，它引发了来自全国各地的需求。他向一家“机构”发出了一份“计划书”，最初收到的回应让这位上校倍感振奋，他告诉王尔德，可以“预见到接下来的活儿会相当不错，而且价钱合理”——每晚 10 到 25 畿尼不等。那个月的晚些时候，王尔德匆忙安排了几次讲话，与此同时，《维拉》即将在美国举行首演，等他助阵归来后，要为秋冬季节制定一份完整的时间表。[26]

292

8 月初，王尔德北上利物浦。他在那里遇到了刚刚从美国胜利归来——获得了丰厚回报——的莉莉·兰特里。王尔德送她一束玫瑰。他原本肯定希望，她会将自己在戏剧上获得的成功多少归功一点儿于他。第二天，他登上了开往纽约的“大不列颠”号轮船。[27]

跨越大洋的旅程令人愉快。乘客中有一群牛津校友，包括古西·克雷斯韦尔和圣约翰·布罗德里克。布罗德里克在给乔治·寇松的信中描述王尔德是“这趟航行中的活力和灵魂。他一路上给我讲的故事十分有趣，妙语连珠，悖论和警句层出不穷，而他始终表现得和蔼友善，因此也会被自己的荒谬理论和古怪想法逗得大笑不已……整个旅行过程中，和他在一起时，我笑个不停，包括对他的嘲笑，我想我从未笑得如此过瘾”。其间也有较为严肃的场合，王尔德在为利物浦孤儿院举办的船上音乐会中朗诵了他的诗歌《万福，女王》。[28]

王尔德于8月11日抵达纽约，入住布伦瑞克酒店时不可避免地受到了记者们的欢迎。他们被他崭新的、改进过的外表所吸引——有人称之为“像一个理性的人”。在这次航行途中，他的头发又经历了一次修改：它不再卷曲，现在变得又短又直，稀疏了一些——美国媒体称之为——“砰”地贴在前额上。有人注意到，原来的天鹅绒马裤已经换成了“普通裤子”；即便“拜伦风格的领口、围巾和钻石别针”也无法完全掩盖其浑身上下给人的传统印象。[29]

王尔德立即着手推进他的剧本，这出戏定于8月20日在联合广场剧院上演。人们以为他从英国带来了这出戏的布景——“‘玉米地’和其他所有场景等等”，但他打破了这些猜想。不过他承认，自己带来的是“一些布景和服装的设计图”，以及一些用来为普雷斯科特小姐制作服装的朱红色丝绸。他声称自己无法在英国上演这部剧，因为“它触及了政治题材”；但由于“美国人是不抱偏见的”，因而希望能够在美国收获不错的反响。展望未来，他提到自己最近完成了《帕多瓦公爵夫人》——并对其未来的制作怀有无比的期待。遗憾的是，因为

293 要在英国演讲，他只能在美国待“几周时间”。但他希望能访问纽波特，并在皮克斯基尔再次见到亨利·沃德·比彻。[30]

王尔德急于“监督”《维拉》的排练。他认识到，剧本仍有可能需要做出修改。“一部优秀的戏剧几乎永远不会结束，”他对《纽约世界报》说，“它必须适合在舞台上表演。仅仅做音乐是不够的；必须创作出乐器能演奏的音乐。”普雷斯科特搜罗到一批非常好用的“乐器”：威严的乔治·博尼法斯扮演沙皇；颇受欢迎的喜剧演员爱德华·兰姆饰演保罗亲王；出生于牙买加的帅哥刘易斯·莫里森饰演浪漫的沙皇长子。[31]

佩泽尔（玛丽·普雷斯科特的丈夫）声称，已经在服装和布景上投入了近1万美元，其中最奢侈的是第二幕的黄色丝绸会议厅。[32]这出戏在推广方面也没少下功夫。整个城市“从一头到另一头都被印上了”花里胡哨的“奥斯卡·王尔德形象”图案，还有普雷斯科特小姐坐在八匹马拉的雪橇上，一边挥舞着温彻斯特连发步枪，一边“飞来飞去”的画面。[33]报纸上出现了昂贵的印刷广告；这出戏现在被命名为《虚无主义者维拉》。[34]王尔德给普雷斯科特写了一封长信，在信中表达了他对这部作品的高瞻远瞩，以及对她担任主角所感到的“骄傲和快乐”，这封信被刊登在《纽约世界报》上。一时间这出戏“一票难求”。[35]一切似乎都很顺利。那一周对于8月中旬的纽约来说“非同寻常地凉爽”，非常适合去剧院看戏。王尔德的许多时髦朋友也都纷纷回到城里观看演出。[36]

但是首演当天，天气变了。“室内温度”一下子飙升到“95华氏度”，并且一直居高不下。8月20日星期一晚上，“大量观众”挤进闷热的剧院。尽管天气热得令人窒息，但开场时一切顺利。戏一开场，维拉正在父亲简陋的客栈里干活，看到她的哥哥被锁链铐着押往西伯利亚的盐矿，于是决心成为一名民意党人。这段开场白以其幽默的语气和“激动人心的高潮”被认为“强而有力”。王尔德第一次在舞台上看到自己的作品，感到有些紧张。他所设想的人物与普雷斯科特等演员在表演中呈现出来的样子，两者之间存在很大“差距”。[37]然而，观众似乎并不像他那么焦虑。在第一幕结尾（场景设定在民意党人的巢穴中），人们高呼“作者！”第二幕结束后（保罗亲王在黄色丝绸会议厅里喋喋不休地吟诵警句）欢呼声再次响起，王尔德走上舞台鞠躬致谢。直到第四幕（也就是最后一幕），观众仍然保持着“挑剔，但赞许的态度”。然而，戏的激情高潮部分——维拉身穿“火焰一般的朱红色长袍”，向亚历克西斯表白后举刀刺向自己——却被认为“不仅不体面……而且引发了整个剧院里的窃窃私语”。台下响起一片嘘声。但即便如此，这个小插曲似乎只出现了一次。幕布落下时，王尔德再次上台“发表了一段颇受欢迎的演讲”。那天晚上离开剧院时，他觉得这部戏总体上是成功的。其他人也赞同这个观点。[38]

294

他收获了众多赞美之词，其中就有莉莉·兰特里的旧情人弗雷迪·格布哈特，他从纽波特赶来观看了演出。“我亲爱的奥斯卡——祝贺你的戏剧取得巨大成功。我太喜欢它了，所以马上就给我们亲爱的莉莉拍了电报。”[39]然而，与这份慷慨赞扬同时送来的还有各种晨报。新闻界就没那么友善了：“这出戏不真实，冗长而令人厌倦”（《纽约时报》）；“一个关于爱情、阴谋和政治，添油加醋的愚蠢故事……比失败强不了多少”（《纽约论坛报》）；“长篇大论，夸张的废话，一系列断断续续的台词和令人作呕的咆哮，带着一种粗俗而平庸的小聪明”

（《纽约先驱报》）；“这出戏情节荒谬，服装和布景不协调，废话连篇，毫无意义”（《纽约太阳报》）。[40]

这是一个可怕的、致命的打击。不管怎样，《纽约世界报》认为——尽管最后一幕有缺点——“这出戏开场不错……它的成功之处在于其明显的优点”；或者说，保罗亲王的角色得到了很多有保留的认可。[41]媒体的大合唱中夹杂着明显的敌意，而且——在王尔德看来——还有不公正。观众们喜欢这出戏。然而，纽约的评论家们以“没有中间立场”而闻名；他们要么把一出戏“捧到天上，要么把它贬到被人遗忘的无底深渊”。《维拉》坠入了这条分界线的深渊一边。有传言说，一些评论家收到老板的命令，要他们“无论如何”谴责这部戏。但《波士顿舵手报》认为，这是普雷斯科特小姐演技“低劣”铸成的错；弗兰克·莱斯利夫人谴责了那条朱红色裙子。[42]

艺术家詹姆斯·凯利 8 月 21 日上午到布伦瑞克酒店，发现王尔德正心烦意乱地读着一堆日报。“我试着尽可能说一些支持（这出戏）的话，”他回忆道，“但是没法让他高兴起来——他被伤得太深了。他指着那些攻击他的文章，哽咽着说：‘凯利，凯利，这是我的第一个剧本！’”[43]

295 尽管王尔德和普雷斯科特没有对这些说法进行反驳，但还是竭尽全力减轻损失。王尔德接受采访时说，“尽管有人批评《维拉》，但这出戏获得了成功”——但同时他也承认其时间过长，并宣布会“立即”做删减。[44]普雷斯科特在给《纽约时报》的信中引用了她收到的“几位社会贤达”和文学界人士的“若干信件”，这些人为纽约评论家如此对待王尔德而感到“愤慨”。他们寻求各种支持：劳伦斯·巴雷特称该剧“是个奇迹”；斯蒂尔·麦凯对它充满热情。[45]一名友善的记者被说服在

《纽约镜报》上发表文章，谴责了报纸的嘲笑，并坚称这部戏是“多年来舞台对文学的最崇高贡献”。[46]

这些举动不但激怒了纽约的新闻界——他们持续不断地对这出戏及其困境进行贬损性的评论——而且并没有起到鼓舞公众的作用。观众迅速减少。及至星期六晚上，票房收入已不到150美元，而首演当晚几乎达到900美元。普雷斯科特和佩泽尔损失惨重。他们已经向剧院预定了为期三周的演出，但眼下却搞不清楚这出戏能否继续上演。星期一，他们和王尔德商讨——等剧作家从科尼岛回来之后——建议如果王尔德愿意在其中担任某种角色，他们或许能够让这出戏起死回生——要么扮演其中的一个角色，要么在幕间做一次演讲。他明智地拒绝了这个提议。那天晚上戏没有上演。[47]

第二天，纽约的媒体纷纷报道了撤演的事情，消息迅速传回伦敦。英国报纸已经摘要刊登了一些最糟糕的美国评论。当第一批记者前来打探他的反应时，王尔德设法回避。“啊哈，”他对他们说，“可我正在吃早餐呢，你们没看见吗?”但保持冷静并不容易。这出戏的失败是一种痛苦且十分公开的耻辱。[48]他离开牛津大学以来为之奋斗的一切，走到了这样的地步。他写了一个剧本，却失败了——败得很壮观，很可怕。

王尔德在美国待了一个月。他访问了纽波特和萨拉托加。但与前一年夏天的兴奋乐观相比，这次的经历必然是痛苦的。他受邀和朋友去安大略省的荒野度假——他很有可能真的去了。[49]只有为数不多的几件事情，能让他分散因《维拉》的失败而导致的痛苦，与托马斯·爱迪生的会面便是其中之一。王尔德前一年在美国时曾经告诉莫尔斯，这位伟大的发明家是他最想见的两个人之一——另一个是爱默生。爱默生已经去世。詹

296 姆斯·凯利在爱迪生位于第五大道的办公室为王尔德安排了一次面谈。

这是一次舒适的会面，三个人以及爱迪生的助手塞缪尔·英萨尔随意地挤在后面的一间小办公室里。凯利回忆起爱迪生——他一向欣赏王尔德的诗歌作品——转身对诗人（坐在他旁边的沙发上）说，“我以前见过你”，然后便开始谈论起王尔德的戏剧：

> 聊了没多久，王尔德的情绪便好了许多，他说：“迪翁·鲍西考尔特告诉我，‘奥斯卡，从你写剧本的方式来看，需要埃德温·布斯、亨利·欧文、莎拉·伯恩哈特、埃伦·特丽和艾达·里恩来演绎它；你太依赖演员了。现在，我写剧本时，如果主角病了，或者在任何方面让我感到失望，我就叫一名引座员过来——如果他能重复我的台词，这出戏就成了。’”爱迪生听了开怀大笑，向我眨了眨眼睛，又向王尔德晃了晃脑袋，说道：“他在骗人，他在骗人，他在骗人！”接下来，王尔德兴致勃勃地说了许多，爱迪生开心地聊着，英萨尔认真地评论着，直至我们告别分手；我们走下门廊时，王尔德陷入了一种伤感的沉默，他或许在想，他与爱迪生的命运是何其不同。

他们默默地走着，在富兰克林广场车站分手。王尔德要去布鲁克林。凯利最后一眼看到他时，他正独自坐在地铁车厢里：“他在往前看。”可是，他在看什么呢？

注　释

1. *CL*, 209; Sherard, *Real*, 148; 王尔德遗失了这张当票，不得不到马尔伯勒街警察法庭宣誓以获得一张补票。
2. J. E. Millais to OW, 7 July 1883; the Oscar Wilde collection of John B. Stetson, cat. item 390.
3. JMW to OW, 26 May 1883 (GUL). 1883 年 6 月 22 日，王尔德在乔治·刘易斯家用餐，科明斯·卡尔夫妇、伯恩-琼斯和其他五个人也在场；*CL*, 213.
4. *CL*, 211.
5. Laura Troubridge, diary, July 1883, *Life Amongst the Troubridges*, 164-5.
6. Hare, *The Story of My Life*, 5: 386, 参见 1883 年 6 月 21 日杜奎尔夫人家举行的招待会；邓肯·斯图尔特夫人（1804-84）出生于爱尔兰多尼戈尔的 Harriet Everlinda Gore。
7. Otho Lloyd to Nellie Hutchinson, in Melville, 176.
8. Otho Lloyd to Nellie Hutchinson, in Melville, 177.
9. Melville, 178.
10. Melville, 178; JFW to CMW, 25 May 188, 3 in Moyle, 67; Otho Lloyd to Nellie Hutchinson, in Melville, 179.
11. Otho Lloyd to Nellie Hutchison, in Melville, 178, 179.
12. Jopling, in Mikhail, 204; CMW to OW, 11 November 1883 (BL).
13. Marie Belloc Lowndes, 'Something About Our Lady Contributors', *Answers*, 13, no. 315 (9 June 1894); 'Men, Manners and Moods', *Collier's Weekly*, 26 August 1897, reprinted in *Intentions*, August 2007, 11-15.
14. *CL*, 212-13; Dibb, 22-3 on his borrowings from Pater's 'Preface'; JMW letter to *Truth*, 2 January 1890 in Ronald Anderson and Anne Koval, *James NcNeill Whistler* (1994), 316.
15. OW, 'Modern Art Training', 224-32.
16. Newspaper cutting, 4 July 1883, quoted in Dibb, 28.
17. Sherard, *Real*, 288.
18. *Freeman's Journal*, 11 July 1883; *World*, 18 July 1883; 正厅后面的 7s、6d 和阳台的 5s 也有更便宜的座位。

19. *North Eastern Daily Gazette*, 11 July 1883; *Leicester Chronicle*, 21 July 1883, in Dibb, 30-1.
20. *World*, 18 July 1883；奥斯卡·王尔德的演讲手稿笔记于 2004 年 3 月 3 日在佳士得拍卖会（Vander Poel sale）上售出。
21. ‘Mr. Oscar Wilde on America’, *Freeman's Journal*, 11 July 1883；演讲的速记记录上显示，期间不时出现“（笑声）”。
22. *Queen*, 14 July 1883, in Dibb, 33; W. F. Morse, ‘Lectures in Great Britain’.
23. *Tatler*, 14 July 1883, in Dibb, 33; ‘Theatrical Gossip’, *Era*, 14 July 1883.
24. ‘Exit Oscar’, *Truth*, 19 July 1883, 86-7.
25. *New York Herald*, 12 August 1883, in Ellmann, 226.
26. W. F. Morse to OW, 18 August 1883 (Clark). 王尔德在纽约收到了这封信。
27. Don Mead, ‘Personal Impressions of America-Oscar Wilde in Southport’, *Wildean*, 16 (2000), 18-32.
28. Kenneth Rose, *Superior Person* (1969) 72; *NYT*, 12 August 1883：当时在一起的还有 Sir Savile Crossley 和 Mr Hanbury。
29. *NYT*, 12 August 1883; ‘Oscar Wilde's Return’, *Fort Worth Daily Gazette*, 18 August 1883.
30. *NYT*, 12 August 1883; ‘Oscar Wilde's Return’, *Fort Worth Daily Gazette*, 18 August 1883.
31. *NYT*, 12 August, 1883; *Wheeling Daily Intelligencer*, 14 August 1883; *New York World*, 12 August, 1883, quoted in R. B. Glaenzer, ed., *Decorative Art in America: A Lecture by Oscar Wilde* (1906), 32.
32. R. B. Glaenzer, ed., *Decorative Art in America: A Lecture by Oscar Wilde* (1906), 196; ‘Losing Money on Vera’; *NYT*, 27 August 1883.
33. *Argonaut*.
34. Mason, 271.
35. Mason, 265-6; *Argonaut*.
36. ‘Flaneur,’ *Argonaut*, 1 September 1883; *CL*, 218.
37. *Morning News*, 10 June 1884 (Clark)：奥斯卡·王尔德补充道：“我永

远忘不了那天晚上在剧院里的那两个半小时，那是我的作品第一次在纽约上演。”

38. Mason, 272–3; Birnbaum, *Oscar Wilde: Fragments and Memories*, 19; *Argonaut*, 1 September 1883.
39. F. Gebhard to OW, 21 August 1883, Union Club, New York (Fales). 《淘金者》注意到格布哈特随身带了一个箱子，随行的还有“曼德维尔勋爵和三个英国人”。
40. Mason, 273; *Sun*, 23 August 1883.
41. *New York World*, quoted in *Freeman's Journal*, 23 August 1883; *Sun*, 23 August 1883.《淘金者》:“在这出戏中，王尔德试图表现得诙谐，却是一个明显的失败。他把一些老生常谈的老掉牙的笑话放在少数几个喜剧演员口中，然后他们就莫名其妙地一个接一个地脱口而出。兰姆是主要的喜剧演员。他是一个毋庸置疑的优秀演员，他的小受欢迎是由于他自己的矫揉造作，而不是闪亮的台词。也许这出戏演了一段时间后，这一幕会被润色一下，使之成为最精彩的一幕。”
42. *Argonaut*; *Era*, 8 September 1883; Mason, 273; Ellmann, 228.
43. James Kelly, ‘Memoirs’.
44. Quoted in the *Standard*, 22 August 1883.
45. ‘The Play and the Public,’ *NYT*, 28 August 1883.
46. *New York Daily Mirror*, 25 August 1883; Mason, 273.
47. *NYT*, 27 and 28 August 1883. 尽管媒体在 8 月 28 日报道了该剧的“退出”，但这个决定是在 8 月 27 日做出的；该剧最后一场演出是在 8 月 25 日。*Pilot* 称赞王尔德没有出现在这出戏中——“一个年轻人可以经得起一部烂剧的打击；但是有些限制是无法逾越的。”
48. *NYT*, 28 August 1883.
49. Ellmann, 228; Jessica Sykes to OW [1883] (Clark)，信中邀请他 8 月底去安大略省罗斯丁湖的圣伦纳德岛参加聚会，“我相信你的戏一定会成功的，可是即使没有成功，我见到你也不会不高兴”。Jessica Cavendish-Bentinck 于 1874 年和 Sir Tatton Sykes 结婚。

3. 风云人物

人生的浪漫在于，一个人可以爱那么多人，却只能娶一个人。

——奥斯卡·王尔德

297

《纽约太阳报》兴高采烈地宣布，王尔德的“厄运”在美国已成定局。一家讽刺报纸刊登了整版漫画，送别这位即将横渡大西洋打道回府的剧作家。画面的一边是这位来了不到二十个月，风度翩翩的年轻美学家，与之并列的是一个灰头土脸、正偷偷溜出这个国家的人，他腋下还夹着一份破旧的《维拉》。英国媒体也同样喜上眉梢。《笨拙》杂志宣称，他的剧本“糟糕透顶”；阿尔弗雷德·布赖恩曾于 1881 年为《世界》杂志画过一幅包括王尔德在内的“年度人物”，这次他为《幕间》（*Entr'acte*）杂志所作的漫画上，王尔德倒在威利的怀中，他的兄长正在安慰他：其他“伟人”也都遭遇过“重大失败”。[1]只有一家报纸为此鸣不平，指出“这种欢欣鼓舞的态度”，就好像王尔德是“一个臭名昭著的罪犯，终于被定罪了”。[2]

王尔德于 1883 年 9 月下旬回到英国，他至少可以让自己埋头忙于排得满满的一整个演讲季。这次的行程不像在美国巡回演讲时那么充满魅力和新奇感，却让他有一种使命感。按照计划，他要在年底之前完成 60 次演讲。第一场安排在旺兹沃斯市政厅（9 月 24 日），其余大部分时间都远离伦敦——从埃克塞特到阿伯丁，从黑斯廷斯到伯肯黑德。那年 10 月，奥索·劳埃德在王尔德难得回到首都的那几天里见到了他。奥索写道：“他还在演讲，从一个城镇到另一个城镇，不过是以有趣的方式，今天他在布莱顿，明天他在爱丁堡，后天他出现在康沃尔郡的彭赞斯，然后是都柏林；他对此大笑不已，说他已经把这些事情交给了经理去打点。”[3]王尔德的描述中有一些习惯性的夸张——但他所走过的路程确是惊人的，这是对维多利亚时代辽阔的铁路网的一种致敬。[4]一路上，他靠一本袖珍小字典和一卷海涅的作品学习德语，以此打发乏味的旅行时间。[5]

298

除了“对美国的个人印象”，王尔德还可以讲“美丽的房子”——这是他在美国旅行期间酝酿而成的有关家居装饰和着装的实用指南，这次稍微做了些改动。《维拉》的失败——如果说它损害了他在伦敦的声誉的话——并没有破坏他在英国各个地方城市的吸引力：他在大多数地方得到了很好的接待，受到了正面的关注。人们也许是出于好奇“想看看那个备受热议的‘奥斯卡’究竟是什么样子”，然而大家几乎无一例外地对他的“飞扬文采”、他的智慧、他的新发型和他的幽默大加赞赏。[6]演讲报酬取决于场地的大小，以及莫尔斯达成的协议：有时候是固定酬劳，有时是总收入的某个百分比。王尔德从他在曼彻斯特自由贸易大厅的演讲中（尽管听众很难对付）拿走了一笔可观的 24 英镑 3 先令 9 便士；而他在韦茅斯仅赚得 3 英镑。尽管如此，到 10 月中旬，除去开支后，王尔德已经赚到了令人相当满意的 91 英镑 9 先令。[7]

回到伦敦领取这笔钱后，王尔德就可以去见康斯坦斯了。她参加了他母亲的星期六沙龙，第二天他拜访了她祖父家。尽管康斯坦斯即将起程去都柏林拜访阿特金森家和亨普希尔家的亲戚，要在那里待很长一段时间，但任何分离都是短暂的。王尔德计划 11 月在爱尔兰首都演讲。他们可以在那里见面。[8]

他向她吐露了对《维拉》的失望之情，给她一本私印的剧本，请她谈谈自己对这出戏的意见。她从都柏林寄来了一封慷慨、慎重、非常诚挚的慰问信，赞扬了该剧“具有很好的戏剧性情境”，以及对自由“热情洋溢”的呼唤——而不是那些风趣的桥段。“我无法理解为什么你是这么不幸，没能够让这部戏获得好评，除非是表演太拙劣了，要么就是观众不认同剧中表达的政治观点。”她把自己放在他的辩护立场上，她建议道：“无疑，对我们中的大多数人来说，这个世界是不公平的，是令人痛苦的；我觉得我们要么放弃自己的观点，随波逐流，要么完全无视这个世界，不顾一切走自己的路。与现存的偏见作斗争毫无用处，因为我们只会在这场斗争中被击败。”[9]

299

康斯坦斯对王尔德变得很重要。11 月 21 日他刚到都柏林，便立刻被吸引到她的轨道上。他在旅馆看到一张便条，邀请他到伊利广场的阿特金森家，于是他马不停蹄地出发了。康斯坦斯告诉她的哥哥，他“明显相当做作，我猜想部分原因是出于紧张”——但是，他还是让自己表现得“非常愉快”。在接下来的几天里，他继续向她的家人示好，来喝茶，并为全家人预订了一个剧院包厢。康斯坦斯和表兄妹们聆听了他的两次讲座（都是日场），相比话语机智的“对美国的个人印象”，他们更喜欢充满实用智慧的“美丽的房子”。* 尽管康斯坦斯在写给奥索的信中狡黠地提到，她的表妹斯坦霍普·亨普希尔“用奥斯卡·王尔德的事情来取笑我的生活，这是多么愚蠢的废话”，但每个人都清楚，王尔德的专注殷勤中表现出了追求者的姿态。[10]

王尔德11月26日要在施鲁斯伯里演讲，所以时间有限。11月25日，星期日，他在伊利广场的客厅里求婚，康斯坦斯立刻接受了他。她写信告诉哥哥这个“令人震惊的消息”，说自己“开心极了”。都柏林的表亲们也分享了她的快乐。“玛丽妈妈”认为她“非常幸运”。康斯坦斯对自己“冷漠而实际”的家庭，尤其是艾米莉姑妈，有些担心。但她希望能得到奥索的支持，以及祖父的认可——“因为他见到奥斯卡的时候总是很开心”。[11]

奥斯卡打算从施鲁斯伯里写信给霍雷肖·劳埃德以及奥索和康斯坦斯的母亲，然后趁着周末两次讲座的间歇到伦敦找各个家庭成员谈一谈。[12]他的母亲听到这个消息“极为高兴”，对 300 “这对恋人”的幸福满怀憧憬，并为康斯坦斯的资源可能带来的稳定生活感到兴奋：“你们的未来会是多么愉快。你这一生要做些什么？会生活在什么地方？……我希望你在伦敦有一幢小房子，过着文人的生活，教康斯坦斯修订校样，最终入选国会。”[13]威利也热情高涨。“亲爱的老小孩，”他写道，“这真是好消息，出色的消息，明智的消息，总之，从最高、最富有艺术感的层面上来说，这真是令人陶醉，棒极了……她美丽可爱，

---

* 起初，观众并不赞成他的说法。他的开场白是：“在你的房子里，任何东西都要让创造它的人感到快乐。”这句话遭到了“讥讽的笑声”。于是他立刻吟诵起一首爱尔兰颂词，渐渐地赢得了观众的喜爱。随着他朗诵到“当一个国家心碎时，它会随着音乐而去”，人们顿时激动得热泪盈眶。

讨人喜欢，一切都是甜蜜的，恰到好处。”[14]康斯坦斯的母亲斯温伯恩-金夫人也同意这桩婚事，她给奥斯卡回信说，有他这么个女婿是多么令人高兴。[15]

情意绵绵的书信在身居两地的恋人之间频繁往来。求婚刚过去两天，康斯坦斯写道：

> 我亲爱的奥斯卡，刚刚收到你的来信，你的信总是让我欣喜若狂，让我更加急切地想见到你。我再一次感觉到你是我的，你爱我不是梦，而是活生生的现实。我该怎么给你回信呢？它们太美了，我无法用任何语言来形容，我只能整天梦见你，似乎我遇到的每一个人都知道我的秘密，他们能从我的脸上看出我是多么爱你，我的爱。

她把奥斯卡称作她的“英雄”，她的“上帝”。[16]

两人沉浸在激情中，但还有一些困难需要克服。康斯坦斯给哥哥去信宣布了订婚这个“令人震惊的消息”，但对方在回信中对王尔德作为求婚者表示怀疑，并提到了一些他听说的对王尔德不利的事情。这确实令人遗憾，而且——如康斯坦斯所言——“相当不合时宜”：“我不想知道这件事情的经过，但即使他有什么罪证，现在来影响我也为时已晚。我不允许任何事情把我们分开……就算是为了我吧，因为我的幸福依赖于此，请你不要反对它。”[17]他确实没有反对，而且还慷慨写信给王尔德，欢迎这个“新的兄弟”。[18]

康斯坦斯的祖父霍雷肖·劳埃德确实很喜欢王尔德，他收到王尔德的信后，决心予以支持，但是有一定的条件。他病得无法亲自提笔写信，便吩咐艾米莉姑妈转达他的意见。她在回信中告诉王尔德，老人“自己并不反对你成为康斯坦斯的丈夫。他相信你和她很般配。他相信你会善待她……但作为她的监护人，他认为应该向你提出一两个问题……他想知道你靠什么供养妻子……（还有）你是否负有债务”。在得知这些情况后，他会“经考虑后予以同意”。[19]

12 月 1 日和 2 日的周末，王尔德中断旅行（从纽卡斯尔）来到伦敦；康斯坦斯同时从都柏林赶了回来。星期六晚上，王尔德受邀去她祖父家，与奥索和艾米莉姑妈共进晚餐。第二天他回到兰开斯特街进一步讨论未来的计划和愿景。[20]王尔德随后写信给霍雷肖·劳埃德，向他坦白告知了自己的财务状况，并承认欠有大约 1500 英镑（一个相当大的数字）债务。他的铺张浪费理所当然令人担忧，但这与他的勤奋和雄心是相匹配的。他说，目前已经还了 300 英镑，并指着当前的收入和满满当当排到第二年的演讲计划表示，自己有能力偿还债务。* 也许，他当时谈到了对《帕多瓦公爵夫人》的展望——甚至还有《维拉》在美国巡回演出的希望。霍雷肖·劳埃德多少有点放了心。[21]

他想尽自己所能帮助这对年轻的恋人。康斯坦斯的幸福是他的第一考虑，他认为她和王尔德在一起会很幸福。当时，康斯坦斯每年可以从祖父那里得到 250 英镑的零用钱，一旦祖父去世，她可以继承一部分遗产。他建议提前实施这一安排，将 5000 英镑存入信托基金，这样康斯坦斯每年可立即获得约 400 英镑的收入。这是一个慷慨的举动。[22]对债务缠身、收入不稳定

---

* 这 300 英镑可能并非来自之前的演讲收入，而是出售伊劳恩罗的垂钓小屋所得。1883 年 12 月 10 日王尔德收到一份该价格的报价，并在新年完成了售卖。

的王尔德来说，这无疑是个巨大的解脱。这似乎让他看到了一种没有眼前财务忧虑的生活前景。

然而，王尔德并不能抛开忧虑。婚礼的日期尚未确定，康斯坦斯的祖父建议至少要等到王尔德偿付了另外 300 英镑的债务之后再举行。王尔德充满自信，认为在即将到来的 4 月就可以实现这个目标。[23]

他周游全国，“教化各地”的同时，与康斯坦斯有关的各种幸福计划和幻想一直支配着他的思想。他全身心地做着“聪明的恋人们所做的一切愚蠢的事情”。他经常给她写信，每天给她发两次电报。他会在两次演讲的间歇迅速赶回伦敦去看她，有时甚至为了和爱人共度一个夜晚而放弃晚餐。他送给她一枚自己设计的订婚戒指：围成心形的钻石内镶嵌着两颗珍珠。相聚总是欢喜，离别难免伤感。“我亲爱的，”康斯坦斯在一次短暂的见面后写道，“我为自己的愚蠢感到抱歉。你让我失去了所有的力量。当你和我在一起的时候，我除了爱你以外，什么也做不了。我无法抗拒对你即将离开的恐惧……我知道你只离开三天时间。”[24]

302

王尔德似乎向康斯坦斯坦白了他过去的几段恋情——弗洛伦丝·巴尔科姆、莉莉·兰特里，甚至可能还有维奥莱特·亨特和海蒂·克罗克。他得到了慷慨的宽恕。“我觉得我永远不会心怀嫉妒，当然，目前我不妒忌任何人：我现在是相信你的；我愿意让过去灰飞烟灭，它不属于我：我们的未来将充满信任和信心。当你成为我的丈夫，我会用爱和忠诚的锁链把你牢牢系住，这样，只要我还能爱你，还能抚慰你，你就永远不会离开我，或者爱上任何人。”[25]

12 月初，王尔德要结婚的消息首次出现在《世界》杂志上

（毫无疑问，是威利透露的），并迅速在新闻界传播开来。* 12月中旬，在月底正式公布消息之前，媒体上开始出现准新娘的名字。王尔德已经习惯于被“连篇累牍地报道”，但对康斯坦斯来说，发现自己成为这么多庸俗报纸的猜测对象——关于她嫁妆的多少，她的艺术品味，以及她有多大的机会能获得幸福——一定感到极为震惊；一家报纸非常不看好他们，理由是“要取悦奥斯卡，仅仅是人间佳丽还不够”。[26]

王尔德那年的最后一次演讲在水晶宫举行。康斯坦斯陪着姑妈玛丽·纳皮尔去了现场。之后是一段圣诞节假期，王尔德能够在伦敦小住几天，和康斯坦斯在一起。他们晚上多半一起去看戏。在圣詹姆斯剧院，演员们在幕间休息时从幕布后面瞥见了“伯恩桑”和他的准新娘。[27]

303

惠斯勒对王尔德的幸福感同身受。他坚持要为康斯坦斯主持一次星期日早餐。不过，艾米莉姨妈认为这种放荡不羁的聚会不适合一个“未婚少女”，她是否能参加尚有些疑问。但在王尔德的请求下，艾米莉姨妈放弃了反对意见，条件是此事不能够成为“类似活动的一个先例”，并且奥索应作为她的伴护陪同前往。[28]

康斯坦斯很快就接受了惠斯勒的重要地位，但王尔德在写给沃尔多·斯托里的信中开玩笑地称“她相当完美，只是她不认为吉米是古往今来唯一真正的画家：她想从后门把提香或某个人领进来”。他继续写道：“她知道我是最伟大的诗人，因此在文学领域，她是没有问题的：我已经向她解释过，你是最伟

* 与此同时，报纸也纷纷报道了——并不怎么可靠——王尔德刚刚完成一部戏剧，他将到各地参加巡演；以及他即将出版一本新的诗集，与前一本诗集相比，他在其中“更深入地研究了其所谓的英国道德‘惯例’”。

大的雕塑家：艺术方面的教导只能到此为止了。”[29]所有见过王尔德的人都被他的快乐和兴奋所打动。与西克特夫妇共度节礼日那天，他无意间将两枚金币落在了椅子上。西克特太太写信给他道：“我很想责备你这么粗心，但你是太幸福了，不会在意什么严厉的教训，所以我就不浪费时间了。”[30]

王尔德原本计划在新的一年里重新开始演讲，并进行为期两周半的爱尔兰之旅。他送给康斯坦斯一只宠物狨猴，可以在他离开期间陪伴她；为了进一步向惠斯勒致敬，它被起名为“吉米”。* 然而这只狨猴不到一周就死了，“我感到孤独和痛苦，”1月4日康斯坦斯写信给王尔德，“你给我的一切东西都过早夭折了，这是我的错吗？我觉得它没受什么痛苦，因为它看上去很漂亮。”[31]然而，王尔德仍然陶醉在爱人的美丽中。1884年1月末他写信给在美国的莉莉·兰特里，告诉她——先巧妙地恭维了她新近在戏剧上获得的成功——自己即将“娶一位庄重、小巧，长着一双紫罗兰色眼睛的小阿尔忒弥斯（Artemis），她浓密的棕色卷发使得她那花一样的头颅像花朵一样低垂下来，她那美妙的象牙色双手，弹起钢琴来是如此美妙，就连小鸟也停止了歌唱来聆听她的琴声”。兰特里已经听说了这件婚事，但仍为他亲自证实这个消息感到高兴。[32]

从1月下半月到3月底，王尔德几乎马不停蹄地在不列颠群岛演讲，很少有机会见到紫罗兰色眼睛的阿尔忒弥斯。他只得以大自然的美来安慰自己。2月，他在英格兰湖区及其周边展开了一系列活动（在卡莱尔、沃金顿、科克茅斯、玛丽波特

---

* 据不太可靠的媒体报道，惠斯勒为一只小猫取名“奥斯卡”，以此来回报他的称赞。然而，当“奥斯卡”后来生下小猫时，他感到很惊讶。

和阿尔弗斯顿举行演讲）。这是他从诗歌中读到过，也曾经听罗斯金描述过的风景，后者就住在科尼斯顿。王尔德趁着演讲间隙游览了凯西克，参观完当地的艺术学校之后，校长带他来到德文特湖边散步。

当地报纸报道了他的热情回应。“这景象，”他说，“很可爱。”他非常高兴能见到洛多尔瀑布，罗伯特·骚塞在那首令人愉快的拟声诗中所写的，正是这倾泻而下的水幕。他想，当时的气氛“正好适合欣赏这样的风景。这个湖大得刚好可以容得下美景。美国的湖泊就像大海，让人看不见陆地，还有残酷的暴风雨会击沉船只”。他宣称：“所有风景美丽的地方都应该有开放的步行道，有一种错误的想法是，认为一旦允许公众进入私人领地，他们就会成为无情的财产破坏者。他仔细地询问铁路项目是否会破坏美丽的风景，虽然没有就此给出直截了当的意见，但他说，‘坐在一等车厢里，一路欣赏着车外的美景，一定是件非常惬意的事情’，他觉得人在完全自在安逸的状态下，会得到更好的享受。”[33]

王尔德一刻不停的演讲确实让公众都知道了他的名字。至少在外地，他仍然是“唯美主义的使徒”。他的“使命”——他喜欢这样称呼它——并非毫无效果。唯美主义的设计思想逐渐开始产生影响并扩散开来。有人回忆，他在盖恩斯伯勒的演讲结束后，“许多维多利亚时代的家具被人从后门扔了出去”。他激发一些居民迷上了“自由式”家具，并且开始替他们的家选购类似的家具。[34]涂料制造商西奥多·曼德和妻子听了王尔德在伍尔弗汉普顿有关“美丽的房子”的演讲之后，便开始改造自己的怀特威克庄园，将其变成了一座莫里斯面料和工艺美术设计的美学展馆。

然而在伦敦，王尔德基本上被视为一个社交人物：一个有趣的“会说聪明话的人”。尽管人们承认他与众不同、很有意思而且“本质上很时髦”，但他即将到来的婚姻生活和他焕然一新的打扮似乎表明，他已经放弃了年轻人的奢华铺张，“并且接受了现实生活”。至少当年5月，当他以优雅的漫画形象出现在署名“猿猴”（Ape）所作的《名利场》杂志著名的“风305云人物”系列中时，人们是这么认为的。[35]文中除了提到他“有点令人吃惊”的1881年诗集——以及一笔带过地提及他“创作过一部戏剧”之外——这篇简短的配文几乎不会让人想到，王尔德实际上是一个作家。

的确，由于不间断地在各地演讲，要始终坚持文学抱负的确不是一桩易事。他挤出时间创作了一首爱情小诗，刊登在皇家阿尔伯特音乐厅一场慈善活动的小册子里。[36]他还在继续寻找能够出演《帕多瓦公爵夫人》的人，甚至还从女演员艾达·卡文迪什那里得到了积极的、略带自谦的回应。[37]但是，她有其他的事情要做，健康状况又不稳定，这就意味着计划不能马上实施。一次，年轻的演员兼剧团总监考特尼·索普询问王尔德，问他能否为即将到来的夏季写一部“强有力的戏剧……穿着现代服饰——小型的演员阵容”。[38]写一部现代时装剧的想法显然很有吸引力。王尔德曾向一位纽约的朋友透露，他想“写一部喜剧”，但“想不出来哪个经理能够将它搬上舞台”。[39]现在看起来，似乎有人可能对这样的作品感兴趣。但王尔德的日程安排太紧张了，几乎没有时间进行严肃的创作。

此外，王尔德仅有的少许闲暇时间也都被各种婚礼计划占据了。日子飞快地从4月一下子滑到了5月底。这件事不能操之过急。要把它当成一次审美活动。王尔德在他关于“美丽的房子”的演讲中，提到了女性服装的主题，呼吁大家采用“更多的色彩和亮度”、更简单的线条，反对穿着束身衣，装饰人造花，要避免“所有无用的、累赘的蝴蝶结、荷叶边、各种打结以及其他类似毫无意义的东西”。随后他列举了“古希腊服饰”，威尼斯文艺复兴时期、英国卡罗尔时代和“盖恩斯伯勒时期”的服装作为例子。[40]他很期待这些想法能得到呈现，因此参与设计了康斯坦斯的婚纱和六位伴娘的礼服。这是一次愉快的合作，因为康斯坦斯对时装很感兴趣，她是裁缝阿德琳·内特尔希普身边能干的助手，后者是画家约翰·内特尔希普的妻子。[41]

还有一些未来婚姻生活中的实际问题有待解决。他们要住在哪里？王尔德想回到切尔西，3 月底的时候康斯坦斯告诉朋友们：“我们一直在泰特街看一座房子，我想我们很可能把它租下来。”泰特街 16 号是新排屋项目的一部分，往南是惠斯勒的工作室（弗兰克·迈尔斯仍住在泰特街）。他们及时缴纳了一笔保证金，签下了为期 21 年的租约。[42]

306

王尔德请惠斯勒为新房子设计一个装饰方案，但惠斯勒说：“不成，奥斯卡，你一直在给我们讲美丽的房子；现在机会来了，展示一个给我们看看。”[43]王尔德当然有他自己的想法，但他还是争取到了戈德温的帮助，来改进这些想法并将其付诸实施。他们精心设计了内置家具、稀罕的织物和有趣的饰面。他们很快就明显觉察到，还需要更多的现金。婚礼前的几周，王尔德——非但没有减少债务——想办法从康斯坦斯的信托基金借出 1000 英镑，承诺到时候连同利息一起偿还。[44]可能就是在这笔交易的过程中，王尔德告诉劳埃德家的律师哈格罗夫先生，他不确定什么时候能还上这笔钱，“但我可以给您写一首十四行诗，如果您认为它能管点儿用的话”。[45]

婚礼于5月29日（星期四）下午在离兰开斯特街不远，苏塞克斯花园的圣詹姆斯教堂举行。[46]为避免人群聚集，他们没有向媒体公布婚礼的时间和地点。受邀的客人纷纷收到了特别的入场券。霍雷肖·劳埃德因为病重无法出席。“关于婚礼，可以记录的只有这么多，”《世界》杂志故意轻描淡写地报道，“新娘在六位漂亮伴娘的陪伴下，看上去十分迷人，奥斯卡表现得镇定而威严；所有和这件事最密切相关的人看上去都非常开心。一小群至交在查令十字街目睹他们远去。”

这篇报道中没有提到——其他媒体也没有提到——惠斯勒发来的电报：“恐怕我不能及时赶到参加婚礼。别等我。”[47]其中没有提及伯恩-琼斯及其家人、乔治·刘易斯夫妇，以及伯纳德·比尔夫人是否出现在宾客中，也没有提及约50名坚持要求参加婚礼的当地教区居民。《世界》杂志没有透露婚礼上的着装细节：新娘身穿优雅简洁的缎面礼服——一抹浅浅的“樱草色”——高高的飞边领子配蓬松的“威尼斯风格”袖子；两位年纪最小的伴娘——“模仿约书亚·雷诺兹”——身着“令人惊讶但很有美感的熟醋栗色礼服，系着黄色腰带”；四位大一点的女孩在“淡蓝色花朵的雪纺外面，穿着浅红色的丝绸裙”。报道中没有描述康斯坦斯围着的那条精致的银腰带——“新郎的礼物”，也没有描述她手指上新颖独特的结婚戒指。它们更没有提及其中暗示的各种古典元素：极为古典的“桃金娘花冠”（一种比传统的橙色花朵“更具诗意”的装饰）上连接着番红花色面纱（正如“希腊少女在婚礼上戴的”那种）。报道中也没有提到王尔德夫人身上那件光彩夺目的灰色礼服，以及奥斯卡“穿着当时普普通通的双排扣长礼服

307

大衣”。媒体忽略了伴郎威利，也没有记录下王尔德对身旁的玛格丽特·伯恩-琼斯抱怨道：“玛格丽特小姐，那个牧师简直丑得可怕，导致我严重怀疑这段婚姻是否有效。”[48]这些都是他打算克服的疑虑。

注　释

1. *Entr'acte*, 1 September 1883.
2. *Birmingham Daily Post*, 29 September, 1883, in Dibb, 47.
3. Otho Lloyd, quoted in Ellmann, 229.
4. 有关奥斯卡·王尔德巡回演讲的完整行程可参见 Dibb。
5. Sherard, *Life*, 30-1.
6. Dibb, 59-90.
7. ‘Mr Oscar Wilde in a/c with W. F. Morse’（Clark）；从马盖特（Margate）和拉姆斯盖特（Ramsgate）（访美之前）开始，到 10 月 10 日埃尔丁顿（Erdington）结束，奥斯卡·王尔德在最初的 13 次演讲中的佣金份额为 145 英镑 2 先令 3 便士，从中减去 5 英镑 13 先令 4 便士的商业开支，他于 1883 年 10 月 12 日收到了剩余的 91 英镑 9 先令。有关曼彻斯特听众的情况，参见 Dibb，58-9。
8. Melville, 180.
9. CMW to OW, 11 November 1883, in Ellmann, 229-30.
10. *CL*, 221；演讲于 11 月 22 日、23 日下午 3 时在欢乐剧院（Gaiety Theatre）举行。
11. CMW to Otho Holland Lloyd, 26 November 1883, *CL*, 222.
12. Moyle, 74.
13. JFW to OW, [Nov 1883], in Tipper, *Oscar*, 105.
14. WCKW to OW, 29 November 1883 (Clark).
15. Ada Swinburne-King to JFW, 30 November 1883 (Clark).
16. CMW to OW, [27 November 1883] (BL).

17. CMW to Otho Lloyd, 27 November 1883, in Moyle, 75.
18. *CL*, 222n.
19. Emily Lloyd to OW, 30 November 1883 (Clark).
20. Moyle, 76.
21. Emily Lloyd to OW, 6 December 1883 (Clark).
22. Schoeder, 81-2.
23. Emily Lloyd to OW, 6 December 1883; Emily Lloyd to OW, 14 December 1883 (Clark).
24. *CL*, 224, 225; Moyle, 73; CMW to OW (BL).
25. CMW to OW (BL).
26. *World*, quoted in *York Herald*, 5 December 1883; *Dundee Courier and Argus*, 5 December 1883; *Belfast News-Letter*, 12 December 1883; *Freeman's Newsletter*, 20 December 1883; 'Our London Letter', *Dundee Courier and Argus*, 20 December 1883.
27. Moyle, 82.
28. Emily Lloyd to OW, 14 December 1883 (Clark). 惠斯勒在其他方面为奥斯卡 · 王尔德提供了支持，例如，当王尔德在媒体上遭到奥古斯都 · 摩尔的攻击后，他站在了奥斯卡的一边。See A. Moore to JMW, 16 October 1883 (GUL) and R. H. Sherard to OW, 13 October 1883 (Clark).
29. *CL*, 225.
30. Eleanor Sickert to OW, 26 December 1883 (Clark).
31. CMW to OW, 4 January 1884 (BL).
32. *CL*, 224; Langtry, *The Days I Knew*, 94.
33. *Cumberland and Westmorland Advertiser*, 26 February 1884, in Dibb, 95-6. Dibb, 112-13 罗列了王尔德在 1884 年 1 月 1 日至 4 月 26 日之间所做的 76 场演讲。
34. Russell Thorndike, *Sybil Thorndike* (1929), 43-4; 盖恩斯伯勒演讲（1884 年 1 月 28 日）之后，王尔德赞扬西碧尔 · 索恩迪克的母亲阿格尼丝是“一位机智诙谐的年轻女士”；她受此鼓舞，成为当地一名带领人们进城旅行的品味鉴赏人。
35. *Vanity Fair*, 24 May 1884; see [Carlo Pellegrini/ 'Ape'] 'Unidentified' to OW, 28 April [1884] (Austin):“亲爱的奥斯卡，下

周四五点你可以来这儿（Mortimer 街 53 号）找我……又及：请带上几张你最近的照片。”

36. OW, ‘Under the Balcony’, appeared in the *Shakespearean Show Book* (1884); see Mason, 196-9.
37. Ada Cavendish to OW, 13 March 1884 (Clark)：“我已经……读过了你的剧本，”她在信中说，“觉得它非常好，我真诚地相信，如果你找不到更合适的人选，也许我可以演这个角色。”
38. Courtenay Thorpe to [OW], 17 April 1884 (Clark).
39. ‘The Trifler’ [James Huneker], *Musical Courier* (New York), 26 July 1893.
40. ‘The House Beautiful’, in O'Brien, *Oscar Wilde in Canada*, 178.
41. Moyle, 85-6.
42. Moyle, 86，其中提到了首付款的事情。租约可由任何一方在 7 年或 14 年时终止。前 7 年的租金为 130 英镑，后 7 年租金为 140 英镑，第三个 7 年租金为 150 英镑，每季度支付一次，第一笔款项应于（1884 年）9 月 29 日支付，截至当天的租金为 22.10 英镑（Hargrove & Co. to OW, 13 May 1884）。
43. Johnston Forbes-Robertson, *A Player Under Three Reigns* (1925), 110.
44. Schroeder, 82, quoting information from Merlin Holland (also see Maguire, 54)；这一段纠正了 Ellmann, 234 的内容，其中提到奥斯卡·王尔德于 1884 年 5 月 15 日借了“它父亲的剩余遗产中的 1000 英镑”。1884 年 5 月 15 日，乔治·刘易斯在一封写给奥斯卡·王尔德的信中提到，哈格罗夫公司致函确认王尔德已经签下一份协议，承诺按要求向受托人偿还 1000 英镑，同时向受托人支付年利率 5%的利息，每半年支付一次。刘易斯询问奥斯卡·王尔德，是否愿意加入一个条款，规定在支付利息的同时“不应在一定年限内收回本金”。
45. Otho Lloyd to A. J. A. Symons, 27 May 1937 (Clark).
46. 自 1845 年以来，圣詹姆斯教堂一直是帕丁顿的教区教堂。这座建筑在 1881 年由 G. E. Street 改建为哥特式风格，改造工程由他的儿子 A. E. Street（他曾在莫德林学院与奥斯卡·王尔德一起读过经典）指挥完成。
47. Pennell and Pennell, *The Life of James McNeill Whistler*, 228.

48. ‘London Jottings’, by Archibald Forbes, London, 30 May 1884, syndicated to the *South Australian Advertiser* (Adelaide), 9 July 1884；婚礼前一晚，路易斯夫妇在波特兰广场举办了一场盛大的舞会，奥斯卡·王尔德和许多客人期间表现得非常轻浮。王尔德（虽然不跳舞）一直待到凌晨4点，带着“一个接一个的美女去吃晚餐”。其中一位是乔普林太太，曾给过他“一个年轻的丈夫应该怎样对待自己的妻子”的建议。

4. 新的关系

要想对巴黎一览无余，这并不是件易事。

——奥斯卡·王尔德

他们的蜜月始于巴黎。各种社交和文化活动纷至沓来，午餐晚宴（有受邀参加的，也有请客做东的），游乐玩耍，参观展览，以及读书娱乐。王尔德很乐意把他的新娘介绍给去年在巴黎结识的同伴布尔热和萨金特；还有年轻的爱尔兰裔美国雕塑家约翰·多诺霍，王尔德曾在芝加哥赞扬过他的作品，那年夏天他正在沙龙办展（康斯坦斯对他的"爱尔兰蓝眼睛"大为赞赏）。* 所有目睹他们在一起的人都看得出来，王尔德"欣喜若狂地爱着"他的新娘。[1]谢拉德到里沃利街的瓦格拉姆旅馆拜访他们，王尔德与他出门散步时，刚到一个市场摊位前便立刻停下脚步，买了一束鲜花，让人送回旅馆给康斯坦斯，还在其中附上一张"一往情深，充满激情"的纸条。他似乎急于谈论婚姻的乐趣，然而谢拉德（一反常态地）打断了他的开场白——"这简直是太棒了，当一个年轻的处女……"——并且把话题转到了不那么私密的事情上。谢拉德确实可笑地对王尔德自诩的无限幸福感

308

309

* 萨金特邀请王尔德去他的画室，提前看一眼他当年即将展出的作品（那幅很快将声名狼藉的"X 夫人肖像"），告诉他："我还在画高特罗夫人的肖像，如果能完成得不错，下星期四就会在沙龙展出。他们会告诉你，我出门了，但你一定要来敲门：当，当，当。你会看到我的模特，她长得很像芙里尼（Phryné，古希腊交际花）。"

到非常恼火——与这对快乐的新婚夫妇共度了一个晚上之后——他很想从内藏刀剑的手杖中拔剑出鞘，刺穿他的朋友。康斯坦斯笑着没收了他的手杖，避免了一场悲剧。[2]

一名《晨间新闻报》记者来到瓦格拉姆酒店，王尔德声称自己“太幸福了，不想接受采访”——不过他接下来还是向记者阐述了自己对小说阅读的看法（“我读书从来不由开头读起……这是唯一激发好奇心的办法，书本的开头千篇一律，总是激不起人们的兴趣”），关于抛弃朋友（“我会让它成为一种积极的乐事，而不是一种遗憾。我们不想再次见到某些人，为什么不能高高兴兴地承认这一点呢？这不是忘恩负义，也不是冷漠无情。他们只不过已经倾尽了他们的所有”），以及关于莎拉・伯恩哈特的《麦克白夫人》（“我们的舞台上没有这种表演，这是她最出色的创作。我故意把它说成是她的创作，因为在我看来，谈论莎士比亚的《麦克白》是十分无礼的……莎士比亚只是剧本的参与者之一。另一个参与者是揣摩这出戏的艺术家。这两个人联手，向我展现一个令人满意的英雄，我所要求的不过如此”）。[3]

婚姻生活的奇妙之处超越了尼亚加拉瀑布和大西洋：王尔德在给朋友的信中写道，他“没有失望”。他的信——被媒体报道为“极具特色”——这样写道，他“自信能够承受婚姻生活的操劳和焦虑，并在新的关系中看到了一个机会，可以去实现自己长久以来一直抱有的诗意构想。他说，比肯斯菲尔德勋爵将一种新的演讲风格传授给英国人，而他打算树立一个榜样，说明艺术对婚姻生活的渗透和影响”。[4]

康斯坦斯已经准备开启这样的生活，当然如果这意味着穿漂亮衣服，那就更没有问题了。有些媒体可能会冷言冷语地说，她只是“一个傀儡模特，任凭奥斯卡在她身上展示其关于女性服装是否美丽或得体的怪诞想法”。但她很乐意告诉哥哥，自己最新的连衣裙在巴黎引起了“轰动”。[5]《女士画报》指出，尽管法国女士们的品味很传统，但她们对康斯坦斯“别致而得体”的着装大为赞赏。其别致之处在于：“奥斯卡·王尔德夫人，头戴白色羽毛装饰的大帽子，披一件镶满咖色蕾丝褶饰的米色羊驼长斗篷，身穿清新而又略显奇特的白色细棉布裙子，间或点缀着些许金色丝带或黄色丝线刺绣，她被认定为‘十分迷人’，穿着绝对有品味。”[6]

310

在充满阳光欢乐的蜜月期间，王尔德继续埋头于前一年开始研究的法国颓废文学。眼下只有一本书可读：全巴黎都在谈论它。若利斯-卡尔·于斯曼的《逆流》——刚刚出版两周时间——用作者的话来说，它“像一块陨石掉入文学游乐场，在出版界激起了愤怒和震惊”，也让文学界惊叹不已。它似乎是颓废时代的缩影：一位神经质的贵族让·德塞森特公爵的离奇故事，他逃离当今时代的物质主义，无视一切传统的规范和道德，投身于一种极端唯美的，佩特式的追求感官刺激的生活。

他厌倦了各种形式外露的享乐放纵，回到他的乡村庄园，投身于越来越精致的艺术与非自然、记忆与梦想的领域。[7]在一系列华丽的章节中，于斯曼描绘了主人公收藏的有毒植物和致幻香水，他对后期拉丁语散文的迷恋，对古斯塔夫·莫罗的绘画和波德莱尔诗歌的喜爱，对瓦格纳音乐和叔本华哲学的热爱，同时也提到了他那只镶嵌宝石的乌龟（致敬孟德斯鸠传说中的宠物）。德塞森特以往的一系列出格行为中包括一次葬礼宴会，宴会上的食物和装饰都是黑色的，客人由穿着银色长袜的裸体“女黑人”侍候。他以往的恋人中，有一位魁梧健壮的美国空中女飞人，一位女腹语术士（作为前戏的一部分，她会背诵福楼拜的《圣安东尼的诱惑》中斯芬克斯和奇美拉之间的对话），还有一位——他最终抛弃了女性——令人不安的年轻人，他走起路来扭捏作态，两人是在大街上邂逅认识的。

王尔德用色彩斑斓的笔触唤醒了这本书中"有毒的"力量："对（读者）来说，在精致的衣裳下，在美妙的笛声中，世上的种种罪孽在他面前无声地演示开来。他朦胧中梦寐以求的东西突然变成了现实。他做梦也想不到的事情逐渐显现了出来。"他对《晨间新闻报》记者说——以更加通俗的口吻——《逆流》是他读过的"最好的书籍之一"。[8]尽管德塞森特的计划注定最终要失败，但他尝试的细节被传达得如此生动逼真，几乎令人信服。王尔德理所当然很愿意相信。正当他准备接纳婚姻生活的幸福约定时，他发现自己竟迷上了一个叛逆形象——它违背习俗，违背自然，违背道德，违背常理。但是，这本书的毒性发作起来非常缓慢。他仍然要享受蜜月，紧接着去巴黎，又在迪耶普度过了"愉快的一周"。

311

王尔德和康斯坦斯于6月24日返回伦敦，却发现无处可以安身；泰特街房子的装修进度比计划落后了许多。王尔德与戈德温商量，他急于"向涣散的施工队施压"。[9]一个人人熟知的装修大麻烦就此降临。已经完成的工程质量低劣，让王尔德非常恼火，他解雇了承包商（格林先生），后者随即扣下一部分家具，并起诉王尔德拒绝支付账单。经过数周的争执，直到出庭前一天，双方才达成和解。与此同时，戈德温聘请的新承包商夏普先生很快就超出了他的估算，因为他发现很多"格林留下的烂活儿"需要推翻重做（到11月底，他的账单已达222英镑17先令，后续还会有更多）。[10]王尔德夫妇无法搬进新家——在兰开斯特街小住了一阵之后——只好挤进奥斯卡位于查尔斯街的住所。此后，他们一直住在伦敦，奥斯卡直到秋天才继续演讲。

他们是一对名人夫妻，是唯美婚姻的化身。新闻界对他们新生活的诸多细节做了大量有趣的猜测。有一篇小品文提到，康斯坦斯在餐桌上问：“你喜欢哪一种，风干向日葵还是烤铃兰?”让她惊愕的是，奥斯卡坦白承认——此时正隐居在家——他想要“一些牛肉、土豆、面包和一瓶啤酒”。[11]

米莱的夏季舞会上，人们发现王尔德变得“心宽体胖”。如果他的扣眼上没有百合花，“为弥补这一点，他的妻子会在胸前佩戴一枝大大的睡莲”。[12]在南肯辛顿宫举办的“国际健康展览会”上，王尔德夫妇经营了一个时尚慈善活动的摊位。性情随和的王尔德答应售卖“鲜花礼品”，其中有“各种各样的向日葵和百合花”。[13]在各种招待会和画廊开幕仪式上，王尔德夫妇成为“公众感兴趣”的对象，其程度甚至可以和莉莉·兰特里相媲美。[14]他们吸引了大街上人们的注意力，却并非人人都喜爱的那种。一次，两人走在国王大道上，奥斯卡穿一件钉着无数小纽扣的套装“就像一件改进版的侍从制服”，康斯坦斯头戴一顶饰有白色羽毛的“花哨大女帽”，一群街头顽童冲着他们喊：“哈姆雷特和奥菲利亚出来散步了。”“你说得很对，”王尔德回答说，“我们就是。”[15] 312

康斯坦斯夸张的服饰，加上她生性害羞，这意味着——在社交场合——有的时候在别人看来，她会被衣服和丈夫弄得不知所措。一次茶会上——用劳拉·特鲁布里奇的话说——她“特地”穿了一身“柔软的白棉布，没有一点儿裙撑，橘黄色的绸巾搭在肩上，头戴一顶巨大的盖恩斯伯勒花边阔沿帽，脚上穿着白色和明黄色的长袜和鞋子”。奥斯卡“理所当然地那么妙趣横生”，而她看起来“简直不可救药”。[16]但鲜为人知的是，她其实很愿意参与这些事情，而且她对于结婚真地非常感兴趣。她经历了一个由母亲和姑姑主宰的少女时代，前者对她漠不关心，后者对她不以为然，而新生活的种种可能性让她感到兴奋不已。她发现，王尔德夫人可以成为她的盟友兼朋友。

7月18日，霍雷肖·劳埃德去世（短暂地）中断了这一轮蜜月后的愉悦。这件事情并非来得十分突然，它虽然夺走了康斯坦斯为数不多的几个支持者之一，但也的确让她获得了其应得的全部遗产。她的5000英镑信托基金和收入都翻了一倍多。现在她每年有800多英镑收入，可以用这些钱装修泰特街的房子和买衣服了。[17]然而，财务规划对康斯坦斯和奥斯卡几乎一样陌生。他们是无忧无虑、不知节俭的一对。有亲戚赠送他们一张数目不小的支票作为结婚礼物，让他们采购些“有用的”东西。结果让这位亲戚颇为恼怒的是，两人竟然兴奋地宣布，他们用这笔钱买了两把使徒调羹。[18]

那年夏天，王尔德确实赚了一些钱，威利外出度假期间，他替补了其《名利场》杂志戏剧评论员的职位。[19]不过，令他最投入的还是自己的戏剧计划，他对《帕多瓦公爵夫人》寄予了各种希望。事实证明，艾达·卡文迪什是个靠不住的人，不过——在讨论泰特街房屋装修期间——他向戈德温热情地讲述了创作这出戏的想法。戈德温是个狂热的戏剧爱好者，对逼真的历史服装和舞台设计特别感兴趣，他从王尔德的这出意大利悲剧中看到了丰富的可能性。戈德温以创作一台戏剧精品为目标，着手制订计划，建议将故事的背景从16世纪换成14世纪。他还与女演员安娜·康诺夫（以及她的业务经理菲利普·贝克）展开了谈判，后者最近刚刚接管了斯特兰德大街的奥林匹克剧院。双方起草了一份合同，决定这出戏将于 1885 年初在伦敦首演，然后在各地巡演。计划进展顺利，但到当年 11 月却止步不前。媒体上有传言称，可能是因为王尔德“坚决拒绝”修改其中的“一句台词”而导致了如此僵局。但考虑到他之前与几位女演员合作时的热情，似乎不太可能出现这种情况。无论如何，这项计划没有重启。王尔德对《公爵夫人》的期待再次落空。[20]

313

有关这出戏的艰难谈判发生在秋季演讲即将开始之际。10 月初，王尔德在年轻的新任巡回演讲经理乔治·阿普尔顿指导下重返讲坛。他为即将到来的巡回演讲准备了两篇新的演讲稿：一篇关于“服饰”（他的重要话题），另一篇是“艺术在现代生活中的价值”。[21]1884 年 10 月 1 日，王尔德在伊灵首次发表关于“服饰”——以及服饰改革必要性——的演讲；它和“美丽的房子”一样重于说教，王尔德立志将美带入日常生活，这是他“使命”的一部分。内容以他早期演讲中的美学思想为基础，但有一个新的重点，即漂亮得体的服饰有益健康。这是那年夏天“国际健康展览”倡导的一个热门观点。戈德温在展览上发表讲话时提到“服装及其与健康和气候的关系”，王尔德坦率地借鉴了他的思想。[22]

王尔德试图通过演讲，把“服饰”从短暂而荒唐的“时尚”中拯救出来，使其重归于永恒的艺术法则和明智的判断。“毕竟，”他气势汹汹地问道，“时尚究竟是什么，（只不过）是丑陋得很特别而已，它让人无法忍受，迫使我们每隔六个月就必须换一次。”他的讲话令人精神一振，其中既有建议，也有禁忌，林林总总地提出了一连串流行时尚，他抨击高跟靴、花哨的法国帽、不必要的蝴蝶结、“带斑点的面纱”、紧身胸衣、“腰垫”（一种裙撑）、裤裙、亚麻内衣和（男式的）“丑得可怕”的高顶礼帽。他的演讲中不时夹杂着幽默，特别是谈到帽子时：“如果我告诉你们，人们每年在帽子上花费多少钱，我敢肯定，你们中间一半人会懊悔，另一半人会绝望”；“我最近看到一幅很大的图片（一顶帽子，旁边写着：）‘戴上这种帽子时，嘴要微微张开’”。王尔德最令人难忘的一句话是：“一个肩上围着披肩、脚上穿着木屐的兰开夏郡纺织女工，要比刚从巴黎回来的伦敦时尚女士更懂得穿衣，因为前者让人舒适，而后者使人尴尬。”[23]

至于规则，王尔德建议“将德国的科学原则和希腊的美学原则相结合”，创造出“健康、舒适、艺术”与“个性”相结合的服装。他提倡穿精纺羊毛服装——如“斯图加特的古斯塔夫·耶格博士”所建议的那样——应该从肩部垂落下来，而不是从腰部或臀部。不要去模仿古希腊式的“奇装异服”，只需要一种类似的简洁感和适合感，以及对颜色和式样的类似理解。在谈到男人的服装时，他称赞农民、“渔民”、运动员和17世纪骑士的服装，并提出可以将这些服装稍加改进用于现代都市，让软帽、双排扣大衣、暖和的斗篷和高帮靴出现在人们的衣柜里。[24]

314

对许多人来说，着装是一个令人着迷的话题。《帕尔摩报》（一份此前倾向于贬低王尔德的报纸）刊登了一篇对王尔德的伊灵演讲大加赞赏的文章，立即引发一阵忙乱。这个机会不容错过。王尔德向朋友解释说，获得声誉最可靠的方式是通过自我宣传：“每次我看到报纸上提到我的名字，我就立刻写信承认我就是那个救世主。”[25]他请求获得“一个机会去回应各种批评，他要沉浸在这种最迷人的乐趣中”，他给报纸写了一封长信，承认他确实是服装改革的救世主，并重申了他的全部主要观点。[26]

王尔德通过他的牛津老朋友阿尔弗雷德·米尔纳在这份杂志上有了一席之地，这对他很有帮助。米尔纳是杂志副主编，还因此推迟了自己的政治生涯。他曾于5月邀请王尔德到《帕尔摩报》办公室，参加了一场“精英人物”的“读心术”展示；作为回报，王尔德向他提供了一些对办公室装潢的看法，还邀请米尔纳参加了自己的婚礼。* 两人一直保持着联系。[27]王尔德写给该报的信引发了进一步的争论，于是他在下一个月寄去了第二封——篇幅更长——王尔德式信件，内容是“关于服饰改革的更激进观点”。及至年底，即便“乏味的人”也都知道王尔德是“服饰改革家”的领军人物。他被一些人开玩笑地称为“腰垫”①。[28]

事实证明，王尔德的“着装”演讲——及其更具一般性的姊妹篇“艺术在现代生活中的价值”——在各个学院和社交界很受欢迎。经纪人阿普尔顿得以借此确认了1884年10月至1885年2月期间，总共60多场演讲预约。王尔德被迫在铁路候车室和地方旅馆里度过又一个冬天。他在旅行期间读了很多书。他在所到之处看望了老朋友——分别在布里斯托尔和爱丁堡见到了威廉·沃德和亨特-布莱尔。然而，他经常感到孤独。他

315

* 《帕尔摩报》在报道中采用了一种与王尔德相匹配的幽默文风：“奥斯卡·王尔德是如此杰出、如此古怪，他所做的关于艺术的演讲当然值得一听。最重要的是，他是一位坦率的评论家。‘你的装饰，’他会说，‘太荒唐了。完全不遵守规则。就像和谐之于音乐一样，应该有一个贯穿整体的思想。不是吗？不。它们没有灵魂。你能抛弃灵魂而存在吗？没有灵魂，没有音乐，也没有……”“‘向日葵，’有人说。‘不，一朵花只是一个偶然事件。’”

① 腰垫 dress improver 与“服饰改良者” dress-improver 读音相同。——译者注

从爱丁堡的巴尔莫勒尔酒店给康斯坦斯写信（这是他写给她的众多信件中唯一保存下来的一封）：

> 亲爱的，我爱的人，我在这儿，而你却在地球的另一端。唉，可恨的现实，让我们的双唇无法接吻。不过，我们的灵魂是一体的。
>
> 我能通过信件告诉你什么？唉！我什么都不会告诉你。神祇之间的信息不是通过笔墨传递的，事实上，即便你身处此地，也不会使你变得更真实：因为我觉得你的手指正在抚摸我的头发，你的脸颊蹭着我的脸颊。空气中充满了你的嗓音，我的灵魂和肉体似乎不再是我的，而是与你的灵魂和肉体在某种极度的狂喜中融为一体。没有你，我觉得自己是不完整的。
>
> 永远永远属于你的
>
> 奥斯卡

至于生活的其他方方面面，王尔德准备采用夸张的方式来表达真实的感情。

离开了康斯坦斯和伦敦，他经常在各个地方任人摆布。几乎每到一处，他都要在导游的带领下参观当地的艺术学校、铸造厂或陶艺厂，还要应付各种与当地名流共进晚餐的邀请。不过，在有些市镇，支持他的人会找到他，给他一个短暂的喘息机会。约克郡的艺术家威廉·豪盖特提出带他去游览“利兹为数不多的名胜”。在伯明翰，王尔德享受了一次“迷人的会面”，与年轻富有的艺术爱好者菲利普·格里菲思共同度过了一段“黄金时间”。[29]布拉德福德演讲（1884年12月3日）之后，王尔德受邀到曼尼汉，在哥特式别墅里与富有的沙尔德斯一家人共度一晚，对此他心存感激——然而即便如此，第二天早上，他还是对丰盛的约克郡早餐不屑一顾，并且表示如果能吃到“一把覆盆子，淡黄色的覆盆子”，那就太“完美”了，令女主人尴尬不已。[30]

这样的个人接触——与感兴趣的人在美学背景之下——必然鼓励了王尔德，给了他完成“使命”的希望。大多数情况下，他的听众数量也颇令人鼓舞。在格拉斯哥（12月19日），5000多人聆听了他的演讲；布里斯托尔（10月14日）的上座率“相当好”，哈勃恩与埃德巴斯顿学院（11月4日）的讲堂拥挤不堪。如果说利兹和谢菲尔德的上座率令人失望，那完全是糟糕的天气造成的。[31]有些媒体继续吹毛求疵，但大多数报道是正面的。人们尤其支持王尔德发起反对“丑陋、昂贵、令人厌恶的英国高顶礼帽”。[32]如果偶尔出现失望的声音，那就是王尔德自己在穿着方面没有“更广泛地实践他所宣扬的东西”，竟然穿着“紧身上衣”和黑森靴。然而来年，他确实凭借一件奇怪的打褶红铜色外套制造了一次小小的轰动，这件时髦外套是按照他自己的设计制作的，让人联想起大提琴的样子。[33] 1884年冬天，他“似乎还没有想要超越斗篷和宽边帽的意思”。[34]

无论一路上获得了多大的成功，也无法掩饰他心中日益增长的不满情绪——他要频繁出行，泰特街的房子一拖再拖（直到1884年圣诞节仍没有完工），还有演讲本身那种昙花一现的特性。康斯坦斯也有同感，威利试图安慰她说：“当你在泰特街最美的小窝里安顿下来时，我知道（奥斯卡）不但能够，而且也一定会坐下来写出比演讲稿更具长远意义的作品，但是，对于不断逝去的‘当下’而言，他继续保持‘战斗’是明智的，也是正确的——即便他不得不暂时离开他的妻子一段时间。”他认为奥斯卡手上那份折磨人的时间表是在“提升他”，“向人们展示，他对自己从事的工作是多么认真”。[35]事实上康斯坦斯当时已经怀孕，令她更加渴望平静的家庭生活。维奥莱特·费恩则相当不客气地暗示说，王尔德自己不断增长的腰围，可能是为了与妻子的状况保持一致。[36]

这对新婚夫妇终于在年底搬进了他们的家，尽管王尔德几乎又得立刻动身巡回演讲，留下康斯坦斯独自完成布置家具等细节。虽然新年的安排不像前几个月那么让人困扰，但仍然需要耗费他的时间和精力。

王尔德趁着短暂的旅行间歇，开始在泰特街 16 号安顿下来，炫耀自己的生活。他与戈德温和康斯坦斯一起——康斯坦斯时常展现出两名男性合作者身上缺乏的实用思维——创造了一些极为新颖和独特的东西。道格拉斯·安斯利（他是劳埃德家族的一个年轻朋友，1882 年他就读于伊顿公学，当时正值暑假，他对康斯坦斯产生了极大的迷恋）是首批造访者之一，他完全被迷住了。康斯坦斯向她哥哥汇报说，他认为“我们家是他住过的最迷人的房子，简直舍不得离开”。[37]

317

这座传统的红砖色排屋被改造成了一座美学殿堂。室内占主导的是明亮和简单，伴随着丰富的异国情调和色彩。不过，这出大戏从前门就开始了。门被漆成亮白色，看起来很像上了一层珐琅。由于排屋其他房子的门或者呈棕色，或是棕色纹理，因此这扇白色大门显得格外鲜亮。某个“讨厌的邻居”给王尔德写了一张匿名便条，指出这扇大门是一块地位“广告牌”，其目的是让人知道，“奥斯卡·王尔德先生，这个泰特街的大佬，他和其他人不一样，不要将他和其他普普通通拥有花园的居民混为一谈”。对此，王尔德疲倦地叹口气道：“是象征而非广告……这栋房子的门之所以漆成白色是因为，任何人都不能把邪恶的思想带进这所房子，因为这里住着世界上最洁白、最纯洁的灵魂，我深爱着的、美丽的妻子。”[38]

这座房子里充满了类似别出心裁的想法。康斯坦斯布置优雅的卧室里——位于二楼正面——墙的下部漆成粉红色，上部漆成绿色，中间以一条窄窄的白色线条作为分界。这个想法是为了使其“象征一个贝壳”——暗指自然界和维纳斯的诞生。[39]

色彩、形式、质地和装饰的每一个细节都是深思熟虑的结果。客人们刚一进门就看见一道出乎意料“极其平常”的白色门廊，侧墙装饰着两幅镶嵌在白色框架中的巨大雕版画——一幅是《阿波罗和缪斯》，另一幅是《戴安娜和她的仙女沐浴》——也许暗指房子的男主人和女主人。右边的一扇门通向书房，这个屋子在1885年的大部分时间里仍在装修。再往前是一段漆成白色、铺着金黄色地毯的楼梯，楼梯与门廊呈直角，通往一楼客厅。前客厅空间较大，而且光线充足、通风良好，两扇弓形窗户的边框上悬挂着米白色窗帘，可以看到街对面皇家维多利亚医院的花园。墙壁和线脚都是“全白”且不加装饰，其目的是“为了不破坏线条”，但天花板是用暗金色“日本皮革纸”做成的方格镶板——四个垂饰上悬挂着巨大的蓝白相间日本纸灯笼。壁炉的两侧是低矮的嵌入式“三角沙发”，属于“安妮女王”风格。壁炉台上方的白色造型中摆放着约翰·多诺霍送给王尔德的青铜浅浮雕，上面刻着《安魂曲》中的句子，而壁炉架上则立着一尊王尔德赢得纽迪盖特时获得的奥古斯都半身像。

318

房子里家具不多。一位较早时候前往拜访的客人——劳拉·特鲁布里奇的追求者阿德里安·霍普——认为，屋子看上去像是已经被“清理出来准备跳舞”，只是“地毯看起来不太合适”。屋里只有四把椅子——两把有扶手，两把没有扶手——全部由戈德温设计，刷上了“白漆”，椅面由藤条制成。在霍普看来，这些椅子“僵硬”，“不舒适”，“与奥斯卡的体重相比太过纤瘦”。对于那些寻求更为舒适的人，还有一张“金漆长沙发”（布卢姆菲尔德·摩尔夫人送的礼物）。沙发旁边放着一张路易十六式小边桌，上面点缀着几件精选的古董——据说包括玛丽·安托瓦内特用来打开特里亚农的金钥匙。另外还有两张桌子，都是戈德温设计的“日本风格”小件家具，一件为八角形配纺锤腿，另一件为竹制的椭圆形。房间里唯一明确的色彩元素是坐垫（购于利伯蒂），上面覆盖着一块“图案很不显眼”、“非常宁静的绿色”织物。*

相比之下，同一层楼的后客厅，就在帷帘隔开的平台对面，是一个色调低沉、陈设丰富的温馨小空间。阿德里安·霍普形容它具有“非常独特的土耳其风格”。屋里根本没有椅子——客厅两面是低矮的无靠背长沙发，旁边摆着“小巧而古怪的嵌入式东方桌子”。护墙板是某种说不上来的暗淡色调，天花板很“华丽”，地上铺着东方地毯。窗户被“仿照开罗图案”的木格子挡住了（窗外是泰特街后面所谓“天堂大道”的“贫民窟”小屋）。门口内侧有一根方形木柱，上面镶嵌着意大利彩

* 不久之后，为了增添更多的色彩和趣味性，墙壁的下半部分被漆成了“暗绿色”，并挂上了一些画：哈珀·彭宁顿绘制的一幅奥斯卡身着礼服外套的全身肖像（艺术家送给他的结婚礼物），以及惠斯勒、沃尔特·克兰、莫蒂默·门皮斯等人的“小幅白框”版画和素描；还有济慈十四行诗《致蓝色》的手稿。“宁静的绿色靠垫”上装饰了粉色缎面。

色大理石牌匾，周围镌刻着用镀金和红、蓝颜色写就的王尔德诗作《爱神的花园》："美的精神！再停留一会儿，你的古老崇拜者，他们并没有死；对他们的一些人来说，你的灿烂的微笑，要胜过一千次的胜利。"对许多人来说，这是房子里最可爱的屋子。阿德里安·霍普第一眼就爱上了它。

其他人则喜欢一楼走廊尽头的餐厅。这是一曲白色的交响乐：象牙白色的墙壁；明亮的白色木制品（包括环绕整个房间的、方便的足尺宽的架子）；乳白色"非洲细布"窗帘；一块白色图案的蓝绿相间威廉·莫里斯地毯；白色的齐本德尔式椅子；还有一张椭圆形餐桌，上面铺着一块未漂白的亚麻桌布。餐厅里的色彩来自"稀有的玻璃和瓷器"、餐巾以及精心挑选的花朵。在那个餐厅色调普遍深暗的时代，这种效果可谓惊人的原创。而且——与王尔德对服装改革的观点一样——它明显是将美学与卫生结合了起来。王尔德说，大量的白色可以让屋子保持"干净清新"，同时也提供了"唯一一种能够让穿着晚礼服的男人看起来优雅如画的背景"。[40]

王尔德在房子的顶层有一个自己的书房，两间小阁楼合而为一，还有一个俯瞰街道的小阳台。这是一个舒适的小阁楼，里面摆满了书，裸露的墙上覆盖着席子，木器上漆着他最喜欢的朱红色。一个据说曾经属于卡莱尔的红木写字台，以及一座赫尔墨斯的白色石膏半身像，散发着令人浮想联翩的魔力。[41]

尽管王尔德——以及整个世界——可能认为这所房子很适合这位"唯美主义使徒"，但与他的地位和收入保障比较，房子确实过于精美，过于华丽了。事实上，这项工程的花销甚至已经耗尽了康斯坦斯的财力，他们不得不从她哥哥奥索那里又借了500英镑。[42]王尔德希望，他的朱红色书房不仅能够激励他工作得更“持久”，而且能带来报酬更加丰富的工作。他似乎一搬到泰特街就开始动手写新剧本了。的确，1885年2月初，他设法见到了功成名就的喜剧作家B.C.斯蒂芬森“讨论一部戏剧”。[43]然而，此事之后毫无结果。*

居住在切尔西，为王尔德一家带来了新邻居和新朋友。一位富有的年轻博学家接受了他们，他名叫爱德华·赫伦-艾伦，他除了对科学、文学、纹章、小提琴制作和“芦笋培养”感兴趣之外，还是一位狂热的手相学家。他第一时间看了康斯坦斯和奥斯卡的手相。王尔德在赫伦-艾伦的手相簿中自己的那一页上写下了那句著名的话：“只有美的事物才是真实的”；康斯坦斯在她的那一页上写的是，挂在起居室里，奥斯卡《爱神的花园》中的诗句。[44]

320

注　释

1. Marie Belloc Lownes to Hesketh Pearson, 10 Dec 1943 (Austin)：“结婚时，他欣喜若狂地（极其地）爱着她。在巴黎度蜜月的时候，所有看到他们的人似乎都很清楚这一点。不管是法国人，还是英国人。”
2. Sherard *SUF*, 93-4; *Life*, 158.
3. *Morning News*, 20 June 1884 (Clark).
4. Quoted in the *Queensland Figaro* (Brisbane), 17 January 1885.
5. ‘London Jottings [by Archibald Forbes] London 8 August 1884’, in *South*

* 《妻子的悲剧》的28页手稿中可能记录了王尔德的戏剧思想。这部未完成、未出版、未注明日期的作品目前保存于克拉克图书馆。这出戏讲的是一位年轻的英国诗人和他妻子在婚姻中遇到的困难。其中的警句和妙语包括：“（默顿勋爵继承了）很多蓝色瓷器……我希望他没有辜负它”；“女人不是用来让人相信或不相信的——她们是用来被爱的。”

Australian Weekly Chronicle (Adelaide) 11 October 1884; *CL*, 229.

6. *Lady's Pictorial*, quoted in the *Derby Mercury*, 3 September 1884, in Moyle, 93.

7. J. -K. Huysmans, *À Rebours* (1959), translated and with an introduction by Robert Baldick.

8. *PDG*; *Morning News*, 20 June 1884 (Clark).

9. *CL*, 231; 他们于 6 月 24 日回到伦敦。

10. *CL*, 236-7, 242; "夏普工程材料清单"(至 1884 年 11 月 22 日), 以及戈德温的两份证明, 参见"乔治·夏普先生"工作表 (Clark)。

11. 'Echoes of Society', *North Wales Chronicle*, 12 July 1884, 6.

12. Leslie Linder, ed., *The Journal of Beatrix Potter 1881-1897* (1966), 97; 波特的父母参加了舞会:"客人们个个来历不凡, 有演员、犹太富豪、贵族、文学界人士等"。

13. *The Ladies Treasury: A Household Magazine*, 1 September 1884, quoted in Dibb, 134; 这场义卖游乐会于 1884 年 7 月 23 日举行。

14. 'Society Gossip', *Hampshire Telegraph and Sussex Chronicle*, 2 May 1885.

15. Mrs Jopling, in Mikhail, 205.

16. Adrian Hope, *Letters of Engagement* (2002), 6; Laura Troubridge's diary entry for 8 July.

17. 霍雷肖·劳埃德的遗产价值 92392 英镑, 其中的 23000 英镑由奥索和康斯坦斯平分。Moyle, 100.

18. Walford, *Memories of Victorian London*, 152; 其他财务压力还包括, 奥斯卡·王尔德因为布雷的房子和克朗费克尔的财产被税务局追缴了"遗产和继承税"。Inland Revenue to OW, 23 April 1884 (Clark).

19. *CL*, 232.

20. OET V, 8; 'Theatrical Mems', *Bristol Mercury and Daily Post*, 25 November 1884; 'Dramatic Musical', *Derby Mercury*, 26 November 1884.

21. *Yorkshire Gazette*, 12 July 1884; Dibb, 138; Morse, 'Lectures in Great Britain', 166-7; 奥斯卡·王尔德自称还准备了一篇关于本韦努托·切利尼的演讲稿, 但没有证据显示, 他发表过这个演讲。

22. 戈德温发表的这篇演讲稿, 题目是《服饰及其与健康和气候的关系》(1884 年国际健康展览会手册)。

23. Dibb，262–75. See also ‘Gleam of Common Sense’；*Argus*（Melbourne），21 December 1885；‘Lancashire Mill Girls’，*Lancaster Gazette and General Advertiser*，27 December 1884.
24. Dibb，262–75.
25. Harris，69–70.
26. *CL*，233–4.
27. A. Milner to OW，22 May［1884］，the Oscar Wilde collection of John B. Stetson，cat. item 391；Terence H. O'Brien，*Milner*（1979），63；‘Muscle-Reading by Mr Stuart Cumberland’，*PMG*，24 May 1884，2；1885 年奥斯卡写给米尔纳的信，2014 年 5 月 19 日，伦敦布卢姆斯伯里图书拍卖会，拍卖品 49 号，写信的日期被认定为 1882 年，这显然是不可能的。
28. *PMG*，14 October 1884；*PMG*，11 November 1884；Hope，*Letters of Engagement*，91.
29. W. Howgate to OW［1884］（Clark）；*CL*，239.
30. Bryan Connors，*Beverley Nichols*：*A Life*（1991），20–21；Dibb，153–5. 贝弗利·尼科尔斯的外祖父母，阿尔弗雷德和丽贝卡·沙尔德住在布拉德福德曼尼汉的橡树别墅 7 号。他们是热心的园艺爱好者，后来又盖起了巨大的温室，因此奥斯卡·王尔德的要求可能并非任性无礼。
31. Dibb，160–2.
32. *Isle of Wight Observer*，4 October 1884；Dibb，147–8.
33. W. Partington，ed.，*Echoes of the Eighties*（1921），220–1；John Cooper，‘Oscar Wilde's Cello Coat’，and ‘Cello Encore’，OWIA.
34. *Bath Chronicle and Weekly Gazette*，23 October 1884；Dibb，160.
35. WCKW to ‘My dear Little Sister’（CMW），［Oct/Nov，1884］（Clark）.
36. Violet Fane［Mrs Singleton］to J. M. Whistler，23 February 1885（GUL）：“（奥斯卡·王尔德）一直都在长胖，浑身上下——自从他结婚以来！……有什么真正的原因吗？……或者说，难道他只是在遵循那些我读到过的印第安人习俗，印第安人在某些情况下会模仿‘女人们’不舒服和不雅观的样子，另外，他们是不是已经孕育了一个小奥斯卡，会在某一天降生到我们身边？”
37. CMW to Otho Lloyd，15 January 1885；Moyle，118.
38. Coulson Kernahan，‘Oscar Wilde：Some Recollections’，ts（Clark）.

39. [Otho Lloyd], ‘Stray Recollections’, 155. Ellmann, 241, 其中错误地引用了亚历山大·特谢拉·德马托斯（威利·王尔德第二任妻子的第二任丈夫）的说法。这所房子的账目表明，随着时间的推移，其装饰和设计的一些细节发生了变化。关于这座房子，最早的描述出自阿德里安·霍普（于 1885 年 3 月 15 日写给劳拉·特鲁布里奇的信中），描述最全面的是奥索·劳埃德（参见“Stray Recollections”）。我将它们合二为一，以展现这座房子在 1885 年的样子。
40. Louise Chandler Moulton’s enthusi-asm for the dining room was reported in the *Oakleigh Leader and District Record* (Brighton, Victoria) Saturday 14 January 1888; ‘How to Decorate a House by Mrs Oscar Wilde’, *Young Woman*, January 1895 (reprinted in *Intentions*, 10 February 2009, 6–10); *Petersburg Times* (South Australia), 15 June 1888.
41. Marylin Hill, ‘A Tale of a Table’, *Carlyle Studies Annual*, 29 (2013),, 其中提到王尔德拥有的那张桌子虽然出自卡莱尔家，却并非他真正的“书桌”。
42. Bankruptcy no. 724 of 1895, High Court of Bankruptcy, PRO-Chancery Lane, London B9/428–9, in Maguire, 54.
43. B. Charles Stephenson [aka ‘Bolton Rowe’] to OW, 2 February 1885 (Clark).
44. *CL*, 245n; CMW to Edward Heron-Allen, 12 December 1884 (Clark); Edward Heron-Allen, ‘Chyromantia’ [hand-reading album] (Houghton): 给康斯坦斯看手相的日子为 1884 年 12 月 9 日，奥斯卡看手相是在 1885 年 1 月 2 日，W.S. 吉尔伯特也在同一天看了手相。

5. 黑白之间

> 对于批评家来说，艺术作品只是一种启示，启示他创造属于自己的新作品。
>
> ——奥斯卡·王尔德

321 搬进泰特街 16 号之后，王尔德原本可以和惠斯勒走得更近一些，但结果恰恰相反。惠斯勒一直嫉妒他的地位和声望，面对王尔德持续不衰的名气、他在品味问题上逐渐得到认可的仲裁者角色，以及他在巡回演讲中赚到的钱，惠斯勒感到越来越恼火。他让自己相信，王尔德的成功完全取自于其在“大师”工作室学到的点子。早在 1884 年 3 月，阿兰·科尔就在日记中指出，惠斯勒“强烈认同奥斯卡·王尔德的艺术观念，那是他从他（吉米）那里得来的”。[1]惠斯勒的脑海中不断回想起，王尔德在准备对皇家艺术学院学生的演讲时，自己所给予的帮助。[2]王尔德的新演讲“艺术在现代生活中的价值”很大程度上借鉴了那次谈话的内容。尽管——也许是因为——他在演讲中对惠斯勒赞誉有加，但这却成了一件令人特别烦恼的事情。惠斯勒对此产生了近乎偏执的仇恨。[3]

虽然没有针锋相对的冲突，但王尔德不可能意识不到，他的朋友正憋着一肚子怨恨。一次晚宴上，惠斯勒将话题转向王尔德的演讲。“现在，奥斯卡，”他问道，“告诉我们，你对他们说了些什么？”王尔德不得不一条一条地重复他的所有要点；

每说一句，惠斯勒就站起来庄严地鞠一躬，“一手放在胸前，假装是在接受客人们的掌声”。[4]对于性格慷慨奔放的王尔德来说，他生性喜欢说话，对思想史具有广泛的理解，如此微不足道地挣一点面子在他看来似乎完全无关紧要。他当然不会生气。他保留了对惠斯勒作为一个男人的喜爱，以及对他作为一个艺术家的钦佩之情。

然而1885年初，惠斯勒为这份日益增长的敌意，找到了一条进一步发泄的途径。他急于维护自己的权威，重新确立自己的美学理论，于是决定亲自做一次演讲。在阿奇博尔德·福布斯的支持下，他甚至说服了多伊利·卡特为这次冒险活动做宣传：他要在2月20日晚上10点这一怪诞的时刻——这个钟点足以让时髦的观众提前进餐——在伦敦王子大厅露一次面。

惠斯勒在演讲稿上下了很大功夫。他要在这次演讲中闪亮登场，宣告自己的艺术信条，而且这一信条与王尔德最近在演讲中所支持拥护的几乎完全一致：艺术不受所有道德和社会义务的约束，它“只专注于自身的完美”，这种完美是可以实现的，不是通过直接模仿大自然，而只能通过灵感进行选择和安排。其中不少用语呼应了王尔德的名言。惠斯勒称：“大自然包含了所有图画的色彩和形式，就像键盘包含了所有音乐的音符一样。但是艺术家天生就会挑选，运用科学对这些元素进行组合，使其产生美丽的效果……对画家说，他应该照着自然的本来面目作画，这就等于对一个演奏家说，他可以坐在钢琴上。”王尔德在演讲中使用了同样的比喻——只不过没有结尾处的笑话。

在惠斯勒鄙视的几个对象中，最主要的可能是罗斯金和哈里·奎尔特——“大学圣人”和“艺术评论家”——但王尔德也没有被落下。当提到现代人热衷于对公众进行艺术教育（一个他们“说不出所以然”的问题）这个话题时，惠斯勒对自封式专家的兴起表示失望：“半吊子艺术家在国外到处跑！——业余选手都跑出来了——到处都是唯美主义者的声音——灾难降临了！”如果说所有的艺术专家都遭到了指责，那么服饰改革者们则遭到了格外的奚落：“演出服装并不属于日常服饰——即便把衣柜里的东西堆砌在身上，也没法成为‘品味’诊断者！——这些人凭什么成为扮靓大师！——好吧，他们什么都没有创造出来！——他们毫无建树，只知道为了漂亮胡拼乱凑……肩膀上随随便便披挂着小贩的衣物——以各种杂乱的风格，把伶人衣柜里那些五花八门的东西套在一个人身上。”

323

当然，王尔德就在听众席里（非常显眼地坐在第六排）。[5]然而，他并非只是来听演讲的，他还受了《帕尔摩报》的朋友之托，要评价这次演讲。他轻而易举地完成了任务，用自己的叙述巧妙地扭转了形势，似乎并没有钻进惠斯勒的圈套。惠斯勒的朋友们原本以为王尔德被演讲激怒了，现在他们才明白过来。[6]

他以一种轻松平等的姿态，风度翩翩地夸赞了一番。他称赞演讲“的确妙不可言”——尽管他立即效仿惠斯勒做作的头韵表达方式，令人难忘地将这位艺术家形容为“一个嘲弄大多数人的迷你版梅菲斯特”。开场白是亲切的赞许，接着是一连串措辞轻松——而恰当——的警告。王尔德指出，演讲的讽刺之处在于，惠斯勒对一群热爱艺术的观众说，他们对艺术一无所知，而且他们无法，也不应了解有关艺术的任何方面。至于他自己，他满不在乎地承认自己的确是个“服饰改革者”——（哦，我有罪！）——但强调这个角色很重要。“当然，”他说，

“至于美丽的环境所具有的价值，我与惠斯勒先生的观点完全不同。”因为真正的艺术家能够“从丑陋中发现美，恐怖之美”，但也不能以此为由去迫使“有魅力的人”活在一堆可怕的“紫红色垫脚凳和阿尔伯特蓝窗帘”之间。惠斯勒“断言说，只有画家才能够评判绘画”，王尔德对此也提出了质疑——他坚持认为，“只有艺术家才能够评价艺术”——所有的艺术都是一体的——“诗歌、绘画、帕特农神庙、十四行诗和雕塑——它们的本质都是一样的，懂得一种就掌握了全部”。他继续道，“诗人”是“最高的艺术家，因为他精通色彩和形式，也是真正的音乐家，主宰着一切生活和一切艺术；只有诗人才知道其他人都不知道的那些秘密，只有埃德加·爱伦·坡和波德莱尔才知道，而不是本杰明·韦斯特和保罗·德拉罗什（两位 19 世纪中期已经不流行的历史画家）”。

不过他认为这篇演讲是“一份杰作”——令人难忘的不仅是其巧妙的措辞：

> 而且还有许多段落是如此纯净与完美——它们所传达的那份诚挚似乎让人感到惊讶。因为有些人只当他是一位讽刺大师，而不像我们一样知晓他同时也是一位绘画大师。我的观点是，他的确是最伟大的绘画大师之一。我或许还可以说，惠斯勒先生本人是完全赞同这一观点的。

324

演讲结束后的那个下午，王尔德的署名文章引人注目地出现在《帕尔摩报》头版。尽管它语气高调，却在媒体对这次演讲的普遍反应中，属于较为宽厚的回应之一。这篇“文笔优美的评论”很快就被其他报纸纷纷评论并引用。在这类文章中，评论者与被评论者受到了同样的关注；其中一篇的文章标题便是《王尔德先生和惠斯勒先生》。[7]

“王尔德先生”很乐意受到关注——并且欣然接受了标题中两人名字的排列顺序——但“惠斯勒先生”就不一样了。他不出所料给《世界》杂志写了一封信回应王尔德的评论：“我已经读了你发表在《帕尔摩报》上的犀利文章。在‘诗人’对‘画家’的恭维中，最妙的莫过于‘诗人’在选择他所谓的画家时表现出来的天真——本杰明·韦斯特和保罗·德拉罗什！你指出‘画家’的使命是发现‘恐怖之美’，留给‘诗人’的则是从‘美丽’中发现‘恐怖’！”

王尔德巧妙地避开了这一招。“亲爱的蝴蝶，”他回答，“借助于一本传记词典，我发现曾经有两位画家，分别叫本杰明·韦斯特和保罗·德拉罗什，他们曾经轻率地讲授艺术。由于他们的作品已荡然无存，我断定他们此举已经将自己解释得一干二净。及时接受警告吧，詹姆斯，还是保持高深莫测比较好，就像我这样；想出名就要让人不理解。奥斯卡谨启。”这封信和惠斯勒的信一起发表在《世界》杂志上；这些信件往来也同样刊登在《帕尔摩报》上。[8]在之前的交锋中，惠斯勒总是凭借自负使他获得某种胜利，当然是最后的胜利。但这一次，他被击败了。

为了让这场游戏继续下去，《帕尔摩报》委托王尔德撰写了第二篇署名文章：《服饰与艺术的关系：对惠斯勒先生演讲的书面注释》。王尔德在文中进一步称赞惠斯勒是一位演说家兼艺术家——惠斯勒冷静而“极为明智”地宣称“艺术只是为了其自身的完美而存在”，相比之下，他自己有关服饰改革的“高尚的愚蠢观点”却寻求让艺术成为“自然的与民族的遗产”。事实上，王尔德认为，服饰之美不仅有益于社会，也有益于艺术：

> 绘画艺术不是在学院的高墙内学会的，它是一门视觉艺术，不是听觉艺术，以此造就了真正的艺术家。真正的学校应该在市井之中。例如，希腊人服饰的精美线条或匀称比例无不精确地反映在他们的建筑中。一个喜欢戴大礼帽的民族，他们的服饰改革家可能会开设一家泛泰泰尼康（家具商场），但绝不可能建造出巴特农神庙。

325

如果惠斯勒希望用他的“十点钟演讲”毁掉王尔德，或与他彻底决裂，那么他在这两方面都失败了。王尔德从这场对抗中脱颖而出，他作为美学改革家和一位才子名声大振。然而，尽管他在公开发表的评论中始终保持着一种宽厚幽默的语气，并继续在社交场合与惠斯勒见面（切尔西——实际上还有伦敦——对他来说太小了，双方不可能不碰面），但很明显，之前几年的温暖友情已经无可挽回地逝去了。这种关系逐渐冷却的外在表现是，王尔德搬进新家后不久，惠斯勒搬出了泰特街，将工作室安顿在富勒姆路尽头，他的家则搬到了位于国王路街边风景如画的淡水河谷。

两人之间这些令人难堪的龃龉却促使王尔德的境遇发生了一种相当喜人的变化：新闻界向他敞开了大门——或者至少是评论界。他在《帕尔摩报》上发表的几篇文章颇受欢迎，促使米尔纳邀请他从3月份开始担任该报的常驻书评人。[9]这个机会来得正是时候。一段时间以来，演讲的魅力一直在减弱。无休止的旅行，无休止的重复，偶尔的混乱带来的压力，变化不定的观众，不确定的回报，远离伦敦和康斯坦斯：所有这些都对王尔德的精神造成了损害。他向阿普尔顿承认："我从头到尾烦透了这件事。"[10]他虽然没有立即终止演讲，但大幅度删减了当年的其余委托。他作为四处奔波的唯美主义先知的角色逐渐走到了尽头。[11] *

326　为一家伦敦报纸做评论，即便算不上一个重大的职业进步，至少也是一种改变和慰藉。况且，《帕尔摩报》很适合他。该报作为一种新兴的"俱乐部"报纸之一（售价 1 便士，其价格是《旗帜晚报》《回声报》《星报》等"流行"报纸的两倍），在 W. T. 斯特德的编辑方针指引下，成为"伦敦迄今为止最好的晚报"：它令人愉快、畅所欲言，而且令人鼓舞。[12]尽管报纸的书评没有署名，而且报酬也不高（报纸通常的稿酬是每千字 2 畿尼），但他在泰特街的"朱红色阁楼"里舒舒服服地就能完成，而且写得很快。王尔德快速阅读的天赋发挥了很大作用，他甚至还提出了一种理论，即书评家不需要去读完整本书，那样既有害，也没有必要："要辨别酒类和酒质，无须喝干整桶酒。确定一本书是否有价值，只要在半个钟头内就能轻而易举地做到。如果一个人对形式有直觉，十分钟就足够了。"[13]毫无疑问，他希望这种新的状态能给予他追求自己文学事业的空间。

王尔德最初希望能够对有关艺术的书籍展开评论，他做的第一件事就询问米尔纳，是否可以给他寄一本科明斯·卡尔最

---

* 从 1885 年 10 月到 1886 年的秋冬季节，王尔德只安排了十几次演讲。1886 年 1 月 25 日星期一，王尔德在彭赞斯做了一场题为"19 世纪的服饰和艺术使命"的演讲，结束了为期三年的全国巡回演讲。从那时起，他可能会偶尔向社交界或团体发表演说，但巡回演讲的日子已经结束了。

近出版的《艺术论文集》。然而，他收到的却是一本名为《正餐与菜肴》的烹饪书。书评的需求是个大杂烩，这是他一开始获得的经验。然而，王尔德似乎很享受这种多样性——甚至是匿名性。两者都是一种解脱。他在《帕尔摩报》上发表的大多数评论，都理所当然地带有一种愉快的假日气氛。[14]在接下来的五年里，他充满活力地对史诗、爱尔兰传奇、礼仪手册、诗歌选集、油画手册、历史传记、书信集、流行小说等进行了评论。这些作品通常语气宽厚，而且总是很幽默——穿插着有趣的想法，还有一些妙语连珠。他称赞《正餐与菜肴》这本书："它简明扼要，不玩弄辞藻，这是读者最大的幸事了。夸夸其谈的长篇大论有谁受得了？它还有一个优点，就是没有插图。一件艺术品的主题当然与它本身美不美毫无关系，但如果是一幅彩色版画的羊腿，那还是多少让人有点扫兴的。"不过，他表示，这部作品的真正奇妙之处在于，它"的确提到了一种制作可食甘蓝菜的烹饪法"。[15]

王尔德天性善良，而且自身遭受过居心叵测的关注，因此他会尽量对名不见经传的诗人给予特殊的宽容。他的文章里几乎总是有赞美的话，无论它是多么微弱。对于一本内容空洞，但装帧不错的书，他评价说："就算它不太值得一读，至少（它）值得一看。"[16]不断涌现的流行小说（通常一次评论三到四本）使他确信，尽管"19 世纪也许平淡无奇……但它不是一个散文的时代"。[17]他慷慨地承认，几乎所有"我们普通的英国小说家"都有"一些故事要讲"，而且大多数是以"有趣的方式"讲述的，但他认为，他们几乎总是败于"风格集中"这一点。他们的角色全都"过于能言善辩，能把死的说成活的。而我们想要的是多一点现实，少一点花言巧语"。尽管如此，他还是认为"人们不应该对英国小说过于苛刻"，因为它们是"失业的脑力劳动者唯一的放松方式”。[18]他轻描淡写的恭维话常常是把双刃剑，然而他并不严厉：“这似乎是一本有着崇高目标和高尚意义的小说。但它不会让人觉得枯燥乏味”；“这本书读起来没有任何困难，也许写起来也没有任何困难。它的风格讨人喜欢，但又喋喋不休。”“《误入歧途：乡村小镇的故事》是一本非常严肃的书。它由四个人相互协助共同写成，甚至在阅读它的时候也需要有旁人提供协助。”然而，他拒绝恭维 E. O. 普雷德尔-布维里先生的《琐事》一书：“这本书唯一有趣的地方在于，它是如何被写出来的。”[19]

他学会了如何小心谨慎地提出想要评论某一本书，因为编辑们“非常担心出现相互吹捧”的局面，哪怕他只是想给朋友简单地捧个场，也会遭到他们的极力阻止。[20]也许是出于偶然的机会，他称赞了阿尔弗雷德·亨特夫人的三卷本小说，并向威廉·莫尼·哈丁的“迷人风格”表示了敬意。[21]不过，他为《结婚后如何获得幸福》一书撰写书评的背后，肯定包含了算计的因素。这是一本略带幽默的书，作者是他表姐夫，署名为他的化名。王尔德称赞 E. J. 哈代牧师的作品是“一本通向人间天堂的完整手册”，称作者为“婚姻领域的默里、指导幸福生活的贝德克尔”。这句话——连同他的全面认可——让这本书一连发行了五版；王尔德一直认为他应该得到一份版税。[22]*

王尔德以匿名的方式批评 J. A. 西蒙兹的浮夸言辞和埃德蒙·高斯的一知半解；他轻描淡写地嘲笑他的泰特街邻居约翰·

---

* 这本书确实将王尔德当作权威，并引用了他的话（在家居装饰而不是婚姻方面）：“当人们真正从事装饰时，还要考虑到人际关系，甚至连奥斯卡·王尔德先生都意识到了他们的照片没有理由不应该挂在墙上，尽管他希望这么做，如果非要在家庭装修原则和装饰艺术原则之间做个选择，那么应该首先考虑后者。”

克利尔，称其理解艺术的方法不过是“常识”而已，并且毫不客 328 气地贬低他在牛津的老对手罗达·布劳顿相当庸俗（“不管我们要对她的句子构造进行怎样严厉的批评，她至少拥有那种让所有世人亲如一家的粗俗风格”）。[23]然而，面具有时候会滑落。王尔德写了一篇匿名文章，抨击乔治·塞恩茨伯里的自命不凡，欣然列举了这位作家的语法错误和不足之处。他的作者身份被人猜了出来，这件事闹得沸沸扬扬。[24]然而，王尔德似乎并不介意。他当然希望大家能够发现，是他谈笑风生假装无知，冒犯了哈里·奎尔特。[25]然而，总是有让人困惑的地方：王尔德某些较为尖锐的书评，被那些倒霉的受害者记在了乔治·萧伯纳（他与王尔德同时开始为《帕尔摩报》撰稿）和威廉·阿彻的头上，而他们的文章则有时候被认为是出自王尔德之手。[26]然而无论好坏，任何未署名的评论，只要是消息灵通的作家，通常都能发现其真正的作者。可能正是这样的内部消息促使 W. G. 威尔斯写信给王尔德，感谢对他的史诗作品《梅尔基奥》所给予的慷慨赞扬。[27]

对乔治·桑信件的评论，让王尔德得以阐明他在艺术及其与生活的关系方面不断变化的想法：“也许（桑）过于看重艺术中的善意了，她简直不明白，为艺术而艺术（她曾对此表示过反对）并不是为了表达艺术的最终目的，而仅仅是一种创造的准则。”不过他认为，桑对福楼拜试图在作品中抹杀自己的个性提出质疑是正确的：“没有个性的艺术是不可能的。然而，艺术的目的不是揭示个性，而是取悦他人。”[28]取悦他人的重要性现在成了一个问题。关于另一部作品，他说：“严肃，像财产一样，有它的权利也有它的义务，小说的首要义务是取悦读者。”[29]

然而，严肃和快乐同样具有一定的吸引力。王尔德并不想进入粗俗而繁忙的报纸新闻界，那是威利的地盘，威利现在是

《每日电讯报》的头条撰稿人（这个职业非常适合他的轻松机智、流畅的笔锋和懒散的性格）。[30] * 不过，在每月的评论中，也有见多识广的评论和博学的讨论，这是"更高级的新闻"：马修·阿诺德和斯温伯恩（作为评论家）就是在这些论坛上一举

329

* 威利的一名同事生动地记录下了他对工作日的描述："当记者很烦人吗？天哪，一点儿也不。以我的日常生活为例。我到办公室报到，就算是在 12 点吧。我对编辑说，'早上好，我亲爱的勒萨热先生。'他回答，'早上好，我亲爱的威利，今天有什么主意吗？''哦，是的，先生，我的确有。'我回答，'今天是便士邮票的周年纪念日。''这是一个令人愉快的头条主题，'编辑笑着对我说，'那么，我亲爱的王尔德，你能不能在便士邮票发行周年之际，给我们写一篇头条呢？''当然乐意，'我回答说。'啊！谢谢你，我亲爱的孩子，'编辑大声道，'一定要早点交稿，越早越好。'这就结束了，然后我就出门了。接下来，我可能会到糖果餐馆吃点儿牡蛎，喝半瓶夏布利酒，或者在这个绝妙的俱乐部（'恶搞'俱乐部）享用一顿清淡的午餐，因为旷世奇才本·琼森说过，'《喀提林的阴谋》中，魔鬼西拉所说的第一段台词，是我在魔鬼酒馆和朋友们分手之后写成的。我喝得很过瘾，想法也就很大胆。'然后我散步去公园。我向时髦的人打招呼，走在无与伦比的皮卡迪利大街上，真是宏伟壮观。但此刻我脑子里只有那张便士邮票。我努力回想我所听说过的关于便士邮票的一切。让我想想？有个某某先生是发明者，早期遇到了反对意见，第一部邮政立法，然后是邮票制作的方式，在纸上打洞；背面刷胶；然后是印刷——所有这些细节我都回想起来了；然后是一两段关于现行邮政法的内容；《邮政指南》中一些粗俗的笑话；也许作为结论，可以写写我们迫切需要更低的邮费。当我沿着帕尔摩街漫步回来时，就已经把所有的内容都想好了。我可能会去大英博物馆搜集些典故，但这对一个伟大的头条作家来说，不值得这么做，你很明白这一点。然后是写作。啊！这是我挣钱的地方。我回到我的俱乐部，要了墨水和纸。我回到我的房间。我关上了门。一个小时之内没人打扰我。我走笔如飞，才思泉涌。关于便士邮票的头条文章就这么写成了。三个内容丰富、扎实的段落，每段占一栏的三分之一——这就是我们所希望的完满。我的想法一泻千里，无拘无束。突然有人敲门。两个小时已经过去了。时间过得真快！来的是一个老朋友。我们要在皇家咖啡馆用点晚餐，然后顺便去阿罕布拉剧院观看新上演的芭蕾舞。我按下按钮，信使来了。头条文章要被送往圣布莱德教区的舰队街 141 号，然后我们手挽手出发了。阵雨过后，阳光灿烂。现在该去享受天堂般的生活了，那里有雪茄灰、酒瓶子、软木塞、芭蕾舞，还有那些只有伦敦文学波希米亚魔法圈里的人才知道的，数不清的欢乐和放松的地方。"

成名的。王尔德意识到，这也许是一个有用的舞台。《双周评论》的编辑建议他写一篇文章——提出“文学中的印象主义”——“这是我近期一直在研究的一个主题”。但是，这个想法没有实现。[31]更成功的是一篇题为《莎士比亚与舞台服装》的文章，文中结合了他对文学和服装的兴趣，以他的名义发表在1885年5月著名的《19世纪》杂志上。这是他在这个高水平知识领域的首次不起眼的，但令人满意的亮相。

这篇文章是根据王尔德数周前在新创立的周刊《戏剧评论》上发表的一篇较短的文章《莎士比亚论舞台布景》写成的。他用优雅的措辞称赞了戈德温的观点，即“从考古学的角度”进行真正的舞台设计，这种做法具有诸多优点。这两篇文章所采用的思路与他通常的做法恰恰相反。他曾经对皇家艺术学院的学生说，“考古学”只是“为糟糕的艺术寻找借口的科学”，而对于一位正在创作“维京人图画”的年轻画家，他说，“为什么要追溯到那么久远？要知道，考古学出现之际，艺术就停止了发展”。[32]这又一次证明了他具有一种天赋，能够接受、欣赏各种截然不同的立场。

330

虽然《19世纪》没有立即刊登王尔德的更多作品，但《戏剧评论》却这么做了。其创刊人，出生于爱尔兰的埃德温·帕尔默的编辑风格充满活力，该杂志一心鼓励在有关文化的话题上展开辩论。威廉·阿彻是其早期作者之一。萧伯纳为杂志撰写音乐评论。赫尔曼·维津有一个回顾老一代演员的定期专栏。1885年戈德温发表了一系列关于“舞台上的考古学”的文章。王尔德被拉进这个圈子并非出人意料。[33]第一篇文章获得成功之后，他开始偶尔发表一些戏剧评论。写这些作品和为《帕尔摩报》撰稿一样，稿酬都不高，但能够让他与戏剧界保持密切联系——并让他的名字出现在公众面前。文章下面有作者的签名章。[34]

1885年6月5日，康斯坦斯生下一个儿子。孩子的降生让王尔德万分激动。“这个孩子棒极了，”他在给诺曼·福布斯-罗伯森的信中写道，“康斯坦斯表现很好，精神状态也很好……你必须马上结婚！”[35]在家庭圈子之外，人们纷纷猜测这个孩子会过得怎么样。劳拉·特鲁布里奇认为他“非常可怜”，怀疑他很快就会“被包裹在”“灰绿色”和“孔雀蓝”的“精美婴儿服当中”。[36]各家报纸津津乐道于审美理想与为人父母的现实之间的矛盾：“啊，奇妙的小天使！多么唯美！”他们想象王尔德正在给婴儿朗诵诗歌。“文艺复兴风格、希腊或多利克风格；我敢说，都是在嚎叫！/快把止痛剂给我拿来。”[37]这个男孩取名西里尔。作为进一步考虑，他们请爱德华·赫伦-艾伦为孩子根据星相算命（尽管父母都渴望了解孩子的“命运”，但当赫伦-艾伦最终得出结论时，“他们非常伤心”）。[38]

331 王尔德满怀热情地当起了父亲：孩子出生几个小时后，他就夸口说“这个神奇的男孩……已经相当了解我了”。[39]不过，他也意识到了新的责任和新的开支。钱是必要的。即便在西里尔到来之前，康斯坦斯的收入也不足以维持一家人的生活。王尔德撰写评论的稿费不值一提，他剩下的几次演讲收入不断下降，两者都不够填补缺口。《帕多瓦公爵夫人》一直没有确定能否上演。经济成了一个大问题。康斯坦斯向她的哥哥哀叹，她和丈夫都“不知道如何过简朴的生活”。[40]他们尝试另寻他法：让王尔德找一份工作。

西里尔出生几周后，他又重新提出为“女王陛下担任学校督察”的想法，并请求他的朋友乔治·寇松（现在是保守党内冉冉升起的一颗新星）提供支持。这一举动虽然没有马上取得成功，但在接下来的几个月里，他一直在努力，并再次找到寇松，还争取让马哈菲提供援手。[41]但即便如此，也不足以确保他能够获得这个职位。在探索了其他途径之后，他申请成为博蒙特信托基金的秘书。博蒙特信托基金是一个慈善机构，从事在伦敦东区创建“人民宫殿”——一个致力于在城市贫民中推广艺术和科学的机构。王尔德在他的申请信中，引述了他长期从事“艺术知识”和“艺术欣赏”演讲的经历，称这座宫殿“实现了我长久以来的夙愿”。然而，他又一次被忽略了。[42]

这些事情真的让他非常失望。它们不仅影响实际生活，而且还牵连到艺术方面。王尔德因为无法写出评论之外的任何东西而感到沮丧，他开始相信，如果他要创作真正有价值的“纯文学作品”，就必须“远离卑鄙丑陋让人焦虑的事情，获得闲暇和自由”。他希望一份正规的工作可以提供这样的自由。他对一位年轻的记者解释说，只要他能“从事某种职业……为（他）提供生活的基础和支柱”，他就能“留住文学中最精彩、最珍贵的时刻”。[43]他需要一份适当的工作。至少他是这么想的。在一篇接一篇的评论束缚下——以及他不断减少的讲座系列——美好的时光似乎真的很珍贵，“纯文学作品”成了一个梦想。

注　释

1. A. S. Cole ‘Diary’, 26 March 1884 (online at GUL) .
2. *Truth*, 2 January 1890.
3. Anderson and Koval, *James NcNeill Whistler*, 263.

4. Herbert Vivian，quoted in Pennell and Pennell，*Life of Whistler*，227.
5. Daniel E. Sutherland，*Whistler*：*A Life for Art's Sake*（2014），206.
6. Alan Cole to JMW，21 February 1885（GUL）．“当你谈到唯美的服装时，王尔德的脸就成了一幅画”；Violet Fane to JMW，22 February 1885（GUL）．
7. ‘Mr Whistler's Ten O'Clock’，*PMG*，21 February 1885；‘Our London Letter’，*Belfast News-Letter*，23 February 1885；*York Herald*，23 February，1885；‘Our London Correspondence’，*Liverpool Mercury*，23 February 1885；‘Mr. Wilde and Mr. Whistler，’ *Western Mail*，24 February 1885.
8. *CL*，250n；这些往来信件虽然是为《世界》周刊（1885 年 2 月 25 日）精心准备的，但事实上《帕尔摩报》作为日报首先予以了刊登（1885 年 2 月 24 日），其标题为“泰特街的触痛（Tenderness in Tite Street）”。
9. OW to A. Milner，[1885]，2014 年 5 月 19 日伦敦布卢姆斯伯里图书拍卖会，拍品第 49 号；这封信从泰特街 16 号寄出，其中写道，“我想写一篇对麦克米伦出版社出版的科明斯·卡尔《艺术随笔集》（*Essays on Art*）的评论：这一篇和梅钦之间会有一篇专栏。关于艺术的文章自然是我非常乐意写的。——你的永远的奥斯卡·王尔德。”约瑟夫·科明斯·卡尔的《艺术论文集》（*Papers on Art*，并非艺术随笔）于 1885 年 2 月麦克米伦出版社出版。
10. *CL*，227；Dibb，173，其中令人信服地将这封信的日期重新推定为写于 1885 年 2 月 11 日（而非 1884 年 2 月）。
11. Dibb，214-15.
12. Ernest Rhys，*Everyman Remembers*（1931），53.
13. OET VI，xlvii；OW ‘The Critic as Artist’．
14. 不要与庸俗的“银行假日气氛”混淆——这是王尔德在《“快乐”的艺术评论家》一文中提到哈里·奎特《句子艺术》时采用的说法，*PMG*，18 November 1886。
15. ‘Dinners and Dishes’，*PMG*，7 March 1885，in OET VI，39-40.
16. OET VI，96.
17. OET VI，61.
18. OET VI，87-8.
19. OET JVI，50，87，101，70.

20. W. B. Yeats to John O'Leary, in OET VI, xxviii.
21. OET VI, 102, 166.
22. 'A Handbook to Marriage', *PMG*, 18 November 1885, OET VI, 60; W. H. Chesson, 'A Reminiscence of 1898', *Bookman*, 34 (1911), in Mikhail, 380. 爱德华·约翰·哈代（1849~1920）娶了威廉·罗伯特·威尔斯·王尔德的妹妹的女儿玛格丽特（埃奇沃思镇莫斯特里姆的牧师威廉·诺布尔的妻子）；他是波托拉学校的副校长（Mason, 136）。
23. OET VI, 95, 114-17, 117-19, 101.
24. Mason, 137.
25. 对于奎尔特愤怒的抗议信，奥斯卡·王尔德寻求答辩权，其理由正如他对编辑所说，"我的风格是可以辨认出来的，至少我的朋友们是这样的"; quoted in OET VI, xxv.
26. George Bernard Shaw to David J. O'Donaghue, 9 May 1889 (Berg); Shaw to Tighe Hopkins, 31 Aug 1889, Dan H. Laurence, ed., *Bernard Shaw Collected Letters*, Vol. 1, *1874-1897* (1965), 222.
27. Mason, 135; Wills misspells OW's name 'Wylde'.
28. 'The Letters Of A Great Woman', *PMG*, 6 March 1886. OET VI, 64-6.
29. OET VI, 102.
30. 《时代》杂志出价 2.5 畿尼，邀请王尔德为"某个名人"写一篇"采访稿"，遭到了他的拒绝。Joseph Hatton to OW, 8 April 1885 (TCD).
31. *CL*, 253;《双周评论》编辑 T. H. S. Escott，在 1886 年之前同时担任《世界》杂志副主编。
32. Trevor Blackmore, *The Art of Herbert Schmalz* (1911), 35.
33. John Stokes, 'Wilde's World: Oscar Wilde and Theatrical Journalism in the 1880s', in *Wilde Writings: Contextual Conditions*, ed. Joseph Bristow (2003), 41-58; 第一期《戏剧评论》(*Dramatic Review*) 于 1885 年 1 月 1 日出版；戈德温一共为《戏剧评论》写了七篇文章，其中第一篇刊登在第二期上（1885 年 2 月 8 日）；奥斯卡·王尔德的文章发表在第七期上（1885 年 3 月 14 日）。
34. OW received 2 guineas for 'Shakespeare of Stage Scenery'; *CL*, 256. Stokes, 'Wilde's World'.
35. *CL*, 262.

36. Hope, *Letters of Engagement*, 134; Laura Troubridge to Adrian Hope, 9 June 1885.
37. 'Facetiae', *Illustrated Sydney News*, 15 April 1886.
38. *CL*, 262.
39. *CL*, 261.
40. Moyle, 124; CMW to Otho Lloyd, 29 July 1887.
41. *CL*, 264, 266, 280.
42. *CL*, 278, 279.
43. *CL*, 264-5.

6. 无望之爱

我们可以像斯巴达人那样生活，但让我们像雅典人那样说话。

——奥斯卡·王尔德

王尔德到了而立之年，愈发地恋旧。青春，无论作为事实还是想法，都给他带来了一种魔力。他要找到它，并且充分利用它。他带着《戏剧评论》的工作任务回到牛津大学，撰写了两篇关于学生戏剧作品的报道：1885 年 5 月的《亨利四世第一幕》（由他的朋友寇松撰写引子）和次年 2 月的《第十二夜》。虽然他非常喜欢这两场表演——在他的文章中有详细叙述——但他更喜欢和大学生们在一起。他离开大学已经六年了，在这段时间跨度的两头，成年之后伦敦生活步步紧逼的各种担忧与学生时代极富感染力的无忧无虑形成了鲜明对比。“牛津的年轻人非常愉悦，”他对维奥莱特·费恩说，“极其具有希腊人风格，优雅而没有教养。他们有形象，但没有哲学。”[1]他竭力吸引他们。《亨利四世》演出结束之后的一次晚宴上，他发表了一篇“精彩演讲”。[2]当他再次来到《第十二夜》演出现场时，演员们把他当成了贵宾。[3]

1885 年 11 月，王尔德还收到了去剑桥大学观看埃斯库罗斯作品《欧墨尼得斯》演出的邀请。写信的人名叫哈里·莫里利尔，是个“聪明、热情”穿着蓝色外套的男孩。王尔德早年

332 333

在伦敦的索尔兹伯里街结识了他，他现在是剑桥大学彼得豪斯学院的一名古典学者。王尔德很高兴能与这位喜爱艺术的年轻朋友再次取得联系。几天后，他们在伦敦短暂地见了一次面，谈论了诗歌和绘画。“你仍在剑桥研究华兹华斯？”王尔德还想知道，“或者你喜欢济慈、爱伦·坡和波德莱尔吗？……哪种艺术情感和韵律对你的影响最大？”对王尔德来说，这次邂逅充满了“强烈的好奇、神奇和喜悦”——但由于他的日程安排的缘故，这次见面很快就结束了。

“哈里，”他在泰恩河畔纽卡斯尔的车站旅馆（他得去那里演讲）写道，“你为什么让我去赶火车？我本想和你一起去国家美术馆，看看委拉斯开兹笔下那个苍白而邪恶的国王、提香的酒神巴克斯，还有安杰利科画中的奇异天堂。”不过，他们在一起的时光“极其激动人心，极其精神化”——这一点很像勃朗宁。他期待着再次会面，进一步的交谈。“我一向是只有从更年轻的人那里才能学到东西，而你无比年轻。”[4]

王尔德虽然没能出席《欧墨尼得斯》的演出，但他和康斯坦斯在演出前一周去了剑桥，与莫里利尔和他的朋友们——还有奥斯卡·勃朗宁，度过了一段快乐时光。*“哈里，这不像是一场梦吗？”王尔德后来写道，“对于我来说，它多少可以算是一种音乐的记忆。我记得那些生气盎然的年轻脸庞，雾蒙蒙的灰色方院，希腊人在哥特式的回廊中穿越，在废墟中戏耍的人生，还有我在这个世界上的最爱——诗歌与悖论共舞。”[5]

---

* 一天下午，王尔德和莫里利尔与奥斯卡·勃朗宁共进午餐。离开时，王尔德说：“勃朗宁是一个和蔼可亲的人，但看他吃东西令人作呕。”下次莫里利尔看见勃朗宁时，勃朗宁评论道：“你的朋友奥斯卡很风趣，但可惜他是个丑陋的吃客。”

王尔德善于给人找麻烦。在莫里利尔的朋友 J. H. 巴德利的宿舍早餐会上，王尔德对一碟鸡蛋赞赏不已，他说这道菜看起来就像“日本天皇的标准”。他试图将巴德利对于雪莱的那份尊敬（“仅仅是男孩子的诗人”）转移到没那么受人爱戴的济慈（“他们中间最了不起的”）身上。巴德利不抽烟，他为此辩解时称，自己“毫无疑问，因此错过了什么，体验不到适量抽烟的好处”，王尔德机智地回应道：“哦，巴德利，适度的东西都不会是好的。只有用过分的方式蹂躏它，你才能了解到它的好处。”[6]

334

一天晚上，莫里利尔邀请一群朋友到他的房间来见王尔德。这场聚会差点儿成了一场悲剧——客人们还没到，房间里空无一人，一盏中国灯笼起火引燃了壁炉台上方的木板。幸亏莫里利尔及时赶回来扑灭了火焰。“你玩火的时候真粗心，哈里。”王尔德带着一丝狡黠说道。那天晚上，王尔德的讲话“精彩绝伦”。当大家请求他讲一个故事时，他选择了当初在美国尝试过的童话，他后来在巴黎也用过这种形式。但如果之前他认为自己的故事是写给孩子们看的，那么现在，他把故事抛给了更有见识的成年听众。

他在悲情的故事中点缀了些许讽刺，勾勒出一只小鸟爱上装饰华丽的“快乐王子”雕像的动人故事。它们站在城镇高处的一根圆柱上，目睹穷人和受压迫者遭受磨难，寻求通过向穷人分发雕像身上的一片片黄金和珠宝，来减轻他们的痛苦。这样的施舍让雕像失去了光彩，也让鸟儿失去了生命，因为它错过了飞往南方过冬的机会。两者都被扔进了垃圾堆。但是，当天使被派遣到这里，来获取城市里最珍贵的两件东西时，他带着死鸟和雕像的铅心回到了天堂。与其说这个故事打动了听众，倒不如说它对王尔德的影响更大。聚会结束后，他仍然感觉自己“充满灵感”，于是彻夜未眠，详详细细地把故事写在了纸上。[7]

他对这个结果很满意，很好奇这篇故事能带来什么样的契机。毕竟，文学童话是维多利亚时代丰富的传统。罗斯金在1841年创作的小说《金河之王》为开创这一文学体裁做了大量工作。[8]而其他许多人，从狄更斯、萨克雷到安德鲁·朗格和莫尔斯沃思夫人，都以他为榜样，编织着看似简单的故事，却触动并超出了孩子们的想象力。随着时间的推移，人们开始颠覆，戏仿旧的传统。刘易斯·卡罗尔的《爱丽丝》也许是这种玩笑嬉闹最明显的例子，尽管王尔德对美国人弗兰克·斯托克顿的巧妙寓言特别钦佩。作为斯托克顿的“漂流王子”的对手，他现在有了自己的“快乐王子”。[9]

第二天早上，六个兴奋的大学生陪着王尔德夫妇到火车站。大家聚集在车厢的窗口，奥斯卡滔滔不绝地抛出一串串警句，在火车开动时更是达到了高潮。然而，火车竟然在起动时发生了差错。它倒着驶回车站，将王尔德的车厢拉到了学生们仍然站立的地方。他知道最好不要重新来一遍。于是他关上窗户，埋头读文章，其中就有他的童话故事初稿。[10]

335

王尔德发现，哈里·莫里利尔是一个异常活跃的人。两人又见了几次面。王尔德去汉普顿拜访了莫里利尔的家。他们在泰特街共进晚餐——这是一个迷人的时刻，康斯坦斯的年轻朋友道格拉斯·安斯利也在场：他们为了纪念济慈，用绿色玻璃杯喝“黄颜色的酒”，奥斯卡编了几个童话，是关于一群住在康斯坦斯美丽的月亮石中的人们的故事。[11]他们继续通信，继续探讨诗歌的舞蹈与矛盾。王尔德从格拉斯哥——“大雪和信纸都令人不愉快的地方”——写信，在其中提炼出一种艺术生活的愿景：

> 你也热爱着不可能的事物——对不可能之爱。（人们把它称作什么?）总有一天你会发现，正如我所发现的那样，根本不存在什么浪漫体验；有浪漫的记忆，有对浪漫的渴望——只有这些。我们最炽烈的狂喜时刻只不过是我们在别处曾经感受到的，或是我们渴望在某一天感受到的东西的影子。至少对我来说是这样的。还有，说来也奇怪，所有这一切带来的是一种热情和冷漠的古怪混合体。我自己愿意为一种新体验牺牲一切，我知道其实根本不存在新体验这种东西。我觉得，我更愿意为自己不相信的事物欣然死去，而不是为自己信以为真的事物。我愿意为了一种感官体验承受火刑，做一个怀疑论者，直到最后一刻！对我来说，只有一件事情始终具有无穷的魅力，即情绪之谜。成为情绪的主宰的感觉是美妙的，而被这些情绪所主宰的感觉会更加美妙。有时候我觉得，艺术生活就是一种漫长而愉快的自杀，我并不觉得这有什么遗憾的。
>
> 我想象，你自己已经感受到了其中的许多，还有很多有待你去感受。世上有一片开满奇异花朵，弥漫着微妙香气的未知之地，这片土地上有人们梦寐以求的各种欢乐中至高的欢乐，在这里万事万物都完美而有毒性。

然后，他用一种刻意的矫揉造作结束了这封信：“我上星期一直在读沃尔特·司各特的著作：你也应该读一读他的书，因为那里根本没有这一切。”[12]

336 这封信优雅地平衡着各种矛盾——现实和梦想、热情和冷漠、殉道和怀疑、生与死、完美和毒药——这是一种受疲惫的感官主义及于斯曼笔下德塞森特刻意的是非颠倒所影响的愿景。而信中那句法语引言（L'amour de l'impossible，意为“无望之爱”）则并非出自《逆流》。它是约翰·阿丁顿·西蒙兹1882年创作的系列十四行诗的标题，该诗讲述了一个饱受折磨的艺术灵魂的痛苦，在“生命的奥秘”和“人类的情感”中寻找一种永远难以捉摸的幸福。其中一首十四行诗中，这位“艺术家”——他婚姻幸福，“既强健又聪明”，晃动着“长子的摇篮”——突然被长着蝙蝠翅膀的火龙“奇美拉”带走：当他的思想和感官发生反叛时，他感到一阵狂喜，“渴望得到不可能的东西”。[13]

尽管西蒙兹公开宣称这些十四行诗并非自传，但他私下里透露，这些诗歌表达了他自己与其他男人发生性关系的欲望，而火龙“奇美拉”象征着这种被禁锢但又十分强烈的欲望——对“无望之事”的欲望。[14]王尔德很可能已经猜到或了解到这个事实：对他来说，“无望之爱”已经成为一个带有特定性意义的密码短语，而不仅仅是一种抽象的、渴望满足的表达。他把这句话翻译成希腊语，似乎是想把它和古希腊的恋童癖传统联系起来，他曾经在学生时代对此怀有好奇心。同性恋激情这个话题肯定又回到了他的脑海中。在他对《逆流》的思考中，最令他着迷的是那些有关德塞森特和一个奇怪的年轻人相互之间关系的段落。[15]

就像王尔德一生中经常发生的那样，一个方向的发展刺激了一种同时发生的、几乎完全相反的冲动。他婚姻幸福，“既强健又聪明”，足够担当起学校督察的职位，当他晃动着“长子的摇篮”，他的妻子即将生下第二个孩子时，王尔德却突然被那种同样的“无望之爱”迷住了，对年轻男性产生了感情和性的渴望。他后来将其描述为“就像一种疯狂”，“降临到许多自认为远离了伤害、可以安稳地过日子的人们的头上”，使他们“突然被那无穷尽的欲望所苦恼”，并导致他们“无休止地追逐不可能得到的事物”。[16]

看来他无法得到哈里·莫里利尔。尽管这位“极其年轻”、极具同情心、极具吸引力的莫里利尔为这种种感觉提供了焦点和刺激，但没有证据表明他对此予以承认或回应。他始终在两人的交往中保持着一定的独立性，称奥斯卡为“王尔德先生”。1886 年 6 月，王尔德在给他这位年轻朋友的信中试探性地表达了他的愿望：“生命中至少有这样一种美丽的奥秘，在人生感觉最圆满的那一刻，发现自己的神龛里有一个秘密的神圣的壁龛空着，正虚位以待。然后便是一个细腻的、充满期待的时刻。”[17]如果这算是个邀请，那么莫里利尔没有接受。这封信是他们之间留下来的最后一封通信；两人后来没有再见面。对王尔德来说，“细腻的、充满期待的时刻”被拉长了；壁龛仍然空空如也。[18]

337

尽管如此，王尔德还是会在各种社交活动和新闻工作的过程中，下功夫寻找其他喜欢艺术的年轻人做伴。他被“世纪行会”的理想世界所吸引，该组织位于菲茨罗伊街的一所房子里，由三位狂热的罗斯金崇拜者发起成立：阿瑟·麦克默多、塞尔温·伊马热和 22 岁的赫伯特·霍恩。为了促进工艺美术品的社会参与，他们创办了一本小型季刊，王尔德为其撰写了一篇关于济慈的文章。[19]霍恩有志写诗，王尔德予以了鼓励。“你的诗很迷人，”他说，“你把简单和陌生完美地结合了起来。”[20]

霍恩也和王尔德一样，对注定要失败的浪漫主义诗人托马斯·查特顿充满热情。他们合作了一项计划，意在保护和纪念他的出生地——布里斯托尔的皮尔街上的一所小校舍。[21]为配合这项计划，王尔德计划给《木马》杂志写一篇关于查特顿的文章。这篇文章虽从未发表，但王尔德在伦敦的伯克贝克文学与科学学院发表了一篇关于这位诗人的演讲。尽管当晚的天气“相当可怕”，但王尔德惊奇地发现大厅里竟然坐了 800 人，“他们似乎真对这个神奇的男孩感兴趣”。[22]

王尔德将查特顿描述为“文学浪漫主义运动之父”，是布莱克、柯勒律治、济慈、丁尼生、莫里斯和罗塞蒂的先驱。[23]王尔德也许还希望称其为生身父母，在他的生活和作品中寻找他自己的艺术观念及其与道德和现实主义关系的种种暗示。查特顿短暂的人生无疑具有启发性。他曾是一位文学造假者。他的作品主体（在他 17 岁自杀前完成）据他声称，是由 15 世纪一位布里斯托尔僧侣所写的诗组成。这是一种欺骗，一旦被揭露，就增加了他的浪漫魅力，混淆了他的批评立场。王尔德在演讲结尾时问道：“他仅仅是一个具有文学才华的伪造犯呢，还是一位伟大的艺术家？正确的看法应该是后者。查特顿也许不具有道德良知，从事实来看的确如此，但他有艺术良知，从美的角度来看这也是真的。他具有艺术家的表现愿望，如果在他看来，完美的表现需要伪造，那么他就必须伪造。不过，这种伪造源于艺术上的自我隐没。他是一位纯粹的艺术家——也就是说，他的目标不是展示自己，而是给予快乐。”王尔德声称，查特顿看清了“想象的领域不同于事实的领域”，并且明白“表达自己年龄的是理想，而不是现实主义艺术家”。[24]

338

然而，查特顿并不是唯一一个占据王尔德思想的“神奇男孩”。1886 年，王尔德结识了 17 岁的罗伯特（罗比或博比）·罗斯。他小个子，聪明，塌鼻子，其长相和活泼的样子像个小精灵。伦敦生活的种种可能将两人拉拢到了一起，但他们究竟是如何认识的，至今仍不详。[25]罗斯的父母是一对地位显赫的加拿大夫妇，他是家里最小的孩子。他的父亲是一名律师兼政治家，在他两岁时就去世了，这促使全家搬回欧洲。罗斯在英国和欧洲大陆长大——接受私立教育——对艺术和文学过早产生兴趣。他和母亲以及两个姐妹一起住在肯辛顿，在附近的一家补习班学习，为上剑桥做准备。王尔德发现他“很有魅力，也很聪明，具有优秀的品味和扎实的知识”。[26]

然而，罗斯的早熟超越了品味和知识，延伸到了性的方面。他很早就坦然接受了自己的同性恋本性；17 岁的他既经验丰富，又充满好奇心。两人的朋友关系建立不久，他便引诱了王尔德。[27]王尔德后来提出了“总是年轻人引诱老年人”的理论。[28]但他也表示，“没有人会对其他人产生任何真正的影响……影响几乎完全取决于当时所处的环境”。[29]就他自身的情况而言，基础早已打好了。他头脑中对同性恋的痴迷由来已久，与马哈菲共事，研究柏拉图，阅读西蒙兹和佩特的作品、伯顿的《天方夜谭》以及法国颓废派的作品等，更是起到了推波助澜的作用。随着婚姻生活的传统束缚在他周围变得越来越紧，这个话题似乎呈现出一种新的刺激和一种更大的吸引力。

在性的方面，他对康斯坦斯的兴趣正在减弱，也许她对他的性兴趣也在减弱。1886 年 11 月 3 日，她又生了一个儿子，起名维维安，这一年中的大部分时间她都处于怀孕的状态。[30]后来，王尔德承认自己对身怀六甲的妻子怀有些许身体上的厌恶。[31]即便说王尔德迟迟没有意识到自己的情感和身体需求在于男性而不是女性，那么他已经逐渐意识到笼罩在他的性本能之上的"一种迫在眉睫的命运"。[32]他在与哈里·莫里利尔的友情中所感受到的那种细腻的期待，是一种对未来的预感。它在罗比·罗斯身上得到了满足。*

339

对王尔德来说，第一次特殊经历是一种启示——快乐、兴奋和解放。它打开了性行为和自我实现的新天地。王尔德过去总是选择"置身事外"——如今在性和激情的问题上，他表现得与众不同。他描述了发现自己的"独特之处"和"独立性"之后的"欢乐和狂喜"。[33]尽管对大多数维多利亚时代的人来说，性（无论如何描述）被认为是人们所做的事情——一种个人行为——而不是人们对"性"的表达，但毫无疑问，在王尔德看来，这种全新的经历使他提升并改变了身份。[34]它改变了他与周围世界的关系，也改变了他与自身的关系。从此以后，他的行动就必须保密，还要精心策划一种双重生活。他不仅背叛了康斯坦斯，还触犯了法律。罗斯实施诱惑的时机实在太重要了。尽管自都铎王朝时代起，英国世俗法律就将男性之间的插入式性行为视为重罪，但直到1885年，男性之间的性接触才被确定

---

* 毫无疑问，他们的第一次同性恋经历究竟涉及哪些，至今仍属未知。另一个有关罗斯诱惑他人的故事（其对象是一个年轻的男孩而不是一个年长的男人）是这样描述的：他邀请男孩到他的卧室，把他放在床上，把他的阴茎放在男孩的大腿之间。这种"性交"是希腊男同性恋者和维多利亚时代公立学校的首选满足方式。然而，谢拉德后来对罗斯的性生活表现出了极大的兴趣——在很大程度上是猜测——他声称，在"罗斯的圈子"中最流行的性行为是口交——或者用他的新学术语来说是"口腔手淫"（buccal onanism）。

为犯罪。* 那一年，议会通过《刑法修正案》，将允许女性发生性行为的年龄从 13 岁提高到 16 岁，并提出制止最严重的女性卖淫行为，亨利·拉布谢尔提出了一项“修正案”，将男性之间的任何性行为称为“严重猥亵”，并将其定为非法。在几乎空无一人的议会，他的提案——稍作辩论之后——获得投票通过成为法律。王尔德一向抗拒各种社会习俗，他现在可以将自己视为罪犯和不法分子了。 340

他还将自己视为这一丰富多彩的——但在很大程度上不为人知的——传统的继承人，它从柏拉图和希腊人，一路传承到米开朗基罗和文艺复兴时期的伟大人物，他从书上读到过有关内容。他渴望接受其创造性和性的可能性。他向一位对此感兴趣的朋友解释道：

> 跟所有的希腊人一样，柏拉图承认有两种爱情，一种是肉欲之爱，在女人身上获得满足——这种爱情在智性上是贫瘠的，因为女人只有接受能力，她们什么都收下，但除了跟自然有关的东西，她们什么都不给予。希腊人的智性之爱或浪漫友谊让我们如今的人感到震撼，而他们认为这种爱在精神上是有益的，是一种对思想和美德的刺激——我所指的美德是古人和文艺复兴时代人们理解的美

* 1533 年的“鸡奸法”并没有明确定义“可憎和可恶的鸡奸恶行”——也就是所谓的鸡奸——在法庭上，它不仅意味着男性之间的插入式肛交，而且还包括男人和女人之间的肛交，或人和动物之间的任何形式的插入性交。这是一种死罪——即便旧的法案被 1828 年《侵害人身罪法》取代之后，这些行为仍属死罪。但这些死罪往往并不执行，在英格兰偶尔有人会因“鸡奸”（几乎总是男性之间的肛交）而被处决，这种情况一直持续到 1835 年。1861 年修订后的《侵害人身罪法》废除了对鸡奸的死刑，代之以十年至终身监禁的劳役。这种行为在英格兰和威尔士一直属于重罪，直至 1967 年。

德，不是英国意义上的美德，后者只不过是谨慎和伪善罢了。[35]

王尔德对年轻人的兴趣现在有了一种新的色彩，一种新的紧迫感。这些关系中既涉及知识关系，也包括性关系，两者之间的界限可能并不固定。他认识了22岁的马克-安德烈·拉夫洛维奇，一个来自巴黎的俄国银行家的儿子，拉夫洛维奇经常在自己位于阿尔伯特厅大厦的优雅公寓里举办艺术和戏剧聚会。王尔德曾在《帕尔摩报》上热情赞扬拉夫洛维奇的《晚香玉和绣线菊》是“本非凡的小书”，里面收录了“奇特而美丽的诗歌”。[36]虽然拉夫洛维奇本人一点也不美，但他很奇怪——也很有趣，“有一种精致的气质，纤细的腰身，纽扣孔上插着一朵栀子花”（他的一首诗中有一句引人注目的话，“我们的生活就像我们的栀子花一样紧密相连”）。[37]

王尔德和约翰·埃雷特·迪金森成了朋友。迪金森来自一341 个富裕的造纸业家族，热爱艺术，继承了赫特福德郡一座仿哥特式乡村别墅——阿伯特山庄。他还结识了W. 格雷厄姆·罗伯逊，一位人脉颇广的年轻画家，与名媛母亲住在拉特兰门；还有演员亨利·欧文的长子H. B. 欧文，他即将进入剑桥大学；刚从哈佛大学毕业的伯纳德·贝伦森是初出茅庐的唯美主义者，即将进入牛津大学；喋喋不休，打扮得油头粉面的哈里·梅尔维尔；另外还有阿瑟·克利夫顿，一个对自由主义政治感兴趣的年轻律师，而且还作诗；以及25岁的插图画家伯纳德·帕特里奇。

王尔德以一种傲慢姿态，与这些年轻的伙伴们调情。“你喜欢朋友们怎么称呼你？”他在信的结尾问罗伯逊。“‘W’？还是‘格雷厄姆’？我喜欢我的朋友们叫我——奥斯卡。”[38]“我们在阿伯特山庄度过的时光实在是太迷人了，”他对亲爱的哈里·梅尔维尔说，“我已经很久没有如此享受过了，希望我们以后能多见面，经常在一起。”[39]他过分夸赞了他们的艺术成就。拉夫洛维奇的一些诗句被比作“法国大革命后的赫里克”。[40]他评价克利夫顿对诗歌中的“音乐有敏锐的鉴赏力”。[41]约翰·埃雷特·迪金森收到一篇充满溢美之题词，“赞美他无与伦比的艺术水准和无与伦比的个性”——尽管谁也不知道他到底创作了什么，他唯一留存下来的个性痕迹是他有一只名叫“Oodles”的腊肠犬，这条狗在他的遗嘱中占据了突出地位。[42]

但即便所有这些友谊中都涌动着一股强烈的情欲暗流，我们也无法确定其中到底有多少人最后真正和王尔德发生了性关系。长相出众的伯纳德·贝伦森晚年吹嘘王尔德曾经向他发出挑逗；但他拒绝了，结果招来对方驳斥，称他这个人一定是“完全没有感情”，是“石头做的”。[43]然而，这次回绝并没有破坏他与王尔德之间日益深厚的友谊。而哈里·梅尔维尔似乎更顺从一些。王尔德后来提到已经“拥有了”他。[44] W. 格雷厄姆·罗伯逊则称，王尔德“从未透露”对他抱有任何性兴趣，并认为是他极为严谨苛刻的“纯洁”性格“保护了”自己。[45]

相比之下，“亲爱的桑迪”拉夫洛维奇就没那么纯洁，也没有受到那样的保护。他对同性欲望这个话题很着迷。他的一部分诗歌触碰了这个话题；他甚至还为爱德华二世的情人“皮尔斯·加韦斯顿”发表了一篇颂歌。“你会带给我一种新的刺激，”王尔德对他说，“你能很好地把握浪漫和玩世不恭。”这种刺激更可能是智力上的，而不是身体上的；因为，虽然拉夫洛维奇的性本能是指向男性的，但他似乎已经将其升华为精神渴望和求知的欲望。[46]他对知识的渴望可谓振奋人心。王尔德理所当然地很享受两人之间有关“更危险的爱情”的长谈。［有关同性欲望的命名——以及分类——当时仍然没有固定的说法，一直处于争论状态：其信徒使用的是“性反转”（inversion）、“同性恋爱”（uranism）、“单性行为”（unisexualité）和“希腊式爱情”等术语。而其批评者青睐的是“鸡奸”这个词。J. A. 西蒙兹在他 1883 年私人印刷的小册子《希腊伦理问题》中称其为“同性恋激情”。］没有什么话题是禁忌的。王尔德兴致勃勃地花了好几个小时描述《维纳斯先生》的奇异细节，这是一部彻头彻尾的法国颓废派小说，讲述了一个无聊的贵妇（拉乌尔·德维尼兰）引诱并腐蚀了一个年轻男子；她计划在一场决斗中杀死他，对尸体进行防腐和部分机械加工处理，之后继续与其保持掠夺性的性关系。其中还触及乱伦的内容。但王尔德最经常提到的还是德塞森特与他在街上邂逅的神秘年轻人之间的关系。[47]

342

所有这些友情，都以各自不同的方式，促使王尔德越来越多地参与到同性恋欲望和同性恋性行为中。但是，所有这些都没有超越他的家庭生活框架。他邀请这些年轻人到泰特街，把他们介绍给康斯坦斯；其中有些人还和她成了朋友。1887 年罗比·罗斯与王尔德夫妇同住了两个月（其间他的母亲正在旅行），虽然这种安排几乎肯定会导致他和奥斯卡发生更多的性行为，但这也开启了他和康斯坦斯之间的一段快乐而持久的友谊。[48]

对王尔德来说，家庭生活仍然具有诸多吸引力。他和康斯坦斯的肉体关系当然发生了变化，也许已经终止了，但他暂时仍然继续与妻子分享着往日的兴趣、感情、抱负和焦虑。1887

年夏天，康斯坦斯的哥哥奥索抛弃了年轻的妻子和两个年幼的孩子，和另一个女人私奔。事实上，如此一来便凸显出王尔德夫妇婚姻的持久力和幸福感。[49]孩子们在奥斯卡的心目中占据了举足轻重的位置，当维维安得了重病时，他心急如焚。[50]

家庭圈子之外，在王尔德社交生活中占主导的仍然是更广泛的伦敦时尚潮流：各种非公开演出或者首演、招待会或晚宴，只要不是舞会。[王尔德对格雷厄姆·罗伯逊说，“不知是太过年轻还是太过年老，（我的妻子和我）现在从不跳舞。][51]星期天他总是会出现在热恩太太那间拥挤的客厅里。他宣称：“有三件事是躲不开的：死亡、季度结算和热恩太太的聚会。”[52]他和康斯坦斯开始张罗举办他们自己的招待会。第一次是在1886年7月1日下午，拥挤的派对上聚集了一批著名的“现代派”演员、作家和相关人士。[53]从此，就有了每月第一个和第三个星期四（后来改为星期三）定期举行泰特街“家庭聚会”的传统。[54]

343

这是王尔德喜爱的舞台。经过四年的演讲磨炼，他的口才变得更加自信。他的机智——以及他的娱乐精神——丝毫没有减弱；他的姿势一如既往地与众不同。当时有人如此生动地描绘了他的体态举止：

> 当他站立着说话时——（他）居高临下地将头部前倾，面对着他的听众（这是从他母亲处学来的一个技巧），这样他的声音就能穿透任何一间客厅里嗡嗡的谈话声，很容易被人听到，让他的存在感充斥溢满整个房间……当他坐着说话时——从腰部向前倾，面对听众；双眼注视着对方；右臂和手的动作很多，他的手臂自肩膀处尽情挥舞，

> 丰满肥硕的手掌在手腕上自由地转动。他抛出一个观点……便靠回椅子背上，盯着他的听众，就像在说：“对此，你还有什么可说的?”[55]

总体效果是“他可能是从 17 世纪或者路易十五时代的贵族‘沙龙’里走出来的人物”。[56]

王尔德意识到了自己的天赋，总是愿意让位给其他人。他从不独占谈话。正如另一位朋友所说，他只是“碰巧随便在什么地方接个话茬儿，而且话说得那么幽默，大家很快都开心地笑起来……对他来说，没有什么话题是不恰当的；他从幽默的角度看待每一件事情，时而妙语连珠，时而抛出个笑话，令人眼花缭乱”。[57]他的笑声就是标点符号：“他会静观你是否领会了他的意思，然后突然发出一阵笑声，细细地享受自己的俏皮话或玩笑。”[58]

年轻的美国作家埃德加·萨尔图斯对王尔德“要弄”小聪明时的那种“波澜不惊”感到相当不安。[59]但大多数人只是很享受这一点，也很佩服他“令人难忘的轻浮”，这也许正是王尔德作为一个健谈者的优秀素质。[60]他保持着一贯的社交技巧和积极的态度，喜欢赞扬别人而不是贬低旁人。他只通过暗示来表达不喜欢或不赞成的态度。[61]他经常采用自嘲的方式，遮盖自己的光彩。年轻女子玛丽·科斯特洛是伯纳德·贝伦森的意中人，她回忆自己曾经“连续五个晚上”见到王尔德。对此，王尔德对她说：“您已经耗尽了我的全部才思。我只准备了五个话题，现在已经用完了。我只能给您讲一个以前用过的。您喜欢哪个?（他们选择了‘进化’）。”[62]但这些都是私底下的表演，越私密，越欢乐。朋友们注意到，王尔德在自己家里时，他的幽默感（与他的机智截然不同）会变得更加热情洋溢和富有感染力。[63]

在公众视野中，王尔德的才智就逊色多了。人们普遍注意到，“自从他剪短头发，成为‘已婚男人本尼迪克’之后，王尔德这颗星星就在地平线上”逐渐下沉。[64]他似乎已经一点一点地变成了一个志得意满的“世俗中产阶级”。他的服饰现在很传统——尽管总是有点过于时髦。他发胖了。他在性方面的新趣味仍然不为人知，也没有受到任何猜疑。媒体也许偶尔会提到他，但这些评论转瞬即逝。* 如埃德加·萨尔图斯所言，“他曾经遭到丑化：现在这些丑陋的漫画形象已经消失了。人们都回转头：但不再看他了。”他“不仅获得了原谅——而且被遗忘了”。[65]从美国回来之后的五年里，他没有写出什么值得关注的东西——虽然细水长流地写了一些文章——他似乎已经沉浸在“优哉游哉”之中。[66]

尽管王尔德在豪华舒适的外表下保留着他的艺术抱负，但他的艺术抱负与社交野心产生了竞争。他至少在社交方面取得了一些可喜的进展。他经常与老朋友卡洛斯·布莱克见面，并通过布莱克认识了年轻的纽卡斯尔公爵“林尼”，以及公爵挥霍无度的弟弟弗朗西斯·霍普勋爵。这层关系使得王尔德夫妇偶尔会被邀请到位于诺丁汉郡克伦伯的公爵家里做客。[67]对奥斯卡来说，这些拜访标志着他的社会地位攀上了一个令人欣喜的新高峰。它们极大程度地满足了他那浪漫的优越感。事实上，

---

* 1886 年 5 月 17 日，康斯坦斯吸引了相当的注意，她穿着海绿色镶金边的外套，以一个不会说话的侍女形象出现在由约翰·托德亨特创作、戈德温排演的日场戏剧《海伦娜在特洛阿斯》中。该剧具有坚定的审美——或者说“新希腊”风格。赫伯特·比尔博姆·特里饰演帕里斯，赫尔曼·维津饰演普里亚姆。

“克伦伯”这个名字似乎对他有一种真正的魔力。他一有机会就要在信件和谈话中提到它，确认他的新地位。[68]

跻身于有爵位的人中间，激发了王尔德的创造力：他要努力在这样的人群中“超越自己”。一次，拜访克伦伯之后，他345错过了火车，于是只好掉头回去等待下一趟车。在此之前，他已经使出浑身解数想给人留下个好印象，因而此刻他的记忆成了一座“死火山”：他再也说不出什么来了，他已经“精疲力竭”，他的表演能力完结了。[69]不过，他的闲谈有一种价值。正是通过这些聊天，王尔德形成了自己的想法，并且制订了计划。“聊到兴致所至，他便得到了一切，”当时有人回忆道，“警句，悖论和故事接踵而来。”[70]讲故事在他的话语中扮演了越来越重要的角色。

自从前往剑桥拜访哈里·莫里利尔开始，他似乎就一直在编故事。每当一场社交活动即将结束，客人越来越少，人们开始攀谈起来的时候，他也许就要开口了。从他嘴里源源不断说出来的故事：有奇幻的、有历史的、有浪漫的、有恐怖的，还有关于圣经的——总是充满貌似自相矛盾的幽默，经常透出一股意想不到的深意。一名全神贯注的听客说，这些表演“如此自然”，王尔德看起来似乎是在说给自己听，但他表现得如此优雅，以至于他的听众会产生一种“感觉自己相当荣幸的错觉”，认为它们确实值得让人“花费想象力和精力”。[71]他的故事从来不会一成不变。他无休无止地详细描述并提炼故事中的细节，再配以不同的结局、新鲜的笑话和不同的情绪状态。

自从一开始写了《快乐王子》之后，他就迟迟没有再把精力投入到写作上，也没有想过出版小说的可能性。一段时间以来，他母亲一直在鼓励他写小说。“假设你把故事情节……放在怀特岛，”她建议道，“开始：第一句话就是一切。”[72]渐渐地，他接受了她言语中的智慧。毕竟，一部短篇小说可以算作他想要创作的“更持久的作品”的一部分。而且，几乎所有期刊都会定期刊登短篇小说，在这样的市场中，小说比戏剧更容易卖出去。但即便如此，他还是打算谨慎行事。作为第一步，他试图通过某种关联来巩固自己的地位。正如他发表的第一首诗是翻译的，他发表的第一部小说也是译作——屠格涅夫的短篇小说，由法语版翻译而来。他把它寄给老朋友乔治·麦克米伦。乔治起初对它的吸引力表示怀疑，但最终还是在 1886 年 5 月的《麦克米伦杂志》上为它找到了一席之地。这是一次非常低调的亮相，因为王尔德甚至还算不上译者。[73]

尽管如此，它还是有意义的。他试图利用这一次的成功，于是便将《快乐王子》寄给了麦克米伦旗下的另一份期刊《英国画报》。编辑乔·科明斯·卡尔似乎对他的种种期望给与了鼓励，甚至还委托他写了另一篇文章——一篇以艺术家为原型的、幽默的非虚构文章。王尔德及时寄出了那篇文章，但随后出现了令人沮丧的静默，两份手稿都被搁置在编辑的抽屉里。[74] 346 然而，王尔德确信，他的童话故事应该有市场。于是他又写了一篇《自私的巨人》，并把它拿给劳拉·特鲁布里奇看，希望她能提供一些插图。但是，如果他认为图片会对杂志编辑产生一种额外的诱惑，那么这个策略并不成功。[75]

王尔德最终以小说作家的身份取得了突破，作品既没有发表在麦克米伦的期刊上，也不是童话故事。《坎特维尔的幽灵》是一个关于超自然现象的幽默故事——附有插图——于 1887 年初分两部分连载发表在《宫廷与社会评论》上。这是一份招人喜爱的高水平（但短命）的周刊，在编辑查尔斯·格雷·罗伯逊以及来自牛津贝利奥尔学院的助理阿尔萨格·维安的运作下，其内容涵盖了诸如法国“颓废派”、当代歌剧、戈德温的戏剧作品，以及“贵族女士们”等重磅话题。不仅是奥斯卡，而且连康斯坦斯和王尔德夫人也经常在其社交专栏中被提及。[76]罗伯逊很乐意将王尔德列入他的撰稿人名单。

王尔德的鬼故事滑稽地颠覆了这一流派的既定手法。一个喧闹庸俗、崇尚物质主义的美国家庭到古老的英国乡村租下一座宅第，吓坏了宅子里一个不幸的鬼魂——那是他从前的家。故事的结尾浪漫多情，鬼魂通过这个家庭里善良的少女获得了祝福和解脱。故事中的美国元素使得王尔德可以再次利用并提炼他的一些跨大西洋俏皮话，比如英国人“如今同美国简直什么都一样，当然，只有语言除外”。幽灵不喜欢美国，但当他听到美国人说那是“因为我们没有废墟，也没有古董”时，王尔德让幽灵感叹着回应道：“没有废墟！没有古董！你们不是有自己的船队和自己的派头吗？”* 虽然幽灵可能不喜欢美国，但王尔德揣摩美国人会喜欢幽灵。他把稿件寄给《纽约论坛报》编辑怀特洛·里德，报纸在星期日版上刊登了这篇“精彩的英美故事”。[77]

王尔德希望《宫廷与社会评论》能够继《坎特维尔的幽灵》获得成功之后再发表“一个短篇童话”（也许是《自私的巨人》）。[78]但对方似乎想要一些更成熟、更现代、更有趣，或许也更神秘的东西。于是王尔德准备另外再写一些数月以来他

347

* 王尔德决定写鬼故事，可能在某种程度上是为了向1886年10月6日去世的戈德温致以敬意。根据艺术家乔治·珀西·杰科姆·胡德（George Percy Jacomb Hood）的说法，戈德温在他生命的最后几年里一直满心欢喜地沉迷于“鬼怪传说”，他参观传闻闹鬼的房子，希望看到“甚至，意外走运，抓住一个鬼”。

一直在构思的故事：一位手相家告诉年轻和蔼的亚瑟·萨维尔勋爵，他不可避免地注定要杀人——于是他便开始尝试以尽可能不具攻击性的方式去完成自己的宿命。王尔德在一个简明版本中讲述了亚瑟"将毒药邮寄给一个久病不起的舅舅，杀死他是一种人道行为，而且他希望从他的遗嘱中获益。但是，一个人的毒药是另一个人的解药。两周后，他的舅舅举办宴会庆祝自己康复"。其他善意的尝试也同样遭到了挫败。然后："一天晚上（亚瑟勋爵）绝望地沿着泰晤士河堤岸散步，他在心里思考着，自杀是否也算谋杀，就在此时他看到有个人正趴在栏杆上。周围看不见一个人，河水正在泛滥。这简直是天赐良机，他的祈祷终于有了回报。他迅速俯下身，抓住那个陌生人的双腿；黑暗的漩涡中水花飞溅，和平降临在亚瑟勋爵身上。他完成了任务后，美美地睡了一觉。"直到第二天下午，他才从报纸上看到一则启事，标题是"知名手相家淹死——兰塞姆先生自杀"。亚瑟勋爵给葬礼送了一个花圈，上面写着"感谢"二字。

王尔德给这个故事编了很多不同的版本，用"精致的幽默和想象力"加以阐述。尽管他有时会试图说服听众，他不想发表这个故事——"写这些东西太无聊了"——但没有人会相信。[79]《亚瑟·萨维尔勋爵的罪行》于 1887 年 5 月在《宫廷与社会评论》上适时地分成三部分发表（同样由年轻艺术家 F. H. 汤森绘制插图）。虽然听过这个故事的人可能会说，王尔德的即兴口头讲述要精彩得多，但印刷版本中优美的行文和巧妙的措辞仍有很多值得欣赏的地方。王尔德夫人热情地称这个故事是"最精彩、最吸引人的"。她认为故事情节的"神秘性"令人"激动"，并接着道："你的警句式风格在这类作品中产生了效果。如果你愿意，你可以成为小说界的迪斯雷利。你所有的社交知识都很有用，尤其是你身边的女人们。”[80]

她的判断非常公正。这个故事，相比之前几个，听起来很独特，很有个性——它体现在贵族家庭富有情调的魅力中（它从“温德米尔夫人在复活节前的最后一次招待会”开场），浪漫而不真实的情感中，荒诞不经的情节中，肆意挥洒的悖论中。警句中清晰地回响着王尔德自己的声音：“他一生最可贵的东西是实事求是”；“他不是个天才，因此没有仇敌”；“那种寻欢作乐的非凡的激情就是她保持青春常在的秘密”；以及“最最与天真烂漫相似的，莫过于放荡不羁了”。

348

王尔德继续与《宫廷与社会评论》保持着愉快的联系，直到第二年这份杂志停刊前不久，他偶尔在上面发表一些不署名的文章和评论——甚至还有一首十四行诗，只是为了提醒公众，他仍然是一位诗人。[81]但他接下来的两篇短篇小说都发表在《世界》杂志上，后者的知名度更高，读者群也更广。《艾尔罗伊夫人》和《模范百万富翁》保持了他早期作品中简洁的反转，世俗的喜剧基调和闪耀着光芒的警句，第二个故事（关于一位百万富翁打扮成一个乞丐给艺术家拍照的故事）则采纳了他自己在一篇有关模特儿的文章中的若干观点，那篇文章当时仍然沉睡在《英国画报》的草稿箱里。

看到自己的名字再次定期出现在报纸上，是件让人愉快的事情。他埋身于朱红色的书房里，感觉到了当作家的滋味。他想要拓展这个角色，于是开始构思“一个与莎士比亚十四行诗有关的故事”，同时继续推进他的童话写作。[82]虽然没找到出版人，但他还是又写了几篇：《夜莺与玫瑰》（一个关于爱情和自我牺牲的诗意故事）；《忠实的朋友》（一个关于剥削的残酷喜剧故事）；还有《不同凡响的冲天炮》，标题中极其自负的烟火也许讽刺了惠斯勒的虚荣心。“你得想到别人，”冲天炮曾经提醒一个谦卑的爆竹，“事实上，你得想到我。我常常想到我自己，我希望每个别的人都想到我。这就是所谓的同情。这是一种美丽的德性，我倒是有很多很多。”

对一个故事来说，任何一种解读都不可能占据主导地位。王尔德对一位未来的评论者解释，他喜欢“想象每一个故事可能包含有很多种意思”：“我并不是先有一个想法，然后再给它套上一种形式，而是先有一个形式框架，然后努力使它足够漂亮，拥有很多秘密和许多的答案。”[83]王尔德把这些故事称为“行文中的探索，为了浪漫的缘故而将其变成了一种幻想的形式”。如果这些故事“在部分程度上是为儿童”写的，那么它们在更大程度上是“为那些保持着好奇和快乐的童心，并且能够于简单中发现微妙之处的人所写的”[84]（他有时候把这些故事称为“为 8 岁至 80 岁的，孩子气的人写的”）。[85]他把其中一些故事读给西奥多·沃茨听，沃茨很喜欢，但他建议用诗歌来写可能更好。然而，王尔德仍然忠于他对这些作品的想法，认为它们是“散文小品”。[86]它们只需要一个出版商。

尽管王尔德很活跃，但他依靠写作仍然挣得很少。短篇小说即使出版了，也不会比书评挣得更多。经济上的忧虑继续困扰着他。结婚时从康斯坦斯的信托基金和奥索那里所借的钱都需要支付利息，不过他没有钱。[87]一天在弗朗西斯·霍普勋爵的房间里，话题转向了金融，据报道当时伦敦金融城“资金非常紧张”，王尔德插话道：“啊，是的；那种紧绷的气氛，连泰特街也感受到了。”王尔德说他整个上午都“在大英博物馆里盯着一枚装在盒子里的金币”。他对年轻的美国作家埃德加·萨尔图斯欣然吐露说，自己现在唯一能付出的就是赞美。[88]为了节省开支，他们甚至计划出租泰特街，也就是康斯坦斯和他花费很多时间和金钱、颇具审美品味的“美丽之家”。但由于找不到房客，他们只得在那里继续过着“相当奢侈”的生活，用康斯坦斯的话来说，希望“明年以后我们还能继续住下去”。[89]就这一点而言，倒是有一些意想不到的理由值得让人乐观。

注　释

1. *CL*，278.
2. ‘Ignotus’［Edwin Palmer］，*Dramatic Review*，23 May 1885，267，in Stokes，‘Wilde's World’，54.
3. Arthur Bourchier to OW，Christ Church，Oxford，‘Wednesday’［1887］（Austin）.
4. *CL*，266-7.
5. *CL*，269.
6. J. H. Badley，*Memories and Reflections*（1955），78-9.《欧墨尼得斯》于1885年11月30日至12月5日在剑桥大学皇家剧院上演；see www.cambridgegreekplay.
7. Marillier memoirs，quoted in Fryer，‘Harry Marillier and the Love of the Impossible’，5-6；当时碰巧在场的年轻美国画家哈珀·彭宁顿迅速修补了火灾造成的损失；他用寥寥几笔，“将烧焦的木板变成了花哨的威尼斯夜景”。Beddington，*All That I Have Met*，35；*CL*，296.
8. 奥斯卡·王尔德非常清楚罗斯金写作童话故事的事情。1883年6月5日，王尔德与母亲参加了罗斯金有关“仙境”主题的内部讲座。*Morning Post*，7 June 1883.
9. OW to Mr.［Frank R.］Stockton［c. 1889］，typed copy（Clark）：“很高兴见到您——您的作品长期以来一直让我着迷，给我带来快乐”；斯托克顿的《漂流王子》于1881年出版，他最著名的童话故事《美女或野兽》（The Lady，or the Tiger）出版于 1882 年。

10. Badley，*Memories and Reflections*，79.

11. *CL*，273，274；281；Marillier memoirs，in Fryer，‘Harry Marillier and the Love of the Impossible’，7；Beddington，*All That I Have Met*，39-40；H. L. Marillier to A. J. A. Symons，4 May（Clark）；莫里利尔为响应王尔德的创作，自己写了一首关于“月亮石中的人们”的诗歌。

12. *CL*，272.

13. J. A. Symonds，*Animi Figura*（1882）；for contemporary reviews，see ‘Mr. Symonds' New Poems’，*PMG*，25 July 1882；‘Literary Notes’，*Liverpool Mercury*，14 June 1882.

14. Phyllis Grosskurth，ed.，*The Memoirs of John Addington Symonds*（1984），240，267，272.

15. Raffalovich，in Ellmann，238.

16. OW，‘The Critic as Artist’.

17. *CL*，282；Badley，*Memories and Reflections* 描述莫里利尔是他所认识的最有同情心、最有魅力的人；他的挪威女房东给他起了个绰号“心贼”。

18. Fryer，‘Harry Marillier and the Love of the Impossible’，7；1886 年 11 月莫里利尔在伦敦雪莱协会于圣詹姆斯大厅上演诗剧《地狱》的时候，见过王尔德一面。H. Marillier to A. J. A. Symons，4 May [1937?]（Clark）.

19. *Century Guild Hobby Horse*，1 July 1886. 20 *CL*，283.

21. *CL*，284，285，289-90.

22. *CL*，290.

23. ‘Chatterton’（Clark），in Dibb，297，327. 这个称呼出自西奥多·沃茨（Theodore Watts）有关查特顿的随笔，in T. H. Ward，ed.，*The English Poets*，*Selections with Critical Introductions*，Volume 3（1880）；see also Joseph Bristow and Rebecca N. Mitchell，*Oscar Wilde's Chatterton*：*Literary History*，*Roman-ticism*，*and the Art of Forgery*（2015）.

24. ‘Chatterton’（Clark），in Dibb，326-7；开头的段落在某些地方呼应了西奥多·沃茨关于查特顿的文章的措辞；见 Dibb，209。

25. Margery Ross，在她编辑的叔叔罗伯特·罗斯的往来书信 *Robert Ross-Friend of Friends*（1952），9，中提到“他第一次见到奥斯卡·王尔德是

1886年在牛津大学”。这种说法经常遭到驳斥，理由是罗斯没有上过牛津大学，他上的是剑桥大学（甚至直到1888年才上剑桥大学），当然，这可能仅仅是地理事实上的陈述，准确地反映了既定的家庭认知。1886年，奥斯卡·王尔德至少去过牛津两次，2月份观看了《第十二夜》演出，6月26日听亨利·欧文关于表演的讲座（‘English Gossip，London July 1［1886］’，*Sydney Morning Herald*，14 August 1886；‘The Commemoration’，*Jackson's Oxford Journal*，26 June 1886）。他可能还在其他时间去过牛津大学。例如，他曾经写信给道格拉斯·安斯利（当时是牛津大学埃克塞特学院的本科生），答应去拜访他和他的朋友们（*CL*，281）。当然也有可能，如果罗斯正好也在这些场合之一拜访牛津大学的朋友，期间他有可能会被介绍给王尔德。两人之间其他潜在的联系还有1882年王尔德在渥太华认识的加拿大画家弗朗西斯·理查兹（Frances Richards，1852-1934）。她是罗斯的妹妹玛丽（Maureen Borland，*Wilde's Devoted Friend*：*A Life of Robert Ross1869-1918*，1990，19）的一个朋友。她于1887年迁居英国（the *Ottawa Citizen*，quoted in *Intentions*，April 2006，她可能将奥斯卡·王尔德介绍给了罗伯特·罗斯）。罗斯的哥哥亚历克（1860-1927）是伦敦文学舞台上的一个人物。他是作家协会的创始人兼秘书，奥斯卡·王尔德于1887年加入该组织（*CL*，291，294-5）。弗兰克·哈里斯称，有人告诉他，奥斯卡·王尔德是在公共厕所遇见罗斯的，当时那个年轻人正要向他求欢（Moyle，121，citing BL Eccles 81731）。然而，这件事情似乎不太可能。

26. *CL*，360.

27. 王尔德的第一次同性恋经历是1886年与罗伯特·罗斯发生的，这一说法有充分的根据——鉴于这一事件是私人的、秘密的和非法的。双方都各自独立证实了这一点。1935年雷金纳德·特纳写信给A. J. A.西蒙兹提到，“至于他（奥斯卡·王尔德）的反常癖好和行为，我想他是（大学毕业之后）很久以后才发展出来的。他当然从来没有暗示，曾经有过任何这样早期的关系或插曲。的确——在他死前不久——他让我猜是谁引诱了他。”特纳羞于在信中写下勾引者的名字——“尽管他们已经死了”。他还表示，当那个不知名的人为此受到压力时曾声称这是“奥斯卡的主意”。［Reginald Turner to A. J. A. Symons，26 August 1935（Clark）.］西蒙兹在回信中说，他认为特纳指的是罗斯。他解释说，罗斯曾经告诉克里斯托弗·米勒德（Christopher Millard），“（根据米勒德的说法）正是因为他（罗斯）第一次把奥斯卡·王尔德‘引入歧途’，所以他觉得自己应该为西里尔和维维安的幸福负责。”米勒德还指出，阿瑟·兰塞姆在 1912 年对王尔德的研究中提到：“1886 年，他（奥斯卡·王尔德）开始了导致自己 1895 年垮台的一系列行为。”兰塞姆从罗斯那里得到了他的大部分传记信息——正是因为罗斯的参与，他才能够如此准确地断定王尔德“改变本性”的日子［A. J. A. Symons to Reggie Turner, 29 August 1935（Clark）.］这一信息证实了特纳的断言，即奥斯卡·王尔德说的是实话。他怀疑，罗斯之所以否认，是因为他当时不得不在法庭上为自己辩护，反驳阿尔弗雷德·道格拉斯勋爵提出的同性恋行为指控。特纳对王尔德作出声明时“严肃”的态度印象深刻，同时也注意到，“奥斯卡本人并没有把这件事看得很重要，他是出于兴趣而把这件事告诉我，而不是为了把责任推给任何人。他太聪明了”。［Reginald Turner to A. J. A. Symons, 4 September 1935（Clark）.］尽管有这么多证据，但每隔一段时间就有人表明——或声称——奥斯卡·王尔德肯定与弗兰克·迈尔斯、雷吉·哈丁、伦内尔·罗德、哈里·莫里利尔和/或其他人有过早期的同性恋经历。见 Croft-Cooke and McKenna。并没有直接的证据来支持这样的说法，虽然 Croft-Cooke, 42 提到，“直到 1892 年，王尔德与波西·道格拉斯在一次感伤的访问中回到牛津，道格拉斯才明白了一个赤裸裸的事实，即在奥斯卡心目中弗兰克·迈尔斯是他的前辈，此后王尔德才被诱导谈论迈尔斯，也许是因为他的悲剧性结局，奥斯卡自然会避开他的记忆”。克罗夫特-库克确实在道格拉斯（1870-1945）晚年认识了他。但是，在克罗夫特-库克有关奥斯卡·王尔德的任何早期作品，如 *The Story of Lord Alfred Douglas*（1963）或 *Feasting With Panthers*（1967）中都没有出现过有关奥斯卡·王尔德访问牛津和提及弗兰克·迈尔斯的记载，事实上，在任何其他印刷资料中也没有提到，我认为必须谨慎对待。

28. Reginald Turner to A. J. A. Symons, 28 August 1935（Clark）.
29. Reginald Turner to A. J. A. Symons, 26 August 1935（Clark）.
30. 在确定儿子的名字之前，奥斯卡·王尔德曾经对阿德里安·霍普说，他打算给儿子起名叫“没什么”（Nothing）——听起来就是“没什么野性”［nothing Wild（e）］。维维安的名字有多种拼写方法。虽然他受洗的名字是“Vyvyan”，但父母经常在信里称他“Vivian”。不过，他成年以后人们都知道他叫“Vyvyan”，大家都更喜欢这种用法。

31. Harris，284-5；虽然哈里斯的叙述似乎完全不可信，但没有理由怀疑它确实记录了王尔德的某些感受。
32. Reginald Turner to A. J. A. Symons，26 August 1935（Clark）；这段文章很难辨认。特纳描述了奥斯卡·王尔德如何告诉他，罗斯是第一个勾引他的人：“尽管他说在那之前他意识到即将到来的命运（或作‘滋味’）。”
33. M. A. Raffalovich，*L'Affaire Oscar Wilde*（1895），5：奥斯卡·王尔德评论的是所有“世界上的单性恋者”。
34. 有关维多利亚时代人们对同性关系的认识，见 Joseph Bristow，‘A Complex Multiform Creature’，in Peter Raby，ed.，*The Cambridge Companion to Oscar Wilde*（1997），198。
35. Ricketts，31.
36. ‘A Bevy of Poets’，*PMG*，27 March 1885；奥斯卡·王尔德究竟在何处结识拉夫洛维奇，至今尚不知晓。拉夫洛维奇 1927 年写成的奥斯卡·王尔德回忆录［written for *Blackfriars* and reprinted in Brocard Sewell，*Footnote to the Nineties*（1968）］中认为，两人可能是通过惠斯勒认识的。另外他还提到，两人还有可能是通过一位社交界的著名女士认识的；拉夫洛维奇给她化名“Egeria Stevenson”（并非济慈夫人）；她很可能就是不屈不挠的琼夫人（后来的圣赫利埃夫人）。拉夫洛维奇也是乔治·刘易斯夫妇的朋友，曾在 1883 年 7 月 7 日和 1884 年 3 月 8 日两次一起在刘易斯餐厅用餐。1893 年，刘易斯夫人的丈夫被封为爵士，成为“刘易斯夫人”。
37. Jacomb-Hood，*With Brush and Pencil*，42.
38. *CL*，347.
39. *CL*，352.
40. Raffalovich/Michaelson，109.
41. *CL*，374.
42. 奥斯卡·王尔德于 1888 年向迪金森赠送了《诗集》和《快乐王子》（参见 1910 年美国图书拍卖记录），题词仅写道，“致约翰·埃雷特·迪金森先生 来自其作者朋友”；这段过于恭维的题词——写在一张纸上——落款日期为1894年，可能是为了夹在《狮身人面像》中。有关迪金森的遗嘱，可参见 *Morning Post*, 31 December 1896。

43. Merle Secrest, *Being Bernard Berenson* (1980), 126; Ernest Samuels, *Bernard Berenson*, *The Making of a Connoisseur* (1979), 63，其中引用了玛丽·贝伦森未出版的作品《伯纳德·贝伦森的一生》(Life of BB) 中的内容。西克里斯特认为，贝伦森至少对两个朋友（Kenneth Clark 和 Frances Francis）说起，奥斯卡·王尔德从未对他有过挑逗的举动。有关试图引诱的这段内容，是他对费城收藏家 Henry P. McIlhenny 说的。
44. *CL*, 1095.
45. Kerrison Preston, ed., *Letters from Graham Robertson* (1953), xvi. McKenna, 129，其中提到"罗伯逊为自己是奥斯卡的宠儿而感到骄傲，甚至到了晚年也在夸耀自己是奥斯卡的宠儿"——但他没有提供证据。
46. Brocard Sewell, *Footnote to the Nineties: a memoir of John Gray and André Raf-falovich* (1968)；阿尔弗雷德·道格拉斯勋爵在1896年为《白色评论》(*Revue Blanche*) 所写的一篇未发表文章中称，拉夫洛维奇在伦敦有"百分之百鸡奸者的名声"，但道格拉斯对拉夫洛维奇的极度敌意使这种说法的准确性遭到质疑。
47. Raffalovich/Michaelson, 109-10.
48. *CL*, 1229.
49. Moyle, 123-4.
50. *CL*, 330-1.
51. *CL*, 337.
52. Sir George Turner, *Unorthodox Remi-niscences* (1931), 152; Lady St Helier (Mrs Jeune), *Memories of Fifty Years* (1909), 183.
53. 'A Lady's London Gossip, July 5th', *West Australian*, 31 August 1886；在涉及王尔德举办招待会的材料中，有一张康斯坦斯·玛丽·王尔德给赫伯特·霍恩的邀请函："敬请光临寒舍。7月1日4时—7时"(Fales)；弗雷德里克·莱顿曾经致信王尔德夫人，为他因"先前有约"无法在7月1日前往而致歉(Yale)；Laura Troubridge to Adrian Hope, 1 July 1886, *Letters of Engagement*, 247; f Leconte de Lisle,

Poèmes Tragi-ques（1886）复制品上面有埃德加·萨尔图斯给“斯芬克斯诗作者”的题词——伦敦——“86年7月1日”。

54. *CL*, 301, 352.
55. ‘Wilde's Personal Appearance’ by his ‘sister-in-law’, 150.
56. ‘Wilde's Personal Appearance’ by his ‘sister-in-law’, 150.
57. Harris, 79.
58. ‘Wilde’ s Personal Appearance’ by his ‘sister-in-law’, 150.
59. Edgar Saltus, *Oscar Wilde: An Idler's Impression* (1917), 13-26, in Mikhail, 427.
60. George Bernard Shaw to Robbie Ross, 10 Sept 1916, in Laurence, ed., *Collected Letters of Bernard Shaw 1911-1925*, 413.
61. Harris, 76.
62. Harold Nicolson, *Diaries and Letters 1930-1939* (1966), 274.
63. ‘Wilde's Personal Appearance’ by his ‘sister-in-law’, 150.
64. *PMG*, 16 September 1887.
65. Saltus, *Oscar Wilde: An Idler's Impres-sion*, 13-26, in Mikhail, 428; 1887年6月，奥斯卡·王尔德参加了在美术协会举办的杰拉尔德·杜穆里埃最新漫画展览的新闻发布会。其中没有一幅是关于他的（*Northern Echo*, 11 June 1887）。
66. *PMG*, 16 September 1887.
67. Maguire, 19, *CL*, 287, 356/9.
68. *CL*, 256, 259; Harris, 100，但是哈里斯搞错了日子。
69. Laurence Housman to Hesketh Pear-son, 4 April 1944 (Austin). 霍斯曼在《巴黎回声》中使用了这则轶事，反转了其结局。
70. Harris, 67.
71. Henri de Régnier, *Les Annales Politiques et Littéraires*, 29 November 1925, in Mikhail, 463.
72. JFW to OW, 21 September, in Tipper, *Oscar*, 103. 蒂珀认为这封信写于1883年，但其更有可能是写于1884年奥斯卡·王尔德访问怀特岛前后。
73. Guy & Small, 68; Anya Clayworth 推测，奥斯卡·王尔德最初找到乔治·麦克米伦，是想出版一本屠格涅夫小说集，麦克米伦否定了这个想法，并且推荐了一篇小说给麦克米伦杂志编辑。

74. *CL*，385.

75. Laura Troubridge to Adrian Hope，1 July 1886.

76. OET VI，xxx-xxxi.

77. *New York Tribune*，28 March 1887；*CL*，295；奥斯卡·王尔德后来收到里德寄来的一张“8英镑多”支票，*CL*，325。1887年3月2日左右，王尔德收到了《宫廷与社会评论》的罗伯逊寄出的支票，数额不详；BL RP3752（i）。王尔德写过一封颇为奇怪的信，日期不详，信笺抬头是“宫廷与社会评论”，上面写着给“亲爱的罗宾逊”提供几则“我的鬼故事”（BL RP 4301）。菲尔·罗宾逊是《星期日泰晤士报》的编辑，但很难理解奥斯卡·王尔德在向《宫廷与社会评论》提交这篇文章之前就已经向《星期日泰晤士报》提供了这篇文章，而且用的还是《宫廷与社会评论》的信笺。

78. OW to Robertson（BL）.

79. Bernard Partridge to Hesketh Pearson，30 September，1943（Austin）.

80. JFW to OW，［13 May 1887］，in Tipper，*Oscar*，110-11.

81. ‘Un Amant de Nos Jours’，which appeared on 13 December 1887，开头写道，“是我的罪过；当时我心无灵犀。故此现在囚于她洞中的是音乐”。由于不知道这首诗写于何时，因此很难判断这首诗是否反映了对失去爱情的真正悔恨——或许是因为弗罗伦丝·巴尔科姆，或许是莉莉·兰特里，也有可能是康斯坦斯——或者它只是某种文学练笔。它与乔治·梅雷迪斯1862年的十四行诗《现代爱情》很相似。

82. *CL*，325.

83. *CL*，354；现代评论家们发现，奥斯卡·王尔德的童话故事为不同的解读提供了丰富的基础——个人的、政治的、性的和精神的；见 Jarlath Killeen，*The Fairy Tales of Oscar Wilde*（2007），其中对这个话题做了精彩的论述。

84. *CL*，352.

85. Coulson Kernahan，*In Good Company*：*Some Personal Recollections*（1917），195. 尽管他告诉格莱斯顿，他的故事是“真正为孩子们写的”（*CL*，350）但无论是故事本身，还是他的其他陈述，都不能支持这种说法。在 *CL*，388中，王尔德指出，他的故事是为“8岁至80岁的，孩子气的人写的”。

86. Theodore Watts to OW, 7 June 1887 (Austin); OW to Roberts Bros, (rec. 26 March 1888) (Columbia).
87. Moyle, 124.
88. Saltus, *Oscar Wilde: An Idler's Impression*, 13-26, in Mikhail, 428.
89. CMW to Otho Lloyd, 17 July 1887, in Moyle, 124.

7.《女性世界》

这是一场文法与神秘主义的较量，比赛仍在激烈进行。我恐怕不得不作出让步。

——奥斯卡·王尔德

奥斯卡终于得到了一份工作。1887年4月，卡塞尔出版公司总经理威姆斯·里德找到他，想让他参与编辑，“并在一定程度上重组”公司最近创刊的高端月刊《淑女世界》。王尔德作为服饰改革家一直声名在外，而且在人们的印象中他和妻子还是一对著名的具有审美情趣的夫妇，也许正是这些原因才促成了这桩事情。公司承诺给他一个正式的头衔和一份固定的收入，这个机会既讨人喜欢，又解了燃眉之急。王尔德同意接下这副担子。

他满脑子都是点子。他认为杂志目前的状态“过于娇柔，女人味不足”，建议“把面放得更宽一些”，“立足点站得更高一些”，减少“女帽和装饰品”，少一些昂贵的时尚图片，更多地关注女性在“想什么、感觉是什么”。他需要女性对艺术和现代生活的思考，有趣的文学评论（“如果一本书鼓噪乏味，那就不置一词”）和系列故事（“激动人心但不是悲剧性的”）。他想象着各方面人士都来投稿，包括来自皇室（也许是路易丝公主，或者克里斯蒂安公主）、来自美国（朱莉娅·沃德·豪）、来自巴黎（亚当夫人），来自大学（汉弗莱·沃德夫人）以及偶尔来自男性作者的稿件。

351 王尔德热衷于打破和利用传统的性别划分。至少在艺术领域，他已经准备宣布性别是无关紧要的："艺术家有性别，但艺术没有。"他希望在自己担任编辑期间，这份杂志能成为"一份男人爱读而且乐于投稿的刊物"。[1]他建议改变封面，并为它起个新名字。[2]在他——以及他所有的女性朋友——看来，《淑女世界》显得"有点俗气"。一本旨在面向"有智慧、有教养、有地位的女性"的刊物，应该被称为《女性世界》。他声称，这个名字是著名的《绅士：约翰·哈利法克斯》的作者克雷克夫人推荐给他的。[3]

条件达成了，王尔德从 5 月 1 日开始领取薪水。确切的金额不得而知，不过当时有人估计他的薪水约为每周 6 英镑（每年超过 300 英镑）；虽然算不上很多，但比起他一直以来的收入要高得多。[4]虽然王尔德负责的第一期刊物还要过六个多月才出版，但他一刻也不耽搁地投入了准备工作：在不知疲倦的热恩夫人的帮助下，他起草了一份可能提供稿件的作者名单；安排了"与重要人物"的面谈；写了"无数的信件"去征求和建议各种稿件。

从王尔德抵达伦敦的那一刻起，女性就一直是他重要的盟友和支持者。正是她们将他迎进自己的家中，乐于与他为伴，倾听他对艺术的看法。现在机会来了，他要以他的热情，他的投入，以及"每页一畿尼"的稿费（与《十九世纪》和《双周评论》的出价相同）来回报她们。他给知名的"女作家"、文学女性、社会改革家、先锋专业人士、社交界的女主人们，以及奥斯卡·布朗宁写信。他向沃尔特·佩特的妹妹、马修·阿诺德的女儿、刚从剑桥大学格顿学院毕业的海伦娜·西克特和几乎不会变老的维奥莱特·亨特征求稿件。他不但没漏掉他的朋友阿奇博尔德·坎贝尔夫人和多萝西·内维尔夫人，而且还接触到了——更加恭敬地——泽西伯爵夫人和索尔兹伯里侯爵夫人。他委托老朋友康斯坦斯·弗莱彻（“乔治·弗莱明”）创作系列小说，并说服维奥莱特·费恩（辛格尔顿夫人）寄来了诗歌。[5]

也许他最成功的一招是获得了流行小说家奥维达（或玛丽亚·路易莎·拉梅）的支持。当时她从意大利来到伦敦，住在朗廷酒店的一个套间里，款待客人的时候出手非常阔绰。王尔德赶去大献殷勤。他们俩之间有很多理由要聚一聚。48 岁的奥维达代表了一种文学现象：她的社会生活小说色彩丰富，其中有思想独立的女主人公和贵族英雄，虽然“略微超出了家庭藏书可以稳妥接纳的底线”，却是当时的畅销书。这位拉梅小姐在圣埃德蒙兹伯里的一个普通家庭长大，从年轻的时候起就把自己塑造成一个神秘而有魅力的女人。正如热恩夫人所说，她“无比热爱坏名声”，渴望结识“每一个值得了解的人”。尽管她身材矮胖，穿着品味古怪，说起话来声音像“切肉刀”，但她是伦敦社交界的“名女人”，她既浪漫做作，又厚颜无耻地自以为是。“既然乔治·艾略特走了，”据说她曾经宣称，“那么（除了我）就没有人会写英语了。” 352

当大多数自命不凡的文人看不起她和她的作品时，王尔德从牛津上学的时候起就一直是奥维达作品的拥护者。尽管它们也许言语啰唆，微不足道，充斥着语法错误，但它们有自己的风格。他称，发现其文字如同他所欣赏的罗斯金、佩特和西蒙兹的作品一样“生动可爱”（罗斯金也不太可能是奥维达的粉丝）。[6]

王尔德凭借着满腔真诚的热情，很快成了奥维达在朗廷酒店套房的座上宾，他不仅参加时尚的招待会，还参加她的私下晚宴。他善于奉承她，并且能够逗引得她畅所欲言。在一次晚宴上，他对她说："您的作品让我非常欣赏的一点是，您对风景和环境的描绘非常生动。只要闭上眼睛，就会感觉自己身处在特定的环境中。""啊，是的，"奥维达回答，"所有这些都的确如此，但这还不是我的书中最精彩的地方。我的作品中最美妙的地方就在于，我是按照公爵夫人说话的方式来写作的。"[7] 1887 年 6 月，奥维达即将离开英国时宣称："英国只有一个男人……值得一见或聊一聊，那就是奥斯卡·王尔德。"[8]王尔德获得了她为杂志撰稿的承诺——尽管她一向性格乖张，不太喜欢杂志的新名字。[9]

随着他接受任命的消息不胫而走，王尔德还收到了大量毛遂自荐的材料。一些昔日的老朋友因此找到了他，其中就有爱尔兰艺术家兼作家伊迪丝·萨默维尔。她向自己的表弟兼合作者维奥莱特·马丁讲述了王尔德的编辑工作："我昨天去见了奥斯卡……他是个又肥又油腻的家伙……他假装对我很感兴趣……但一切都无济于事。他懒洋洋地拿了几首十四行诗，准备把它们邮寄回去。他满嘴废话，说什么'法国题材应该由法国艺术家来画'——我差点就要对他说，就像约翰逊博士说的那样：'赶肥牛的人，他自己一定也很肥。'"[10]

353

《女性世界》的创刊号于 1887 年 11 月初发行，装饰一新的漂亮封面上"奥斯卡·王尔德"作为编辑赫然醒目。其刊登的署名文章中有一篇是关于 E. W. 戈德温在库姆街的露天戏剧表演（"阿奇夫人"坎贝尔绘制了插图，并且还在其中的戏剧《如你所愿》中变装扮演了"奥兰多"），还有关于"牛津女子学院”、“阿尔卑斯山风景”、城市儿童贫困（热恩太太），以及关于塞维涅夫人的祖母的文章（由萨克雷的女儿撰写）。王尔德发掘的艾米·利维（“只是个女孩子，但是个天才女孩”），贡献了一篇非常短的故事。朴茨茅斯伯爵夫人就“女性的地位”发表了一篇相当长的文章——她巧妙地提出，女性更强的独立性和不断增长的权力也许可以“让男性变得更强大”。时尚也没有被落下，但八页插图精美的最新伦敦和巴黎时尚被放在了杂志的最后，而不是像通常那样出现在最前面的位置。[11]王尔德撰写了一篇《文学暨随笔》，其中汇集了从克里斯蒂安公主，到他在牛津的老朋友玛格丽特·布莱德利（现在是“玛格丽特·L. 伍兹”）——他慷慨地将其与陀思妥耶夫斯基相提并论——的一系列女性作家的作品。文章中还有一段对克雷克夫人的赞美，她在给杂志寄出最后一篇小说后不久便去世了。

人们热切地期待着王尔德这份杂志的处女秀，它至少在伦敦引起了轩然大波。据报道，杂志出版的当晚，“伦敦西区一份难求”。[12]杂志的反响很不错。这次重新登场获得了“成功”——在《淑女世界》的基础上取得了“显著进步”。它那“出色的插图”，以及一连串“尊贵的”“女性”作者阵容受到了普遍关注。人们称赞它的文章“视野更广阔”、“主题更多样”、讨论的格调“变得更高”。[13]王尔德的文学评论被以各种方式描述为“清新”“有趣”，并且“写得相当好”。《观察家报》赞赏地评论道，他并没有“把自己的个性或他众所周知的观点过多地强加给读者”。[14]

人们预言，这份杂志未来会取得成功，并将这一切归功于王尔德的编辑才能——“毫无疑问，它将在女性中发挥最大的作用”。[15]过去曾经有女性“追求过他”，有人预计她们还会这样做。[16]这当中有一个反对的声音：王尔德夫人非常恼火，奥斯卡354在最近有关女作家的评论随笔中，竟然没有提到她。她连忙写信向他告知了这一点。

> 亲爱的编辑先生，
>
> 为什么你在对夏普太太书籍的评论中没有提到我？我，这样一位在爱尔兰文学中具有历史地位的人？况且你提到了泰南小姐和马尔霍兰小姐！
>
> 《汉普郡评论》对我大为推崇——而你——哦，简直不可思议。我已经把奥斯卡·王尔德编辑的《女性世界》借给了费舍尔太太。阿奇夫人是女性散文家中最出色的一个。乔治·弗莱明起初很有趣——也很好——但总的来说，女人是一群不足道的人。
>
> 你读了威利写的关于苏打水的文章了吗——简直太棒了——（刘易斯）阿诺德（《每日电讯报》编辑）很高兴。
>
> 星期日晚上来谈谈。我现在几乎没有空暇——我肯定会在一两周内彻底完蛋的。生活中的麻烦实在太多了。
>
> 你的
>
> 痛苦的母亲[17]

他将王尔德夫人的长诗《历史女性》作为1888年1月号的开篇，才算是平息了母亲的怒火。这首259行的诗中包括一段有关维多利亚女王的激动人心的文字（“至高无上的女性……与她的王室威严融为一体/女人生活中柔和甜美的音乐”）。[18]这期杂志被寄到温莎，一名侍女立即回复说女王“非常喜欢这首诗”。[19]王尔德鼓起勇气，询问女王陛下是否愿意亲自为杂志投稿——或许是“女王年轻时写过的一些诗”。但是，这个提议没有获得接受。*

王尔德这颗星星“再次上升起来”。[20]他很享受编辑这个角色。每周有三个上午，他从泰特街出发，从斯隆广场乘地铁到查林十字路（现在的河堤地铁站），沿着斯特兰德街和舰队街一路漫步，然后穿过一道拱门进入“拉贝勒索瓦吉酒店”，这里原本是个驿马旅店，现在是卡塞尔出版公司的办公地。在这个熙熙攘攘的公司里（里面还有公司的印刷机），王尔德像一只奇异的鸟一样引人注目。他仪表考究，衣着优雅，一位同事说他，“无疑是这里穿着最光鲜的人”。他与一名助理编辑合用一间办公室。王尔德发现这位27岁的阿瑟·菲什不仅“可靠、聪明”，而且很招人喜欢；他开始把他当作一个“真正的朋友”。[21]

菲什后来回忆起那些早期的编辑工作：“他微笑着进门，机智活泼地答复一封封来信，这些工作完成后，他会愉快地聊一会儿天，在（王尔德）的强大人格影响下，沉闷的屋子变得明快起来。”[22]这本杂志开始形成了一种独特的个性：有文化，有思想，善于社交，而且还很时尚。

一直以来，杂志在报道当今的重大女性话题时似乎有一条刻意遵循的编辑原则：“男性优越论之荒谬”需与“女性平等论之荒谬”相搭配，“女性的选举权”要搭配“反对女性选举权之理由”。但菲什毫不怀疑，在王尔德的指导下，这本期刊的主旨是“女性与男性享有平等待遇的权利”。许多有关政治

---

* 关于这个请求，女王在请她的私人秘书转交的信中写道：“真的有什么东西，是有人说不出来，编不出来的。女王一生中从未写过严肃或滑稽的诗，甚至连一首押韵的短诗也写不出来。因此，这一切都是虚构和神话。”

和社会话题的文章“远远超前于当时的思想”。王尔德对这一点予以了鼓励。每当威姆斯·里德拿着引起争议的文章过来谈谈时，王尔德“总是对作者的观点表示完全理解，并且在女性的政治抱负方面表现出一种毫无疑问十分真诚的自由思想”。[23]

王尔德还得忍受来自管理层的困扰。里德批评前几期杂志“在倾向上过于文学化”；而且他对财务一直控制得非常紧。[24]但是，这些检查并没有减少工作的乐趣。从事一份正式的工作是一件新奇的事情。至少他的一位朋友认为，王尔德成为《女性世界》的编辑后，“社交界”开始第一次“认认真真地”看待他了。[25]

王尔德执掌着一份受人尊敬的月刊，这使他在文学界获得了新的地位。他现在已经是一个公认的专家，可以和同行们在大致平等的条件下见面。他与弗兰克·哈里斯成了朋友，后者是《双周评论》最近任命的编辑（由热恩夫人促成并介绍认识）。他们经常在一起吃午饭。哈里斯性格自以为是、说话肆无忌惮，13 岁便离开了学校，他被王尔德身上那种在大学里培养出来的博学和机智深深吸引。王尔德发现哈里斯的精力和好奇心时而振奋，时而疲惫。[26]

他的另一个新朋友，是同样具有好斗秉性的文学伙伴W. E. 亨利，他一年前还是卡塞尔《艺术杂志》的编辑，现在成了它的竞争对手《艺术学报》的顾问。亨利比王尔德大五岁，身形十分出众，他身材高大，肩膀宽阔，一头乱蓬蓬的红头发和胡子。由于罹患骨头结核，他的左腿从膝盖以下被截肢了。众所周知，他走路时拄着拐杖，曾经为史蒂文森充当《金银岛》中高个子约翰·西尔弗的模特。他时而兴高采烈，时而暴跳如雷，既“聪明得惊人”，又极其固执己见。在政治上，

356

他是狂热的统一派和帝国统治拥护者，而在艺术和文学上，他崇尚“现实主义”。据说他受到拉斐尔前派的影响，“就像是人受到屋子里猫影响一样”。[27]

考虑到这些偏见，他过去一直对王尔德抱有怀疑也就不足为奇了。但现在，他渴望见一见王尔德，于是他说服卡塞尔公司的前同事安排了一顿晚餐。据传，亨利在整个用餐过程中一直试图用侮辱和矛盾的话语来激怒王尔德。王尔德起初对这些攻击指责不予理会，只是温和地回应“是”“不是”“是吗?”，但他最终醒悟过来，接着便是一场漫长而激烈的争论。直至主人在凌晨时分将他们赶出家门时，两人还在争论不休。第二天，当同事在办公室见到王尔德，并询问他事情如何收场时，王尔德回答说，“哦，一小时前我们刚刚为一片熏肉争吵完。”[28]

这件事证明，两人确实有过一段突如其来——而且短暂——的友情。W. B. 叶芝回忆第一次见到王尔德是在位于奇西克的亨利家中定期举办的“星期日晚会”上。王尔德给人留下了深刻的印象，他的言谈非常精彩——令叶芝惊讶的是——他说出来的句子都非常完美。就在那天晚上，他描述佩特的《文艺复兴史研究》是他的“黄金之书”，并称：“无论旅行到哪儿，我都要带上它；但它是真正的颓废之花；最后的号角就该在它写完的那一刻响起。”有乏味无趣的人问：“难道你不愿意留点儿阅读它的时间吗?”对此，他回答道：“哦，不——以后有的是时间——在另一个世界里。”王尔德称，他从不回复信件，并讲述了自己如何以此维护卡塞尔的运作管理，这番话令亨利大为赞赏：“我认识一些人，他们来到伦敦时前途一片光明，由于养成了回信的习惯，我看他们没过几个月就彻底完蛋了。”

之后，亨利赞赏地评价王尔德说："不，他不是个审美家（在亨利的书中这是一个贬义词）；你很快就会发现，他是个学者和绅士。"王尔德要是听见这番评判，一定会很高兴。他想给亨利留下好印象。正如他后来向叶芝坦承："为了能与他平起平坐，我必须绷紧每一根神经。"[29]

357

这样的紧张气氛为他们俩之间的关系创造了一种催人奋进的力量。艺术记者 C. 刘易斯·欣德回忆起一天晚上在奇西克，亨利和王尔德正在谈论雪莱，这场"狂野而又固执"的谈话可谓"大刀对长剑"。[30]然而，这种紧张关系随时都有可能失去平衡。当时曾经有人记得，看见这两个人一边聊着离开剧院；王尔德说了些什么，亨利便把拐杖朝他扔了过去。[31]王尔德描述文人之间友谊的基础就在于"搅拌那个掺毒的碗"，这一说法用在亨利身上无疑是恰当的。然而，王尔德本人并不是投毒者。他本能地坚信人类的同情心和专业上的包容大度。当亨利年老的母亲生病时，他写信安慰道："所有的诗人都爱他们的母亲，我崇拜我的母亲，因此我非常理解您的心情。"[32]他为亨利的《诗集》写了一篇非常积极的评论——虽然有点夸张——赞扬了作品中展现的"强烈的人文个性"。[33]

这些人际关系将王尔德越发地拉近文学界的核心。他成了罗比·罗斯的哥哥亚历克创办的作家协会的成员。他参加为美国作家举行的宴会，支持他们为获得国际版权而努力——尽管当晚多少有些尴尬，因为他发现自己旁边坐的是科林·坎贝尔夫人，他和她关系很不好，因为之前她曾经说他像"一条巨大的白色毛毛虫"。[34]相比之下也有快乐的时光，他曾经作为主宾出席"藏书爱好者餐饮俱乐部"举办的藏书家晚宴，并在晚宴上发表了一篇"最精彩的演讲"，其中赞扬了"水牛比尔"（威廉·弗雷德里克·科迪），后者最近将他的狂野西部表演带到了伦敦。[35]亨利提出推荐他成为萨维尔俱乐部的会员，那是当时顶尖的文学俱乐部。王尔德认为，他即便只在那里吃顿午饭，也会像"一头可怜的狮子"鲁莽地闯入"凶猛的丹尼尔斯的洞穴之中"，而要成为会员简直遥不可及；事实证明的确如此。尽管有亨利·詹姆斯、埃德蒙·高斯、赖德·哈格德、亚历克·罗斯、乔治·麦克米伦和其他25人的支持，王尔德一直未能入选。[36]

然而，尽管偶尔遭到阻挠，王尔德还是越发地愿意参与公共生活和公共问题。他成了各大会议上的人物，众多委员会的成员。在一次讨论拟议中的"英国艺术与工业发展协会"的聚会上，王尔德幽默地指责埃德蒙·高斯引用了英国贸易委员会的统计数据，他说："我们根本不想听到这些东西。"[37]让惠斯勒大为恼火的是，他还受邀加入了国家艺术展览委员会，该委员会由一群居住在切尔西一带，反对皇家艺术学院的艺术家发起成立。惠斯勒立即在《世界》杂志上发表了一封信，谴责王尔德参与其中："奥斯卡跟艺术有什么共同点？除了他跟我们一块儿吃饭，拿走我们碟中的李子，把它们做成布丁，然后又到各地去四处兜售。奥斯卡——这个和蔼可亲、不负责任、贪得无厌的奥斯卡——他对于绘画，就像对一件衣服一样毫无品味，竟然有胆量发表意见——而且还是对别人的作品！"[38]一周后，王尔德写信回复道："阿特拉斯，真悲哀！在我们的詹姆斯看来，'粗俗是与生俱来的'，而且它应该一直保持下去。"[39]

358

他开始超越文化问题，关注社会和政治问题。尽管王尔德在名义上一直是自由党的选民，但他此前一直与各政党政治保持距离。他支持爱尔兰自治的坚定信念、一种诗意的共和主义，对“社会主义”理想抱有一种模模糊糊的好感，除此之外，王尔德将他的政治信仰集中在一句话中，即他支持“文明”针对“野蛮”的斗争。[40]

到了19世纪80年代中期，这种绝妙的孤立状态变得越发难以维持。1885年，75岁的格莱斯顿重返政坛，“皈依”了爱尔兰地方自治和土地改革事业，他与自由党和极具感召力的领袖查尔斯·斯图尔特·帕内尔麾下爱尔兰议会党的86名议员站在了一起。格莱斯顿希望与这些新盟友一起，推行一项地方自治法案。这项法案于1886年6月提交到议会，却因大部分自由党人的反对而被否决。这场溃败将自由党分裂为“格莱斯顿派”和“统一派”，加剧了英国政治生活的分歧。格莱斯顿要求立即举行选举——实际上是要求对地方自治问题进行全民公投。他被彻底击败了，保守党和“自由统一党”获得了绝大多数票。然而，通过英国议会制度实现爱尔兰政治权力下放的巨大希望已经被点燃。格莱斯顿和帕内尔都对胜利持乐观态度。许多人受到鼓舞，团结起来支持这项事业。王尔德就是其中之一。

1887年夏天，他成为八十俱乐部的一员。这意味着他公开宣告了自己的政治承诺。该俱乐部成立于1880年，旨在促进“自由事业”，并迅速发展成为格莱斯顿自由主义的核心阵地和爱尔兰地方自治政策的“智库”。1886年大选之后，俱乐部的“统一派”成员被迫集体辞职；替代他们的是在1887年6月29日的一次会议上当选的大约80名新成员。几乎可以肯定，王尔德就是其中一员。他发现自己置身于一张张熟悉的面孔之中。与他同时加入俱乐部的还有乔治·麦克米伦、贾斯汀·麦卡锡和霍顿勋爵；E.T.库克（他是《帕尔摩报》文学版的编辑）

和查尔斯·迪尔克之前已是会员，很可能是他们提议吸纳了王尔德。

对当前政治局势的担忧和愤怒冲淡了八十俱乐部成员的乐观情绪。1887 年 8 月，爱尔兰保守党首席秘书阿瑟·贝尔弗提出《强制法案》，面对农村地区的大范围动荡，他获得了广泛的权力来“恢复秩序”。他在王尔德当年在圣三一学院的同学，法官爱德华·卡尔森的坚决协助下，通过简易程序对在爱尔兰活动的著名自治运动人士做了快速定罪。英国诗人威尔弗里德·斯考文·布朗特和爱尔兰政治家威廉·奥布莱恩也在被监禁之列。

王尔德对这些措施表示谴责，并以自己的方式进行了反击。除了参加八十俱乐部的活动之外，他还支持了贾斯汀·麦卡锡在南华克爱尔兰文学俱乐部所做的关于革命的“48 年文学”演讲。他甚至在活动上发表即兴演讲，提到他的母亲（演讲中提到了她的作品）将出版一本《爱尔兰传说》，他将“向伦敦的每一个爱尔兰俱乐部赠送一本书”。[41]他还在自己的文章，以及偶尔为《帕尔摩报》撰写的书评中加入了同情地方自治和反对保守党的言论。在辩论中支持另一方的老朋友们纷纷遭到他的指责。

王尔德用笔诙谐地驳斥了“马哈菲先生的新作”《希腊人的生活和思想》，从一个强硬的统一派的角度来看，该书内容与当前爱尔兰的状况有许多相似之处——他称该书“失去了价值”，充满了“政治偏见”和“盲目轻率”，企图“将希腊人的世界作为‘显然大写了的提帕拉里’……在米切尔顿的大平原上粉饰喀罗尼亚之战（威廉·奥布莱恩就是在那里被定罪的）”。[42]威尔弗里德·布朗特根据他在爱尔兰监狱的经历创作了一本诗集《在监禁之中》，王尔德热情地读了这本诗集，称监禁对他的诗歌产生了“极佳的影响”。他说：“贝尔福先生的诡辩书《哲学怀疑的辩护》，是我所知道的一本最沉闷的书，可能对文学没有什么益处，但必须承认这一事实：他把布朗特先生送进了监狱，却把一个聪明的打油诗人改变成了一个积极的深思的诗人了。”[43]

360

王尔德一直在《女性世界》上刊发介绍爱尔兰主题的文章，其中暗示了英国统治的压迫状况，突出强调了爱尔兰文化的独特性。王尔德夫人为1888年11月的杂志撰写了一篇《爱尔兰农民故事》概略，仅仅几个月后，王尔德在他自己的“文学暨随笔”栏目中讨论了叶芝的“迷人的小书《爱尔兰农民的童话和民间传说》”。他在回忆母亲早期遭受的苛评时，引用了叶芝书中的一长段话，赞扬了王尔德夫人围绕这个题材创作的作品。他还刊登了桑德赫斯特夫人对亲爱尔兰的自由事业的强有力号召，文章的标题为“一个女人的政治工作”。[44]

对爱尔兰地方自治的特殊关注也把王尔德拉进了政治激进主义的潮流中，特别是社会主义。正如《女性世界》的一位撰稿人所言，由格莱斯顿自由派倡导的针对爱尔兰土地改革的“社会主义立法”意味着“爱尔兰问题实际上是社会主义的一个分支”。1887年11月，爱尔兰地方自治和社会主义的关系获得了进一步加强，当时爱尔兰全国联盟和社会民主联盟在特拉法加广场组织了一场大规模集会，抗议爱尔兰的高压政治和英国的失业状况，但这场集会遭到了警察和武装部队的残忍驱散。这一天很快就被称作“血腥星期日”，成为爱尔兰地方自治和英国社会主义叙事中的一个决定性时刻。当时的被捕者中包括自由党议员罗伯特·坎宁安-格雷厄姆和激进的工会主义者约翰·伯恩斯。

“社会主义”这个词一直对王尔德具有吸引力。他曾经在威廉·莫里斯的著作中见过它。19世纪80年代初，他曾用这个词打动过维奥莱特·亨特。然而，在这十年的后五年中，他开始更加彻底地对它进行探索。1885年底，他订阅了威廉·莫里斯的社会主义报纸《公益》。[45]而且他还结识了几乎与他同时代的《帕尔摩报》评论员乔治·萧伯纳。萧伯纳是住在伦敦的都柏林人，靠写作勉强维持生计，他公开承认自己是激进分子。他和妹妹露西一起参加了几次王尔德夫人的招待会，他回忆起王尔德很慷慨，努力对他表现出极大的善意，但不幸的是（“我们把对方弄得很不舒服”）。自学成才的下层阶层的萧伯纳坚持认为，受过大学教育的王尔德是“都柏林的势利鬼”。然而，尽管他们的脾气、观点、教育和背景不同，但两人之间形成了一定程度的相互尊重。双方都承认对方是个“杰出的人物”，是一个普遍遭遇不公正评判的人。他们虽然没有成为朋友，却都心存一份尴尬而又真实的仰慕之情。

萧伯纳是社会主义的热心皈依者，也是费边社的成员，他总是急于提出自己的观点。有一次，王尔德参加了在爱尔兰小说家约瑟夫·菲茨杰拉德·莫洛伊家举办的一个小型聚会。其间，萧伯纳详细地阐述了他打算创办一份杂志，用来传播他的政治思想。王尔德饶有兴趣地听着；萧伯纳断然宣布，这份杂志要叫“萧杂志——萧！萧！萧！”——但他却轻描淡写地用一句问话颠覆了萧伯纳的想法，“你要怎么拼写它呢？”[46]①

尽管如此，王尔德“高度评价了”萧伯纳，认为他是一位

① 王尔德在此处指的是与“Shaw”发音相同的“pshaw”，意为“啐”，表示厌恶，不耐烦的意思。——译者注

具有独创性和挑战意识的政治思想家；事实上，他们俩的一位共同的朋友曾经不太友好地暗指，王尔德对社会主义的仰慕其实源于这样的事实："它很奇特，况且萧伯纳是爱尔兰人。"虽然这种说法很夸张，但与萧伯纳的关系的确促使王尔德提升了对这一主题的兴趣。萧伯纳意识到了他的这份兴趣是真心实意的。尽管两人在文学方面有过不少接触，但1887年王尔德在一份请愿书上签名，要求宽恕6名在芝加哥集会上因炸弹爆炸而被判死刑的无政府主义者，此举给萧伯纳留下了深刻的印象。[47]

王尔德在作品和生活中越来越多地参与到社会不公的问题中，这既是思想的影响，也是情感的影响。虽然他希望在童话故事中"反映现代生活"，"处理现代问题"，但快乐王子和小燕子的做法可能更多的是基督徒自我牺牲的榜样，而不是社会主义者的参与。[48]尽管在思想上王尔德可能支持社会主义的观点，即慈善事业只会贬低和打击穷人，其提供的只是暂时的缓和，而不是永久的解决方案，但在他自己的个人实践中，他总是非常慷慨，几乎总是像堂吉诃德一样。埃德加·萨尔图斯回忆一个冬夜，他和王尔德一起回到泰特街，一个衣衫单薄、在刺骨的寒冷中瑟瑟发抖的可怜男人向他们走来。萨尔图斯给那人一先令。王尔德"极其果断地脱下他的大衣"，披在那人肩上。这一举动的异乎寻常之处在于，当天晚上的早些时候，王尔德——暂时放弃了他的社会主义立场——曾经宣称："如果我是国王，我会坐在大厅里，在绿色象牙上作画，我的大臣们来告诉我，人们正在挨饿时，我会继续在绿色象牙上作画，并且说：'让他们饿死。'"还有一次，一个乞丐走过来，哀叹自己"没有工作"，"没有面包吃"，王尔德回答说，"工作！你为什么想要工作？还要面包！你为什么要吃面包？"他继续严肃

362

地道："现在，如果你到我这儿来，对我说你有工作要做，但你不想工作，对我说你有面包吃，但不想吃面包——那么我会给你半个克朗。"停了一会儿，他又说："照现在的情况，我给你两个先令。"[49]

然而，王尔德通过许多直接的方式表明了他对社会主义事业的承诺。尽管（与萧伯纳不同）他没有出现在"血腥星期日"骚乱中，但他参与了骚乱的后续。11 月 14 日，当罗伯特·坎宁安-格雷厄姆和约翰·伯恩斯被控袭击警察时，他出现在弓街治安法院。[50]他参加了从温和的"渐进主义"到极端的"无政府主义"等提倡各种不同的社会主义观点的会议。有人看见他——虽然身材不协调，但穿着漂亮，显然很胖——去圣詹姆斯附近的威利斯家，参加费边社和其他机构定期举办的讨论。他去哈默史密斯参加了"在威廉·莫里斯拥挤的马车屋举行的晚间会议"——他的扣孔里插着一朵"非常大，深红色，开得非常漂亮的大丽花"，据见到的人说，"一般男士外套上不会有这样的花"。[51]

王尔德参与公共和政治生活时，得到了康斯坦斯的支持。她分享并鼓励他的兴趣。她给报纸写信讨论服装改革的问题，并（在 1886 年）成为理性服装协会的成员，甚至在 1888 年 4 月到 1889 年 7 月期间担任该协会的期刊编辑。她克服了羞怯，成为一名令人印象深刻的演讲者。她在《女性世界》上发表了两篇关于服装的文章。[52]她支持地方自治和自由事业，与妇女自由协会签约，在其活动中发表演讲，并赢得了"可爱的小激进分子"的名声。坎宁安-格雷厄姆受审时，站在旁听席上的是康斯坦斯而不是奥斯卡。[53]

政治将王尔德一家拉进了自由党精英的圈子。他们和格莱斯顿一道出席了在波特兰广场举行的桑德赫斯特夫人的晚会，以援助马里波恩自由协会。[54]他们参加了热情激进的《星报》编辑 T. P. 奥康纳举办的热闹的早餐招待会。正是在这样的场合中，王尔德以“相当聪明”的形式，用他特有的智慧火花迷住了女主人。当 T. P. 奥康纳和一位“金发美女”交谈甚欢时，王尔德问“T. P. 夫人”，她是不是嫉妒了？她否认了这一点，并声称 T. P. 奥康纳就算见到了漂亮女人，他也看不出她的漂亮。此时，哈罗德·弗雷德里克（《纽约时报》驻伦敦记者）插话道，“请允许我插一句，那您是怎么一回事?” T. P. 夫人回答说，“哦，我是个意外。”“更确切地说，”王尔德纠正道，“是一场灾难!”[55]

注　释

1. *CL*, 297.
2. *CL*, 317.
3. *CL*, 317; *WW*, vol. 1, 40.
4. *CL*, 299; RR to Frank Harris, 17 May 1914 (Austin).
5. *CL*, 297-301.
6. OW, 'Homer's Women' essay (Morgan). E. Fitzsimmons, *Wilde's Women* (2015), 193.
7. Arthur Lambton, *The Salad Bowl* (1927), 57. 有关另一次晚宴的情况，可参见 Moreton Frewen, *Melton Mowbray and Other Memories* (1924), 105; 有关奥维达在朗廷酒店举行“招待会”的情况——下午 5 点，约 30 人参加——可参见 Lady Paget, *Embassies of Other Days* Vol. II (1923), 418: 客人中包括奥斯卡·王尔德、维奥莱特·费恩、布伦诺克斯夫人（Lady Boo Lennox）、多萝西·内维尔夫人、罗伯特·布朗宁、利顿勋爵和罗纳德·高尔勋爵。

8. ‘Some Famous Living Women’, *Brisbane Courier*, 19 November 1889.
9. 注：1888 年 3 月至 1889 年 5 月期间，她共在《女性世界》上刊登四篇文章，分别是：‘Apropos of a Dinner’，‘The Streets of London’，‘War’和‘Field-Work for Women’。她虽然一开始充满热情（称这份杂志“非常出色”），但及至 1889 年 3 月她的语气发生了些许变化。她对康斯坦斯·莱斯利夫人说，“你注意留心一下，奥斯卡·王尔德的评论中有没有提到我的那篇《战争》。我现在时不常写点儿文章，完全是出于友情。他这个人非常聪明，但是太自负了，我觉得他并非一直那么真诚。” Eileen Bigland, *Ouida: The Passionate Victorian* (1950), 202-3.
10. Gifford Lewis, *The Selected Letters of Somerville and Ross* (1989), 67-8.
11. *Spectator*, 5 November 1887.
12. *Irish Times*, 5 November 1887. Fitzsimmons, *Wilde's Women*, 58.
13. *Hampshire Advertiser*, 3 November 1887; *Spectator*, 5 November 1887.
14. *Morning Post*, 2 November 1887; *Bury and Norwich Post*, 22 November 1887; *Spectator*, 5 November 1887.
15. *Bury and Norwich Post*, 22 November 1887.
16. *PMG*, 16 September 1887.
17. JFW to OW, ‘Friday Night’ [November, 1887], in Tipper, *Oscar*, 111-12.
18. *WW*, vol. 1, 98.
19. Lady Churchill to OW, 6 January 1888 (Austin).
20. *PMG*, 16 September 1887.
21. Arthur Fish, ‘Memories of Oscar Wilde’, *Cassell's Weekly*, 2 May 1923, 215; A. J. A. Symons notes, (Clark); *CL*, 413, 455.
22. Arthur Fish, ‘Oscar Wilde as Editor’, *Harper's Weekly*, 58 [1913], 18.
23. Fish, ‘Oscar Wilde as Editor’, 18; 有关王尔德大胆的编辑策略，参见 Marie Bancroft to OW (Austin), 9 November [1888 or 1889]：“我会仔细考虑你的建议。这是一个非常微妙的主题，人们总是担心引火烧身！这篇文章应该多长时间？我会努力，但可能会失败。”她似乎确实失败了，因为杂志上再也没有刊登过她的文章，她只是在第一期上发表了一片有关瑞士的文章。
24. *CL*, 337, 338.
25. Anna, comtesse de Brémont, *Oscar Wilde and his Mother* (1911), 73.

26. Harris，53，67；*CL*，1121. 弗兰克·哈里斯称，自己从1884年起就“一直与奥斯卡·王尔德见面”；但两人的友谊似乎于十年后才开始。
27. W. B. Yeats，*The Trembling of the Veil*（1922），15.
28. Newman Flower，in *Cassell's Weekly*，1923，quoted in *The Register*（Adelaide）30 June 1923.
29. Yeats，*The Trembling of the Veil*，20.
30. C. Lewis Hind，*Naphtali*（1926），54.
31. J. M. Barrie，quoted in Alfred Noyes，*Two Worlds for Memory*（1953），55.
32. *CL*，367.
33. ‘A Note on Some Modern Poets’，*WW*，December 1888；OET VII，108-13.
34. *CL*，294；356；G. B. Shaw，‘My Memories of Oscar Wilde’，in Harris，334.
35. J. Lewis May，*John Lane and the Nineties*（1936），31；Walter Crane，*An Artist's Reminiscences*（1907），310. 演出结束后，奥斯卡·王尔德带着沃尔特·克莱恩的孩子们去后台的“帐篷里”见上校。
36. *CL*，362n；正式推荐奥斯卡·王尔德加入俱乐部的人并非亨利，而是都柏林三一学院的艺术学会会员、萨沃伊皇家教堂的助理教士W. J. 洛夫蒂。在萨维尔俱乐部，候选人不会被列入“黑名单”，但如果有人对此持有异议，他的名字会一直留在候选人名册上，但他的会员资格会被无限期搁置。
37. *PMG*，9 June 1888；*Leeds Mercury*，9 June 1888；Crane，*An Artist's Reminiscences*，324；E. R. Pennel，*Life and Letters of Joseph Pennel*（1930），1：202.
38. *World*，17 November 1886.
39. *CL*，288；Crane，*An Artist's Reminiscences*，295，其中回忆奥斯卡·王尔德当时在场——并在会议上作了发言。
40. 以下有关奥斯卡·王尔德参与自由派政治以及地方自治的内容，源于Wright and Kinsella，‘Oscar Wilde，A Parnellite Home Ruler and Gladstonian Liberal’。
41. *Freeman's Journal*，23 September 1887. Wright and Kinsella，‘Oscar Wilde，A Parnellite Home Ruler and Gladsto-nian Liberal’，其中记录奥斯卡·王尔德于1887年12月13日在威利斯家参加了八十俱乐部的

晚宴。

42. OET VII, 12ff. 奥斯卡·王尔德对马哈菲的《艺术谈话的原则》(*The Principles of the Art of Conversation*)态度略微宽厚一些,参见'Aristotle at Afternoon Tea', *PMG*, 16 December 1887, OET VII, 35-7:"不管它有多学究气,它的魅力和它的令人快乐之处……",以及"其干巴巴的,枯燥无味的风格特征"。
43. 'Poetry and Prison', *PMG*, 3 January 1889.
44. *WW*, January 1889.
45. Jane Morris to Henry Sparling [Autumn 1885], in Frank C. Sharp and Jan Marsh, eds, *Collected Letters of Jane Morris* (2012), 143.
46. Bernard Partridge to Hesketh Pearson, 30 September 1943 (Austin); 萧伯纳在日记中提到了 1886 年 9 月 14 日的见面。
47. LAD, *Oscar Wilde and Myself*, 60 - 1; see from George Bernard Shaw's diaries: 1887 年 12 月 15 日奥斯卡·王尔德和萧伯纳在菲茨罗伊街 H. 霍恩家中见面。谈话很激动人心,萧伯纳直至凌晨 1 点才离开; 1888 年 6 月 18 日(星期日)下午,奥斯卡·王尔德和萧伯纳同时在卡多根花园夏洛特·罗什小姐(Miss Charlotte Roche)家参加了一场招待会。"谈论的话题是艺术,以及社会主义将如何改变它。" 1888 年 7 月费边社在威利斯家召开会议,沃尔特·克雷恩的发言题目是《社会主义下的艺术》——1888 年 7 月 7 日《星报》报道——王尔德和萧伯纳都做了发言。Shaw to Frank Harris, 7 Oct 1908, in Dan H. Laurence, ed., *Bernard Shaw Collected Letters*, Vol. 2, *1898-1910* (1972), 813.
48. *CL*, 388; Killeen, *The Fairy Tales of Oscar Wilde*, 37-8.
49. Saltus, *Oscar Wilde: An Idler's Impression*, 13 - 26, in Mikhail, 428; Richard Le Gallienne, *The Romantic' 90s* (1926), in Mikhail, 394.
50. *PMG*, 15 November 1887. 四天后,他们在萧伯纳的姐姐露西的婚宴上相遇时,萧伯纳应该是给王尔德讲述了暴乱的详细情况。
51. C. K. Shorter, *An Autobiography* (1927), 59; Stanley Weintraub, 'The Hibernian School: Oscar Wilde and Bernard Shaw', in J. A. Bertolini, ed., *Shaw and Other Playwrights*, 30; Georgina Sime, *Brave Spirits* (1952), 14.
52. 'Children's Dress in this Century', *WW*, July 1888; 'Muffs', *WW*,

February 1889.

53. Moyle, 148.

54. *PMG*, 7 March 1888.

55. Mrs T. P. O'Connor, *I Myself* (1910), 238.

8. 偏爱绿色

我们必须做的，不管怎样我们都有责任去做的，就是去复兴撒谎这门古老的艺术。

——奥斯卡·王尔德

363

1888年，奥斯卡和康斯坦斯表现出惊人的一致，写出了许多童话故事。“奥斯卡·王尔德太太”的《从前》是一本复述的故事集（收录了《小红帽》《灰姑娘》等），以散文和诗歌的形式重新讲述这些故事，并从头到尾配上了插图。奥斯卡的《快乐王子及其他》是他自1881年的《诗集》以来出版的第一本书，汇集了他的五个原创童话故事。他经过长期努力才使得这些故事获得顺利出版；他曾经一次次地与各杂志编辑们接洽，但都没有成功。于是，他联系乔治·麦克米伦，想以书籍的形式推出这些故事，但麦克米伦的读者在看过之后认为，尽管它们“有意义，很巧妙”，但不太可能“迅速流行起来”。[1]失望之下，王尔德转而求助于大卫·纳特公司，这是一家规模较小，但以印刷精美而著称的公司。他们同意制作这本书，但王尔德是否投入了制作成本，至今尚且不详。

康斯坦斯的书是直接面向育儿室的，而奥斯卡的作品则有一个截然不同的意图。它和《诗集》一样——如奥斯卡所说——“相当优雅”，其中的插图出自著名插画师沃尔特·

364

克兰之手，“书籍装帧”由年轻的印象派画家乔治·雅各布-

胡德担当。为了吸引藏书家的兴趣，他们用手工纸印刷了75本特别版，每一本上都有作者的签名，定价高达1畿尼。而“普通”版只是在形式上稍小一点，在精美程度上也只是略有不及而已。该书首次印刷的数量相对保守，只有1000本，定价仍为相当可观的5先令。这本书是献给卡洛斯·布莱克的。[2]*

《快乐王子及其他》于6月初出版，销量很好，受到广泛关注和良好评价。[3]也许是王尔德对体裁的选择改变了批判的视角——他可能已经料到了这一点。[4]或许，王尔德地位的改变也起到了一定作用。他已经从十年前那个屡屡得罪批评家的傲慢、矫情的年轻唯美主义者，变成了一个得体的、负责任的公众人物。当然，媒体的回应中没有出现当年《诗集》曾经遭遇过的那种个人敌意：没有人指责他抄袭、不真诚，抑或做作。他经常——并非是坏事——被人拿来与汉斯·安徒生相比。《世界》杂志称，这本书是“自《爱丽丝梦游仙境》以来我们拥有的最漂亮的儿童故事书”。

人们普遍认为，其中尽管有很多孩子喜欢的故事，但这些故事可能更吸引成年人，因为它们很有料，具有“当代讽刺作品的辛辣风格”。王尔德在《忠实的朋友》中给出的友谊秘诀很受追捧：“一个真心朋友却总是说些不中听的话，并且不惜给人苦吃。的确，一个真正的真心朋友是高兴这样做

---

* 就像《诗集》一样，王尔德说服波士顿的罗伯茨兄弟出版社同时推出美国版，并向他们提供了英国出版商的“预售单和铸版”。但是，他惊讶地发现，美国人把书页裁小，使之变成了一本小得多的书。“你们为什么不保留我的空白边，”他哀叹道，“我向您保证，空白和风格之间存在着微妙的科学联系，我的故事在您的版本中读起来变味儿了。”王尔德写给罗伯茨兄弟的合伙人托马斯·奈尔斯的信（哥伦比亚大学图书馆）。

的，因为他知道他是在做好事。”[5]唯一的疑问是这些故事中弥漫的情绪：《观察家报》认为，在这些故事的“微妙讽刺”之下，最典型的“调子”是“忧郁”；但罗比·罗斯的哥哥亚历克在《星期六评论》上评价这本书时表示，尽管这本书从情绪上看具有“辛辣的讽刺”，但始终不变的基调是“幽默的愉悦感”。[6]虽然书中有一个人物评论说，“讲一个有寓意的故事常常是一件非常危险的事情”，但是人们赞许地指出，书中所有的故事似乎都有“寓意”，尽管它们并不“显眼”。一位评论者称其隐含的寓意是“无私是道德之美，而展现虚荣是道德之丑”。[7]

这本书销路很好，王尔德立即开始宣传其“获得了成功”。[8]他在朋友和熟人中散发赠阅本。格莱斯顿收到一本。罗斯金也收到一本。沃尔特·佩特写来一封令人欣慰的感谢信，自称他在痛风发作期间，一直在用这本“令人愉快的”书“安慰”自己。他称赞其中的一些描述是“散文中的小诗”，简直不知道“应该更多地欣赏《不同凡响的冲天炮》中的聪明机智，还是欣赏《自私的巨人》中的美丽和温柔”。埃伦·特丽则称，“我最喜欢《夜莺与玫瑰》”，并暗示她“有一天会将它读给某些好人听——甚至不是好人，但可以让他们变成好人”。王尔德很喜欢公开朗读的想法，但遗憾的是此事后来不了了之。[9]汤恩比大厅图书馆馆长也收到了王尔德寄去的书，他最喜欢其中的《夜莺与玫瑰》。他认为“每一个认真的男人、女人和儿童（意指所有的孩子）”都应该对写出这样一个故事的作者“高高兴兴地发自内心地大声道一句感谢”：“对我来说，能感受到人类感情表面之下绚丽的潮起潮落，语言的精致细腻和朴实无华，这简直就是（一个）奇迹。你似乎将人类之爱，当作了观察外

部世界的眼睛。”[10] *

不到六个月，该书的第一版就销售一空。不过新版的《快乐王子及其他》（价格稍稍便宜至 3 先令 6 便士）未能保持这种势头，但毫无疑问《快乐王子及其他》以其独特的方式取得了一次小小的胜利：成为当季最引人注目的书籍之一。[11]

这次成功激励王尔德继续创作童话故事，运用这种体裁去拓展他的散文、社会评论，以及他对性规范的颠覆。现在他找到了准备发表这些文章的期刊。他接下来要写的故事是关于一个“少年国王”——一个极端的唯美主义者，却在他即将加冕之际发现，自己钟爱无比的世俗奢华竟然要耗费巨大的社会和道德成本，于是他转而欣然接受了耶稣般的简朴，而令臣民和神职人员感到惊奇的是，此举给他带来了一个更伟大的，奇迹般的辉煌。尽管这个故事强调的是精神和社会方面的内容，但卡洛斯·布莱克似乎不赞同其中的某些元素——也许是少年国王的唯美主义中明显的同性恋色彩。故事中描写他崇拜阿多尼斯的形象，还亲吻了安提诺乌斯的雕像。

确实，当年底这篇故事发表在《女士画报》上时，布莱克写信给热心的英国天主教徒纽卡斯尔公爵称：“对于我提出的批评，昨天我们的朋友奥斯卡表示无法理解，而且一笑置之。不过，现在我已安排好，今后他的所有手稿都要交我审阅，到时候，我要把他的幽默和脾气都好好地一笔一笔地抹杀掉。他找不出任何借口，也无法用他的百般欢闹来消解我的怒气，他

* 王尔德确实也遭到了一些关注文学的鸟类学家的批评。一位 J.R. 厄尔先生写信指出，王尔德关于夜莺“在橡树上”筑巢的描述是不准确的，因为“夜莺几乎都在地面上筑巢”。

还说什么他已经预料到了，并一直在期待我的指责。”[12]然而，尽管有一家报纸称这个故事是一则“怪异而疯狂”的寓言，但大多数评论人士认为，除了“表达精妙”之外，它还具有“魅力”和“令人钦佩的寓意”。[13]就连亨利也似乎对它的风格很感兴趣。王尔德称，福楼拜是自己的导师，并对亨利说：“为了探讨英语散文的写作，我曾经研究过法国散文。你对我的散文的肯定令我非常高兴，这说明我获得了成功。另外让我高兴的是，再无一人与您所见略同，这又证明了我的另一大成功。”[14]

回归小说创作和书籍出版，让王尔德对自己的文学价值有了新的认识。这也开始把他从《女性世界》和编辑部的琐事中抽离出来。随着他在文学、新闻、政治、社会和家庭方面的工作越来越多，他渐渐感到自己“工作超负荷”了，必须要有所放弃。他原本每周去拉贝勒索瓦吉酒店工作三天，不久便减少到两天。他的助手阿瑟·菲什变得很擅长“根据（王尔德）在走廊上的脚步声来判断，这一天的工作是会得到欣然接受，还是会被推迟到一个更方便的时间”。如果是后一种情况，王尔德“就会叹口气，倒在椅子上，漫不经心地瞟一眼他的信，敷衍地看一下校样或修改稿，问一句：‘这些事情有必要今天解决吗？’然后他戴上帽子，幽怨地说一声‘早上好’，便又离开了”。他的工作时间越缩越短，他越来越晚来早走，“直到有时候，他只是进来看看而已”。

他的“文学暨随笔”变得很草率，接着便停了七个月（1888年3月至11月），直到威姆斯·里德劝他重新动笔。王尔德最开始的时候工作非常勤奋，这意味着他手头存有太多的文章，他非但无法享受约稿的乐趣，反而不得不投入大量时间退稿，或者向投稿者解释为什么他们的作品迟迟没有刊发。[15]* 虽然有这么一笔收入很不错，但他渐渐意识到这还远远不够：于是他开始在每个月的工资收据背面写一些关于收入的诗句和“粗话”。[16]

尽管如此，他还是很享受工作给予他的，与女性交往的特殊地位。他对优雅的社交界时髦女郎比比迪·莱纳德产生了浓厚的兴趣。她是一位流亡的爱尔兰民族主义者的女儿，从小在巴黎长大，之后搬到伦敦，她身上保留着某种来自法国首都的危险诱惑力。她是有名的女帽设计师，也是时尚界的女主人。王尔德似乎是在母亲的招待会上认识她的，并请求她写一篇关于著名沙龙女主人“亚当夫人”的文章。[17]这篇文章虽然一直没有交稿，王尔德却成了在摄政公园附近莱纳德家的常客——被她精致老练的诱惑力，以及她对男人的控制力迷住了。在他看来，她是现代蛇蝎美人的典范。他声称，她教给他的东西比其他任何女人都多。“她毫无道德，”他向一个朋友解释道，“不道德的女人很少有吸引力。她之所以让人无法抗拒，在于她并不属于道德范围之内。”[18]

康斯坦斯——意识到王尔德的情感和性兴趣正在逐渐消失，但误读了其中的原因——嫉妒王尔德对莱纳德的迷恋。对于断绝关系，王尔德似乎并非十分反感，也许只是觉得这样的要求过于苛刻。他给这段关系断然地画上了一个句号——不过，为

* 奥斯卡·王尔德确实仍在许多方面表现出极度的认真仔细。1889 年 9 月 26 日，他写信给夏洛特·斯特普斯（更为著名的玛丽·斯特普斯的母亲），退回了她写的关于冻肉的文章：“您认为冻肉应该被纳入《掺假法案》，我完全同意，我想大家也都同意，但是说到冷藏过程对肉的风味及其营养性能的不利影响……我不禁觉得您的观点有些夸张，如果您能设法改变一下您的表达方式，我会乐见其成。”

了给这一时刻适时地增添些许戏剧性，他写了“三段充满激情的”诗歌作为了断。然而，莱纳德并不买账。她怀疑王尔德是在重复利用一首早已写好的诗，她很可能是对的。[19]

当时王尔德的女门徒中还包括年轻的美国女演员伊丽莎白·罗宾斯，1888 年夏天她正好路过伦敦。她长着一双黑眼睛，美丽而热情，却是个悲剧人物：一年前，她的丈夫，一个波士顿剧团的小演员，自杀了（穿着全套戏服跳进了查尔斯河），让她 26 岁便成了寡妇。王尔德在西顿夫人举办的招待会上见到了她，并鼓励她考虑留在英国，在伦敦的舞台上干一番事业。“你应该演一次日场”，他一开始这样建议。几周后，当得知她即将签约出演由“身无分文的冒险家”兰德尔·罗伯茨爵士创作的一部“有问题”的戏剧，他便力劝她不要走这一步。

368

他立即采取行动，让罗宾斯与一名代理人取得联系。他坚持让她聘请乔治·刘易斯担任律师，审查所有合同（他描述刘易斯“非常聪明，令人敬畏，是一个通晓世故的人……他对我们十分了解——对我们一点儿也不介意”）。他还为她争取到了去艾尔伯特·比尔博姆·特里那里面试的机会。比尔博姆·特里当时作为演员经理，刚刚取得了第一次巨大成功。罗宾斯始终对王尔德的活力和善良记忆犹新。她在一部未出版的回忆录中写道：“我无法为他做任何事；他可以也确实为我做了他力所能及的一切。”她当时的日记中写满了各种会议记录、信件、实用的建议和各种忠告。有一天，她在日记结尾写道：“奥斯卡·王尔德是一个有福的人。”最后，特里半推半就地答应给她一个角色，罗宾斯退掉回程票，留在了英国。[20]

整件事情使得王尔德又接触到他一直渴望踏入其中的戏剧界。不过，这也是一桩实实在在的善举和富有想象力的同情之举。他的生平记录中充斥着类似的慷慨事迹，但它们往往平淡无奇、默默无闻。例如，他认识的牧师有一位“非常穷的朋友”，他对她很感兴趣，于是帮助她卖掉了一条贵重的“印度项链”。[21]他很乐意为别人出主意，尽管他自己缺钱，但总是很爽快地借钱给别人。[22]虽然王尔德声称自己对疾病没有同情心，但有人告诉奥索·劳埃德，他竟然坐在一位“正处于天花感染高峰期”的朋友床边。[23]伯纳德·贝伦森认为他是“所能想象到的最善良的人”。[24]

当西克特夫人的丈夫意外去世时，她几乎“悲痛欲绝”。但是，尽管她闭门不出，王尔德还是设法找到了她，并坚持要见她。奈莉·西克特回忆起他拉着母亲的双手——她还在哭——让她在一张椅子上坐下，他自己也在旁边坐下：

> 我留下他们单独在一起。他待了很久，在他离去之前，我听到了母亲的笑声。等他离开之后，她已经变成了另一个人。他引诱她开口说话，他向她询问我父亲最后的病情，让她卸下心里那些折磨人的记忆所带来的沉重负担。他渐渐谈起我的父亲，谈起他的音乐，谈起可以组织一次纪念画展，展出他的作品。然后，她也不知道怎么回事，他开始跟她讲述各种事情，他想办法把它们讲得既有趣又逗乐。“于是我笑了，”她说，“我以为我再也不会发笑了呢。”[25]

369

1888年秋，王尔德忙着给母亲帮忙。爱尔兰农村地区持续不断的动荡意味着，莫伊图拉的房产大部分收不到租金，她也没有了收入。尽管她的著作——《来自斯堪的纳维亚的漂流木》（1884年）和《爱尔兰的古代传说、神秘符咒与迷信》

(1887年)——以及她偶尔发表的文章，能赚来一点钱，但还是不够。与此同时，威利仍然毫不负责。他在《每日电讯报》赚了不少钱，却悉数花在喝酒和熬夜上了。* 为了减少开支，他们从公园街搬到了切尔西，在奥克利街146号租了一套房子，就在奥斯卡和康斯坦斯所住那条街的拐角处。然而，还有许多事情需要做。

为了改善母亲的境况，王尔德再次为她争取王室专款养老金，同时还以她的名义向皇家文学基金会申请了一笔一次性奖金。他现在人脉颇广——既有政界的，也有职业圈子的——让他在与官员打交道时有了一层新的底气。两项申请都很成功：皇家文学基金会提供了100英镑；（最终在1890年5月）王尔德夫人获得了每年70英镑的王室专款养老金。她新近对维多利亚女王的一番热情或许助了她一臂之力，抹去了人们记忆中19世纪40年代那个呐喊的起义者形象。

与此同时，王尔德还在不断地充实他的年轻男性朋友小圈子。他很喜欢雅各布-胡德（《快乐王子》的装帧设计师）的陪伴，甚至和他以及他的一些艺术家伙伴一起到多塞特郡白浪岛的一座小别墅里享受了几天斯巴达式的夏日乐趣。这段日子，他们是在普尔港附近的小船上度过的。王尔德满腔热情地投入其中，甚至“像一个小学生一样一大早”从城堡的台阶上“跳下来”，让主人感到无比惊讶。他只有一件事要抱怨，那就是起床之前想要一杯茶，“我亲爱的雅各布，”他解释道，“没有

---

* 威利是众多深夜场所的忠实支持者，如菲尔丁俱乐部和恶搞俱乐部，他也是圣詹姆斯广场附近猫头鹰俱乐部的创始成员。当被要求为俱乐部写一句诗意的座右铭时，他匆匆写下两句：“我们夜间飞行，我们下定决心，/如果黎明必须破晓，就让它破晓吧。”

370 一杯茶，我简直睁不开眼睛”（雅各布-胡德每天都慷慨地早起，给他泡一杯）。然而，有一天晚上，他经历了在齐腰深的海水中用围网涉水之后却说：“大自然总是让人很不舒服。”[26]

在伦敦，王尔德加深了与叶芝的联系，叶芝举止笨拙，却很聪明，他对叶芝的爱尔兰故事很感兴趣。这位出生于都柏林的诗人很容易就被吸引住了；他从小就知道显赫而古怪的王尔德家族，并于1883年在都柏林第一次目睹奥斯卡演讲。叶芝非常珍视这段友谊，他在即将出版他的第一本诗集时回忆起王尔德对于“凡是他欣赏的人，他总会对他们的睿智大加赞赏”：他鼓励叶芝讲述爱尔兰的长篇故事；暗示他拥有“天才”，并将他的讲述与荷马进行对比；他提醒叶芝不要为报纸撰写“文学杂谈”——因为那“不是绅士做的事情”。[27]

另一位新近崭露头角的诗人名叫理查德·勒加利安，他从利物浦写来一封信，附上了一本私人印刷的诗集，不久之后，他便随着这本书南下了。和叶芝一样，他第一次见到王尔德也是在演讲台上。1883年，17岁的勒加利安在伯肯黑德聆听了王尔德演讲的《美国印象》，几乎从那一刻起，他就下定决心逃离他命中注定的会计职业，立志要成为一名诗人。他在拉斐尔前派的影响下开始写诗。在他的名字后面加上了不合语法的“Le”，使之更加令人难忘，也更有艺术感。他形成了一种坚定的审美眼光，他的长发“呈扇形散开”——如王尔德说——“形成了一个美妙的光环”。他眉眼精致深邃，五官轮廓分明，王尔德认为他看起来像罗塞蒂笔下的天使加百列；斯温伯恩说他是“长了下巴的雪莱”。[28]1888年，他来到伦敦，一心想要结交王尔德。他参加了泰特街的“家庭招待会”，获邀一起吃晚饭。接着他们又见了几次面。王尔德送给他一本《诗集》，上面的题词是："给诗人和爱人，理查德·勒加利安，奥斯卡·王尔德题，1888 年 6 月的一个夏日。" 勒加利安也想把握住这一时刻，他写了一首诗，题为《八八年六月的一个夏日，与奥斯卡·王尔德共度》，诗的开头两句颇有感染力，"与奥斯卡·王尔德共度，夏日的一天/像渴望的吻一样逝去"。他给王尔德寄了一份手稿"作为爱的信物，以隐秘的形式纪念 88 年 6 月的一个夏日"。[29]作为回报，王尔德赠给他一篇童话手稿。[30]然而，尽管两人交流地如此热烈，人们强烈怀疑双方只是摆出了一种诗意的姿态而已。勒加利安很喜欢扮演激情诗人的角色，王尔德也是如此。尽管嘴上说的都是"真爱"，但直到几年之后，他们相互之间才真正地熟悉起来。王尔德认识到，尽管勒加利安也许很有魅力，但他是一个渴望在伦敦文学界立足的乡下野心家，把事业看得重于一切的人；于是他拿出一贯的慷慨，倾尽全力帮助他。

1888 年底，他结识了 20 岁的弗雷德·奥尔索斯，两人的关系没那么具有诗意，但更注重性的方面。王尔德的秘密私通进展很快。按照 J. A. 西蒙兹的说法，希腊人认为同性恋的欲望是一种"狂热"，比对女人的爱"更令人兴奋"，"更能吸收整个自然"，当然王尔德也发现了这一点。[31]奥尔索斯是伦敦大学学院一位著名德国教授的儿子。他写给王尔德的信件中有一小部分保存了下来，其中描绘了他们这段短暂的感情。[32]王尔德似乎把这个敏感的年轻人迷住了，对他产生了兴趣，他送给奥尔索斯音乐会的门票，开始施展魅力。"我几乎不知道还有什么事情比和您在一起更快乐，"弗雷德告诉他，"非常感谢您对我的亲切关心。"[33]他们在大学学院古怪而热爱艺术的动物学教授雷·兰凯斯特举办的招待会上见面，或者在考文垂街新开张的抒情俱乐部见面，他们都是那里的会员。奥尔索斯意识到自己长得帅，便给王尔德寄了一张照片："这是我和德国朋友穿着法兰绒衣服拍的，我把照片放大了——当然照片里没有他。"[34]

虽然奥尔索斯在伦敦金融城有一份工作，但他的兴趣似乎一直是剧院，或者至少是装扮自己。在班克罗夫特夫人为慈善组织举办的"活人静画"表演中，他和哈里·梅尔维尔一起被描述为"看起来光彩夺目"；然而，他参演了圣斯威辛业余戏剧俱乐部的《抄写员吉姆》，其表演得到的评价只是"还好"而已。[35]他和王尔德很快就在城外安排约会和会面。奥尔索斯说："我从巴恩斯（抒情俱乐部在那里有一个附属侧楼）听说，我可以在那里订一个房间，可以住两晚或更多。"他"非常希望"王尔德"找个时间出来"。假期的时候，他建议他们"也许可以一起出门"几天。[36]如果说他既虚荣又难以满足，这似乎也正是他的部分魅力所在。他告诉王尔德，他希望他们能在海边度过一段夏日，"在天堂般的阳光下，我喜欢晒太阳，想着把自身的美丽借给其崇拜者，这也许足够慷慨"。[37]

372 王尔德在其双重生活的各种不同元素之间摇摆不定，他的作品似乎对此做出了评判。1888 年下半年，他所从事的两件事情都以不同的方式和欺骗扯上了关系。其中之一是一篇非传统的传记文章，写的是 19 世纪早期的艺术家、评论家和花花公子托马斯·格里菲斯·温赖特（查尔斯·兰姆和威廉·布莱克的朋友），他伪造银行汇票，谋杀亲戚，以此来偿还债务并维持自己的生活方式。

王尔德的文章——一篇精彩诙谐的文字——将温赖特塑造成一个颓废派先锋作家："他像波德莱尔一样，他特别宠爱猫"；又如同戈蒂耶（以及斯温伯恩）一样，迷恋"可爱的大理石怪兽”——卢浮宫里那座经典的雌雄同体雕像；他的作品——涉及《蒙娜丽莎》、意大利文艺复兴、早期法国诗人以及丘比特和普赛克的古典浪漫——似乎比沃尔特·佩特的作品还要有先见之明。此外，他还“对绿色有一种奇特的偏爱；这种感情，就个人而言，是微妙的艺术家气质的象征，就国家而言，则被解释为放纵——如果不是道德沦丧的话”。除了传说中波德莱尔曾经声称自己拥有绿色头发之外，这种将颜色与“颓废”联系起来的说法似乎是王尔德的发明。[38]

他从一个坚定的美学角度来描述温赖特从事的各种职业——艺术的、社会的和犯罪相关的。当然，以前也有人玩过这种游戏，最著名的莫过于由托马斯·德·昆西写于1827年的文章《被视为艺术的谋杀》。但王尔德将自己的活泼性情带入了写作过程中，他毫不在乎地记录了当一位朋友谴责温赖特杀害了他的嫂子时（还包括其他暴行），“他耸耸肩膀说：‘是的，这么做是很可怕，不过她的脚踝很粗。’”王尔德接着又写道：

> 在一定程度上我们必须承认，如果我们把他（温赖特）在毒素方面的成就搁置一边，实际上他留给我们的东西与他的名誉极不相称。但只有平庸之辈才会以成果的多寡这一庸俗的标准来衡量一个人。这位年轻的花花公子追求的是出人头地，而不是埋头苦干。他认为生活本身就是一门艺术，其方式并不比艺术家们用以表达的方式来得少。

王尔德似乎已经把温赖特当作一个主题，放弃了写作另一位艺术伪造者查特顿的计划。[39]温赖特的故事已经成为王尔德口头表演的一部分；一位伦敦的八卦专栏作家写道，1888年底，在一次文学联谊会上，“奥斯卡·王尔德将这个劳改犯的故事讲得如此引人入胜”，“以至于有些人错过了最后一班火车”。那一次，有人“催促”王尔德“把故事写下来”——他当时很可能已经在动笔写他的那篇文章了，想用口头表演的方式来试一试他的想法，检验一下效果。这篇题为《笔杆子、画笔和毒药》的文章（这句话是从斯温伯恩处借来的，他为此表达了致谢）年底就写完了，弗兰克·哈里斯打算将它刊登在《双周评论》上。[40]

为配合这篇文章，王尔德还创作了一篇关于19世纪艺术本质的精彩而有趣的“对话”。他把这篇文章叫作“谎言的衰朽”。王尔德后来回忆说，文章的“想法、标题、论述、风格、所有的一切”都是他与罗比·罗斯在苏豪区一家简朴的餐厅共进晚餐时“即兴想出来的”。[41]王尔德一直想从美学的角度来写一篇有关当代文化的概述，但可能一直在努力寻找合适的形式。他和罗斯在晚餐时想到了一个解决方案，霎时间将他的想法汇聚成一个新的焦点。[42]

这一场现代的苏格拉底式“对话”——效仿柏拉图——可以让他探索自己的思想，而不必得出任何具有局限性的结论，也不必保持任何单调乏味的一致性。思想可以在谈话中凌空飞翔，伴以悖论、警句、夸张、幽默和模棱两可。谈话——他自己较为喜欢的表达方式——可以经过磨炼和提炼，成为文学。而这一切将比他以前尝试过的任何东西更能反映出他自己的个性和声音。其结果是一篇杰作：他能够通过这个最大的成功，来实现他对于艺术的自我表达。[43]

王尔德创作了两个有教养的精致人物，给他们起名（和他的儿子们一样）“西里尔”和“维维安”；他将这两个人物放在

"诺丁汉郡一座乡村住宅的藏书室"，再一次含蓄地暗示了他曾经去过克伦伯。[44]维维安正在写一篇论文——题目为"谎言的衰朽：一则异议"——它即将发表在《回顾评论》上，那是他所在的"萎靡的享乐主义者"俱乐部的一本杂志（"我们见面的时候，应该在纽扣洞里戴上凋谢的玫瑰花，我们还应该对图密善有几分崇拜"）。他把这篇文章的摘录念给西里尔听，后者有时持怀疑态度，有时表现得不屑一顾。维维安的文章关注了当时的两大文化辩论——"艺术与自然"的关系、"现实与浪漫"的关系。文章中尽可能地采纳了最极端的观点，将波德莱尔和戈蒂耶、佩特和惠斯勒，以及于斯曼的《逆流》中的思想延伸到极致。[45]

维维安在他的"新美学"中，将艺术完全置于自然和生活之上："一切坏的艺术都是返归生活和自然造成的，并且是将生活和自然上升为理想的结果。"他继而将想象和"浪漫"置于乏味的事实的"现实"之上，宣称"撒谎，讲述美而不真实的故事，乃是艺术的真正目的"。他坚持艺术的绝对自主性和无用性："艺术只表达它自己。"它只关注其自身的完美。但他也承认艺术的力量，并称那指的是艺术家——通过他们个人的视野和风格——塑造了我们对世界的理解。"没有一个伟大的艺术家能看到事物的本来面目。如果他这么做了，那么他就不再是艺术家。"我们所认为的中世纪是中世纪艺术家的发明。整个日本都是葛饰北斋和他的同伴"当地画家"创作出来的。"与其说艺术模仿生活，不如说生活模仿艺术。"在之前的几个月里，王尔德一直在他的谈话、书评和笔记中重复这些想法。现在他用一种妙趣横生的活力将它们聚拢在一起。

他改进并且重新使用了他的许多批判性见解："力图使故

事过于真实而剥夺了它的真实性，这样的事屡见不鲜。而（罗伯特·路易斯·斯蒂文森的）《黑箭》是如此缺乏艺术性，以至于没有包含任何一件与时代不相吻合的事可以用来夸口，而哲基尔博士的变形则读来令人甚感危险，就像《柳叶刀》中所描写的一种实验。”“亨利·詹姆斯先生写小说就好像这是一项痛苦的义务，在卑贱的主题和微妙的‘观点’上浪费了他简练的文学风格，他巧妙的措辞，以及他敏锐而刻薄的讽刺。”“左拉先生……决心表明，假如他没有天才，他至少可以是单调乏味的。他取得了多大成功呵！”“啊！梅瑞狄斯！谁能给他下定义？他的风格是一道道闪电照亮的一片混乱。作为一个作家，他什么都掌握，就是没有掌握语言。作为一个小说家，他什么都能做，就是不会讲故事；作为一个艺术家，他什么都行，就是没有表达能力。”

文章中还暗指了惠斯勒，只不过没有提他的名字而已。“也许伦敦有了好几个世纪的雾。我敢说是有的。但没有人看见雾，因此我们不知道任何关于雾的事情。雾没有存在，直到艺术发明了雾。现在必须承认，雾搞得过分了。它们变成了纯粹是一个集团惯用的表现手法，其方法上夸张的现实主义给迟钝的人以支气管炎。有教养的人抓住了一种景观，无教养的人则着了凉。”

可以理解，王尔德似乎对这篇文章特别满意。圣诞晚餐后，他把校样大声地念给客人们听。那天晚上叶芝住在泰特街。尽管他后来借鉴了文章对话中的观点，即艺术具有在世界上创造意义的力量，但当他第一次听到这段内容时，立刻就被其中的语言和智慧所吸引：它们看上去就像是“模仿和记录”了王尔德“无与伦比的谈话”。[46]

375

叶芝在泰特街见到的家庭场景也给他留下了深刻的印象：克制的美学装饰；出乎意料的白色餐厅，桌子上装饰着一块“菱形红布”，上面立着一尊陶土雕像，其上方是一盏从天花板上垂下来的红色遮光吊灯；“美丽的妻子”；两个孩子。还有一只小猫，是罗比·罗斯送的礼物。“它看起来不白，”王尔德在他的感谢信中写道，“实际上看起来有点像玳瑁色，或者是灰色上面点缀着柔和的暗褐色，但既然你说它是白色的，我也告诉大家了，这就是通常所说的‘白色小猫’。孩子们被它迷住了，一边一个坐在篮子的两边，非常喜欢它。”[47]

这是一幅迷人的景象。叶芝确实也在想，它是不是“太完美了”。他从晚上回去的时候想，他亲眼瞧见的“完美和谐的生活”“也许是件精心设计的艺术作品”。也许他还记得——根据王尔德的新美学理论——艺术创作的真正目的是“撒谎，讲述美而不真实的故事”。[48]

注　释

1. Macmillan Reader's Report, 16 February 1888, quoted in Guy & Small, 69.
2. Mason, 331-4; OW to Roberts Bros, (rec. 26 March 1888) (Columbia), 其中给出了最早的出版方案：“这本书将非常精致，将于5月出版……第一版可能数量有限，随后将有一个大众版。”
3. 克拉克图书馆的米勒德参考书目注释副本中列有：*Athenaeum*, *Universal Review*, *Christian Leader*, *Dublin Evening Mail*, *Glasgow Herald*, *World*, *Morning Post*, *Liverpool Daily Post*, *Manchester Guardian*, *Wit and Wisdom*, *PMG*, *PMB* (with a cartoon by F. C. G [ould], 7 June), *Literary World*, *Lady's Pictorial*, *St James's Gazette*, *Star*, *Scotsman*, *Daily Express* (Dublin)。To these can be added the *Saturday Review* (20 October 1888)

and Spectator（2 March 1889）．唯一一篇吹毛求疵的评论发表于 *Graphic*（30 June 1888）；但即便这篇文章承认，这些故事——虽然“有点味同嚼蜡”——但“写得很好”，书籍本身“值得夸奖”。

4. 奥斯卡・王尔德一直自嘲地称这本书为“我的小书”；*CL*，350，352.

5. *PMG*.

6. *Spectator*，*Saturday Review*.

7. *Morning Post*，20 June 1888；*Spectator*.

8. Walter Crane to OW，1 July 1888：“我非常高兴地听说，这本书如此成功”。1888 年奥斯卡・王尔德写给托马斯・奈尔斯的信，“这是个巨大的成功。”

9. Ellen Terry to OW，9 June 1888，in Don Mead，‘An Unpublished Letter from Ellen Terry to Oscar Wilde’，*Wildean*，8（1996）；*CL*，350.

10. Samuel Hales to OW，16 June 1888（Clark）．Justin Huntly McCarthy 也喜欢《夜莺与玫瑰》，参见‘The Happy Prince-To Oscar Wilde’，in Mason，335。

11. 第二版直至 1894 年 9 月仍没有售完，王尔德当时写信给约翰・雷恩抱怨，纳特“平均每年销售的《快乐王子》只有 150 本!”他认为这个数字“荒谬至极”。

12. Carlos Blacker to the Duke of Newcastle，5 December 1888，in Maguire，24.

13. *Isle of Man Times*，29 December 1888.‘Christmas Magazines’，*Hampshire Telegraph*，8 December 1888：“论品质拔得头筹的是奥斯卡・王尔德先生迷人的寓言《少年国王》，它新颖、生动、表达十分精巧。”‘Christmas Leaves’，*Penny Illustrated Paper*，1 December 1888：“奥斯卡・王尔德的优秀童话故事中有一种令人钦佩的寓意。”See also *Liverpool Mercury*，28 November 1888；*Jackson's Oxford Journal*，24 November 1888；*Morning Post*，5 December 1888.

14. *CL*，372.

15. 可参见奥斯卡・王尔德写给 Annie Schletter 的三封信（由秘书代写），内容是关于她“极其有意思的”文章，以及延迟法发表的原因：1888 年 2 月 28 日、3 月 19 日、4 月 23 日（Yale）。

16. Newman Flower，in *Cassell's Weekly*，quoted in *Register*（Adelaide），30

June 1923.

17. See JFW to OW [1887],“莱纳德小姐写信给我说，如果你愿意，她可以提供一篇关于法国事务的文章，因为她父亲会发送所有最新消息。”1888年2月28日，奥斯卡·王尔德写信给“莱纳德小姐”（华盛顿），请她“写一篇（大约2500字）关于亚当夫人的文章——写写她的招待会以及文学生涯”。这篇文章一直没有写成。
18. Pearson, 262.
19. Pearson, 262; [Anon], *East and West-Confessions of a Princess* (1922), 176; 他使用的那首诗歌很可能是‘Remorse（A Study in Saffron）’。OET I, 169; Fitzsimmons, *Wilde's Women*, 233-4.
20. Elizabeth Robins, *Both Sides of the Curtain* (1940), 9-10, 14-28 (书中将兰德尔·罗伯茨爵士称作“默文·欧文爵士”); *CL*, 357-8; 引用伊丽莎白·罗宾斯手稿; in *CL*, 357; Diaries (Fales).
21. Rev. F. B. D. Bickerstaffe-Drew to OW, 5 May 1890 (Clark).
22. C. Dyett to OW, 28 April 1891 (Clark):“如果不是因为您，我们就得被迫离开我们的家……我将永远记得您在我们困难的时候给予的仁慈。”
23. [Otho Lloyd], ‘Stray Recollections’, 156.
24. Secrest, *Being Bernard Berenson*, 125.
25. Swanwick, *I Have Been Young*, 68-9; 奥斯瓦尔德·A. 西克特（Oswald A. Sickert）于1885年11月11日去世。
26. Jacomb-Hood, *With Brush and Pencil*, 115.
27. Yeats, *The Trembling of the Veil*, 24, 25.
28. Coulson Kernahan, ‘*Oscar Wilde As I Knew Him*’, ts 22 (Clark).
29. *CL*, 367.
30. R. Le Gallienne to OW, 11 November 1888 (Clark); 勒加利安挑选了《夜莺与玫瑰》，因为它有“属于你的美丽”。
31. J. A. Symonds, *A Problem in Greek Ethics* (1883).
32. 弗雷德·奥尔索斯写给奥斯卡·王尔德的八封信都收藏于克拉克图书馆。McKenna, 131-6, 对其中的情感内容做了出色的解读，尽管他在几处地方抄错了文本，没有提到抒情俱乐部，并认为以“C”开头的单词指的是查令十字街的一家波希米亚酒吧 Cock Tavern。这让他（错误地）认为，奥尔索斯在社交方面“不同于奥斯卡此时所接触的一般年轻人”。

33. Frederick C. Althaus to OW，12 November 1888（Clark）.
34. Frederick C. Althaus to OW，12 November 1888（Clark）.
35. Frederick C. Althaus to OW，12 November 1888，这封信寄自“New Court，E. C.”（那里是利奥波德·罗斯柴尔德的办公地点），他在信中遗憾地表示“那天我无法离开金融城”。*PMG*，26 February 1891；*Era*，18 March，1893. Frederick C. Althaus to OW，19 March 1889，“我和我的哥哥要去看 *Femmes Nerveuses*”，那是当时正在皇家剧院上演的一出法国戏剧。
36. Frederick C. Althaus to OW，‘Wednesday’；Frederick C. Althaus to OW，19 March 1889；see ‘The Remarkable Story of the Lyric Club’，*The Press*（New Zealand），4 November 1892.
37. Frederick C. Althaus to OW，June [1889].
38. Horst Schroeder，‘Volume IV of the OET Edition of *The Complete Works of Oscar Wilde*：III “Pen，Pencil and Poison，”’ *Wildean*，36（2010），32；Josephine Guy，‘Introduction’，in Josephine Guy，ed.，*Criticism*（OET IV），xxxi-xxxiii.
39. Ellmann，283；Lawrence Danson，*Wilde's Intentions*（Oxford，1996），89-92；Bristow and Mitchell，*Oscar Wilde's Chatterton*，215-29. 奥斯卡·王尔德对犯罪人物的兴趣，促使他“收集了许多社会职业中的特殊人物”以及1824年因伪造而被绞死的银行家亨利·范特罗伊（Henry Fauntleroy）的罪行。但他觉得这个案例还不够“吸引人”，不足以写一篇文章。‘Our London Letter’，*Sheffield & Rotherham Independent*，10 January 1889.
40. ‘Anglo-Colonial Gossip’，‘London，Jan 4th’，*South Australian Register*，7 February 1889：记者认为王尔德讲故事的时间是“几周之前”——因此，也许是1888年11月或12月。这篇文章刊登在《双周评论》的1月号上，1月2日接受了审核——事实上，Derby Mercury 称其“很早就写完了”，因此王尔德的文章肯定是在1888年12月上旬或中旬提交并被接纳的。这篇文章极有可能是在很短的时间内完成的，因为弗兰克·哈里斯在共进午餐之后，于1890年2月10日写信给奥斯卡·王尔德，询问他是否“可以为《双周评论》3月号写一篇文章，你能在8天内完成吗？一篇关于文学或任何社会主题的文章”（奥斯汀）。Swinburne，‘William Blake’（1868）曾经提到温赖特使用了“笔……调色板……或毒药”。

41. *CL*，688.

42. *CL*，253;《谎言的衰朽》最初的一些手稿显示，这篇文章并非以对话的形式写成，这使得 Lawrence Danson（*Wilde's Intentions*，37）认为，采用对话形式是与罗斯共进晚餐“之后的愉快想法”。但王尔德的回忆中没有提到过这件事。且 Josephine Guy（‘Introduction’，OET IV，xl）对此持否定看法。与罗斯共进晚餐可能是在1888年11月，剑桥大学刚刚放假不久。

43. Hilda Schiff，‘Nature and Art in Oscar Wilde's “The Decay of Lying”’，*Essay and Studies*，18（1965），100ff，in Schroeder，19-20.

44. Schroeder，22.

45. Schroeder，17-19；有关“艺术与自然”的争论中，很明显是在谈论惠斯勒的《十点钟》；关于“现实与浪漫”，施罗德列举了以下作品：R. L. Stevenson，‘A Gossip on Romance’（November 1882）and ‘A Note on Realism’（January 1884）；Rider Haggard，‘About Fiction’（February 1887）；J. A. Symonds，‘Realism and Idealism’（September 1887）and Andrew Lang，‘Realism and Romance’（November 1887）。

46. Yeats，*The Trembling of the Veil*，28；Ellmann，285.

47. Yeats，*The Trembling of the Veil*，24；CL，377.

48. Yeats，*The Trembling of the Veil*，24.